Handbuch der Informatik

herausgegeben von
Prof. Dr. Albert Endres
Prof. Dr. Hermann Krallmann
Dr. Peter Schnupp

Band 13.3

Umweltinformatik

Informatikmethoden für
Umweltschutz und Umweltforschung

herausgegeben von
Professor Dr. Bernd Page,
Dr. Lorenz M. Hilty,
Universität Hamburg

2., aktualisierte und erweiterte Auflage

R. Oldenbourg Verlag München Wien 1995

Anschrift der Herausgeber:

Prof. Dr.-Ing. Bernd Page
Dr. rer. nat. Lorenz M. Hilty
Fachbereich Informatik
Universität Hamburg
Vogt-Kölln-Str. 30
22527 Hamburg

Die Deutsche Bibliothek - CIP-Einheitsaufnahme

Handbuch der Informatik : [die umfassende Darstellung der Informatik in Einzelbänden] / hrsg. von Albert Endres... - München ; Wien : Oldenbourg.

NE: Endres, Albert [Hrsg.]

Bd. 13.3. Umweltinformatik. - 2., aktualisierte und erw. Aufl. - 1995

Umweltinformatik : Informatikmethoden für Umweltschutz und Umweltforschung / hrsg. von Bernd Page ; Lorenz M. Hilty. - 2., aktualisierte und erw. Aufl. - München ; Wien : Oldenbourg, 1995
(Handbuch der Informatik ; Bd. 13.3)

ISBN 3-486-23505-2
NE: Page, Bernd [Hrsg.]

Gesamtherstellung: R. Oldenbourg Graphische Betriebe GmbH, München

ISBN 3-486-23505-2

Inhalt

Verzeichnis der Farbtafeln

Vorwort der Reihenherausgeber

Das *Handbuch der Informatik* versucht, das Gesamtgebiet der Informatik mit seinen Grundlagen, seinen Teilgebieten und seinen wichtigsten Anwendungen zusammenhängend darzustellen. Es informiert Lehrende und Lernende, DV-Praktiker und DV-Nutzer über Konzepte, Methoden und Techniken, deren grundlegende Bedeutung anerkannt ist, deren Nützlichkeit in der Praxis sich gezeigt hat; Grenzen und Entwicklungstendenzen eines Gebiets werden angesprochen.

Jeder Band des *Handbuchs der Informatik* behandelt ein in sich abgeschlossenes Thema. Der Leser kann sich – unabhängig von den anderen Bänden des Handbuches – in das betreffende Gebiet neu einarbeiten, vorhandenes Wissen auffrischen oder im Sinne eines Nachschlagewerkes einzelne Themen aufspüren und vertiefen. Hierbei helfen Strukturierung und Typographie des Textes und die Hinweise auf weiterführende Literatur.

Die immer stärker werdende Beeinträchtigung des täglichen Lebens durch zunehmende Umweltbelastungen hat in den letzten Jahren zu einer Sensibilisierung der Bevölkerung bezüglich der Thematik Umweltschutz geführt. Diese zunehmende Bedeutung und die wachsenden Möglichkeiten der Informatik haben zur Folge, daß der Bereich Umweltinformatik mittlerweile ein wichtiges Anwendungsgebiet innerhalb der Informatik darstellt.

Diese neue Disziplin erfordert ein hohes Maß an Integrität, da Wissen und Information aus unterschiedlichen Spezialgebieten aufgenommen, verarbeitet und zur Verfügung gestellt werden müssen. Nur durch Integration dieser unterschiedlichen Gebiete wird die in Umweltfragen erforderliche ganzheitliche Betrachtungsweise ermöglicht, die eine adäquate Problemlösung unterstützt. In den einzelnen Spezialgebieten werden häufig unterschiedliche Informatik-Techniken angewandt und unterschiedliche Datentypen verarbeitet, so daß neben dem Zusammenführen unterschiedlicher Wissensgebiete auch die Anwendung unterschiedlicher Informatik-Konzepte, wie Modellbanksysteme, Simulationssysteme und wissensbasierte Systeme, und die Verarbeitung heterogener Daten (empirische, unsichere, unpräzise und unvollständige Daten) erforderlich ist.

Unter Berücksichtigung all dieser Herausforderungen werden von den Autoren des vorliegenden Bandes verschiedene Methoden der Informatik bezüglich ihrer Einsatzmöglichkeiten in der Umweltinformatik untersucht. Zu den betrachteten Informatik-Methoden wie Information Retrieval, Monitoring, Visualisierung, Simulation, Expertensysteme und Neuronale Netze wird der State of the Art in Bezug auf Anwendungsmöglichkeiten in der Umweltinformatik und der zu erwartenden Forschungstendenzen dargestellt.

Dieser Band leistet aufgrund seines umfassenden Ansatzes einen hervorragenden Beitrag zur Einordnung der Umweltinformatik in die Struktur der Informatik und zeigt zu erwartende Entwicklungstendenzen der Umweltinformatik und die sich daraus ergebenden Anforderungen an die Informatik auf.

A. Endres   H. Krallmann   P. Schnupp

Vorwort der Herausgeber

Seit fast einem Jahrzehnt sind im deutschsprachigen Raum Fachpublikationen zu umweltbezogenen Informatik-Anwendungen in nennenswertem Umfang zu verzeichnen. Aus diesen Forschungsaktivitäten ist inzwischen eine neue Teildisziplin der Informatik hervorgegangen – die *Umweltinformatik*.

Ihr Ziel ist es, mit Techniken der Informationsverarbeitung einen Beitrag zur Bewältigung der Umwelt- und Ressourcenproblematik zu leisten. Sie befaßt sich mit Methoden und praktischen Anwendungen der Informatik für Institutionen der Umweltforschung, für Umweltbehörden und in jüngerer Zeit auch für umweltorientierte Unternehmen und für Umweltverbände.

Das Anliegen dieses Buches ist es, die Struktur der Umweltinformatik als Teilgebiet der Angewandten Informatik darzustellen. Das bisher Erreichte soll systematisch und – soweit dies in einer so jungen Disziplin schon möglich ist – lehrbuchartig zusammengestellt werden. In zahlreichen Seminaren und Vorlesungen haben wir die Erfahrung gemacht, daß die Thematik bei Haupt- und Nebenfachstudierenden der Informatik auf reges Interesse stößt. Wir legen den Schwerpunkt auf Informatik-*Methoden* – eine bloße Auflistung von mehr oder weniger erfolgreichen *Anwendungen* kann den Informatiker aus guten Gründen nicht befriedigen. Er muß an der Erarbeitung neuer *Prinzipien* interessiert sein, an die ihn sein Anwendungsgebiet heranführt. In diesem Band taucht daher immer wieder die Frage auf, welche *spezifischen Anforderungen* der Umweltbereich an die Informatik stellt, Anforderungen also, die ihn gegenüber anderen Anwendungsgebieten der Informatik wie z.B. Betriebswirtschaft oder Medizin auszeichnen. Dabei zeigt es sich, daß der Umweltbereich der Informatik außerordentlich produktive Impulse geben kann. Diese Impulse aufzugreifen, sie umzusetzen in erweiterte Informatik-Methoden und Pilotanwendungen, die sich später in der Praxis bewähren müssen und dann vielleicht einen Beitrag zur Bewältigung von Umweltproblemen leisten können – dies ist ein weiter Weg. Die Autoren dieses Sammelbandes haben, jeder auf seinem Spezialgebiet, ein Stück dieses Weges zurückgelegt.

Vielen Informatikern erscheint es selbstverständlich, daß ihre Wissenschaft dazu beitragen kann, komplexe Umweltprobleme zu analysieren, Umweltschutzmaßnahmen umzusetzen und begrenzte natürliche Ressourcen einzusparen. Nicht jedermann ist aber so leicht vom Nutzen solcher Computeranwendungen zu überzeugen. Hat nicht die Informatik – zusammen mit anderen Rationalisierungstechnologien – den Abbau natürlicher Ressourcen bisher eher beschleunigt als gebremst? Müssen wir weiterhin Umweltinformationen sammeln und verarbeiten, oder wissen wir längst genug, um die richtigen Konsequenzen zu ziehen, sind dazu aber nicht bereit?

Solche Fragen sind notwendig, und sie müssen an jedes umweltbezogene Informatikprojekt von neuem gestellt werden. Eine kontinuierliche, differenzierte Grundsatzdiskussion muß in der Umweltinformatik ihren Platz haben.

Die ersten drei Kapitel behandeln übergeordete Aspekte und dienen zur Einführung. Kapitel 1 ist unser Versuch, die disziplinäre Einordnung der Umweltinformatik und ihre Beziehungen zu anderen „Bindestrich-Informatiken" wie Bio-Informatik oder Geo-Informatik zu klären. *H. Bossel* schreibt der Umweltinformatik eine Warnung vor Verselbständigung ihrer Inhalte und Methoden ins Stammbuch. *W. Pillmann* zeigt Notwendigkeiten und Probleme der Kommunikation von Umweltinformationen auf, die sich aufgrund der globalen Dimension von Umweltproblemen besonders auf internationaler Ebene stellen.

Die weiteren Kapitel dokumentieren die Beziehungen zwischen Informatikmethoden einerseits und den Anforderungen des Umweltbereiches andererseits, zeigen den aktuellen Stand der Entwicklung und Forschungsperspektiven auf. *O. Günther, F. J. Radermacher* und *W.-F. Riekert* geben einen Überblick über moderne Methoden der automatischen Gewinnung von Umweltinformationen (Umweltmonitoring). *A. Baumewerd-Ahlmann* und *L. Zink* skizzieren die Grundlagen von Umweltdatenbanken und neue Anforderungen an die Datenbanktechnologie. *R. Bill* behandelt die im Umweltbereich zentrale Frage des Raumbezuges von Informationen und die Anwendung Geographischer Informationssysteme. *N. Fuhr* analysiert die Frage, wie der Zugang zu Umweltinformationen durch neue Ansätze des Information Retrieval unterstützt werden kann. *R. Denzer, H. F. Mayer* und *W. Haas* stellen Visualisierungstechniken vor, die entscheidend zum Erkennen komplexer Zusammenhänge in Umweltdaten beitragen können. *R. Grützner, A. Häuslein* und *B. Page* schildern die Grundlagen und neue Konzepte der Modellbildung und Simulation im Umweltbereich. *A. Ultsch* führt in das Gebiet der Künstlichen Neuronalen Netze ein und diskutiert ihre Anwendungsmöglichkeiten für den Umweltschutz. *K. H. Simon, A. Jaeschke* und *A. Manche* diskutieren die Frage spezifischer Anforderungen des Umweltbereichs an Expertensysteme. *R. Denzer* und *R. Güttler* beschreiben die Integration von Umweltdaten, *A. Schwabl* die Integration von Methoden zur Umweltverträglichkeitsprüfung als wesentliche Aufgaben für die Umweltinformatik. Im letzten Kapitel greifen *A. Rolf* und *L. M. Hilty* übergeordnete Fragen nach Orientierung und Abgrenzung der Umweltinformatik wieder auf.

Die Beiträge wurden von einem Redaktionskomitee, bestehend aus Ralf Denzer, Andreas Jaeschke, Leonore Zink und den Herausgebern, kritisch geprüft und mit Änderungsvorschlägen versehen. Für redaktionelle Mitarbeit, Layoutgestaltung und die sorgfältige Erstellung eines einheitlichen Literaturverzeichnisses und Registers haben wir Thomas Wedrich zu danken.

Allen Mitwirkenden, nicht zuletzt Frau Margarete Metzger vom Oldenbourg-Verlag und den Herausgebern der Buchreihe, gilt unser Dank dafür, daß sie die Entstehung dieses Sammelbandes ermöglicht haben.

Hamburg, im August 1993   Bernd Page
                                                          Lorenz M. Hilty

Vorwort der Herausgeber zur 2. Auflage

Die Bedeutung der Umweltinformatik hat seit dem Erscheinen der Erstauflage dieses Bandes stark zugenommen. Dies zeigt sich unter anderem daran, daß die Gesellschaft für Informatik (GI) e.V. das Gebiet „Informatik und Umwelt" – neben dem Thema „Informatik und Mobilität" – zu einem ihrer Leitthemen für die kommenden Jahre erklärt hat.

Obwohl der zeitliche Abstand zur ersten Auflage Anfang 1994 nicht groß ist, haben wir die Gelegenheit ergriffen, diesen Sammelband grundlegend zu überarbeiten und zu erweitern, um der Dynamik des Gebietes gerecht zu werden.

Der Inhalt der meisten Kapitel wurde aktualisiert und in einigen Fällen stark erweitert. Vier zusätzliche Farbtafeln sorgen für eine bessere Illustration der Themen Umweltmonitoring und Visualisierung. Außerdem haben wir zwei neue Kapitel aufgenommen, die sich bisher nicht abgedeckten Themenbereichen widmen: Im neuen Kapitel 4 (Umwelt-Metadatenbanken im Internet) beschreiben *J. Benz* und *K. Voigt*, wie der Aufbau von Metadatenbanken Informationsrecherchen im Internet unterstützen kann. Das neue Kapitel 15 (Betriebliche Umweltinformatik) von *L. M. Hilty* und *C. Rautenstrauch* skizziert den Überschneidungsbereich von Umwelt- und Wirtschaftsinformatik, in den die immer zahlreicheren Ansätze zum Aufbau betrieblicher Umweltinformationssysteme (BUIS) einzuordnen sind.

Die Literaturliste wurde um mehr als achtzig in den Jahren 1994 und 1995 erschienene Quellen erweitert, so daß wir dem Leser wiederum eine aktuelle, fast vollständige Dokumentation der Fachliteratur mit Bezug zur Umweltinformatik vorlegen können. Damit er sich in der Fülle der zitierten Primärliteratur besser zurechtfinden kann, haben wir in dieser Auflage jedes Kapitel um einen Abschnitt „Weiterführende Literatur" ergänzt, der themenbezogen jeweils eine bewußt kleine Auswahl von weiterführenden Quellen aufführt und kurz kommentiert. Das Sachregister wurde ebenfalls auf den neuesten Stand gebracht.

Die zweite Auflage wurde wiederum von Thomas Wedrich redaktionell betreut, der die ausufernde Komplexität der Änderungen mit großer Sorgfalt zu bewältigen vermochte. Ruth Meyer und Dirk Martinssen gehörten zu den besonders gründlichen Lesern der ersten Auflage und haben den größten Teil der Fehler entdeckt, die wir nun beseitigt haben. Wir danken allen Autorinnen und Autoren, die sich die Mühe gemacht haben, ihr Kapitel für die Neuauflage zu aktualisieren.

Hamburg, im Juli 1995 Bernd Page
Lorenz M. Hilty

1 Umweltinformatik als Teilgebiet der Angewandten Informatik

Bernd Page, Lorenz M. Hilty

Informationsverarbeitende Systeme für Umweltschutz, Umweltplanung und Umweltforschung werden schon seit mehr als zwei Jahrzehnten entwickelt und eingesetzt. Nachdem die methodische Basis der Umweltinformationsverarbeitung lange Zeit wenig ausgebildet war, hat sich in den letzten Jahren die Forschung in diesem Anwendungsgebiet der Informatik intensiviert. Eine neue Teildisziplin der Angewandten Informatik, heute *Umweltinformatik* genannt, hat sich herausgebildet.

Wir skizzieren Entstehungsgeschichte, Gegenstand und Arbeitsgebiete der Umweltinformatik, klassifizieren informationsverarbeitende Systeme im Umweltbereich und zeigen die Querbezüge der Umweltinformatik zu anderen „Anwendungsinformatiken" wie Bio-, Geo- und Wirtschaftsinformatik auf. Das Kapitel schließt mit einem Blick auf die aktuelle Forschungslandschaft der Umweltinformatik.

1.1 Die Rolle von Umweltinformationen

Die Aufgaben des Umweltschutzes, der Umweltplanung und der Umweltforschung lassen sich nur auf der Grundlage einer hinreichenden und zuverlässigen Informationsbasis bewältigen. Zustand und Entwicklung der Umwelt werden durch biologische, physikalische, chemische, geologische, meteorologische und sozio-ökonomische Daten beschrieben. Diese Daten sind raum- und zeitbezogen und kennzeichnen vergangene, aktuelle und – im Falle von Prognosen – auch zukünftige Umweltzustände. Die Verarbeitung der Informationen über die Umwelt, über Umweltbelastungen und über die wechselseitigen Wirkungsmechanismen zwischen anthropogenen und natürlichen Systemen ist die Basis aller umweltschutzbezogenen Planungen und Maßnahmen. Abbildung 1-1 stellt schematisch dar, welche Rolle die Verarbeitung umweltbezogener Daten im Kontext gesellschaftlicher Wahrnehmung und Beeinflussung der Umweltsituation spielt. Obwohl der Verringerung von Umweltbelastungen zweifellos auch andere Hürden als Informationsdefizite im Wege stehen, ist unbestritten, daß Problemlösungen im Umweltbereich in zunehmendem Maße komplexe Informationsverarbeitungsaufgaben umfassen, die nur mit einer weitgehenden technischen Unterstützung zu bewältigen sind.

Für die vielfältige Informationsverarbeitung im Umweltschutz ist der Computer in vielen Bereichen seit längerem unverzichtbar. Dem Computereinsatz in der Umweltschutzpraxis fehlte jedoch lange eine wissenschaftlichmethodische Basis (vgl. UBA86). Hier ist sicherlich nicht allein die Informatik gefordert; vielmehr lassen sich diese Aufgaben nur in interdisziplinärer Zusammenarbeit von Geo-, Bio- und Umweltwissenschaften, Chemie und Physik, Planungs- und Verwaltungswissenschaften, Rechtswissenschaften bis hin zur Verfahrens- oder Umwelttechnik lösen, um nur die wichtigsten der beteiligten Fachdisziplinen zu nennen.

Die Informatik als Wissenschaft von der systematischen und automatisierten Informationsverarbeitung, ihren Anwendungen und Auswirkungen hat in diesem interdisziplinären Kontext eine Integrationsfunktion und trägt damit auch eine besondere Verantwortung. Sie versteht sich nicht nur als technische Hilfswissenschaft, die den anderen Fachgebieten Werkzeuge an die Hand geben kann. Vielmehr sollte das *theoretisch-methodische Potential* der Informatik, darunter besonders der Bereich der Systemanalyse und sein systemtheoretischer Hintergrund, zur Unterstützung der interdisziplinären Forschungs- und Entwicklungsaufgaben genutzt werden.

Der Umweltbereich bietet eine Fülle komplexer Problemfelder, die einer anwendungsorientierten Informatikforschung als Prüfstein und Anreiz für die Anwendung, Validierung und Weiterentwicklung ihrer Methoden und Techniken dienen sollten.

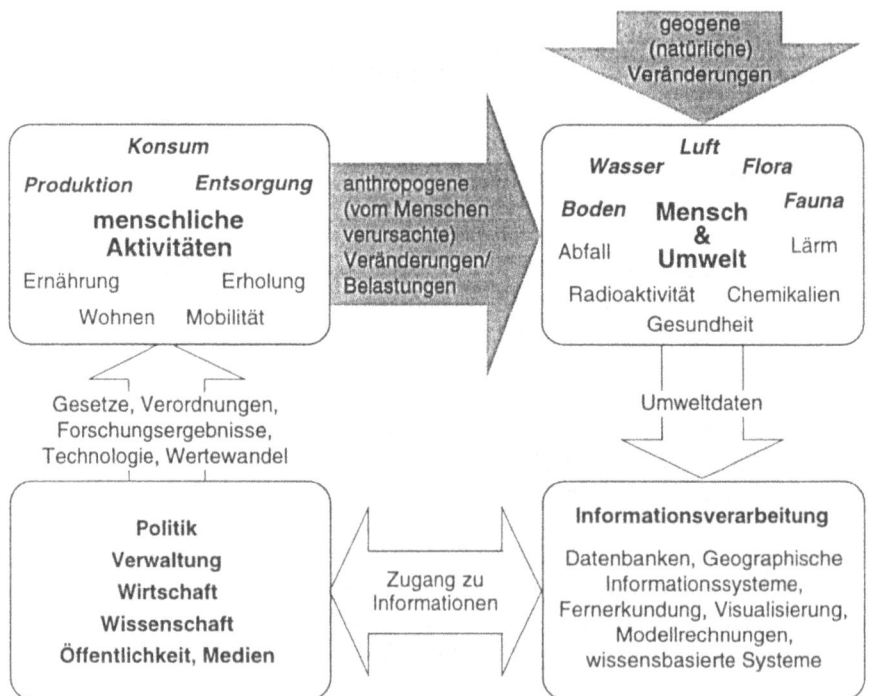

Abb.1-1: Rolle der Informationsverarbeitung im Umweltbereich (nach PILL90)

1.2 Entstehungsgeschichte der Umweltinformatik

Mitte der 80er Jahre ist in der Informatik eine neue Forschungsrichtung entstanden, die sich mit Anwendungen der Informatik im Umweltschutz beschäftigt (vgl. PAGE86a, JAES87). Inzwischen ist daraus eine Spezialdisziplin mit interdisziplinärem Charakter geworden, ungefähr seit 1993 als Umweltinformatik bezeichnet.

> *Umweltinformatik ist eine Teildisziplin der Angewandten Informatik, die mit Methoden und Techniken der Informatik diejenigen Informationsverarbeitungsverfahren analysiert, unterstützt und mitgestaltet, die einen Beitrag zur Untersuchung, Behebung, Vermeidung oder Minimierung von Umweltbelastungen und Umweltschäden leisten können.*

Die Entwicklung der letzten Jahre von zunächst unspezifischen Anwendungen der Informatik im Umweltbereich bis hin zur Umweltinformatik als Teildisziplin mit eigenem fachlichen Profil hat sich in verschiedenen Stufen vollzogen. Die folgende Aufzählung ist allerdings nicht streng sequentiell zu verstehen und mag die tatsächliche Entwicklung leicht idealisieren:

(1) Analyse und Strukturierung der bestehenden EDV-Anwendungen im Umweltschutz (z.B. HILT85a, BÖS87).

(2) Standardmäßige Anwendung von Informatik-Werkzeugen wie z.B. Datenbanken auf Problemstellungen des Umweltschutzes (z.B. MUSG86, HELM88).

(3) Fortgeschrittene Informatikanwendungen zu Demonstrationszwecken ohne den Anspruch direkter praktischer Relevanz für den Umweltschutz (z.B. BECK87, KELL88 sowie mehrere Beiträge in PAGE86a).

(4) Erschließung innovativer Einsatzfelder von Methoden und Werkzeugen der Informatik im Umweltschutz (z.B. REUT88, BAUM88, PAGE88).

(5) Exemplarische Anwendung innovativer Informatikansätze auf relevante Problemstellungen des Umweltbereiches (z.B. PILL90, ISEN91, AHON91).

(6) Aufzeigen von methodischen Defiziten in der Informatik bezüglich der Anforderungen, die der Umweltbereich als Anwendungsgebiet stellt, Hinweise auf Forschungslücken; Anregungen zur Methodenentwicklung und -verfeinerung (z.B. MANC92, PAGE91b, NEUG90, DENZ93e).

(7) Analyse der Beziehung zwischen Informationstechnik und Umwelt bei gleichzeitiger Betrachtung positiver und negativer Auswirkungen; Auslotung des Gestaltungsspielraumes für einen umweltgerechten, ökologisch orientierten Informationstechnikeinsatz (BOSS86 als „Vorläufer", später z.B. ROLF92, FRIE93, HILT93a).

(8) Weiterentwicklung von Methoden und Werkzeugen der Informatik im interdisziplinären Kontext; Methodentransfer in andere Gegenstandsbereiche der Angewandten Informatik; Herausarbeitung von neuen Perspektiven für die Informatik insgesamt (FEDR90, DENZ91a, HÄUS93a, HILT95e).

Die Stufen 1 und 2 sind der Entstehungsphase des Forschungsgebietes zuzurechnen und spielen aus heutiger Sicht keine Rolle mehr. Der größte Teil der aktuellen Forschungs- und Entwicklungsprojekte ist den Stufen 3 bis 6 zuzuordnen. Nur ausnahmsweise beschäftigt sich die Umweltinformatik bisher mit Fragen der Technikfolgenabschätzung (Stufe 7), und nur wenige Arbeiten werden dem Anspruch der Stufe 8 gerecht.

Eigenschaften von Umweltdaten

Die Bedeutung der Umweltinformatik als Teildisziplin mit eigenen fachlichen Schwerpunkten resultiert aus den besonderen *Eigenschaften der Umweltdaten und deren Verarbeitungserfordernissen* im Vergleich zu den Daten anderer Anwendungsgebiete der Informatik (z.B. Betriebswirtschaft, Ingenieurwesen oder Medizin).

- Erstens liegen in Umweltinformationssystemen Daten *heterogener Struktur* vor, z.B. Meßwerte aus der Umweltüberwachung, textuelle Daten zu Umweltliteratur, Gesetzen oder Forschungsvorhaben, Strukturdaten zu chemischen Stoffen, formatierte Daten zu technischen Anlagen oder topographische Landschaftsdaten. Häufig haben Umweltdaten einen *geographischen Bezug*, d.h. sie sind bestimmten räumlichen Einheiten zugeordnet. Die repräsentierten Objekte sind oft mehrdimensional (z.B. Biotope, Altlastverdachtsflächen) und müssen durch komplexe geometrische Objekte wie Kurven oder Polygone dargestellt werden.
- Zweitens spielt sowohl die Verarbeitung von *Daten* mit Hilfe komplexer statistischer Methoden als auch der Umgang mit *unsicheren, unpräzisen oder unvollständigen Daten*, d.h. die *Verarbeitung von vagem Wissen*, im Umweltbereich eine zentrale Rolle.
- Drittens muß ein einfacher und flexibler Zugriff auf *heterogene Datenbanken* möglich sein, da ein Benutzer aufgrund der interdisziplinären Umweltprobleme häufig auf unterschiedliche Datenquellen zugreifen muß. Umweltdaten sind in vielen Fällen fachübergreifend zu gewinnen und darzustellen; sie müssen dazu häufig aus fachbezogenen Primärdatenbasen abgeleitet werden (vgl. auch GÜNT92c). In diesem Zusammenhang sind auch sogenannte *Orientierungsdaten* wichtig, die dem Benutzer die notwendigen Zusatzinformationen zur fachgerechten Bewertung der Umweltdaten liefern.
- Viertens schließlich ist es häufig notwendig, die Umweltdaten *modellbasierten Analysen* zu entnehmen (z.B. um gemessene Immissionsdaten durch Ausbreitungsrechnungen zu ergänzen).

Auch wenn bei der Entwicklung von Informatik-Systemen im Umweltbereich prinzipiell bekannte Konzepte und Methoden eingesetzt werden können, so ergeben sich aus den oben genannten Gründen sowie aus der Notwendigkeit zur Integration verschiedener Konzepte in interdisziplinärer Zusammenarbeit spezifische Anforderungen an die Informationsverarbeitung im Umweltbereich.

1.3 Klassifikation informationsverarbeitender Systeme im Umweltschutz

Informatiksysteme im Umweltschutz können idealtypisch den nachfolgend beschriebenen Kategorien zugeordnet werden. Klassifikationskriterium ist die erreichte Auswertungsstufe der verarbeiteten Informationen.

1.3.1 Überwachungs- und Kontrollsysteme

Diese Systeme sind dem klassischen Aufgabenfeld „Messen, Steuern, Regeln" zuzuordnen. Sie dienen entweder dem Umweltmonitoring (Überwachung der Belastung von Wasser, Luft, Boden und Vegetation sowie Lärm- und Strahlungsüberwachung mittels Fernüberwachung oder Fernerkundung) oder der Steuerung und Regelung technischer Abläufe im Rahmen der computergestützten Prozeßführung. Teilweise werden Überwachungs- und Kontrollsysteme speziell für Umweltschutzaufgaben entwickelt (z.B. im Rahmen von Emissionsminderungs-, Abwasseraufbereitungs- oder Abfallverwertungstechniken), in anderen Fällen können herkömmliche Systeme mit Sekundäreffekten für den Umweltschutz eingesetzt werden. Dies ist beispielsweise dann der Fall, wenn Prozeßleitsysteme genutzt werden, um den Energieverbrauch oder die Schadstoffemissionen eines Produktionsverfahrens zu reduzieren.

Überwachungs- und Kontrollsysteme

Prozeßführung

1.3.2 Konventionelle Informationssysteme

In diese Klasse fallen Systeme zur Speicherung, Organisation, Integration und Wiedergabe von Daten unterschiedlichster Herkunft und Struktur:
- Meßwerte aus Überwachungssystemen,
- *formatierte* Faktendaten, wie z.B. Toxizitätsfaktoren und andere stoffbezogene Daten, Emissionsfaktoren, Daten zu Abfallmengen und -arten, oder
- *unformatierte* Dokumente, wie z.B. Umweltgesetze und -verordnungen oder Angaben zur umweltrelevanten Fachliteratur.

Dabei sind häufig Anforderungen an den Zeit- und Raumbezug der Daten zu berücksichtigen. Die inhaltliche Erschließung geht hier typischerweise nur wenig über eine gezielte Auswahl und Zusammenstellung der Umweltdaten hinaus.

Heterogene Daten

Zeit- und Raumbezug der Daten

1.3.3 Auswertungs- und Analysesysteme

Auswertungs- und Analysesysteme unterstützen die Verarbeitung von Umweltdaten mittels komplexer mathematisch-statistischer Auswertungsmethoden und Modellrechnungen. In diesen Bereich gehören u.a. Ausbreitungs- und Prognoserechnungen, Bildinterpretationsverfahren und Simulation. Resultate der Auswertung sind z.B. Angaben zu Belastungsursachen oder zu den möglichen Auswirkungen verschiedener Planungsalternativen. Beispiele hierfür sind Simulationsmodelle, die zur Ursachenforschung bei Waldschäden dienen, oder Ausbreitungsrechnungen, die den Zusammenhang zwischen Emissionen und Immissionen herstellen.

Statistik und Modellrechnungen

1.3.4 Entscheidungsunterstützende Systeme

Entscheidungsunterstützende Systeme (EUS, engl. *Decision Support Systems, DSS*) bieten einem Entscheidungsträger direkte Unterstützung bei der Entscheidungsfindung, indem sie ihm Methoden zur Bewertung von Alternativen oder zur Begründung von Entscheidungen anbieten, z.B. beim Vergleich von Standortalternativen in der Umweltverträglichkeitsprüfung oder beim Umgang mit gefährlichen Stoffen.

Synthese und
Auswahl von
Maßnahmen

Im Unterschied zu den oben erwähnten Auswertungs- und Analysesystemen enthalten EUS Komponenten, die über eine Analyse des Status Quo hinausgehen und die Synthese und Auswahl von Maßnahmen unterstützen. Hierzu können auch Verfahren des logischen Schließens (Inferenzmechanismen) gehören. Auf diesem Feld sind insbesondere die wissensbasierten Systeme (darunter speziell Expertensysteme) gefordert.

1.3.5 Integrierte Umweltinformationssysteme

Umweltinformationssysteme, wie sie heute auf nahezu allen Ebenen – z.B. Unternehmen, Kommunen, Bundesländer, Bund, internationale Organisationen wie EU und UNO – aufgebaut werden, lassen sich den zuvor genannten Systemklassen oft nicht eindeutig zuordnen, weil sie über mehrere Komponenten unterschiedlicher Klassen verfügen. Wir bezeichnen sie deshalb als *integrierte Umweltinformationssysteme*.

UIS als
verteilte Systeme

Es ist zu erwarten, daß integrierte UIS in Zukunft vermehrt als heterogene verteilte Systeme konzipiert werden. Die beim Aufbau dieser Systeme erforderliche Integration verschiedener Systemkonzepte der Informatik (wie Datenbanksysteme, Geographische Informationssysteme, Simulationssysteme und wissensbasierte Systeme) stellt eine besondere Herausforderung dar, deren Bewältigung auch andere Anwendungsgebiete befruchten kann.

1.4 Methodische Schwerpunkte der Umweltinformatik

In der Umweltinformatik kommt prinzipiell das gesamte Spektrum der Informatikmethoden zum Einsatz. Aufgrund der in Abschnitt 1.2 skizzierten besonderen Eigenschaften von Umweltdaten sind einige Konzepte und Methoden jedoch stärker gefordert als andere. In Abbildung 1-2 ist die Relevanz von Informatik-Forschungsthemen für die oben eingeführten fünf Systemklassen dargestellt.

1.4.1 Datenbanksysteme und Geographische Informationssysteme

Datenbanksysteme gehören zweifellos zu den wichtigsten Werkzeugen der Umweltinformatik (siehe auch Kapitel 6). Bei der Realisierung von UIS stößt man jedoch auf Schwierigkeiten, wenn man die komplex strukturierten Objekte des Umweltbereichs auf die Datenmodelle von Standard-Datenbanksystemen abzubilden versucht. Unterschiedliche Aspekte der Umweltinformationsverarbeitung werden bisher nur durch unterschiedliche Typen von Datenbanksystemen angemessen unterstützt; die derzeit verfügbaren Standardsysteme sind jeweils einseitig auf eine Anwendungsklasse abgestimmt und bieten für die Umweltdatenverarbeitung daher keine ausreichende Unterstützung (Beispiele nennt NEUG90).

Der Einsatz relationaler Datenbanksysteme für die Abbildung aller Teilaspekte von Umweltinformationen ist keine adäquate Lösung, denn man stößt auf Schwierigkeiten, wenn man komplexe Umweltobjekte, wie z.B. chemische Verbindungen, Meßreihen, Gesetzestexte oder Flächenelemente, gleichermaßen in Form von normalisierten Relationen darzustellen versucht. *(Relationale Datenbanksysteme)*

Die Umweltinformatik ist einerseits gefordert, für diese Anforderungen praktikable und möglichst effiziente Lösungsansätze im bisher verfügbaren Datenbankumfeld zu entwickeln. Andererseits verlangen Anwendungen wie integrierte Umweltinformationssysteme neue Datenbankkonzepte, die den speziellen Anforderungen aus diesem Bereich besser gerecht werden. Solche Konzepte werden u.a. im Bereich der *objektorientierten Datenbanken* erkennbar, die die Perspektive bieten, heterogene Umweltinformationen weitgehend einheitlich zu verarbeiten. Aufgaben der Umweltinformatik liegen hier vor allem darin, Beiträge zur Anforderungsdefinition und Bewertung objektorientierter Datenbankkonzepte im Rahmen von prototypischen Anwendungen im Umweltschutz zu leisten. *(Objektorientierte Datenbanksysteme)*

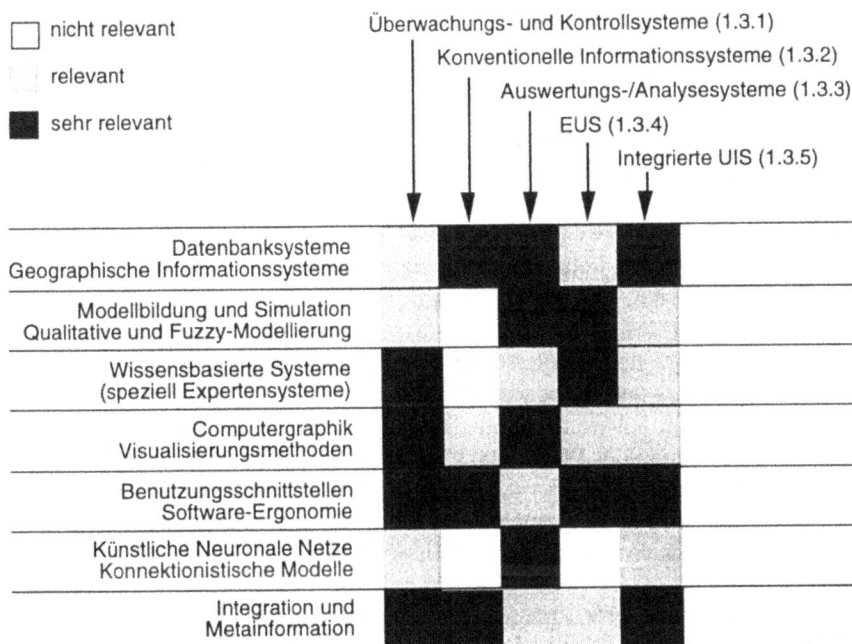

Legende:
- ☐ nicht relevant
- ▨ relevant
- ■ sehr relevant

Spalten:
- Überwachungs- und Kontrollsysteme (1.3.1)
- Konventionelle Informationssysteme (1.3.2)
- Auswertungs-/Analysesysteme (1.3.3)
- EUS (1.3.4)
- Integrierte UIS (1.3.5)

Zeilen:
- Datenbanksysteme / Geographische Informationssysteme
- Modellbildung und Simulation / Qualitative und Fuzzy-Modellierung
- Wissensbasierte Systeme (speziell Expertensysteme)
- Computergraphik / Visualisierungsmethoden
- Benutzungsschnittstellen / Software-Ergonomie
- Künstliche Neuronale Netze / Konnektionistische Modelle
- Integration und Metainformation

Abb. 1-2: Informatik-Forschungsthemen und Umweltinformatik-Systemklassen

Geographische Informationssysteme (GIS)

Umweltinformationssysteme (UIS) können aufgrund des Raumbezuges des größten Teils der gespeicherten Daten auf der Basis von *geographischen Informationssysteme* (GIS) realisiert werden, wobei zusätzliche Sachdaten ohne Raumbezug (z.B. Stoffdaten oder Literaturdaten) und zeitabhängige Daten (z.B. bei Nutzungsänderungen von Sanierungsflächen oder saisonalen Schwankungen der Schadstoffbelastungen) ebenfalls darstellbar sein müssen (zur Verarbeitung raumbezogener Daten siehe auch Kapitel 7). Hierfür ist das GIS um zusätzliche Funktionalitäten zu erweitern, denn ein GIS ist zunächst auf raumbezogene Daten spezialisiert: „A geographic information system (GIS) is an information system that is designed to work with data referenced by spatial or geographic coordinates. In other words, a GIS is both a database system with specific capabilities for spatial-referenced data, as well a set of operations for working with the data." (STAR90, S. 30).

Integration heterogener Datenquellen

Es ist davon auszugehen, daß zum Aufbau wirklich flächendeckender Umweltinformationssysteme größtenteils vorhandene, sehr unterschiedlich strukturierte Datenquellen integriert werden müssen und daß sich auch für neu geschaffene Datenbestände kein einheitliches Schema durchsetzen wird. Ein zentrales Problem ist daher die *Integration heterogener Datenquellen in verteilten Anwendungen,* die auch für die strategische Führungsebene der Umweltverwaltung zu lösen ist (vgl. GÜNT92c und Kapitel 13 in diesem Band). Die aktuellen Entwicklungen im Bereich der Umweltinformationssysteme gehen von Lösungen aus, in denen autonome, heterogene, nach jeweils speziellen Anforderungen modellierte Datenbereiche über ein förderatives Schema zu einem Gesamtsystem integriert sind (JAES94).

1.4.2 Modellbildung und Simulation

Methoden der Modellbildung und Simulation (siehe auch Kapitel 10) besitzen auf dem Umweltsektor schon eine lange Tradition und haben durch gesetzliche Regelungen zum Teil sogar Normcharakter erhalten (z.B. Ausbreitungsmodelle für Luft- oder Wasserschadstoffe).

Analyse komplexer Systeme

Die Modellbildung und Simulation eignet sich für die Analyse komplexer dynamischer Systeme, wie sie im Umweltbereich typischerweise anzutreffen sind. Grundsätzlich lassen sich auf dem Umweltsektor folgende Einsatzbereiche von Computermodellen unterscheiden:
- Umweltforschung und interdisziplinäre Ökosystemforschung,
- Abschätzung von Umweltverträglichkeit bzw. von zu erwartenden Umweltschäden; Abschätzung der Wirksamkeit von Umweltschutzmaßnahmen,
- Planung, Überwachung, Analyse, Steuerung und Regelung von technischen Prozessen nach umweltbezogenen Kriterien (z.B. Emissionsminderung, Verbesserung der Energie- und Rohstoffproduktivität).

Auch im Rahmen von Umweltinformationssystemen spielen Simulationsmodelle eine immer wichtigere Rolle, da mit ihrer Hilfe die Umweltdaten einer tiefergehenden Auswertung unterzogen werden können. Simulationskomponenten in UIS erweitern so die Menge der zu behandelnden Fragestellungen und sind besonders für wissenschaftlich orientierte Benutzergruppen interessant (vgl. GRÜT91).

Während die Simulation bisher weitgehend getrennt von Umweltinformationssystemen erfolgt, wird künftig die *Einbettung* der Modelle in ein UIS gefordert sein. Die entsprechenden softwaretechnischen Integrationsfragen sind ebenfalls ein wichtiges Aufgabenfeld der Umweltinformatik.

Einbettung von Simulationsmodellen in UIS

Damit eng verbunden ist die Frage der Kopplung von Simulationssystemen und Geographischen Informationssystemen. Ziel ist es, die adäquate Darstellung des Raumes im GIS mit der adäquaten Darstellung von Kausalbeziehungen und Zeitdynamik in Simulationsmodellen zu verbinden, also ein „dynamisches GIS" zu schaffen. Beispielsweise wird für die Prognose der Auswirkungen verkehrsbezogener Maßnahmen auf die Umwelt ein gleichermaßen raumbezogenes und dynamisches Modell benötigt. Eine enge Kopplung der beiden Systemtypen stellt jedoch hohe Anforderungen, deren Lösung eine aktuelle Forschungsfrage ist (MEYE95).

Kopplung von Simulationssystemen und GIS

1.4.3 Wissensbasierte Systeme

Es wird zunehmend versucht, wissensbasierte Systeme, insbesondere Expertensysteme, auch für den Umweltschutz nutzbar zu machen (siehe auch Kapitel 12). Die steigende Zahl von Expertensystemprojekten im Umweltbereich kann jedoch nicht darüber hinwegtäuschen, daß der Anteil der praktisch einsetzbaren Systeme sehr gering ist (vgl. SIMO92). Auf dem Umweltsektor fällt das Gros der Expertensystementwicklungen (meist nur in Form von Prototypen) in die Klasse der Diagnose-/Interpretationssysteme. Schwerpunkte sind die folgenden Bereiche (vgl. PAGE90b, SIMO92):

Expertensysteme auf dem Umweltsektor

- Abfallwirtschaft (Beurteilung und Bewertung von gefährlichen Abfallstoffen, von Altlastenstandorten sowie Planung von Sanierungsmaßnahmen);
- Unterstützung bei Genehmigungsverfahren (z.B. in bestimmten Phasen der Umweltverträglichkeitsprüfung);
- Unterstützung bei der Anwendung von Umweltschutzvorschriften (z.B. der Bundesimmissionsschutzverordnung);
- Auskunft und Beratung bei Störfällen und Krisensituationen (z.B. Unfälle mit umweltgefährdenden Chemikalien).

Als aussichtsreiches Feld für den Einsatz von Expertensystemen erscheint die wissensbasierte Unterstützung bei der Nutzung von Umweltdatenbanken, bei der Anfragebearbeitung im Umweltinformationsdienst sowie bei der Umweltüberwachung und Störfallbearbeitung, hier insbesondere als Schulungs- und Trainingsinstrument (vgl. ARNO91, SIMO92).

Der Einsatz der Expertensystemtechnologie auf dem Umweltsektor stößt bisher vor allem deshalb an Grenzen, weil

Grenzen des Expertensystem-Einsatzes

- Wissensakquisitionstechniken und entsprechende Werkzeuge für *inter- bzw. multidisziplinäre Wissensbereiche* wie den Umweltschutz noch unzureichend entwickelt sind (vgl. ANGE91, S. 510-511; PAGE90b),

- einfache regelbasierte Ansätze der Expertensysteme sich für viele Anwendungen auch des Umweltbereiches als unzureichend erwiesen haben, so daß man verstärkt zu neueren Ansätzen der Wissensrepräsentation übergehen müßte, die auf *„tiefen Modellen"* des Gegenstandsbereichs (gegenüber „flachen" Regeln, die meist nur an der Oberfläche des Wissens bleiben) beruhen,
- eine verstärkte *Integration von Expertensystemtechniken mit konventionellen Techniken* und Standards (Datenbanksysteme, Geographische Informationssysteme, Simulationsmodelle, Benutzungsoberflächen, Grafiksysteme) erreicht werden muß,
- die *Realtime-Fähigkeit* von Expertensystemen für Aufgaben der Umweltüberwachung und umweltorientierten Prozeßsteuerung noch nicht gegeben ist.

Hinsichtlich der Wissensakquisition in multidisziplinären Domänen und der Integration wissensbasierter Techniken in ein konventionelles Software-Umfeld kann die Umweltinformatik Beiträge zur Informatik-Grundlagenforschung leisten. Insgesamt ist der Umweltbereich als Herausforderung für die Expertensystemtechnik zu sehen (siehe auch Kapitel 12).

1.4.4 Benutzungsschnittstellen und Software-Ergonomie

Voraussetzung für eine breite Nutzung von Umweltinformationssystemen ist der Einsatz moderner (vor allem auch graphischer) Konzepte bei der Gestaltung der Benutzungsoberflächen. Besonders in der Gruppe der „gelegentlichen Endbenutzer" läßt sich der Nutzungsgrad durch geeignete Benutzungsschnittstellen erfahrungsgemäß vervielfachen (vgl. SEGG87).

Nutzerführungs-
systeme

Der einfache und komfortable Zugang zu Umweltdatenbanken für große Benutzergruppen kann nur durch leistungsfähige, an softwareergonomischen Prinzipien orientierte Benutzungsschnittstellen und speziell *Nutzerführungssysteme* verwirklicht werden (vgl. KRAS93). Dies kann insbesondere den Zugriff auf Informationen über den Zustand der Umwelt, aber auch Angaben über potentiell umweltbelastende oder dem Umweltschutz dienliche Vorhaben beinhalten. Solche Konzepte sind besonders im Zusammenhang mit der EG-Richtlinie über den freien Zugang zu Umweltinformationen relevant (siehe auch Kapitel 3).

1.4.5 Computergraphik und Visualisierung

Anwendungen der Computergraphik als Instrument zur anspruchsvollen Visualisierung von Umweltdaten sind in der umweltpolitischen Entscheidungsfindung, Umweltberichterstattung und in der Umweltforschung von großer Bedeutung (HAGE90). Weil das Auge komplexe Zusammenhänge am besten erfassen kann, ist die Datenvisualisierung gerade im Umweltbereich mit seinen explorativen Aspekten ein unverzichtbarer Bestandteil von Analyse- und Auswertungssystemen (siehe Kapitel 9 und die Farbtafeln in der Mitte dieses Bandes).

Datenanalyse durch
Visualisierung

Viele Aufgaben des Umweltschutzes erfordern den Vergleich und die Verknüpfung zahlreicher Parameter bezüglich verschiedener *geometrischer* bzw. *geographischer Objekte* oder verschiedener Zeitskalen. Derartige Anforderungen treten vor allem in der Datenanalyse im Rahmen der Umweltforschung und in der Datenaufbereitung für die Entscheidungsunterstützung auf, wo Korrelationen und sogenannte Verschneidungen eine wichtige Rolle für die Interpretation der Umweltdaten spielen.

1.4.6 Künstliche Neuronale Netze

Konnektionistische Modelle sind von der Struktur neuronaler Netze inspirierte formale Modelle, die elementare Lernalgorithmen realisieren; sie werden auch als (Künstliche) Neuronale Netze bezeichnet. Für die Umweltinformatik sind diese Ansätze vor allem deshalb wichtig, weil sie zur Strukturierung und Analyse großer Datenmengen eingesetzt werden können (siehe auch Kapitel 11).

Datenanalyse mit konnektionistischen Modellen

1.4.7 Integration

Wie kaum ein anderes Aufgabengebiet stellt uns der Umweltschutz vor *Integrationsaufgaben*. Dabei sind nicht nur systemtechnische Integrationsprobleme zu lösen, sondern auch unterschiedliche Akteure (Bund, Länder, Kommunen, Unternehmen, Bürger) und die Wissensbestände verschiedener Fachgebiete zu koordinieren.

Die nachträgliche Integration gewachsener Insellösungen im Bereich der Umweltdatenbanken (siehe Kapitel 13) und die Integration von Methoden und Modellen z.B. im Rahmen von entscheidungsunterstützenden Systemen (siehe Kapitel 14) erfordern innovative Lösungen, die zweifellos auch in anderen Anwendungsgebieten der Informatik von Nutzen sein werden.

In der Umweltinformatik hat sich hierfür in den vergangenen Jahren das Konzept der *Metainformation* als nützlich erwiesen, also der *Information über Information*, die vom Benutzer oder auch vom System selbst ausgewertet wird. So wurden zur Benutzerführung und Orientierung innerhalb umfangreicher Umweltinformationssysteme *Metainformationssysteme* für den Zugriff auf Datenquellen und ökologische Modelle aufgebaut (siehe Kapitel 4) oder Daten aus unterschiedlich strukturierten Meßnetzen durch *Metainformations-Server* zur einem Datenverbund integriert (siehe Kapitel 13).

Metainformation als Mittel der Integration

Einerseits benötigt man Metainformationen zur *Navigation* in einem komplexen und heterogenen Datenverbund; andererseits liefern sie das Wissen über die *Semantik* der gespeicherten Daten, das erforderlich ist, um die Daten auch in anderen Kontexten als dem ihrer Erhebung richtig zu interpretieren. Bezüglich der geeigneten Repräsentation, Standardisierung, automatischen Generierung und Auswertung von Metainformationen besteht noch erheblicher Forschungsbedarf (JAES94).

1.4.8 Weitere relevante Methoden

Neben den oben behandelten Themen gibt es Informatikmethoden, die zwar für den Umweltbereich sehr relevant sind, aber umgekehrt kein spezifisches Innovationspotential für die eigene Weiterentwicklung aus diesem Anwendungsgebiet schöpfen können.

Meßdatenerfassung,
Fernerkundung

So spielen aufgrund der vielfältigen Messungen über Zustand und Entwicklung der Umwelt (Luft- und Wasserqualität, Boden, Lärm, Radioaktivität; vgl. ANGE91, S. 117 ff.) die Meßdatenerfassung und -verarbeitung einschließlich der Methoden der *Fernerkundung* (z.B. für die Waldschadenskartierung) eine wichtige Rolle.

Bildverarbeitung

Methoden der *Bildverarbeitung* (vgl. PILL88) werden zunehmend für die Analyse von Satellitenbildern herangezogen, z.B. bei der Waldschadensinventur – ggf. unter Einbeziehung wissensbasierter Techniken (vgl. GÜNT92a), dann wiederum mit hohem Innovationspotential für die Informatik (siehe auch Kapitel 5). Andere Anwendungsbereiche der Bildverarbeitung im Umweltmonitoring wie die Überwachung der Ölverschmutzung auf See oder von Luftschadstoff-Emittenten bieten sich an.

Prozeßdaten-
verarbeitung

Die *Prozeßdatenverarbeitung* ist vor allem im technischen Umweltschutz relevant, speziell für die umweltschonende Steuerung und Regelung von Produktionsprozessen (für eine Bestandsaufnahme siehe ANGE91, S. 237 ff).

1.5 Beziehungen der Umweltinformatik zu anderen Teildisziplinen der Angewandten Informatik

Angewandte
Informatik

Die Angewandte Informatik hat die Aufgabe, Brücken zwischen den Methoden und Techniken der automatisierten Informationsverarbeitung und ihren jeweiligen Anwendungsgebieten zu schlagen. Abbildung 1-3 veranschaulicht diese vermittelnde Rolle der Angewandten Informatik. Einerseits analysiert sie die Probleme des Anwendungsgebietes und definiert die Anforderungen an einen adäquaten Informationstechnikeinsatz. Auf der anderen Seite bringt sie ihr methodisches Potential zur Lösung komplexer Probleme in das Anwendungsgebiet ein. Weil jedes Anwendungsgebiet seinen eigenen Gegenstand, sein eigenes Begriffssystem und seine eigenen Methoden besitzt, bilden sich Spezialdisziplinen der Angewandten Informatik wie „Medizinische Informatik", Wirtschaftsinformatik" oder „Umweltinformatik", die manchmal etwas abwertend als Bindestrich-Informatiken bezeichnet (aber selten mit Bindestrich geschrieben) werden.

Wir sind der Auffassung, daß jeder Fortschritt im Bereich der Informationstechnik, z.B. die Steigerung der Rechenleistung und Speicherdichte, den Bedarf an Angewandter Informatik erhöht, da sie durch ihre explizite Vermittlungsfunktion die Chance zu einem reflektierten – d.h. nicht von einem naiven Machbarkeitsglauben oder von kurzfristigen kommerziellen Interessen getriebenen – Technikeinsatz bietet. Die Existenz der Angewandten Informatik ist auch ein Grund dafür, daß der Begriff „Computer Science" als Übersetzung von „Informatik" gelegentlich zu eng erscheint; in internationalen Publikationen wird daher auch „Informatics" verwendet (z.B. AVOU94).

requirements of
real world problems

information
technology

Applied Informatics

application
field

problem solving potential of
information technology

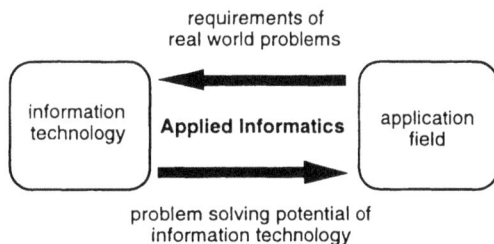

Abb. 1-3: Die vermittelnde Rolle der Angewandten Informatik (aus HILT95a)

Die Wechselwirkung zwischen Angewandter Informatik und ihrem Anwendungsgebiet führt häufig so weit, daß sich in der Anwendungsdisziplin die
Arbeitstechnik und Methodik aufgrund des Informationstechnikeinsatzes
grundlegend verändern. Ein bekanntes Beispiel ist die Medizin, die sich durch
Fortschritte der Medizinischen Informatik in den vergangenen Jahrzehnten
stark gewandelt hat – man denke nur an die Computertomographie, die die
dritte Dimension in die Röntgenverfahren einführte und damit nicht nur die
Diagnostik, sondern auch die Chirurgie revolutionierte. Vielleicht wird die
noch relativ junge Umweltinformatik längerfristig ähnlich weitgehende Veränderungen in den Gebieten Umweltschutz, Umweltplanung und Umweltforschung auslösen.

Ein besonderes Merkmal des Umweltbereichs ist seine Multidisziplinarität, die sich auch auf die Umweltinformatik überträgt. In Abbildung 1-4
sind die unterschiedlich starken Verknüpfungen der Umweltinformatik mit
anderen Spezialisierungen der Angewandten Informatik, von der Bioinformatik
bis zur Verwaltungsinformatik, durch unterschiedlich starke Pfeile angedeutet.
Die Beziehung besteht teilweise nur in einem punktuellen Austausch von Inhalten (z.B. mit der Rechtsinformatik), in anderen Fällen jedoch in einer
signifikanten Überschneidung der Gegenstandsbereiche (z.B. mit der Geo- oder
der Wirtschaftsinformatik).

Eine Überschneidung besteht mit der sich neu formierenden *Bioinformatik*   Bioinformatik
(vgl. SCHÜ92), da sich beide Disziplinen u.a. mit dem Einsatz von Informationstechnik zur Analyse natürlicher Systeme befassen. Dabei ist jedoch zu
beachten, daß sich Umweltinformatik und Bioinformatik in ihrer Zielsetzung
und auch in der Wahl ihrer Methoden unterscheiden. Das Ziel, Umweltbelastungen zu vermeiden oder zu minimieren, steht in der Bioinformatik nicht im
Vordergrund.

Breite, für die Umweltinformatik unverzichtbare Überschneidungsberei   Geoinformatik
che gibt es mit der *Geoinformatik*, die sich mit der geographischen Datenverarbeitung, insbesondere mit dem Aufbau von Geographischen Informationssystemen (GIS) befaßt (siehe auch Kapitel 7).

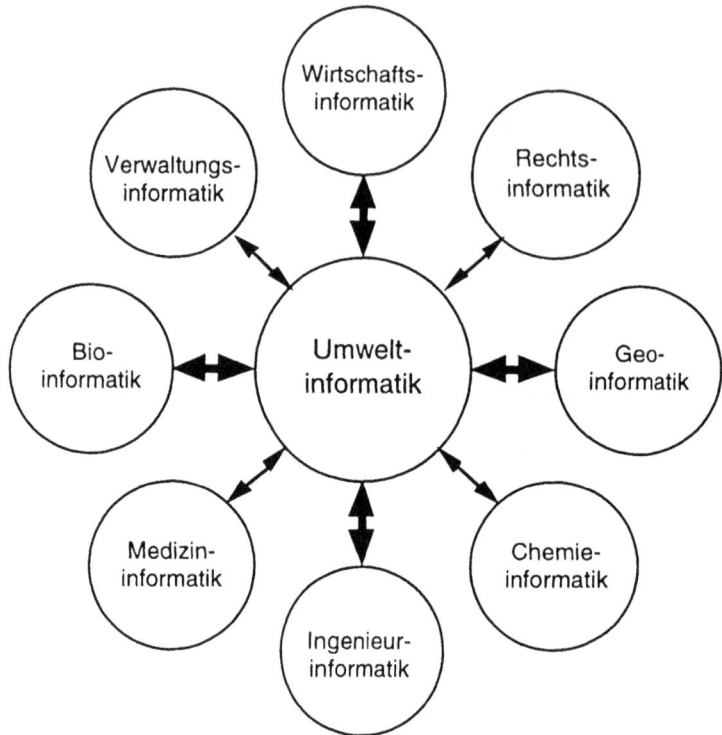

Abb. 1-4: Beziehungen der Umweltinformatik zu anderen Teilgebieten der Angewandten Informatik

Wirtschafts-
informatik

     Die *Wirtschaftsinformatik* beschäftigt sich zunehmend mit Konzepten von Betrieblichen Umweltinformationssystemen (BUIS). Hier entwickelt sich ein gemeinsames Anwendungsfeld von Wirtschafts- und Umweltinformatik (siehe Kapitel 15).

Ingenieurinformatik

     Auf der technischen Ebene, besonders im Rahmen von Überwachungs- und Kontrollsystemen, bestehen Berührungspunkte mit der *Ingenieurinformatik*, die sich u.a. mit der Prozeß- und der Meßdatenverarbeitung befaßt (vgl. NICO80). Die Umweltinformatik konzentriert sich jedoch auf problemorientierte Verarbeitungsmethoden und betrachtet die technischen Voraussetzungen auf der Ebene der Sensorik, der Datenübertragung, der Regelungstechnik usw. als gegeben.

Verwaltungs-
informatik

     Da Umweltschutz vorrangig eine öffentliche Aufgabe darstellt, sind hierbei natürlich auch Fragen der Verwaltungsautomation (z.B. automatische Vorgangsbearbeitung bei Umweltvollzugsaufgaben) und damit die *Verwaltungsinformatik* tangiert. Diese Disziplin „zielt auf den Synergieeffekt durch die Verschmelzung der gewachsenen Verwaltungskultur mit der Sprech- und Denkwelt der Informatik" (BONI92, S. 5).

Zur *Rechtsinformatik* (vgl. REIS77) bestehen Beziehungen über Ansätze zur maschinellen (Umwelt-)Rechtsdokumentation und zur technischen Unterstützung bei der Anwendung von Umweltgesetzen und -verordnungen, z.B. mit Hilfe von Expertensystemen. **Rechtsinformatik**

Zur Bekämpfung von Unfällen oder Störfällen und für die Überprüfung des bestimmungsgemäßen Umgangs mit umweltgefährlichen Stoffen (z.B. Lagerung, Transport) werden Datenbanken für die Auskunft über umweltrelevante Chemikalien aufgebaut. Sie stellen hohe Anforderungen an die Datenbanktechnik und benötigen spezielle Recherche- und Visualisierungsverfahren für Stoffstrukturen (siehe auch Kapitel 8). Hierbei ergeben sich Verknüpfungen zwischen Umweltinformatik und dem Spezialgebiet *Informatik in der Chemie* (JOCH93). **Chemieinformatik**

Schließlich werden zunehmend Fragen der Beziehung zwischen Umweltbelastungen und Gesundheit untersucht. Konzepte für eine geeignete informationstechnische Unterstützung (z.B. für epidemiologische Untersuchungen) werden gemeinsam mit der *Medizinischen Informatik* entwickelt (PÖPP94). **Medizininformatik**

1.6 Ein Blick in die Forschungslandschaft

Die Forschungsaktivitäten der Umweltinformatik, die sich in den letzten Jahren rasch ausgeweitet haben, lassen sich – ohne Anspruch auf Vollständigkeit – durch die folgenden Eckdaten und Stichworte charakterisieren.

Der GI-Fachausschuß 4.6 „Informatik im Umweltschutz"
Der Fachausschuß 4.6 der Gesellschaft für Informatik (GI) wurde 1987 gegründet und ist bis heute auf rund 1000 Mitglieder angewachsen. Seine Forschungsaktivitäten sind u.a. in speziellen Arbeitskreisen organisiert, die es zu den folgenden Themen gibt (Publikationen der Arbeitskreise in Klammern):
* Umweltdatenbanken (NEUG90, KREM90, BEHL92, KREM94),
* Visualisierung von Umweltdaten (DENZ92c, DENZ93e, DENZ94),
* Kommunale Umweltinformationssysteme (KREM93),
* Betriebliche Umweltinformationssysteme (HAAS95b, HAAS95d),
* Integration von Umweltdaten (DENZ93d, GÜTT95)
* Werkzeuge für die Simulation und Modellbildung in Umweltanwendungen (GRÜT92a, KELL93, KELL94, KELL95).

Die IFIP-Working Group „Computers and the Environment"
Eine Internationalisierung der Aktivitäten des FA 4.6 wurde durch Gründung der Working Group 5.11 „Computers and the Environment" in der International Federation for Information Processing (IFIP) erreicht (vgl. PAGE92a).

Konferenzen
Der FA 4.6 führt regelmäßige, seit 1991 auch internationale Symposien und Fachgespräche zum Thema „Informatik für den Umweltschutz" durch, die

in den Tagungsbänden JAES87, VALK88 sowie IFU88 bis IFU95 vollständig dokumentiert sind.

Unregelmäßig veranstaltet auch die IFIP-WG 5.11 internationale Konferenzen mit Bezug zur Umweltinformatik. Bisher sind die Tagungsbände AIKE92, GUAR94 und DENZ95 erschienen.

Die Bibliographie „Umweltinformatik"

Diese Bibliographie, die Teil der Umweltliteraturdatenbank ULIDAT des Umweltbundesamtes ist, verzeichnet über 2000 Quellen mit Inhaltsangaben. Sie ist in gedruckter Form erschienen (UBA89), für aktuelle Recherchen sollte jedoch auf die Online-Datenbank zugegriffen werden.

Institutionen

Es gibt eine Reihe von wissenschaftlichen Institutionen in Deutschland, an denen sich dauerhafte *Schwerpunkte der Umweltinformatik-Forschung* gebildet haben. Wir können sie nur exemplarisch aufzählen:

- Forschungszentrum Karlsruhe, Abteilung Umweltinformatik.
- Forschungsinstitut für anwendungsorientierte Wissensverarbeitung (FAW) an der Universität Ulm.
- Institut für Umweltinformatik (IUI) an der Hochschule für Technik und Wirtschaft, Saarbrücken.
- Universität/GHS Kassel, Forschungsgruppe Umweltsystemanalyse.
- Universität Hamburg, Fachbereich Informatik, Arbeitsbereich Angewandte und Sozialorientierte Informatik. Seit dem Wintersemester 1994/95 können „Informatikmethoden für den Umweltschutz" an diesem Fachbereich als Vertiefungsgebiet im Hauptstudium gewählt werden.

Auch wenn die Umweltinformatik inzwischen ein eigenständiges fachliches Profil erkennen läßt, ist sie dennoch innerhalb der Informatik (genauer: als eine *Teildisziplin der Angewandten Informatik*) anzusiedeln. Ihr spezifisches Merkmal ist gerade der Methodentransfer aus der Kerninformatik in das Anwendungsgebiet Umweltschutz.

Allerdings sollte bei der Umweltinformatik nicht die Methodendiskussion, sondern vielmehr das Ziel im Vordergrund stehen, einen Beitrag zur Lösung der drängenden Umweltprobleme zu leisten. Dazu gehört nicht nur die Lösung von Fragen der Technikgestaltung, sondern auch eine kritische Analyse möglicher oder bestehender negativer Umweltfolgen des Einsatzes von informationsverarbeitenden Systemen. Insgesamt muß die Umweltinformatik ihre eigene Orientierung im Kontext der Umweltproblematik und des gesellschaftlichen Techniknutzungspfades immer wieder reflektieren (siehe auch Kapitel 16).

Dieses Handbuch hat zum Ziel, erstmalig eine Systematisierung und Strukturierung der Umweltinformatik durch eine gezielte Auswahl von aufeinander abgestimmten Fachbeiträgen zum „State of the Art" dieser neuen Disziplin zu leisten.

1.7 Weiterführende Literatur

Jedes Kapitel dieses Bandes endet mit einem Abschnitt, der eine bewußt kleine Auswahl an weiterführender Literatur auflistet und kommentiert. Bei einem Einleitungskapitel erscheint dies nicht unbedingt sinnvoll, da ja die nachfolgenden Kapitel die hier ausgebreiteten Ideen weiterführen und vertiefen. Daher wollen wir diesen Platz dazu nutzen, dem Leser einige Quellen zu nennen, die regelmäßig aktuelle Informationen zur Umweltinformatik anbieten.

Für Mitglieder des GI-Fachausschusses 4.6 „Informatik im Umweltschutz" ist dies der Rundbrief des Fachausschusses, der zweimal jährlich erscheint. Leser mit WWW-Zugang können sich aber auch über die URL

http://www.iai.kfk.de/Fachgruppe/GI

über alle aktuellen Entwicklungen informieren.

Die Reihe der Tagungsbände zu den Symposien „Informatik für den Umweltschutz", in unserer Literaturliste unter dem Kürzel „IFU" zu finden, wird voraussichtlich jährlich fortgesetzt. In der gleichen Reihe erscheinen auch Workshop-Proceedings der oben erwähnten Arbeitskreise.

Zusätzlich möchten wir auf den ersten englischsprachigen Sammelband hinweisen, der einen Überblick über die internationale Umweltinformatik-Forschung gibt: „Environmental Informatics – Methodology and Applications of Environmental Information Processing", herausgegeben im Auftrag der Kommission der Europäischen Gemeinschaften (AVOU95).

2 Umweltproblematik und Informationsverarbeitung

Hartmut Bossel

Probleme können ohne Information über sie nicht gezielt gelöst werden. Komplexe Probleme benötigen zu ihrer Lösung mehr Information als einfache Probleme. Umweltprobleme sind fast immer komplex.

Diese einfachen Tatsachen verlangen zwingend den Einsatz rechnergestützter Informationsverarbeitung bei der Bewältigung der mannigfachen Aufgaben, die uns durch die sich verschärfende Umweltproblematik überall gestellt werden.

Ich gehe zunächst auf die drei Grundaufgaben ein, die sich (auch) bei der Behandlung der Umweltproblematik stellen: Pfadanalyse, Maßnahmensynthese und Systementwurf. Im zweiten Abschnitt betrachte ich die Rolle der Information bei Umweltproblemen insbesondere im Zusammenhang mit der Einschätzung von Systemverhalten. Im dritten Abschnitt versuche ich, aus meiner Sicht dringende Aufgaben der Umweltinformatik und notwendige Entwicklungsrichtungen zu nennen. Ich werde nicht versuchen, einen Überblick über bisherige Arbeiten zu geben. Hierzu verweise ich auf die nachfolgenden Kapitel und auf zusammenfassende Darstellungen wie PAGE90a, BOSS90 und BOSS92.

2.1 Eine Herausforderung für die Informatik

In der Umweltinformatik darf es nicht nur darum gehen, Werkzeuge der Informationsverarbeitung, die ohne Bezug auf mögliche Anwendungen im Umweltbereich entwickelt wurden, nun auch in diesem Bereich einzusetzen und damit der Informatik ein neues Aufgabengebiet und eine weitere Legitimation zu erschließen. Jeder neue Aufgabenbereich, auch die Umweltproblematik, stellt eigene Anforderungen und neue Aufgaben. Die Informatik muß sich diesen Anforderungen der Umweltproblematik stellen, ihre Werkzeuge an diesen Aufgaben schärfen und verbessern und neue Werkzeuge entwickeln, für die Bedarf aus anderen Kontexten bisher womöglich nicht erkennbar war. Wer „Umweltinformatik" betreiben will, und damit nicht nur ein neues Etikett für alte Flaschen meint, der muß mit einem Bein in der Informatik, mit dem anderen genau so fest in der Umweltproblematik stehen. Erst dann wird „Umweltinformatik" glaubwürdig; erst dann kann sie einen echten Beitrag zur Lösung der anstehenden und sich verschärfenden Probleme leisten.

Was wir als „Umweltproblematik" verstehen, ist nicht auf den Umweltbereich beschränkt, sondern durch anthropogene Prozesse erst hervorgerufen und entstanden. Bessere Informationsverarbeitung soll wiederum gezielte anthropogene Eingriffe ermöglichen, die die Umweltproblematik entschärfen. Die Aufgabe, der sich die Umweltinformatik stellen möchte, ist also von vornherein durch die Interaktion komplexer gesellschaftlicher Prozesse mit komplexen ökologischen Prozessen definiert. Umweltinformatik steht damit aber auch im Spannungsfeld gesellschaftlicher Interessen und darf sich nicht wundern, wenn ihre Arbeit von der Gesellschaft im besten Falle kritisch, im Normalfalle mit Obstruktion und Behinderung begleitet wird. Aber das ist ein Kapitel für sich.

Systemdynamik

Ich will hier vor allem festhalten, daß es Informationsverarbeitung im Umweltbereich fast immer mit der Interaktion sehr verschiedener komplexer Systeme (Gesellschaft, Technik, Wirtschaft, Ökologie, Klima) zu tun hat, die darüber hinaus alle dynamisches Verhalten zeigen. Diese Dynamik ist nicht nur ihrer systemspezifischen Eigendynamik zu verdanken, sie ergibt sich vor allem auch in oft nicht oder nur schwer bestimmbarer Weise aus der Interaktion der Einzelsysteme. Der Versuch statischer Betrachtung im Umweltbereich ist also selten realitätsnah genug, um verläßliche Entscheidungshilfe zu liefern.

Systembetrachtung

Es sind also Informationen von und über dynamische, interagierende und komplexe Systeme zu verarbeiten, die auf Einflüsse aus der jeweiligen Systemumwelt reagieren und diese wiederum beeinflussen und verändern. Eine Systembetrachtung wird also meist unumgänglich sein; die Untersuchungsansätze und Werkzeuge müssen hierfür geeignet sein. Sie müssen uns in die Lage versetzen, Wirkungen zu erkennen, Ursachen zu verstehen, Alternativen und Eingriffsmöglichkeiten zu erkennen und bessere Lösungen zu entwickeln.

Jedes System ist in eine Systemumwelt eingebettet, aus der es Einwirkungen (Inputs) erfährt, und in die es Auswirkungen (Outputs) abgibt. Aus dieser Konstellation ergeben sich drei grundsätzlich unterschiedliche Aufgaben, auch für die Informationsverarbeitung im Umweltbereich:

Grundaufgaben für die Informationsverarbeitung

1. Zustands- und Pfadanalyse: Das System und die Einwirkungen auf das System sind (mit ausreichender Genauigkeit) bekannt. Gesucht ist das sich hieraus ergebende Systemverhalten, insbesondere auch die Auswirkungen auf die Systemumwelt.

2. Maßnahmensynthese: Das System und das erwünschte Systemverhalten sind bekannt. Gesucht sind die Maßnahmen (Einwirkungen auf das System), die durchzuführen sind, um mit dem gegebenen System das gewünschte Verhalten zu erzielen.

3. Systementwurf: Die Einwirkungen auf das System sind bekannt, ebenso die gewünschten Auswirkungen. Gesucht ist ein System (oder die notwendige Änderung eines bekannten Systems), das unter den gegebenen Einwirkungen die gewünschten Auswirkungen erzeugt.

Aus diesen drei Grundaufgaben ergeben sich auch für die Informationsverarbeitung zur Umweltproblematik drei grundsätzlich unterschiedliche Anforderungen, mit denen ich mich zunächst befassen möchte. Es sei bereits hier angemerkt, daß sich die bisherige Umweltinformatik fast ausschließlich im Bereich der *ersten Grundaufgabe* bewegt. Wichtige Aufgaben im Bereich der anderen beiden Grundaufgaben blieben fast unbeackert.

2.1.1 Zustands- und Pfadanalyse: Was passiert?

Die Menschheit hat schon immer ihre Umwelt verändert, diese Veränderungen aber lange Zeit kaum in ihrem Verhalten berücksichtigen müssen, da die Auswirkungen entweder unbedeutend waren oder man ihnen ausweichen konnte. Heute bedrohen uns die selbstgeschaffenen Veränderungen auf vielfältige Art. Wir müssen genauer darüber Bescheid wissen, wo wir mit ihnen zu rechnen haben und wie sie sich in Zukunft entwickeln werden. Informationen hierüber werden handlungsbestimmend. Die Informationen müssen deshalb umfassend, verläßlich und genau sein. Computergestützte Informationsverarbeitung bewährt sich daher hier genauso wie in anderen komplexen Entscheidungskontexten auch, und die rasche Entwicklung der Umweltinformatik unter dieser Aufgabenstellung kann daher nicht verwundern.

1. Grundaufgabe: Zustandsbeschreibung

Informationen über Umweltprobleme haben fast immer auch eine räumliche und zeitliche Differenzierung. Damit steigt der Datenaufwand enorm: Nur selten gilt in Umweltzusammenhängen ein zeitlich und räumlich unveränderlicher Meßwert (wie etwa bei der Fallbeschleunigung). Meist haben wir es mindestens mit Zeitreihen zu tun (etwa bei der Entwicklung des CO_2-Gehalts der Atmosphäre der Nordhalbkugel oder des Nitratgehalts eines Brunnenwassers). Eine Vielzahl von Problemen verlangt aber auch die räumliche Differenzierung zeitabhängiger Phänomene (Waldschäden, Grundwasserverseuchung, Schadstoffausbreitung usw.) und damit die Datenhaltung und Verarbeitung in den bis zu vier Dimensionen von Raum und Zeit. Geographische Informationssysteme (GIS) nehmen daher in der Umweltinformatik einen breiten Raum ein, und sie werden in Zukunft auch durch Einbeziehung der Zeitdynamik noch wesentlich verbessert werden müssen (vgl. auch Kapitel 7).

Raum- und Zeitbezug der Daten

Die Erfassung und Verarbeitung umweltrelevanter Information zur Zustandserfassung wie auch zur Abschätzung der wahrscheinlichen Entwicklung unter gegebenen und angenommenen Bedingungen ist heute das herausragende Betätigungsfeld der Umweltinformatik. Hierbei gibt es enorme Skalenunterschiede: Die Anwendungen reichen von lokaler zu globaler Ausbreitung von Wirkungen oder Stoffen, vom Impakt im Sekundenbereich zu Veränderungen in Jahrtausenden. Beispielhaft seien genannt:

- Erfassung und Berechnung von lokalen Schallfeldern an Verkehrswegen in Abhängigkeit von Verkehrsstrom und Baumaßnahmen;
- Ausbreitungsrechnungen für Schadstoffe in Grundwasser und Atmosphäre, unter Berücksichtigung der physikalischen und chemischen Teilprozesse;
- Inventuren vorhandener Belastungen mit Hilfe von GIS (Rüstungs- und Deponiealtlasten, Bodenversauerung, Verbreitung von Tier- und Pflanzenarten);
- Abfallbörsen, Umweltinformationssysteme, Umweltdatenbanken.

Was sich heute zur „Umweltinformatik" zählt, ist fast ausschließlich in diesem ersten Aufgabenbereich der Zustands- und Pfadanalyse angesiedelt. Das verstellt leider teilweise den Blick auf andere Aufgaben der Informationsverarbeitung im Umweltbereich, die wegen ihrer Bedeutung mehr Aufmerksamkeit verdienen, in denen aber auch noch weit mehr Entwicklungsbedarf besteht.

2.1.2 Maßnahmensynthese: Was ist zu tun?

Zu wissen, wo es brennt – bessere und umfassendere Informationen über den Zustand und die wahrscheinliche Entwicklung von Umweltsystemen – ist *eine* Voraussetzung für besseren Umgang mit Umweltproblemen. Zu wissen, wie gelöscht werden kann – Kenntnis der Eingriffsmöglichkeiten und ihrer Folgen – ist aber die zweite notwendige Voraussetzung für den Erfolg. Dieser zweite Schritt stellt höhere Anforderungen als der erste. Der erste Schritt verlangt lediglich eine *Beschreibung* – so komplex sie auch sein mag. Der zweite Schritt ist ohne *Verständnis* der wesentlichen Zusammenhänge nicht zu leisten.

2. Grundaufgabe: Maßnahmensynthese

Die Bestandsaufnahme ist ein Prozeß des „Photographierens": Mit einer guten Kamera kann auch der Laie ein beschreibendes „Bild" produzieren, ohne daß er deshalb verstehen muß, was er abgelichtet hat. Die Maßnahmensynthese erfordert wesentlich mehr und ist ohne genaue und tiefgreifende Analyse der Zusammenhänge und der durch sie bedingten dynamischen Prozesse nicht mehr zu leisten. Hier hilft auch der beste „Photoapparat" (das informationsverarbeitende Werkzeug oder Verfahren) nicht weiter ohne den Sachverstand derjenigen, die mit Teilsystemen und Teilprozessen eng vertraut sind.

Systemanalyse

Die Umweltinformatik kann hier Werkzeuge bereitstellen, aber damit ist die Aufgabe nicht erledigt. Sie muß bei der Entwicklung, aber auch bei der Anwendung der Werkzeuge mit Umweltwissenschaftlern eng zusammenarbeiten. Hier liegt einiges im argen: Auf der einen Seite kennt fast jeder phantastische Produkte der Informatik (Simulationssysteme, Datenbanken, Expertensysteme), die ihren hohen Ansprüchen als umweltbezogene Anwendungen nicht gerecht werden, weil sie mit nur dürftigen Umweltkenntnissen entwickelt wurden. Auf der anderen Seite bemühen sich, unter dem Druck der Umweltprobleme, Umweltsachkenner um die Entwicklung von computergestützten Instrumenten ohne informatischen Sachverstand. Beides schluckt Zeit, Personal- und Sachmittel und führt doch nur zu unbefriedigenden Lösungen. Effiziente und zuverlässige Werkzeuge sind nur aus der direkten Zusammenarbeit von Umweltwissenschaftlern und Informatikern am konkreten Objekt zu erwarten.

Interdisziplinäre Zusammenarbeit

Die Bandbreite der zu lösenden Aufgaben zum besseren Umgang mit den vorhandenen Systemen ist enorm. Ich nenne nur einige Beispiele:
- realstrukturtreue Prozeßmodelle zum besseren Verständnis von Ökosystemen (Wald, Gewässer usw.) oder von Teilsystemen hiervon;
- Simulationsmodelle zur Optimierung von Düngung, Pestizideinsatz und Bewässerung in der Landwirtschaft;
- Simulationsmodelle zur Unterstützung der Ressourcen- und Energieeinsparung bei Produktion, Produktnutzung und generell Versorgung mit Material- und Energiedienstleistungen (Verkehr, Heizung, Produktionsprozesse usw.);
- Verkehrsflußoptimierung, Transportoptimierung;
- Simulationsmodelle ökonomischer und demographischer Prozesse zur Ermittlung von Eigendynamiken und Eingriffsmöglichkeiten (Weltmodelle, umweltökonomische Modelle, Stadt- und Landesentwicklung usw.);
- Prozeßkettenanalysen für Energieversorgung und Produktion (siehe auch Kapitel 15).

Erst umfassende und validierte Untersuchungen *dieser* Art und die dabei entwickelten Computerinstrumente bieten die Möglichkeit, mit Umweltproblemen wirksam umzugehen. Erst in *diesen* Instrumenten steckt die notwendige Kenntnis der Einzelprozesse und ihrer Zusammenhänge, die ein *Verstehen* der jeweiligen Problematik und einen intelligenten Umgang mit ihr ermöglicht.

Mit diesem Schritt von der Beschreibung zum Verständnis – von der Datenbank zum Prozeßmodell – sind wir der intelligenten Problemlösung ein Stück näher. In vielen Fällen wird dieser Ansatz ausreichen, um mit einer gegebenen Umweltproblematik umzugehen. In anderen Fällen werden wir nicht umhin können, grundsätzlicher an die Sache heranzugehen und auch vor „Systemänderung" nicht zurückzuschrecken.

2.1.3 Systementwurf: Wie ändern wir das System?

Verständnis einer Umweltproblematik und der sie bedingenden Prozesse führt oft genug zu der Erkenntnis, daß Abhilfe unter den vorgegebenen Bedingungen ohne Systemveränderung grundsätzlich nicht möglich ist, ja, daß möglicherweise das System selbst in seiner bisherigen Form die Ursache der Problematik ist. Um in der vorigen Metapher zu bleiben: Hier stellt sich jetzt die Frage, wie das Haus umzubauen sei, damit ein Feuer gar nicht erst ausbricht.

Systemveränderung ist fast immer mit gravierenden Einschnitten verbunden und kann nicht leichtfertig angegangen werden. Ungeprüfte Patentlösungen machen die Dinge meist noch schlimmer. Ideologische Konzepte haben in der Umweltproblematik nichts zu suchen – dafür ist die Lage zu ernst. Die verantwortliche Suche nach besseren Alternativen muß auch hier auf möglichst genaue und umfassende systemanalytische Darstellung zurückgreifen, um mögliche und notwendige Systemveränderungen identifizieren und ihre Konsequenzen zuverlässig ermitteln zu können. Hier hat die Informationsverarbeitung zur Umweltproblematik ihre dritte wichtige Aufgabe.

3. Grundaufgabe: Systemveränderung

Dabei ist die Identifizierung der Möglichkeiten und ihrer Folgen nur ein Aspekt. Als weiteres stellt sich sofort die zentrale Frage der Bewertung: Wie ist etwa beim Vergleich systemarer Alternativen das Verschwinden einer Vogelart abzuwägen gegen Wohlstandseinbußen einer Bevölkerung? Wie stark gehen die „Interessen" jedes betroffenen Systems in die Bewertung ein? Wie sind zukünftige Verbesserungen gegenüber vorübergehenden Einbußen zu bewerten?

Bewertung von Alternativen

Die Beantwortung solcher Fragen kann selbstverständlich nicht von der Umweltinformatik kommen. Aber die Umweltinformatik hat bei der Entwicklung von Instrumenten Sorge zu tragen, daß die Interessen betroffener Systeme auch abbildbar bleiben und nicht in undurchschaubaren Programmen unter den Tisch gekehrt werden. Am Bemühen um diese Aufgabe und an ihrem Gelingen entscheidet sich auch die Glaubwürdigkeit der Umweltinformatik und ihrer Instrumente.

Die gegenwärtigen globalen und regionalen Entwicklungen geben vielfachen Anlaß, mit qualifizierten Systemanalysen über Systemveränderungen nachzudenken. Beispiele:

- Vermeidung von Personentransport durch neue Systeme der Telekommunikation;
- optimale Ausnutzung von Wärmedämmung, Abwärme, Solarstrahlung für Raumheizung;
- ökologische Nachhaltigkeitsökonomie mit Regelprozessen des Marktes, unter Berücksichtigung der externen Kosten;
- faire Weltmarktprozesse, die nicht zu Überproduktion, Verschuldung und ökologischer Zerstörung führen;
- integrierte ökologische/ökonomische/soziale Konzepte: befriedigende Tätigkeit für alle bei ausreichendem Wohlstand und intakter und nachhaltig genutzter Umwelt.

Um diese (und viele andere) wichtige Aufgaben kompetent bewältigen zu können, müssen große Mengen quantitativer und qualitativer Information korrekt und effizient verarbeitet werden, bevor demokratische Entscheidungen getroffen werden. Es steht in der Verantwortung der Informatiker, hierzu die technischen Voraussetzungen zu schaffen.

2.2 Die Rolle der Information bei Umweltproblemen

Aufgaben computergestützter Informationsverarbeitung

Die hier skizzierten drei Aufgabenbereiche und die genannten Beispiele haben deutlich gemacht, daß eine Bewältigung der anstehenden Umweltprobleme auf lokaler, regionaler, nationaler, internationaler oder globaler Ebene ohne computergestützte Informationsverarbeitung fast unmöglich geworden ist. Es sind vor allem die folgenden Aspekte, die die computergestützte Informationsverarbeitung unverzichtbar machen:
- große Datenmengen: Datenbanken;
- Datenauswertung: statistische und andere Auswertungs- und Darstellungsprogramme;
- räumliche Differenzierung: geographische Informationssysteme (GIS);
- Wirkungszusammenhänge, Einzelprozesse, Systemintegration: Systemanalyse;
- zeitliche Entwicklung: Simulationsprogramme;
- qualitatives Wissen: rechnergestützte Wissensverarbeitung und Expertensysteme;
- Szenarienanalysen, Entwicklungsperspektiven, Folgenabschätzungen, Bewertungen: Wissensverarbeitung mit Schlußfolgerungsprozessen;
- Daten- und Strukturkondensation auf die wesentlichen Zusammenhänge und Prozesse: Mustererkennung;
- Erfahrung von Zusammenhängen und Dynamiken in Ausbildung und Entscheidungsvorbereitung: Visualisierung;
- risikoloses Experimentieren, Zeitraffung und Zeitdehnung, Parameter- und Strukturänderung, Szenarienuntersuchungen: Computersimulation.

Führt man sich diese Aufgaben vor Augen, so wird schnell klar, daß es nicht einfach um die Speicherung und effiziente Manipulation großer Datenmengen und ihre Darstellung in unterschiedlichen Kontexten gehen darf, sondern daß darüber hinaus viel mehr gefragt ist: Verstehen dessen, was diese Daten aussagen, intelligente und kreative Verknüpfung dieser Informationen zu Systemabbildern und Verwendung dieser Systemabbilder (Modelle), um zuverlässige, belastbare Aussagen zu erzeugen, die in Entscheidungskontexten verwendet werden können.

Systemdarstellung durch Modelle

Man muß der Umweltinformatik heute noch den Vorwurf machen, daß sie sich viel zu sehr um den ersten Aspekt (des Sammelns, Speicherns und Manipulierens von Daten) kümmert und dabei den wichtigeren zweiten Aspekt (des Verstehens, Erklärens und Systementwurfs) bisher relativ unbeachtet läßt. Sie befindet sich damit zwar im Einklang mit dem vorherrschenden wissenschaftlichen Paradigma des Beobachtens, Beschreibens, Einordnens und Ausstellens (Museumsansatz), trägt damit aber im Vergleich zum Aufwand nur wenig zur Problemlösung bei: Das Systemverständnis wird nicht vorrangig gesucht. Systemverhalten ergibt sich aber primär aus der Systemstruktur (die erkannt sein will) und zeigt sich nur sekundär (und dann nicht-eindeutig) in den Verhaltensdaten. Die Umweltinformatik hat die Voraussetzungen und Möglichkeiten, verstärkt den zweiten Weg zu beschreiten und damit einen echten Beitrag zu leisten. Mit anderen Worten: Vermeidung von beschreibenden *Black-Box-Ansätzen* zugunsten von erklärenden *Glass-Box-Ansätzen*.

Systemverhalten ergibt sich aus Systemstruktur

Der Black-Box-Ansatz sucht nach besserer und umfangreicherer Information über das Verhalten bestehender Systeme. Systemverständnis ist nicht erforderlich, Systemkenntnis der Systemkenner wird nicht gebraucht, Daten können auch ohne diese gesammelt und verarbeitet werden. Zynisch ausgedrückt: Auch ohne Fachkenntnis lassen sich mit allgemein einsetzbaren Programmen (z.B. der Statistik und der Visualisierung) eindrucksvolle Ergebnisse produzieren.

Black-Box-Ansatz

Die Nachteile des Black-Box-Ansatzes sind gravierend, gerade auch im Zusammenhang mit der Umweltproblematik:

- Schlußfolgerungen gelten nur unter den beobachteten (historischen) Bedingungen; Extrapolationen für zukünftige Entwicklungen sind eigentlich unzulässig (werden aber ständig gemacht).
- Die eigentlichen Systemprozesse, die auch die Verhaltensdynamik bestimmen, können nicht erkannt werden: Systemverständnis wird nicht gefördert.
- Entwicklungsmöglichkeiten des Systems können daher auch nicht erkannt, geschweige denn gezielt gefördert werden.
- Eine Verwendung solcher Modelle für Entscheidungsprozesse ist nur zulässig, wo sich weder die Verhältnisse noch die Systeme ändern – und gerade dies ist in kritischen Situationen nicht der Fall.

Der Glass-Box-Ansatz sucht ein ausreichendes Verständnis der in Systemen ablaufenden Prozesse; er muß daher auf umfangreichen und komplexen Wirkungsanalysen aufbauen. Dabei muß das Fachwissen der Systemkenner einbezogen werden: Der Systemanalytiker kann nicht mehr allein, als daten-

Glass-Box-Ansatz

aufzeichnender Beobachter, arbeiten. Er muß Fachwissen und Systemwissen zu einem (simulationsfähigen) Abbild des Systems integrieren. Hier ist nicht nur interdisziplinäre Zusammenarbeit gefragt, hier wird auch multidisziplinäre Fachkenntnis gefordert: Der Systemanalytiker muß sich in ein neues Fachgebiet einarbeiten können, und der mitarbeitende Fachwissenschaftler muß mit den Konzepten der Systemanalyse und Informationsverarbeitung zurechtkommen können. Die Anforderungen an beide sind höher, aber das Produkt leistet auch mehr: Ein Prozeßmodell, das sich an der realen Systemstruktur orientiert

- erlaubt intelligentes Eingehen auf die „Bedürfnisse" der beteiligten Systeme und auf die Beschränkungen ihrer Eigendynamik;
- erlaubt Erkennen von systemaren Schwachstellen und Veränderungsmöglichkeiten;
- kann Ursachen für Fehlentwicklungen erkennen, bevor diese stattfinden und damit helfen, sie zu vermeiden;
- ist zwingend notwendig für die Untersuchung von Zukunftsentwicklungen und Entwicklungsmöglichkeiten, bei denen Systemkonstanz nicht vorausgesetzt werden kann.

Konsequenzen für den Datenbedarf

Die Schwerpunktverlagerung vom Black-Box-Ansatz auf den Glass-Box-Ansatz, von der Zustands- und Verhaltensbeschreibung auf Systemverständnis und Verhaltenserklärung hat erhebliche Konsequenzen für Art und Umfang der Datenbeschaffung: Die Datenmenge verringert sich, qualitative Information gewinnt gegenüber numerischen Daten an Bedeutung. Gleichzeitig ist aber die Aussagekraft dieser Information größer. Verhaltensaussagen werden weit zuverlässiger.

Diese zunächst unerwartete Tatsache sei an einem Beispiel verdeutlicht: Untersuchung der Dynamik eines an einer Feder aufgehängten Gewichts.

Der *beschreibende Ansatz (Black Box)* würde Zeitreihenbeobachtungen mit etwa 100 Meßdaten pro Zeitreihe (5 Schwingungen) und mehrere Wiederholungen der Messungen erfordern, bevor Schwingungsform, Amplitude, Frequenz mit einiger Sicherheit identifiziert wären: Rund 500 präzise und aufwendige Messungen von Schwerpunktsort und Geschwindigkeit wären hierzu erforderlich.

Der *erklärende Ansatz (Glass Box)* würde zunächst in einer Systemanalyse die Wirkungsbeziehungen untersuchen, die zwischen Massenbeschleunigung, Federkraft, Federkonstante, Geschwindigkeit und Position der Masse bestehen. Sie können in vier qualitativ angebbaren Wirkungsbeziehungen („A wirkt auf B") und mit drei Parametern (Fallbeschleunigung, Masse, Federkonstante) beschrieben werden. Nur diese drei Werte müßten mit numerischer Präzision gespeichert werden. Mit diesen wenigen Informationen ist eine Präzision der Verhaltensaussage möglich, wie sie mit der beschreibenden Methode nur mit Hunderten von Meßdaten erreicht werden könnte.

Qualitative Information

Vor allem aber: Das mit dem erklärenden Ansatz entwickelte Systemmodell ergibt (auch ohne Zeitreihenbeobachtungen!) noch zuverlässige Aussagen für vorher nie beobachtete Bedingungen (z.B. andere Werte für Anfangswerte, Masse oder Federkonstante). Der beschreibende Ansatz würde hierzu neue Zeitreihenbeobachtungen erfordern. Mit anderen Worten: Qualitative Strukturinformation ist wesentlich wichtiger und informationseffizienter als große Mengen von Verhaltensdaten.

Aus der Systemanalyse ergeben sich auch klare Hinweise darüber, welche Daten überhaupt beschafft werden müssen und mit welcher Präzision dies zu geschehen hat (dies folgt aus der Parametersensitivität der Ergebnisse). Selbst wenn doch auf den beschreibenden Ansatz zurückgegriffen wird, so kann eine Systemanalyse den erforderlichen Datenaufwand erheblich eingrenzen, Umfang und Präzision auf das Notwendige beschränken und damit die Datenerfassung erheblich effizienter und kostengünstiger gestalten. Gerade in der Umweltdatenerfassung ist daher vor jeder Datenerhebung eine Systemanalyse zu fordern. Das kaum hinterfragte Aufzeichnen und Speichern von Daten („sicherheitshalber"), die Datenbanken verstopfen, redundant sind und nie ausgewertet werden, sollte endlich ein Ende haben. Das verlangt aber vom Umweltinformatiker auch Willen, Ausbildung und Fähigkeit zur Systemanalyse.

Systemanalyse als Bedingung für effiziente Datenerhebung

2.3 Aufgaben und notwendige Entwicklungsrichtungen der Umweltinformatik

Im bisher Gesagten dürfte Kritik an der bisherigen „Umweltinformatik" erkennbar geworden sein:
- Die Erfassung, Verarbeitung und Speicherung großer Datenmengen geht mit einer Vernachlässigung relevanter Strukturinformation einher.

Strukturinformation statt Zeitreihen

- Umweltinformatik scheint sich heute vor allem auf exquisite Datenmanipulation gemäß der ersten Grundaufgabe „Zustandserfassung" zu konzentrieren.
- Es fehlt weitgehend der Systemanalyse-Aspekt, der Voraussetzung für gültige Verhaltensaussagen, Entscheidungshilfen und Zukunftsvorbereitung ist.
- „Umweltinformatik" zeigt sich in ihrer heutigen Form als „solution in search of a problem": der (löbliche) Versuch, hochentwickelte Methoden der Informatik in einem gesellschaftlich höchst relevanten Bereich anzuwenden.
- Um dabei einen möglichst effektiven Beitrag zu leisten, muß Umweltinformatik sich weit mehr von den akuten Problemen, deren Systemstruktur, dem relevanten Fachwissen und den Entscheidungsaufgaben her definieren als von den heutigen Möglichkeiten der in anderen Kontexten entwickelten Informatik.
- Umweltinformatik muß ab sofort jeder Tendenz entgegenwirken, sich als isoliertes Wissenschaftsgebiet zu entwickeln, das seine eigenen Gesetze schafft und schließlich nur noch wissenschaftlicher Selbstbefriedigung dient, ohne wesentliche Beiträge zur Lösung überlebenswichtiger Probleme zu leisten.

Diese Bemerkungen sind z.T. eher als vorbeugende Warnungen denn als Kritik an konkreten Entwicklungen zu verstehen. Selbst wenn sich zunächst gewisse Fehlentwicklungen ergeben sollten, so ist doch eher damit zu rechnen, daß jeder Beitrag in diesem Gebiet auch einen kleineren oder größeren Schritt in Richtung auf einen intelligenteren Umgang mit der Umwelt bedeutet. Es scheint mir, daß heute in kaum einem anderen Gebiet der potentielle Nutzen wissenschaftlicher Anstrengungen größer sein dürfte als hier. Das dürfte für viele ein großer Ansporn sein, aber es bedeutet auch eine große Verantwortung: In kaum einem anderen gesellschaftlichen Bereich kann uns und unseren Nachkommen schlechter Rat so teuer zu stehen kommen wie hier. Umweltinformatik muß sich daher extrem hohe Standards setzen für die Qualität und Verläßlichkeit ihrer Aussagen. Das hat auch Konsequenzen für Ausbildung und Forschungsorientierung.

Orientierung an der Umweltproblematik, nicht an der Informatik

Bei der Ausbildung sollten meines Erachtens folgende Gesichtspunkte beachtet werden:
- Neben der Informatikausbildung sollte durch Ergänzungs- und/oder Aufbaustudium und Projektarbeit Vertrautheit mit mindestens einer umweltrelevanten Naturwissenschaft (Biologie, Chemie, Physik) aufgebaut werden.
- Das Studium muß die Arbeitsmethoden der drei systemanalytischen Grundaufgaben (Zustands- und Pfadanalyse, Maßnahmensynthese, Systementwurf) in gleicher Intensität vermitteln.
- Der systemanalytische, prozeßorientierte Ansatz mit seiner Betonung der Systemstruktur und der aus ihr resultierenden Eigendynamik muß bei der Umweltinformatik im Vordergrund stehen.

Schwerpunkte: Systemdynamik, Bewertung der Nachhaltigkeit

Die Forschungsorientierung in der Umweltinformatik sollte in den nächsten Jahren Schwerpunkte setzen:
- Entwicklung integrierter Werkzeuge für gesamtsystemare Untersuchungen dynamischer Prozesse und Systeme unter Einbezug qualitativer Wissens- und Bewertungskomponenten und deren logisch korrekter Abarbeitung.
- Integration lokal parametrisierter dynamischer Systemmodelle in geographische Informationssysteme (dynamisches GIS).
- Entwicklung von Verfahren zur umfassenden, an den Interessen der Teilsysteme orientierten Bewertung von (tatsächlichen oder simulierten) Entwicklungen und Verfahren zur „partnerschaftlichen" Aggregation von Bewertungsaussagen über eine Menge von Teilsystemen und über zukünftige Zeiträume.
- Unterstützende Instrumente für umfassende Stoffstrom- und Energieflußanalysen bei Produktion und Verbrauch (life cycle analysis; siehe auch Kapitel 15).
- Unterstützende Instrumente und Systemanalysen zur Entwicklung ökologisch und sozial angepaßter, an Nachhaltigkeit und Fairness orientierter Wirtschaftssysteme.

2.4 Weiterführende Literatur

Grundlagen zum Verständnis der Umweltproblematik für Leser aller Fachgebiete vermittelt das Buch „Umweltwissen" (BOSS90).

3 Austausch von Umweltinformation

Werner Pillmann

Die sektorübergreifende Nutzung von Umweltdaten setzt Informationsaustausch voraus. In diesem Kapitel werden die heutigen Rahmenbedingungen für die Kommunikation im Umweltbereich dargestellt. Damit sollen die Aufgaben der Umweltinformatik herausgearbeitet werden, die der harmonisierten, länderübergreifenden Sammlung von Umweltdaten und der Erarbeitung von Umweltinformationen und Metadaten dienlich sind.

3.1 Umweltdaten und Umweltinformationen

3.1.1 Informationsbedarf

In Ländern mit hoher Produktionsleistung und hohem Energieverbrauch wird die zunehmende Belastung der Umwelt von immer mehr Menschen als zukunftsbestimmend wahrgenommen. Aussagen zu Umweltbeeinträchtigungen wurden in der Vergangenheit zuerst von engagierten Bürgern und Fachleuten mehr intuitiv erkannt und öffentlich diskutiert als systematisch erhoben. Infolge des sich entwickelnden politischen Drucks wurde es für Entscheidungsträger in Regierungen und Betrieben notwendig, Sachgrundlagen zu den meist als negativ dargestellten Umweltwirkungen zu schaffen. Der laufende Bedarf an Umweltdaten bewirkte eine rasche Zunahme des Wissens über die Mitwelt und eine derzeit schon als Flut zu bezeichnende Verfügbarkeit von Informationen. Nach wie vor besteht jedoch ein Bedarf an querschnittsorientierten, die Umweltmedien übergreifenden Informationen – im regionalen, nationalen und vor allem im internationalen Bereich.

Bedarf an Umweltinformationen

3.1.2 Gewinnung von Umweltdaten

Umweltdaten sind raum- und zeitbezogene Daten zu den Umweltmedien Luft, Wasser und Boden, zu den Problembereichen Abfall, Lärm und gefährliche Stoffe, zu Fauna und Flora, der Landschaft sowie dem Natur- und Artenschutz. In allen genannten Bereichen spielen Gesichtspunkte wie Meßbarkeit, Menge, Intensität und die Wirksamkeit auf Mensch, Tier und Pflanze eine zentrale Rolle. Durch Analyse und Interpretation solcher Daten wird Information über unsere Umwelt gewonnen. In Form eines Input/Output-Systems sind ausgewählte Einwirkungspfade auf das System Umwelt und die Bereiche, zu denen Umweltdaten erhoben werden, in Abbildung 3-1 beispielhaft dargestellt. Darüber hinaus sind in PILL93 die zugehörigen Rechneranwendungen genannt.

Von Daten zu Informationen

Natürliche
Einwirkungen

Luft
Wasser
Boden
Klima
Tiere und Pflanzen
Naturereignisse

Menschliche
Einwirkungen

Luftschadstoff-
Emissionen
Lärm
Industrielle
Tätigkeit
Deponierung
von Abfällen
Energieverbrauch
Landschafts-
veränderungen
Gesetze, Verordnungen:
UVP, Sammelsysteme
Internationale
Vereinbarungen

Umwelt

Luft, Klima
Gewässer
Boden

Ökosysteme

Menschen,
Tier- und Pflanzenwelt

Abiotische Umwelt
Landschaft

Problem-
bereiche:
Abfall,
Lärm,
Chemische
Substanzen,
Strahlung u.a.

Soziale Umwelt

Daten und
Informationen
zur Umwelt
und zu Umwelt-
belastungen

Emissionen/Immissionen
SO_2, NO_x, O_3, Staub;
Nitratgehalt des
Trinkwassers; Lärmpegel;
Bodenkontaminationen;
Naturkatastrophen;
Ressourcenverbrauch;
Jahres-Abfallmengen;
Flächennutzung

Wirkungen auf den Wald,
die Gewässer, die mensch-
liche Gesundheit, auf
Materialien, Kunstgüter u.a.

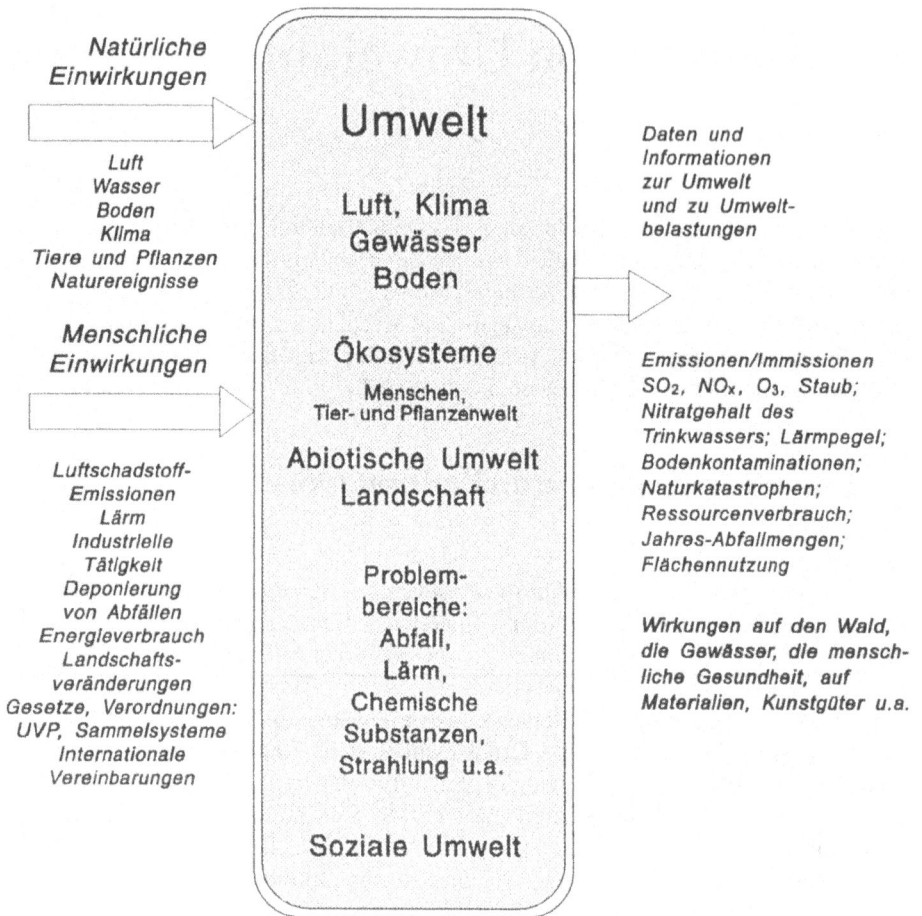

Abb. 3-1: System Umwelt – Gewinnung von Umweltdaten zu den Umweltmedien, zu Problembereichen und über komplexe Objekte

3.1.3 Sektorale und systemare Umweltbeobachtung

Sektorale Umwelt-
beobachtung

Bei der sektoralen Umweltbeobachtung werden vorwiegend Umweltbeeinträchtigungen beschrieben, wie z.B. Luftverschmutzung, Verunreinigung der Gewässer und des Bodens, der Verkehrslärm, die Art und Menge der Abfälle, die Gefährdung durch Altlasten, die Zerstörung natürlicher Lebensräume und der Landschaft. Informationen dieser Art sind meist in gedruckter Form verfügbar.

Meßdaten, aber auch aggregierte Daten, finden sich überwiegend in digitaler Form auf Workstations und zunehmend auch auf PCs. Abbildung 3-2 zeigt den Zyklus von der Auswahl von Beobachtungsfeldern und Zielobjekten der Umweltdatenerfassung über die Datenaufbereitung und Informationsgewinnung bis zur Nutzung der Informationen. Hand in Hand mit den sektoralen Ein-

44

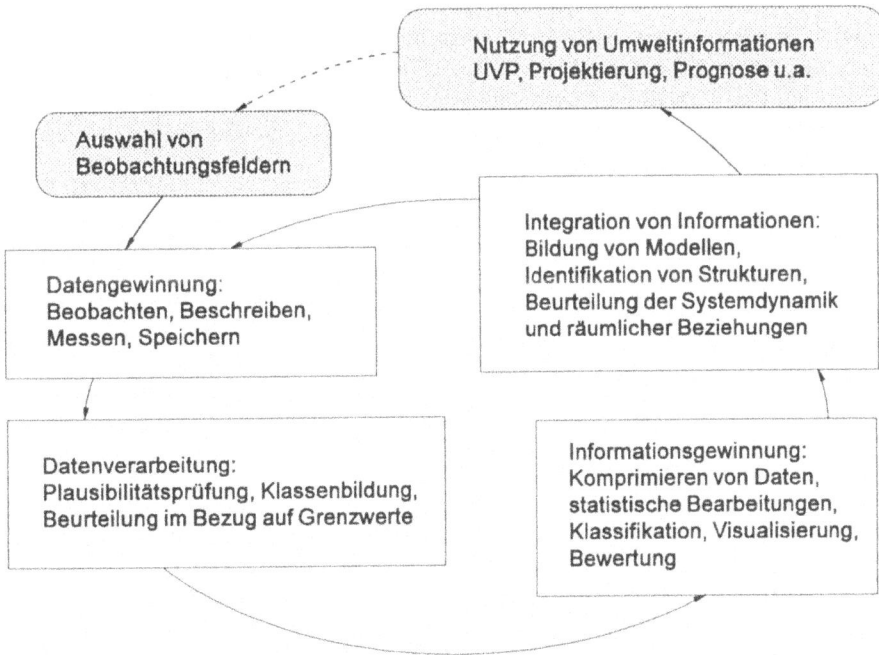

Abb. 3-2: Gewinnung und Nutzung von Umweltdaten

zeldarstellungen entwickelten sich Erkenntnisse über Zusammenhänge zwischen den Umweltmedien und der Technosphäre sowie den wirtschaftlichen und gesellschaftlichen Faktoren.

Für eine sektorübergreifende Umweltbeobachtung wurde vom Rat der Sachverständigen für Umweltfragen ein umfassendes Konzept „Allgemeine ökologische Umweltbeobachtung" veröffentlicht (RSVU90). Die darin enthaltenen Vorschläge sind in unterschiedlicher Ausprägung in Industrieländern bereits Realität, oder sie werden zunehmend verwirklicht.

Sektorübergreifende Umweltbeobachtung

Die vorerst nur als lokal wirksam angesehenen Umweltbelastungen wurden in weiterer Folge mit ihren überregionalen Wirkungen wahrgenommen. Dadurch entwickelte sich das Interesse für die Aufbereitung, den Austausch, später auch der Offenlegung von Umweltdaten – der Ursprung für die Kommunikation von Umweltdaten. Dieser zuerst nur landesintern wirksame Prozeß weitet sich derzeit immer stärker in den zwischenstaatlichen und internationalen Bereich aus.

Zusätzlich zeigen die Bemühungen zur Schaffung einer ökologisch ausgerichteten Volkswirtschaftlichen Gesamtrechnung zunehmend Erfolge. Von den Vereinten Nationen wurde das Ergebnis von Vorarbeiten zur Schaffung eines „System for Integrated Environmental and Economic Accounting" – SEEA publiziert (INTE93), in dem ein Satellitensystem zur Volkswirtschaftlichen

Volkswirtschaftliche Gesamtrechnung

Gesamtrechnung (Öko-VGR) vorgeschlagen wird. Darin sind neben den monetären Bewertungen der Volkswirtschaft die umweltbezogenen Daten eine unverzichtbare Grundlage dieses „Green National Accounting".

Raumbezug von Umweltdaten

Die flächenmäßige Ausdehnung der für die Umweltbeobachtung relevanten Sektoren Luftreinhaltung, Gewässerschutz, Boden- und Waldökosysteme ist in Abbildung 3-3 skizziert.

Fläche (km^2)

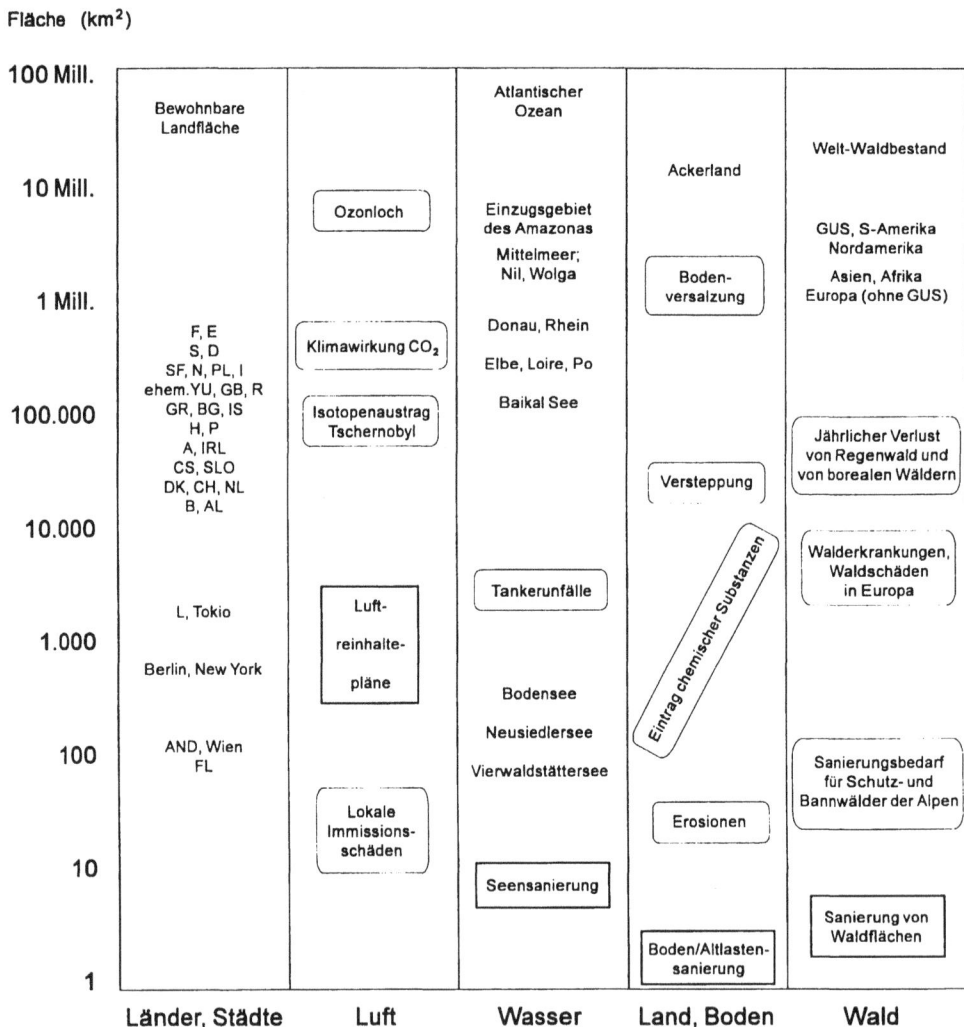

Abb. 3-3: Ausdehnung umweltbezogener Problembereiche mit Vergleichsflächen (Länder, Städte, Gewässer, Wald). Die Tabelle zeigt Größenordnungen, nicht exakte Ausdehnungen (Quellen: BROW90, KAIS86, Brockhaus 1980).

46

Grenzüberschreitend wirksame Umweltbeeinträchtigungen gewinnen vor allem dann an Bedeutung, wenn sie über einen längeren Zeithorizont beurteilt werden oder wenn sie im Fall hoher Risiken ein rasches Handeln erfordern. Die in Abbildung 3-3 sektoral und flächenhaft dargestellten „Umweltobjekte" mit ihren umweltrelevanten Wirkungen betreffen nur einen Teil der Informationsgewinnung. Die Intensivierung der Arbeit an der Entwicklung einer *systemaren* Umweltbeobachtung ist derzeit Gegenstand der Forschung, damit Erkenntnisse über größere Systemzusammenhänge auch in der Gesetzgebung, in Planungsprozessen und in der Aus- und Fortbildung genutzt werden können.

3.2 Zugang zu Umweltdaten und -informationen

Umweltdaten und lokal relevante Umweltinformationen finden sich in Ämtern, Regional- und Landesregierungen, Forschungsstellen und Planungsbüros. Zugänge zu Umweltdaten bestehen über Informationsstellen sowie über Berichte und Kartenwerke. In Zukunft ist eine weitere Erleichterung des Informationszuganges durch *Umweltinformationssysteme, Umweltdatenkataloge* und *Metadatenbanken* zu erwarten (siehe auch die Kapitel 6 und 7).

Über den regionalen Bereich hinaus ist ein Zugang zu umweltrelevanten Informationen möglich, der im folgenden beschrieben wird. Es sind dies Datenbankabfragen und der Informationszugang über Datennetze zu Informationszentren und umweltbezogener Software.

3.2.1 Umweltinformationssysteme

Mit der Verfügbarkeit umweltrelevanter Daten verstärkte sich die Nachfrage nach Umweltinformationssystemen (UIS). Am Beginn des Aufbaus solcher Systeme stand manchmal eine „politische Willenserklärung". Nicht selten entstanden im Zuge von Planungs- und Dokumentationsaufgaben Datenbanken, Faktensammlungen und Modelle, die in Verbindung mit GIS-Anwendungen (vgl. S. 22) die Grundlagen für Informationssysteme bildeten.

Daran anschließend entwickelten sich in den Kommunen, Behörden, Umweltämtern, Forschungsstellen und Betrieben, die sich der Planung, der Entwicklung, dem Aufbau, der Anwendung und der Pflege von UIS widmeten, zunehmend Kenntnisse über die Möglichkeiten, aber vor allem auch die Randbedingungen, unter denen sich ein umweltbezogenes Informationssystem erstellen, nutzen und fortführen läßt.

Umweltinformationen besitzen einen fachlichen, räumlichen und zeitlichen Bezug. Schütz und Lessing teilen die Daten – abhängig von ihrer Entstehung – in empirische, veredelte (z.B. aggregierte) und virtuelle (durch einen Prozeß berechnete) Daten ein (SCHÜ93a). Auch die Zielsetzung der Datennutzung bis hin zum Datenaustausch und der Gewinnung systembezogener Informationen sind Kategorien für Ordnungsprinzipien. Abbildung 3-4 zeigt die Einteilungskriterien für Umweltinformationen. Fünf dieser Kriterien sind vom Umweltdatenkatalog (siehe Abschnitt 3.2.2) abgedeckt.

Einteilung von Umweltinformationen

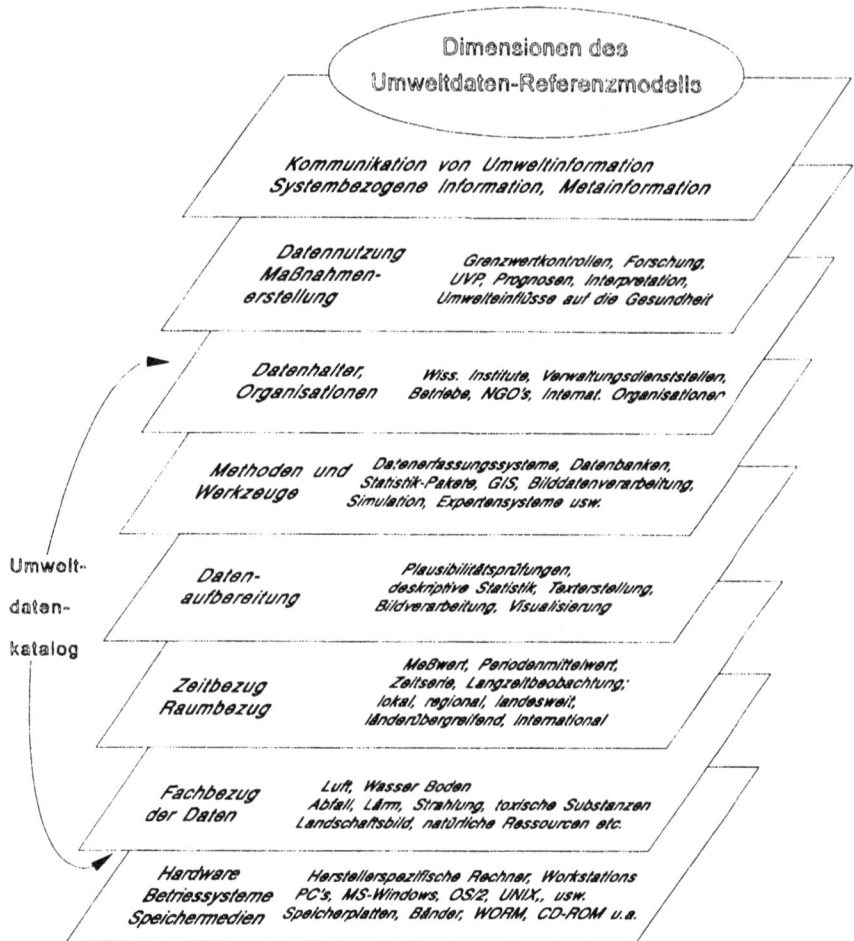

Abb. 3-4: Dimensionen der Umweltinformation: Betrachtungsebenen für Umweltdaten

In den Tagungsbänden der Symposiumsreihe „Informatik für den Umweltschutz" (IFU88 bis IFU95) und in einigen Kapiteln dieses Bandes (5, 6, 7, 13, 15) finden sich Dokumentationen über den Stand des Wissens, der Forschung und des Einsatzes von Bausteinen, Integrationsverfahren, der Organisation und der Anwendung von Umweltinformationssystemen. Des weiteren beschäftigen sich die Arbeitskreise „Umweltdatenbanken", „Kommunale Umweltinformationssysteme" und „Betriebliche Umweltinformationssysteme" der Gesellschaft für Informatik (GI) mit Umweltinformationssystemen (vgl. Abschnitt 1.6, S. 29).

Ein frühes Beispiel eines Umweltinformationssystems ist das Handbuch zur ökologischen Planung (UBA81). Weit entwickelte Systeme sind u.a. das UIS Baden-Württemberg (MAYE93), das Umweltkontrollsystem Bayern und das System UMPLIS des Umweltbundesamtes Berlin mit seinen Teilinformationssystemen (RSVU90). Des weiteren entstanden kartographische Produkte, in die umweltrelevante Daten mit einbezogen wurden. Auf länderübergreifender Ebene sind das europäische CORINE-Projekt, im globalen Rahmen die Projekte GEMS und GRID (Global Resource Monitoring System/Information Database) des „United Nations Environmental Program" UNEP hervorzuheben (s.a. FRIT92).

3.2.2 Umweltdatenkatalog und Metadatenbanken

Umweltdaten und davon abgeleitete Umweltinformationen werden von Landes- bzw. Umweltbehörden und internationalen Organisationen gesammelt und in Form von „Umweltberichten" zugänglich gemacht. Beispiele für sektorübergreifende Umweltinformationen sind „Daten zur Umwelt" (UBA92a), der „Environmental Data Report" (ENVI89a), der Bericht „Environmental Quality" (ENVI89b, KAIS86), das OECD Environmental Data Compendium (OECD89) und der österreichische Umweltbericht (ÖBIG89). Weiterhin ist auf europäischer Ebene die Publikation des „Europe's Environment Report – The Dobris Assessment" im Annual Work Programme MID 1994-1995 der European Environment Agency (Kopenhagen) vorgesehen.

Zunehmend zeigt sich die Notwendigkeit, Quellen solcher Daten zu verzeichnen und die *Entstehung von Informationen transparent zu machen*. Aus diesem Grund werden *Metadatenbanken* über Umweltdaten entwickelt (siehe auch Kapitel 4). In Deutschland besteht eine wachsende Zustimmung der Bundesländer, ausgehend vom Umweltdatenkatalog (UDK) Niedersachsen (SCHÜ93a, LESS94b), Metainformation über umweltrelevante Daten vereinheitlicht darzustellen. Die Metadatenbank-Entwicklungen sind aus der Sicht einer internationalen Standardisierung des Zuganges zu Umweltdaten attraktiv. Derzeit ist ein länderübergreifender Umweltdatenkatalog im Entstehen, dessen Kosten zur Fortentwicklung kooperativ getragen werden. Zum Beispiel wird im Auftrag des Österreichischen Bundesministeriums für Umwelt ein multilingualer Thesaurus für den UDK entwickelt.

Umweltdatenkatalog

3.2.3 Informationsvermittlung

Eine wesentliche Quelle für Umweltinformationen sind Literatur- und Faktendatenbanken. Datenbankanbieter (Hosts) bieten über Modem/Telefonanschluß oder paketvermittelnde Netze Informationen mit großer inhaltlicher Breite an. Bei nicht kommerziellen Systemen berechtigt eine Nutzerkennung und ein Paßwort zur Benutzung des Systems. Bei kommerziell betriebenen Systemen wird zusätzlich ein Zugangsvertrag zwischen Datenbankbetreiber und Benutzer abgeschlossen. Vermehrt werden Datenbanken zusätzlich zu Online-Anschlüssen auch auf CD-ROM angeboten.

Literatur- und Faktendatenbanken

Zur Orientierung in der Vielfalt angebotener Möglichkeiten bieten *Informationsvermittler* ihre Dienste an. Für den Informationssuchenden wird aus der Fülle von Datenbanken eine geeignete Auswahl getroffen und eine Anfrageanalyse mit Suchstrategien nach Literaturzitaten oder Sachinformationen (z.B. Daten zu Umweltchemikalien, vgl. VOIG92 und ECOI94, oder Ankündigungen themenspezifischer Tagungen) entwickelt.

Eine Zusammenstellung von umweltbezogenen Datenbanken hat das Schweizer Bundesamt für Umwelt, Wald und Landschaft (Bern) vorgenommen (BUWA92). Darin werden zu den technischen Details der Datenbank (Name, Hersteller, Informationsvolumen, Beginn der Informationssammlung, Häufigkeit von Updates, Anschluß- und Abfragekosten) vor allem die Schwerpunkte der Datenbankinhalte beschrieben.

Allgemeine Metadatenbanken

Eine Übersicht über elektronisch verarbeitbare Informationsprodukte bietet die Europäische Gemeinschaft (EG) auf ihrem Host ECHO online an. Mit vorwiegend wirtschaftlich geprägter Zielsetzung wurde im „Information Market Policy Actions Programme" (IMPACT) von der DG XIII/E der EG der „I'M Guide Database On-line Information" erstellt. Dieser enthält Angaben zu rund 5200 Datenbanken, von denen 2500 online abrufbar sind oder die auf CD-ROMs und Disketten vorliegen. Weiterhin bietet ECHO über CORDIS, den Community Research and Technological Development Information Service, einen Zugang zu Research and Technological Development (RTD) Programmen.

3.2.4 Datennetze, Internet

Das Angebot an Informationen, die über Datennetze zugänglich sind, hat in wenigen Jahren explosionsartig zugenommen. Als Synonym für den weltweiten elektronischen Datentransfer hat sich der Name Internet eingebürgert, obwohl es sich um ein heterogenes *Netz von Rechnernetzen* handelt. Informationen zum Internet finden sich heute in nahezu allen Medien.

Neben dem Internet gibt es das Universitätsnetz EARN (European Academic Research Network), Bitnet für kommerzielle Netze, EasyNet (Information über verschiedene Fachbereiche), GeoNet (kommerzielles Mailboxsystem) und für Zwecke der Umweltkommunikation GreenNet sowie Zerberus. Weitere Erläuterungen zu Mailboxen und Netzwerken finden sich in SCHR90, MUTE90 und NEUG93. Zu Internet siehe auch das nachfolgende Kapitel 4.

Internet

Die Suche nach Fachinformationen ist im Internet nicht einfach. Im Umweltbereich besteht zusätzlich eine bedeutende inhaltliche Vielfalt von Themen. Auch ergeben sich durch die Vielzahl unterschiedlicher Anbieter von Umweltinformationen, wie z.B. Universitätsinstituten, Behörden, Umwelt-Forschungseinrichtungen, kommerziell betriebene Hosts, internationale Organisationen und „Non Governmental Organizations" (NGO's), sehr heterogene Datenbestände und Informationszugänge. Zum Auffinden fachspezifischer Informationen sind Werkzeuge verfügbar. Beispiele sind der Archie-Server zur Lokalisierung von Files mit zum Teil bekannten Namen, Gopher, ein menüorientiertes Zugangssystem zu Informationen, und WAIS (Wide Area Information Server) zur gezielten, fachspezifischen Suche (KROL95).

Mit der Einführung des World-Wide Web (WWW) wurde ein Hypertext-   WWW
Zugang zum Internet geschaffen, der es auch unerfahrenen Rechneranwendern ermöglicht, Informationen zu sichten und zu suchen. Mit den Werkzeugen Mosaic und Netscape besteht die Möglichkeit, sowohl Texte als auch Grafiken abzurufen. Sicher hat die Grafikfähigkeit der Browser zur weiten Verbreitung dieser Client-Software und zur Akzeptanz des WWW geführt.

	Anzahl	Beispiele für Institutionen und Programme (nach FRIT92)

Monitoring- und Forschungs- programme	50	ESA – European Space Agency:
		    Earth Observation Programmes (remote sensing satellites)
		UN-ECE United Nations – Economic Commission for Europe:
		    EMAP (Monitoring of Long Range Air Pollutants in Europe)
		IIASA – International Institute for Applied Systems Analysis:
		    Environment Program (biosphere, air poll., climate change u.a.)
		EUREKA – European Research Co-ordinating Agency:
		    Environmental Projects (EUROENVIRON – environmental
		    technology u.a.)
		UNEP – United Nations Environment Programme:
		    GEMS – Global Environmental Monitoring System (air, food, water,
		    background monitoring, human exposure u.a.)
		The Nordic Council of Ministers:
		    IM – Integrated Monitoring
		UNESCO – UN Educational, Scientific and Cultural Organization:
		    MAB – Man and the Biosphere Programme
		WMO – World Meteorological Organization/ICSU – Int. Council of
		    Scientific Unions/UNEP/UNESCO:
		    WCP World Climate Programme (monitoring, water, research)

Daten- banken und Informa- tions- systeme	26	ACCIS – Advisory Commission for the Co-ordination of Information Sy-
		    stems:
		    UN-Databases and Information Services
		EC – European Communities, CEC Commission of the EC
		    DG XI Environment, Nuclear Safety and Civil Protection:
		    CORINE – Co-ordination of Information on the Environment
		    Projects: Biotopes, Air, Landscape; Data; Basic Data
		UNEP – United Nations Environment Programme:
		    GRID – Global Resource Information Database
		    INFOTERRA – Int. Environmental Information System (Experts)
		    MARC – Monitoring and Assessment Research Centre
		ICSU – International Council of Scientific Unions:
		    WDC – World Data Centres

Standardi- sierung	13	ISO – International Standards Organization (Luft, Wasser, Boden) DIN – Deutsches Institut für Normung e.V. (z.B. Ökobilanzen) VDI – Verein Deutscher Ingenieure (Komission Luftreinhaltung u.a.) HEM – Harmonization of Environmental Measures (UNEP) CEN – Comité Européen de Normalisation (europ. Normierung)

Abb. 3-5: Internationale Programme zum Umweltmonitoring und Umweltinformationsmanagement

3.2.5 Informationszentren und Umweltprogramme

EEA

Nach einem Ratsbeschluß der Europäischen Wirtschaftsgemeinschaft vom 7. Mai 1990 wurde die Europäische Umweltagentur (European Environmental Agency, EEA) mit dem Auftrag gegründet, ein europäisches Umweltinformations- und Umweltbeobachtungsnetz aufzubauen (Verordnung EWG Nr. 1210/90).

REC

In Budapest wurde das Regional Environmental Center (REC) aufgebaut, dessen Aufgabe es ist, die Funktion eines Clearinghouse für Umweltdaten im osteuropäischen Raum zu übernehmen. Mit Unterstützung des österreichischen Bundesministeriums für Umwelt wurde in Wien die „Central European

CEDAR

Environmental Data Request Facility" CEDAR bei der Internationalen Gesellschaft für Umweltschutz errichtet. Durch Arbeiten im Umweltdatenzentrum CEDAR werden Referenzen zu umweltbezogenen Informationsbeständen hergestellt, durch Inhouse-Datenbanken (z.B. Umweltexperten CEED und UNEP/ Infoterra) umweltbezogene Informationen angeboten und durch Subscription Lists Themen stimuliert (z.B. Environmental Impact Assessment und Umwelttechnologie – Environmental Engineering). War das Datenzentrum ursprünglich als Bindeglied zwischen ost- und west-mitteleuropäischen Ländern konzipiert, ist derzeit ein weltweiter Zugriff auf die angebotene Information möglich (CEDA93, PILL92, PILL94). Seit Mitte 1995 werden beispielsweise die Grundlagendokumente des UN Center for Human Settlements UNCHS für die Konferenz Habitat II (1996 in Istanbul) von CEDAR bereitgehalten und gepflegt.

In allen Umweltinformationssystemen besteht die Aufgabe, verfügbare Informationen länderübergreifend vergleichbar bereitzuhalten. Internationale Umweltprogramme, mit denen die Realisierung dieser Zielsetzung gefördert wird, hat J.-St. Fritz zusammengestellt (FRIT92). Er berichtet über rund 90 internationale Aktivitäten zur Umweltdatenverarbeitung. Abbildung 3-5 zeigt Beispiele für solche Aktivitäten.

3.2.6 Bedingungen für den Zugang zu Umweltinformationen

In fortschrittlich demokratischen Ländern besteht ein Zugangsrecht zu Informationen aus der Tätigkeit der Verwaltung. Beispiele hierfür sind Finnland, Italien, Kanada und Schweden. In den USA datiert der „Freedom of Information Act" bereits aus dem Jahr 1967. Mit diesen Regelungen ist meist auch der Zugang zu Umweltinformationen verbunden (TAEG92).

Freier Zugang zu Umwelt-informationen

Die EG-Richtlinie über den freien Zugang zu Informationen über die Umwelt (90/313/EWG) ist von den Mitgliedsstaaten bereits in nationales Recht umgesetzt worden. In Österreich nimmt beispielsweise das Umweltinformationsgesetz für Informationen über die Umwelt ein überwiegendes Interesse der Öffentlichkeit an und macht damit auch personengebundene Daten (z.B. Emissionsdaten von Unternehmen) öffentlich zugänglich. (Zum aktuellen Stand in Deutschland siehe Abschnitt 6.3.2.)

Es ist zu erwarten, daß bestehende und in Entstehung begriffene Umweltgesetze zu einer Steigerung des Bedarfs und auch der Verfügbarkeit an Umweltinformation führen. Auf administrativer Ebene werden derzeit Lösungen gesucht, wie ein Anspruch auf Auskunft oder gar ein Einsichtsrecht verwaltungsmäßig umgesetzt werden kann. Auch durch den Regulierungsbedarf in umweltrelevanten Bereichen wie Verkehr, Naturschutz und Ressourcengebrauch besteht ein Bedarf an zuverlässigen und aktuellen Sachdaten. Daten dieser Art und davon abgeleitete Informationen sind nahezu ausschließlich unter Rechnernutzung zu erfassen und zu verarbeiten.

3.3 Datenanalyse und Aggregation

In allen Industrieländern, etwas zögernd auch in Schwellen- und Entwicklungsländern, haben Umweltdaten, deren Analyse sowie davon abgeleitete Prognosen zu Veränderungen in der Gesetzgebung, in der Produktion und teilweise im Konsumbereich geführt. Abbildung 3-6 zeigt als Systembild die Wirkungsketten, Rückkopplungen und Steuerungsmöglichkeiten, die sich durch die Nutzung von Umweltdaten ergeben und die durch internationale Vereinbarungen verstärkt werden können.

Wirkung von Umweltinformationen

National erhobene Informationen über die Umwelt werden von Behörden zur Entwicklung von Gesetzen, zur Durchführung von Genehmigungsverfahren und planerischen Aufgaben genutzt sowie in Betrieben für das Management eingesetzt. Die Medien, nichtstaatliche Organisationen und Bürgerinitiativen nutzen Umweltinformationen u.a. zur Durchsetzung von umweltentlastenden Maßnahmen und zur Erreichung politischer Ziele. Übergeordnet zu nationalen Maßnahmen in der Umweltschutzgesetzgebung entstehen auch international Instrumente, mit denen Umweltschutz länderverbindend realisiert wird.

Emissions- und Immissionsdaten, quantitative Angaben zu Waldschäden und Ertragsminderungen in der Landwirtschaft, Entstehungsursachen und gesundheitliche Wirkungen von bodennahem Ozon, die Zerstörung der stratosphärischen Ozonschicht sowie die Wirksamkeit von Klimagasen wie CO_2 führten zu Vereinbarungen zum Schutz der Umwelt. Beispiele aus dem Bereich Luftreinhaltung sind:

- die Konvention über grenzüberschreitende Luftverunreinigungen (Genf, 1979);

Internationale Umweltschutzvereinbarungen

- Protokolle zur Reduktion der Emissionen von SO_2 um mindestens 30 % (Helsinki 1985), NO_x (Sofia, 1988), flüchtigen Kohlenwasserstoffverbindungen (Genf, 1991);
- das Wiener Übereinkommen zum Schutz der Ozonschicht (1985),
- das Montreal-Protokoll über klimawirksame Substanzen (1987).

Auch Abkommen über den Transitverkehr und andere bilaterale Abkommen basieren auf Ergebnissen der Umweltforschung.

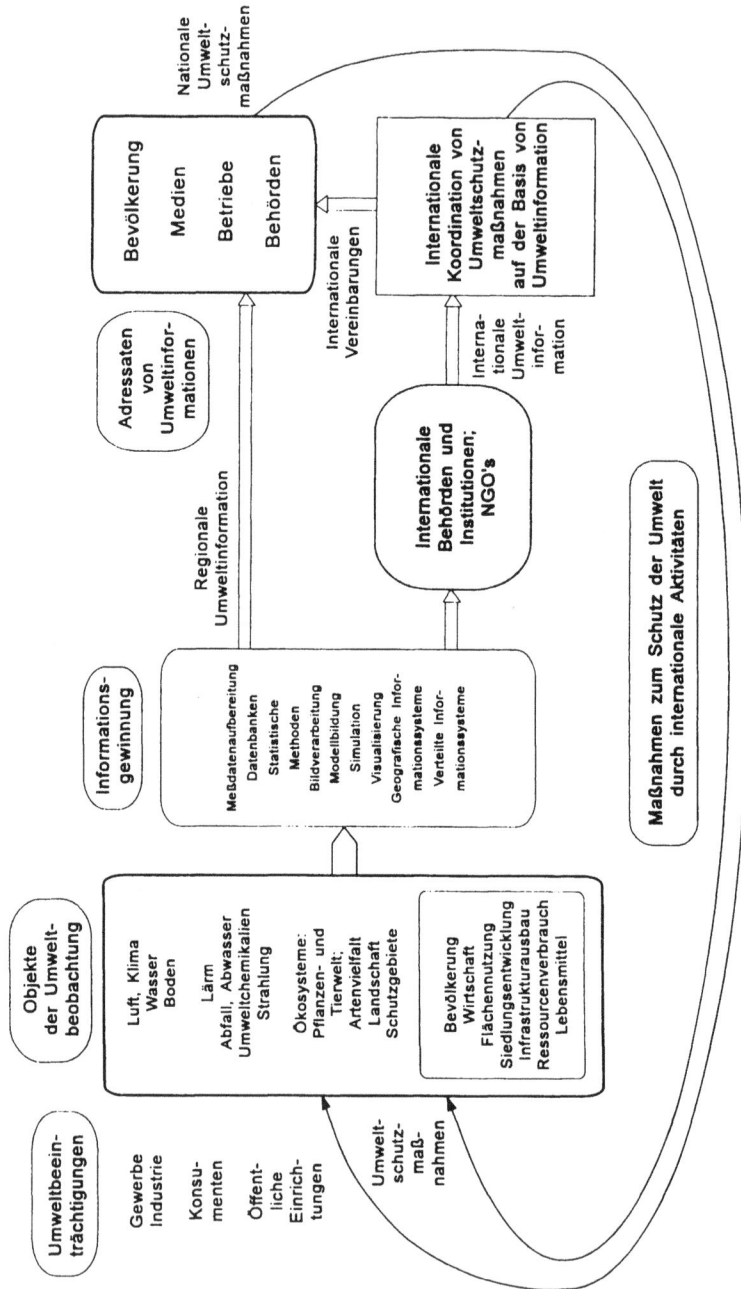

Abb. 3-6: Steuerungsmöglichkeiten im Umweltschutz durch nationale und internationale Maßnahmen

Derzeit zeichnet sich eine Entwicklung zur überregionalen Nutzung von Umweltinformationen ab. Die Wirkung von Umweltbelastungen auf Schutzgüter wie die Gesundheit, Ökosysteme, Artenvielfalt, Materialien und Kulturgüter zeigt die Notwendigkeit grenzüberschreitender Informationsgewinnung. Negative Effekte für die Wirtschaft wie Schadenersatzleistungen, Sanierungsaufwendungen, die Erhöhung von Rohstoff- und Energiekosten, Kosten der Abfallbeseitigung, Ertragsminderungen in der Land- und Forstwirtschaft, werden zunehmend als Wettbewerbs-mitbestimmende Faktoren wahrgenommen. Gleichzeitig entwickeln sich Elemente einer ökologischen Volkswirtschaftlichen Gesamtrechnung (Öko-VGR) und internationale Aktivitäten in der Gesetzgebung, die überregionale Umweltinformationen in Verbindung mit soziodemographischen, ökonomischen und flächenbezogenen Sachdaten unabdingbar zur Voraussetzung haben. Die gesetzlichen Aufträge an politische und administrative Einheiten und die Aktivität nichtstaatlicher Organisationen werden diese Entwicklung noch weiter fördern.

Überregionale Nutzung von Umweltinformationen

3.4 Hemmnisse und Entwicklungsbedarf

Wir haben den Stand der rechnerunterstützten Gewinnung und Nutzung von Umweltdaten sowie die Rahmenbedingungen beschrieben, die den Austausch von Umweltinformation betreffen. Hemmnisse, die der Kommunikation von Umweltinformation bisher entgegenstehen, sind vor allem
* eine noch ungenügende Bildung rechtlich legitimierter Netzwerke mit Experten und Entscheidungsträgern, deren Aufgabe die Entwicklung der Umweltbeobachtung mit dem Ziel der Umweltvorsorge ist,
* Betriebsgeheimnisse und Datenschutzinteressen[1], die die Gewinnung und den Austausch von Umweltdaten hemmen,
* eine fehlende Standardisierung der Aufbereitung von Daten für Zwecke des internationalen Datenaustausches,
* der finanzielle Aufwand und auch
* Angst vor negativer Interpretation der Informationen durch die Öffentlichkeit, die für die Verantwortungsträger oder Institutionen belastend sein könnte.

Hemmnisse für die Kommunikation von Umweltdaten

Für wesentliche Daten wie Emissionsinventare, Immissionsdaten, Warn- und Alarmpläne, Informationen zur naturräumlichen Entwicklung, Planungsunterlagen zu umweltrelevanten Projekten und auch Budgetansatzzahlen – z.B. für Großprojekte und für die Vergabe von Subventionen – besteht meist kein angemessener Zugang für Planer, Wissenschaftler und interessierte Bürger.

Gelten die oben angeführten Aussagen für landesbezogene Informationen, so sind sie um so mehr im zwischenstaatlichen Bereich gültig. Darüber hinaus

---

[1] Dies gilt in Staaten, wo sich das Datenschutzrecht – wie in Österreich – nicht ausschließlich auf natürliche, sondern auch auf juristische Personen bezieht. Das deutsche Datenschutzgesetz gilt nur für natürliche Personen (vgl. Bundesdatenschutzgesetz vom 20.12.1990, §3 Absatz 1).

sind für großräumige Inventare Entscheidungen über die Inhalte und das Aggregationsniveau von Daten, Zugriffsmöglichkeiten, Kostenträger, Standardisierungen, Kontinuität der Erhebungen, angemessene Reaktionen auf Veränderungen im Bedarf an Umweltinformationen sowie die Kosten für Fortschreibungen von Informationssystemen multilateral zu treffen.

Um die angeführten Probleme lösen zu können, sind technische, organisatorische, personelle, wissenschaftliche, finanztechnische und diplomatische Maßnahmen erforderlich. Die derzeitige Entwicklung zeigt, daß der Wunsch nach Integration von Umweltdaten besteht, die Voraussetzungen dafür aber erst zu schaffen sein werden. Schon derzeit bestehen aber Ansatzpunkte, die eine Systementwicklung für den Austausch und die Integration von Umweltdaten auch im internationalen Rahmen begünstigen. Dazu gehören

Ansatzpunkte für den Austausch von Umweltdaten

- die Zugangsrechte zu Umweltinformation (s. Abschnitt 3.2.6),
- die Schaffung rechtlicher Rahmenbedingungen für die Kontrolle betrieblicher Abläufe sowie die Gewinnung betrieblicher Umweltinformation (Umweltbeauftragte),
- Erstellung von Ökobilanzen für Produkte, Betriebe und Prozesse,
- ökologische Buchhaltung und ökologische Buchprüfung/Betriebsrevision (Öko-Audit, Ökocontrolling),
- sektorale Umweltbeobachtung der Gemeinden, Kommunen, Kantone, Bezirke, Bundesländer und der Länder; Schaffung sektorübergreifender Umweltinformationssysteme (vgl. RSVU90),
- internationale Vereinbarungen (Kohlendioxid, FCKW, Ozon); internationale Umweltbeobachtung (European Environmental Agency der EG, EUROSTAT, Environmental Protection Agency der USA, UNEP u.a.).

Die besten Fortschritte bei Maßnahmen zu umweltentlastenen Wirkungen sind in den Ländern zu verzeichnen, in denen konsequent Umweltbeobachtung betrieben wird und ein offenerer Zugang zu Umweltinformationen besteht. Darüber hinaus besteht im internationalen Bereich Bedarf an grenzüberschreitenden Daten. Im Rahmen der „United Nations Conference on Environment and Development" (UNCED) wurde die Bedeutung dieses Austausches von Umweltinformation herausgestrichen, und es wurden Planungsziele festgeschrieben, deren Erreichen derzeit evaluiert wird (EART92). Weiterhin wird es die Aufgabe der Umweltinformatik sein, über den Weg der Bereitstellung von Methoden und Werkzeugen sowie durch Anwendungen der Informatik im umweltbezogenen Bereich einen Beitrag zur Umweltvorsorge zu leisten.

3.5 Weiterführende Literatur

CEDAR, die Central European Environmental Data Request Facility, zeigt im WWW unter der Adresse http://www.cedar.univie.ac.at weitere Verzweigungen zu umweltrelevanten Gophern und WWW-Seiten. Ab Ende 1995 wird der Österreichische Umweltdatenkatalog über CEDAR angeboten.

4 Umwelt-Metadatenbanken im Internet

Joachim Benz, Kristina Voigt

Das Internet ist das größte Computer-Netzwerk der Welt. Es birgt ein ungeheuer großes Potential an Daten und Informationen, die größtenteils kostenlos zur Verfügung gestellt werden. Obwohl es ursprünglich nur im Bereich der Hochschulen verbreitet war, erkennen heute auch immer mehr andere Einrichtungen den Nutzen des Anschlusses ans Internet (SCHE94). Schätzungsweise waren im Mai 1994 800 Gigabytes an Informationen (das 2300fache des Inhalts der Encyclopedia Britannica) über das Internet verfügbar (WIGG94). Die Menge an Informationen im Internet wird in der Zukunft weiter exponentiell ansteigen.

Diese Entwicklung stellt den Nutzer aber auch vor die immer schwieriger zu beantwortende Frage: Wo finde ich die für mich interessanten Informationen? Es wurden deshalb einige Systeme zur Unterstützung der Suche nach Informationen entwickelt, im FTP-Space *Archie*, im Gopher-Space *Veronica* und im WWW (World Wide Web) eine ganze Reihe von in Leistung und Komfort unterschiedlichen Suchsystemen. Diese Problematik soll hier, unter besonderer Berücksichtung des Bereichs Umweltschutz, näher betrachtet werden.

4.1 Einführung in Internet und Begriffsklärung

Zunächst soll ein kurzer Überblick der wichtigsten Leistungen und Funktionen des Internet gegeben werden. Für eine detaillierte Auseinandersetzung mit der Gesamtthematik muß auf die mittlerweile umfangreiche Fachliteratur verwiesen werden (u.a. SCHE94, KROL95, MAXW95, LIED95).

Internet ist keine Bezeichnung für ein homogenes Netzwerk, sondern bezeichnet den weltweiten, sehr heterogenen Verbund lokaler Rechnernetze, die alle über die Protokollfamilie TCP/IP (Transmission Control Protocol/Internet Protocol) kommunizieren und durch die nationalen NICs (Network Information Centers) logistisch verwaltet werden. Daneben sind für einzelne (private) Teilnehmer, die über kein eigenes lokales TCP/IP-Netz verfügen, die sogenannten *Provider* von Bedeutung, die diesen Teilnehmern (gebührenpflichtig) über ein Zubringernetz den Zugang zu Internet-Diensten anbieten. *[Struktur des Internet]*

Es gibt keine zentrale Verwaltung; vielmehr kann jeder lokale Betreiber im Rahmen einiger weniger (meist eher technischer) Vorgaben sein Angebot selbst bestimmen.

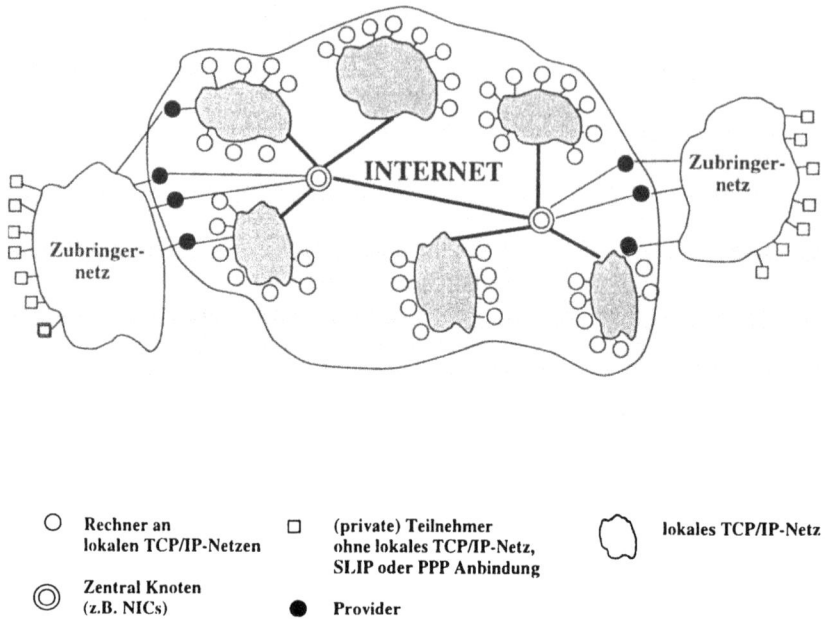

Abb. 4-1: Struktur des Internet

Dienste im Internet

Im Gegensatz zu privaten Mailboxen oder zentral verwalteten Netzen wie Compuserve oder Datex-J (BTX) fehlt beim Internet eine zentrale Stelle, an der man alle Daten bzw. Informationen vorfindet. Daraus resultiert ein nicht unerheblicher Nachteil des Internet-Dienst-Angebots. Man muß nämlich genau wissen, welche Internet-Punkte sich auf welche Spezialthemen ausgerichtet haben – das Internet läßt sich mit einer großen Stadt vergleichen, in der viele kleine und große Geschäfte alles mögliche anbieten. Die wichtigsten Dienste im Internet sind:

E-Mail

Dies ist der bekannteste Dienst, *Electronic Mail*. Er beinhaltet das Versenden und Empfangen persönlicher Mitteilungen an einen oder mehrere definierte Kommunikationspartner (Empfänger).

Net News

Diskussionsforen

Die *Net News* sind Diskussionsforen oder „schwarze Bretter", in denen man Mitteilungen öffentlich austauscht. Genauso wie man einen Zettel an ein Mitteilungsbrett heften kann, ist es hier möglich, Mitteilungen über das Netz an jeden angeschlossenen Teilnehmer verteilen zu lassen.

Um diesen Dienst zu strukturieren, wurden die *Net News* in thematische Gruppen unterteilt und hierarchisch gegliedert. Derzeit existieren weltweit ca.

6.000 bis 10.000 Diskussionsforen zu den unterschiedlichsten Themen. In diesen Foren kann man Fragen stellen, Meinungen publizieren oder einfach auf das reagieren, was man gelesen hat.

telnet

Mit dem Programm *telnet* kann man an entfernten Rechnern dialogfähige Programme ausführen. Voraussetzung dafür ist, daß man die Erlaubnis hat, auf dem jeweiligen Rechner zu arbeiten, was in der Regel dann gegeben ist, wenn man dort über einen *user account* verfügt. In diese Kategorie von Anwendungen sind auch Recherchen in Online-Datenbanken einzuordnen.

FTP

Mit Hilfe des Programms *FTP (File Transfer Program)* können Dateien von einem Rechner zu einem anderen transferiert werden. *FTP* benutzt ein eigenes Protokoll (*FTP*-Protokoll) und funktioniert ebenso wie *telnet* nach dem Client-Server-Prinzip. Im Normalfall ist es ebenso wie bei *telnet* notwendig, daß man am Server als Benutzer registriert ist. Seine enorme Bedeutung für das Internet erhält *FTP* jedoch durch weltweit verteilte *FTP*-Server, auf die man anonym zugreifen kann, die also frei zugänglich sind (sogenannte *anonymous FTP server*). Man findet in diesen Archiven Software für fast alle Rechnertypen, Dokumente jeglicher Art, Bilder, Videosequenzen, Sounddateien und vieles mehr.

Frei zugängliche FTP-Server

Informationsdienste

Unter den allgemein zugänglichen Informationsdiensten des Internet haben vor allem das System *Gopher* und das *World Wide Web (WWW)* größere Bedeutung erlangt. *Gopher* ist ein verteiltes, hierarchisch aufgebautes und menüorientiertes Informationssystem, das Zugang zu den unterschiedlichsten Informationen bietet.

Der spektakulärste Informationsdienst des Internet ist das World Wide Web (WWW). WWW ist ein Hypertext-basierter, verteilter Informationsdienst. Neben Texten werden im WWW auch Graphiken, Videosequenzen und Sounddateien angeboten. Zur Kommunikation zwischen dem Client- und den Server-Prozessen (siehe Abbildung 4-2) wird das sogenannte http-Protokoll (hypertext transfer protocol) verwendet. Die Dokumente werden in der Sprache html (hypertext mark-up language) erstellt.

WWW (World Wide Web)

Als Client-Prozeß wird auf dem lokalen Rechner ein spezieller Browser verwendet. Sowohl für X-Window als auch für MS-Windows stehen graphikfähige Browser zur Verfügung (Mosaic, Netscape usw., vgl. NOTE95).

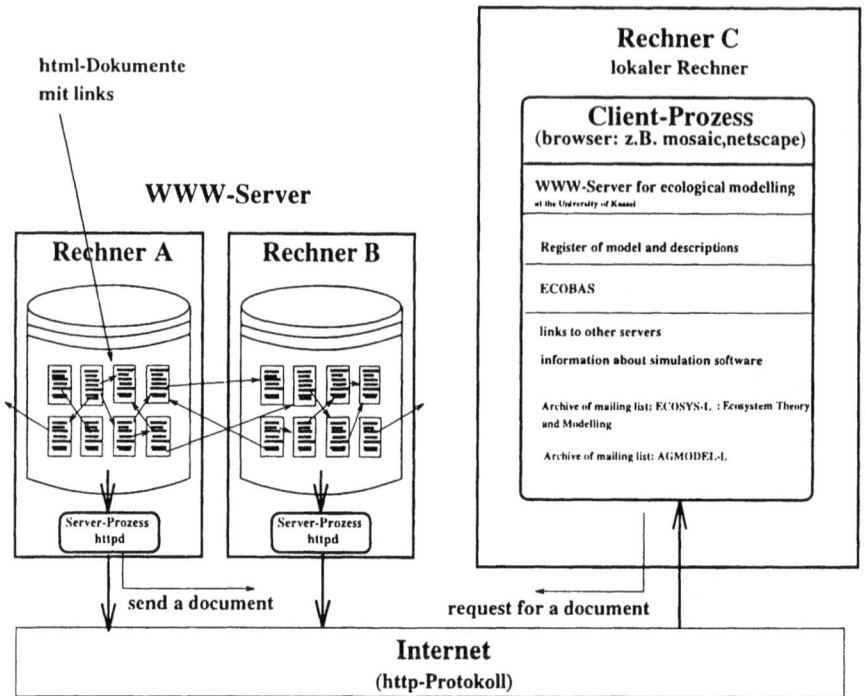

Abb. 4-2: Schematische Darstellung der Funktionsweise eines Client-Server-Prozesses im Internet am Beispiel von WWW

4.2 Suche nach Informationen im WWW

Wie bereits erwähnt, ergibt sich aus der Vielfalt der Informationsangebote und der Struktur des Internet das Problem, wie man mit vertretbarem Aufwand die Informationen findet, die man sucht. Hinzu kommt, daß das WWW als das derzeit umfassendste Informationssystem im Design einige Schwächen aufweist (KAPP95). Außer den Hyperlinks, über die sich der Benutzer von Dokument zu Dokument und wieder zurück „hangelt", gibt es in der Menge der html-Dokumente keine Strukturierungsmöglichkeiten, was zur Orientierungslosigkeit der Benutzer führen kann. Dieser Mangel an Suchfunktionen macht ein zielgerichtetes Auffinden von Informationen kaum möglich.

Suchsysteme   Es sind deshalb eigenständige Suchsysteme notwendig. Dabei sind grundsätzlich zwei Ebenen zu unterscheiden:

• Systeme, die Informationen auffinden und indexieren (Erzeugung von Metainformationen). Zu dieser Gruppe zählen Systeme wie *WAIS (Wide Area Information Servers), Glimpse und Web robots.* Hier ist noch zu unterscheiden, ob

60

sich die Suche nach Informationen nur auf die Bestände auf einem Rechner (Server) oder die Bestände im gesamten Netz bezieht.
• Systeme, die die Suche nach Informationen mit Hilfe von Metainformation ermöglichen. Dieser Gruppe sind z.B. *Lycos, Harvester und ALIWEB* zuzurechnen. Mit derzeit ca. 2,8 Millionen indizierter Dokumente ist *Lycos* das umfassendste System dieser Gruppe (vgl. MAUL95).

Ein weiteres Unterscheidungsmerkmal der Suchsysteme ist die Breite ihres thematischen Bezugs. Während die oben aufgeführten Systeme, insbesondere *Lycos,* keine thematische Eingrenzung machen, gibt es andere Systeme wie z. B. die *Virtual Libraries,* die thematisch mehr oder minder stark eingegrenzt sind. Falls keine oder nur eine schwache thematische Eingrenzung vorgenommen wird, können die Aufgaben des Auffindens und der Indexierung nur mit Hilfe automatischer Suchstrategien und Indexierungsverfahren gelöst werden.

Erfahrungen mit diesen Werkzeugen haben jedoch gezeigt, daß die Resultate von Recherchen mit Hilfe der derzeit zur Verfügung stehenden Suchmöglichkeiten in der Regel nicht zufriedenstellend, d.h. nicht genau genug und zu zeitaufwendig sind. Zwei Hauptgründe für dieses Defizit sind: [margin note: Defizite der Suchsysteme]
• wenig strukturierte html-Dokumente,
• Algorithmen der Indexierung, die den Inhalt der Dokumente nicht genau analysieren können.

Aus diesem Grunde ist eine Entwicklung von Metadatenbanken im Internet, die das Auffinden der gewünschten Informationen – in unserem Fall Umweltinformationen, d.h. Umweltmodelle und Umweltdatenbanken – umfassender und ausgereifter unterstützen, von großer Bedeutung.

4.3 Vorgehensweise beim Aufbau von themenbezogenen Metadatenbanken im WWW

Anhand zweier Metadatenbanken, *Register of Ecological Models* (Universität Gesamthochschule Kassel) und *Internet Resources for Environmental Chemicals DAIN* (GSF – Forschungszentrum für Umwelt und Gesundheit), wird die Vorgehensweise beim Aufbau solcher Systeme und deren Struktur im einzelnen dargestellt. Die jeweilige Einbettung dieser Datenbanken in das WWW ist in den Abschnitten 4.4 und 4.5 erläutert. Unter dem Begriff *Metadaten* bzw. *Metainformation* sind hier alle Informationen zu verstehen, die über den Ort und die Eigenschaften anderer Informationen oder Informationsquellen (Ressourcen) Auskunft geben. Für diese beiden thematisch relativ klar abgegrenzten Metadatenbanken verfolgen wir aus den oben angeführten Gründen für das Aufsuchen relevanter Informationen und deren Indexierung ein zweistufiges Konzept (vgl. Abbildung 4-3). [margin note: Metadaten, Metainformation]

In der ersten Stufe wird, unter Zuhilfenahme von automatisierten Strategien, nach relevanten Dokumenten im Internet gesucht. Dieser erste Schritt liefert eine Vorauswahl. Die bisher gemachten Erfahrungen zeigen jedoch, daß die so gefundenen Dokumente größtenteils nicht ausreichend themenbezogen sind.

In einem zweiten Schritt müssen deshalb die Dokumente, die im ersten Schritt gefunden wurden, von Experten ausgewertet werden, um eine endgültige Auswahl zu treffen und die Indexierung durchzuführen.

Info-Sheets

Auf der Grundlage des zweiten Selektionsschrittes wird dann für jede Ressource bzw. jedes Dokument ein Informationsblatt (Info-Sheet) angelegt (siehe auch das Beispiel in Abbildung 4-4). Diese Info-Sheets sind html-Dokumente, die ein flaches Filesystem bilden. Der Inhalt dieser Info-Sheets ist in verschiedene Datenfelder strukturiert, die unterschiedliche Informationstypen enthalten. Zwei Klassen von Informationen werden unterschieden:

• Informationen, die den *Inhalt* der Ressource beschreiben und die suchbar sind;

• Informationen, die *Verbindungen* (Links) zu den Originaldokumenten über sogenannte URLs (Uniform Resource Locators) herstellen. Ein URL ist die einheitliche und eindeutige Form, Ressourcen im Netz zu benennen.

Durch die Info-Sheets ist die Voraussetzung dafür geschaffen, daß mit einer in das WWW eingebetteten Benutzerschnittstelle Recherchen auch in der Menge der Metainformationen durchgeführt werden können.

Problem ungültiger Verweise im WWW

Eine weitere Schwäche des WWW-Designs sind die unidirektionalen Hyperlinks der html-Dokumente (KAPP95). Durch Veränderung der Dokumente (inhaltliche Änderungen, Löschen oder Veränderung der physikalischen Lokation) entstehen im Verlauf der Zeit eine große Anzahl ungültiger Querverweise. Für ein Informationssystem, das den Benutzer zu den von ihm gesuchten Informationen führen soll, ist dies ausgesprochen nachteilig. Um die Validität der in den Info-Sheets eingetragenen Querverweise zu gewährleisten, wird in regelmäßigen Abständen durch einen automatisierten Prozeß die Existenz der Dokumente, auf die verwiesen wird, überprüft.

Der Aufbau der beiden hier beispielhaft besprochenen Metadatenbanken wird nun detailliert dargestellt.

- automatisierte Suche
  nach Informationen
  (Vorauswahl)

- intellektuelle Auswahl und Auswertung
  themenbezogener
  Dokumente

-Indexierung
-Erstellen der Meta-
  informationen

| html-
Dokumente
im
WWW | erste
Vorauswahl | endgültige
Auswahl | aufbereitete
Metain-
formationen | WWW
Recherche
Interface |

Existenz-Kontrolle der Dokumente

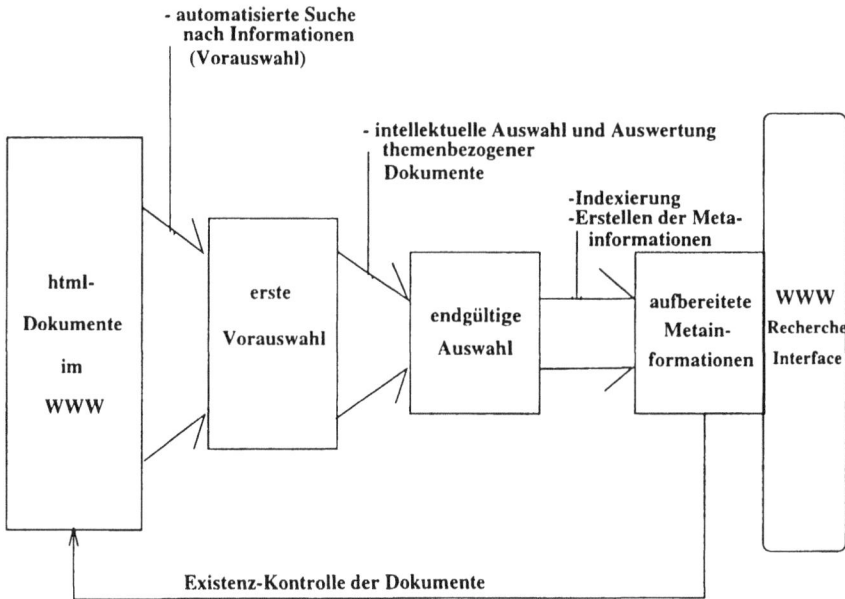

Abb. 4-3: Zweistufige Suche, Auswertung und Indexierung

4.4 Register of Ecological Models

Ende 1994 wurde an der Universität Gesamthochschule Kassel ein WWW-Server mit der Aufgabenstellung eingerichtet, Informationen für den Bereich der ökologischen Modellierung bereitzustellen. Neben einem Recherche-Interface zu der Datenbank *ECOBAS* (Dokumentation mathematischer Formulierungen ökologischer Prozesse, vgl. BENZ94) ist hier auch die Metadatenbank „Register of Ecological Models" integriert.

WWW-Server für
ökologische
Modelle

In den vergangenen Jahrzehnten wurde eine große Zahl von mathematischen Modellen für unterschiedliche Fragestellungen aus Ökologie und Umweltschutz entwickelt. Inzwischen wird es auch für den Fachwissenschaftler immer schwieriger, sich einen Überblick darüber zu verschaffen, welche Modelle für seinen Anwendungsbereich zur Verfügung stehen. Es scheint deshalb sinnvoll, Informationen über das Angebot an Modellen an einem zentralen Punkt zusammenzutragen und der wissenschaftlichen Gemeinschaft zugänglich zu machen.

Die im Register of Ecological Models zur Verfügung gestellten Metainformationen werden zum einen in der in Abschnitt 4.3 beschriebenen Vorgehensweise erstellt; darüber hinaus werden aber ergänzend auch konventionelle Literaturrecherchen verwendet. Derzeit (Juli 1995) sind über 100 Modelle erfaßt. Die Info-Sheets, die die Informationen zu den einzelnen Modellen enthalten, haben folgende Felder:

Name	Abstract
Abbreviation (Kurzname)	Documentation
Main Medium	Executables (ausführbare Objekte)
Main Subject	Sourcecode (Quellcode)
Keywords	Data
Contact	Other

Das Feld *Keywords* enthält eine Liste frei gewählter Schlagwörter (Deskriptoren), die den Inhalt des Modells charakterisieren. In den Feldern *Main Medium* und *Main Subject* sind dagegen nur Deskriptoren aus den folgenden kontrollierten Schlagwortlisten erlaubt. Diese Listen werden von der Metadatenbank-Administration bei Bedarf erweitert:

Main Medium	Main Subject
air	biogeochemical
terrestrial	population dynamics
aquatic	hydrology
aquatic+terrestrial	(eco)toxicology
aquatic+air	meteorology
air+terrestrial	

Die Felder *Contact, Abstract, Documentation, Data* und *Other* enthalten inhaltserschließende Informationen und/oder Hyperlinks. Die Felder *Sourcecode* und *Executables* enthalten, falls verfügbar, entweder Links auf FTP-Server oder Bezugsadressen. Für Modellentwickler, die ihre Modelle zur Verfügung stellen wollen, aber über keinen eigenen FTP-Server verfügen, wurde ein spezieller FTP-Server eingerichtet (host: ftp.hrz.uni-kassel.de, directory: /pub/ecosys/ models).

Suchbare Informationen sind derzeit die Einträge in den Feldern *Name, Keywords, Main medium* und *Main subject*. Das in das WWW integrierte Recherche-Interface ist in Abbildung 4-5 dargestellt.

Das Register of Ecological Models ist, neben einem Recherche-Interface zur Datenbank ECOBAS, über die folgende URL zugänglich:

http://dino.wiz.uni-kassel.de/ecobas.html

64

PRZM2

Name: Pesticide Root Zone Model, Vadose Zone Flow and Transport
Abbreviation: PRZM2

Main medium: terrestrial
Main subject: hydrology, biogeochemical
Keywords: pesticide, root zone, solute transport, agriculture, unsaturated soil

Contact:
Center for Exposure Assessment Modeling (CEAM) (EPA)

Abstract:
PRZM2 links two subordinate models in order to predict pesticide fate and
transport through the crop root zone, and the unsaturated zone: PRZM and
VADOFT. PRZM is a one-dimensional finite-difference model which accounts for
pesticide fate and transport in the crop root zone. This release of PRZM
.....
The codes are linked together with the aid of a flexible execution supervisor
which allows the user to build models which are tailored to site-specific
situations. In order to perform exposure assessments, the code is equipped
with a Monte Carlo pre- and post-processor.

PRZM2 model / documentation

Documentation:
(see Executables)

Executables:
DOS

Sourcecode:
(see Executables)

Data:

Other:

Abb. 4-4: Beispiel für ein Info-Sheet im Register of Ecological Models. Die
unterstrichenen Einträge sind Hyperlinks zu anderen html-Dokumenten.

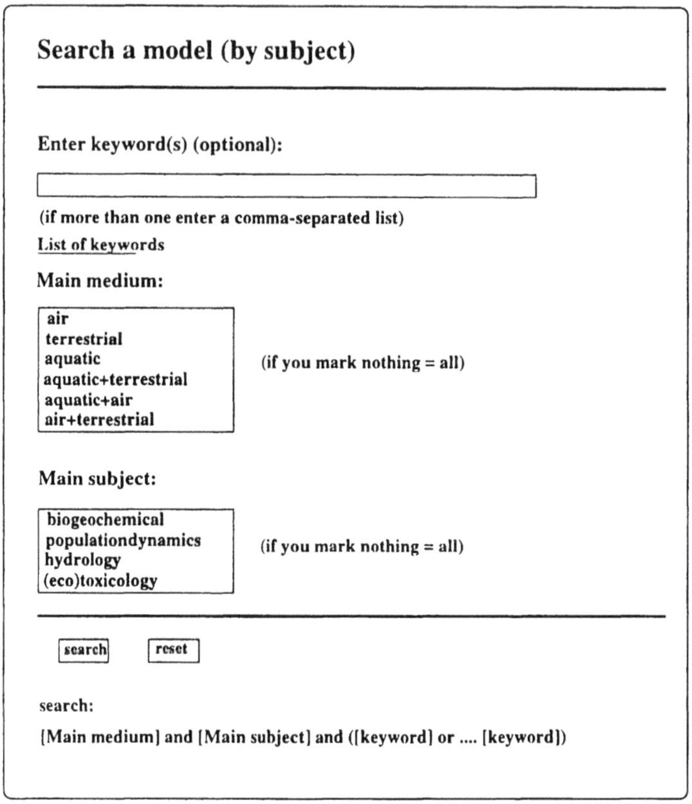

```
┌─────────────────────────────────────────────────────────────┐
│                                                               │
│   Search a model (by subject)                                 │
│   ─────────────────────────────────────────────────          │
│                                                               │
│                                                               │
│   Enter keyword(s) (optional):                                │
│                                                               │
│   ┌─────────────────────────────────────────────────┐        │
│   └─────────────────────────────────────────────────┘        │
│   (if more than one enter a comma-separated list)             │
│   List of keywords                                            │
│   Main medium:                                                │
│                                                               │
│   ┌───────────────────────────┐                               │
│   │ air                       │                               │
│   │ terrestrial               │                               │
│   │ aquatic                   │      (if you mark nothing = all)│
│   │ aquatic+terrestrial       │                               │
│   │ aquatic+air               │                               │
│   │ air+terrestrial           │                               │
│   └───────────────────────────┘                               │
│                                                               │
│   Main subject:                                               │
│                                                               │
│   ┌───────────────────────────┐                               │
│   │ biogeochemical            │                               │
│   │ populationdynamics        │      (if you mark nothing = all)│
│   │ hydrology                 │                               │
│   │ (eco)toxicology           │                               │
│   └───────────────────────────┘                               │
│                                                               │
│   ┌────────┐    ┌───────┐                                     │
│   │ search │    │ reset │                                     │
│   └────────┘    └───────┘                                     │
│                                                               │
│   search:                                                     │
│   [Main medium] and [Main subject] and ([keyword] or .... [keyword])│
│                                                               │
└─────────────────────────────────────────────────────────────┘
```

Abb. 4-5: Recherche-Interface für das Register of Ecological Models

4.5 Metadatenbank der Internet-Ressourcen im Umweltschutz DAIN

4.5.1 Bisherige Metadatenbanken des Informationssystems Umweltchemikalien

In der GSF (Forschungszentrum für Umwelt und Gesundheit GmbH) wird ein EDV-gestütztes System geschaffen, um den Zugriff auf Informationen über Chemikalien im Zusammenhang mit Umweltschutzaspekten zu ermöglichen und zu optimieren. Dazu wurden Datenbanken aufgebaut, die die Inhalte von Datenquellen erfassen (Metadatenbanken der Datenquellen). Da die Datenquellen zunächst in gedruckte Dokumente (z.B. Handbücher, Reports, Monographien, Firmenverzeichnisse usw.), in Online-Datenbanken und in CD-ROMs bzw. Datensammlungen auf Diskette sachlich aufgeteilt werden, sind drei Metadatenbanken erschienen:

- DALI: Metadatenbank der Literatur
- DADB: Metadatenbank der Online-Datenbanken
- DACD: Metadatenbank der CD-ROMs

Der Dokumentenstand (Mai 1995) beträgt für DALI 1071, für DADB 453 und für DACD 348 Dokumente, d.h. insgesamt 1872 Datenquellen, davon 801 Datenbanken (Online-Datenbanken und CD-ROMs), die Informationen über das Thema *Chemikalien und Umweltschutz* enthalten. Die Bedeutung der Metadatenbanken liegt in den sogenannten inhaltserschließenden Datenfeldern (Abbildung 4-6). Diese werden anhand eines Beispiels in Abschnitt 4.5.3 näher erläutert.

Feldname	Kurzbezeichner	Typ der Feldwerte
Number of chemicals	NU	Integer
Use of chemicals	US	Alphanum.
Type of information	IT	Alphanum.
Descriptors	DE	Alphanum.

Abb. 4-6: Inhaltserschließende Datenfelder in den Metadatenbanken für Chemikalien und Umweltschutz

Für die inhaltliche Auswertung der Datenquellen haben wir u.a. ein Parameter-Testset (ca. 150 Deskriptoren mit Bezug zur Thematik Umweltschutz und Chemikalien) erarbeitet. Mit diesem Testset wurden sämtliche Datenquellen geprüft (vgl. VOIG93a). Es gibt Datenbanken, die sich auf ökologische Fragestellungen spezialisiert haben. In ähnlicher Weise sind einige Datenbanken für einen speziellen Typ von Chemikalien geschaffen worden. Beispielsweise gibt es einige Datenbanken für Pestizide oder Pharmazeutika (VOIG95).

4.5.2 Erweiterung des Informationssystems Umweltchemikalien

Mit der Verbreitung des Internet ist selbstverständlich auch die Anzahl der Datenquellen im Internet in umweltbezogenen Fachgebieten stark gestiegen. Aufgrund der Internet-Struktur ist die Suche nach geeigneten Ressourcen zum Themenbereich Umwelt und Chemikalien oft schwierig und zeitaufwendig. Deshalb ist eine Unterstützung der Suche nach geeigneten Quellen mit Hilfe einer Metadatenbank der Internet-Ressourcen besonders wichtig. Aus diesem Grunde liegt eine Erweiterung unseres Informationssystems Umweltchemikalien um eine solche Metadatenbank für Internet-Quellen nahe.

Die GSF ist dabei, eine Metadatenbank der Internet-Quellen auf dem Gebiet der Chemie und des Umweltschutzes, analog zu den drei bereits existierenden Metadatenbanken, aufzubauen. Diese Metadatenbank trägt den Namen „MetaDAtenbank der INternet-Ressourcen Umweltschutz" (DAIN).

Diese Datenbank, ab Herbst 1995 unter der URL

http://dino.wiz.uni-kassel.de/dain.html

im Internet angeboten wird, ist sowohl in den Feldbezeichnungen als auch im Inhalt englischsprachig. Die vier Metadatenbanken bilden zusammen das Informationssystem Umweltchemikalien mit vier Datenquellen-Typen:

- gedruckte Dokumente,
- Online-Datenbanken,
- CD-ROMS,
- Internet-Ressourcen.

Bereits 1987 wurde mit dem Projekt begonnen, zunächst mit dem Aufbau der Metadatenbanken zu Literatur und Online-Datenbanken. 1990 kam dann die Metadatenbank der CD-ROMs hinzu, und 1995 wurde das Gesamtsystem um DAIN erweitert. Abbildung 4-8 gibt einen Überblick über das Informationssystem.

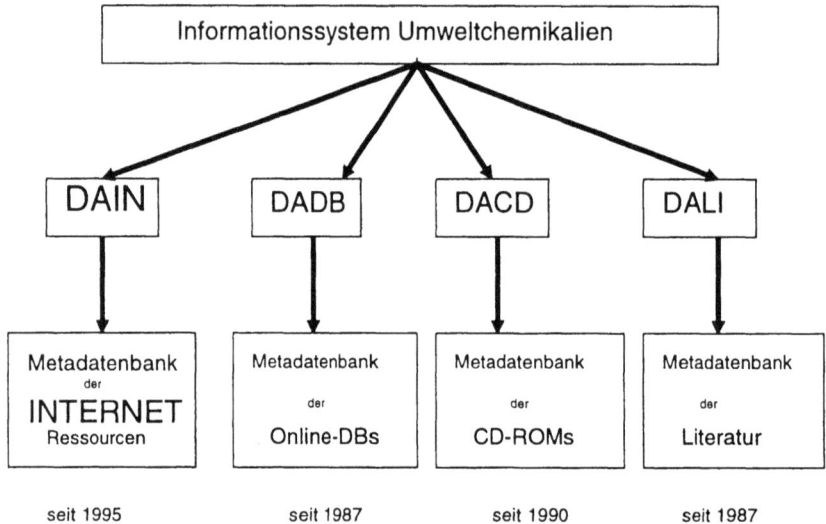

Abb. 4-8: Metadatenbanken des Informationssystems Umweltchemikalien

68

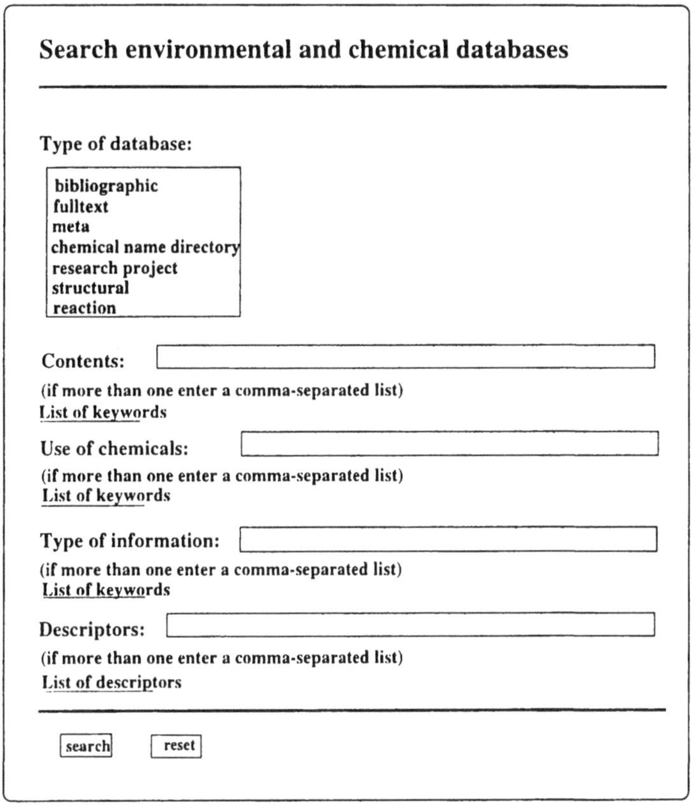

Search environmental and chemical databases

Type of database:

> bibliographic
> fulltext
> meta
> chemical name directory
> research project
> structural
> reaction

Contents: [_____]

(if more than one enter a comma-separated list)
List of keywords

Use of chemicals: [_____]

(if more than one enter a comma-separated list)
List of keywords

Type of information: [_____]

(if more than one enter a comma-separated list)
List of keywords

Descriptors: [_____]

(if more than one enter a comma-separated list)
List of descriptors

[search]   [reset]

Abb. 4-9: Suchformular für die inhaltserschließenden Datenfelder in DAIN

4.5.3 Suchformular für DAIN im Internet

Im Internet kann der Nutzer nach den wichtigen inhaltlichen Daten mit Hilfe von Suchformularen recherchieren. Es ist somit eine strukturierte Suche nach den gewünschten inhaltlichen Informationen möglich (Abbildung 4-9).

Bei den inhalterschließenden Datenfeldern in DAIN handelt es sich um *Number of chemicals NU* (Anzahl der verzeichneten Chemikalien), *Use of chemicals US* (Anwendung der Chemikalien), *Type of information IT* (Informationstyp) und *Descriptors DE* (Deskriptoren).

Unter der Anwendung der Chemikalien verstehen wir z.B. den Einsatz als Pestizide, Pharmazeutika, Lösungsmittel usw. Es gibt Datenbanken, die sich auf Chemikalien für bestimmte Anwendungen spezialisieren. Sucht der Nutzer Informationen über Pestizide, so wird er eine Datenbank wählen, die sich für dieses Gebiet ausweist. Ähnlich verhält es sich mit dem Feld *Type of information*. Einige Datenbanken sind spezialisiert, z.B. auf toxikologische Fragestellungen, auf Identifikationsparameter für Chemikalien oder auf physikalisch-

69

chemische Daten. Wenn eine Datenbank – wie das unten besprochene Beispiel *HazDat* – vorwiegend Informationen über Wirkungen von Chemikalien auf die Gesundheit zur Verfügung stellt, ist im Feld *IT* beispielsweise der Wert *health effects* eingetragen.

4.5.4 Beispieldokument aus DAIN

Da diese Metadatenbank der Internet-Ressourcen sich gerade im Aufbau befindet, sind erst sechs Beispieldokumente aufgenommen, von denen wir auf die Ressource *HazDat* näher eingehen werden (Abbildung 4-10).

```
DO== 1
OF==Vo
AC==HazDat
NA==ATSDR's Hazardous Substance Release/Health Effects Database
UR==http://atsdr1.atsdr.cdc.gov:8080/hazdat.html##A3.1
PR==Agency for Toxic Substances and Disease Registry (ATSDR)
       Office of Information Resources Management (OIRM)
       1600 Clifton Road (E28)
       Atlanta, GA 30333
       USA
       Tel: 001-404/639-0720
       Fax: 001-404/639-0740
       e-mail: emp1@atsoaa1.em.cdc.gov
       Mike Perry
       Dr. Sandra Susten
       Richard Anderson
TY==NU
SC==Human health
       Dangerous substances
LA==English
RL==search form
US==dangerous-substances
IT==health-effects
DE==organic-chemicals, inorganic-chemicals, data, information,
       CAS-Registry-Number-Index, chemical-name-index, synonyma-index,
       CAS-Registry-Number, name-of-chemical-substances, synonyma,
       acute-toxicity, chronic-toxicity, carcinogenicity, teratogenicity,
       mutagenicity
AB==http://atsdr1.adsdr.cdc.gov:8080/hazdat.html
```

Abb. 4-10: Beispieldokument *HazDat* aus DAIN (Erläuterungen s. Abb. 4-11)

Die Erläuterungen zu den Abkürzungen der Feldbezeichnungen befinden sich in Abbildung 4-11. Die Faktendatenbank HazDat auf dem Gebiet des Umwelt-, Gesundheits- und Arbeitsschutzes wurde auf der 3. Internationalen WWW-Konferenz 1995 in Darmstadt vorgestellt (PERR95). Die Agentur für Gefährliche Stoffe und Krankheitsregister (Agency for Toxic Substances and

Disease Register, ATSDR) ist eine Behörde des öffentlichen Gesundheitswesens des U.S. Department of Health and Human Services (DHHS). Sie hat die Aufgabe, Exposition und gesundheitliche Schäden, die durch Gefahrstoffe hervorgerufen werden, zu minimieren bzw. zu verhindern. Diese Aufgabenstellungen umfassen die Abschätzung der Auswirkung von Abfalldeponien auf die öffentliche Gesundheit, die Gesundheitskontrolle in bezug auf spezielle Gefahrstoffe, die Gesundheitsüberwachung, Auskunft über Unfälle mit Gefahrstoffen, angewandte Wissenschaft zur Abschätzung der Gefährdung durch Gefahrstoffe, Informationsmanagement und Verteilung von Informationen sowie die Aus- und Weiterbildung auf diesen Gebieten. Um diese vielfältigen Aufgaben zu unterstützen, wurde die relationale Datenbank HazDat entwickelt. Sie steht allen Nutzern unentgeltlich im Internet zur Verfügung.

DO	Document number	laufende Nummer
OF	Official in charge	für diesen Eintrag verantwortliche Person (Namenskürzel)
AC	Acronym	Kurzname der Datenbank
NA	Name of resource	Name der Datenbank
UR	URL (Link)	Uniform Resource Locator (Link zur Datenbank selbst)
PR	Producer/Contact	Anbieter der Datenbank/Ansprechpartner
TY	Type	Typ der gespeicherten Daten (in Abb. 4-10: NU = numerisch)
SC	Subject coverage	thematische Eingrenzung
LA	Language	Sprache
RL	Retrieval language	Anfragesprache
US	Use of chemicals	Anwendungsgebiete der dokumentierten Chemikalien
IT	Type of information	Informationstyp
DE	Descriptors	Liste von Deskriptoren (Schlagwortliste)
AB	Abstract	Link zu einem zusammenfassenden Text über die Datenbank

Abb. 4-11: Erläuterung der DAIN-Datenfelder aus Abbildung 4-10

4.5.5 Sonstige Internet-Metadatenbanken zu Umweltschutz und Chemie

Insbesondere aufgrund der Unbeständigkeit und des Umfangs des Internet ist eine Unterstützung mittels Directories oder Metadatenbanken von größter Wichtigkeit. Für das Gebiet der Chemie und des Umweltschutzes gibt es einige Directories. Beispielsweise wird vom Canadian Centre for Occupational Health and Safety (CCOHS) eine Zusammenstellung von ca. 200 Quellen mit dem Thema *Gesundheits- und Sicherheitsaspekte in bezug auf Chemikalien* im Internet angeboten (MOOR94). Das Datenbankangebot der nordischen Länder, das selbstverständlich auch Chemie- und Umweltinformationen umfaßt, wird im Nordguide im Internet angeboten (OCKE94). Gute Metainformationen für Chemie-Quellen im Internet bietet der griechische Host leon.nrcps.ariadne-t.gr (oder 143.233.2.1) (vgl. HELL94). Ein weiteres Verzeichnis von Internet-Quellen sind die *Internet Yellow Pages,* in Deutsch verlegt bei „Markt & Technik", München. Hier werden ca. 2.500 Quellen, eingeteilt nach Sachgebieten, vorgestellt (MAXW95). Auch in diesem Directory finden sich eine Reihe von Ressourcen zum Thema *Umweltschutz und Chemie.*

Abbildung 4-12 zeigt eine Auswahl von Directories im Internet, die die Suche nach geeigneten Ressourcen auf dem Gebiet des Umweltschutzes und der Chemikalien im Internet erleichtern.

Bezeichnung	URL (Link)	
Some Chemistry Resources on the Internet	WWW	http://www.rpi.edu/dept /chem/cheminfo/chemres.html
Internet Directory of Biotechnology Resources	WWW	http://biotech.chem.indiana.edu
Directory of Health and Safety Resources	WWW	http://www.ccohs.ca
Nordguide 1994	Gopher	nordinfo.hut.fi
	WWW	http://www.hut.fi
		/Palvelut/Kirjastopalvelut
		/NORDINFO/index.html
Directory Chemistry Leon	FTP	leonnrcp.ariadne-t.gr /pub/chemistry/sites.chem

Abb. 4-12: Directories im Internet auf dem Gebiet Chemie und Umweltschutz

Bis jetzt sind jedoch in den aufgeführten Directories noch keine Ansätze zu erkennen, die aufgelisteten Ressourcen zu klassifizieren, weder nach ihrem Typ noch nach der Zugriffsmethode. Eine Einteilung bzw. Klassifikation nach den Inhalten fehlt ebenso völlig. In den oben genannten Directories sind die Einträge lediglich alphabetisch geordnet.

Die Erarbeitung und Pflege von Metainformationen im Internet ist eine Aufgabe, die in den kommenden Jahren große Bedeutung erlangen wird. Gerade für den fachlich sehr heterogenen Umweltbereich mit seinen interdisziplinären Problemstellungen wird es notwendig sein, Metadatenbanken aufzubauen, die einen problemorientierten Zugang zu den Informationsressourcen im Internet ermöglichen.

4.6 Weiterführende Literatur

Für allgemeine Informationen zum Internet sei auf den Band „Die Welt des Internet" (KROL95) verwiesen. Zum Thema Metadaten und Metainformationen im Umweltbereich sind neun Beiträge im Tagungsband IFU95 zu finden. Die oben erwähnte, aber in diesem Buch nicht besprochene Metadatenbank der Online-Datenbanken DADB (siehe Abb. 4-6) ist in VOIG93b beschrieben.

5 Umweltmonitoring: Modelle, Methoden und Systeme

Oliver Günther, Franz Josef Radermacher, Wolf-Fritz Riekert

Unter Umweltmonitoring versteht man die kontinuierliche, automatisierte Beobachtung des Zustandes der Umwelt. Leistungsfähige Modelle, Methoden und Systeme für das Umweltmonitoring sind im Begriff, den Bereich der Forschung und Entwicklung zu verlassen, teilweise befinden sie sich bereits im praktischen Einsatz. Dabei handelt es sich in Ländern mit breit etablierter Umweltverwaltung und dichter Besiedelung eher um eine Ergänzung der Umweltschutzpraxis, während in weniger entwickelten bzw. dünn besiedelten Ländern durch neue Techniken der Umweltinformatik ganz neue Potentiale für einen wirksameren Umweltschutz erschlossen werden.

5.1 Umweltmonitoring: Die globale Dimension

5.1.1 Status

Die Gesamtsituation der Erde und insbesondere die Lage der Umwelt wird zunehmend problematischer und gefährlicher. Die Aussichten für die Zukunft der menschlichen Kultur werden zunehmend düsterer. Auslösender Faktor ist primär das Wachstum der Weltbevölkerung. Wir erleben seit 1970 eine Zunahme von 3,5 auf nunmehr bereits mehr als 5,5 Milliarden Menschen und parallel hierzu eine unglaubliche Steigerung des Konsumumfangs pro Person in den entwickelten Ländern (vgl. STIF91). [Wachstum der Weltbevölkerung] [Steigerung des Konsums]

Beide Trends waren historisch wünschenswert und mit ständigen individuell empfundenen Verbesserungen der Lebenssituation und zunehmenden Entfaltungs- bzw. Machtmöglichkeiten der jeweils tragenden Institutionen verbunden. Sie werden daher in der historischen Erfahrung positiv bewertet. Diese positive Generallinie kippt aber jetzt um. Da mehr als die Hälfte der heute lebenden Menschen noch nicht einmal im fortpflanzungsfähigen Alter ist, baut sich nämlich hinsichtlich der Bevölkerungspyramide mittlerweile weltweit eine Zeitbombe auf, die wir kaum werden beherrschen können (EHRL75, EHRL91, FAW92). Zudem wird nun unser Konsumniveau auch noch weltweit als Maßstab genommen und dient als Zielvorstellung für Milliarden von Menschen, nicht zuletzt vermittelt durch die modernen Kommunikationsmöglichkeiten.

Es steht außer Frage, daß die Welt derartige Zuwächse an Nutzungswünschen nicht wird verkraften können. Wir sehen, daß die vielleicht bedeutsamste Technikfolge – eine Folge, die im Rahmen der Diskussion zur Technikfolgenforschung viel intensiver bearbeitet werden müßte – das Wachstum an Menschen und deren Erwartungen ist, wobei natürlich umgekehrt nur dieses Wachstum mit dem damit verbundenen Druck und Innovationspotential diese technische Entwicklung ermöglicht hat.

Rückgang der
Ressourcen

Mittlerweile sind wir aber am Ende unkomplizierter Wachstumsmöglichkeiten angekommen, auch wenn dies viele noch nicht gemerkt haben. So geht zum Beispiel der Umfang an nutzbaren Ressourcen in manchen Bereichen weltweit bereits wieder zurück, das Gesamtvolumen des weltweit für Landwirtschaft nutzbaren Bodens nimmt z.B. mittlerweile ab, und alleine die Planungen zum chinesischen 20-Jahres-Programm 1980-2000 (OEHM92) sehen im Bereich der Energieerzeugung durch Kohle dermaßen hohe Steigerungen vor, daß alles, was wir im Westen an Einsparungen der Kohlendioxidemission planen, durch diese in China erfolgenden Entwicklungsmaßnahmen wahrscheinlich überkompensiert wird. Hinzu kommt, daß gegen eine solche Entwicklung von seiten der entwickelten Länder nicht argumentiert werden kann, da hinsichtlich der Pro-Kopf-Belastung der Umwelt zum jetzigen Zeitpunkt, wie erst recht in einer historischen Betrachtung, die Hauptbelastungen von seiten des entwickelten Nordens verursacht werden, also hier restriktive Forderungen an die Dritte Welt nicht wirklich überzeugend formuliert werden können.

Vor diesem Hintergrund wird die sehr bedrohliche Situation deutlich, deren man sich in dieser Form noch nicht allgemein bewußt ist. Lösungen können nur in einem gewaltigen Ressourcentransfer von den reichen zu den ärmeren Ländern bestehen und damit zu einer Angleichung auf niedrigem Niveau führen, falls nicht drastische weltweite Programme zur Senkung der Weltbevölkerung – für die aber die geistig-argumentative Situation noch nicht reif genug erscheint – formuliert und umgesetzt werden (siehe HUMA92).

5.1.2 Folgen

Globale Veränderungen der Umwelt

Aufgrund der beschriebenen Entwicklungen sind mittlerweile für die Situation der Welt, ganz speziell für die ökologische und die Umweltsituation, gravierende Veränderungen erkennbar. Bereits angesprochen wurde das Thema der Luftverschmutzung und des Treibhauseffekts mit spürbaren Auswirkungen für die küstennahen Regionen gerade in der Dritten Welt. Dies betrifft zum Teil bevölkerungsreiche Regionen, wie z.B. Bangladesh (SONT92), wobei zu erwarten ist, daß das Sterben von vielen Tausenden von Menschen noch drastisch zunehmen wird. Angesprochen wurde auch bereits das Problem des Verlustes an landwirtschaftlich nutzbarem Boden, z.B. durch die Überbeanspruchung in der Sahelzone und die daraus resultierende Versteppung von Böden (WELT92). Dramatisch ist die Situation in den tropischen Regionen. Dort findet eine rasche Vernichtung des Regenwaldes statt und damit einer der biologisch-genetisch wertvollsten Ressourcen überhaupt auf dieser Welt. Biotope, die über Jahrtausende gewachsen sind, die nicht kurzfristig regeneriert und restauriert werden können, werden zerstört, obwohl sie nach ihrer Vernichtung oft sehr schnell zu relativ wertlosen Böden degenerieren, die für attraktive Formen einer nachhaltigen Entwicklung nicht mehr in Frage kommen.

Gekoppelt hiermit ist der weltweit beobachtbare Trend zur Bildung von Megacities, also das wuchernde Ausbreiten von Städten in der Dritten Welt, die

74

dabei sind, die größten zusammenhängenden Konglomerate menschlicher Existenz auf diesem Globus zu bilden (vgl. auch HUMA92). Damit sind teilweise für unsere Verhältnisse völlig unerträgliche Zustände sanitärer, hygienischer und sozialer Art verbunden.

5.1.3 Nachhaltigkeit der Entwicklung

Angesichts der beschriebenen Entwicklungen und Folgen haben sich die zuständigen bzw. mit dem Thema befaßten politischen wie auch regierungsunabhängigen Organisationen auf dem Rio-Gipfel und in seinem Umfeld zu einer Politik verständigt, die mit dem Begriff der *Nachhaltigkeit (Sustainable Development)* umschrieben wird. Die Vorstellung ist hierbei, daß wir alle auf dieser Welt uns so verhalten sollten, daß eine „Entwicklung, die den gegenwärtigen Bedarf zu decken vermag, ohne gleichzeitig späteren Generationen die Möglichkeit zur Deckung des ihren zu verbauen", ermöglicht wird (HAUF87). Das Schlagwort der Nachhaltigkeit ist sicher ethisch gut begründet; noch nicht voll verstanden und auch nicht ausdiskutiert sind aber die damit verbundenen Konsequenzen und Einschränkungen für jeden von uns. Es ist nämlich nicht möglich, daß bei dem Ziel einer nachhaltigen Entwicklung das Wachstum der Bevölkerung und das Wachstum des Konsums so weitergehen wie bisher oder daß die Dritte Welt sich erfolgreich erweist in der Umsetzung ihres Anspruchs auf die eigene Entwicklung hin zu Lebensbedingungen, wie wir sie heute bei uns verwirklicht haben, sofern nicht wesentliche Veränderungen hinsichtlich der Bevölkerungsentwicklung erfolgen.

Oben war bereits am Beispiel des chinesischen 20-Jahres-Plans angedeutet worden, was ein weltweit steigendes Konsumniveau für Konsequenzen haben kann. Wir können legitimerweise nicht gegen eine zunehmende Verbesserung der Lebenssituation der vielen Milliarden Menschen auf dieser Erde argumentieren. Es wird aber auf der anderen Seite praktisch nicht möglich sein, auch nicht durch – gar nicht absehbare – dramatische Einschränkungen des Konsums bei uns, in einem derartigen Prozeß die erforderliche Balance der weltweiten Gesamtbelastung auf dem Globus sicherzustellen. Es sei denn, es gelingt ein dramatisches Programm der weltweiten Reduzierung des Bevölkerungszuwachses. Dieses Ziel, falls es je erreicht wird, erfordert schon aufgrund der Frage der politischen Umsetzbarkeit auf lange Sicht eine erhebliche Abnahme der Bevölkerungszahl sowohl in den entwickelten Ländern als auch in der Dritten Welt.

5.1.4 Der Wert von Informationen

Das soeben angedeutete mögliche Programm einer wirklichen nachhaltigen Entwicklung, die im Kern insbesondere eine Senkung der Bevölkerung im entwickelten Teil der Welt wie in den Entwicklungsländern beinhalten muß, ist heute politisch nicht durchsetzbar, teils nicht einmal diskutierbar. Das hängt unter anderem damit zusammen, daß die oben beschriebenen Phänomene der weltweiten Bedrohung in dieser Deutlichkeit sehr vielen Bürgern noch nicht ausreichend transparent sind.

Nachhaltigkeit

Politische Durchsetzbarkeit

Einschätzung des
Wachstums

Es gibt viele Gründe, hierfür. Zum einen gibt es grundsätzliche Probleme hinsichtlich des Verständnisses komplexer, interagierender Systeme und nicht-linearer Phänomene mit eingebetteter (verdeckter) Zeitdynamik, auf die der Mensch per se aus seiner historisch-evolutorischen Entwicklung nicht vorbereitet ist. Wie schon gesagt, liegt gerade im Umfeld der Überbevölkerungsdynamik eines der Probleme darin, daß Wachstum historisch gesehen als vernünftig erfahren wurde und mit Entfaltungs- und Machtzuwachs verbunden war und daß erst in jüngster Zeit das Phänomen des „Umkippens" feststellbar ist, einfach deshalb, weil die Erde nun fast „voll" ist. Ein kollektives Umdenken in diesem Themenumfeld, das an Basiserfahrungen historischer Selbstverständlichkeiten, aber auch an religiöse Tabus rührt, ist extrem schwer.

Umwelt-
modellierung

Hinzu kommt, daß es ausgesprochen schwierig ist, über die sich nun anbahnenden weltweiten Prozesse wirklich glaubwürdige und leicht nachvollziehbare Informationen zu erhalten und diese auch flächendeckend den Bürgern verfügbar zu machen. Es gibt gerade im Bereich der Umweltmodellierung, des Umweltmonitoring und der Statistik eine Vielzahl von Ansätzen und einen damit verbundenen Expertenstreit über die richtige Methodik und das adäquate Modell, und es gibt dermaßen viel Information, daß man teilweise vor lauter Bäumen den Wald nicht mehr sieht. Für einen Vergleich der wichtigsten globalen Modelle siehe BREM89, der u.a. die wegweisenden Modelle des Club of Rome (HERR76, MEAD72, MEAD74, MESA74) eingehend untersucht. Klar ist auch, daß alle möglichen Informationssammlungen untereinander inkonsistent sind – einer der Gründe für das internationale Projekt zur „Harmonization of Environmental Measurement (HEM)", das von deutscher Seite aus im Rahmen von UNEP koordiniert wird (BENK92, KEUN91b). Hinzu kommt aber auch, daß viele in diesem Prozeß involvierte verantwortliche Stellen, etwa Ämter und politische Entscheidungsträger in der Dritten Welt, aber oft genug auch in den entwickelten Ländern, ihrerseits oft gar kein Interesse daran haben, alle Informationen der benötigten Art verfügbar zu machen. So hängt man dann im Einzelfall von speziellen lokalen Gegebenheiten, vom Auf und Ab der Politik, von der Verfügbarkeit der Finanzierung usw. ab.

5.1.5 Umweltmonitoring

Umweltmonitoring

Eine besondere Chance liegt heute weltweit darin, daß man mit guten Erfolgsaussichten versuchen kann, die benötigten Informationen mit Hilfe moderner Sensorikmethoden flächendeckend zu erhalten. Dies kann selbst dann interessant sein, wenn die verfügbaren Fernerkundungsmethoden den gewünschten Detaillierungsgrad nicht in vollem Maße erreichen. Ein großer Vorteil dieser Art der Beschaffung von Umweltinformation besteht vor allem darin, daß die Informationen weltweit in einem einheitlichen Standard, in einem regelmäßigen und häufigen Rhythmus und nach vergleichbaren Maßstäben gewonnen werden können. Gerade der Aspekt der Regelmäßigkeit und der Vergleichbarkeit, auch der Aufbau entsprechender zeitlicher Ketten, beinhaltet dabei ein großes Potential. Die entsprechenden Informationen können einerseits über Satelliten, aber genauso oder erst recht über billige Sensoren gewonnen werden, die man beispielsweise an viele Schiffe, Flugzeuge usw. anbringen könnte, so daß im Routinebetrieb all dieser Verkehrsträger automatisch ein Sammeln der entsprechenden Sensorinformationen erfolgen würde (z.b. Überwachung des Weizenanbaus mit Methoden der Fernerkundung; vgl. MYER83).

Die Regelmäßigkeit der Verfügbarkeit wie auch der flächendeckende Aspekt lassen dabei selbst bei vergleichsweise geringer Detaillierung enorme Effekte erwarten. Man denke etwa daran, wie sich zeitraffermäßig die Vergrößerung der Megacities über Jahre oder über ein Jahrzehnt darstellen ließe, ebenso an die Demonstration des Zurückgehens der Regenwälder, die Belastung der Luft, die Versteppung der Landschaft, die Versandung von Seen und vieles andere mehr. (Beispiele für derartige Verfahren finden sich im dritten Teil dieses Kapitels.) Hier besteht ein erhebliches Potential zur Verfügbarmachung von Informationen und damit für die Schaffung von Transparenz als Voraussetzung zur Veränderung der politischen Situation.

Moderne Sensortechnik, verbunden mit einem geeigneten Informationsmanagement, ist im globalen Maßstab und insbesondere für die Länder der dritten Welt auf lange Sicht der einzig gangbare Weg hin zu einem wirkungsvollen Umweltmonitoring. In den Industrieländern, beispielsweise in der europäischen Union, stellen hingegen diese Techniken eine wertvolle Ergänzung zu den hergebrachten Methoden der Umweltüberwachung dar: Informationsmanagement

- So werden auf europäischer Ebene beispielsweise die Nutzung landwirtschaftlicher Flächen, der Zustand der Meere oder die Veränderung des Klimas in zunehmendem Maße mit Mitteln der Satellitenfernerkundung untersucht. Satellitenfernerkundung
- In einer wachsenden Zahl von Staaten und Regionen der europäischen Union werden Umweltinformationssysteme aufgebaut und betrieben, mit denen herkömmlich erhobene und mit Sensortechnik gewonnene Umweltdaten gemeinsam ausgewertet und die resultierenden Informationen den Verwaltungsbehörden zugänglich gemacht werden. Auf ein derartiges System wird im Abschnitt 5.2.2 noch genauer eingegangen. Umweltinformationssysteme
- Kommunen, Versorgungsunternehmen und Anlagenbetreiber setzen bereits heute in breitem Maße Sensor- und Informationstechnologie ein, um z.B. Kanalisationsnetze, Kraftwerke oder Müllverbrennungsanlagen zu überwachen.

5.1.6 Optimistische Modellierung und standardisierte Referenzdaten

Das Forschungsinstitut für anwendungsorientierte Wissensverarbeitung (FAW) in Ulm hat sich mit der angesprochenen Problematik in Breite beschäftigt. Dies betrifft insbesondere eine Vielzahl von Beiträgen zum Themenumfeld Integrierte Umweltdatenverarbeitung und Umweltmonitoring mit Hilfe unterschiedlicher Sensoren. Darauf wird in den nachfolgenden Abschnitten noch im Detail eingegangen. FAW

Das Institut hat sich darüber hinaus auch der globalen Fragen angenommen und hat insbesondere für die Weltgesundheitsorganisation (WHO) in Zusammenarbeit mit der Universität Ulm (Institut für Arbeitsmedizin und Institut für biomedizinische Technik) eine Konzeption in Richtung auf die beschriebenen globalen Themen und die dort nötige Transparenzmachung erarbeitet. WHO

Ausgangspunkt ist hierbei die Beobachtung, daß angesichts der absehbaren exponentiellen Wirkungseffekte auch sehr grobe Modellierungen für diese Zwecke ausreichende Aussagekraft besitzen können.

Optimistische Modellierung

Grobe optimistische Modellierungen im Sinne von Abschätzungen (RADE92), die immer möglichst gute Annahmen machen und möglichst optimistische Konsequenzen ableiten, können deshalb wertvoll sein, weil sich mit ihrer Hilfe die Diskussion verschieben kann: weg von der Frage der Adäquatheit bestimmter präziser Modelle hin zu einer allgemein anerkannten Gewißheit über das Eintreten bestimmter vorausgesagter Entwicklungen, etwa einem Mindestwachstum der Megacities, dem Verschwinden des Regenwaldes über einen bestimmten Zeitraum, dem Anwachsen der Bevölkerung, der Bestandsaufnahme hinsichtlich der verfügbaren Pro-Kopf-Ressourcen usw.

SCOPE

Das FAW verfolgt diese Thematik in dem Projekt *SCOPE (Standard-Reference Data and Policy Assistance Systems for Global Health Evolution)*, das insbesondere auf den Aufbau eines internationalen Netzwerkes von Forschern abzielt, die sich auf entsprechende optimistische Szenarien für verschiedene Basisgrößen (Wachstum der Bevölkerung, Wachstum des Bruttosozialprodukts und Wachstum der transferierten Ressourcen von Nord nach Süd) konzentrieren und die auf der Basis entsprechender optimistischer Modelle dann optimistische Voraussagen für viele andere abgeleitete Kenngrößen, wie z.B. die Größe der Megacities oder des Bestandes an Regenwald, ableiten (FLIE93). Die entsprechenden Zahlen und Schätzungen für die nächsten Dekaden sollen jährlich publiziert werden können und sich im Nachhinein immer als optimistisch erweisen, so daß für die Allgemeinheit eine entsprechende Sicherheit der Prognosen erfahrbar wird. Hier spielt die konstante Rückkopplung und Einbindung von Informationen aus der Fernerkundung und dem weltweiten Monitoring eine entscheidende Rolle zur Kalibrierung entsprechender Modelle.

5.2 Techniken des Umweltmonitoring

Deutschland

Trotz der in den vorigen Abschnitten beschriebenen Probleme bezüglich der menschlichen Wahrnehmung langsamer, schleichender Entwicklungen ist zumindest das Umweltbewußtsein in den westlichen Industriestaaten stark gestiegen. Wir konzentrieren uns im folgenden auf die Lage in der Bundesrepublik Deutschland. Hier ist neben zahlreichen politischen Veränderungen zu konstatieren, daß in Industrie und öffentlicher Verwaltung zunehmend moderne Technik zur Erkennung, Behebung und Vermeidung von Umweltschäden eingesetzt wird.

Datenerhebung

Deutlich zeigt sich dieser Trend in der Einrichtung umfangreicher Umweltmeßnetze sowie in verstärkten Investitionen im Bereich der Erdbeobachtung zu zivilen Zwecken. Daten über Boden, Wasser, Luft und Lärm werden an vielen verschiedenen Orten regelmäßig erhoben und schaffen so eine wichtige Grundlage für ein effizientes Umweltmanagement und -monitoring.

Nun ist die Datenerhebung aber nicht das einzige Problem in diesem Umfeld. Meßwerte und Rohdaten allein sind im allgemeinen wenig aussagekräftig. Für eine sachgerechte Nutzung ist es notwendig, diese Rohdaten zu verdichten und einer fachlichen Bewertung zu unterziehen, in die Begleitinformation, wie z.B. die Probenahmebedingungen oder das gewählte Meßverfahren, einfließen. Im behördlichen Vollzug ist es darüber hinaus erforderlich, Meßdaten in Zusammenhang mit geltenden Grenz- und Richtwerten zu setzen und mögliche Maßnahmen, wie z.B. Sanierungs- und Pflegepläne, mit zu betrachten.

Zum jetzigen Zeitpunkt werden für derartige komplexe Analyseaufgaben meist hochqualifizierte Experten (analytische Chemiker, Geodäten, Ökologen u.a.) benötigt. In vielen Fällen reicht die vorhandene Personal- und Mittelausstattung schon jetzt nicht aus, um die notwendigen Auswertungsarbeiten vorzunehmen. Moderne Informationstechnologie kann wesentlich dazu beitragen, diese Arbeiten auch für große Datenmengen schneller, sicherer und kosteneffizienter durchzuführen. Dabei müssen Fragen des Datenschutzes und der Datensicherheit mit in Betracht gezogen werden. *Datenanalyse durch Experten*

Im öffentlichen Bereich wird dieser Bedarf zunehmend durch die Erstellung großer Umweltinformationssysteme (UIS) gedeckt. Diese UIS sind nicht als monolithische Allzwecksysteme konzipiert, sondern als flexible Rahmenkonzepte, die die Verarbeitung von Umweltinformation fach- und ressortübergreifend koordinieren. Ziel ist es, die Umweltbehörden auf Bundes- und Landesebene sowie im kommunalen Bereich in ihrer Arbeit zu unterstützen und die Öffentlichkeit schnell und zuverlässig über aktuelle Umweltentwicklungen zu informieren. *Umweltinformationssysteme*

Ähnliche Bestrebungen sind neuerdings auch im Bereich der Privatwirtschaft erkennbar. So spielt die effiziente ressortübergreifende Handhabung von Umweltinformation z.B. eine zentrale Rolle bei der Erstellung von sogenannten Ökobilanzen (siehe auch Kapitel 15). *Ökobilanz*

Wir beschreiben im folgenden den im Umweltmonitoring typischen Informationsfluß und gehen dabei detailliert auf einige wesentliche Problembereiche ein. Anschließend folgt am Beispiel des Umweltinformationssystems des Landes Baden-Württemberg ein kurzer Überblick über die Rolle des Umweltmonitorings in der öffentlichen Verwaltung. Schließlich diskutieren wir einige einschlägige Forschungsprojekte, die am FAW Ulm in Zusammenarbeit mit dem baden-württembergischen Umweltministerium und anderen Partnern aus Industrie und öffentlicher Verwaltung in diesem Themenumfeld durchgeführt wurden.

5.2.1 Informationstechnische Grundlagen

Wie bereits angedeutet, lassen sich in der Umweltinformatik – ähnlich wie in der klassischen betrieblichen Datenverarbeitung – vier Phasen des Datenflusses identifizieren: die Datenerhebung, die Datenaufbereitung, die Datenhaltung und die Datenanalyse.

In der *Datenerhebung* werden im Umweltbereich außerordentlich große Mengen komplexer Rohdaten erhoben. Dies können Meßdaten sein, wie sie *Datenerhebung* durch Meßnetze verfügbar gemacht werden, oder auch Bilddaten, d.h. insbesondere Luft- und Satellitenbilder der Erdoberfläche. Nach Schätzungen der NASA werden uns in einigen Jahren bis zu 10 Terabytes an Bilddaten *pro Tag* zur Verfügung stehen (CAMP90). Es ist offensichtlich, daß eine Sichtung und Nutzung dieses Materials nur mit Hilfe von rechnergestützten Verfahren zur Messung und Aufbereitung von Daten möglich ist.

Datenaufbereitung In der Phase der *Datenaufbereitung* werden diese Daten zu komplexeren semantischen Einheiten aggregiert. Während z.B. die Satellitenbilder zunächst nur als Mengen von Pixels verwaltet wurden, wird nun versucht, Ecken und Kanten zu erkennen, möglicherweise einen Abgleich mit vorliegendem Kartenmaterial vorzunehmen und letztlich *Geoobjekte* (d.h. Städte, Flüsse usw.) auf dem Bild zu identifizieren. Die Information wird dann in kompakter Form mit Bezug auf diese identifizierten Objekte weiterverarbeitet. Meßreihen werden ebenfalls aggregiert; unter Umständen werden auch erste statistische Auswertungen vorgenommen.

Datenhaltung Anschließend werden die aggregierten Daten – möglicherweise in komprimierter Form – in einer Datei, einer Datenbank oder einem geographischen Informationssystem (GIS) abgelegt. Bei der *Datenhaltung* sind Fragen des geeigneten Datenbankdesigns und der Daten- und Speicherstrukturen von großer Bedeutung für das spätere Laufzeitverhalten. Aufgrund der Komplexität und Heterogenität von Umweltdaten sind hierzu wesentliche Erweiterungen klassischer Datenbanktechnologie vonnöten (s.a. Kap. 6 und 7).

Datenanalyse In der *Datenanalyse* soll dann auf der Grundlage der vorliegenden Daten eine effiziente Entscheidungsunterstützung geleistet werden. Dabei muß häufig auf Daten zugegriffen werden, die unter Umständen regional verteilt auf Rechnern unterschiedlicher Hersteller abgelegt sind und nach unterschiedlichen Datenmodellen organisiert sind. Für die Analyse werden typischerweise neben komplexen statistischen Methoden auch Szenarien und Modellrechnungen eingesetzt, um durch die Verknüpfung der aktuellen Daten mit Modellen Aussagen über den Zustand der Umwelt sowie über die Wirksamkeit von durchgeführten oder geplanten Maßnahmen machen zu können.

Es gibt dabei Parallelen zur klassischen betrieblichen EDV; auch dort werden Daten erhoben, aufbereitet, abgelegt und schließlich zur Entscheidungsunterstützung genutzt. Nun treten aber gerade im Umweltmonitoring einige besondere und ungewohnte Anforderungen auf, die das Vorgehen teilweise erheblich erschweren.

Datenmengen Zum einen sind die anfallenden *Datenmengen* in der Tat außerordentlich groß. Wie gesagt, handelt es sich bei den Bilddaten vom Umfang her um Terabytes. Dieser Umfang liegt zwei Größenordnungen oberhalb der Menge von Daten, die heute im Bereich der Finanztransaktionen bzw. in den großen internationalen Buchungssystemen anfallen. Diese Datenmengen führen unweigerlich zu Problemen bei der Aufbereitung und bei der Datenhaltung.

Assistenzsysteme Nun beinhaltet die Auswertung von Umweltrohdaten aber auch viel Routinearbeit; z.B. werden häufig vorkommende Standardsubstanzen in chemischen Analysen sofort erkannt, oder es werden Luftbilder mit Wolken vorab aussortiert. Es wäre daher wünschenswert, wissensbasierte Systeme zur Verfügung zu haben, die den Bearbeiter bei der Auswertung durch Übernahme derartiger Routinearbeit unterstützen. Diese Systeme könnten insbesondere als interaktive Assistenzsysteme eingesetzt werden, die auch einer fachlich weniger qualifizierten Arbeitskraft die Auswertung komplexer Probendaten ermöglichen. So wäre es möglich, die Qualifikationsschwelle zu senken, die für eine befriedigende Auswertung im Routinefall erforderlich ist, und hochqualifizierte Experten für andere Aufgaben freizustellen.

Ein weiterer Problembereich, der insbesondere die *Datenanalyse* betrifft, ist die extreme Heterogenität und Verteiltheit der benötigten Information. Wie in vielen Industrieunternehmen, so ist auch in der Datenverarbeitung der Umweltverwaltungen die Existenz von Insellösungen eher die Regel als die Ausnahme. Das Problem der Zusammenführung von Informationen aus diesen unterschiedlichen EDV-Inseln wirft viele Probleme auf (s.a. Kap. 13). *(Heterogenität, Verteiltheit)*

Auf der physischen Ebene ergibt sich die Frage nach einer leistungsfähigen Rechnervernetzung, die große Mengen von Daten schnell an den gewünschten Ort zu bringen erlaubt. Neben der Verbindung an sich spielt dabei auch die Komplexität des Zugriffs eine Rolle. Im Idealfall sollte die regionale Verteiltheit für den Benutzer völlig unsichtbar sein, so daß der Zugriff auf lokale wie anderswo gelagerte Daten mit der gleichen Befehlsfolge durchgeführt werden kann. Ein derartiger Ansatz ist bei der Vernetzung von UNIX-Workstations über *Local Area Networks (LANs)* bereits die Regel. *(Vernetzung)*

Schwieriger wird die Sache aber schon, wenn in heterogenen Netzwerken operiert wird, d.h. wenn Rechner unterschiedlicher Hersteller, unterschiedlicher Größenklassen (PC – Workstation – Großrechner) sowie unterschiedlicher Betriebssysteme mit unterschiedlichen Netzwerktechnologien vernetzt werden. Hier wird erst allmählich das Problem angegangen, allgemeingültige Paradigmen zu finden, anstatt immer nur den gerade anstehenden Spezialfall zu lösen.

Am schwierigsten sind schließlich die Probleme auf der semantischen Ebene, die bei der Verknüpfung unterschiedlicher Datenbestände auftreten. Neben der meist nicht zu vermeidenden partiellen Redundanz und den daraus resultierenden Widersprüchlichkeiten werden oft auch gleiche Begriffe mit unterschiedlichen Namen belegt sein und umgekehrt unterschiedliche Begriffe den gleichen Namen tragen.

Um in Zukunft eine bessere Interoperabilität der Datenbanken zu erreichen, sind grundsätzliche Fortschritte hinsichtlich dieser semantischen Fragen notwendig. Wir müssen das von den Datenbanken verwendete Datenmodell deutlich erweitern, um *wesentlich* mehr semantische Information über die Bedeutung jedes Datums in einer Datenbank bereitzustellen. Inkonsistenzen müssen in einer geeigneten Sprache beschrieben werden, die auch vom Computer direkt verstanden und zur korrekten Interpretation von Benutzeranfragen herangezogen werden kann. Solche Zusatzinformation wird zunehmend mit dem Begriff *Metadaten* belegt (JAES91). *(Interoperabilität, Metadaten)*

Die für die Datenanalyse eingesetzten Techniken sind nicht nur für den Entscheidungsträger in der Umweltverwaltung oder in einem Industrieunter- *(Zugang zu Umweltdaten)* nehmen von Nutzen. Gerade im Umweltbereich erfolgt zu Recht immer häufiger der Ruf nach Offenheit und Transparenz. So hat die Europäische Union eine Richtlinie für ein weitreichendes Anfragerecht für den Bürger erlassen. Danach ist das den Umweltverwaltungen vorliegende Datenmaterial bis auf bestimmte Ausnahmen (z.B. Wahrung des Betriebsgeheimnisses) für den Bürger frei einsehbar (zum aktuellen Stand in Deutschland siehe Abschnitt 6.3.2). Der Geltungsbereich der Vorschriften, die dem amerikanischen *Freedom of Information Act* nachempfunden sind, soll übrigens keineswegs nur öffentliche Dokumente umfassen, sondern auch amtliche Erkenntnisse über bestimmte Unternehmen (wie z.B. Informationen über das gemessene Emissionsverhalten). Andererseits soll Firmen aber die Möglichkeit eingeräumt werden, den allgemeinen Zugriff auf gewisse sensitive Daten zu untersagen. Die jeweiligen Zugriffsrechte müssen in einem EDV-gestützten Auskunftssystem sicher und effizient implementiert werden.

Außerdem beziehen sich Bürgeranfragen natürlich nicht immer auf Rohdaten, die die Verwaltung beim derzeitigen Stand der Technik mit einigen wenigen Datenbankanfragen – sozusagen auf Knopfdruck – zur Verfügung stellen könnte. Gerade auch in diesem Bereich wird es oft erforderlich sein, Informationen unterschiedlicher Art und Herkunft zu verknüpfen. Wer weiß, daß die (manuelle) Beantwortung von Landtagsanfragen durch Fachreferenten derzeit typischerweise mehrere Wochen Bearbeitungszeit in Anspruch nimmt, ahnt, was hier an Zusatzaufwand auf die Verwaltung zukommt. Unabhängig von einer noch zu definierenden Gebührenregelung ergibt sich die Frage nach geeignetem Personal. Der Entwicklung von geeigneten Werkzeugen zur Handhabung heterogener verteilter Information kommt daher auch unter diesem Aspekt große Bedeutung zu.

Anforderungen an die Informatik

Zusammenfassend zeigt sich, daß die Informationsverwaltung im Umweltmonitoring sehr hohe Anforderungen an die Informatik stellt. Aktuelle Ergebnisse aus der Datenbankforschung, der Künstlichen Intelligenz, der Algorithmischen Geometrie, der Computergraphik und anderen Teildisziplinen der Informatik finden innerhalb weniger Jahre Eingang in marktgängige Geo- und Umweltinformationssysteme. Moderne Techniken wie wissensbasierte Systeme oder objektorientierte Programmierung finden bei Anwendern im Umweltbereich großes Interesse. Dabei ist es wichtig, die Grenzen und Möglichkeiten solcher Technologien in allen Entwicklungsphasen eines komplexen Umweltinformationssystems vor Augen zu haben, was nur durch einen engen und kontinuierlichen Kontakt zwischen Forschung und Anwendung möglich ist.

Die Kooperation zwischen dem Forschungsinstitut für anwendungsorientierte Wissensverarbeitung (FAW) in Ulm, dem Land Baden-Württemberg und verschiedenen Industriefirmen, auf die im folgenden näher eingegangen wird, ist ein Versuch, einen solchen engen Kontakt zu gewährleisten.

5.2.2 Umweltmonitoring im UIS Baden-Württemberg

Wichtigster Partner des FAW im Themenbereich der Umweltinformatik ist das baden-württembergische Umweltministerium. Dieses Ministerium ist seit seiner Gründung im Jahr 1987 im Rahmen eines Großprojekts mit der Erstellung eines *Umweltinformationssystems (UIS)* für das Land Baden-Württemberg befaßt (MAYE93). Dieses in seinem ressortübergreifenden Charakter und seiner Größenordnung nach einmalige Projekt sieht unter anderem eine landesweite Integration der einschlägigen Hard- und Software sowie die Einbeziehung modernster Informatikmethoden vor (siehe hierzu auch Abschnitt 6.2.5). Nach dem Abschluß der Rahmenkonzeption im Jahre 1990 (MUBW90) wird nun an der Feinkonzeption und Implementierung diverser Teilkomponenten gearbeitet. *[UIS Baden-Württemberg]*

Diese Teilsysteme lassen sich jeweils einer von drei Funktionsebenen zuordnen:
1. Übergreifende UIS-Komponenten zur Unterstützung der Führungsebene und des mittleren Managements,
2. Grundkomponenten auf der Fach- und Vollzugsebene,
3. Infrastruktur- und Basissysteme.

Alle drei Funktionsebenen tragen auf unterschiedliche Weise zu einem effizienten Umweltmonitoring bei.

Zu den *übergreifenden UIS-Komponenten* gehören insbesondere strategische Systeme zur Entscheidungsunterstützung auf der Führungsebene sowie fachübergreifende Berichts- und Planungssysteme für das mittlere Management: So werden im *Umwelt-Führungs-Informationssystem (UFIS)* Umweltdaten aus den Einzelressorts aggregiert, verknüpft und bedarfsgerecht aufbereitet (HENN93). Hauptsächliche Nutzer dieses Systems sind die Leitungsebenen des Umweltministeriums und der Landesanstalt für Umweltschutz. Im Unterschied dazu sind Berichtssysteme wie das *Technosphäre- und Luft-Informationssystem TULIS* (KOHM93) oder das *Arten-, Landschafts- und Biotop-Informationssystem ALBIS* (MÜLL92) auf die Nutzung durch die mittlere Führungsebene ausgerichtet. Hierzu zählen u.a. Dienststellenleiter und Referatsleiter der Regierungspräsidien und Sonderbehörden. Im Hinblick auf die Problematik des Umweltmonitoring ermöglichen es diese Systeme, ungewöhnliche, auch schleichende Entwicklungen schnell zu erkennen, um gegebenenfalls rechtzeitig Gegenmaßnahmen einleiten zu können. Ergänzt werden diese Berichtssysteme durch Planungs- und Steuerungssysteme wie das *Räumliche Informations- und Planungssystem RIPS*, durch das die Versorgung der Umweltverwaltung mit räumlichen Basis- und Fachdaten koordiniert wird (MÜLL93). *[Führungsinformationssysteme] [Berichtssysteme] [Planungssysteme]*

Grundkomponenten dienen der fachbezogenen Gewinnung, Aufbereitung und Verwaltung von Umweltdaten auf der Vollzugsebene. Beispiele sind das *Vielkomponenten-Luftmeßnetz VIKOLUM*, das *Informationssystem der Gewerbeaufsicht IS-GAA* oder das *Wasserwirtschaftliche Informationssystem KIWI* der Ämter für Wasserwirtschaft und Bodenschutz. Die in diesen Systemen *[Grundkomponenten]*

gehaltenen Daten bilden eine wichtige Grundlage für ein effizientes Umwelt-
monitoring vor Ort *und* die wesentliche Basis für die oben beschriebenen
Management-Informationssysteme, mit denen die Grundkomponenten über
Rechnernetze verbunden sind.

**Infrastruktur- und
Basissysteme**

Infrastruktur- und Basissysteme sind Systeme, die neben der Erledigung
von Umweltaufgaben auch anderen Zwecken dienen. Hierzu zählen u.a. das
Meßreihen-Operationssystem (MEROS) der Landesanstalt für Umweltschutz
sowie das *Amtliche Topographisch-kartographische Informationssystem
(ATKIS)* und die *Automatisierte Liegenschaftskarte (ALK)* der Vermessungs-
ämter.

5.2.3 Umweltmonitoring-Projekte am FAW

**Forschungsinstitut
für anwendungs-
orientierte Wissens-
verarbeitung (FAW)**

Am FAW wurde die Thematik der Datenerhebung und -aufbereitung in
den Projekten *ZEUS II*, *RESEDA* und *WANDA* bearbeitet. ZEUS II bezweckt
die Unterstützung des Aufbaus und des Betriebs eines speziellen Umweltmeß-
netzes mit Hilfe einer Methodenbank. In WANDA und RESEDA wurden wissensbasierte Systeme konstruiert, um die Datenerhebung und -aufbereitung im
oben beschriebenen Sinne zu unterstützen, d.h. die Systeme sollen als interaktive Assistenzsysteme am Arbeitsplatz auch dem EDV-technisch weniger qualifizierten Benutzer im Normalfall eine befriedigende Datenauswertung ermöglichen.

In allen beschriebenen Forschungsprojekten arbeitet das FAW eng mit
dem Land Baden-Württemberg zusammen; darüber hinaus sind bzw. waren die
Firmen Digital Equipment GmbH, ESRI Gesellschaft für Systemforschung und
Umweltplanung mbH, Hewlett-Packard GmbH, IBM Deutschland GmbH,
Siemens AG und Siemens Nixdorf Informationssysteme AG maßgeblich an den
genannten Aktivitäten beteiligt.

ZEUS II

Ziel von ZEUS II ist die Konstruktion eines Methodenbanksystems zur
Unterstützung des Aufbaus und Betriebs eines landesweiten Grundwassergü-
temeßnetzes (KÄMP92). Mit diesem Meßnetz soll die Qualität des Grundwassers unter dem Einfluß unterschiedlicher Landnutzungen und Schadstoffquellen
in verschiedenen Grundwasserlandschaften erfaßt und die Wirksamkeit von
Grundwasserschutzmaßnahmen überprüft werden.

Das System ZEUS II stellt vielfältige Klassifikationsverfahren im Sinne
einer Methodenbank zur Verfügung und unterstützt die wechselseitige Überprüfung von Ergebnissen verschiedener Vorgehensweisen. Im einzelnen handelt es sich dabei um (geo)statistische Verfahren, hydraulische Berechnungen
der Meßstellenanströmung sowie die Bewertung der Schutzfunktion der
Grundwasserüberdeckung. Der Auswertung von hydrochemischen Daten ist
eine Plausibilitätskontrolle vorgeschaltet. Weiterhin werden Daten über die
Landnutzung im Untersuchungsgebiet herangezogen. Da die Daten in allen
Fällen Raumbezug haben, sind die einzelnen Methodenmodule unter einem
geographischen Informationssystem zusammengebunden. Die Sachdatenver-
waltung erfolgt in einem relationalen Datenbanksystem. Numerische Daten und

Ergebnisse werden vom System redundanzarm in einer hierfür entwickelten Versionsverwaltung gehalten.

Ein Prototyp des Systems wird derzeit in Zusammenarbeit mit der Landesanstalt für Umweltschutz und dem Geologischen Landesamt Baden-Württemberg getestet.

Ziel des Projekts WANDA (Water Analysis Data Advisor) war der Entwurf und die prototypische Implementierung eines wissensbasierten Systems zur Unterstützung des Laborpersonals bei der Interpretation von Meßdaten aus der Wasseranalyse (SCHE90). Dabei soll das System auf der Grundlage eines oder mehrerer Chromatogramme Einzelsubstanzen identifizieren und quantifizieren können. Dieser Interpretationsprozeß ist zum jetzigen Zeitpunkt außerordentlich zeitaufwendig und bedarf üblicherweise der Expertise eines erfahrenen analytischen Chemikers. Typisch für die manuelle Auswertung ist die Tatsache, daß neben den eigentlichen Chromatogrammen teilweise, bewußt oder unbewußt, Hintergrundinformation unterschiedlicher Art und Herkunft in die Analyse mit einbezogen wird. In WANDA wurde versucht, diese Expertise zum Teil in einem wissensbasierten System zu erfassen und das Vorgehen eines Chemikers ansatzweise zu simulieren. Dabei gestaltete sich gerade die maschinelle Erfassung der Hintergrundinformation als außerordentlich schwierig und zeitaufwendig und naturgemäß nur für sehr eng umrissene Aufgabenbereiche überhaupt realisierbar.

Durch die Kombination von Daten aus verschiedenen Wissensquellen mit Meßdaten werden in WANDA Verdachte auf Substanzen automatisch erzeugt und anschließend bestätigt bzw. widerlegt. Hierbei wird u.a. auf Wissen über die Probe (Ort, Zeit, landwirtschaftliche Nutzung im Probengebiet), Informationen über Pflanzenschutzmittel, Wissen über die Meßtechnik und über Substanzeigenschaften sowie auf Referenzbibliotheken Bezug genommen, wobei die Modellierung von unsicherem Wissen eine wichtige Rolle spielt. Aufgrund der Verwendung von Probenbegleitdaten können insbesondere auch Verdachte auf Substanzen erzeugt werden, die von dem gewählten Analyseverfahren gar nicht entdeckt werden könnten. Auf der Basis der erzeugten Verdachte kann der Chemiker dann bei Bedarf weitere Analysenmethoden hinzuziehen; er erhält so zumindest eine indirekte Hilfe bei der Analysenplanung.

Das FAW arbeitete in diesem Projekt u.a. eng mit der Landesanstalt für Umweltschutz Baden-Württemberg sowie mit der Abteilung für Analytische Chemie und Umweltchemie der Universität Ulm zusammen. Ein Prototyp ist derzeit bei der Landesanstalt in Einsatz.

Gegenstand des Projekts RESEDA war die Fernerkundung der Umwelt. RESEDA und die dem Projekt zugrundeliegenden Methoden werden im folgenden Abschnitt ausführlich diskutiert.

Water Analysis Data Advisor (WANDA)

85

5.3 Methoden zur Fernerkundung der Umwelt

Fernerkundung

Durch die Fernerkundung der Erde mit Hilfe flugzeug- oder satellitengetragener Sensoren und photographischer Kameras kann wertvolles Datenmaterial gewonnen werden, das zur Beurteilung des Zustands der Umwelt genutzt werden kann. Dieses Datenmaterial ist aktuell und flächendeckend verfügbar. Sein Informationsgehalt ist nicht auf den sichtbaren Teil des Spektrums beschränkt, sondern reicht je nach Aufnahmesystem weit in den infraroten Bereich hinein oder kann sich, wie z.B. beim europäischen Radarsatelliten ERS-1, sogar auf den Mikrowellenbereich beziehen. Üblicherweise wird unter *Fernerkundung* jede berührungslose Messung bestimmter physikalischer Eigenschaften entfernter Gegenstände verstanden.[1] Im folgenden wird hier der Begriff Fernerkundung in einem eingeschränkten Sinn verwendet. Gegenstand der Betrachtung ist stets die Oberfläche der Erde. Gemessen wird stets elektromagnetische Strahlung in einer Form, die als Bildinformation interpretierbar ist.

In den Fernerkundungsdaten sind viele für den Zustand der Umwelt aufschlußreiche Basisinformationen implizit enthalten, so z.B. Temperaturverteilung, Vegetationsanteil, Versiegelungsgrad oder die Landnutzung sowie die Veränderung solcher Eigenschaften im zeitlichen Verlauf. Die Erschließung derartiger Information aus dem Datenmaterial ist allerdings kein trivialer Vorgang, sondern erfordert anspruchsvolle Auswertungsverfahren. Zu diesem Zweck wurden in jüngster Zeit fortgeschrittene computergestützte Verfahren konzipiert. Diesen Verfahren ist gemeinsam, daß sie auf der Integration dreier Basistechnologien beruhen, nämlich der *Bildverarbeitung*, der *geographischen Informationssysteme* (s. Kap. 7) und der *wissensbasierten Systeme* (s. Kap. 12).

5.3.1 Fernerkundungsdaten

Rasterbilddaten

Die Verarbeitung von Fernerkundungsdaten beruht in erster Linie auf der digitalen Bildverarbeitung. Die Eingangsgrößen der Verarbeitung sind *Sensordaten* oder digitalisierte *photographische Bilder*, die in Form von Rasterbilddaten vorliegen. Den Rasterbilddaten liegt eine Zerlegung der Ebene in ein zweidimensionales Raster von Pixels zugrunde. Sie können aus mehreren Informationsebenen bestehen, die jeweils durch eine zweidimensionale Matrix von Zahlenwerten (interpretierbar als Farben oder Grautöne) repräsentiert sind.

Multispektrale
Daten

Im Gegensatz zu herkömmlichen Schwarzweiß- oder Farbbildern, bei denen die Zahl der Informationsebenen typischerweise auf eine bzw. auf drei Informationsebenen aus dem visuellen Bereich des Spektrums beschränkt ist, handelt es sich bei Fernerkundungsdaten über die Umwelt zumeist um sogenannte multispektrale Daten, die sich auch auf nichtvisuelle Frequenzbänder beziehen, z.B. auf solche im infraroten Bereich. Eine Gesamtheit derartiger Daten, die sich auf einen bestimmten Zeitpunkt und auf ein bestimmtes Aufnahmegebiet beziehen, wird auch als *Szene* bezeichnet.

---

[1] Im Gegensatz dazu bezeichnet *Fernüberwachung* ein Meßverfahren, bei dem sich ein Meßgerät am Gegenstand selbst (in situ) befindet, aber die Verarbeitung der Daten an einem anderen Ort erfolgt.

86

Die möglichen Ausprägungen von Intensitäten aus den einzelnen Informationsebenen oder sogenannten *Kanälen* (wie sie in der Terminologie der Nachrichtentechniker auch bezeichnet werden) spannen einen Merkmalsraum auf, dessen Dimensionalität durch die Anzahl der vorliegenden Informationsebenen gegeben ist. Multispektrale Rasterbilddaten können daher als eine (mathematische) Abbildung betrachtet werden, die jedem Pixel aus einem zweidimensionalen Ortsraum einen Punkt in einem mehrdimensionalen Merkmalsraum zuordnet.

Es lassen sich zwei verschiedene Arten von Fernerkundungssystemen unterscheiden, aktive und passive. Ein *aktives* Fernerkundungssystem erzeugt selbständig elektromagnetische Strahlung und mißt deren zurückgestrahlten Anteil. Sogenannte *passive* Fernerkundungssysteme sind hingegen auf fremde Strahlungsquellen angewiesen. Die durch Fernerkundungssensoren nachweisbare Strahlung läßt sich aufgrund ihrer Herkunft in zwei Kategorien einteilen:

- *Reflektierte Strahlung* stammt ursprünglich entweder von der Sonne (wichtigste Beispiele: Licht und Infrarotstrahlung) oder vom Sender eines aktiven Fernerkundungssystems (typischerweise Mikrowellen aus einem Radarsystem). Der Sensor mißt den von der Erde zurückgestrahlten Anteil dieser Strahlung.
- *Emittierte Strahlung* ist Strahlung, deren Quelle sich auf der Erdoberfläche befindet. Wichtigste Beispiele hierfür sind Wärmestrahlung im thermischen Infrarotbereich sowie Licht aus irdischen Lichtquellen, das insbesondere bei nächtlichen Aufnahmen nachgewiesen werden kann.

Zum Verständnis für die Problematik der Fernerkundung ist es wichtig zu wissen, daß die elektromagnetische Strahlung (sei sie von der Erde reflektiert oder emittiert) auf ihrem Weg bis zum Sensor verschiedenen (z.B. atmosphärischen) Einflüssen unterliegt und daß ihre Intensität von vielen Parametern abhängt, die von den eigentlich interessierenden Daten, dem Reflexions- bzw. Emissionsverhalten der Erdoberfläche, unabhängig sind. (Für eine detaillierte Diskussion dieser Parameter sei auf das *Manual of Remote Sensing* COL83 verwiesen.) Aus diesem Grund ist es erfahrungsgemäß so, daß dasselbe Phänomen auf zwei unterschiedlichen Satelliten- oder Luftbildern unterschiedlich aussieht. In der Konsequenz bedeutet dies, daß die Fernerkundung keine absoluten, sondern stets nur relative Maße des Reflexions- bzw. Emissionsvermögens erbringt. Zur Bestimmung quantitativer Ergebnisse ist deshalb für jede neue Aufnahme jeweils ein eigener Eichvorgang erforderlich.

Im folgenden werden wir mehrfach auf den Sensor *Thematic Mapper (TM)* des Erderkundungssatelliten *Landsat* (FRED83) Bezug nehmen Dieser Sensor wurde insbesondere für die Beobachtung des Vegetationszustandes der Erdoberfläche ausgelegt und ist infolgedessen gut für die Fernerkundung von umweltrelevanten Eigenschaften der Erdoberfläche geeignet. Der TM-Sensor ist ein passives System mit sieben unterschiedlichen spektralen Kanälen; er liefert also Bilddaten, die aus sieben Informationsebenen bestehen. Der Erderkundungssatellit Landsat tastet mit seinem Sensor TM innerhalb von 16 Tagen die gesamte Erdoberfläche ab, wobei er die erfaßte Bildinformation jeweils in soge-

Merkmalsraum

Fernerkundungssysteme, aktive vs. passive

Landsat Thematic Mapper

nannten Szenen, bestehend aus 40 Millionen Pixels, zusammenfaßt und zur Erde funkt. Eine Landsat-Szene repräsentiert eine Fläche von ca. 180×180 km^2, wobei ein einzelnes Pixel einer Fläche von 30×30 m^2 entspricht. Die Kanäle des Landsat TM liefern ein Maß für die Strahlung in drei sichtbaren und vier infraroten Frequenzbändern. Einer der infraroten Kanäle, der Kanal 6, ist für thermische Emission empfindlich.

5.3.2 Verarbeitungsmethoden

Auswertung

Das Ziel der Fernerkundung beim Umweltmonitoring ist die Ableitung von Umweltinformation mit Hilfe einer geeigneten Auswertungstechnik. Als Datengrundlage dienen Satellitenbilddaten oder digitalisierte Luftbilder. Das gewünschte Ergebnis besteht aus raumbezogener Umweltinformation, etwa in kartographischer oder tabellarischer Form. Abbildung 5-1 veranschaulicht dieses einfache Funktionsmodell.

Die herkömmliche Art der Nutzung von Fernerkundungsdaten besteht in ihrer Visualisierung. Im einfachsten Fall wird die Information aus ausgewählten Sensorkanälen auf das rote, grüne und blaue Videosignal des Bildschirms gelegt, wobei je nach Auswahl der Ebenen ein sogenanntes *Echtfarbbild* oder *Falschfarbbild* entsteht. Bei dieser Art der Nutzung von Fernerkundungsdaten,

Ikonische
Bildverarbeitung

die in der Fachterminologie der Mustererkennung als *ikonische Bildverarbeitung* bezeichnet wird, sind die Bilder selbst Gegenstand der Verarbeitung und nicht etwa deren Inhalte. Es gibt eine Vielzahl ikonischer Verarbeitungen, die in der Fernerkundung angewandt werden; hierzu zählen unter anderem Koordinatentransformationen, verschiedene Verfahren zur Kontrastverbesserung und logisch-arithmetische Verknüpfungen zwischen einzelnen Bildebenen. Ikonische Verfahren können zu sehr aussagekräftigen Ergebnissen führen, beispielsweise zu sogenannten Vegetationsbildern, Thermalbildern oder kontrastverstärkten Darstellungen von Gewässern – allesamt Visualisierungen, deren Interpretation durch einen Fachmann wertvolle Umweltinformation erbringen kann. Die ikonischen Verarbeitungen haben aber den Nachteil, daß sie letztlich an der Oberfläche der zu betrachtenden Phänomene bleiben. Die Ergebnisse sind lediglich Bilder, die noch der Interpretation durch einen Menschen bedürfen.

Symbolische
Bildverarbeitung

Für eine weitergehende Automatisierung der Auswertung von Fernerkundungsdaten werden daher Verfahren zu einer *inhaltlichen*, oft auch als *symbolisch* bezeichneten Verarbeitung von Bilddaten benötigt. Ziel dieser Verfahren

Abb. 5-1: Aus Fernerkundungsdaten wird Umweltinformation gewonnen

ist die Rekonstruktion der Objekte und Sachverhalte, die den Bildern zugrundeliegen. Hierzu erforderlich ist ein Übergang von der numerischen Repräsentation der Rasterbilder zu einer symbolischen Beschreibung der auf ihnen abgebildeten Bestandteile, zusammen mit ihren Eigenschaften und Relationen sowie ggf. einschließlich einer Interpretation oder Beurteilung ihrer Bedeutung (NIEM87).

Dieser Übergang von der ikonischen hin zur symbolischen Verarbeitung geschieht durch die sogenannte *Segmentierung*. Dabei werden die einzelnen Pixels anhand ihrer Merkmale klassifiziert und zu Bildbestandteilen mit einheitlichen Merkmalen, den sogenannten Segmenten, zusammengefaßt. Ziel der symbolischen Verarbeitung ist – ausgehend von den nach phänologischen Kriterien gebildeten Segmenten – eine schrittweise Ableitung und Identifizierung von Objekten, die den Zielkategorien des Benutzers entsprechen. Gegenstand der symbolischen Verarbeitung sind also nicht mehr einzelne, numerisch kodierte rasterförmige Bildelemente, sondern umfassendere Objekte, die für das Verständnis des Bildes bereits eine Bedeutung tragen. Diese Objekte gehören einer Objektklasse an und können weitere Eigenschaften tragen. Sie stehen in Relationen zueinander (z.B. Nachbarschaftsrelationen) und lassen sich zu komplexeren Objekten aggregieren.

Segmentierung

Die meisten Umweltobjekte lassen sich nicht aufgrund einer eindeutigen Form erkennen. Stattdessen ist eher eine Unterscheidung der Umweltobjekte nach den Eigenschaften ihrer Oberfläche möglich. Bei der Verwendung multispektraler Satellitendaten läßt sich daher die Ebene der symbolischen Verarbeitung mit Hilfe von Klassifizierungsverfahren erreichen, die das Bild in Segmente einheitlicher *spektraler Signatur* zerlegen. Die einzelnen Sensorkanäle spannen einen mehrdimensionalen Merkmalsraum auf, wobei die Nachbarschaft im Merkmalsraum ähnliche Oberflächeneigenschaften bedeutet. Projiziert man die Pixels von Objekten gleicher Klassenzugehörigkeit (z.B. bezüglich ihrer Landnutzung) in den Merkmalsraum, so konzentrieren sie sich dort in einem sogenannten *Cluster*, d.h. einer Punkthäufung (Abb. 5-2). Eine derartige Punkthäufung läßt sich mathematisch mit Hilfe einer Wahrscheinlichkeitsfunktion modellieren, die in der Regel durch die Dichtefunktion einer Gaußschen Normalverteilung approximiert wird.

Klassifizierung

Cluster

Zusätzliche geographische Information (auch als *ground truth* bezeichnet) ist erforderlich, um zu bestimmen, welches Cluster im Merkmalsraum zu einer vorgegebenen Klasse gehört. Bei dem häufig angewandten Ansatz der *überwachten Klassifikation* werden Regionen bekannter Landnutzung als sogenannte Trainingsgebiete genutzt. In einer Trainingsphase, die der eigentlichen Klassifizierung vorangeht, werden die Clusterparameter für jede betrachtete Klasse von Umweltobjekten, ausgehend von den Merkmalen der Trainingsgebiete, geschätzt. In der darauffolgenden Klassifizierungsphase wird die Lage der Pixels im Merkmalsraum untersucht. Das Cluster, zu dem der jeweilige Merkmalswert eines Pixels mit größter Wahrscheinlichkeit gehört, ist schließlich ausschlaggebend für dessen Klassenzuordnung (HABE87).

Überwachte Klassifizierung

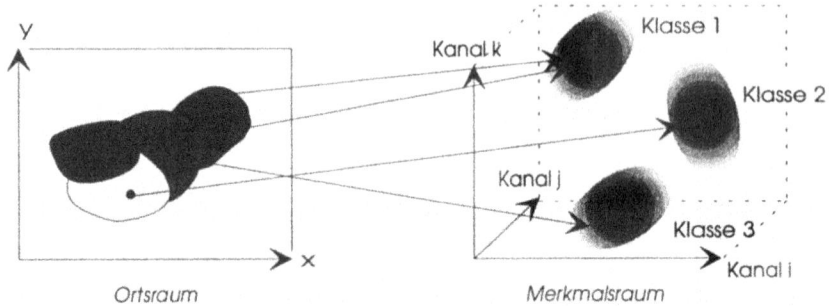

Abb. 5-2: Landnutzungsklassen lassen sich im Merkmalsraum unterscheiden

Reflexionsklassen

    Ein Problem der multispektralen Klassifizierung besteht darin, daß eine Einteilung der Pixels in Reflexionsklassen erfolgt, der Anwender aber an Klassen von Umweltobjekten interessiert ist. Zwischen diesen beiden Klasseneinteilungen besteht nicht notwendigerweise eine eineindeutige Beziehung: Zum einen können zwei unterschiedliche Bodenbedeckungen gleiches Reflexionsverhalten zeigen, zum andern unterliegen die meisten Umweltobjekte einer phänologischen Entwicklung und können demgemäß in ihrer multispektralen Reflexion variieren. Der Abgleich der zu unterscheidenden Klassen von Objekten mit den tatsächlich spektral trennbaren Reflexionsklassen ist daher ein langwieriger Vorgang, der mit jeder auszuwertenden Szene erneut ansteht und der an den Bildauswerter hohe Anforderungen stellt.

Zusätzliche Wissensquellen

    Insgesamt zeigt sich, daß das einfache Funktionsmodell in Abbildung 5-1 nicht ausreicht, um die anspruchsvollen Vorgänge der symbolischen Verarbeitung von Bildinformation geeignet wiederzugeben. Der Grund hierfür wird deutlich, wenn man die Tätigkeit eines Fernerkundungsexperten bei der visuellen Interpretation von Bildern der Erdoberfläche genauer untersucht. Es zeigt sich dann, daß der Experte bei der Bildinterpretation neben dem Bildmaterial noch auf zwei weitere Wissensquellen zurückgreift:
1. Vorhandene geographische Information über das Auswertungsgebiet, etwa aus Landkarten und Tabellen, stellt Vorwissen dar, das die Erwartungen des Bildauswerters bei der Untersuchung des Datenmaterials bestimmt.
2. Der Experte besitzt Wissen über Konzepte und Verfahren der Fernerkundung, der Bildverarbeitung und der Geowissenschaften. Dieses Wissen ist für seine Entscheidungen und Handlungen beim Auswertungsvorgang ausschlaggebend.

Wissensbasiertes Funktionsmodell

    Die Einbeziehung dieser beiden Arten von Wissensquellen in die Auswertung von Fernerkundungsdaten führt zu einem wissensbasierten Funktionsmodell, das in Abbildung 5-3 dargestellt ist. Das Forschungsprojekt RESEDA, das im folgenden vorgestellt wird, zielt auf solch ein Funktionsmodell ab.

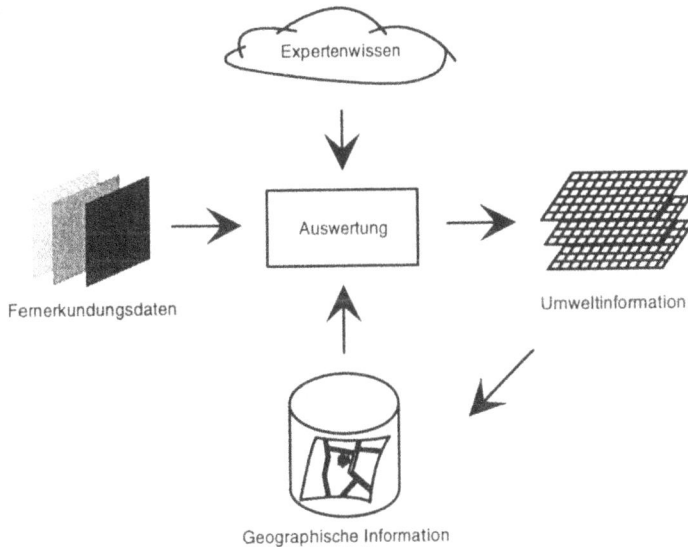

Abb. 5-3: Wissensbasiertes Funktionsmodell der Auswertung von Fernerkundungsdaten

5.3.3 Das Forschungsprojekt RESEDA

Das Forschungsprojekt RESEDA (*Remote Sensor Data Analysis,* deutsch *Analyse von Fernerkundungsdaten*) wurde im Auftrag des Umweltministeriums Baden-Württemberg und der Siemens Nixdorf Informationssysteme AG, München, in den Jahren 1989 bis 1992 am Forschungsinstitut für anwendungsorientierte Wissensverarbeitung (FAW) an der Universität Ulm durchgeführt. Gegenstand des RESEDA-Projekts war die Erforschung, experimentelle Entwicklung und Erprobung von wissensbasierten Auswertungsverfahren für Satellitenbilddaten zur Ermittlung umweltrelevanter Information und die Integration solcher Verfahren in einem prototypischen Softwaresystem (GÜNT92a).

Remote Sensor Data Analysis (RESEDA)

Im Verlauf des Projekts wurde eine integrierte Arbeitsumgebung zur Auswertung von Rasterbilddaten der Erdoberfläche aufgebaut, die ein Bildverarbeitungssystem um die Softwaretechnologien der Geoinformationssysteme und der wissensbasierten Systeme erweitert:

RESEDA Arbeitsumgebung

● Über ein Geoinformationssystem wird zusätzliche Geoinformation (Sachdaten und Geometriedaten) in die Auswertung einbezogen. Die Ergebnisse der Auswertung, raumbezogene Umweltdaten, stellen wiederum Geoinformationen dar, die im Geoinformationssystem gespeichert und gegebenenfalls in künftige Auswertungen rückgekoppelt werden können.

● Benötigtes Wissen über den Beobachtungsgegenstand, die Erdoberfläche und ihre Eigenschaften, sowie über anzuwendende Verfahren der Bildverarbeitung und der Manipulation geographischer Information ist in der Wissensbasis eines Expertensystems gespeichert.

91

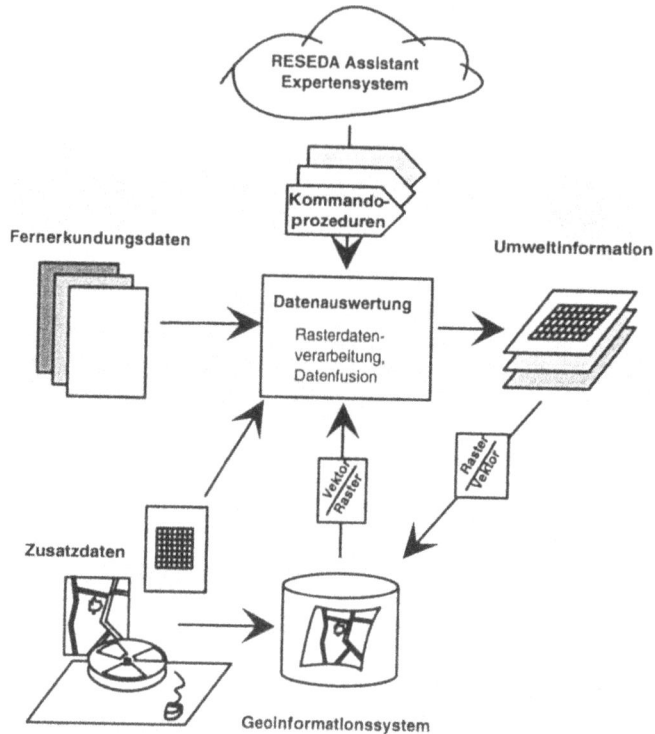

Abb 5-4: Die RESEDA-Arbeitsumgebung

Mit der Entwicklung der RESEDA-Arbeitsumgebung, deren Aufbau in Abbildung 5-4 dargestellt ist, wurde versucht, das wissensbasierte Funktionsmodell aus Abbildung 5-3 in die Praxis umzusetzen. Die einzelnen Komponenten der Arbeitsumgebung werden in den folgenden Abschnitten beschrieben.

Ein wissensbasiertes Assistenzsystem

RESEDA
Assistant

Der RESEDA Assistant ist ein wissensbasiertes Assistenzsystem, das den Benutzer bei der Planung und Durchführung der für eine Bilddatenanalyse erforderlichen Verarbeitungsschritte unterstützt (RIEK91a). Der Bildauswerter beschreibt die Analyse, indem er die vorhandenen Quelldaten (Rasterbilddaten und zusätzliche Geoinformation) sowie die gesuchten umweltrelevanten Zieldaten spezifiziert. Zieldaten lassen sich durch Angabe der Thematik (zu erkennende Oberflächenklassen und -eigenschaften), des Formats (Bild, Karte oder Sachdaten) und der Genauigkeitsanforderungen charakterisieren.

Planung der
Bildverarbeitung

Der RESEDA Assistant besteht aus einer Planungskomponente, die mit einem Verarbeitungssystem gekoppelt ist. Die Planungskomponente des Systems generiert aus den Spezifikationen des Benutzers ein Angebot möglicher

Verarbeitungspläne. Der Benutzer kann aus diesem Angebot einen Verarbeitungsplan auswählen, der dann durch das mit dem System gekoppelte Verarbeitungssystem ausgeführt wird. Das Verarbeitungssystem umfaßt ein Bildverarbeitungssystem und ein Geoinformationssystem und besteht aus Komponenten der SICAD-Produktfamilie (SIEM88) sowie aus projektspezifischen Erweiterungen.

Die Planungskomponente arbeitet nach dem Prinzip der Rückwärtsverkettung. Zunächst fragt das System nach der gesuchten Information. Diese ist in der Regel vom Typ Geoinformation. Die gesuchte Geoinformation kann anhand ihrer Thematik (spektrale Reflexion, Vegetationsindex, Echtfarbdarstellung usw.), anhand ihres Formats (Bild oder Daten) oder anhand ihrer Geometrie (z.B. original oder Gauß-Krüger) näher beschrieben werden. Das System überprüft, ob Daten mit den gewünschten Eigenschaften vorhanden sind. Ist dies nicht der Fall, so versucht das System ein computerunterstütztes Verfahren zu ermitteln, das geeignet ist, die gewünschte Information aus anderen Daten zu berechnen. Wenn auch diese Daten nicht vorhanden sind, versucht das System rekursiv weitere Verfahren zu bestimmen, die wiederum diese Daten berechnen können. Die Rekursion endet, wenn das System nach Daten fragt, die als primäre Daten gekennzeichnet sind, also unmittelbar genutzt werden können. Wenn diese Daten verfügbar sind, ist eine Ableitung der gesuchten Information gefunden. Wenn bei der Auswahl der Verfahren in irgendeiner Rekursionsstufe mehrere Alternativen gefunden wurden, werden diese der Reihe nach alle verfolgt, so daß sich schließlich ein Ableitungsbaum ergibt, der alle möglichen Berechnungsverfahren in sich vereinigt.

Die Kopplung zwischen Planungskomponente und Verarbeitungssystem geschieht durch eine Compilation von Plänen. Nach der Berechnung des Ableitungsbaumes extrahiert der Assistant Verarbeitungspläne und legt sie dem Benutzer vor. Der Benutzer kann einen Verarbeitungsplan auswählen. Dieser Verarbeitungsplan wird durch einen Plancompiler in eine UNIX-Kommandoprozedur (ein sogenanntes Shell-Skript) übersetzt. Dieses Shell-Skript kann vom UNIX-Kommandointerpreter (der Shell) ausgeführt werden, ohne daß das Assistant-Expertensystem noch aktiv ist. *Compilation von Plänen*

Das für die Planung von Verarbeitungen erforderliche Expertenwissen ist in einer Wissensbasis repräsentiert. Die wichtigsten Konzepte der Wissensbasis sind die Datenobjekte und die Verarbeitungsmodelle. *RESEDA Wissensbasis*

Datenobjekte repräsentieren die verschiedenen, während einer Auswertung anfallenden Arten von Daten: Beispiele sind Bilddaten oder Geodaten, aber etwa auch Paßpunktdateien oder Statistikdaten. Datenobjekte sind Wissensbasisobjekte, die neben dem Namen eines Files, auf dem die eigentlichen Daten gespeichert sind, zudem noch Metainformation enthalten, also eine Beschreibung, was diese Daten bedeuten. *Datenobjekte*

Verarbeitungsmodelle sind Beschreibungen von rechnerunterstützten Verfahren. Der RESEDA Assistant kann aufgrund dieser Beschreibungen ermitteln, welche Daten aus den vorhandenen Daten mit Hilfe eines dem System verfügbaren Verfahrens berechnet werden können. Verarbeitungsmodelle be- *Verarbeitungsmodelle* schreiben die Art des Aufrufs eines Computerprogramms, das das Verfahren implementiert, sowie dessen Ein- und Ausgabedaten. Auf den Attributen der Ein- und Ausgabedaten sind *Constraints* definiert, d.h. Prädikate, die stets erfüllt sein müssen, damit das Verfahren angewandt werden kann. Constraints dienen hierbei zweierlei Zwecken: Zum einen können sie verwendet werden, um die Anwendbarkeit eines Verarbeitungsmodells zu überprüfen, zum anderen können mit ihrer Hilfe fehlende Attributwerte berechnet werden.

Fusion von Bilddaten und Geoinformation

Datenfusion

Die RESEDA-Arbeitsumgebung integriert Systemkomponenten zur Bildverarbeitung mit einem Geoinformationssystem (GIS). Dadurch kann Hintergrundinformation aus einem GIS direkt in die Analyse der Fernerkundungsdaten einbezogen werden. Ein solcher Vorgang der Kombination unterschiedlicher Datenquellen wird auch als Datenfusion bezeichnet. Die geographische Hintergrundinformation, die in diese Datenfusion einfließen kann, umfaßt:

Hintergrundinformation

- sogenannte Straten, d.h. Bereiche des Auswertungsgebiets, innerhalb deren ein einheitliches Auswertungsverfahren möglich ist; diese Straten können beispielsweise nach naturräumlichen, kulturellen oder klimatischen Kriterien gebildet werden;
- Trainingsgebiete für eine überwachte Klassifikation;
- Stichproben für die Kalibrierung von Regressionsfunktionen, z.B. zur Darstellung des Zusammenhangs zwischen Oberflächentemperaturen und den Werten von Sensordaten aus dem Bereich des thermischen Infrarot;
- Zusatzdaten für die Klassifikation, z.B. ein Höhenmodell;
- die Geometrie zu untersuchender geographischer Objekte (BURG92, JANS90);
- zusätzliche Evidenzen für die Präsenz einer Klasse, z.B. ein Klassifikationsergebnis des Vorjahrs (MIDD91) oder gewisse Naturraumpotentiale (LIED88).

Rasterdaten

Vektordaten

Die Hintergrundinformation kann entweder in Form von Rasterdaten vorgegeben sein (z.B. Höhenmodelle oder gescannte topographische Karten) oder aber in Form von Vektordaten (wie z.B. in den Systemen ALK und ATKIS, die den Informationsgehalt einer Liegenschaftskarte bzw. einer topographischen Karte in digitaler Form vorhalten; zu ATKIS s. ADV89).

Vorteile der GIS-Integration

Ein besonderer Vorteil der GIS-Integration besteht darin, daß Auswertungsergebnisse selber wieder im GIS abgespeichert werden können und dann unter anderem auf die beiden folgenden Arten wiederverwendet werden können: Zum einen können die Ergebnisse mit Hilfe des GIS weiter analysiert und dem Benutzer in kartographischer oder tabellarischer Form präsentiert werden. Zum andern können die Ergebnisse als Hintergrundinformation in künftige Auswertungen rückgekoppelt werden. Die Verwaltung und Ablage der Hintergrundinformation und der Auswertungsergebnisse kann dabei mit Hilfe eines marktgängigen Datenbanksystems erfolgen (SCHI93).

Rasteranalyse

Die Datenauswertung innerhalb von RESEDA erfolgt generell rasterorientiert. Dies ist vorteilhaft, da die Fernerkundungsdaten stets in Rasterform vorliegen und zusätzliche Geodaten entweder bereits gerastert sind (z.B. die verschiedenen Decker einer gescannten topographischen Karte) oder aber sich mit Hilfe eines Konvertierungsprogramms rastern lassen. Zur Verschmelzung von Rasterdaten aus unterschiedlichen Quellen, etwa bei der Analyse von Satellitendaten mit geographischer Zusatzinformation, ist es häufig erforderlich, Formeln oder kleine Programmstücke auf mehrere Informationsebenen pixelweise anzuwenden. Erforderlich ist hierbei ein Werkzeug, das benutzerdefinierbare Analysefunktionen auf Rasterdaten ermöglicht. Das UNIX-Standardtool *awk*, das ursprünglich dazu dient, benutzerdefinierbare Operationen zeilenweise auf sequentielle Dateien anzuwenden, wurde so angepaßt, daß es nunmehr möglich ist, derartige Operationen auch pixelweise auf Rasterbilddaten anzuwenden. Software für die Vektor-Raster- und die Raster-Vektor-Wandlung (RIEK93) wurde erstellt, um die Integration von vektororientierten Geodatenbasen zu ermöglichen.

Die Klassifikation von Fernerkundungsdaten unter Einbeziehung von geographischer Zusatzinformation ist ein besonderer Schwerpunkt der RESEDA-Forschung. Vielversprechend ist hierbei die Integration der Geodaten während des Klassifikationsprozesses. Der üblicherweise verwendete Algorithmus zur überwachten Klassifikation nach dem Verfahren von Bayes wurde aus diesem Grund modifiziert. Während die gängigen Klassifikationsprogramme nur eine einzige Ausgabedatei besitzen, in der pixelweise die jeweils wahrscheinlichste Klasse aufgeführt ist, kann im RESEDA-System für jede Klasse eine Ausgabedatei erzeugt werden, in der für jedes Pixel die bedingte Wahrscheinlichkeit abgelegt ist, mit der es zur jeweiligen Klasse gehört. Diese Wahrscheinlichkeiten können dann mit zusätzlicher Evidenz aus Geodaten kombiniert werden, z.B. nach der Methode von Dempster-Shafer (SHAF76). Die hierzu erforderlichen Berechnungen sind mit Hilfe der oben beschriebenen benutzerdefinierbaren Rasterdatenanalysefunktionen durchführbar.

Prototypische Anwendung

Ein wichtiger Teil der Arbeit im Projekt RESEDA bezog sich auf den Arbeitsbereich der *prototypischen Anwendung*. Hierbei wurde mit Fachbehörden aus dem Geschäftsbereich des Umweltministeriums Baden-Württemberg kooperiert. Es wurden konkrete Benutzeranforderungen für die Methodenentwicklung abgeleitet und die entwickelten Methoden in der Praxis verifiziert. Gleichzeitig wurde der mögliche Nutzen der satellitengestützten Erderkundung für die Umweltverwaltung in Ländern und voll ausgebauter Umweltdemonstrationen ausgelotet (MUTZ92). Im folgenden sind zwei ausgewählte Beispiele zur Umweltüberwachung mit Satellitendaten dargestellt, die im Arbeitsbereich prototypische Anwendung ausgearbeitet wurden. Diese Beispiele beziehen sich entsprechend dem Projektauftrag auf einen möglichen Einsatz im Rahmen des UIS Baden-Württemberg, ihre Anwendbarkeit ist aber selbstverständlich nicht auf das Landesgebiet beschränkt.

Integration von Geodaten während der Klassifikation

Prototypische Anwendung

Abb. 5-5: Landnutzung in Wasserschutzgebieten

Überwachung von
Wasserschutz-
gebieten

Abbildung 5-5 zeigt ein Beispiel zur Überwachung des Umweltzustands im Gebiet des Oberrheins. Ermittelt wurde die Landnutzung innerhalb von Wasserschutzgebieten im Raum Offenburg. Dazu wurden Rasterbilddaten des Satellitensensors Landsat TM und amtliche Vektordaten der Wasserschutzgebiete kombiniert. Eine überwachte Landnutzungsklassifikation wurde auf die Wasserschutzgebiete eingeschränkt. Das Ergebnis wurde in einem Farbbild dargestellt. Der Hintergrund des Bildes wurde auf der Basis des infraroten Sensorkanal TM 4 abgeleitet. Es war möglich, sechs verschiedene Landnutzungsklassen (Siedlung, Wald, Grünland, Mais, sonstige landwirtschaftliche Nutzung und Gewässer) zu unterscheiden und eine Statistik über deren Flächenanteile in Wasserschutzgebieten zu erstellen. Die Landnutzungen Siedlung und Mais sind hier schwarz bzw. dunkelgrau dargestellt; die Farbdarstellung der Abbildungen 5-5 und 5-6 ist auf den Seiten 178 und 179 wiedergegeben und näher erläutert.

96

Abb. 5-6: Überwachung von Waldschäden

Ein solches Verfahren eignet sich insbesondere dafür, gewisse Gebiete auf ausgewählte Nutzungsarten hin zu überwachen. Die Festlegung der Trainingsgebiete und die Ermittlung der Lage der zu überwachenden Gebiete auf dem Satellitenbild stellen hierbei Aufgaben dar, die unter Nutzung geographischer Hintergrundinformation, die aus einen GIS heraus in die Klassifikation einbezogen werden kann, bewältigt werden können.

In einem anderen Beispiel wurden multitemporale Satellitendaten und eine digitale topographische Karte kombiniert, mit dem Ziel, Veränderungen an der Umwelt zu erkennen. Abbildung 5-6 ist das Ergebnis eines Prototypen zur Forstbestandsüberwachung (siehe auch S. 179). Die Lage der Wälder wurde von einer gescannten topographischen Karte 1:50.000 abgeleitet. Es wurden auf der Basis von Satellitenbilddaten vom September 1989 und vom Mai 1990 zwei Landnutzungsklassifikationen durchgeführt und auf das Waldgebiet eingeschränkt. Die Differenzen im Waldbestand erscheinen auf dem Schwarzweiß-

Veränderung des Forstbestandes

97

bild als weiße Flecken (rot in Farbtafel 2 auf Seite 179). Hierbei handelt es sich mit großer Wahrscheinlichkeit um Schäden, die durch die Wirbelstürme Wiebke und Vivian verursacht wurden, die zwischen den beiden Aufnahmedaten auftraten.

Überwachung von Umweltveränderungen

Ein solches Verfahren kann verwendet werden, um die Zu- oder Abnahme einer bestimmten Nutzungsart im Verlauf der Jahre zu überwachen. Beispiele hierfür sind die Entwaldung, die Desertifikation landwirtschaftlich genutzter Flächen, das Wachstum von Siedlungs- und Industriegebieten oder die Austrocknung von Gewässern. Das Klassifikationsergebnis des Vorjahrs dient dabei als Hintergrundinformation für die Festlegung von Trainingsgebieten sowie als Quelle von Evidenzen für mögliche Landnutzungsänderungen.

5.3.4 Ergebnis

Automatisierte Erschließung von Umweltinformationen

Unter Verwendung marktgängiger Verarbeitungssoftware und mit Hilfe zusätzlich entwickelter wissensbasierter Systemkomponenten wurde eine integrierte Arbeitsumgebung zur Auswertung von Fernerkundungsdaten realisiert, bestehend aus Bildverarbeitungssystem, Geoinformationssystem und Expertensystem. Eine solche Arbeitsumgebung erlaubt die Anwendung sehr komplexer Datenanalyse- und Datenfusionstechniken. Nicht-Experten können dabei durch ein wissensbasiertes Assistenzsystem unterstützt werden. Die bei der Entwicklung der RESEDA-Arbeitsumgebung gewonnenen Erfahrungen sowie Teile der entwickelten Software haben in die SICAD-Produktentwicklung Eingang gefunden (REIN92).

Prototypische Anwendung

Von entscheidender Bedeutung für eine erfolgreiche Methodenentwicklung war die Einrichtung eines Arbeitsschwerpunkts, der sich mit der prototypischen Anwendung der Verfahren befaßte. Anhand exemplarischer Aufgabenstellungen wurden die Möglichkeiten des RESEDA-Systems bei der Ableitung von Umweltinformation aus Satellitendaten und der weiteren Aufbereitung der Fernerkundungsergebnisse herausgearbeitet und in enger Zusammenarbeit mit Fachleuten aus der Umweltverwaltung verifiziert. Primär im Hinblick auf eine Einbindung in das Umweltinformationssystem des Landes Baden-Württemberg konzipiert, sind die entwickelten Verfahren darüber hinaus auch für eine Anwendung im globalen Kontext einsetzbar.

5.4 Schlußfolgerung und Ausblick

Bewahrung der natürlichen Ressourcen

Ein regelmäßiges, flächendeckendes Umweltmonitoring ist eine notwendige Voraussetzung für die Bewahrung der natürlichen Ressourcen der Erde. Moderne Techniken der Umweltinformatik können hier einen wichtigen Beitrag leisten. Leistungsfähige Modelle, Methoden und Systeme für das Umweltmonitoring sind im Begriff, den Bereich der Forschung und Entwicklung zu verlassen, teilweise befinden sie sich bereits im praktischen Einsatz. Weltweit gibt es jetzt hierzu immer mehr Initiativen, obwohl die Finanzierung häufig schwierig ist. Dabei handelt es sich in Ländern mit breit etablierter Um-

weltverwaltung und dichter Besiedelung eher um eine Ergänzung der Umweltschutzpraxis, während in weniger entwickelten bzw. dünn besiedelten Ländern
durch neue Techniken der Umweltinformatik ganz neue Potentiale für einen
wirksameren Umweltschutz erschlossen werden. Dies ist von ganz besonderer
Bedeutung für die Dritte Welt. Dort aber erwachsen Finanzierungsprobleme,
die nur mit Hilfe der Industrieländer und der zuständigen internationalen Organisationen (UNO, Weltbank) gelöst werden können.

Leitgedanke der hier beschriebenen Forschungen ist es, schneller und ver-
läßlicher zu umfassenden Informationen über den Zustand unserer Umwelt im
zeitlichen Verlauf zu gelangen. Dies besitzt gerade auch hinsichtlich der
globalen Situation mit der dort zu beobachtenden raschen und teils bedroh-
lichen Entwicklungen eine besondere Bedeutung. Verläßliche Informationen,
einschließlich abgeleiteter Prognosen, werden in diesem Kontext zu einer
Schlüsselfrage. Ein Ziel ist es vor diesem Hintergrund, auf der Basis weltweiter
Umweltinformationen zu gesellschaftlich konsensfähigen Modellen über die
drohenden globalen Veränderungen zu kommen. Wenn erst dieses Ziel erreicht
ist, besteht Aussicht, daß Maßnahmen zur Sicherung der natürlichen Lebensgrundlagen der Menschheit in Angriff genommen werden, die zum einen sachlich fundiert, zum andern aber auch politisch durchsetzbar sind. Erst bei einer
derartigen Fundierung kann Sustainable Development von einem Schlagwort
zu einer wirklichen politischen Option werden.

Nachhaltigkeit auf der Grundlage konsensfähiger Modelle

5.5 Weiterführende Literatur

Zur Vertiefung der Grundlagen der *Fernerkundung* empfehlen wir das
„Manual of Remote Sensing" (COLW83). Wissensbasierte Methoden zur Fernerkundung der Umwelt sind ausführlich im gleichnamigen Sammelband von
Günther und Riekert dargestellt (GÜNT92a). Wichtige Grundlagen der Analyse
von Bilddaten sind außerdem in den Büchern „Digitale Bildverarbeitung"
(HABE87) und „Künstliche Intelligenz in Bild- und Sprachanalyse" (NIEM87)
zu finden.

Über Techniken des Umweltmonitoring durch *Fernüberwachung*, die im
Rahmen automatischer Luft-, Wasser- und Bodenmeßnetze eingesetzt werden,
gibt ANGE91 (S. 133ff.) einen Überblick.

6 Umweltdatenbanken

Annegret Baumewerd-Ahlmann, Leonore Zink

Umweltdaten stellen besondere Anforderungen an die Datenbanktechnologie. Dieses Kapitel gibt einen Überblick über den Stand der Technik auf dem Gebiet der Umweltdatenbanken und einen Ausblick auf zukünftige Entwicklungen. An ausgewählten Beispielen für Umweltdatenbanken zeigen wir den Nutzen von Datenbanksystemen, aber auch die Mängel, die heutige Datenbanksysteme in bezug auf die jeweilige Anwendung noch aufweisen. Die Auswahl der Beispiele beschränkt sich bewußt auf Umweltdatenbanken, die *für Umweltschutzaufgaben* eingesetzt werden. Wir zeigen zusätzliche Anforderungen und Erwartungen an Umweltdatenbanken auf, die sich aus der heutigen Praxis nicht ableiten lassen, weil sie z.B. auf neuen Rechtsgrundlagen beruhen. Abschließend geben wir einen Überblick über neue Entwicklungen in der Datenbanktechnologie, die für das Gebiet der Umweltdatenbanken relevant sind.

6.1 Abgrenzung des Begriffs Umweltdatenbank

Da es in der Fachliteratur bisher keine ausführliche Beschreibung oder Abgrenzung gibt, was unter einer *Umweltdatenbank* zu verstehen ist, werden wir zunächst eine Definition des Begriffs Umweltdatenbank geben, den wir für das folgende als Grundlage nehmen.   *Umweltdatenbank*

Als Umweltdatenbank bezeichnen wir eine Datenbank, die die folgenden drei Bedingungen erfüllt:
1. Es sind überwiegend *Umweltdaten* gespeichert.
2. Es wird ein *Datenbanksystem* zur Speicherung der Daten verwendet.
3. Die Datenbank wurde als Grundlage für *umweltbezogene Anwendungen oder Auskünfte* angelegt.

Damit ergibt sich für eine Umweltdatenbank der in Abbildung 6-1 gezeigte prinzipielle Aufbau. Im folgenden werden die Begriffe *Umweltdaten*, *Datenbanksystem* und *umweltbezogene Anwendungen/Auskünfte* definiert.

6.1.1 Was sind Umweltdaten?

Unter *Umweltdaten* verstehen wir Daten, die direkt mit der (natürlichen) Umwelt in Zusammenhang stehen, die sie beschreiben. Das sind z.B. Daten über Luft- und Wassergüte, Flächennutzungspläne, Verbreitungsgebiete von Tieren und Pflanzen, Wetterdaten, seismologische Daten oder Daten, die Eigenschaften von Umweltschadstoffen beschreiben. Oft ist die Grenze zwischen konventionellen oder kommerziellen Daten und Umweltdaten fließend: Daten, die Werkstoffe und ihre Eigenschaften beschreiben, sind keine Umweltdaten; sind aber auch gefährliche Eigenschaften oder Toxizität von   *Umweltdaten*

Ausgangsstoffen oder Abfallprodukten enthalten, gehören diese zu den Umweltdaten. Ebenso sind geographische Daten keine Umweltdaten, wenn sie nur für Stadtpläne oder Straßenkarten verwendet werden, wohl aber, wenn sie die Grundlage zu Flächennutzungsplänen bilden.

6.1.2 Eigenschaften eines Datenbanksystems

Datenbanksystem
Wir wollen nur von einer (Umwelt-)Datenbank (im Gegensatz zur Kartei oder Datei) sprechen, wenn ein *Datenbanksystem* (DBS, auch *Datenbank-Management-System*, DBMS genannt) zur Speicherung verwendet wird, das mindestens die im folgenden aufgeführten, in der gängigen Fachliteratur (z.B. DATE86, RODG90) als notwendig anerkannten Eigenschaften aufweist. Dabei kann es sich um ein kommerzielles DBS oder einen Forschungsprototyp handeln. Die heute am meisten verbreiteten und am besten bekannten DBS sind relationale DBS; diese Eigenschaften können aber genauso z.B. von einem hierarchischen oder objektorientierten DBS erfüllt werden.

Persistente Datenhaltung

Persistente Datenhaltung
Die Daten stehen auf permanenten Speichermedien. Sie sind nicht von Anwendungen oder Programmen abhängig und „überleben" diese. Die Daten werden zugriffstransparent gespeichert, d.h. das DBS bietet dem Benutzer einige Speicherstrukturen zur Auswahl an, organisiert die Speicherung der Daten und stellt sie Benutzern und Anwendungsprogrammen unabhängig von der gewählten Speicherstruktur über verschiedene mehr oder weniger komfortable Schnittstellen zur Verfügung.

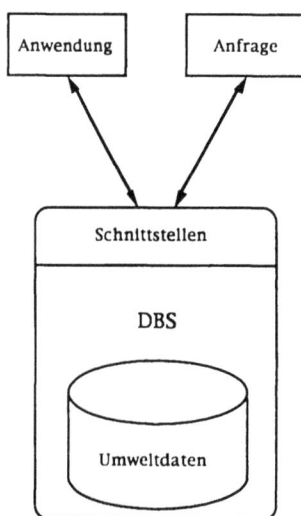

Abb. 6-1: Komponenten einer Umweltdatenbank

Datensprache

Das DBS bietet eine vollständige Datensprache an, bestehend aus *Daten-* Datensprache
definitionssprache (DDL, *Data Definition Language*), *Anfragesprache* (Query
Language) und *Datenmanipulationssprache* (DML, *Data Manipulation Lan-*
guage). Außerdem muß ein Anschluß an mindestens eine höhere Programmiersprache vorhanden sein. Das bekannteste Beispiel für eine solche Datensprache
ist SQL (*Structured Query Language*). Datensprachen können linear sein wie
höhere Programmiersprachen (z.B. SQL), oder es werden Beispieldaten in vor-
gefertigte Tabellen eingegeben. Die erste vollständige Datensprache dieser Art
war QBE (Query by Example, ZLOO 75).

Transaktionskonzept

Alle Operationen in einem DBS werden als sogenannte *Transaktionen* Transaktion
ausgeführt, d.h, sie sind unteilbar, konsistenzerhaltend, isoliert und dauerhaft.
Unteilbarkeit bedeutet, daß sie entweder ganz oder gar nicht ausgeführt werden.
Dabei kann eine Transaktion aus mehreren Anweisungen bestehen, die vom
Benutzer explizit durch Transaktionsklammern zusammengefaßt wurden. Kon-
sistenzerhaltung heißt, daß eine zuvor korrekte Datenbank nur wieder in einen
korrekten Zustand überführt wird, soweit das DBS dies erkennen kann. Die
Transaktionen laufen isoliert ab, so als würde zur Zeit sonst niemand auf der
Datenbank arbeiten. Wurde eine Transaktion einmal abgeschlossen, sind die
Veränderungen, die sie in der Datenbank bewirkt hat, dauerhaft. Sie bleiben
auch z.B. nach Systemausfällen erhalten.

Mehrbenutzerbetrieb

Mehrere Benutzer können quasi gleichzeitig mit den Daten arbeiten, ohne Mehrbenutzerbetrieb
sich um die anderen Benutzer kümmern zu müssen oder falsche Ergebnisse zu
bekommen. Wollen mehrere Benutzer gleichzeitig auf ein Datum zugreifen und
will mindestens einer davon es verändern, so müssen die anderen so lange war-
ten. Dies sehen die Benutzer höchstens an der längeren Antwortzeit für ihre
Anweisung. Realisiert wird dieses Prinzip DBS-intern durch das Setzen von
Sperren, die den Zugriff auf zur Zeit bearbeitete Daten für andere verbieten
(Locking).

Datensicherung, Backup und Recovery

Die Protokollierung bzw. Sicherung von eingefügten Daten und Ände- Protokollierung
rungen erfolgt ohne explizite Anweisung des Benutzers während des laufenden
Betriebs. Lediglich bei der Installation des DBS muß entsprechender Speicherplatz bereitgestellt werden. DBS bieten Sicherungs- und Wiederherstellungs-
möglichkeiten
• für (benutzerinitiiertes) Zurücksetzen von Transaktionen, die nicht zu Ende
geführt werden sollen oder können,
• für Systemabstürze durch Stromausfälle, Softwarefehler und dergleichen,
• für Hardwareausfälle wie defekte Platten. (Deshalb sollten die Protokolle
immer auf einer anderen Platte liegen als die Daten selbst.)

Checkpoints und
Logs

Das Prinzip ist hier die Protokollierung (Logging) und das gelegentliche Anlegen von Gesamtabzügen der Datenbank (Checkpoints). Mit dem *Checkpoint* kann die Datenbank in ihren Zustand zum Zeitpunkt des Gesamtabzugs zurückversetzt werden. Mit dem *Protokoll* oder *Log* können die Änderungen seit dem letzten Checkpoint bis zum aktuellen oder jedem beliebigen Zeitpunkt dazwischen nachgeholt werden. Wenn Speicherplatz knapp ist, können Checkpoints und alte Protokolle auf Bänder ausgelagert werden.

Datenschutz und Zugangskontrolle

Datenschutz

DBS erlauben nur Benutzern, die speziell autorisiert wurden, den Zugriff auf die gespeicherten Daten. Dabei kann ein Benutzer für eine oder mehrere Datenbanken oder auch nur für Teile einer Datenbank, z.B. nur bestimmte Zeilen oder Spalten von Relationen (Tabellen), autorisiert werden. Unterschieden wird jeweils nach der Erlaubnis *einzufügen*, zu *lesen*, zu *ändern* oder zu *löschen*. Die in einem DBS gespeicherten Daten liegen in codierter Form auf den Speichermedien, so daß sie auch nicht einfach über das Betriebssystem unter Umgehung des DBS gelesen werden können. Das gilt auch für Checkpoints und Protokolle.

Um all diese Forderungen erfüllen zu können, besteht ein DBS – grob geschen – aus einem Zugriffssystem, das die Daten physisch auf den Speichermedien organisiert und wiederfindet, aus einem Transaktionsmanager, einem oder mehreren Parsern für die Anfragesprache(n) und der Anfrageoptimierung (siehe Abb. 6-2). Hinzu kommen verschiedene mehr oder weniger komfortable Benutzerschnittstellen und Precompiler für höhere Programmiersprachen.

6.1.3 Anwendungen auf Umweltdatenbanken

Umweltbezogene
Anwendungen

Datenbanken werden immer mit dem Ziel angelegt, entweder über bestimmte Sachverhalte gute und vollständige Auskünfte geben zu können oder Daten für bestimmte Weiterverarbeitungen geeignet bereitzuhalten. Als Umweltdatenbanken wollen wir nur solche Datenbanken bezeichnen, die mit dem Ziel angelegt wurden, (interaktiv) Auskünfte auf umweltbezogene Fragen zu geben und/oder umweltbezogene Anwendungen wie Auswertungs- oder Simulationsprogramme im Umweltbereich mit Daten zu versorgen. Datenbanken, die nur zufällig auch eine Reihe Umweltdaten enthalten, diese aber nicht für umweltbezogene Anwendungen oder Auskünfte nutzen, fallen somit nicht unter die Rubrik Umweltdatenbanken.

Bezug zum
Umweltschutz

Umweltbezogene Anwendungen, Programme oder Auskünfte müssen nicht unbedingt dem Umweltschutz dienen. Eine Automatisierung der Wasserbücher der Gemeinden, die wertfrei Auskunft darüber geben, wer wo welche Schadstoffe oder geklärte Abwässer einleitet, hätte zwar eine Umweltdatenbank zur Grundlage (wenn ein DBS verwendet wird) und wäre eine Umweltanwendung, obwohl sie nicht unbedingt dem Umweltschutz dienen muß. Wir wollen im folgenden aber nur solche Umweltdatenbanken und Anwendungen betrachten, die dem Umweltschutz dienen oder zumindest dabei helfen, die Umwelt zu entlasten.

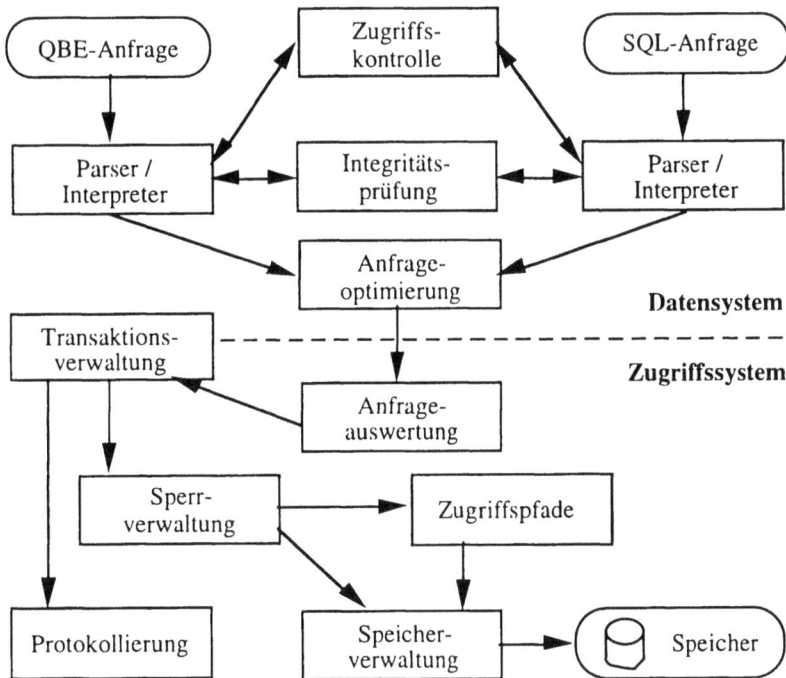

Abb. 6-2: Komponenten eines DBS

6.1.4 Betreiber von Umweltdatenbanken

Betreiber von Umweltdatenbanken können sein: (1) Behörden, die sie zur Überwachung von Umweltauflagen und -gesetzen und zur Umweltplanung einsetzen, (2) Firmen, die damit kontrollieren, ob sie umweltbezogene Auflagen erfüllen (Selbstkontrolle), (3) „Umweltschutzfirmen", die Techniken oder Dienstleistungen zum Umweltschutz oder zur Umweltsanierung kommerziell anbieten, z.B. verschmutztes Erdreich reinigen, (4) Vereine und Verbände (Umweltschutzgruppen), die den Zustand der Umwelt überwachen wollen, (5) Beratungsfirmen und Planungsbüros, die u.a. auch Umweltverträglichkeitsprüfungen durchführen, und (6) Forschungsinstitute.

6.2 Beispiele für Umweltdatenbanken

Anhand der folgenden Beispiele wird gezeigt, wo die Datenbanktechnologie von Vorteil ist und auch, an welchen Stellen sie noch nicht genügend Unterstützung bietet. Die hier vorgestellten Umweltdatenbanken wurden nur unter diesen Gesichtspunkten ausgewählt; mit der Auswahl der Beispiele ist keine Wertung verbunden.

6.2.1 Die tiergeographische Datenbank ZOODAT

Aufgaben der
ZOODAT

Die bereits seit Anfang der achtziger Jahre bestehende tiergeographische Datenbank ZOODAT enthält eine umfangreiche Sammlung von Beobachtungen zur Tierwelt Österreichs (vgl. REIC90 und die Beiträge in NEUG90). Sie dient dazu, den Ist-Zustand möglichst umfassend für die zahlreichen Tierarten zu erfassen und insbesondere Veränderungen des Vorkommens oder des Lebensraums gegenüber der Vergangenheit zu ermitteln. Diese Daten sollen Aussagen über die aktuelle Umweltsituation ebenso ermöglichen wie über die Gefährdung einzelner Arten oder bestimmter Regionen. Festgestellte Veränderungen erlauben darüber hinaus Rückschlüsse auf Auswirkungen von umweltrelevanten Maßnahmen.

ZOODAT besteht aus zwei Teildatenbanken: Fundmeldungen und Tierarten. Fundmeldungen umfassen Informationen über die Beobachtung einer Tierart an einem Ort zu einem Zeitpunkt einschließlich eines Hinweises zur Herkunft der Meldung und evtl. weitere Verweise. Beobachtungsorte beschreiben den geographischen Raum, der sowohl ein koordinativ bestimmter Punkt sein kann als auch ein größeres Beobachtungsgebiet (Fläche).

Datenschutz und
Artenschutz

Auswertungen können nach geographischen, zeitlichen oder artenbezogenen Kriterien durchgeführt werden. Ausgaben sind z.B. Karten, die die Verbreitung einer Tierart in einem bestimmten Gebiet anzeigen (evtl. gerastert) oder Tabellen über die Veränderung des Tierbestands an einem bestimmten Ort. Da diese Auswertungen sehr detailliert sein können, so daß z.B. eine genaue Lokalisierung möglich wird, ist die ZOODAT nicht öffentlich zugänglich. Auswertungen dürfen nur von den Betreibern gemacht werden und werden bei geprüftem Bedarf oder Interesse weitergegeben. So wird vermieden, daß z.B. Schmetterlingssammler die letzten Vorkommen bedrohter Arten erfahren und ausbeuten können.

Hier stehen nicht nur die räumlichen Zuordnungen, sondern auch die damit verbundenen zeitlichen Aspekte im Vordergrund der Auswertungen. Im Gegensatz zu den folgenden Beispielen für Umweltdatenbanken werden in der ZOODAT alle Daten innerhalb des DBS verwaltet.

6.2.2 Das Altlastenkataster Berlin

Das Altlastenkataster Berlin (vgl. STOR92) ist aus zweifacher Sicht ein interessantes Beispiel für eine Umweltdatenbank: Zum einen steht es stellvertretend für den wachsenden Bereich der Umweltdatenbanken in Kommunen und Landesbehörden. Zum anderen wird das Altlastenkataster in einer verteilten Umgebung mit PCs und Workstations realisiert.

Das Altlastenkataster Berlin verwaltet alle Informationen über Altlastenverdachtsflächen, die in den verschiedenen Fachämtern der Stadt Berlin erfaßt bzw. für die Aufgabenbearbeitung benötigt werden. Es läßt sich somit als gemeinsame Datenquelle und als „Austauschmedium" der einzelnen Fachämter verstehen. Beteiligt sind neben mehreren Fachämtern in der Senatsverwaltung auch die bezirklichen Umweltämter.

106

Grundlage des Systems bilden zunächst zwei Teildatenbanken: das zentrale Altlastenkataster und die Vorgangsverwaltung. Darüber hinaus gibt es für die jeweiligen Fachämter spezifische (lokale) Anwendungen bzw. Datenbanken. Weitere, bereits bestehende Datenbanken und Anwendungsprogramme der Stadt Berlin (Schadstoffdatenbank, Altlasten-Bewertungssystem) werden in das verteilte Gesamtsystem mit einbezogen.

Teilsysteme des Altlastenkatasters

Die Verbindung der beiden Teildatenbanken erfolgt explizit über den räumlichen Bezug zwischen der Altlastenfläche und dem betreffenden Grundstück. Die eigentlichen geometrischen Daten werden jedoch nicht innerhalb der Datenbank verwaltet, sondern sind als digitale Altlastenkarte Teil des Umweltinformationssystems, das auf der Basis eines geographischen Informationssystems entwickelt wurde. Dieser Weg einer Aufspaltung von Sachdaten und Geometrie auf Datenbank und geographisches Informationssystem, wobei die Kopplung nur lose über Standard- oder eigene Schnittstellen erfolgt, ist bisher auch bei anderen behördlichen Umweltdatenbanken häufig anzutreffen.

Die beiden Teildatenbanken des Altlastenkatasters sind auf zwei Workstations auf der Basis eines relationalen DBS implementiert. Aufgrund der Vernetzung innerhalb des DBS und des Verzichts auf redundante Datenhaltung können die beteiligten Fachämter über das Netz direkt auf den Gesamtdatenbestand zugreifen, ohne die physische Lokalisierung der beiden Teile beachten zu müssen. Die Datenpflege erfolgt dezentral durch das jeweils zuständige Fachamt.

Der Vorteil des DBS-Einsatzes liegt hier insbesondere im Einsatz von vernetzten Datenbanken, die den Zugriff auf Datenbanken an verschiedenen Lokalitäten ohne Probleme erlaubt. Als nachteilig erwies sich das Fehlen geometrischer Operationen. Ein weiteres Problem ist die direkte Anbindung öffentlicher (Schad-)Stoffdatenbanken, d.h. die Aufgabe, diese Datenbanken so zu integrieren, daß sie für den Endbenutzer aussehen wie weitere Teildatenbanken des Altlastenkatasters.

6.2.3 Deponiekontrolle und -überwachung

Deponiekontrolle und -überwachung sowie die gesamte Abfallentsorgung sind sehr komplexe Vorgänge, die einer Fülle von gesetzlichen Bestimmungen genügen müssen, so daß sich hier die Automatisierung unter Zuhilfenahme von Datenbanken und DBS anbietet. Kennzeichnend für solche Systeme sind folgende Daten und Vorgänge:

Aufgaben der Deponiekontrolle

- Stoffdaten, insbesondere Schadstoffe,
- Daten zum Transport von Schadstoffen, wie Herkunft, genaue Zusammensetzung, Menge, Bestimmungsort und zulässige Transportwege,
- Meßwerte (zeitliche Veränderung),
- standortbezogene Daten, räumliche Zuordnung von Deponien usw.,
- gesetzliche Bestimmungen und Auflagen,
- Eingabeformulare,
- Berichtsmasken.

Ein typisches Szenario ist in Abbildung 6-3 gegeben. Abfall und insbesondere Schadstoffe sollen auf dem kürzesten zulässigen Weg entsorgt werden. Entsorgungsmöglichkeiten müssen gefunden, Genehmigungen eingeholt und die passenden Begleitpapiere für die Abfalltransporte erstellt werden.

Rechnergestütztes Kontroll- und Überwachungssystem für Deponien (RKSD)

Eine typische Umweltanwendung dieser Art ist *RKSD*, ein *r*echnergestütztes *K*ontroll- und Überwachungs-*S*ystem für *D*eponien (vgl. KITT91). Dieses System hat nach unserer Definition strenggenommen keine Umweltdatenbank als Grundlage, weil es nicht mit einem DBS arbeitet. Die Anwendung ist jedoch sehr interessant, weil sie in der letzten Phase der früheren DDR entwickelt wurde unter dem Druck zunehmender Umweltbelastung und knapp werdendem Deponieraum. Kurz nach ihrer Fertigstellung war sie wieder änderungsbedürftig, weil durch die Wiedervereinigung andere Vorschriften gültig geworden sind, aber auch andere Techniken zur Verfügung stehen. Interessant ist jetzt die Betrachtung, in wieweit der Einsatz eines DBS helfen würde, solche gravierenden Änderungen effizienter durchzuführen.

Struktur von RKSD

RKSD besteht aus einer größeren Anzahl Dateien, die Datensätze in festen Formaten enthalten, u.a. zu den Deponien selbst, zur Geologie und Hydrologie des Deponiegeländes und zu Meßstellen. Außerdem enthalten sie Meßwerte über Abfallverursacher und Abfalltransporte. Wichtig ist, daß einheitliche Schlüssel verwendet werden, so daß Bezüge zwischen den verschiedenen Datensätzen hergestellt werden können. Die Daten werden mit Hilfe von Formularen erfaßt. Ziele des Systems waren u.a. die einheitliche Speicherung von deponiebezogenen Daten, um die Recherche über Abfallaufkommen und -verbleib zu vereinfachen (oder überhaupt erst zu ermöglichen), sowie die vollständige Erfassung und einfachere Sicherung der Daten. Später sollten die Daten auch für Modelle zur Bewertung von Deponiestandorten genutzt werden.

RKSD ließe sich mit vielen Vorteilen auch auf einem DBS wie oben definiert realisieren, die notwendigen Voraussetzungen dazu sind vorhanden: Die Datensätze haben ein festes Format und einheitliche Schlüssel. Die Formulare könnten als Eingabeformulare für den Bildschirm implementiert werden, die das Einhalten vieler Integritätsbedingungen vereinfachen. Eine solche Formular- oder Maskenoberfläche gehört heute zu fast jedem kommerziellen DBS. Bei der Änderung von gesetzlichen Bestimmungen können solche Formulare und die Integritätsbedingungen, deren Überwachung in sie integriert ist, einfacher und schneller angepaßt werden. Die Datensicherung wird damit auch vereinfacht, und die Anfragesprache erlaubt freies Recherchieren in der Datenbank. Berichte können mit Hilfe von Reportgeneratoren erstellt werden, die ebenfalls zu jedem kommerziellen DBS erhältlich sind.

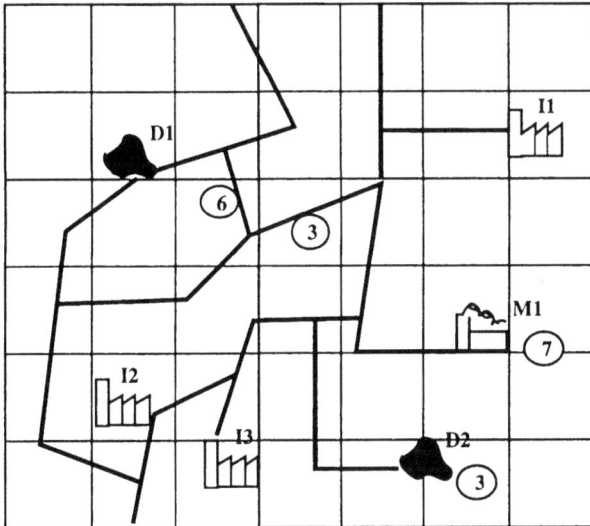

Industriestandort (Abfallerzeuger)

Müllverbrennungsanlage

Deponie   ③ **Gefahrgutklasse**

Abb. 6-3: Beispiel-Szenario zur Abfallentsorgung

Die Veränderung der Struktur einzelner Datensätze, z.B. um sie an neue Vorschriften anzupassen, ist innerhalb eines DBS einfacher als in einem starren Dateisystem. Es wäre von Vorteil, wenn auch gesetzliche Bestimmungen in Form von Datenbankprozeduren oder Regeln direkt in die Datenbank integriert wären, wie es in modernen kommerziellen DBS heute möglich ist. So lassen sich weitreichende Änderungen von gesetzlichen Bestimmungen, wie sie sich durch die Wiedervereinigung ergeben haben (sie gehen über eine Senkung von Schadstoffgrenzwerten hinaus und betreffen z.B. auch den Verfahrensablauf) sehr viel einfacher durchführen, als wenn diese Bestimmungen in den Anwendungsprogrammen verankert sind. Lediglich die umständliche territoriale Zuordnung der Deponien bliebe bei Verwendung eines Standard-DBS unverändert, weil auch dieses keine räumlichen Datentypen und -strukturen anbietet.

Anpassung von RKSD an veränderte Bedingungen

6.2.4 Die Datenbank WADABA des Wattenmeerinformationssystems

Im Rahmen des Wattenmeerinformationssystems WATiS wurde bei der GKSS Geesthacht für die gemeinsame Datenverwaltung der an der Ökosystemforschung Wattenmeer beteiligten Forschungsprojekte die Wattenmeerdatenbank WADABA aufgebaut (vgl. KRAS93, RIET92, LEIT92, RIET90 und einzelne Beiträge in NEUG90). Sie dient dazu, die unabhängig voneinander (im Zusammenhang der unterschiedlichen Fragestellungen einzelner Projekte) erhobenen Daten zu speichern und zu dokumentieren, so daß sie von allen Projekten genutzt werden können. Wichtige Anforderungen an die Datenbank waren dabei:

- Erweiterbarkeit beim Hinzukommen neuer Projekte,
- Berücksichtigung unterschiedlicher Erfassungs- und Auswertungsmethoden,
- Berücksichtigung verschiedener Verarbeitungsstufen der Daten,
- ausführliche Dokumentation der Daten (und verwendeten Methoden),
- Abbildung der topologisch komplexen und zeitlich variablen räumlichen Zuordnung der Daten.

Um diesen Anforderungen zu entsprechen, besteht die Wattenmeerdatenbank aus mehreren Teildatenbanken, die zum einen die speziellen Daten der einzelnen Projekte – in verschiedenen Verarbeitungsstufen – enthalten, zum anderen die Koordinaten der räumlichen Objekte sowie die Dokumentation (Projektbeschreibung, Erläuterungen zu den Methoden, Variablen u.a.).

Die räumliche Verbindung zwischen unterschiedlichen Daten läßt sich mit Hilfe der jeweils zugehörigen „Positionen" herstellen, d.h. über eigenständige Objekte, die die koordinative, geometrische Beschreibung enthalten. Die getrennte Verwaltung der „geometrischen Objekte" in einer eigenen Teildatenbank ermöglicht es darüber hinaus, Veränderungen eines räumlichen Objekts in der Datenbank mit zu erfassen, ohne daß dadurch die erhobenen Daten für diese Position modifiziert werden müssen. Dies ist erforderlich, weil durch die Dynamik des Wattenmeeres sich Ort, Ausdehnung und Form von Objekten im Laufe der Zeit verändern können. Der zeitliche Bezug der Objekte wird durch einen Gültigkeitsstempel festgehalten. So kann man ggf. auch die Abfolge von Veränderungen der geometrischen Objekte nachvollziehen. Ähnlich wie in der ZOODAT werden Auswertungen nach räumlichen und zeitlichen Aspekten vorgenommen. Die Implementierung der WADABA erfolgte mit einem relationalen Datenbanksystem auf einem zentralen Großrechner.

Da an den Ökosystemforschungsprojekten die verschiedensten Fachdisziplinen beteiligt sind, kommt im WATiS der Such- und Auswertungsunterstützung besondere Bedeutung zu. Aus diesem Grund wurde die Dokumentation mit in die Datenbank aufgenommen und ein spezielles „Nutzerführungssystem" mit ausführlichen kontextsensitiven Hilfetexten entwickelt, das den Zugang zu den unterschiedlichen Daten und die Auswahl für bestimmte Aufgabenbereiche erleichtert (vgl. KRAS93, LEIT92).

Raumbezogene/topologische Auswertungen der Geometriedaten sind nur für einfache Fragestellungen direkt auf der Datenbank durchführbar. Zur Beschleunigung derartiger Anfragen erfolgt eine Raster-Zuordnung für geometrische Objekte in der WADABA. Für komplexere räumliche Operationen dagegen werden die Daten aus der Datenbank über eine Schnittstelle an ein eigenständiges geographisches Informationssystem übergeben.

Die Vorteile, die der Einsatz eines DBS hier gebracht hat, sind die einfachere Integration der verschiedenen Teildatenbanken sowie die Zuordnung von Objekten zueinander durch Identifikatoren. Nachteilig ist das auch hier wieder Fehlen von geometrischen Operationen und Datentypen, so daß die Daten für diese Operationen ausgelagert werden müssen und die Operationen außerhalb des DBS stattfinden. Konventionelle DBS unterstützen die Verwaltung der Dokumentation zur Semantik der Daten nicht. Deshalb muß das Nutzerführungssystem die Konsistenz dieser Dokumentation selbst überwachen.

6.2.5 Das Umweltinformationssystem Baden-Württemberg

Das Umweltinformationssystem (UIS) Baden-Württemberg ist als umfassendes ressortübergreifendes Informationssystem zur Unterstützung der verschiedenen Abteilungen/Behörden des Landes Baden-Württemberg angelegt, die mit Aufgaben im Bereich Umweltschutz befaßt sind (vgl. hierzu KEIT91a, HENN91 und einzelne Beiträge in IFU93). Das Aufgabenspektrum des UIS erstreckt sich von der Umweltbeobachtung über Planungs- und Vollzugsaufgaben der Verwaltung bis hin zur Information der Öffentlichkeit und der Bewältigung von Störfällen. Das UIS besteht aus einer Reihe von Teilsystemen, die jeweils spezielle Aufgabenstellungen unterstützen (s. a. Abschnitt 5.2.2), z.B.

Aufgaben des UIS Baden-Württemberg

- das Umwelt-Führungs-Informationssystem für Führungskräfte des Ministeriums (UFIS),
- das Technosphäre- und Luft-Informationssystem (TULIS),
- das Arten-, Landschafts-, Biotop-Informationssystem (ALBIS),
- das Räumliche Informations- und Planungssystem (RIPS),
- das Labor-Informations- und Planungssystem (LIPS),
- verschiedene Systeme für spezielle Fachaufgaben und
- datenbankgestützte Hintergrundinformationen.

Als Hintergrundinformationen bezeichnen wir hier Informationen aus Datenbeständen, die nicht aus der Umweltverwaltung selbst stammen, sondern aus öffentlichen oder kommerziell angebotenen Datenbanken übernommen werden. Die Integration solcher – meist sehr umfangreicher – Datenbestände erfolgt in mehreren Realisierungsstufen: zunächst redundante Datenhaltung mit relativ seltenem Update, dann direkter Zugang über Filetransfer. Beide Wege weisen jedoch gravierende Nachteile auf: Während große Datenmengen nicht redundant verwaltet werden können, müssen bei der Lösung über Filetransfer unzureichende Antwortzeiten in Kauf genommen werden. Daher ist für die Zukunft geplant, ein Konzept für die Realisierung als „verteilte heterogene Datenbank" zu entwickeln.

Hintergrundinformationen

Da Mitarbeiter auf den unterschiedlichen Ebenen der Behörden das UIS für ihre Aufgaben nutzen sollen, ist ein umfangreiches Dokumentations- und

Hilfesystem vorgesehen, das im Sinne einer „Metadatenbank" Informationen über die zur Verfügung stehenden Daten liefert und darüber hinaus Hilfestellungen für die Systembenutzung anbietet. Einer solchen Komponente kommt in einem derartigen System besondere Bedeutung zu, da die Anwendungskontexte äußerst heterogen sind – von der täglichen Detailarbeit eines Fachressorts bis zur überblicksartigen Zusammenstellung großräumiger Belastungswerte für die Politik. Keitel (KEIT91b) weist auf zwei besondere Problembereiche hin: Einerseits benötige man möglichst einheitliche Beschreibungsmethoden für die vorhandenen Datenbestände (Umweltdatenkatalog, vgl. SCHÜ93a, LESS94a). Andererseits sei es schwierig, Meta-Informationen über externe (öffentliche oder kommerzielle) Datenbanken in der erforderlichen Form zu erhalten. Eine nachträgliche Erfassung derartiger Informationen speziell für ein System wie das UIS sei jedoch zu aufwendig angesichts des großen Datenbestandes.

Datenmodell des UIS Baden-Württemberg

Die Datenmodellierung für das UIS erfolgt mit Hilfe des Entity-Relationship-Modells (CHEN76, SMIT77), wobei zunächst einzelne Anwendungsbereiche getrennt bearbeitet werden, um sie anschließend zu einem Gesamtdatenschema zusammenzuführen (vgl. LAMB91, BIRN93, KAUF93). Je nach Bedeutung für die Anwendungen des UIS werden dabei auch bestehende Datenbestände nach derselben Methode neu modelliert (im Sinne eines *reverse engineering*), so daß sie ebenfalls in das Gesamtdatenschema integriert werden können. Der Aufbau des Gesamtdatenschemas soll dazu dienen, Inkonsistenzen und semantische Unterschiede zwischen den Einzelschemata aufzudecken und aufzuheben. Einzelne Systembereiche wie das UFIS werden darüber hinaus auf einer höheren Abstraktionsebene aus der speziellen Anwendungssicht mit Hilfe objektorientierter Methoden modelliert. Dabei bevorzugt man insbesondere für eine weitergehende Integration räumlicher und zeitlicher Aspekte in das Datenbankschema den objektorientierten Ansatz. Für die Verwaltung und Konsistenzsicherung der Schemata werden CASE-Werkzeuge eingesetzt.

Aufgrund der vielfältigen Zielsetzungen und Anwendungsbereiche des UIS-Gesamtsystems kommen unterschiedliche Basissysteme für die Realisierung zum Einsatz. So sollen zum Beispiel automatische Meßnetze zur Radioaktivitätsüberwachung als Datenquellen mit in das System integriert werden. (Weitere Beispiele sind in Abschnitt 5.2.2 genannt.) Die allgemeine Datenverwaltung übernimmt in den meisten Teilsystemen ein relationales Datenbanksystem. Die Geometriedaten werden jedoch auch im UIS Baden-Württemberg durch gesonderte Komponenten auf der Basis geographischer Informationssysteme (bzw. entsprechender Techniken) verwaltet und bearbeitet (im „Räumlichen Informations- und Planungssystem"). Für eine schnelle räumliche Vorselektion in der Datenbank nutzt das RIPS kleinste umschließende Rechtecke um die einzelnen Objekte (vgl. MÜLL93).

Ein besonderer Vorteil, den der Einsatz von DBS auf der Grundlage eines einheitlichen Datenmodells (des relationalen) bringt, liegt sicher darin, daß so eine einheitliche Datenmodellierung schon auf der konzeptionellen Ebene (mit dem Entity-Relationship-Modell) erzwungen wird. Das sichert bzw. ermöglicht erst die Vergleichbarkeit und Verknüpfbarkeit von Daten. Als Mängel erweisen sich wieder das Fehlen von eingebauten Dokumentationswerkzeugen sowie von geometrischen Datentypen und Operationen auf diesen Datentypen. Diese mußten deshalb in die Anwendungsprogramme ausgelagert werden.

6.2.6 Zusammenfassung: existierende Umweltdatenbanken

Die oben beschriebenen Umweltdatenbanken sind typische Beispiele für die derzeitige Entwicklung auf diesem Gebiet. Sie wurden ausgewählt, weil sie in der Literatur ausführlich beschrieben sind, aber auch, weil sie die beiden bisherigen Anwendungsschwerpunkte angemessen repräsentieren: *Anwendungs-schwerpunkte*

- Datenbanken im Rahmen behördlicher (kommunaler und Landes-) Umweltinformationssysteme sowie
- Datenbanken zur Unterstützung von Umweltforschungsprojekten.

Ähnliche Systeme und Ansätze auf diesem Gebiet sind in der Literatur beschrieben (siehe insbesondere die Tagungsbände der Symposien „Informatik für den Umweltschutz" IFU89 bis IFU95). So gibt es beispielsweise Landes-Umweltinformationssysteme – z.T. mit anderer Akzentuierung – auch in Nordrhein-Westfalen, Bayern oder Niedersachsen. Auch bauen immer mehr Kommunen Umweltdatenbanken auf. In der letzten Zeit gewinnen darüber hinaus Umweltdatenbanken zunehmend auch im betrieblichen Bereich an Bedeutung. Sie dienen als Basis von Umweltüberwachungssystemen, betrieblichen Umweltinformationssystemen, Umweltmanagement und Ökobilanzierung (siehe auch Kapitel 15). Inwieweit dieser neue Anwendungsbereich zusätzliche Kriterien und Anforderungen für Umweltdatenbanken mit sich bringt, läßt sich derzeit noch nicht hinreichend beurteilen. Es erscheint jedenfalls wichtig, solche Datenbanken in den gesamten betrieblichen Kontext zu integrieren, d.h. insbesondere in planungs- und entscheidungsunterstützende Systeme. Aus der Betrachtung bestehender Umweltdatenbanken kann man zusammenfassend festhalten:

- Die meisten bisher entwickelten Umweltdatenbanken wurden bzw. werden auf der Grundlage eines kommerziellen relationalen Datenbanksystems realisiert (vgl. KREM94). Der Einsatz von objektorientierten Datenbanksystemen beschränkt sich auf Forschungsprojekte (z.B. das Projekt GODOT des FAW, vgl. EBBI94a/b). *Gemeinsamkeiten der heutigen Umweltdatenbanken*
- Für die Modellierung setzt man jedoch heute auch objektorientierte Methoden ein, da sie besser geeignet sind, Strukturen, Zusammenhänge, Integritätsbedingungen und Operationen von Umweltanwendungen abzubilden und zu veranschaulichen. Sie bilden daher insbesondere ein geeignetes Diskussionsmedium für den Austausch zwischen den verschiedenen (Umwelt-)Fachdisziplinen und der Informatik.
- Wesentliches Merkmal aller bestehenden Umweltdatenbanken ist der Raumbezug der gespeicherten Daten. Nicht immer werden die raumbezogenen Informationen in die Datenbank mit aufgenommen. Häufig zieht man aus Effizienzgründen eine lose Kopplung zwischen der Datenbank (die die reinen „Sachdaten" verwaltet) und einem geographischen Informationssystem (GIS) vor. *Raumbezug der Daten*

Das GIS übernimmt dann die Speicherung der speziellen geometrischen Daten und entsprechende Auswertungen. Eine einheitliche Verwaltung aller Daten innerhalb des DBS erforderte einige Erweiterungen (vgl. Abschnitt 6.4.4).

Zeitbezug der Daten

- In verschiedenen Anwendungen kommt auch dem zeitlichen Aspekt besondere Bedeutung zu (siehe z.B. WATiS und ZOODAT), da Zustände der Umwelt zu unterschiedlichen Zeitpunkten erfaßt, verwaltet und in den Auswertungen miteinander verglichen werden müssen. Zeitliche Variation, oft ohne Auswirkungen auf die räumliche Komponente, gibt es natürlich auch bei vielen Meßwerten. Zeit in Form von Datum und Uhrzeit gibt es heute in fast allen kommerziellen DBS als Datentyp, auch mit passenden Operationen wie Intervallbildung. Darüber hinausgehende Aspekte wie Versionenbildung, Zeit im Millisekundenbereich oder eindeutige Zeitstempel fehlen meist.

Heterogene Benutzergruppen

- Umweltdatenbanken werden auf unterschiedlichen administrativen und politischen Ebenen zur Entscheidungsfindung eingesetzt, oder sie bilden die gemeinsame Datengrundlage für mehrere Fachämter. Arbeits- und Forschungsgruppen im Umweltbereich setzen sich häufig aus Mitarbeitern verschiedenster Fachgebiete zusammen. Um diesen heterogenen Benutzergruppen die Arbeit mit der Umweltdatenbank für ihre jeweilige Aufgabenstellung zu ermöglichen bzw. zu erleichtern, ist es notwendig, daß die verwalteten Daten umfassend dokumentiert sind – insbesondere hinsichtlich ihrer Herkunft, Qualität und Auswertbarkeit. An der Benutzerschnittstelle müssen komfortable Hilfestellungen für die Arbeit mit der Datenbank angeboten werden.

Überwiegend zentrale Datenhaltung

- Aus den vielschichtigen Benutzungskontexten ergeben sich Konsequenzen für den Aufbau der Umweltdatenbank selbst. Jedes (Teil-)Projekt der Ökosystemforschung beispielsweise oder jedes Fachamt einer Kommune ist zuständig für die Eingabe, die Konsistenz und die Korrektheit eines bestimmten Teils der Gesamt-Datenbank. Bisher wird aus diesem Grund meistens eine logische Aufteilung der Datenbank in mehrere Teil-Datenbanken mit zentraler Speicherung und Verwaltung vorgenommen (wie im Beispiel WATiS, Abschnitt 6.2.4). Erst in wenigen Fällen (z.B. Altlastenkataster Berlin, Abschnitt 6.2.2) versucht man bisher, auch eine physische Verteilung auf die Rechner der beteiligten Institute und Fachämter zu realisieren, die für die Anwendungen transparent bleibt.

6.3 Neue Anforderungen an Umweltdatenbanken

6.3.1 Anforderungen aus dem Anwendungsgebiet

Mit der Frage, welche Anforderungen an DBS aus den Besonderheiten von Umweltanwendungen resultieren, beschäftigt sich die Umweltinformatik bereits seit einigen Jahren. Wir fassen hier die wichtigsten bisher festgestellten Aspekte zusammen (vgl. z.B. KREM90, BAUM88).

Raum- und zeitbezogene Informationen

Wie im vorangegangenen Abschnitt exemplarisch dargestellt, ist aufgrund der besonderen Struktur von Umweltdaten für die Unterstützung von Anwendungen im Umweltschutz eine effiziente Verwaltung raumbezogener und zeitbezogener Informationen (z.B. Zeitreihen aus Meßnetzen) notwendig. Heutige

Datenbanksysteme bieten insbesondere bei der Verwaltung raumbezogener bzw. geometrischer Daten noch wenig Flexibilität (vgl. auch Kapitel 7). Aus vielen Umweltdatenbanken (so auch bei den Beispielen in Abschnitt 6.2) wurden deshalb die Daten mit räumlichem Bezug ausgelagert mit der Begründung, daß die Verarbeitung geometrischer Daten in einem relationalen DBS nicht schnell genug möglich ist. Daß dies nicht unbedingt so sein muß, zeigen die Beispiele ZOODAT und die Komponente VISION des Niedersächsischen Umweltinformationssystems (siehe BAND92). In beiden Fällen werden auch die geometrischen Daten im DBS gehalten. In VISION sind die geometrischen Daten wie z.B. Punkte jedoch nicht wie sonst üblich als Fest- oder Gleitpunktzahlen gespeichert, sondern als ASCII-Ziffern in einem langen Feld (Zeichenkette). Praktisch wird also ein eigener Datentyp mit eigener Speicherstruktur simuliert. Der Nachteil dieses Verfahrens ist, daß Operationen auf diesem „Datentyp" nur mühsam unter Verwendung von Hilfskonstruktionen aus Operationen auf Zeichenketten definiert werden können. Eine Auswahl geeigneter geometrischer Datentypen mit zugehörigen Operationen bzw. die Möglichkeit, sie zu definieren, und geeignete Speicherstrukturen sollte das DBS bereitstellen.

Darüber hinaus sind anwendungsadäquate Datenmodellierungsmethoden erforderlich, auch als Diskussions- und Konzeptionshilfen für die Analyse- und Designphasen. In diesem Kontext haben in den letzten Jahren objektorientierte Techniken an Bedeutung gewonnen. Für die Modellierung werden objektorientierte Methoden heute auch dann eingesetzt und für nutzbringend erachtet, wenn die spätere Realisierung der Umweltdatenbanken mit konventionellen relationalen Datenbanksystemen erfolgt – dies ist derzeit überwiegend der Fall. *Objektorientierte Modellierung*

Umweltanwendungen benötigen Daten aus den unterschiedlichsten Teilgebieten, die häufig an räumlich entfernten Stellen erfaßt werden. Das Problem der Datenintegration (vgl. auch Kapitel 13) stellt sich daher nicht nur hinsichtlich einheitlicher Datenformate, sondern insbesondere auf der Seite der Semantik. Übergeordnete „Gesamt-Datenmodelle" bzw. -Schemata können eine – allerdings aufwendige – Lösung bieten, jedoch erlauben auch sie nicht, die semantische Äquivalenz von Daten unterschiedlicher Herkunft „automatisch" festzustellen. Es ist daher wichtig, möglichst flexibel Konsistenzbedingungen formulieren und überwachen zu können, so daß ein Transfer von einer semantischen Sicht in eine andere in kontrollierter Weise stattfinden kann. *Unterstützung der Datenintegration*

In größerem Maße als konventionelle Datenbanken erfordern Umweltdatenbanken eine umfassende, über einen reinen Datenkatalog hinausgehende Dokumentation der verfügbaren Informationen. Der Grund hierfür liegt einerseits in dem fachübergreifenden und integrierenden Charakter von Umweltdatenbanken, andererseits in dem oben genannten heterogenen Anwendungskontext (siehe auch GREV94). Je umfangreicher und vielschichtiger der Bedarf an Umweltinformationen in Zukunft ist, desto größere Bedeutung gewinnt diese Anforderung. Bereits beim Entwurf einer Datenbank sollten daher die Strukturen der Dokumentation mit modelliert werden. *Unterstützung der Dokumentation*

Eng mit der Frage der geeigneten Dokumentation verbunden ist die Forderung nach einer optimalen Gestaltung der Benutzerschnittstellen für Umweltdatenbanken. Insbesondere für den Zugang zu Meta-Informationen stellt sich die Frage, inwieweit Techniken aus dem Bereich des Information Retrieval zur Unterstützung vage formulierter Anfragen genutzt werden können (siehe auch Kapitel 8).

6.3.2 Anforderungen aus dem Umweltinformationsgesetz

Umweltinforma-
tionsgesetz

Umweltdatenbanken werden in Zukunft nicht mehr ausschließlich für die Arbeit von Behörden, Betrieben und Forschungsinstituten eingesetzt werden, sondern sie gewinnen einen neuen Stellenwert durch das Recht des Bürgers auf „freien Zugang zu Informationen über die Umwelt" (TAEG92). Es ist Bestandteil einer Richtlinie der EU, die im Juni 1994 für Deutschland in das „Umweltinformationsgesetz" überführt wurde. Damit sind öffentliche Stellen, die Aufgaben des Umweltschutzes wahrnehmen, zur Herausgabe der von ihnen gesammelten Informationen verpflichtet, jedoch nicht zu zusätzlichen Recherchen bzw. einer Aufbereitung der Daten.

Kritiker sehen wichtige Teile der EU-Richtlinie allerdings nicht umgesetzt; so gibt es in Deutschland keine Auskunft über laufende Verwaltungsverfahren, zudem entscheidet die jeweilige Behörde über die Form der Auslieferung der Informationen (z.B. in Tabellenform als Computerausdruck, als Graphik auf Papier oder als maschinenlesbare Datei). Ein weiterer Kritikpunkt ist die Kostenregelung: Danach muß für jede Auskunft eine Gebühr gezahlt werden, deren Höhe sich nach dem Arbeitsaufwand der Informationsbeschaffung richtet. In der EU-Richtlinie ist jedoch lediglich die Erstattung der Portokosten und ähnlicher Sachkosten vorgesehen.

Die in das Gesetz eingebauten Hürden sollen die Behörden in erster Linie vor zu vielen und unkonkreten Anfragen schützen. Wegen der Abweichungen von der EU-Richtlinie ist ein Verfahren vor dem Europäischen Gerichtshof denkbar (vgl. den Kommentar zum Gesetz von Schomerus, SCHO95).

Im Rahmen dieses Beitrags soll nicht im einzelnen dargelegt werden, wie ein solches allgemeines Zugangsrecht in der Praxis realisiert werden soll und welche Informationen konkret in den Geltungsbereich des Gesetzes fallen. Es ist vielmehr aus der Sicht der Informatik die Frage zu stellen, welche Konsequenzen sich für das Gebiet der Umweltdatenbanken aus dem Umweltinformationsgesetz ergeben.

Der öffentliche Zugang zu Informationen, die in einer Umweltdatenbank verwaltet werden, bedeutet zunächst eine zusätzliche Art der Anwendung bzw. Aufgabenstellung. Das heißt, die Daten müssen unter neuen Gesichtspunkten zusammengestellt und aufbereitet werden. Um sicherzustellen, daß einerseits keine Fehleinschätzungen durch „Laien" erfolgen und andererseits tatsächliche Transparenz ermöglicht wird, muß die Dokumentation der gespeicherten Daten umfassend und in verständlicher Form in das System integriert werden. Eine derartige Integration wird derzeit in kommerziellen DBS nur unzulänglich unterstützt. Die Konsistenz und Aktualität der Datenbank im Hinblick auf die zugehörige Dokumentation muß in der Regel durch das Anwendungsprogramm bzw. den Datenbankadministrator sichergestellt werden.

Der zweite Bereich, in dem sich ein Zugangsrecht für die Öffentlichkeit auswirkt, ist der Datenschutz und die Zugangskontrolle. Es muß vom System her sichergestellt werden, daß nur die Informationen nach außen gegeben werden, die nicht in irgendeiner Weise zu schützen sind. So dürfen beispielsweise Daten, die den Gesundheitszustand der Bevölkerung widerspiegeln, nicht zu fein gerastert ausgegeben werden. (Ein Arbeitgeber könnte die Daten sonst womöglich so interpretieren, daß er Lehrlinge aus einem bestimmten Viertel nicht mehr einstellt, weil Kinder in diesem Viertel seit längerem stark bleibelastet sind und er annimmt, daß ihre Intelligenz deshalb weniger entwickelt ist.) Der Datenschutz ist auch dann zu beachten, wenn nur eine gedruckte Auflistung der Öffentlichkeit zugänglich gemacht wird. Es ist insbesondere zu prüfen, ob die existierenden Sicherungsmechanismen dann ausreichen, wenn auch ein Online-Zugriff auf die Datenbank durch Außenstehende vorgesehen ist. Die normale Arbeit der Behörden-Mitarbeiter sollte dadurch nicht beeinträchtigt werden. `Datenschutz versus freier Zugang`

Datenschutz und Kontrollen für geschützte Daten dürfen auf der anderen Seite nicht dazu führen, daß der Zugang zu nicht geschützten Daten verhindert wird. Daher ist es notwendig, in einer Umweltdatenbank Informationen darüber explizit zur Verfügung zu stellen, welche Teile/Anwendungen öffentlich zugänglich sein sollen, und gegebenenfalls Begründungen zu liefern, warum eine Information nicht freigegeben wird. Auch unter diesem Gesichtspunkt gewinnt die Verwaltung und Bereitstellung von Meta-Informationen besondere Bedeutung. Es stellt sich die Frage, ob und inwieweit neuere (objektorientierte) DBS für diese Aufgabe besser geeignet sind als konventionelle (relationale). Hypertext- und Multimediasysteme auf der Basis objektorientierter Systeme sind unter diesem Gesichtspunkt zu prüfen. `Meta-Information`

Wenn Umweltdatenbanken direkt (online) für die Öffentlichkeit zugänglich gemacht werden, benötigt man wesentlich einfacher zu bedienende und anschaulichere Benutzerschnittstellen als heutige DBS sie anbieten. Vordefinierte Reports und Business-Graphiken „auf Knopfdruck" dürften nur in Teilbereichen genügen. Langfristig werden sicherlich flexiblere Anfragemöglichkeiten gefordert – insbesondere von den Umweltverbänden als Anwendern. Unter diesem Blickwinkel erscheinen auch aktuelle Forschungen zum natürlichsprachlichen Zugang zu Umweltdatenbanken interessant (z.B. das Projekt NAUDA des FAW Ulm, vgl. BECK90b). `Komfortable Benutzerschnittstellen`

6.4 Neue Entwicklungen in der Datenbanktechnologie

Neue Entwicklungen der Datenbanktechnologie, die sich in den aktuellen Trends und Tendenzen abzeichnen, können für Umweltdatenbanken nutzbringend eingesetzt werden. *Verteilte* und *objektorientierte* Datenbanksysteme sowie Datenbanksysteme auf *Parallel- und Hochleistungsrechnern* werden im folgenden hinsichtlich ihres Nutzens für Umweltanwendungen diskutiert.

6.4.1 Verteilte Datenbanksysteme

Vernetzung

Die Vernetzung von Rechnern sowohl lokal innerhalb von Forschungseinrichtungen, Betrieben und Behörden als auch weltweit (Internet) hat in den letzten Jahren ständig zugenommen. Die dafür notwendige Hardware und Software ist inzwischen verläßlich, erschwinglich und relativ einfach zu bedienen. Viele Bereiche sind schon standardisiert. Der allgemeine Trend geht weg von zentralen Rechenzentren mit Großrechnern hin zu vernetzten lokalen Lösungen mit vielen kleineren, aber dennoch leistungsfähigen Rechnern wie z.B. Workstations. Vor diesem Hintergrund wurde die Forderung nach verteilten DBS konkret, und seit drei bis vier Jahren sind Produkte auf dem Markt, die sowohl hinsichtlich Funktionalität als auch im Leistungsverhalten den Anforderungen vieler Anwendungen entsprechen.

Verteilte Datenbanksysteme

Hier werden zunächst die verschiedenen Klassen verteilter DBS definiert und beschrieben. Eine verteilte Datenbank kann sich zusammensetzen aus mehreren verschiedenen Datenbanken auf demselben Rechner, auf verschiedenen Rechnern innerhalb eines lokalen Netzes (LAN, *Local Area Network*) oder auf Rechnern, die weit entfernt voneinander stehen (WAN, *Wide Area Network*). Entscheidendes Merkmal einer verteilten Datenbank ist, daß die Datenbanken für sich allein existieren können und daß es Anwendungen gibt oder geben könnte, die mit nur einer dieser Datenbanken arbeiten (vgl. CERI84).

Kopplung von Datenbanksystemen

Verteilte Datenbanken können auf Rechnern des gleichen oder verschiedener Hersteller eingerichtet sein. Diese Rechner können das gleiche oder unterschiedliche Betriebssysteme benutzen und mit der gleichen oder verschiedener Netzwerk-Technologie verbunden sein. Es kann das DBS nur eines Herstellers benutzt werden, oder es können die Systeme mehrerer Anbieter gekoppelt werden. Wird nur ein DBS benutzt, spricht man von einer *homogenen* verteilten Datenbank, sonst von einer *heterogenen*. Praktisch sieht es so aus, daß einige Hersteller sogenannte *Gateways* anbieten, die das Einbeziehen einer Datenbank auf einem DBS eines anderen Herstellers unter der Regie der eigenen Verteilungskomponente ermöglichen. Und viele kommerzielle Datenbank-Hersteller bieten ihre Produkte inzwischen für verschiedene Rechner, auch unterschiedlicher Größenordnungen, für verschiedene Betriebssysteme und Netzwerke an. Der Trend bei den Herstellern geht dahin, die Transaktionskomponente (vgl. Abschnitt 6.1.2) aus dem DBS auszukoppeln. Ebenso werden die Benutzerschnittstellen und Programmiersprachenschnittstellen getrennt angeboten.

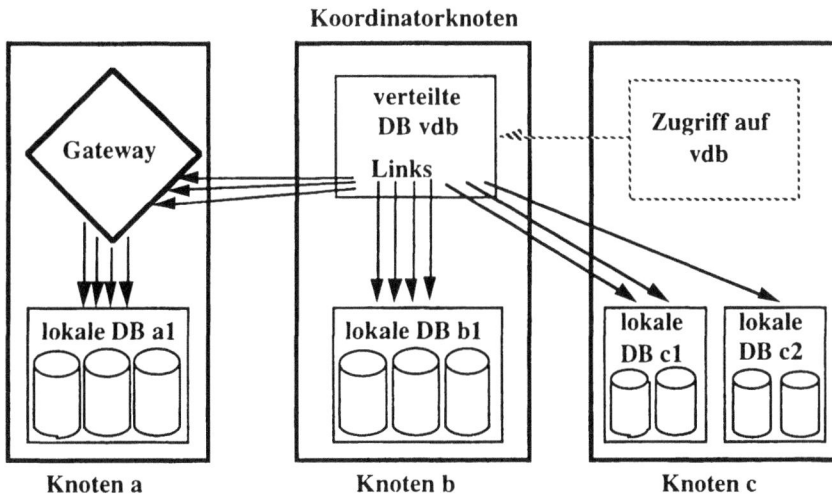

Abb. 6-4: Prinzipielle Funktion eines verteilten DBS

Wenn dies bei mehreren DBS-Herstellern realisiert ist, kann man die Oberflächen, die einem am besten gefallen, mit den DBS, deren Funktionen für die eigene Anwendung am besten passen, herstellerunabhängig koppeln.

Prinzipiell funktioniert ein verteiltes DBS so, daß es eine *übergeordnete Komponente* gibt oder daß eine Datenbank als *Koordinator* ausgezeichnet wird, die die Verteilung von Anfragen und die Einhaltung des Transaktionskonzepts im Gesamtsystem regelt (vgl. Abb. 6-4). Diese Komponente muß „wissen", wo welche Daten liegen, sie muß die globale Optimierung von Datenbankanfragen im Sinn von Parallelverarbeitung und Reduzierung des Netzverkehrs durchführen, und sie muß die globale Einhaltung des Transaktionskonzepts überwachen. Letzteres kann kompliziert werden, wenn z.B. Teile der verteilten DB ausfallen. Dies wird auch als *Two-Phase-Commit* bezeichnet, weil – grob gesagt – die Transaktionen in zwei Stufen, lokal und global, koordiniert werden und deshalb die zu einem erfolgreichen Transaktionsabschluß gehörende Kommunikation in zwei Phasen abläuft (vgl. CERI84, CELL88).

Der Einsatz verteilter DBS im Umweltbereich ist sinnvoll, wenn beispielsweise die folgenden Gründe vorliegen:

• Es müssen große Datenmengen gespeichert werden, und die (Platten-)Kapazität der einzelnen Rechner reicht nicht für alle Daten aus. Gerade im Umweltbereich fallen oft große Datenmengen an, und die Datenbestände wachsen laufend. Das macht oft die spätere Integration weiterer Rechner notwendig.

• Die Abhängigkeit von zentralen Rechnern oder Rechenzentren soll vermieden werden. Teile des Systems bleiben betriebsbereit, auch wenn einzelne Rechner oder deren Software ausfallen. Wenn viele Auswertungen oder Ergebnisse von Anwendungen auf lokalen Daten wieder von den lokalen Stellen

Gründe für den
Einsatz verteilter
Datenbanksysteme

119

benötigt werden, wird die Menge der zu übertragenden Daten und die Häufig-keit der Datenübertragung im Vergleich zu einer zentralen Lösung entschei-dend verringert.

• Die Datenbestände mehrerer gleichartiger Institutionen sollen gemeinsam weiterverarbeitet oder ausgewertet werden. Wenn bereits alle Stellen mit dem gleichen System arbeiten und eine Vernetzung mit Standard-Technik vorhanden ist, braucht „nur" noch eine Verteilungskomponente als Koordinator installiert zu werden, in der die einzelnen Teile als Teil des Ganzen definiert werden, und die Daten können gemeinsam weiterverarbeitet werden. Unter Umständen können sogar die Werkzeuge zum Einsatz kommen, mit denen die Daten bisher lokal bearbeitet wurden. Ein weiterer Vorteil dieser Lösung ist, daß die lokalen Datenbanken weiterhin auch ohne die Verteilungskomponente arbeitsfähig bleiben. Typisch lokale Aufgaben (z.B. das Einlesen lokaler Meßwerte) können weiterhin vor Ort durchgeführt werden. Die Daten und die Verantwortung dafür können beim lokalen Personal bleiben, was auch die Akzeptanz des neuen Sy-stems erhöht. Eine Anwendung wie RKSD (siehe Abschnitt 6.2.3) könnte landes- oder bundesweit vernetzt werden, ohne daß sich für das Personal vor Ort viel ändert.

• Die Integration von Insellösungen wird zumindest dadurch vereinfacht, daß verteilte DBS auf Rechnern unterschiedlicher Größenordnung erhältlich sind und die Hersteller ihre DBS für verschiedene Betriebssysteme und Netzwerk-Technologien sowie mit Gateways zu Datenbanken anderer Hersteller anbieten. Bestehende Anwendungen brauchen bei der Integration dann nicht geändert zu werden.Integration:von Insellösungen

Für sehr große Projekte wie das Wattenmeerinformationssystem WaTiS oder das UIS Baden-Württemberg wird die Konzeption eines verteilten hetero-genen Systems und die Integration bestehender Teile in dieses System durch kommerziell erhältliche Verteilungskomponenten und Gateways wesentlich vereinfacht. Heterogene Gateways würden z.B. auch die in Abschnitt 6.2.2 er-wähnte Anbindung öffentlicher Stoffdatenbanken an das Altlastenkataster Berlin erleichtern.

6.4.2 Datenbanksysteme auf Parallel- und Hochleistungsrechnern

Als die ersten Datenbanksysteme auf den Markt kamen, wurde häufig argumentiert, daß diese Systeme im Vergleich zu Dateisystemen zu langsam seien, gerade wenn große Datenmengen auf komplexe Art verarbeitet werden mußten. So wurden DBS oft auch dann nicht eingesetzt, wenn ihr Einsatz auf-grund ihrer Vorteile wie Mehrbenutzerbetrieb oder Datensicherheit eigentlich geboten war und dies auch erkannt wurde. Ein wesentlicher Grund für die man-gelnde Leistung war, daß DBS sich auf eine Datenstruktur (oder wenige bei nicht-relationalen DBS) beschränken, während man Dateien für jede Anwen-dung optimal strukturieren kann. Die DBS wurden jedoch mit der Zeit deutlich verbessert, u.a. durch verschiedene Speicherstrukturen und physische Zugriffspfade, auf die die DBS-Struktur (Relationen) abgebildet werden, und durch verbesserte Anfrageoptimierer.

Nicht zuletzt auch durch immer schnellere Hardware wurde das Antwort- *Vorteile* verhalten der DBS immer besser. Ein weiterer wesentlicher Schritt in diese Richtung ist das Angebot von DBS auf Hochleistungsrechnern wie Parallelrechnern oder Vektorrechnern. Dies hat zwei Vorteile: (1) Datenbankoperationen laufen auf diesen Rechnern schneller als auf normalen, und (2) die Daten werden auf dem Rechner gespeichert und ausgewählt bzw. vorverarbeitet, auf dem dann später auch die eigentlichen Auswertungen laufen, wie z.B. die Wettervorhersage, Berechnung von Klimamodellen oder Warnungen vor sich in Luft oder Wasser ausbreitenden Schadstoffen. Bei zeitkritischen Anwendungen (Wettervorhersage, Schadstoffwarnungen) kann so auch die Vorverarbeitung beschleunigt werden, und Übertragungszeiten zwischen verschiedenen Rechnern entfallen.

Besonders vorteilhaft ist es, wenn das gleiche DBS (dieselbe Funktionalität) auf Rechnern verschiedener Größenordnungen verfügbar ist. So können Fehlinvestitionen vermieden werden. Auch zeitkritische Anwendungen können zunächst auf vorhandenen, im allgemeinen kleineren Rechnern entwickelt werden. Läuft die Anwendung dann später zu langsam, kann ein richtig dimensionierter Rechner beschafft werden; die Anwendung läuft ohne wesentliche Anpassungen auch dort.

Ein Simulationsprogramm (Vorwarnungen, Ursachenanalyse) zur Ausbreitung luftgetragener Schadstoffe mit graphischer Darstellung der Ergebnisse (in Form von Karten) wie es z.B. für das UIS Baden-Württemberg geplant ist, könnte so mit hinreichender Verarbeitungsgeschwindigkeit realisiert werden. (Voraussetzung dafür ist aber auch, daß die Meßwerte schnell genug zum DBS gelangen, wo sie auf Konsistenz geprüft und eingefügt werden.)

6.4.3 Objektorientierte Datenbanksysteme

Unter dem Begriff *Objektorientiertes Datenbanksystem* (OODBS) tummelten sich zunächst allerlei Neuentwicklungen (Forschungsprototypen) und Erweiterungen von DBS, bis 1989 mit dem Object-Oriented Database System Manifesto (ATKI89) eine erste Definition gegeben wurde. Grundlage dieser Definition ist, daß OODBS alle Eigenschaften von DBS aufweisen müssen (vgl. Abschnitt 6.2.2) und einige mehr. Die zusätzlichen Eigenschaften von OODBS sollen hier kurz aufgezählt werden. Einige Weiterentwicklungen von DBS wurden auch unter dem Stichwort *erweiterbare DBS* angekündigt. Da diese Systeme aber im wesentlichen die gleichen Eigenschaften und Funktionen aufweisen wie OODBS, sollen sie hier nicht extra behandelt werden.

Die wesentlichen Eigenschaften von OODBS sind: Es können *komplexe* *Konstruktion von* *Objekte* aus vorhandenen Grunddatentypen konstruiert werden. Diese Objekte *Objekten* müssen eindeutig identifizierbar sein, so daß man zwischen *gleichen* und *identischen* Objekten unterscheiden kann. Auf diesen Objekten können Operationen definiert werden, deren Implementierung vor den Benutzern verborgen werden kann. Gleichartige Objekte können zu *Typen* oder *Klassen* zusammengefaßt werden, die wiederum in *Hierarchien* eingeordnet werden. Innerhalb der Typ-Hierarchien werden die Eigenschaften der Objekte vererbt. Das Überladen (overloading) von Operatoren ist erlaubt (gleiche Operator-Symbole für unterschiedliche Datentypen) und wird vom System entsprechend unterstützt (Polymorphie). Es muß eine berechnungsuniverselle Datensprache angeboten werden einschließlich einer ad-hoc-Anfragesprache.

Ähnlich wie bei den relationalen DBS gab und gibt es bei den OODBS Anfangsschwierigkeiten. Ein Problem war (und ist) z.B., daß einige Systeme keine ausreichend große Anzahl von Objekten aufnehmen können. Eine Auswahl der am weitesten entwickelten OODBS ist in CACM91 beschrieben.

Erfreulich ist, daß für einige konventionelle (kommerzielle) DBS schon in Richtung Objekt-Orientierung gehende Erweiterungen angeboten werden. Hier wird als Datensprache oft eine Erweiterung von SQL angeboten, was von SQL-gewohnten Benutzern gern akzeptiert wird.

Erweiterbarkeit Die Vorteile von OODBS liegen im wesentlichen in der anwendungsnäheren Modellierung und in der Erweiterbarkeit. Die oben beschriebenen Beispiele für Umweltdatenbanken zeigen alle, daß solche neuen Datentypen gerade für räumliche Daten dringend benötigt werden. Benutzerdefinierte Datentypen, Operationen und insbesondere Speicherstrukturen haben aber auch ihre Nachteile: Die Sicherheit des korrekten DBS-Codes entfällt. Diese Erweiterungen sollten nur von erfahrenen Systementwicklern durchgeführt werden, denn sie erfordern Detailkenntnisse von DBS-Interna. Abhilfe können hier fertige Erweiterungspakete von Herstellern oder Software-Häusern schaffen.

6.4.4 Räumliche Datenstrukturen

Eindimensionale physische Datenstrukturen Bisher bieten konventionelle und kommerzielle DBS überwiegend Datenstrukturen wie Heap (einfüge-sequentiell), schlüssel-sequentielle Strukturen, ISAM (*Index Sequential Access Method*), Hash-Strukturen oder B-Bäume an. All diese Datenstrukturen sind eindimensional und eignen sich deshalb nicht besonders gut für mehrdimensionale geometrische Daten und insbesondere geometrische Operationen wie „benachbart", „Abstand" oder „Schnitt?". Auch das Definieren geometrischer Datentypen mit den passenden Operationen darauf in einem OODBS nützt für die Verarbeitungsgeschwindigkeit wenig, wenn nicht auch geeignete räumliche Datenstrukturen auf der physischen Ebene angeboten werden.

Mehrdimensionale physische Datenstrukturen Abhilfe können hier mehrdimensionale Datenstrukturen schaffen, wie z.B. R-Trees, Quadtrees (jeweils in verschiedenen Variationen) oder das Grid-File. Diese Strukturen wurden außerhalb von DBS implementiert und auf ihre Eignung für geometrische Operationen hin überprüft und verglichen (siehe BUCM89). Danach erscheint eine Implementierung dieser Strukturen innerhalb von DBS als physische Speicherstrukturen sinnvoll, und eine deutliche Verbesserung der Leistung ist dadurch zu erwarten.

Eine Auslagerung der räumlichen Daten in ein geographisches Informationssystem (vgl. Abschnitte 6.2.2 bis 6.2.5) sowie eine Implementierung wie im System VISION (vgl. Abschnitt 6.3.1 und BAND92) wären dann obsolet.

6.4.5 Binary Large Objects (BLOBs)

Bisher galt in fast allen konventionellen DBS die Einschränkung, daß ein Objekt, also ein Satz, Tupel oder Attribut, nicht größer sein durfte als eine oder vier Speicherseiten. Damit waren DBS ungeeignet für die Verwaltung großer binärer Objekte (BLOBs, *Binary Large OB*jects) wie Bilder, z.B. Satellitenaufnahmen oder Fotografien aus Fernerkundungsflügen. Solche Bilder werden aber in Umweltanwendungen häufig benötigt, z.B. bei der Erhebung von Waldschäden, zur Beobachtung der Gewässerverschmutzung und des Landschaftsverbrauchs oder einfach zur Eichung oder Nachbesserung von Karten als Grundlage für weitergehende Darstellungen (siehe auch Kapitel 5).

Große binäre Objekte

Bisher wurden im DBS dann nur die *Verweise* auf Dateien gespeichert, die die BLOBs enthielten. Das hat aber den entscheidenden Nachteil, daß die Mechanismen von DBS wie automatische Sicherung und Zugangskontrolle für diese Objekte nicht mehr funktionieren. Wünschenswert ist es, daß DBS für diese Objekte einen eigenen Datentyp anbieten, der es ermöglicht, sie innerhalb des DBS zu halten, der aber an ihre besonderen Eigenschaften angepaßt ist. Somit werden eigene Speicherstrukturen, eventuell spezielle Zugriffspfade und auch andere Operationen benötigt. Beispielsweise kann das Überlagern von BLOBs sinnvoll sein, Konkatenation in seltenen Fällen auch, Addition oder Größer-kleiner-Vergleiche sind es aber sicher nicht.

In Forschungsprototypen von DBS gibt es die Unterstützung von großen (binären) Objekten unter verschiedenen Bezeichnungen wie Large Storage Objects (CARE86), Long Fields (LEHM89) oder Large Objects (STON93) schon seit längerem. In den meisten kommerziellen DBS sind sie seit kurzem verfügbar oder für die nächste Version angekündigt.

6.5 Ausblick

Der Einsatz von DBS für die Speicherung von Umweltdaten und -informationen bringt für die Anwender heute schon viele Vorteile. Zunächst einmal zwingt dies zu einer einheitlichen Modellierung und Strukturierung der Daten, die die Vergleichbarkeit und Verknüpfbarkeit von Daten aus verschiedenen Beständen überhaupt erst ermöglichen. Die Möglichkeiten zur Datensicherung und zum Datenschutz, die DBS immer mit anbieten, sind im allgemeinen sehr erwünscht und ersparen den Anwendern viel lästige Routinearbeit.

Die Entwicklung von verteilten homogenen und heterogenen DBS (Gateways) erlaubt die Integration und Ausbreitung von Insellösungen mit erträglichem Aufwand. In bezug auf Gateways und Entkopplung von Benutzerschnittstelle und Kern-DBS sind von Herstellerseite baldige Fortschritte zu erwarten.

Für eines der dringendsten Probleme vieler Umweltdatenbanken, die Modellierung und Verarbeitung geometrischer Daten und von Daten mit Raum- und Zeitbezug, gibt es auch schon Lösungsansätze; hier sind die Hersteller aber noch nicht soweit. Die Möglichkeit, neue Datentypen mit den passenden Operationen darauf zu definieren, gibt es zwar in einigen DBS schon; passende

Raumbezug und geometrische Datentypen

Speicherstrukturen werden aber noch nicht angeboten. Geht man vom momentanen Stand der Technik und den Ankündigungen der Hersteller aus, sollten die ersten kommerziellen DBS, die geometrische Datentypen einschließlich passender räumlicher (physischer) Datenstrukturen anbieten, voraussichtlich in den nächsten 3 bis 4 Jahren auf den Markt kommen.

Zeitbezug und
Temporal SQL

Den Zeitbezug von Daten betreffend läuft zur Zeit eine Initiative verschiedener Wissenschaftler, die Datensprache SQL für zeitbezogene Anfragen zu erweitern: *TSQL* (Temporal *SQL*, JENS92). Sollten diese Bemühungen auch bei der Standardisierung von SQL Gehör finden, werden sie auch in die verschiedenen DBS (mit Konsequenzen für Datenstrukturen usw.) integriert werden.

Insgesamt lassen die Entwicklungen auf dem Gebiet der DBS, sowohl im kommerziellen als auch im Forschungsbereich, für die Zukunft viele Verbesserungen erwarten. Je mehr Umweltdatenbanken heute schon mit den zur Zeit noch teilweise unzulänglichen Hilfsmitteln aufgebaut werden, desto mehr wird die Notwendigkeit der Forschung auf diesem Gebiet eingesehen und desto größer wird der Markt, den die DBS-Hersteller sehen, und damit die Chance, daß sie die Forschungsergebnisse zur Produktreife weiterentwickeln und implementieren.

6.6 Weiterführende Literatur

Zur grundlegenden *Einführung in Datenbanksysteme* empfehlen wir das Standardwerk „An Introduction to Database Systems", Band 1, von C.J. Date (DATE86 und neuere Auflagen).

Einen guten Überblick über Forschung und Praxis der *Umweltdatenbanken* geben neben den Tagungsbänden des jährlichen Symposiums „Informatik für den Umweltschutz" (IFU88 bis IFU95) die Publikationen des GI-Arbeitskreises Umweltdatenbanken. Zuletzt ist der Band KREM94 erschienen.

7 Raumbezogene Datenverarbeitung in Umweltinformationssystemen

Ralf Bill

Der vorliegende Beitrag gibt einen Überblick zur raumbezogenen Datenverarbeitung in Umweltanwendungen. Zunächst kann ein Umweltinformationssystem (UIS) als eine Ausrichtung eines Geo-Informationssystems (GIS) betrachtet werden, welches jedoch der fachspezifischen Anpassung sowie zusätzlicher Komponenten bedarf, um dem umfangreichen Aufgabenspektrum im Umweltsektor gerecht zu werden. Der Beitrag diskutiert die eingesetzten Methoden, beleuchtet den Stand der Technik und zeigt Entwicklungsrichtungen und Defizite auf.

7.1 Einführung und grundlegende Definitionen

7.1.1 Umweltinformationssystem

Ein *Geo-Informationssystem* (GIS) ist ein rechnergestütztes System, das aus Hardware, Software, Daten und den Anwendungen besteht. Mit ihm können raumbezogene Daten digital erfaßt und redigiert, gespeichert und reorganisiert, modelliert und analysiert sowie alphanumerisch und graphisch präsentiert werden.

Geo-Informationssystem

In dieser allgemeinen Definition eines GIS nach BILL91b findet vorweg keine Spezifizierung hinsichtlich der Art dieser raumbezogenen Daten statt. Erst die genauere Festlegung der Dateninhalte und der Zweckbestimmung eines GIS führt dann zu den verschiedenartigen Ausprägungen wie z.B. den *Landinformationssystemen (LIS)*, den *Netzinformationssystemen (NIS)* oder den *Umweltinformationssystemen (UIS)* (vgl. BILL91b). In PAGE90a wird ein Umweltinformationssystem (UIS) beschrieben als ein „erweitertes Geo-Informationssystem, das der Erfassung, Speicherung und Verarbeitung von raum-, zeit- und inhaltsbezogenen Daten zur Beschreibung des Zustandes der Umwelt hinsichtlich Belastungen und Gefährdungen dient."

Umweltinformationssystem

Dieser Beitrag wird sich unter dem Aspekt der raumbezogenen Datenverarbeitung auch damit auseinandersetzen, ob ein UIS wirklich nur ein erweitertes GIS darstellt – insbesondere auch damit, inwieweit mit dem heutigen Stand der GIS-Produkte der Bedarf im Umweltbereich abzudecken ist – oder ob sich nicht durch die fachliche Thematik ein Bedarf an Erweiterungen wie neuen Datentypen und Funktionalitäten zeigt, dem sich die heutigen GIS-Produkte in Zukunft stellen müssen.

In den vier funktionalen Ausprägungen – Erfassung, Verwaltung, Analyse und Präsentation (EVAP) – kommt der raumbezogenen Datenverarbeitung eine

Raumbezug

besondere Rolle zu. Denn es ist der gemeinsame *Raumbezug* so verschiedenartiger Phänomene wie Ausbreitung der vom Individualverkehr emittierten Schadstoffe, Kartierung des Baumbestandes nach Art und Alter oder der Habitate bestimmter schutzwürdiger Spezies, der die Analyse und Untersuchungen von Wechselbeziehungen zwischen den Phänomenen gestattet. Aus der Verknüpfung dieser Informationen über ihren Raumbezug läßt sich eventuell zurückschließen, ob durch die Schadstoffausbreitung Waldschäden verursacht werden oder der Lebensraum bestimmter Spezies gestört wird. Es ist aber auch gerade der Raumbezug, der hohe Anforderungen an das Instrumentarium in UIS stellt, sei es in den mathematischen oder in den EDV-technischen Grundlagen und in der Verknüpfung mit Nachbardisziplinen. Die mathematischen Grundlagen der raumbezogenen Datenverarbeitung liegen in der analytischen und numerischen Geometrie, der ebenen und sphärischen Trigonometrie, der Graphentheorie und Topologie, der Stochastik und hier insbesondere der Geostatistik, im Bereich der Differentialgleichungen und Finite-Elemente-Methoden sowie in Mengenmethoden wie der Booleschen und relationalen Algebra. Die EDV-technische Nutzung und Umsetzung des Raumbezugs stellt enge Bezüge zu Themen wie Bildverarbeitung, graphische Datenverarbeitung, Computergeometrie und Computergraphik, Datenbanken und Informationssysteme, Businessgraphik, Computer-Aided Design (CAD) und Geo-Informationssysteme (GIS), Ökosystemforschung, Simulation, Rechnernetze, Expertensysteme oder Benutzerschnittstellen her.

Umweltdatenbanken
    Weiterhin ist aber auch ein enger Bezug der UIS – und damit der Forschung im Bereich der Umweltinformatik und der raumbezogenen Datenverarbeitung – zu öffentlichen Aktivitäten zu sehen. Der Aufbau nationaler und globaler Umweltdatenbanken (vgl. Kapitel 6) und UIS ist hochaktuell. Von der räumlichen Ausdehnung her lassen sich lokale bis globale Aufgabenstellungen für UIS unterscheiden. Ein lokales bis regionales Beispiel ist das UIS des Landes Baden-Württemberg (MCKI88a, MCKI88b, MCKI89). Auch international gibt es derzeit umfangreiche Konzeptionen, so z.B. das CORINE-Projekt der EG bis hin zum Global Change Program der UN. Einen Überblick bieten der UNEP-HEM Report (UNEP91) sowie BILL95.

UIS Baden-Württemberg
    In diesem Kapitel wird unter einem UIS ein flächendeckendes, landesweites System verstanden, welches von der permanenten Meßwerterfassung (Schadstoffe, Wassergüte usw.) über die Verarbeitung (insbesondere Verknüpfung vielfältiger Informationsquellen) und Präsentation bis hin zur direkten wissensbasierten Entscheidungsunterstützung oder Ursache-/Wirkungsanalyse reicht. Somit kann z.B. das *UIS Baden-Württemberg* (MCKI88a, MCKI88b, MCKI89) mit seinen vielen Bestandteilen als ein Beispiel eines UIS – stellvertretend für viele andere – für die folgenden Betrachtungen gelten. Es beinhaltet als Grundkomponenten z.B. Meßnetze für Luft, Radioaktivität, Bioindikatoren usw. Weitere Grundkomponenten sind die im Aufbau befindlichen Basissysteme des Vermessungswesens wie die Automatisierte Liegenschaftskarte (ALK) und das Amtliche Topographisch-Kartographische Informationssystem (ATKIS). Die Kommunikation dieses Verbundes an Datenquellen und Infor-

mationssystemen wird durch das Landesverwaltungsnetz (LVN) ermöglicht, welches eine wesentliche Landesinfrastrukturkomponente darstellt (zum UIS Baden-Württemberg siehe auch Abschnitt 5.2.2, S. 83).

Die Behandlung lokaler UIS-Anwendungen für Umweltmonitoring (vgl. Kapitel 5) oder Bewertungsaufgaben stehen nicht im Vordergrund dieses Beitrags, da dort marktgängige GIS-Produkte – eine Übersicht findet sich in BILL93 – ihre Eignung bereits an zahlreichen Stellen bewiesen haben. Regionale bis globale Umweltanwendungen wie das UIS in Baden-Württemberg finden dagegen unter komplexen organisatorischen, technischen und rechtlichen Rahmenbedingungen statt; diese haben Rückwirkungen auf die Konsistenz-, Aktualitäts- und Geschwindigkeitsanforderungen der zum Einsatz kommenden Methoden und Komponenten. Die wesentliche Problematik im Umweltinformationssystem besteht in der Integration einer Vielzahl von Methoden – von der Prozeßdatenverarbeitung über Datenbanken (vgl. Kapitel 6) und die Datenverarbeitung z.B. mit Bildverarbeitungsmethoden (vgl. Kapitel 5) bis hin zur mathematischen Modellierung der Umwelt (vgl. Kapitel 10) – in einem vernetzten heterogenen Rechner- und Softwareverbund, wofür zur Zeit keine marktgängige Lösung existiert.

Lokale UIS

Rahmenbe-dingungen

7.1.2 Raumbezug

Die raumbezogene Datenverarbeitung setzt überwiegend auf Koordinaten als gemeinsamer Raumbezugsbasis – der sogenannten *primären Metrik* – auf. Zur Festlegung einer Metrik bedarf es der Definition eines Bezugssystems sowie der Wahl einer geeigneten Distanzfunktion, die die Forderungen einer Metrik nach Idempotenz, Symmetrie und Dreiecksungleichung erfüllt. Als bekannteste Metrik tritt die Euklidische Distanzdefinition in ebenen kartesischen Koordinatensystemen auf. Alternativen hierzu existieren insbesondere im Rasterdatenbereich mit der City-Block-Metrik, der Chessboard-Metrik u.a. Ausführliche Aussagen hierzu finden sich in BILL95. Demgegenüber liegen in vielen Anwendungssegmenten wie z.B. der amtlichen Statistik, der Administration, dem Liegenschaftskataster, dem Verkehrswesen, dem Geomarketing bis hin zum Umweltbereich andere Formen des Raumbezugs in Form schwächerer – sogenannter *sekundärer* – Metriken vor, wie z.B. Adressen, Gemeindekennziffern, postalische oder sonstige administrative Einheiten (BILL91b). Abbildung 7-1 zeigt einen Ausschnitt der Raumbezüge auf der untersten Ebene in üblicherweise hierarchisch organisierten öffentlichen Informationssystemen (KLOO90).

Primäre Metrik

Sekundäre Metrik

Um Daten dieser unterschiedlichsten Informationsquellen in einem UIS zusammenbringen zu können, ist langfristig nur die Vergabe von Koordinaten für sämtliche raumbezogenen Phänomene geeignet. Dies zeigt aber auch eines der zur Zeit bestehenden Probleme beim Aufbau von UIS. Nur durch Bereitstellung der benötigten Programme zur Konversion und durch Bereitstellung der Straßendaten lassen sich z.B. Adressenangaben in Koordinaten überführen. Analog gilt dies für alle anderen genannten sekundären Metriken.

Koordinaten

127

Informationssystem	Raumbezug	Thematische Gliederung	Anwendungsfall
Topographisches Informationssystem	Koordinaten	Kartenserien	Kartographie
Statistik und Planung	Straße und Hausnummer	Administrative Gliederung	Volkszählung
Kommunalstatistik	Kleinräumige Gliederung	Statistische Gliederung	Verwaltungsvollzug
Liegenschaftsbuch	Flurstückkennzeichnung	Liegenschaftsgliederung	Flurstückdaten
Straßen- und Fluß-Informationssystem	Kilometrierung	Wegegliederung	Straßendatenbank

Abb. 7-1: Raumbezüge verschiedener Informationssysteme

7.1.3 Das Nutzerspektrum von Umweltinformationssystemen

Das Nutzerspektrum von Umweltinformationssystemen reicht sehr weit. Sowohl die Vollzugsebene als auch die politische Ebene gehören hierzu. Grob kann man folgende Gruppen unterscheiden (MUBW91):

Datenerzeuger und -nutzer

- Fachspezifische *Datenerzeuger und -nutzer,* die ihre Kartenwerke digital erzeugen, vorrätig halten und präsentieren wollen. Sie erfassen Daten mit Raumbezug z.B. auf der Basis der Liegenschafts- und topographischen Karten und erwarten in Zukunft einen digitalen Ersatz für diese Kartenwerke durch die Bereitstellung der Basissysteme ALK und ATKIS. Sie führen diese Daten auch mit unterschiedlichen Aktualisierungszyklen fort. Dies ist die Gruppe, die die Komponenten Erfassung, Verwaltung und Präsentation benötigt und den Schwerpunkt in der nächsten Zeit auf der Erfassung und Präsentation sieht.

Datenverarbeiter und -analysierer

- Fachspezifische *Datenverarbeiter und -analysierer,* die auf den gesamten eigenen Datenbestand sowie auf andere Daten zurückgreifen möchten, um ihre Arbeiten unter Zuhilfenahme eines GIS und vieler weiterer Werkzeuge, wie Statistikprogrammen, Simulationsmodellen usw., deutlich zu verbessern. Diese Gruppe benötigt primär die Komponenten Analyse und Präsentation und kombiniert diese mit eigenen Methoden und statistischen Auswertungen.

Berichtersteller

- Fachspezifische *Berichtersteller,* die auf alle möglichen Daten gerne zurückgreifen würden. Sie tun dies jedoch primär unter dem Aspekt der Aufwertung ihrer Berichte, z.B. durch Graphikeinsatz oder durch Querbezug zu anderen Fachdaten. Dies ist die Gruppe, deren Auswirkungen in der politischen Ebene nicht zu unterschätzen ist, da ihre jährlichen Berichtswerke an höchster Stelle gelesen werden.

Gelegentlicher Benutzer

Zu diesen in MUBW91 identifizierten Benutzergruppen, die bedingt durch ihre Tätigkeiten häufigen Zugang zu raumbezogenen Daten nutzen, tritt mehr und mehr auch eine Gruppe der *gelegentlichen Benutzer* hinzu. Dies sind z.B. Entscheidungsträger, informationsbedürftige Bürger oder Umweltschützer, deren Anforderungen hinsichtlich der Benutzung, Aufbereitung und Anschaulichkeit der Daten besonders schwer zu erfüllen sind.

Die Anwendungsdomäne von UIS gestaltet sich sehr vielseitig: Anwendungen in der Flurbereinigung und der Forst- und Landwirtschaft zum umweltschonenden Umgang mit den Naturressourcen, in Betrieben, im Anlagenbau und in der Verkehrswegeplanung zum Nachweis des umweltverträglichen Handelns des Menschen, in Umweltbehörden zur Zustandsdokumentation (Umweltmonitoring) und zur Prädiktion des zukünftigen Zustandes sowie zur Reaktion auf Umweltkatastrophen. Die Liste der Beispiele ließe sich beliebig fortsetzen. *Anwendungsdomäne*

Geo-Informationssysteme (GIS) als klassische Vertreter raumbezogener Datenverarbeitung sind heute an zahlreichen Stellen im Einsatz; zu nennen sind hier das Vermessungswesen (oftmals unter dem Term *Landinformationssystem LIS* angesprochen), die Energieversorgung (als Synonym *Netzinformationssystem NIS* verwendet), Planungsbüros (spezielle *Fachinformationssysteme FIS*) u.v.a. Für diese eher homogenen Anwendungen – charakterisiert durch wenige Datenquellen, geringe Austauschbeziehungen und Abstimmungsbedarf, eigene Zuständigkeit, Zweckgebundenheit und fachspezifische Lösungen – haben GIS bereits ihre Leistungsfähigkeit unter Beweis gestellt. Weitere gemeinsame Charakteristika dieser Anwendungen sind die eher statischen Daten bei einer ebenen Betrachtung der realen Welt (2D). In verschiedenen Fällen bedarf es aber auch einer kontinuierlichen Oberflächenbeschreibung nach dem Funktional $z = f(x, y)$, welches nach BILL91b als 2.5-dimensional bezeichnet wird. In diesen Anwendungen werden ausschließlich geometrische, statistische und logische Operationen genutzt; es fehlt die Modellierung von Zusammenhängen. *2D, 2.5D*

Auch im Umweltbereich werden vermehrt GIS zur Lösung der anstehenden Probleme z.B. im Umweltmonitoring, in der Ursache-Wirkungsanalyse, in der Umweltverträglichkeitsprüfung u.a. eingesetzt. In diesem Bereich ergeben sich allerdings höhere Anforderungen an ein GIS, als sie bisher beschrieben wurden. UIS sind multidisziplinär angelegt; sie bedingen eine hohe Austauschrate und hohe Abhängigkeit der verschiedenen Fachdisziplinen, die für die Überwachung der Umweltbereiche Luft, Wasser, Boden, Flora und Fauna, Technosphäre, Lärm, Abfall, Natur und Landschaft, Radioaktivität u.a. zuständig sind. Weiterhin ist der Bedarf an Daten und Auswertungen nur bedingt vorhersehbar; Standardanwendungen wie Tages- und Jahresberichte sind planbar, während im Falle von Umweltkatastrophen die Auswertung eventuell erst noch zu entwickeln ist. Dies verlangt evtl. Erweiterungen der Objektdefinition (vgl. Abb. 7-2) und der Funktionalitäten. Daher ist einer geeigneten erweiterungsfähigen Objektdefinition erhöhte Bedeutung zuzumessen. Weiterhin steht im UIS die 2.5D- oder 3D-Modellierung der Umwelt im Vordergrund. Die Daten sind zeitveränderlich und oftmals unvollständig. Weitergehende Operationen werden benötigt. Zahlreiche heterogene Datenquellen sind zu integrieren. *3D-Modellierung*

Anwendungen von Umweltinformationssystemen reichen von der Erfassung der Radioaktivität bis hin zu Biotopkartierungen und der Erhaltung der *Maßstabsbereich*

Artenvielfalt. Sie sind überwiegend im mittleren (1:10.000-1:300.000) und kleineren (<1:300.000) Maßstabsbereich anzutreffen, jedoch gibt es auch spezielle Aufgaben in größeren (>1:10.000) Maßstäben, wie z.B. im Forstwesen, in der Abfallentsorgung oder im Gewässerschutz. Einige Grundzüge und Differenzierungsmerkmale von UIS gegenüber GIS sind:

- Erfassung, Verwaltung, Analyse und Präsentation als Komponenten,
- Hybridorientierung, d.h. simultane Datenhaltung von Vektor- und Rasterdaten durch Integration von Bilddaten z.B. aus der Satellitenfernerkundung,
- Verwaltung überwiegend beschreibender Daten wie z.B. Stoffdaten, Meßergebnisse, Objektbeschreibungen aus umweltbezogenen Fachdisziplinen,
- Modellierung und Simulation von Umweltprozessen,
- Verknüpfung unterschiedlicher Thematiken über den Raumbezug,
- zeitlich sich rasch ändernde Daten,
- Dimension der Geometriedaten 2.5D bis 3D.

Aufgabengebiete

Die Aufgabengebiete im UIS lassen sich synoptisch darstellen:
- Erfassung und Erhaltung der Qualität von Luft, Boden und Wasser,
- Feststellung von Pflanzenschäden und Gesundheitsrisiken,
- Überprüfung der Einwirkung von Radioaktivität, chemischen Stoffen sowie Entsorgungsprozessen auf die Umwelt,
- Erhaltung der Artenvielfalt durch Einrichtung von Biotopen/Schutzgebieten,
- Umweltverträglichkeitsprüfungen (SCHW91a) zur Feststellung, welchen Einfluß geplante Vorhaben – zum Beispiel der Bau von Verkehrswegen oder Großbauwerken – auf die Umwelt haben.

7.1.4 Bausteine in Umweltinformationssystemen

EUTE91 faßt unter dem Begriff „Umweltinformationssystem" die EDV-Systemtypen Geo-Informationssystem, Datenbank, Laborinformationssystem und wissensbasiertes Informationssystem zusammen. Eine umfassendere Analyse der Softwarebausteine in UIS ist in MUBW91 gegeben.

Geo-Informations-systeme

- *Geo-Informationssysteme* sind ein wichtiger Baustein zur raumbezogenen Datenverarbeitung, deren Leistungsspektrum die Datenerfassung, die Datenverwaltung, Datenanalyse und Datenpräsentation umfaßt (BILL91b, BILL95). Sie dienen der räumlichen Darstellung und Zuordnung der Daten.

Datenbankprodukte

- *Datenbankprodukte* bezeichnen eine Einheit aus der eigentlichen Datenbasis und den Schemadaten, die zur Datenbankbeschreibung und zur Zugriffsverwaltung dienen, sowie den Systemprogrammen für die Datenverwaltung und den Zugriff auf die Daten. Viele umweltrelevante Daten mit Raumbezug – meistens sekundärer Metrik – sind bereits heute in Datenbanken digital gespeichert. Diese stellen z.B. nach Informationsabfragen auch Daten zu Gefahstoffen oder zu Literaturstellen bereit.

Laborinformations-systeme

- *Laborinformationssysteme* stellen die direkten Schnittstellen zu den Meßgeräten und -netzen dar. Sie bieten die Möglichkeit zur Auswertung der Meßdaten in der Umweltanalytik zur Gewinnung aussagekräftiger Daten über umweltrelevante Substanzen in Böden, Wasser, Luft, Pflanzen und Tieren (SCHE90).

• *Statistikpakete* sind Programme zur Auswertung von Datensammlungen nach beschreibenden und analytischen Methoden. Sie erledigen Aufgaben in Bereichen wie der Ursache/Wirkungsanalyse. Für die raumbezogenen Daten sind Berechnungsmethoden der Geostatistik unabdingbar.

Statistikpakete

• *Visualisierungssysteme* sind Produkte, die in der Lage sind, mehrdimensionale zeitvariante Datenbestände auf einem geeigneten Displaymedium darzustellen, ohne daß Programmierarbeiten erforderlich sind (siehe auch Kapitel 9). Zum Beispiel könnten Ergebnisse von Ausbreitungsberechnungen, Hochwassermodellen usw. in sehr anschaulicher Weise dynamisch wiedergegeben werden. Teilweise integrieren sie auch noch statistische Auswertungsmethoden.

Visualisierungssysteme

• *Kartierpakete* dienen der interaktiven Erstellung kartographischer Vorlagen; es sind Einfachpakete, bei denen den Daten in Vektor- oder Rasterform nur geringe Semantik beigefügt ist, d.h. keinerlei Sachinformation mitverknüpft werden kann. Sie verfügen über Schnittstellen zur Integration in Textverarbeitungs- oder Datenbankumgebungen und sind daher insbesondere im Berichtswesen interessant. Graphikdaten werden hier z.B. von einem GIS- oder CAD-System übernommen.

Kartierpakete

• *Businessgraphik* bezeichnet den Einsatz bestimmter Formen der graphischen Datenverarbeitung für Arbeiten im Büro wie zur Darstellung statistischer Werte in diversen graphischen Formen (Balkendiagramm, Säulendiagramm, Tortendiagramm), aber auch zur Erstellung von Werbegraphik, Informationsgraphik, für DTP u.ä. mit Hilfe leistungsfähiger Graphiksoftware für Arbeitsplatzrechner. Es ist eine Programmkomponente, die zur Visualisierung einfacher statistischer Auswertungen geeignet ist.

Businessgraphik

• *Spreadsheet* heißt eine Produktkategorie zur Tabellenkalkulation. Es ist eine der häufigsten Formen der Nutzung eines Arbeitsplatzrechners zur Kalkulation von Kosten und Umsätzen. Der Leistungsumfang von Spreadsheet-Programmen geht heute weit über die eigentliche Tabellenkalkulation hinaus; sie bieten ein vollständiges Informationsmanagement mit graphischer Benutzungsoberfläche und Graphikintegration, Schnittstellen zu externen DBMS zur Anzapfung von deren Datenbeständen u.v.a. Bestimmte raumbezogene Datenanalysen lassen sich auch bereits mit solchen Komponenten durchführen.

Spreadsheet

• *Textverarbeitungspakete* dienen der Erzeugung, Veränderung und Redigierung von Texten. Sie können in der Regel Graphiken einbinden und sind als Bausteine in jeder Büroumgebung anzutreffen.

Textverarbeitungspakete

• Mit *Desktop-Publishing-Werkzeugen* erfolgt die Publikationserstellung am Schreibtisch. DTP gilt als neuere Einsatzform von Arbeitsplatzrechnern für die gesamten Arbeiten, die mit der Erstellung, der Korrektur und der Gestaltung von Publikationen – mit Texten, Bildern und Tabellen – bis zur Ausgabe der kompletten Druckvorlage verbunden sind. DTP erweitert also die klassische Textverarbeitung um graphische Komponenten und kommt insbesondere dem Berichtswesen im Umweltsegment zugute.

Desktop-Publishing-Werkzeuge

• *Expertensysteme* decken einen Zweig der Künstlichen Intelligenz ab. Es sind Programme, die mit Hilfe von symbolisch repräsentiertem Wissen das Verhal-

Expertensysteme

131

ten menschlicher Experten nachvollziehen. Bei dieser Form der Datenverarbeitung wird nicht einfach nur auf Datensätze zugegriffen (Dateisystem), die auch verknüpft sein können (Datenbanksystem), sondern hier wird von Aussagen ausgegangen, die in einem Formalismus zur Wissensrepräsentation dargestellt sind. Kern des Expertensystems ist ein Inferenzsystem, das aus vorhandenen Aussagen neue Aussagen ableiten kann (vgl. Kapitel 12).

Digitale
Bildverarbeitungs-
systeme

● *Digitale Bildverarbeitungssysteme* (DBV) werden im Bereich der geobezogenen Disziplinen hauptsächlich zur Analyse von Fernerkundungsdaten herangezogen. Systeme für die kartographische Bildverarbeitung (Rasterdatenverarbeitung) sind häufig als Zusatzmodule von GIS oder Kartiersystemen zu finden.

Welche der vorgenannten Softwarebausteine im Zentrum einer Anwendungsumgebung stehen, entscheidet sich im wesentlichen durch den Anwendungsfall und die Nutzeranforderungen. Damit jedoch diese sehr heterogene Produktwelt – keine der aufgeführten Einzelkomponenten kann heute alle Aufgaben im Umweltbereich erfüllen, alle sind nur Teilkomponenten des UIS – zusammenwirken kann, bedarf es der Vorgabe von Regeln und Standards (vgl. MUBW91 und BILL91a). Generelle Anforderung an alle Produkte ist das Vorhandensein eines erweiterbaren, produktübergreifenden, redundanzarmen Datenmodells in verteilten Datenbanken mit einer sehr flexiblen und schnellen Datenaustauschschnittstelle zwischen den verschiedenen Softwareprodukten. Bisher existieren wenige Ansätze, die alle Bedürfnisse abdecken. Insellösungen dagegen haben Kompatibilitätsprobleme und Leistungsgrenzen.

GIS-Produkt-
charakteristik

In der Einleitung wurde ein UIS als erweitertes GIS bezeichnet. An dieser Stelle soll nun der Frage nachgegangen werden, welche Rolle ein GIS im UIS spielen könnte, ob sich ein Handlungsbedarf für Erweiterungen ergibt und welche anderen Komponenten in UIS noch benötigt werden. Hierzu sei vorweg der Leistungsstand der heute am Markt verfügbaren technologischen Spitzenreiter an GIS-Produkten anhand von Marktuntersuchungen (BILL93) etwa folgendermaßen charakterisiert: Ein *modernes GIS*

● ist lauffähig auf Rechnern verschiedener Hersteller auf PC und/oder Workstation in einem großräumigeren Netzwerkverbund,
● basiert softwareseitig auf Standards wie UNIX, X-Window und SQL,
● nutzt die relationale Datenbanktechnik – evtl. mit objektorientierten und/oder raumbezogenen Erweiterungen – sowohl für Geometrie- als auch für Sachdaten und ist verteilt auf verschiedenen Rechnern organisierbar,
● unterstützt sowohl Vektordaten als auch Rasterdaten (hybrides GIS) und ist um weitere Datentypen erweiterbar,
● bietet die vier Grundkomponenten des EVAP-Konzepts für beide Datentypen sowie eine Vielzahl optionaler Funktionalitäten insbesondere auf der Datenanalyseseite.

Basissysteme des
UIS

Der Rolle als Basisbaustein zur Bereitstellung der digitalen Karte als Ersatz für die analoge Karte kann ein solches GIS-Produkt recht problemlos gerecht werden. Mit diesem Produkt lassen sich wesentliche Basissysteme des

UIS wie z.B. die Automatisierte Liegenschaftskarte (ALK), das Amtliche Topographisch-Kartographische Informationssystem (ATKIS) der Vermessungsverwaltung oder das Statistische Bodeninformationssystem (STABIS) umsetzen. Marktgängige GIS-Produkte kommen hierfür in Frage oder sind dort bereits erfolgreich im Einsatz.

Eine weitere Rolle des GIS als offenes System ist die einer Basiskomponente in einem Vielkomponentenverbund. Nicht alle Nutzerkategorien im Umweltsegment benötigen dabei in gleichem Maße die Komponente GIS. Für die Kopplung des GIS mit zahlreichen anderen Bausteinen bedarf es allerdings noch erheblicher Forschungs- und Entwicklungsarbeiten.

GIS als Basiskomponente eines UIS

7.2 Anforderungen an die raumbezogene Datenverarbeitung in Umweltinformationssystemen

7.2.1 Datenarten und Datenmengen

Ein *Objekt* im UIS ist für den jeweiligen Nutzer ein ihn interessierender Gegenstand seiner zu betrachtenden Welt (Abb. 7-2). In der Abstraktionsphase der Datenmodellierung, d.h. wenn die reale Welt in eine rechnergerechte Betrachtungsweise – die *Datenarten* – aufgegliedert wird, beinhaltet die Objektdefinition Aussagen zum topologischen Typ (Knoten, Kante, Masche), zu den geometrischen Primitiven (Punkt, Linie, Fläche, Pixel) sowie zu einer Vielzahl von objektbeschreibenden Daten (Attribute oder Sachdaten genannt). Zur Darstellung des Objektes ist weiterhin die Festlegung einer graphischen Repräsentation anzugeben. Das wesentliche Merkmal an den Objektdaten ist deren Raumbezug in Form von Koordinaten in einem einheitlichen Bezugssystem. Eine Vielzahl weiterer Datenarten können in UIS hinzukommen (BILL90b):

Objekt

Datenarten

• *Geometrie und Topologie mit schwacher Metrik:* Die in der Einleitung genannten Raumbezüge müssen durch geeignete raumbezogene Funktionen in Koordinaten als primäre Metrik überführbar sein.

Geometrie und Topologie mit schwacher Metrik

• *Zeit* als Indikator für Meßreihen, als Zeitmarken für temporale Umweltuntersuchungen sowie als Zeitintervalle: Zeit als vierte Dimension ist neben dem Raumbezug oftmals Primärschlüssel für die Verknüpfung verschiedenster Daten, so daß neben raumbezogenen Funktionen auch zeitbezogene Funktionen wie Zeitreihenanalysen, Interpolationen und Extrapolationen notwendig sind.

Zeit

• *Meßwerte* von permanent aufzeichnenden Stationen für Schadstoffausstoß und Umweltqualität: Diese Meßreihen können über den Raumbezug mit anderen Informationen verknüpft werden. Der Übergang von solchen punktuell vorliegenden Daten in die Fläche setzt das Vorhandensein geeigneter räumlicher Interpolationsverfahren voraus, die z.B. aus der Geostatistik bekannt sind.

Meßwerte

• *Textuale Informationen* z.B. in Form von Gesetzen, Vorschriften, Grenzwerten, Maßnahmenkatalogen: Diese Daten bedürfen weiterer Strukturierungs- und Suchmöglichkeiten, damit z.B. auch raumbezogene Suchanfragen möglich sind.

Textuale Informationen

Bildinformationen

Wissen

Qualitäts- und
Aktualitätsbe-
schreibungen

- *Bildinformationen*: Diese dienen als Einzelbild, Video- oder Animationssequenz zur Visualisierung von Zuständen und zeitlichen Abläufen, insbesondere beim Einsatz von Simulations- und Szenariotechniken.
- *Wissen* über Daten, Methoden oder Modelle und deren korrekte Anwendung wird im Rahmen wissensbasierter Systeme formal repräsentiert und zur Entscheidungsunterstützung im Umweltbereich eingesetzt.
- *Qualitäts- und Aktualitätsbeschreibungen* von Daten: Sinnvolle Analysen sind nur mit einem Datenbestand durchführbar, dessen Qualität bekannt ist. Die überall angebotenen, computergerecht aufbereiteten Umweltdatenbanken bergen eine nicht zu unterschätzende Gefahr: Immer häufiger greift der Nutzer auf Daten zurück, die er nicht selbst erarbeitet hat, oder – noch problematischer – über deren Entstehung und Zusammenhang keinerlei Information vorliegen. Ergebnisse raumbezogener Analysen mit derartigen Daten sind fragwürdig.

Den einzelnen Daten und Informationen kommt dabei je nach Anwendungsbereich unterschiedliche Bedeutung zu. In der Umweltanalytik stehen z.B. die Meßdaten im Vordergrund, während in der raumbezogenen Datenverarbeitung eher die geometrisch-topologischen Daten genutzt werden. Die entstehenden und zu verarbeitenden Datenmengen differieren ebenfalls stark. Gängige GIS-Datenmengen liegen für normale Projektgrößen, d.h. keine landesweiten flächendeckenden Systeme, im 10-Megabyte-Bereich (Vektordaten und

Datenmengen

Attribute) bzw. im 100-Megabyte-Bereich bei Rasterdaten. Dagegen besitzen die Metadaten eher geringeren Umfang. Metadaten sind beschreibende Daten zu den raumbezogenen Daten, d.h. Daten wie Erzeuger, Maßstab, Qualitätsund Aktualitätsangaben, Datenmengen, Datenformate usw. (vgl. MUBW91). Diese Situation ändert sich jedoch durch Einbeziehung zeitabhängiger Medien. In Meßnetzen fallen durchaus etliche Gigabyte von Daten pro Jahr an. Abbildung 7-3 illustriert im Vergleich die Datenmengen eines zeitunabhängigen und eines zeitabhängigen Mediums am Beispiel eines Bildes von 1.000×1.000 Pixel (also einer gehobenen Bildschirmgröße).

Während die statische Bildaufnahme selbst bei einer Farbaufzeichnung weniger als 3 Megabyte Speicher benötigt, liegt bei einer Bildwechselfrequenz von 25 Bildern/Sekunde – der üblichen Fernsehnorm, die ein ruckfreies Betrachten für das menschliche Auge erlaubt – bereits bei einer Schwarz-WeißAufzeichnung dieser Speicherbedarf bei 3 Megabyte/Sekunde und steigert sich bei der Farbaufnahme auf 75 Megabyte/Sekunde. Besonders für zeitabhängige Daten sind somit Kompressions- und Dekompressionsalgorithmen gefordert. Für Rasterdaten sind dies z.B. Runlength-Kodierung oder Kettenkodierung (vgl. BILL91b), für statische und bewegte Bilder existieren ebenfalls Kompressionsverfahren (JPEG, MPEG), die zur Zeit zur Normung anstehen. Datenkomprimierungen bis zum Faktor 50 sind durchaus erreichbar.

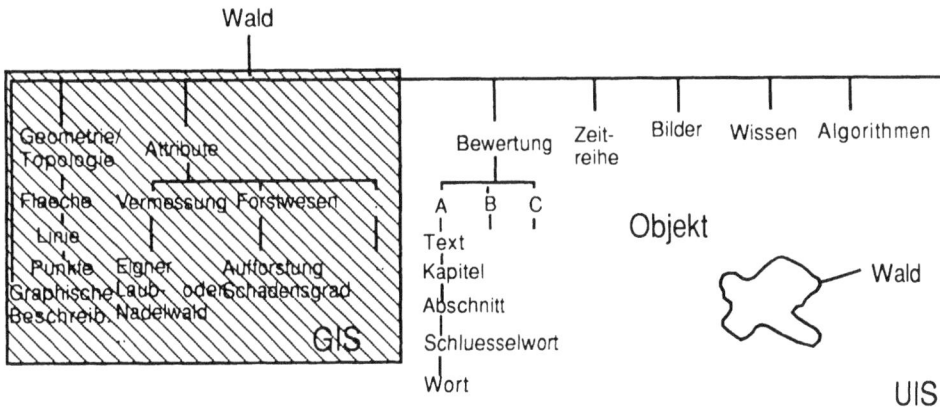

Abb. 7-2: Komponenten eines Objektes in einem UIS

7.2.2 Fachliche Objektdefinition

Jede Fachdisziplin hat von den Objekten der realen Welt eine andere Sicht. Dies kann sämtliche Komponenten wie Geometrie, Topologie, Sachdaten (vgl. auch Abb. 7-2) usw. einschließen. Während der Geodät ein Waldgebiet unter eigentumsrechtlichen und topographischen Gegebenheiten betrachtet und aufgrund der Vermarkung auf wenige Zentimeter genau nach seiner Sicht abzugrenzen vermag, interessieren den Forstwirt an diesem Waldstück die Baumarten, Baumalter, Schädigungsgrade usw. Der Wald mag durch ihn z.B. anhand der aufsteigenden, als Nutzholz verwertbaren Bäume räumlich abgegrenzt werden. Dagegen ist der Biotopkartierer an den Eigenschaften des Waldes als Biotop (Pflanzen- und Artenvielfalt, Erholungswert, Schutzfunktion usw.) interessiert und grenzt den Wald gegen sonstige Nutzflächen wie Ackerland usw. grob anhand topographischer Karten ab (Abb. 7-4). Inkonsistenzen, die aufgrund dieser fachspezifischen Sicht entstehen können, sind ausführlich in MUBW91 beschrieben.

Ein Objekt in einem Umweltinformationssystem hat demnach viele Bedeutungen, viele Geometrien und viele Darstellungsvarianten. Damit entstehen *Inkonsistenzen*, die in der raumbezogenen Datenverarbeitung gelöst werden müssen. Als Beispiel für einen Lösungsansatz im Umgang mit unscharfen Definitionen mag die Flächenverschneidung dienen. Bei der Verschneidung natürlicher Phänomene miteinander entstehen oftmals Kleinformen, die für den gewünschten Zweck keinerlei Bedeutung besitzen. Als Grund für diese sogenannten *Sliverpolygone* ist die Diskrepanz zwischen der hohen Exaktheit der geometrischen Berechnung und der geringen Exaktheit der Definition und Diskretisierung des polygonalen Umrings zu sehen.

(Randnotiz:) Inkonsistenzen

(Randnotiz:) Unscharfe Definitionen

135

Mega-
Byte

75.0

50

Dynamische Daten
(25 Bildwechsel/Sekunde)

25.0

10

Statische Daten

3   3.0

3   1.0

1   0.1

Bitzahl

1 Bit   8 Bit   24 Bit
(S/W)   (Grauwerte)   (Farbe)

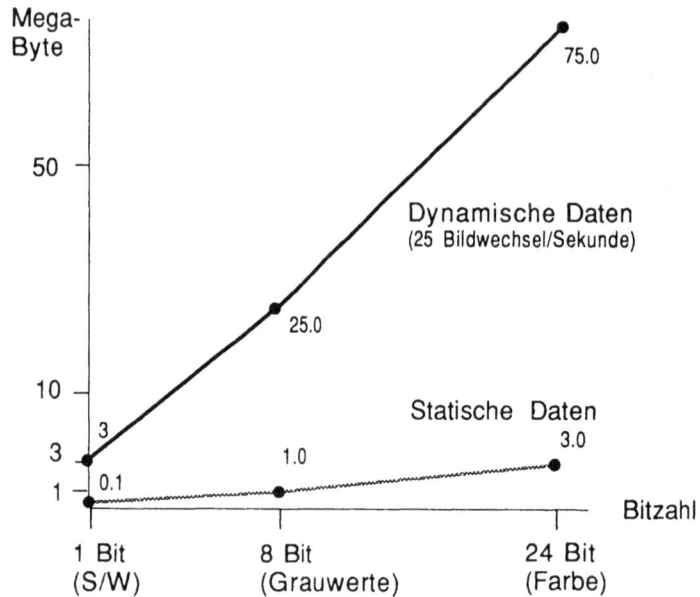

Abb. 7-3: Datenmengen (aus BILL92a)

Daher gibt es Ansätze, solche Kleinformen zu unterdrücken. Einen solchen unscharfen Ansatz nach der Clustermethode beschreiben ZHAN90. Er sei an einem kleinen Beispiel erläutert. Das Ergebnis einer Flächenverschneidung von drei Informationsebenen sehr unterschiedlicher geometrischer Qualität – z.B. Flurstücke (cm-genau), Landnutzung (m-genau) und Schadstoffgehalt (10m-genau) – stellt Abbildung 7-5 dar (aus BILL91a). Dabei ist der exakten

Fuzzy-Flächen-verschneidung

Flächenverschneidung das Resultat einer Fuzzy-Flächenverschneidung gegenübergestellt. Die Veringerung der Sliverpolygone ist deutlich im rechten Bild erkennbar, in dem die vielen Kleinformen aus dem linken Bild nicht mehr auftreten. Die exakte Geometrie wird durch Punktklassenbildung und Kantenverschmelzung aufgehoben, indem Methoden der *Fuzzy-Set-Theorie* angewendet und somit unscharfe Definitionen berücksichtigt werden können. Exaktes geometrisches Rechnen wird durch übergeordnete Clusterstrategien nach der Fuzzy-Set-Theorie dahingehend modifiziert, daß entstehende Kleinflächen vermieden werden.

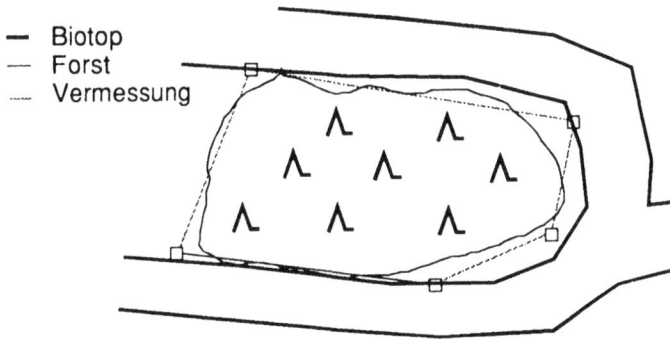

Abb. 7-4: Objektdefinition unter fachspezifischer Sicht

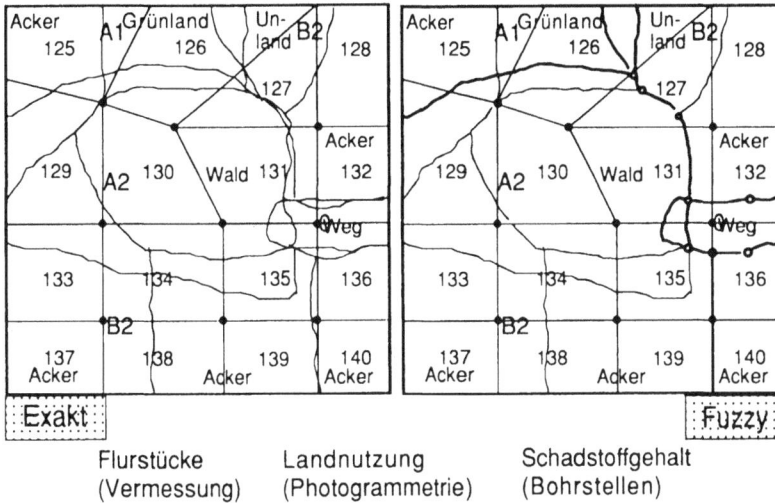

Flurstücke	Landnutzung	Schadstoffgehalt
(Vermessung)	(Photogrammetrie)	(Bohrstellen)

Abb. 7-5: Exakte versus Fuzzy-Flächenverschneidung

7.2.3 Datenerfassung

Die raumbezogene Datenerfassung ist derzeit eine von einem Operateur in Interaktion mit einem Digitalisiersystem oder dem GIS bewerkstelligte Aufgabe. In der Regel werden Felddaten (z.B. des Vermessungswesens) ins GIS überspielt und interaktiv aufbereitet, oder analoge Karten werden an einer Digitalisierstation – einer Basiskomponente der graphischen Datenverarbeitung – interaktiv punkt-, linien- und flächenweise erfaßt. Dies führt zu Vektordaten, die durch manuelle Attributeingabe erweitert werden. Moderne Techniken wie das Scannen analoger Karten und die anschließende Wandlung der vom

Digitalisiersystem

Scanner gelieferten Rasterdaten in Vektordaten sind nur für wenige Kartentypen teilautomatisiert und bedürfen oftmals intensiver manueller Nacharbeit.

Fernerkundung

Eine direkte Nutzung von Rasterdaten, die z.B. durch Sensoren an Bord von Satelliten aufgezeichnet und übertragen werden, findet in der Fernerkundung statt. Die Integration von Fernerkundung und GIS beschränkt sich jedoch eher auf Rasterbilder im Hintergrund von Vektorgraphik oder auf die Übertragung von Attributinformation – z.B. Landnutzungsklassifikationsdaten, die durch Fernerkundung gewonnen wurden – in das UIS. Forschungsarbeiten zeigen jedoch, wie Vorinformation aus dem Umweltbereich gerade den Klassifikationsschritt stützen und verbessern kann (Projekt RESEDA, RIEK91b, MUTZ91, siehe auch Kapitel 5). Die Gewinnung digitaler Daten aus Karten, Luft- und Satellitenbildern bedarf automatischer Verfahren vom Scannen über die Konversion bis hin zur Objektextraktion.

Meßnetze, Labors, und mobile Einrichtungen

Autarke Meßnetze, Labors und mobile Einrichtungen sollen in einem UIS untereinander verknüpft werden und über den Raumbezug einer gemeinsamen Auswertung mit Katastern über Emissionen und Belastungen, mit Datenbanken zu Boden, Grundwasser, Stoffen und raumbezogenen Basissystemen wie ALK und ATKIS zugeführt werden. Diese Meßnetze liefern in Echtzeit laufend Daten, die auch nach einer Aufbereitung noch enormen Umfang besitzen. Diese Daten entstehen „on the fly" und ohne Interaktion, sind viel schnellebiger, so daß die Gefahr von Datenfriedhöfen besteht. Schätzt man, aus Angaben über Daten aus Meßnetzen von HAUG89 für das Beispiel Luftüberwachungsnetz Bayern mit 25 Millionen Einzeldaten/Jahr, einmal unter der Annahme, daß 1 Datenrecord etwa 1 Kilobyte groß sei, den Gesamtumfang, so ergeben sich jährlich etwa 25 Gigabyte Daten aus einem einzigen Meßnetz. Selbst nach einer Komprimierung um den Faktor 1000 sind dies immer noch Größenordnungen, die normalen Projektgrößen im GIS entsprechen. Diese entstehen im UIS aber permanent durch ein einziges Meßnetz. Die Automatisierbarkeit von Abläufen und die Komprimierung und Extraktion von Daten solcher autarker Systeme ist eine dringende Voraussetzung, um solche Daten über ihren Raumbezug mit anderen Informationen zu verknüpfen.

Scan-Technologie

Die Erfassung anderer Daten, wie Texte, Regelwerke und dergleichen, geschieht an alphanumerischen Bildschirmen, eventuell auch unter Einsatz der Scan-Technologie. Strukturierung und das Erstellen von Schlüsselwortverzeichnissen sind manuelle Arbeitsschritte. Bei der Bereitstellung von Modellen und Algorithmen ist das Expertenwissen in EDV-gerechte Form umzusetzen und in Daten- und Wissensbanken zu verwalten.

Im UIS wird eine Vielzahl der Daten von Anwendern genutzt, die diese Daten nicht selbst erhoben haben und eventuell andere Vorstellungen und Anforderungen an die zu bearbeitenden Objekte haben. Beruhen diese auf gleicher Objektgeometrie, so kann über Thematiken und zusätzliche Attribute den Anforderungen der Benutzer nachgegangen werden. Sind unterschiedliche Interpretationen von Begriffen, verschiedene Auffassungen der Geometrie, der Objektbildung, der Qualität und Aktualität des Objekts sowie Differenzen in den Bearbeitungsmethoden gegeben, so sind verschiedene Versionen eines Objekts verlangt, um unzulässige Verknüpfungen und damit gravierende Fehlinterpretationen zu vermeiden.

7.2.4 Datenverwaltung

Datenbankaspekte

Aus der Sicht der Datenbanktechnik sind CAD, GIS und damit auch UIS sogenannte *Nicht-Standardanwendungen* (vgl. auch Kapitel 6). Während in Standardanwendungen der Datenbanktechnik das relationale Datenmodell allgemeine Akzeptanz und Anwendung findet und in der Forschung objektorientierte Datenbankkonzepte untersucht werden, herrschen in der raumbezogenen Datenverarbeitung noch Vorläufer des relationalen Datenmodells vor (ausführlicher in: BILL90b/BILL91b). Gängiges Datenmodell für Geometriedaten ist das *Knoten-Kanten-Modell* als topologisch strukturierte Darstellung von Vektordaten oder die *Matrixdarstellung* für Rasterdaten. Die technische Realisierung des Knoten-Kanten-Modells beruht überwiegend auf dem netzwerkartigen Datenmodell. Für Rasterdaten ist das hierarchische Modell mittels Quadtree anzutreffen. Für Sachdaten findet sich das relationale Modell. Diese getrennte Datenhaltung von Geometrie- und Sachdaten ist in der Mehrzahl angebotener GIS üblich (vgl. BILL93). Neuere Systeme nutzen dagegen durchaus die relationale Datenbanktechnik – zum Teil auch bereits objektorientierte Datenmodelle – zur gemeinsamen Verwaltung von Geometrie- und Sachdaten (vgl. BILL89, BILL93). Speicher- und Zugriffsmechanismen zur Verwaltung von Geometriedaten sind neben dem Quadtree für Rasterdaten das Gridfile oder der R-Baum für Vektordaten. Auch diese raumbezogenen Speicher- und Zugriffsmechanismen lassen sich im relationalen oder objektorientierten Datenmodell implementieren (vgl. z.B. DRÖG90), wenn entweder geeignete Datenstrukturen zur Verfügung stehen oder Befehle, wie z.B. solche Relationen auf die benötigte raumbezogene Speicherstruktur abzubilden sind.

In UIS-Anwendungen ist das *relationale Datenmodell* die wesentliche Minimalforderung zur Vereinheitlichung der Datenverwaltung. Zudem existieren bereits eine Vielzahl von Daten in relationalen Datenbanken. SQL als Datenbanksprache soll unabhängig von der Art der gespeicherten Daten eine einheitliche Form der Interaktion bieten.

Objektorientierte Modelle werden gefordert, etwa wenn durch Methoden- und Modellbanken ein Repertoire zur Gewinnung neuer Informationen und zur Entscheidungsunterstützung aufgebaut werden soll (siehe dazu Abb. 7-6). Der Raumbezug ist das Bindeglied, um die in zahlreicher Form vorhandenen Sachdaten zu verknüpfen. Der Datenbestand wird dabei in verteilter Datenhaltung vorliegen und über ein heterogenes Rechnerverbundsystem miteinander Daten austauschen. Das physikalische Zusammenführen unterschiedlicher Datenstrukturen, die auf verschiedenen Rechnerarchitekturen gespeichert sind, und das einheitliche Zugreifen von Benutzern jeder Qualifikation auf diese flächendeckenden, verschiedenartigen Daten in verteilten Datenbeständen an sich stellt schon derzeit ein schwer zu lösendes Problem dar. Gängige Datenbanken sind

Nicht-Standard-anwendungen

Knoten-Kanten-Modell, Matrixdarstellung

Relationales Datenmodell

Objektorientierte Modelle

139

ebenso wie GIS-Datenverwaltungskomponenten nicht die geeigneten Verwaltungskomponenten für diese Aufgabe, da sie im Vergleich beispielsweise mit *Hypermedia-Konzepten* ein viel zu starres Datenmodell besitzen.

Redundante Modellierung

Es gilt zu überprüfen, ob UIS-Anwendungen sich auf ein einziges Modell stützen können. Generelle Bedenken bestehen hinsichtlich der Maßstabsfrage und der Zweckgebundenheit. Unter Maßstabsfrage ist zu verstehen, ob aus einer 1:1-Abspeicherung der Objekte der realen Welt sämtliche Folgemaßstäbe durch (kartographische) Generalisierung ableitbar sind. Hier wird es eher so aussehen, daß etwa drei Maßstabsbereiche (z.B. 1:500 bis 1:2.000, 1:25.000-1:50.000, 1:200.000) redundante Daten identischer Objekte vorhalten. Bezüglich der Zweckgebundenheit ist die Frage zu beantworten, ob verschiedene Nutzer des UIS gleiche Vorstellungen ihrer Objekte haben und zwar sowohl geometrisch-topologisch (Form, Auflösung, Nachbarschaftsbeziehungen usw.) als auch von ihrer Bedeutung her (Sachdaten). Bedeutend ist auch die dritte Raumdimension sowie die Historienverwaltung, d.h. die zeitliche Dimension von Objekten. Dies stellt neue Anforderungen an die Komponenten eines Umweltinformationssystems (BILL92b).

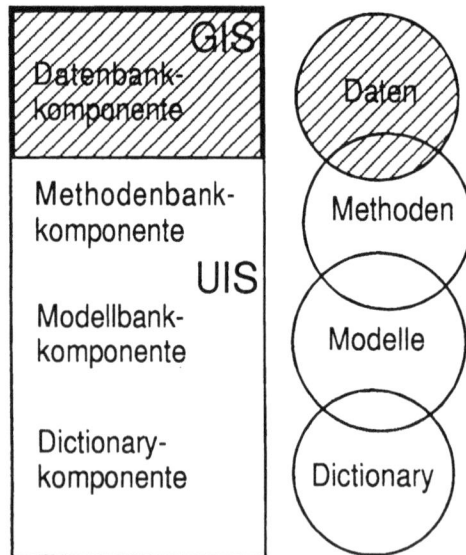

Abb. 7-6: Das erweiterte Daten- und Methodenbankmodell im UIS

Modellierungsprinzipien

Im *Ebenenmodell* als ältestem, heute aber durchaus noch gängigen Modellierungsprinzip der raumbezogenen Datenverarbeitung sind die einzelnen Geometrien oder auch ganze Thematiken in separaten Schichten abgelegt, die nichts voneinander „wissen". Die Darstellung der Elemente wird ebenfalls bei den Elementen gespeichert. Daher spricht man hier auch von Graphikdaten als Verbindung von Geometriedaten und graphischer Symbolik. Das graphische Abbild der realen Welt entsteht durch Aufeinanderlegen der Schichten am Bildschirm für Darstellungen und im Rechner für Berechnungen wie Flächenverschneidungen. Abbildung 7-7 zeigt den Ansatz des Ebenenmodells, der z.B. einer hydrologischen Sicht auf einen Ausschnitt der realen Welt entsprechen könnte. Aspekte, die den Hydrologen nicht interessieren, werden erst gar nicht erhoben. Die Sachdaten zu den Elementen in der Ebene werden z.B. in relationalen Datenbanken abgelegt, auf die durch Verzeigerungen zugegriffen werden kann.

Das *Objektklassenmodell* trennt dagegen strikt zwischen logischem Datenmodell und Darstellungsmodell. Im logischen Modell (vgl. Abb. 7-8) sind Geometrie, Topologie und Attribute zu den Objekten zusammengefaßt. Dagegen trägt das Darstellungsmodell die Information, wie ganze Objektklassen unter

Ebenenmodell

Objektklassen-modell

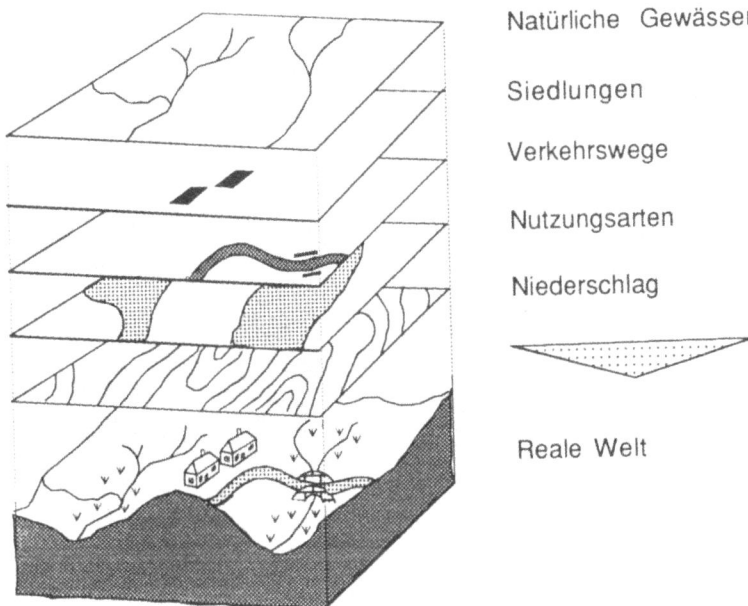

Natürliche Gewässer

Siedlungen

Verkehrswege

Nutzungsarten

Niederschlag

Reale Welt

Abb. 7-7: Das Ebenenmodell

141

einer bestimmten thematischen Betrachtung visualisiert werden. Damit wird die Information zum individuellen Objekt gebündelt und die Klasseneigenschaft zur homogenen Darstellung genutzt. Objektklassen können in mehr oder weniger hierarchischen Beziehungen zueinander stehen.

Semantisches Netz   Die bisherigen Modellierungsprinzipien vermitteln alle ein zu einfaches Bild der realen Welt. Die reale Welt läßt sich weder in Ebenen noch in Objekte mit relativ geringen hierarchisch gegliederten Beziehungen untereinander zerlegen. Daher besteht Bedarf an weiteren Konzepten. Abbildung 7-9 zeigt einen Ansatz für ein solches weitergehendes Konzept mittels eines *semantischen Netzes*. Hier verschmelzen Modellierungsprinzipien aus zwei Richtungen der heutigen Informatikforschung, nämlich der Forschung zu Datenbanken und zu wissensbasierten Systemen. Dies wird zu einer neuen Generation von Produkten (sogenannten Wissensbanken) führen, die insbesondere für derart heterogene und komplexe Anwendungen, wie sie im Umweltbereich gegeben sind, eine neue Leistungsebene eröffnen werden.

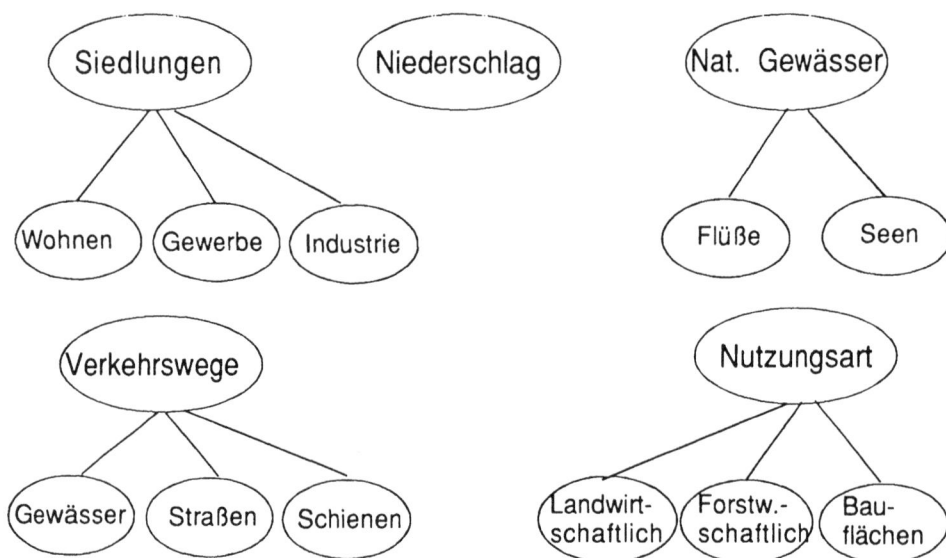

Abb. 7-8: Das Objektklassenmodell

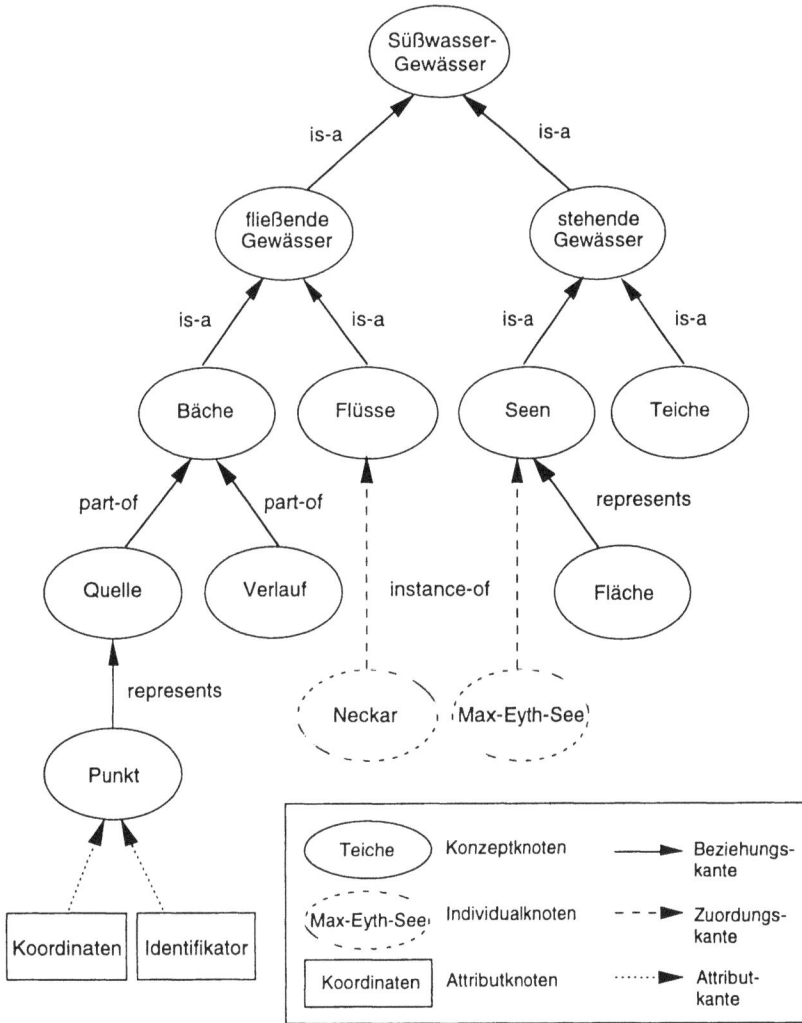

Abb. 7-9: Semantisches Netz

7.2.5 Datenverarbeitung und -analyse

Die raumbezogenen Datenverarbeitungsmethoden lassen sich nach BILL95 in wenige Hauptgruppen untergliedern:

Geometrische Methoden

Als geometrische Methoden sind z.B. Computergeometrie (Berechnung von Abständen, Richtungen, Winkeln), der Punkt-im-Polygon-Test, die Zonengenerierung, die Dreiecksvermaschung (Delaunay- oder Minimale-Gewichtstriangulation), Thiessendiagramme als Nachbarschaftsgraphen und Bildverarbeitungsalgorithmen zu nennen. Sie beruhen auf Ansätzen der Numerischen Geometrie. Bekanntester Vertreter der geometrischen Methoden ist die Flächenverschneidung, mittels der aus zwei Objektmengen (z.B. Landnutzung und Parzellen) durch Überlagerung und geometrisches Verschneiden eine neue Objektmenge gebildet wird (Parzellenanteile mit homogener Landnutzung). Anforderungen durch das UIS erweitern die geometrischen Auswertungen um maßstabs- und aufgabenbezogene Generalisierung.

Topologische Methoden

Topologische Methoden nutzen einerseits die Verknüpfungseigenschaften (wie Adjazenz und Inzidenz) der Objekte untereinander, andererseits nutzen diese Methoden als mathematisches Rüstzeug die Graphentheorie. Mittels Netzwerkanalysen lassen sich in einem linienhaften oder baumartigen Gebilde die besten Wege zwischen zwei Knoten oder der günstigste Standort unter Berücksichtigung der Erreichbarkeit bestimmen, aber auch Tourenplanungen durchführen. Häufig lassen sich solche Probleme mit Methoden aus der Optimierung und dem Operations Research lösen; teilweise genügen aber auch Lösungen, die nicht das absolute Optimum bestimmen, sondern wenigstens eine mögliche Lösung.

Statistische Methoden

Statistische Methoden beschränken sich oftmals auf beschreibende Statistik, also das Zählen, die Berechnung von Häufigkeitsverteilungen und die Charakterisierung von Phänomenen durch wenige Parameter wie Mittelwert und Standardabweichung. Die Untersuchung von Zusammenhängen bleibt der analytischen Statistik vorbehalten. Analytische Statistik beinhaltet z.B. Regressions- und Korrelationsuntersuchungen oder Multikriterienanalysen. Statistischen Hintergrund besitzen die in der raumbezogenen Datenverarbeitung unverzichtbaren Methoden wie Interpolation, Extrapolation sowie Klassifikation. Hierbei sind besonders geostatistische Methoden wie *Kriging* zu bevorzugen. Kriging beruht auf der Annahme, daß die räumliche Variable einer bestimmten Position als Funktion darstellbar ist, die sich aus einem orts*abhängigen* stochastischen Anteil (Variogramm) und einem orts*unabhängigen* stochastischen Anteil (Rauschen) zusammensetzt.

Mengenmethoden

Unter Mengenmethoden sind insbesondere die logischen Operationen zusammengefaßt, die auf der Booleschen Logik oder der relationalen Algebra beruhen. Sie dienen der Selektion und Klassifikation raumbezogener Phänomene und sollen sich daher auf räumlichen, zeitlichen und thematischen Inhalt des Datenbestandes anwenden lassen. Als weitere Methoden gelten hier Sortier- und Suchverfahren als Ordnungsmethoden sowie die Aggregation als Weg zur Übertragung von Daten aus kleinräumigen Erhebungen auf übergeordnete hierarchisch gegliederte (in der Regel administrative) Strukturen wie z.B. die Verwaltungshierarchie vom Kreis bis zum Bund. Diese dienen z.B. der Verdichtung und Aufbereitung von permanenten Beobachtungen.

Systemanalytische Methoden

Systemanalytische Ansätze versuchen beim Studium räumlicher Phänomene Annahmen und Modelle zu integrieren. Sie sind in der Regel problemspezifisch formuliert und nicht verallgemeinerbar. Als Beispiele im Umweltbereich sind z.B. Grundwassermodelle (TEUT92), Bodenerosionsmodelle, Ausbreitungsmodelle für Lärm, Schadstoffe usw. zu nennen. Mittels Simulationsmodellen (vgl. auch Kap. 10) können Szenarien generiert werden, wobei die rechnergestützte Modellbildung oftmals mit der Lösung komplexer Differentialgleichungen im Kontinuierlichen oder mit Finite-Elemente-Ansätzen im Diskreten einhergeht. Für bestimmte Phänomene kann auf Standardmodelle zurückgegriffen werden.

Geometrische Primitive	Verarbeitungsmethode	Anwendungsbeispiel
Punktförmig	Punkt-im-Polygon	Meßstationen/Gemeinde
	Interpolation	Digitales Geländemodell
	Thiessen-Polygone	Biotopverbund
	Computed Geometry	Abstände, Flächen, Zonen
Linienförmig	Beste Wege	Tourenplanung
	Topologische Analysen	Ver- und Entsorgungsnetze
Flächenförmig	Flächenverschneidung	Standortplanung für Anlagen
	Klassifikation	Landnutzungsbestimmung aus Satellitendaten
	Aggregation	Umweltführungsdaten in Verwaltungshierarchie

Abb. 7-10: Auswahl raumbezogener Methoden und ihrer Anwendungen

Zur Lösung konkreter Fragestellungen bedarf es in vielen Fällen mehrerer der in der Einleitung genannten Bausteine eines UIS. Die Kopplung verlangt von allen Systemteilen eine hohe Flexibilität der Schnittstelle, um Informationsverluste und redundante Datenhaltung zu vermeiden und eine entsprechende Performanz zu garantieren.

Offene Probleme der raumbezogenen Datenverarbeitung sind weiterhin die automatisierte kartographische Generalisierung nach Aufgabentyp und Maßstab. Im Umweltbereich bedeutet dies z.B., daß die auf Gemeindeebene erhobenen Daten (Geometrien und Sachdaten) entlang der Verwaltungshierarchie aufaggregiert werden müssen, um dem Entscheidungsträger zeitlich, räumlich und inhaltlich verdichtete Informationen als Basis für seine Entscheidung bereitzustellen.

Automatisierte Generalisierung

145

Automatische
Auswertungen

Bei der Vielzahl von permanent anfallenden Daten im UIS sind zudem automatische Auswertungen gefragt, z.B. die automatische Klassifikation von Landnutzung- oder Waldschäden aus Satellitendaten mit Fernerkundungsmethoden oder die Datenkompression von Permanentdaten bis hin zur Variantenberechnung bei Simulationsmodellen.

7.2.6 Datenausgabe und Visualisierung

Ausgabeformen

Auf der Ausgabe- und Visualisierungsseite von UIS (vgl. auch Kap. 9) werden hohe Anforderungen an die Formen und Inhalte gestellt. Der gemeinsame Raumbezug dient dazu, unterschiedlichste Phänomene in Graphiken und Karten zur Deckung zu bringen. *Ausgabeformen* reichen von interaktiven Graphiken am Bildschirm, die mittels Hardcopygeräten auch als Analogabzug erstellt werden können, bis hin zu kartographisch anspruchsvoll aufbereiteten thematischen Karten. Es werden sowohl zwei- als auch dreidimensionale kartenähnliche Graphiken nach thematischen oder selektiven Kriterien gewünscht. Anfragen an den Datenbestand können auch in Berichten und Tabellen als Ausgabemedium enden. Im UIS sind weiterhin neue Datentypen wie Zeitreihen oder Animationssequenzen graphisch zu visualisieren. Diese sind ebenso wie Berichte vermehrt in Businessgraphiken zu integrieren, d.h. „cut and paste"-Funktionen, wie sie standardmäßig in modernen Fensterumgebungen zu finden sind, sollen für *alle* Datentypen zur Verfügung stehen und sämtliche UIS-Bausteine miteinander verbinden. Die Integration von GIS, Businessgraphik, Textverarbeitung und Bürokommunikation, d.h. eine Arbeitsplatzumgebung, in der eine UIS-Auswertung als Graphik ähnlich einem DTP-System als gleichwertige Komponente neben Text u.a. behandelt wird, ist derzeit noch nicht vorhanden.Integration:von GIS

Visualisierung

Die raumbezogene *Visualisierung* setzt auf der Forschung und den Algorithmen der Computergraphik und Bildverarbeitung auf. Auch die dritte Raumdimension und quasi-realitätsgetreue Darstellungen sind hier bereits vorbereitet mit Viewtransformationen, 3D-Clipping, Farbschattierung, Verdeckung (Hidden Line und Hidden Surface), Beleuchtungsmodellen (Shading) und Volumendarstellung (Rendering, Peeling, Slicing, Rotating). Selbst die dreidimensionale Betrachtung mittels Stereobrillen ist möglich. Auf diesen Sektoren hat in den letzten Jahren eine gewaltige Entwicklung stattgefunden, so daß ein ausreichend hoher Leistungsstand vorzufinden ist.

Benutzungsober-
fläche

Die Anforderungen an die *Benutzungsoberfläche* als Kommunikationsschnittstelle zwischen System und Nutzer sind recht hoch, da nicht alle Anwender Experten sind. Vereinheitlichte, einfach zu verstehende Benutzungsoberflächen sind gefragt, die graphikorientiert, anschaulich „ikonisiert" sind und Benutzern jeglicher Qualifikation einen leicht erlernbaren Umgang mit dem System erlauben. Standards wie UNIX, X-Window oder SQL sind Voraussetzungen zur Vereinheitlichung der Benutzerumgebung. Die Unterstützung des Benutzers sollte allerdings weitreichend sein; so sind abrufbare Hilfestellung, automatische Kommandovervollständigung bis hin zu Tutorsystemen nötig, um den langen Anlernprozeß zu verkürzen.

7.3 Schlußfolgerungen und Ausblick

Die Leistungsfähigkeit des Programmverbundes in Umweltinformationssystemen ist noch an vielen Stellen weit von den Anforderungen und Erwartungen der Nutzer im Umweltbereich entfernt. Hinsichtlich der raumbezogenen Datenverarbeitung mangelt es an der Einbindung von Modellen. Die dritte Raumdimension verlangt noch große Forschungs- und Entwicklungsanstrengungen. *Große Datenmengen* für landesweite flächendeckende Umweltanwendungen schaffen noch immer Verarbeitungsprobleme. Eine erkannte, wenn auch von seiten der Forschung noch lange nicht gelöste Problematik stellt die *Datenqualität* dar, die insbesondere in den raumbezogenen Algorithmen zum Tragen kommt und dazu führen kann, daß Ergebnisse von Datenanalysen unbrauchbar sind. Gerade auch im Bereich der Benutzungsoberfläche und damit auch der Benutzerakzeptanz, zu der Aspekte wie Graphikführung, Hilfestellungen und Abfragesprachen gehören, besteht ebenfalls großer Forschungsbedarf. Hier bedarf es z.B. des Schrittes von der heutigen Standardabfragesprache SQL für relationale Datenbanken zu einer *raumbezogenen Anfragesprache*. Das nachfolgende Beispiel aus BILL95 mag dies verdeutlichen:

Große Datenmengen

Datenqualität

Raumbezogene Anfragesprache

Zeige eine Karte im Maßstab 1:250000 des Bundeslandes Baden-Württemberg mit allen Straßen ab Kreisstraßen, Forstflächen größer als 4 ha an die Straßen grenzend und alle Orte mit mehr als 5.000 Einwohnern. Die Darstellung der Straßen soll in Rot, der Forstflächen in grün mit einem Baumsymbol und der Orte mit Symbolen in Abhängigkeit der Einwohneranzahl erfolgen.

Diese Anfrage beinhaltet sowohl geometrische (Fläche 4 ha), topologische (an Straßen grenzend) als auch attributive (ab Kreisstraßen, mehr als 5.000 Einwohner) Einschränkungen. Im zweiten Teil der Anfrage – teilweise auch im ersten Teil (Maßstab 1:250.000) – wird die graphische Ausgestaltung des Ergebnisses der Anfrage spezifiziert. Daher reichen die Forderungen weit über eine Anfragesprache hinaus bis hin zu einer *graphischen Repräsentationssprache* (EGEN89):

Graphische Repräsentationssprache

• Neue Datentypen zur Beschreibung von Geometrie und Topologie sowie benutzerdefinierbare Datentypen zur Abbildung komplexer Objekte und ihrer Beziehungen.

• Neue raumbezogene Operatoren sowie benutzerdefinierte Methoden zur Behandlung der vorgenannten Datentypen.

• Einbettung graphischer Ein- und Ausgabefunktionalität in die Anfragesprache. Als Eingabefunktionalität bedarf es z.B. des Anwählens eines Objektes oder der Definition eines Fensters mit der Maus, wohingegen auf der Ausgabeseite neben der tabellarischen Form der Ausgabe auch die graphische Ausgabe gefordert wird. Diese geht sogar über die eigentliche Ergebnisausgabe hinaus und fordert die Einbettung in thematisch oder räumliche kontextsensitive Umgebungssituationen nebst Angabe einer Legende (vgl. Abb. 7-11).

• Merkfähigkeit der Retrieval-Komponente zur Verknüpfung mehrerer Anfragen und zur Fortsetzung von Anfragen unter Beibehaltung der bisher getätigten Einschränkungen wie räumliche und thematische Fenster.

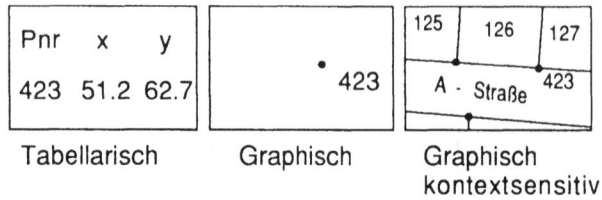

Abb. 7-11: Ergebnis einer raumbezogenen Abfrage (aus BILL95)

Allgemeine Forderungen an UIS betreffen die offene Systemarchitektur, erweiterbare Datenmodelle, gängige Datenaustauschformate, die Möglichkeit zur Einbettung eigener Programme und die Nachfrage nach wesentlich erweiterten Datenanalysemöglichkeiten. Heute verfügbare Geo-Informationssysteme stoßen hier noch immer an ihre Leistungsgrenzen, wenn es um große heterogene Datenmengen, flexible Auswertestrategien und Einbettung in einen Verbund verschiedener Softwarebausteine geht. Gerade im Bereich der Umweltinformatik bedarf es daher interdisziplinärer und integrierender Anstrengungen vieler Fachdisziplinen wie der Informatik, der Geowissenschaften und der Ökologie, um zu neuartigen Lösungsansätzen für diese komplexen Fragestellungen zu kommen.

7.4 Weiterführende Literatur

Für eine genauere Beschreibung der hier nur knapp dargestellten *raumbezogenen Methoden* sei auf BILL95 sowie die darin aufgeführte ausführliche Literatursammlung verwiesen.

Grundlagen zum Thema GIS vermitteln darüber hinaus auch die englischsprachigen Werke STAR90 und BURR89. Über Methoden und Anwendungen von GIS im Umweltbereich geben die Sammelbände GOOD93 und GÜNT92b einen Überblick.

Außerdem war „Raum und Zeit in Umweltinformationssystemen" Schwerpunktthema des 9. Symposiums „Informatik für den Umweltschutz". Ein entsprechend hoher Anteil von Beiträgen zu dieser Thematik ist im Tagungsband IFU95 zu finden.

8 Umweltinformationssysteme aus Sicht des Information Retrieval

Norbert Fuhr

Bei der Entwicklung zukünftiger Umweltinformationssysteme (UIS) müssen die besonderen Eigenschaften der zu speichernden Daten und die Art der zu beantwortenden Anfragen berücksichtigt werden. Die Daten sind häufig unsicher oder unvollständig und besitzen heterogene Strukturen und Darstellungsformen (Texte, Fakten, Abbildungen). Hierzu schlagen wir drei verschiedene Sichten auf die Datenbankobjekte vor, nämlich eine Layout-Sicht für deren Präsentation, eine logische Sicht für deren Struktur und Daten, und eine semantische Sicht für deren Inhalt. Die interaktiven Anfragemöglichkeiten an UIS erfordern die Beantwortung vager Anfragen und die Möglichkeit zur Formulierung von Anfragen unabhängig von der Struktur und der Darstellungsform des gespeicherten Wissens. Zur Behandlung von Vagheit und Unsicherheit kann das im Information Retrieval entwickelte Konzept der Anfragebeantwortung als unsichere Inferenz angewendet werden. Heterogene Datenstrukturen können durch objektorientierte Datenbanksysteme verwaltet werden. Bei multimedialen Daten ist das Problem der Integration der verschiedenen Darstellungsformen bislang unzureichend gelöst. Zukünftige interaktive Informationssysteme erfordern gegenüber derzeit existierenden Datenbanksystemen eine wesentlich erweiterte Anfragefunktionalität, wie z.B. Ranking, Browsing, Zooming, Relevance Feedback und aktives Systemverhalten. Abschließend wird auf die Notwendigkeit der empirischen Fundierung bei der Entwicklung von Informationssystemen für komplexe Anwendungsgebiete hingewiesen.

8.1 Information Retrieval und Umweltinformationssysteme

In diesem Beitrag werden Umweltinformationssysteme (UIS) in bezug auf ihre Unterstützungsfunktion bei der Informationssuche betrachtet. Die bisherige Diskussion über UIS hat sich häufig nur auf die Erweiterung herkömmlicher Datenbankmanagementsysteme (DBMS) konzentriert, um die für Umweltdaten benötigten Datentypen und Operationen in diese Systeme zu integrieren (KREM90, GUAR89). Dieser Ansatz kann allerdings nicht die grundsätzlichen Schwächen solcher DBMS überwinden, die ursprünglich für die Verwaltung betriebswirtschaftlicher und administrativer Daten konzipiert wurden. Aufgrund der Unsicherheit und Unvollständigkeit von Umweltdaten sind sowohl herkömmliche als auch objektorientierte DBMS für deren Verwaltung nur bedingt geeignet. Noch schwerwiegender ist aber die für den Einsatz als UIS völlig inadäquate *Anfragefunktionalität* solcher Systeme. Interaktive Anfragen, die erst nach mehreren Iterationen die gewünschte Antwort liefern, oder die vage Kriterien enthalten, werden unzureichend unterstützt.

Ausgehend von der Problematik des Textretrieval hat man im Information Retrieval (IR) Konzepte für vage Anfragen und unsichere Daten entwickelt, die auch bei anderen Arten von Informationssystemen anwendbar sind. Daher wird hier vorgeschlagen, bei der Konzeption von UIS stärker als bisher Ergebnisse aus dem Bereich des IR zu berücksichtigen. Hierzu wird zunächst ein konzeptuelles Modell für IR-Systeme vorgestellt und dessen Anwendbarkeit auf die UIS-Problematik diskutiert. Anschließend werden darauf basierende Lösungsansätze aus den Bereichen IR, objektorientierte DBMS, multimediale Informationssysteme und Benutzerschnittstellen zu Informationssystemen diskutiert.

8.2 Eigenschaften von Daten und Anfragen

Zunächst werden einige (für die spätere Informationssuche wichtige) Charakteristika der in UIS zu speichernden Daten beschrieben (vgl. auch Abschnitt 1.2, S. 18, sowie Kapitel 6). Hierbei gilt es, die Semantik der Daten möglichst adäquat im Rechner zu repräsentieren:

Eigenschaften von Daten

- Daten in UIS (z.B. Meßwerte) sind häufig unsicher oder unvollständig. In herkömmlichen Datenbanksystemen werden solche Daten als Ausnahmefälle behandelt, im UIS sind sie dagegen eher die Regel. Bei Texten und multimedialen Daten stellt sich das zusätzliche Problem, daß die Repräsentation von deren Semantik (abgesehen von der Unvollständigkeit) ebenfalls mit Unsicherheit behaftet ist.
- UIS müssen das zu verwaltende Wissen in unterschiedlichen Darstellungsformen speichern können: als Text oder in Form von Fakten mit festem Format bis hin zu wissensbasierten Repräsentationsformalismen. Schon bei der Speicherung von Fakten ergibt sich das Problem, daß eine Vielzahl von neuen Datentypen benötigt wird. Beispiele hierfür reichen von der Repräsentation von Meßwertreihen als stützpunktweise gegebene Funktion (mit entsprechenden Interpolationsmöglichkeiten) über geographische Daten bis hin zu Wissensrepräsentationsformalismen, wie logische Formeln oder semantische Netze.
- Die anfallenden Daten sind von heterogener Struktur. Diese Eigenschaft rührt zum einen von der unterschiedlichen Herkunft der Daten her, ist zum anderen aber auch durch den speziellen Anwendungskontext bedingt, aus dem die Daten stammen.

Bezüglich der Anfragen an zukünftige UIS werden vornehmlich die interaktiven Anfragemöglichkeiten betrachtet, da diese qualitativ neue Anforderungen an Informationssysteme stellen:

Eigenschaften von Anfragen

- Anfragen sind häufig vage. Entsprechend der Komplexität des Anwendungsgebietes kann der Informationsbedarf eines Benutzers im allgemeinen nicht durch eine einzige Frageformulierung korrekt und vollständig beschrieben werden. (Man denke z.B. an eine Frage wie „Welche Anzeichen gibt es für eine Nitratverseuchung des Grundwassers in Gebieten mit intensiver landwirtschaftlicher Nutzung?") Herkömmliche Datenbanksysteme bieten keinerlei Unterstützung für vage Anfragen.

• Anfragen müssen unabhängig von der Darstellungsform des erfragten Wissens formulierbar sein. Für viele Anfragen ist es zunächst irrelevant, ob das erfragte Wissen im UIS als Text, Faktum oder als Teil eines Wissensrepräsentationsformalismus gespeichert ist.

• Anfragen sollten möglichst unabhängig von der Struktur der gespeicherten Objekte formulierbar sein. Bei herkömmlichen Informationssystemen wird davon ausgegangen, daß sich jede Anfrage auf Objekte mit einer bestimmten Struktur bezieht. Wenn z.B. Eigenschaften von Stoffen gespeichert werden sollen, so werden diese meist in Wechselwirkung mit anderen Eigenschaften betrachtet und daher in unterschiedlichen Strukturen abgelegt. Bei der Suche nach einer einzelnen Eigenschaft sollte es dennoch möglich sein, eine einheitliche Anfrage für alle vorkommenden Strukturen zu formulieren.

8.3 Ein konzeptuelles Modell für Umweltinformationssysteme

Abbildung 8-1 zeigt das hier zugrundegelegte konzeptuelle Modell. Für ein reales Objekt der Umwelt werden Umweltdaten gesammelt und dann als Datenbankobjekt abgelegt. Umweltdaten können einfache Meßwerte oder daraus abgeleitete Daten sein, ebenso wie schriftliche Berichte, Texte von Verordnungen im Umweltbereich bis hin zu multimedialen Daten wie Fotografien, Landkarten, Tonaufzeichnungen und Bewegtbilder. Diese Daten sollen alle in einem UIS gespeichert werden. Auf der anderen Seite führt die Bearbeitung von Problemstellungen im Umweltbereich zu Informationswünschen der Benutzer, die mit Hilfe der verfügbaren Umweltdaten befriedigt werden sollen. Hierzu muß eine formalisierte Anfrage erstellt werden. Wir unterscheiden dabei drei Aspekte einer Anfrage:

1. Die Fragelogik formuliert die *Bedingungen*, die Objekte erfüllen müssen, um als Antwort zu gelten.

2. Die Fragesicht legt fest, welche *Teile* der gefundenen Objekte der Benutzer sehen möchte.

3. Die Layoutspezifikation bestimmt, in welcher *Form* die Ergebnisse angezeigt werden sollen.

Die Art der bei der Fragelogik zulässigen Anfragen bestimmt die Leistungsfähigkeit des Informationssystems. Entscheidend ist hierbei, auf welche Eigenschaften der in der Datenbank gespeicherten Objekte in der Anfrage Bezug genommen werden kann.

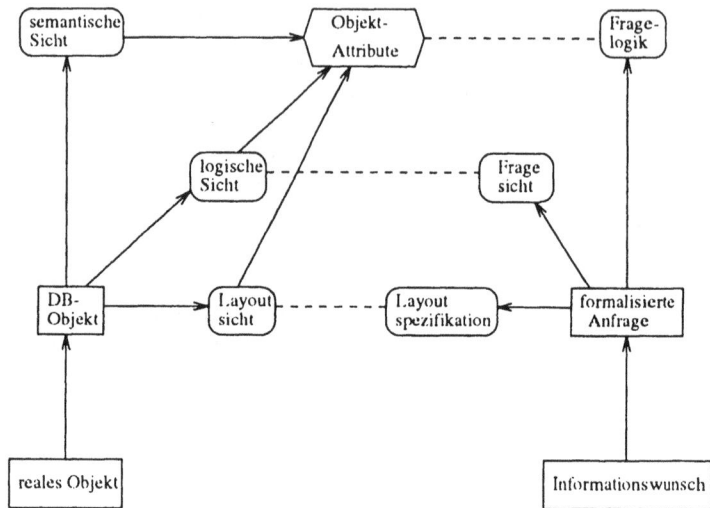

Abb. 8-1: Konzeptuelles Modell für Informationssysteme

Sichten auf Dokumente

Um diesen Aspekt zu modellieren, gehen wir von den in MEGH91 einge-führten drei Sichten auf multimediale Dokumente aus. Dieser Ansatz erweitert das im ODA(Office Document Architecture)-Standard eingeführte Konzept der verschiedenen Sichtweisen auf Dokumente. Die Layout-Sicht bezieht sich da-bei auf die Präsentation des Dokumentes auf einem geeigneten Medium (Bild-schirm, Papier), d.h. die hierfür notwendige Formatierung (die auf einer Un-terteilung des Ausgabebereiches in Seiten und rechteckige Bereiche basiert). Demgegenüber beinhaltet die logische Sicht die Unterteilung des Dokumentes in seine logischen Einheiten (Kapitel, Abschnitte, Bilder, Tabellen). Somit be-inhaltet die Layout-Sicht die Formatierungsdaten, während die „eigentlichen Daten" (z.B. Text oder Rasterbilder) zur logischen Sicht gehören. Um eine sinnvolle Informationssuche in multimedialen Datenbasen zu ermöglichen, wird zusätzlich die semantische Sicht eingeführt, die sich auf die eigentlichen Inhalte der Dokumente bezieht. (Eine einfache Realisierung dieser semanti-schen Sicht könnte z.B. in einer Deskribierung der Dokumente durch Schlag-worte bestehen.) Anfragen an das Informationssystem können sich nun auf In-halte aller drei Sichten beziehen. Beispiele für Anfragen mit Bezug zu den ver-schiedenen Sichten wären in einem UIS mit Textdokumenten etwa „Suche alle Berichte über Gefährdung des Grundwassers durch Überdüngung" (seman-tisch), „Suche alle Pressemitteilungen des Bundesumweltministeriums aus den letzten 4 Wochen" (logisch), „Suche ein Dokument, das auf der ersten Seite ein Logo in Regenbogenfarben enthält" (Layout). Meist werden in einer Anfrage aber Bedingungen an die verschiedenen Sichten in Kombination auftreten.

152

In FUHR92 wird gezeigt, daß sich Anfragen aber nicht direkt auf die Inhalte der drei Sichten beziehen, sondern auf daraus abgeleitete Objektattribute. Dies liegt hauptsächlich daran, daß es meist nicht sinnvoll ist, sich auf die Details der jeweiligen Sicht zu beziehen. Insbesondere die logische und die Layout-Sicht sind (aufgrund ihrer primären Aufgabe) zu komplex strukturiert, als daß der Benutzer sich bei Anfragen darauf beziehen könnte; gleiches kann für die semantische Sicht gelten, wenn beim Einsatz automatischer Erschließungsverfahren komplexe Repräsentationsformalismen verwendet werden. Ein weiterer Grund für die Beschränkung auf Objektattribute kann die begrenzte Mächtigkeit der Anfragesprache sein, wenn diese sich nur auf einfachere Strukturen beziehen kann. Die Leistungsfähigkeit eines UIS bei der Informationssuche hängt somit in entscheidendem Maße von den in den Objektattributen darstellbaren Inhalten ab. Je größer die Diskrepanz zwischen den eigentlichen Inhalten der Datenbankobjekte und deren Repräsentation als Objektattribute ist, umso unbefriedigender ist die Suche nach solchen Objekten. Dies gilt insbesondere für anspruchsvolle multimediale Dokumente mit (Bewegt-)Bildern oder Sprache: Deren Inhalt läßt sich gegenwärtig nur völlig unzureichend in der semantischen Sicht und damit auch bei den Objektattributen repräsentieren.

Objektattribute

Dieser oben vorgestellte Ansatz mit verschiedenen Sichten auf Datenbankobjekte läßt sich nun nicht nur auf (multimediale) Dokumente, sondern auf beliebige Arten von Objekten anwenden (FUHR92). Herkömmliche DBMS unterstützen nur die logische Sicht; die Ausgabe gefundener Objekte/Datensätze geschieht meist in einem Standardformat, anspruchsvollere Ausgabeformate hingegen müssen vom Benutzer selbst programmiert bzw. mit Hilfe von zusätzlichen DBMS-Tools realisiert werden. Bei objektorientierten Datenbanken, wo Datenbankobjekte komplexe Strukturen aufweisen können, hat man aber auch schon die Notwendigkeit einer besseren Unterstützung der formatierten Ausgabe erkannt; ein möglicher Lösungsweg hierfür wäre die Realisierung einer zusätzlichen Layout-Sicht. Im Abschnitt 8.4.2 werden wir im Zusammenhang mit heterogenen Datenstrukturen zeigen, daß auch eine semantische Sicht für Faktendaten sinnvoll ist.

Sichten auf Datenbankobjekte

Anhand des konzeptuellen Modells lassen sich die Probleme der Unsicherheit der Daten und der Vagheit von Anfragen verdeutlichen. Schon die Erhebung der Umweltdaten ist mit Unsicherheit behaftet. Zum Beispiel sind elementare Meßwerte nur von einer begrenzten Genauigkeit. Ferner ist die Anzahl der Meßstationen begrenzt, so daß über die Region zwischen zwei Meßstationen keine exakten Aussagen gemacht werden können. Schließlich sind die Meßwerte aus den verschiedensten Gründen häufig unvollständig (z.B. für weiter zurückliegende Zeiträume oder durch den Ausfall eines Meßgerätes). Somit enthält häufig bereits das Datenbankobjekt unsichere Daten. Eine zweite Art von Unsicherheit resultiert aus der Ableitung der semantischen Sicht aus den gespeicherten Daten. Zum Beispiel ist bei Texten die Repräsentation des Inhalts (z.B. durch Schlagworte) stets unsicher und unvollständig. Bei multimedialen Daten wirft die Repräsentation der Semantik noch wesentlich größere Probleme auf. Ein Informationssystem sollte diese Unsicherheiten bei der

Unsicherheit, Vagheit

Bearbeitung von Anfragen entsprechend berücksichtigen (siehe Abschnitt 8.4.1).

Auf der Seite der Fragen spielen Unsicherheit und Vagheit ebenfalls eine wichtige Rolle: Der Informationswunsch, der im Zuge der Bearbeitung eines Umweltproblems geäußert wird, kann bereits wesentliche Aspekte des Problems unberücksichtigt lassen, so daß die Antwort hierauf das eigentliche Problem nicht löst. Im nächsten Schritt muß eine formalisierte Anfrage formuliert werden. Da die natürliche Sprache weitaus mächtiger als irgendeine formale Anfragesprache ist, treten hier Informationsverluste auf. Bei komplexen Problemlösungsprozessen kommen insbesondere häufig vage Anfragen vor, die bei herkömmlichen Datenbanksystemen nicht zulässig sind. Eine Frage nach „hoher Nitratbelastung" kann meist nur über Attribute der logischen Sicht formuliert werden und muß daher bei solchen Systemen auf eine konkrete Wertebedingung abgebildet werden. Um sein eigentliches Ziel zu erreichen, muß der Benutzer dann mehrere Anfragen mit variierenden Wertebedingungen formulieren. Besser wäre es, wenn die Anfragesprache direkt solche vagen Bedingungen erlauben würde.

Zusammenfassend läßt sich also festhalten, daß wesentliche Merkmale zukünftiger UIS die *Bereitstellung der verschiedenen Sichten* (insbesondere einer ausdrucksstarken semantischen Sicht) auf Datenbankobjekte, die Möglichkeit zur *Formulierung vager Anfragen* und die Berücksichtigung der *Unsicherheit der verwendeten Repräsentationen* im Suchprozeß sein sollten.

8.4 Lösungsansätze

8.4.1 Vage Anfragen und unsichere Daten

Unsicherheit und Vagheit in Informationssystemen sind die zentralen Themen der Forschung auf dem Gebiet des IR. Ursprünglich wurden diese Probleme bei der Betrachtung von Textdatenbasen (als alleinige IR-Anwendung) identifiziert und geeignete Lösungsansätze zu ihrer Bewältigung entwickelt. In den letzten Jahren hat man aber erkannt, daß auch bei anderen Arten von Datenbasen Unsicherheit und Vagheit auftreten und daß die einmal entwickelten Methoden mit geringfügigen Modifikationen auf diese neuen Anwendungen übertragbar sind. Im folgenden werden wir zunächst den allgemeinen Ansatz und dann die speziellen Methoden für Text- bzw. Faktenretrieval vorstellen.

Bei herkömmlichen Datenbanken läßt sich die Beantwortung von Anfragen auf den Beweis dieser Anfrage mit Hilfe der im Informationssystem gespeicherten Aussagen zurückführen (REIT84). Wenn f_k die Fragelogik bezeichnet und IS die Menge der Formeln des Informationssystems, dann soll die Formel $f_k \leftarrow$ IS bewiesen werden. Mit Ausnahme von deduktiven Datenbanken beschränkt man sich im allgemeinen bei Informationssystemen aber darauf, nur einzelne Objekte in bezug auf die Anfrage zu betrachten, und berücksichtigt keine Abhängigkeiten zwischen den Objekten. Somit wird also nach einzelnen

Objekten o_m gesucht, für die die Gültigkeit der Formel $f_k \leftarrow o_m$ bewiesen werden kann.

Im IR geht man wegen der Vagheit der Anfragen und der Unsicherheit der Daten zu unsicherem Schließen über und ersetzt die zweiwertige Logik durch eine probabilistische (RIJS86). Hierbei wird nun anstelle des Beweises der Formel $f_k \leftarrow o_m$ die Wahrscheinlichkeit P $(f_k \leftarrow o_m)$ bestimmt. Dies ist die Wahrscheinlichkeit, daß der Schluß $f_k \leftarrow o_m$ korrekt ist. Als Antwort auf eine Anfrage werden dann die Objekte der Datenbank nach fallenden Werten dieser Wahrscheinlichkeit ausgegeben. Für Texte und multimediale Daten sind allerdings bislang noch keine praktikablen Methoden bekannt, um die benötigten Wahrscheinlichkeiten zu bestimmen (z.B., daß der Schluß von einem Begriff auf einen anderen korrekt ist, wie etwa UIS ← IR). Man behält daher das früher entwickelte Konzept der Relevanz bei (ein Objekt wird vom Benutzer bezüglich seiner Anfrage entweder als relevant oder als irrelevant beurteilt) und bestimmt die sogenannte Relevanzwahrscheinlichkeit P $(R|f_k, o_m)$, daß das Objekt o_m vom Benutzer als relevante Antwort auf seine Frage f_k erachtet wird. Dadurch wird es möglich, mit Relevance-Feedback-Methoden zu arbeiten, d.h. Relevanzurteile zur gleichen Frage oder zu früheren Fragen zu benutzen, um die Relevanzwahrscheinlichkeiten (für weitere Objekte) besser zu schätzen. *Probabilistische Inferenz*

Die Anwendung dieses Formalismus setzt das Vorhandensein geeigneter Objektattribute voraus. Wir betrachten zunächst den Fall der Textdatenbasen. Hier realisieren die heute in der Praxis verbreiteten Textretrievalsysteme mit ihren einfachen zeichenkettenorientierten Funktionen nur eine logische Sicht. Eine bessere Erschließung der Semantik von Texten basiert hingegen auf computerlinguistischen Verfahren (SMEA92): Grund- und Stammformreduktion (KUHL77) führen Wörter mit unterschiedlichen Flexions- (z.B. Haus/Häuser) bzw. Derivationsformen (z.B. Wohnung/wohnen) zusammen; maschinenlesbare Wörterbücher (SALT88a) helfen bei der Disambiguierung mehrdeutiger Wörter und bei der Identifikation von mehrgliedrigen Ausdrücken (insbesondere Nominalphrasen); letzteres wird auch durch robuste Parser (SALT90) unterstützt. Bei einer darauf aufbauenden Indexierung mit kontrolliertem Vokabular sind durch einen Thesaurus die möglichen Deskriptoren (die als Objektattribute Verwendung finden) vorgegeben. Ein automatisches Indexierungssystem benötigt daher ein Indexierungswörterbuch, das semantische Beziehungen zwischen den Termen des Textes (Einzelwörter und Nominalphrasen) und den Deskriptoren enthält (LUST86). Die daraus erstellte semantische Sicht wird dann mit Hilfe einer sogenannten Indexierungsfunktion auf eine Menge von probabilistisch gewichteten Deskriptoren abgebildet. Wegen des Aufwands zur Erstellung des Indexierungswörterbuches wird allerdings meistens nur mit freiem Vokabular gearbeitet, d.h., daß nur die im Text vorkommenden Terme als Objektattribute zuteilbar sind. Die semantische Sicht wird hier lediglich durch statistische Parameter zu den Termen (etwa deren Vorkommenshäufigkeit im aktuellen Dokument und in der gesamten Datenbasis) angereichert, bevor wiederum eine probabilistische Indexierungsfunktion angewendet wird (FUHR91). Beim Fehlen jeglicher Relevance-Feedback-Daten liefern auch einfachere Ge- *Textretrieval*

155

wichtungsfunktionen zufriedenstellende Ergebnisse (SALT88b). Neuere Experimente haben gezeigt, daß diese Kombination von einfachen linguistischen und statistischen Methoden bei Datenbasen realistischer Größenordnung zu guten Retrievalergebnissen führt (HARM93). Die theoretische Überlegenheit von kontrolliertem gegenüber freiem Vokabular konnte hingegen noch nicht empirisch belegt werden.

Als formalisierte Anfragen sind bei Textretrieval meist natürlichsprachliche Formulierungen zugelassen (die intern als Multi-Menge von Begriffen behandelt werden). Die Fragelogik wird dann in ähnlicher Weise wie die Objektattribute bei Textdokumenten erstellt, so daß diese im wesentlichen aus einer Menge von gewichteten Termen besteht. Boolesche Logik wird in der Fragelogik dagegen kaum verwendet, da experimentelle Untersuchungen nur Nachteile bei dieser Art von Fragelogik aufgezeigt haben. Aus dem Vergleich von Fragelogik und Objektattributen wird dann die Relevanzwahrscheinlichkeit P ($R|f_k, o_m$) geschätzt. Das so erzielte Retrievalergebnis läßt sich durch Relevance Feedback verbessern: Hierbei gibt der Benutzer Relevanzurteile zu einigen der gefundenen Dokumente ab, und das System bestimmt daraus eine veränderte Gewichtung der Frageterme, die in der Regel zu signifikant höherer Retrievalqualität führt.

Faktendatenbanken   Für vage Anfragen und unsichere Daten in Faktendatenbanken wird in FUHR90b ein ähnlicher probabilistischer Ansatz vorgestellt. Hierbei werden unsichere Daten, wie z.B. Nullwerte oder disjunktive Informationen, als Wahrscheinlichkeitsverteilungen über den entsprechenden Attributwerten repräsentiert. Durch dieses Vorgehen können in einem UIS Fehlertoleranzen von Meßwerten oder Streuungen von statistischen Daten adäquat modelliert werden. Die Vagheit der Anfragen wird durch vage Attributbedingungen modelliert; eine solche Attributbedingung enthält im Gegensatz zu herkömmlichen Anfragesprachen ein vages Prädikat (z.B. „ungefähr gleich", „eher kleiner", „eher größer"), mit dem entweder die Werte zweier Attribute (z.B. „aktueller

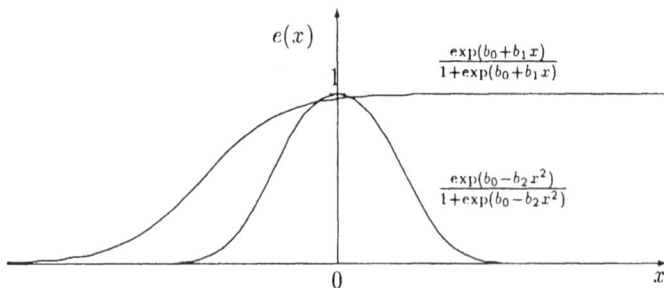

Abb. 8-2: Beispiele für logistische Indexierungsfunktionen

Jahresdurchschnitt eher größer als Vorjahresdurchschnitt") oder ein in der Frageformulierung angegebener Wert mit dem Wert eines Attributes verglichen wird. Das System berechnet dann für den entsprechenden Attributwert (bzw. mehrere Werte) eines gespeicherten Objektes ein probabilistisches Indexierungsgewicht bezüglich der vagen Attributbedingung. Hierzu wird bei numerischen Werten die relative Abweichung zwischen den beiden Werten betrachtet.

Die Abbildung auf ein probabilistisches Gewicht geschieht mit Hilfe von Regressionsverfahren, die hierzu Feedback-Daten aus früheren Benutzungen des Systems verwenden. Abbildung 8-2 zeigt zwei mögliche Gewichtungsfunktionen für die Prädikate „ungefähr gleich" und „eher größer", die sich bei logistischer Regression ergeben. Bei diesem Ansatz können die Attributwerte von beliebig komplexen Datentypen sein, es müssen nur geeignete Ähnlichkeitsmaße definiert werden. Das Regressionsverfahren bildet diese Werte dann auf Wahrscheinlichkeiten ab. Bei mehreren vagen Attributbedingungen in einer Anfrage kann der Benutzer zusätzlich die einzelnen Bedingungen unterschiedlich gewichten. Das System liefert dann eine nach fallenden Relevanzwahrscheinlichkeiten geordnete Liste von Antworten.

Ein einfaches Beispiel für eine mögliche Anwendung basiert auf der in MUSG86 beschriebenen Methode zur Suche nach chemisch ähnlichen Verbindungen zu einer vorgegebenen Substanz. Hierbei werden Stoffnamen in Namenselemente zerlegt und diese weiter in Namensstämme, wie z.B.

```
Acetanilide,4'-Formyl-,4'-(Thiosemicarbazone)
```

in:

Elemente	Stämme
ACETANILIDE	ACET
4-FORMYL	ANILID
THIOSEMICARBAZONE	AZO

Bei einem rein zeichenweisen Vergleich würde etwa für den Suchnamen

```
Acetanilide,4'-formyl-,4'-(Thiosemicarbazone)
```

keine Übereinstimmung gefunden, wohl aber eine Gleichheit bezüglich der Elemente (und auch der Stämme). Gleiches gilt für den Suchnamen

```
4'-Formyl-4'Thiosemicarbazone-Acetanilide.
```

Beim Suchnamen

```
4'- Formylacetanilid-4'-Thiosemicarbazone
```

ergibt sich dagegen nur eine Übereinstimmung auf der Ebene der Stämme. Für diese Anwendung könnte man z.B. eine Variable x mit drei möglichen Werten definieren, die für ein Paar von Suchname und Stoffname aus der Datenbank angibt, ob Gleichheit auf Zeichenketten-, Element- oder Stammebene vorliegt. Mit Hilfe von Lerndaten kann man dann für die verschiedenen Werte von x die Wahrscheinlichkeit approximieren, daß der Stoffname vom Benutzer als Antwort auf seinen Suchnamen akzeptiert wird. Ist die Stoffbezeichnung die einzige vage Bedingung in der Anfrage, so ordnet das System die Stoffnamen aus der Datenbank nach fallender Ähnlichkeit.

Fuzzy-Datenbanken   Ein ähnlicher Ansatz bezüglich vager Anfragen liegt dem Konzept der Fuzzy-Datenbanken zugrunde (ZEMA85, PRAD84). Prinzipiell werden hier differenziertere Möglichkeiten zur Modellierung von Unsicherheit und Vagheit als beim probabilistischen Ansatz angeboten. Andererseits kann deren Quantifizierung aber nicht durch empirische Daten abgesichert werden.

Hypertext   Eine alternative Strategie wird mit den Hypertext/Hypermedia-Ansätzen verfolgt (NIEL90, KUHL90). Von der grundsätzlichen Konzeption her kann man Hypertext-Systeme als Prototypen von interaktiven Informationssystemen ansehen, da hier versucht wird, das volle Spektrum von Interaktionsmöglichkeiten zwischen Benutzer und System auszuschöpfen. Der Vagheit des Informationswunsches wird dabei durch die Browsing-Mechanismen Rechnung getragen, durch die von einem Informationsknoten zu inhaltlich verwandten Knoten übergegangen werden kann. Die Verknüpfung von Knoten kann dabei sowohl qualitativ (durch verschiedene Arten von Verknüpfungen) wie auch quantitativ (durch Gewichtung) differenziert werden. Man kann Retrieval und Browsing als sich ergänzende Verfahren für vage Anfragen ansehen (FUHR90a). Browsing kann insbesondere bei relativ unspezifischen Informationswünschen eingesetzt werden (vorausgesetzt, man findet einen geeigneten Einstiegspunkt), allerdings ist die Menge der mit einer bestimmten Anzahl von Interaktionsschritten erreichbaren Knoten begrenzt. Demgegenüber sind beim Retrieval prinzipiell alle Objekte der Datenbank unmittelbar erreichbar, der Benutzer muß allerdings eine möglichst genaue Spezifikation der gesuchten Objekte geben.

8.4.2 Heterogene Datenstrukturen

Im Gegensatz zu den klassischen Datenmodellen (hierarchisches, Netzwerk- und relationales Modell) wird bei den objektorientierten Datenbanken (BERT91) das Konzept einer uniformen Struktur der zu speichernden Daten aufgegeben. Objekte mit gleichen Strukturen werden in Klassen zusammengefaßt, die Klassen sind in einer Vererbungshierarchie angeordnet. Dadurch erbt eine Klasse von den über ihr stehenden Klassen die Elemente der internen Struktur und die auf die Objekte der Klasse anwendbaren Methoden (s. Kap. 6).

Eigenschaften von objektorientierten Datenbanken   Für die Anfragefunktionalität von UIS sind folgende Eigenschaften von objektorientierten Datenbanken (OODB) besonders interessant:

• Zusammengesetzte Objekte ermöglichen die gemeinsame Speicherung, Abfrage und Ausgabe von inhaltlich zusammengehörenden Daten – im Gegensatz etwa zu einer relationalen Datenbank, wo die Daten eines Objektes häufig über mehrere Relationen verteilt sind, die durch aufwendige Join-Operationen wieder zusammengeführt werden müssen.

• Anfragen an OODB können die Objektklassenhierarchie in Form einer top-down Vorgehensweise ausnutzen, indem eine Anfrage sich stets auf eine Klasse mit all ihren Unterklassen bezieht. Die Anfrage bezieht sich entweder nur auf solche Attribute, die in allen angesprochenen Klassen vorkommen, oder es muß eine Fallunterscheidung nach Objektklassen getroffen werden.

• Durch die Trennung von interner Darstellung und den extern sichtbaren Attributen eines Objektes (Kapselung) können mit Hilfe des „Überladens" (overloading) von Methoden äquivalente Methoden für unterschiedliche Objektklassen definiert werden, so daß Objekte verschiedener Klassen einheitlich angesprochen werden können. Bekanntestes Beispiel hierfür ist die Methode „print" in Smalltalk, die auf viele Objektklassen anwendbar ist, aber jeweils unterschiedlich implementiert ist. Bei SCHR88 wird ein solcher Ansatz für OODB vorgeschlagen.

Eine wesentliche Beschränkung der Anfragefunktionalität bei OODB ergibt sich allerdings durch den Zwang zur strikten Betrachtung der Struktur der Daten. Schon wenn ein Attribut in einer Klasse genau einen Wert, in einer anderen Klasse eine Menge von Werten annehmen kann, müssen unterschiedliche Anfragen (bzw. eine Fallunterscheidung) bezüglich dieses Attributes formuliert werden. Im Kontext unseres konzeptuellen Modells rührt dieses Problem daher, daß hier nur die logische Sicht angeboten wird, für die diese Unterscheidung zwecks Erhaltung der Integrität der Daten durchaus Sinn macht. Eine semantische Sicht müßte dagegen erlauben, bis zu einem gewissen Grad die Struktur der Daten zu ignorieren. In DATR89 wird hierfür das Konzept der „Connection under Logical Independence" formuliert. Dabei gibt der Benutzer nur die Menge der ihn interessierenden Attribute an, und das System versucht (ggf. in einem Klärungsdialog) daraus eine korrekte Anfrage mit Berücksichtigung der Datenstrukturen zu formulieren. Ein Beispiel für die Realisierung dieses Konzepts ist der Ansatz der „Universal Relation" für Anfragen an relationale Datenbanken (MAIE84). Für OODB ist der Bedarf für einen entsprechenden Ansatz wegen der vielfältigen Strukturen der Objektklassen wesentlich größer, aber natürlich ist hier die Realisierung dieses Konzeptes auch ungleich schwieriger.

Anfragen in objektorientierten Datenbanken

Doch auch die Auswahl der relevanten Attribute kann bereits Schwierigkeiten bereiten, wenn einem vagen Konzept verschiedene Paare (Attributname, Wertebedingung) zugeordnet werden können. (Z.B. enthalten Stoffdatenbanken häufig verschiedene Attribute, die gleiche oder ähnliche Eigenschaften von Stoffen nach verschiedenen Methoden bewerten; erschwerend kommt hinzu, daß meist nur für wenige dieser Attribute Werte zu einem Stoff vorhanden sind.) Diese Abbildung müßte durch die semantische Sicht geleistet werden. Das in KRAC89 beschriebene System leistet einen Teil dieser Aufgabe, indem es hilft, zu Begriffen aus der Anfrage die passenden Datenbankattribute zu finden.

8.4.3 Multimediale Informationssysteme

Entsprechend der Natur der anfallenden Daten muß ein UIS in der Lage sein, Wissen in verschiedenen Darstellungsformen zu speichern. Seit einigen Jahren wird an der Entwicklung solcher multimedialer Informationssysteme gearbeitet (siehe z.B. WOEL87, MEYE91a). Dabei hat man sich aber bislang hauptsächlich neben den physischen Aspekten auf die logische und die Layout-Sicht konzentriert. Insbesondere beschränkt sich die Integration der verschiedenen Darstellungsformen im wesentlichen auf die gemeinsame Speicherung und Ausgabe, während Querverbindungen zwischen Daten in unterschiedlicher Darstellungsform nur über vordefinierte explizite Verknüpfungen möglich sind.

Wissensbanken Engere Kopplungen unterschiedlicher Darstellungsformen wurden bislang hauptsächlich zwischen wissensbasierten Methoden und formatierten Daten unter dem Schlagwort „Wissensbanken" (Knowledge Base Management System) untersucht (siehe z.B. BROD86, SCHM89). Dabei werden im wesentlichen zwei Zielrichtungen verfolgt:

1. Rein logische Wissensrepräsentationsformalismen werden entweder mit der Datenbank gekoppelt (z.B. Prolog, siehe BANC86) oder direkt in diese integriert (CERI90).

2. Die stärkere Berücksichtigung von terminologischem Wissen und Integritätsbedingungen in Datenbanken war das Hauptziel bei der Entwicklung von semantischen Datenmodellen (HULL87), die durch OODB im wesentlichen abgelöst worden sind. Darauf aufbauend wird derzeit die Integration von logischen Formalismen untersucht (siehe z.B. KIFE92).

Ausgehend von dem ersten Ansatz wird in PARS89 ein Konzept zur zusätzlichen Integration von Textretrieval und Hypertext vorgeschlagen; allerdings bleiben Vagheit und Unsicherheit hier völlig unberücksichtigt.

Ein bislang unzureichend gelöstes Problem ist die von Darstellungsform und Datenstruktur unabhängige Behandlung inhaltlich orientierter Anfragen: Für die Beispielfrage nach der Nitratbelastung kann in Texten mit diesem und ähnlichen Stichwörtern gesucht werden. Wenn dagegen zugleich in gespeicherten Meßwerten nach entsprechenden Informationen gesucht werden soll, dann muß z.B. ein Attribut wie Nitratgehalt in Kombination mit einer entsprechenden Wertebedingung spezifiziert werden. Wünschenswert wäre eine Darstellungsformen-unabhängige Formulierung von Anfragen. Dies läuft wieder auf eine entsprechende Anreicherung der semantischen Sicht hinaus, die eine einheitliche Repräsentation unabhängig von der Darstellungsform realisieren müßte.

8.4.4 Interaktive Informationssysteme

Betrachtet man die Anfragefunktionalität derzeit existierender Informationssysteme, so erkennt man, daß diese in erster Linie im Hinblick auf die Schnittstelle zu Anwendungsprogrammen konzipiert wurde: Die angebotenen Funktionen folgen dem Konzept der Stapelverarbeitung, wo auf eine korrekt formulierte Anfrage umgehend die endgültige Antwortmenge geliefert wird.

Wesentliche Konzepte für interaktive Schnittstellen zu Informationsssystemen sind dagegen vage Frageformulierungen und eine iterative Vorgehensweise. Beispiele für die Berücksichtigung dieser Konzepte sind die genannten Verfahren im Information Retrieval, die mit Relevance Feedback arbeiten, und die Browsing-Strategien bei Hypertext/Hypermedia.

Basierend auf den herkömmlichen Systemschnittstellen wurden im Bereich der Faktendatenbanken bislang hauptsächlich drei Ansätze zur Gestaltung interaktiver Schnittstellen verfolgt (siehe auch DATR89):

- *Frageformulierungshilfen* dienen dazu, die Anfrage des Benutzers in eine systemgerechte Frageformulierung zu übersetzen. Das in WILL84 beschriebene System RABBIT stellt die Konzepte der zugrundeliegenden Datenbank als semantisches Netzwerk dar. Anstelle der Formulierung einer Anfrage navigiert der Benutzer durch dieses Netzwerk; Bedingungen werden dadurch formuliert, daß prototypische Antwortobjekte kritisiert werden, wofür spezielle Befehle zur Verfügung stehen. Der Autor nennt diesen Ansatz „query by reformulation", was den interaktiv-iterativen Prozeß der Frageformulierung unterstreicht. Das in FISC88 vorgestellte System HELGON versucht, diesen Ansatz mit einer verbesserten semantischen Sicht zu kombinieren; hierzu wird eine wissensbasierte Terminologie-Komponente benutzt, die die Abbildung von Benutzerkonzepten auf Datenbank-Attribute unterstützt. Frage-formulierungshilfen

- *Datenbank-Browser* zeigen jeweils einen Ausschnitt der Datenbank in Form einer Menge von Objekten, die gemäß einer vorgegebenen Ordnungsrelation benachbart sind (MOTR86). Um den angezeigten Ausschnitt auf die den Benutzer interessierenden Elemente der Datenbank zu verschieben, stehen bestimmte Navigationsoperationen zur Verfügung. In den meisten dieser Systeme erlauben aber der angebotene Befehlssatz und die vereinfachte Sicht auf die Datenbank nur die Beantwortung relativ einfach strukturierter Fragen. Allerdings ist im Hinblick auf Anwendungen weniger die Mächtigkeit der Anfragesprache das entscheidende Kriterium, als vielmehr das Ausmaß, in dem die tatsächlich vorkommenden Frageformulierungen unterstützt werden.

- Das Konzept der *Generalisierung* kehrt die sonst übliche top-down-Vorgehensweise von einer Frageformulierung zu konkreten Antwortobjekten um. Stattdessen gibt der Benutzer ein Antwortobjekt vor, aus dem das System durch Generalisierung die eigentliche Anfrage ableitet. Das bekannteste Beispiel für diesen Ansatz ist das System „query by example" (ZLOO75).

Neben diesen mehr an herkömmlichen Datenbankanwendungen orientierten Ansätzen wird für interaktive Informationssysteme aber eine erweiterte Anfragefunktionalität benötigt: Erweiterte Anfragefunktionen

- *Relevance Feedback* ist eine Methode zur impliziten Reformulierung der Anfrage aufgrund von Benutzerbeurteilungen einzelner Antwortobjekte zur gleichen Anfrage. Über die im Textretrieval üblichen binären Relevanzbeurteilungen hinausgehende Funktionen sollten insbesondere auch differenziertere Benutzerbeurteilungen zulassen. Das oben erwähnte System RABBIT erlaubt beispielsweise den Bezug auf einzelne Attributwerte eines Objekts, die akzeptiert oder abgelehnt werden können, und darüber hinaus können auch explizit Wertebedingungen formuliert werden.

• Um *vage Anfragen* zu unterstützen, muß das System einerseits entsprechende vage Prädikate als Bedingungen in der Frageformulierung zulassen, andererseits müssen auch nicht-boolesche Frageformulierungen unterstützt werden.

• *Ranking von Antwortobjekten* anstelle der Ausgabe einer festen Menge von Objekten ergibt sich als Konsequenz sowohl aus der systemimmanenten Unsicherheit von Daten und Repräsentationen als auch durch das Zulassen von vagen Anfragen. Durch die Ordnung der Objekte nach fallenden Wahrscheinlichkeiten P $(f_k \leftarrow o_m)$ kann der Benutzer die Liste der Objekte so weit durchsehen, wie er das für sinnvoll hält, ohne an einer bestimmten Stelle gezwungen zu sein, zur Anforderung weiterer Objekte umständlich seine Anfrage zu reformulieren (wie dies bei heutigen booleschen IR-Systemen der Fall ist).

• *Automatische Strukturierung von Antwortmengen* ist eine Erweiterung des Ranking-Ansatzes, bei dem im Gegensatz zur ungeordneten Antwortmenge des booleschen Retrieval eine lineare Ordnung der Objekte erzeugt wird. Gerade bei Faktendatenbanken ist es aber häufig möglich, eine differenziertere Strukturierung der Antwortmenge zu erzeugen und diese dem Benutzer offenzulegen, statt ihn erst die Objekte durchsehen zu lassen, damit er selbst diese Struktur erkennt. Z.B. könnte bei einer Anfrage, die aus einer Menge von Bedingungen besteht, die Klasseneinteilung der Antwortmenge entsprechend den jeweils erfüllten Bedingungen erfolgen; bei vagen Bedingungen können die Antwortobjekte als Punkte im n-dimensionalen Raum visualisiert werden.

• Das bereits oben erwähnte Konzept des Browsing bildet die zentrale Operation in *Hypertext-Systemen,* wo verschiedene Arten von Verknüpfungen von Objekten unterstützt werden (typisierte vs. untypisierte Kanten, globale Verknüpfungen vs. Referenzen auf Objektteile wie z.B. Textpassagen oder Abbildungen; KRÜG91). Insbesondere sollten hier auch vage Ähnlichkeitsbeziehungen zwischen Objekten unterstützt werden, und es sollte die Kombination von Browsing mit gezielten Anfragen möglich sein (z.B. eine Suche nach Stoffen mit gleichem Anwendungsbereich, aber geringerer Umweltgefährdung).

• *Zooming* erlaubt die Betrachtung von Objektmengen auf verschiedenen Abstraktionsniveaus. Diese Technik wird z.B. in Hypertext-Systemen angewandt, um dem Benutzer einen (globalen oder lokalen) Überblick über die Struktur des Hypertext-Dokumentes zu geben. Aber auch für Faktendatenbanken kann man sich Zooming-Operatoren vorstellen, wie dies z.B. durch die Präsentationsgraphik von Spreadsheet-Programmen eindrucksvoll demonstriert wird. Ein Beispiel für Zooming und Browsing bei komplexen Objekten ist das in PINT90 beschriebene SATELLITE-System für Software-Module.

• *Verzögerte Disambiguierung* ist eine speziell für komplex strukturierte Datenbanken sinnvolle Technik, bei der für verschiedene mögliche Interpretationen einer Anfrage zunächst deren Antworten berechnet werden, bevor ein Klärungsdialog mit dem Benutzer initiiert wird. Häufig gibt es nur für eine der möglichen Interpretationen nichtleere Antwortmengen bzw. dem Benutzer sind zusätzliche implizite Randbedingungen bekannt, die die Interpretation eindeutig machen, so daß sich die Rückfrage erübrigt.

Die vorstehend diskutierten Funktionen stellen nur die Basisfunktionen eines interaktiven Informationssystems dar. Darauf aufbauend kann dann die eigentliche Benutzerschnittstelle implementiert werden, die auf die jeweilige Anwendung zugeschnitten sein sollte. Je nach Komplexität der Anwendung ist auch eine multimodale Benutzerschnittstelle vorzusehen, die verschiedene Suchstrategien ermöglicht (s. ROPP91). Ein solches System sollte möglichst aktiv den Benutzer unterstützen, indem z.B. versucht wird, Mißverständnisse zu korrigieren, indem Fragen überbeantwortet oder Reformulierungen der Anfrage vorgeschlagen werden; darüber hinaus sollte ein aktives Hilfesystem Teil der Benutzerschnittstelle sein, um die Bedienung zu erleichtern.

8.5 Ungelöste Probleme und Ausblick

Die in diesem Beitrag diskutierten Anforderungen an UIS gründen zum einen auf den in der Literatur diskutierten Problemstellungen (MUSG86, PAGE86b, WITT89, IFU89, PAGE90a), zum anderen auf den Ergebnissen eines Projektes zu einem ähnlichen Anwendungsbereich (Projekt „Zugang zu Werkstoffdatenbanken: Benutzerforschung und Systementwurf", KNOR90), an dem der Autor beteiligt war. Im Rahmen dieses Projektes wurden 15 Recherchen an existierenden Werkstoffdatenbanken beobachtet, von denen 14 aus Sicht der Endbenutzer als Fehlschläge beurteilt wurden. Die Analyse der Recherchen ergab, daß die unzureichende Funktionalität der betrachteten Systeme hauptsächlich verantwortlich für dieses negative Ergebnis war (AMME88a, AMME88b). Für UIS sollten daher ähnliche empirische Studien durchgeführt werden, um fundierte Aussagen über die benötigte Funktionalität machen zu können. Dadurch können auch für Systeme, die mit herkömmlicher Datenbanktechnologie realisiert werden sollen, realistische Aussagen über die zu erwartende Leistungsfähigkeit gemacht werden.

Notwendigkeit empirischer Studien

Die Entwicklung neuartiger Informationssysteme für Umweltanwendungen und ähnliche Anwendungen mit unsicherem Wissen, vagen Anfragen und heterogenen Informationsstrukturen stellt eine wichtige Herausforderung für die Informatik dar. Dabei müssen viele grundlegende Konzepte, die zu Zeiten der Batch-Verarbeitung im Hinblick auf die damals vorherrschenden Anwendungen als allgemeingültig formuliert wurden, nun revidiert werden. Zum Beispiel sind Kriterien wie Vollständigkeit und Korrektheit eines Verfahrens im Hinblick auf vage Anfragen und unsichere Daten von sekundärer Bedeutung. Die Bewertung der Effizienz eines Informationssystems wird zurücktreten hinter die Betrachtung der Effektivität, mit der das System den Benutzer bei der Lösung seiner eigentlichen Aufgabenstellung unterstützt. Sowohl die Konzeption als auch die Beurteilung solcher Systeme ist nur auf der Basis interdisziplinärer und empirischer Forschung sinnvoll (s. COY89, LUFT89).

Effizienz versus Effektivität

8.6 Weiterführende Literatur

Neuere Entwicklungen im Bereich der objektorientierten Datenbank-Managementsysteme werden im Band „Advances in Object-Oriented Database Systems" (DOGA94) vorgestellt

Einen aktuellen Überblick über multimediale Systeme gibt B. Furht in FURH94, ein Ansatz zur Modellierung hyper-medialer Informationssysteme wird in KLAS94 vorgestellt.

WONG95 gibt eine einheitliche Darstellung von herkömmlichen Information-Retrieval-Modellen, die auf Aussagenlogik basieren; der Übergang zu Prädikatenlogik in Form von Hornlogik wird in FUHR95 beschrieben.

9 Visualisierung von Umweltdaten

Ralf Denzer, Harald F. Mayer, Wernfried Haas

Bei der Darstellung von Umweltsachverhalten wird man mit Daten konfrontiert, die einen örtlichen Bezug (Geographie), einen inhaltlichen Bezug (darzustellende Werte) und einen Hintergrundbezug (weitergehende Sachdaten, die zwar im Bild nicht dargestellt werden, aber zu einem Sachverhalt gehören) haben.

Es gibt im wesentlichen drei wichtige Klassen von Darstellungsverfahren, die eine Rolle spielen: 1. die Wissenschaftliche Visualisierung (scientific visualization, Visualisierungstechniken), 2. graphische Benutzerschnittstellen und 3. geographische Informationssysteme und computergestützte Kartographie. Die folgenden Ausführungen befassen sich mit Theorie und Praxis der Visualisierungstechniken im Umweltschutz.

Anhand einiger Beispiele soll das allgemeine Problem der Darstellung von Sachverhalten aus dem Umweltschutz beleuchtet werden. Es werden auch weitergehende Möglichkeiten aufgezeigt.

9.1 Vorgehensweise bei der Visualisierung

9.1.1 Komplexität der Umweltsachverhalte

Die grundsätzliche Vorgehensweise bei der Visualisierung von Sachverhalten liegt in der Transformation der Sachverhalte in einen Bildraum. Diese Transformation ist grundsätzlich eine Manipulation an den Sachverhalten, worüber sich jeder bewußt sein sollte, der sie anwendet. Gemessen an den Ausgangsinformationen kann die Transformation durchaus verzerren und sie beeinflußt erheblich die Interpretation des Bildes, welches dem Betrachter schließlich präsentiert wird.

Typischerweise sind die Objekte, welche in Behörden und in der Umweltforschung zu visualisieren sind, komplexe Aggregate von Einzelinformationen. So wird z.B. bei Altlasten heute in der Praxis ein Vielfaches an Datenmaterial für jedes Objekt erhoben als noch vor einigen Jahren. Einzelne Objekte bestehen durchaus aus mehreren hundert Einzelmerkmalen.

Komplexe Aggregate

> *Bei der Visualisierung von Umweltsachverhalten haben wir es meist mit komplexen Objekten zu tun, die in einen Kontext eingeordnet sind.*

Bezüge zu den
Sachverhalten

Die Einzeldaten zu einem Sachverhalt weisen drei wesentliche Bezüge auf:

- den raumzeitlichen Bezug (Einordnung in die Geographie),
- den inhaltlichen Bezug (die darzustellenden Werte),
- den Hintergrundbezug (weitergehende Sachinformationen).

Aufgaben der
Visualisierung

Aus diesen Bezügen ergeben sich für die Visualisierung zwei grundsätzliche Aufgabenstellungen:

- die Darstellung an sich (Visualisierung des inhaltlichen und raumzeitlichen Bezugs);
- der Zugang zum Hintergrundbezug (interaktive graphische Benutzerschnittstelle).

Die folgenden Ausführungen beziehen sich auf die Darstellung an sich. Ein Überblick über die Anwendung interaktiver Benutzerschnittstellen findet sich in DENZ92b.

9.1.2 Von den Daten zum Bild

Selektion

Auf dem Weg von Daten zu einem Bild werden eine Reihe von Schritten durchgeführt, welche in Abb. 9-1 gezeigt sind. Ausgehend von einer in der Regel sehr großen Menge von Rohdaten und ihrem inhaltlichen Kontext wird eine Teilmenge ausgewählt und vorverarbeitet (Selektion). Die für die Visualisierung ausgewählten Merkmale kommen dabei in der Regel von mehreren Objekttypen (z.B. eine Gesamtschau aus Altlasten, Wasserschutzgebieten, Biotopen usw.).

Bildtransformation

Die selektierten Daten werden im nächsten Schritt durch eine graphische Kodierung in den Bildraum abgebildet (Bildtransformation). Diese graphische Kodierung kennzeichnet das Visualisierungsverfahren.

Kontext

In einem weiteren Schritt wird das somit erzeugte Bild in seinen Kontext eingeordnet, d.h. es werden die Bezüge zu der graphischen Kodierung (die Legende) und zu weiteren (im Bild nicht visualisierten) Daten hergestellt. Letzteres geschieht durch interaktive Benutzerschnittstellen, mit denen man Objekte selektiert, um deren Kontext zu betrachten (z.B. Sachdaten zu einer auf der Karte dargestellten Altlast). Die einzelnen Schritte werden in den nächsten Abschnitten ausführlich betrachtet.

9.1.3 Selektion

Will man einen bestimmten Zusammenhang darstellen, so wählt man zunächst alle interessierenden Merkmale aus den gewünschten Objekten bzw. Objekttypen aus. Diese Selektion kann eine im Sinne des Wortes einfache „Auswahl" sein, sie kann aber auch eine Vorverarbeitung von Daten bzw. Sachverhalten sein. Hierzu zwei Beispiele:

Beispiel 1: Stelle die aktuellen CO-Luftgütemeßwerte über einer Karte als Balkengraphen an ihren geographischen Positionen dar.

166

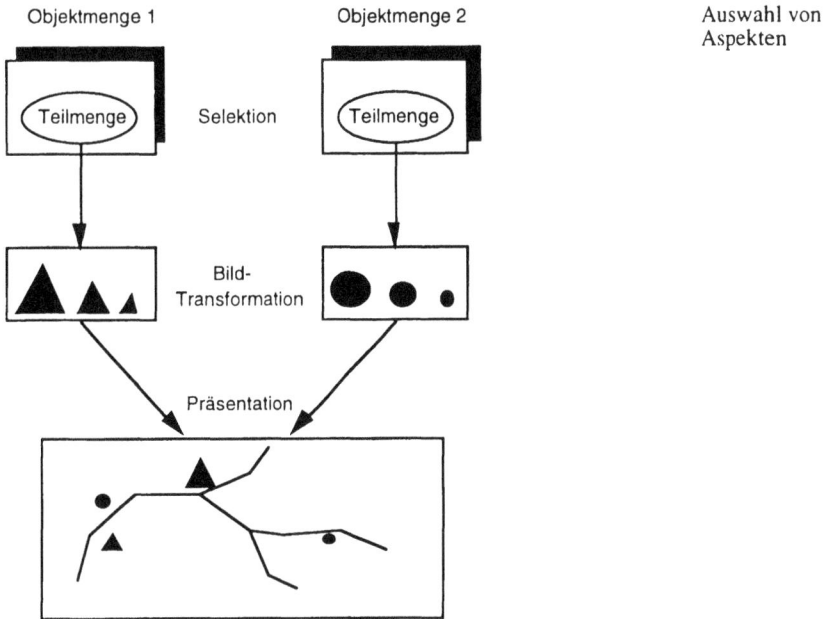

Auswahl von
Aspekten

Abb.: 9-1: Vorgehensweise bei der Visualisierung

In diesem Fall (vgl. HUME93) beschränkt sich die Selektion auf die Auswahl eines Objekttyps. Als selektierte Daten werden Meßwerte zu einem Zeitpunkt t genommen. Wenn man davon absieht, daß die Rohdaten zuvor einer
Qualitätskontrolle unterzogen werden (vgl. SCHI92), um Fehler durch Meßgeräte und ähnliches auszuschließen, erfolgt bei dieser Art von Selektion keine
weitere Manipulation der Daten. Die Präsentation erfolgt durch eine lineare Abbildung vom Meßbereich der Werte auf die Länge eines Balkens (Abb. 9-2).

Diese Art der Kodierung ist anschaulich und den meisten Betrachtern
auch ohne nähere Erläuterung vertraut, so daß im Regelfall keine Fehlinterpre-
tation erfolgt.

Beispiel 2: Stelle die Belastung der Rohmilch in Österreich nach Gebieten
gleicher Belastung dar.

In diesem Fall erfolgt die Selektion durch eine Klassenbildung unter dem
Aspekt „Gebiete gleicher Belastung". Wie diese Klassenbildung vorgenommen
wird, unterliegt zunächst der Willkür desjenigen, der die Visualisierung durch-
führt. Man kann äquidistante oder statistische Klassen wählen. Welche Wahl
hier getroffen wird, liegt oft an spezifischen Eigenheiten bestimmter Daten.
Diese Aspekte werden in FUCH93 ausführlich diskutiert.

Statistische
Klassifikation

Bei der Selektion werden die Ursprungsinformationen manipuliert.

167

Meßbereich-Ende

lineare
Bildtransformation

Meßbereich-Anfang

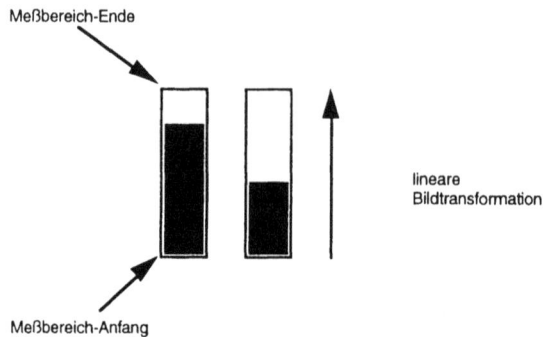

Abb. 9-2: Einfache Selektion und lineare Bildtransformation

Das Aussehen eines Bildes verändert sich also je nachdem, wie man die Ursprungsdaten klassifiziert. Es ist daher wichtig, an dieser Stelle festzuhalten, daß Selektion grundsätzlich die Ursprungsinformation manipulieren kann und daß dies sogar in der Regel geschieht.

Selektionsverfahren Typische Verfahren, die im Umweltbereich schon auf der Stufe der Selektion verwendet werden, sind lineare und statistische Analyse (vgl. FUCH93), örtliche Interpolation (z.B. in den Luftgütekarten in UBA92a) oder auch flächige Interpolationen im Bildraum, die z.B. eine Ortskoordinate und die Zeit betreffen (siehe Beispiel 8). Interpolationen in den Daten verfälschen grundsätzlich die Daten, aber oft bleibt keine andere Wahl, wenn z.B. kein dichteres Wertenetz vorhanden ist. Grundsätzlich sind Interpolationen legitime Mittel, solange sie als solche gekennzeichnet sind.

9.1.4 Bildtransformation

Im zweiten Schritt erfolgt eine Transformation der selektierten Sachverhalte in eine bildliche Darstellung. Bei dieser Transformation werden beliebige graphische Verfahren verwendet, stammen sie nun aus der Kartographie oder der Computergraphik.

> *Bei der Bildtransformation werden die Ursprungsinformationen manipuliert.*

Es ist klar, daß mit der Transformation in ein Bild eine erhebliche Manipulation der Sachverhalte einhergeht. Nur als ein Beispiel sei die Manipulationsmöglichkeit mit Farben genannt. Auch über diese Manipulation müssen sich sowohl Erzeuger als auch Betrachter eines visualisierten Sachverhalts im klaren sein, um mögliche Fehlinterpretationen auszuschließen.

9.1.5 Einordnung des Bildes in den Kontext

Nachdem durch Selektion und Transformation Manipulationen an den ursprünglichen Sachverhalten geschehen sind, was eine Eigenart jeglicher visueller Aufbereitung ist, muß gewährleistet werden, daß die generierte Darstellung möglichst sachgemäß interpretiert wird.

> *Ein Bild ohne Angabe der Selektions- und Transformationsmechanismen besitzt in der Regel keine Aussagekraft.*

Dies muß dadurch geschehen, daß bei Bildern, die der Präsentation für andere Personen und nicht dem eigenen Hausgebrauch dienen, alle Randbedingungen mit dem Bild aufgeführt werden, die zur Entstehung des Bildes geführt haben. So wie z.B. eine Karte ohne Legende unvollständig ist, gilt dies für jegliche bildliche Aufbereitung, es sei denn, ihre graphische Kodierung ist allgemeiner Kenntnisstand.

> *Bei der Visualisierung mittels Computer kann man gegenüber der Kartographie die Interaktivität dazu nutzen, den Kontext der visualisierten Sachverhalte bereitzustellen.*

Die Medien Papier (Druck) und Computer (Bildschirm) unterscheiden sich bezüglich ihrer Möglichkeiten vor allem in folgender Hinsicht: Die Druckausgabe hat eine wesentlich höhere Auflösung und bietet mehr Platz, ist hingegen statisch, so daß man oft beobachten kann, daß Karten mit soviel Information wie möglich gefüllt werden. Der Hintergrundbezug ist nicht verfügbar. Der Bildschirm hingegen besitzt eine wesentlich schlechtere Auflösung, ist erheblich kleiner, ist aber ein dynamisches Medium. Weitergehende Kontextinformation ist beliebig einblendbar und das Bild kann dynamisch verändert werden. *(Randnotiz: Auflösung und Interaktivität)*

Die Vorteile der computergestützten Visualisierung liegen also vor allem in der Dynamik und Interaktivität und der Fähigkeit, beliebige Kontextinformation über benutzerangepaßte graphische Benutzerschnittstellen darzustellen. Eine weitere mächtige Möglichkeit liegt in der Animation.

9.1.6 Zusammenfassung

Erzeuger und Betrachter eines Bildes müssen sich darüber im klaren sein, daß auf dem Weg von den Ursprungsdaten zum Bild eine Reihe von Manipulationen stattfinden, die technisch und inhaltlich legitim und oft sogar notwendig sind. Vom Produzenten des Bildes muß man verlangen, daß er Randbedingungen und Abbildungsverfahren angibt und – wo nötig auch innerhalb des Bildes – kommentiert. Wird diese Grundregel befolgt, so ist die Visualisierung ein mächtiges Hilfsmittel.

Richtig verwendet gibt es im Umweltschutz zu der Verwendung von Visualisierungsmethoden keine Alternative. Bei keinem anderen Kommunikationsmedium hat der Transportkanal eine annähernd hohe Bandbreite. Bei keinem anderen Medium kann man sich der menschlichen Fähigkeiten der Mustererkennung so gut bedienen. In kaum einem anderen Fachgebiet sind die Zusammenhänge so komplex und die Modelle noch so neu (wenn man sie z.B. mit denen der Ingenieurwissenschaften vergleicht). In keinem anderen Fachge- *(Randnotiz: Vorteile)* biet kommt es so ausgeprägt auf das Verständnis von Wirkungszusammenhängen an.

Ein wichtiger Vorteil der Visualisierung liegt des weiteren darin, daß keine Modellvorstellungen vorausgesetzt werden, wie dies z.B. oft bei statistischen Auswerteverfahren geschieht (Annahme einer bestimmten Verteilung). Sie ist also besonders geeignet, wenn man noch keinerlei Vorstellung über Zusammenhänge in einem vorliegenden Datensatz besitzt.

In den folgenden Abschnitten verwenden wir Arbeitsmaterial aus der Praxis, um die besprochenen allgemeinen Prinzipien mit Beispielen zu illustrieren. Diese Farbtafeln sind auf den Seiten 180ff. zu finden.

Die Beispiele zeigen unter anderem, wie schwierig es ist, die oben formulierte Forderung nach vollständiger Angabe der Selektions- und Transformationsmechanismen in der Praxis umzusetzen. So sind die Legenden teilweise unvollständig (z.B. fehlende Maßeinheiten) und Transformationen nicht erklärt. Weil die gezeigten Bilder von Experten für das jeweilige Fachgebiet interpretiert wurden, waren die vorhandenen Angaben jedoch ausreichend.

Welche Selektions- und Transformationsmechanismen in der Zielgruppe einer visuellen Darstellung als „allgemeiner Kenntnisstand" betrachtet werden können, hängt somit stark vom Vorwissen und der fachlichen Ausrichtung dieser Personen ab. Bei der Veröffentlichung von visuellem Arbeitsmaterial, das in Fachkreisen benutzt wird, ist in der Regel eine zusätzliche Erklärung und Dokumentation notwendig.

9.2 Visualisierung von Umweltsachverhalten

9.2.1 Das allgemeine Darstellungsproblem

Die allgemeine Aufgabe der Darstellung von Umweltsachverhalten kann folgendermaßen beschrieben werden.

Parameterraum

Der darzustellende Sachverhalt ist ein Vektor $\underline{p}$ von Parametern mit raumzeitlichem Verhalten

$$\underline{p} \;=\; \underline{p}(x,y,z,t,\underline{p})$$

wobei (9-1)

$$\underline{p} \;=\; (p_1(x,y,z,t,\underline{p}), p_2(x,y,z,t,\underline{p}),...,p_n(x,y,z,t,\underline{p}))$$

die Werte bzw. Funktionen der Parameter sind und (x,y,z,t) die raumzeitlichen Koordinaten des darzustellenden Sachverhalts, also der realen oder simulierten Welt. Im folgenden wird (9-1) der Einfachheit halber als *Parameterraum* bezeichnet.

Insbesondere können die Funktionstypen der Parameter $p_1, p_2,...,p_n$ von unterschiedlicher Natur sein. Manche von ihnen können räumlich kontinuierlich (9-2) oder quasi-kontinuierlich (z.B. gemessen oder berechnet in einem Gitter, das wegen seiner Dichte als kontinuierlich angenommen werden kann) sein, manche können diskret sein (9-3).

$$\underline{p}^k = \underline{p}^k(x,y,z,t,\underline{p}) \qquad (9\text{-}2)$$

sind die kontinuierlichen Parameter,

$$\underline{p}^d = \underline{p}^d(x,y,z,t,\underline{p}) \qquad (9\text{-}3)$$

sind die diskreten Parameter.

Beispiel 3: Stelle die Schwermetallbelastung in einem Gebiet und mögliche Verursacher dar.

Hierbei handelt es sich um eine typische kartographische Darstellung von Isoflächen (vgl. BART93). Die Schwermetallbelastung ist ein räumlich kontinuierlicher interpolierter Parameter und die möglichen Verursacher sind räumlich diskrete Parameter.

Kartographische Darstellung

Darstellungsraum

Der Raum, der zur Darstellung zur Verfügung steht, wird beschrieben durch

$$\underline{d} = \underline{d}(\overline{x},\ \overline{y},\ \overline{z},\ \overline{t},\underline{v}) \qquad (9\text{-}4)$$

wobei $\overline{x}$, $\overline{y}$, $\overline{z}$, $\overline{t}$ die künstlichen raumzeitlichen Koordinaten der Darstellung sind und $\underline{v}$ die visuellen Variablen (Größe, Helligkeitswert, Muster, Farbe, Richtung, Form; eine gute Einführung in die graphische Zeichenlehre findet sich in BERT74).

Darstellungsraum

In der Folge wird (9-4) als *Darstellungsraum* bezeichnet.

Visualisierungsmethode

Die *Visualisierungsmethode* ist die Abbildung vom Parameterraum in den Darstellungsraum.

$$\underline{p} \rightarrow \underline{d} \qquad (9\text{-}5)$$

Je nachdem, wie sich die Daten des Sachverhalts zusammensetzen, hat man bei dieser Abbildung unterschiedliche Freiheitsgrade. So kann man z.B. relativ einfach durch Verwendung von Symbolen eine große Anzahl von Parametern auf einer Karte darstellen, wenn es sich um räumliche Punktdaten handelt. Je mehr Parameter räumlich kontinuierlich ausgebreitet sind, um so geringer werden in diesem Fall die nutzbaren Freiheitsgrade.

Visualisierungs-methode

Grundsätzlich kann man beliebige Parameterkoordinaten und raumzeitliche Koordinaten des Parameterraums auf beliebige Darstellungskoordinaten abbilden.

Bei der überwiegenden Anzahl von verwendeten Darstellungsverfahren im Umweltbereich werden die realen raumzeitlichen Koordinaten auf die entsprechenden Pendants (oder auf eine Teilmenge von diesen) abgebildet, d.h. die realen Ortskoordinaten kommen auf Ortskoordinaten des Bildraums zu liegen und die reale Zeit wird auf die Animationszeit abgebildet:

$$x \rightarrow \bar{x}, \quad y \rightarrow \bar{y}, \quad z \rightarrow \bar{z}, \quad t \rightarrow \bar{t} \tag{9-6}$$

Dabei können einzelne Koordinaten unberücksichtigt bleiben. Abbildungen von diesem Typ werden in der Folge als *geometrieerhaltend* bezeichnet. Sie erzeugen ein Bild (oder eine Bildfolge: Animation), welches die realen raumzeitlichen Verhältnisse widerspiegelt. Die Parameterwerte werden dabei durch die visuellen Variablen kodiert, also Symbole, Farben, usw.

Teilweise geometrieerhaltende Abbildungen sind solche, bei denen ein Teil der Ortskoordinaten aus dem Parameterraum auf die analogen Ortskoordinaten des Bildraums abgebildet werden und weitere raumzeitliche Koordinaten des Bildraums für die Kodierung von Parametern verwendet werden. Sie ordnen Parameter in den realen räumlichen Kontext ein, verwenden aber darüber hinaus Freiheitsgrade zur abstrakten Darstellung von Parametern. Bei diesem Typ der Abbildung überwiegt noch das geographische Abbild der Realität.

Nicht-geometrieerhaltende Abbildungen schließlich sind solche, bei denen das Bild nur wenig mit der realen Geometrie gemeinsam hat. Die raumzeitlichen Koordinaten des Bildraums werden hier für die Kodierung beliebiger Orts-, Zeit- oder Parameterkoordinaten verwendet. Auch wenn einzelne räumliche Koordinaten auf ihre Pendants im Bildraum abgebildet werden, überwiegen doch die Koordinaten, bei denen dies nicht der Fall ist. Es entstehen abstrakte Darstellungen.

9.3 Geometrieerhaltende Abbildungen

9.3.1 Geometrieerhaltende zweidimensionale Abbildungen

Die für den Umweltbereich typischste und derzeit am weitesten verbreitete Form der Darstellung ist die Karte. In diesem Fall werden die x- und y-Koordinaten des Parameterraums auf die x- und y-Koordinaten des Bildraums abgebildet. Die dritte Ortskoordinate und die Zeitkoordinate bleiben unberücksichtigt. Die Kodierung der Parameterwerte erfolgt mittels der Symbolik der Kartographie (vgl. IMHO72).

9.3.2 Geometrieerhaltende dreidimensionale Abbildungen

Je mehr reale räumliche Parameter auf räumliche Parameter im Bildraum abgebildet werden, umso schwieriger wird es, mehr als einen Parameter darzustellen, da die Zahl der Freiheitsgrade abnimmt. Geometrieerhaltende dreidimensionale Abbildungen sind daher (wohl auch aufgrund des Aufwands) relativ selten im Umweltbereich anzutreffen, am ehesten noch bei der Dar-

stellung von räumlichen Simulationsergebnissen. In diesem Fall ergibt sich
folgende Abbildung:

$$x \to \bar{x}, \quad y \to \bar{y}, \quad z \to \bar{z}, \quad \underline{p} \to \underline{v} \qquad (9\text{-}7)$$

Die realen Ortskoordinaten werden auf die Ortskoordinaten und der Parameterwert auf eine oder mehrere visuelle Variablen abgebildet. Falls in einem
der vorigen Fälle zusätzlich die reale Zeitkoordinate auf die Zeitkoordinate des
Bildraumes abgebildet wird, sprechen wir von *Animation*.

Beispiel 4 (Farbtafeln 3 und 4): Stelle den Grundwasserstrom bei einem
geplanten Tunnelbau dar.

Für die Planung eines Tunnelbauprojekts in einer ökologisch sensiblen Tunnelbau
Landschaft müssen die Änderungen auf den Grundwasserhaushalt simuliert
werden. Im konkreten Fall sind die Einflüsse unterschiedlicher Baumethoden
zu untersuchen. Dazu muß auch der dynamische Vorgang des Tunnelvortriebs
simuliert werden. Die Veränderungen des Grundwasserspiegels und anderer
Strömungsvorgänge im Grundwasser werden mit Hilfe von partiellen Differentialgleichungen modelliert. Die hierbei entstehenden Systeme von partiellen
Differentialgleichungen sind wegen der Komplexität der Geometrie und der
involvierten Randbedingungen im Normalfall nicht mehr analytisch lösbar.
Daher wird zu deren Lösung auf approximative, numerische Verfahren zurückgegriffen. Die Methode der Finiten Elemente ist ein solches numerisches Verfahren, in dem durch eine Diskretisierung des Modells in endlich kleine
(„finite") Elemente das System der partiellen Differentialgleichungen in ein
System von algebraischen Gleichungen überführt und somit einer numerischen
Behandlung zugänglich gemacht wird.

In Farbtafel 3 (s. S. 180) ist das dafür verwendete Finite-Elemente-Netz
über die dazugehörige geographische Landkarte gelegt, um die örtlichen
Zusammenhänge zu verdeutlichen. Der Tunnel wird von Nord nach Süd vor-
getrieben und beeinflußt dabei die darüberliegenden Grundwasserschichten. In
Farbtafel 3 ist der Tunnelvortrieb etwa bis zur Hälfte fortgeschritten. In der
Nähe des Tunnels wird das FE-Netz dichter gewählt, weil hier eine größere
Genauigkeit der Berechnung erforderlich ist als in weiter entfernten Bereichen.

In Farbtafel 4 (s. S. 180) sind berechnete Simulationsergebnisse dargestellt. Der Grundwasserspiegel wird dabei geometrieerhaltend als Fläche im
Bildraum gezeigt und überhöht dargestellt. Dies ist notwendig, weil die Höhen-
differenzen im Verhältnis zu der Ausdehnung in Länge und Breite gering sind
und deshalb kaum erkennbar wären. Zusätzlich ist die Höhe des Grundwasserspiegels farblich kodiert. Die Legende gibt die Zuordnung der Farbe zur Grundwasserhöhe in m.ü.M. an. Die graue Röhre in der Bildmitte symbolisiert den
Tunnelvortrieb, in diesem Bild von rechts unten nach links oben. Neben der
Grundwasserhöhe liefert die Simulationsrechnung auch ein Geschwindigkeits-
feld als primäres Resultat, welches Richtung und Geschwindigkeit des Grundwassers an allen Punkten im Simulationsgebiet angibt. Dieses Vektorfeld ändert
sich mit fortschreitendem Tunnelvortrieb.

Partikelsimulation

Die Strömungsverhältnisse werden durch das Verfolgen von masselosen, virtuellen Partikeln im Strömungsfeld dargestellt. Da diese Partikelbahnen in einem instationären Feld nicht konstant sind, kann die Bewegung der Partikel direkt nur in einer Animation dargestellt werden. Eine Animation kann aber nur mehr an einem Graphikterminal oder auf Video ausgegeben werden. Bei Einzelbildern aus solchen Animationssequenzen geht jegliche Information über Richtung und Geschwindigkeit der Partikel verloren. Um die Bewegung der Partikel auch in einem statischen Bild sichtbar zu machen, wird in Farbtafel 4 eine Variante mit einer definierbaren „Nachleuchtzeit" der Partikel verwendet. Dabei werden ältere Ausprägungen der Partikel immer dunkler und durchsichtiger, bis sie letztlich verschwinden. Die neuesten Ausprägungen der Partikel (aktueller Zustand) sind rot dargestellt.

Diese Art der Darstellung kann etwa mit der Fotografie eines Feuerwerks verglichen werden, wo die Verschlußzeit entsprechend lange eingestellt wird. Damit erhält der Betrachter auch auf statischen Einzelbildern Hinweise auf die Richtung und Geschwindigkeit der Partikel.

Beispiel 5 (Farbtafeln 5 und 6): Stelle die Grundwasserverhältnisse bei einem geplanten Flußkraftwerksbau dar.

Auch bei der Planung eines Flußkraftwerks müssen die Veränderungen auf das Grundwasser vorab simuliert werden, um ungünstige Planungsentscheidungen zu verhindern. Wiederum wird die Finite-Elemente-Methode verwendet, um die Grundwasserverhältnisse zu simulieren. In Farbtafel 5 sind jene drei Schichten im Boden dargestellt, welche in dieser Simulationsrechnung von Bedeutung sind. Die unterste Fläche stellt die wasserundurchlässige Schicht und damit auch eine Grenze des modellierten Bereichs dar. Die mittlere, farbkodierte Fläche stellt den Grundwasserspiegel dar. Die Farbe ist hier, wie im vorausgegangenen Beispiel, ein zusätzlicher Indikator für die Höhe des Grundwassers. Das darüberliegende Gitternetz zeigt das der Simulation zugrundeliegende Finite-Elemente-Netz und gleichzeitig die Geländeoberkante. Jede dieser Schichten wird dreidimensional geometrieerhaltend dargestellt, wobei die Höhenkoordinaten wiederum überhöht sind und der Abstand zwischen den einzelnen Schichten aus Gründen der Übersichtlichkeit zusätzlich vergrößert wurde. Für den Betrachter am Bildschirm ist dieser Abstand interaktiv einstellbar.

Isolinien, Isoflächen

In Farbtafel 6 sind dieselben Simulationsergebnisse mittels einer Isoliniendarstellung zu sehen. Eine Isolinie besteht aus allen Punkten (x,y) einer Funktion f(x,y), die den gleichen vorgegebenen Funktionswert besitzen. Bei der Verallgemeinerung auf dreidimensionale Funktionen f(x,y,z) spricht man von Isoflächen.

9.4 Teilweise geometrieerhaltende Abbildungen

Der typische Fall dieser Darstellungsart ist das Wertegebirge über einer   Wertegebirge
Karte. Die x- und y-Koordinaten des Darstellungsraums werden wie im vorigen
Fall auf x- und y-Koordinaten des Bildraums abgebildet. Darüber hinaus dient
die z-Koordinate des Bildraums der Kodierung eines Parameterwertes p_1, d.h.
die Abbildung erfolgt gemäß

$$x \to \overline{x}, \quad y \to \overline{y}, \quad p_1 \to \overline{z} \qquad (9\text{-}8)$$

Damit entsteht bei einem flächenhaft gegebenen Parameterwert eine flächenhafte Darstellung als Wertegebirge. Zusätzlich können auf dieser Fläche
mittels visueller Variablen (z.B. der Farbe) weitere Parameter oder abgeleitete
Parameter (z.B. Isolinien) dargestellt werden.

9.5 Nicht-geometrieerhaltende Abbildungen

9.5.1 Nicht-geometrieerhaltende zweidimensionale Abbildungen

Die vorangegangenen Verfahren setzen direkt die örtlichen Verhältnisse   Abstrakte
des Parameterraums in den Darstellungsraum um. Bei der Klasse der nicht-geo-   Abbildung
metrieerhaltenden Abbildungen werden hingegen Parameter- bzw. raumzeitliche Koordinaten beliebig in den Darstellungsraum abgebildet, wobei die Abbildung ein mehr oder minder abstraktes Bild erzeugt. Diese Abbildungen bieten einige Möglichkeiten, die zum Teil (zumindest im zweidimensionalen Fall
des Darstellungsraums) relativ einfach realisierbar sind, leider aber im Umweltbereich noch wenig verwendet werden.

Beispiel 6 (Farbtafel 7): Stelle die zeitliche Entwicklung der Nitratbelastung
einer senkrechten Probe im Boden dar.

In diesem Fall (vgl. MAYE92b) werden in senkrechter Richtung im
Bereich von -40 cm bis -300 cm mehrere Nitrat-Meßwerte über einen Zeitraum von mehreren Monaten erhoben. Räumlich und zeitlich dazwischen-
liegende Werte müssen interpoliert werden. Die Abbildung geschieht wie folgt:

$$t \to \overline{x}, \quad z \to \overline{y}, \quad p_1 \to v_1 \quad (Farbe) \qquad (9\text{-}9)$$

Dabei wird der Parameter p_1, die Nitratbelastung, auf die visuelle Variable   Nitratbelastung des
Farbe abgebildet. Das Ergebnis ist eine farbige Interpolationsebene, bei der der   Bodens
Nitratwert – wie das üblicherweise geschieht – in der Farbskala von blau
(niedrige Werte) nach rot (hohe Werte) abgebildet wird. Fehlende Meßergebnisse, durch fehlerhafte Meßgeräte oder durch Werte unterhalb der Meßge-
nauigkeit, werden durch Weiß farbkodiert. Im vorliegenden Beispiel war die
Erdkruste im Januar vereist, so daß keine Messungen an der Oberfläche möglich waren. Es ist von großer Bedeutung, fehlende Werte zu kennzeichnen und
nicht ohne Kommentar zu interpolieren, so daß der Betrachter unterscheiden

175

kann, welche Daten gemessen wurden und welche nicht vorhanden sind. Zusätzlich zu den Nitratwerten werden noch Klimadaten und Grundwasserdaten graphisch dargestellt. Der oberste, rote Graph gibt den Tagesmittelwert der Lufttemperatur zwischen −20 und +40 Grad Celsius an. Die Tagessummen des Niederschlags werden durch blaue Säulen dargestellt. Von den Grundwasserdaten werden die elektrische Leitfähigkeit (gelb), die Grundwassertemperatur (rot) und der Grundwasserstand (blau) als Graphen dargestellt. Am unteren Bildrand ist eine Zeitskala (Datum) angegeben.

Diese Kombination der Darstellung von verschiedenen Meßwerten bringt neue Erkenntnisse für die Zusammenhänge zwischen Nitratbelastung und anderen Umwelteinflüssen. Da diese Werte über einen großen Zeitraum gemessen werden, wurde hier die Zeitachse animiert: In einer Videoanimation laufen alle Meßwertkurven und -darstellungen von rechts nach links ab, wobei Farbtafel 7 ein Einzelbild aus dieser Animationssequenz darstellt. Wegen der geringen Auflösung von Videobildern wurde auf eine vollständige Legende verzichtet.

Beispiel 7: Stelle den Tagesgang der SO_2-Halbstundenmittelwerte einer Luftgütemeßstation über das gesamte Jahr dar.

In diesem Fall erfolgt ebenfalls eine Abbildung auf die Ebene, allerdings werden hier die x- und y-Achsen mit zwei Zeitachsen unterschiedlicher Auflösung belegt.

$$t \to \overline{x}, \quad t \to \overline{y}, \quad p_1 \to v_1 \quad (Farbe) \tag{9-9}$$

Jahresgang

Die x-Achse des Bildraums bildet dabei alle 365 Tage des Jahres, die y-Achse des Bildraums alle 48 Halbstundenmittelwerte eines Tages ab. Im Unterschied zu Beispiel 6 erfolgt hier keine Interpolation, da es sich bei allen Halbstundenmittelwerten um reale Meßwerte handelt. Der darzustellende Parameter wird hier wiederum auf die Farbe abgebildet (Abb. 9-3).

In diesem Fall erfolgt eine Klassifikation der Werte nach festen Grenzwerten, und jeder Klasse wird eine Farbe zugeordnet.

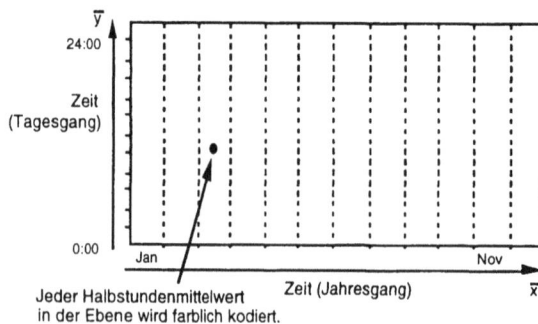

Abb. 9-3: Darstellung eines Tagesganges im Jahresablauf

Wieviel Umwelt braucht Europa?

Umweltüberwachungs- und Informationssysteme zur flächendeckenden Erfassung und Verarbeitung von Meßdaten

☐ **Luftqualität**
☐ **Wasserqualität**
☐ **Radioaktivität**
☐ **Kernkraftwerke**
☐ **Industriebetriebe**
☐ **Fischereikontrolle**
☐ **Studien**

Wie sauber ist die Luft, das Wasser, der Boden? Fundierte Antworten darauf liefern Umweltüberwachungs- und Informationssysteme (UIS) von Dornier.

Seit den frühen siebziger Jahren planen, entwickeln und installieren wir im Auftrag von Behörden und Unternehmen Umweltinformationssysteme von lokaler, regionaler und internationaler Ausdehnung. Sie messen die Schadstoffbelastung in der Luft, im Wasser, im Boden und bereiten die Daten nutzergerecht auf.

Die UIS bearbeiten komplexe Zusammenhänge, interpretieren, visualisieren und bringen so Transparenz in die Umweltsituation.

Umweltschutz braucht gute Ideen – und die richtige Technik.

Daimler-Benz Aerospace

Dornier

Informations- und Kommunikationssysteme

Dornier GmbH
VIG
88039 Friedrichshafen
Telefon (075 45) 8-80 69
Telefax (075 45) 8-86 81

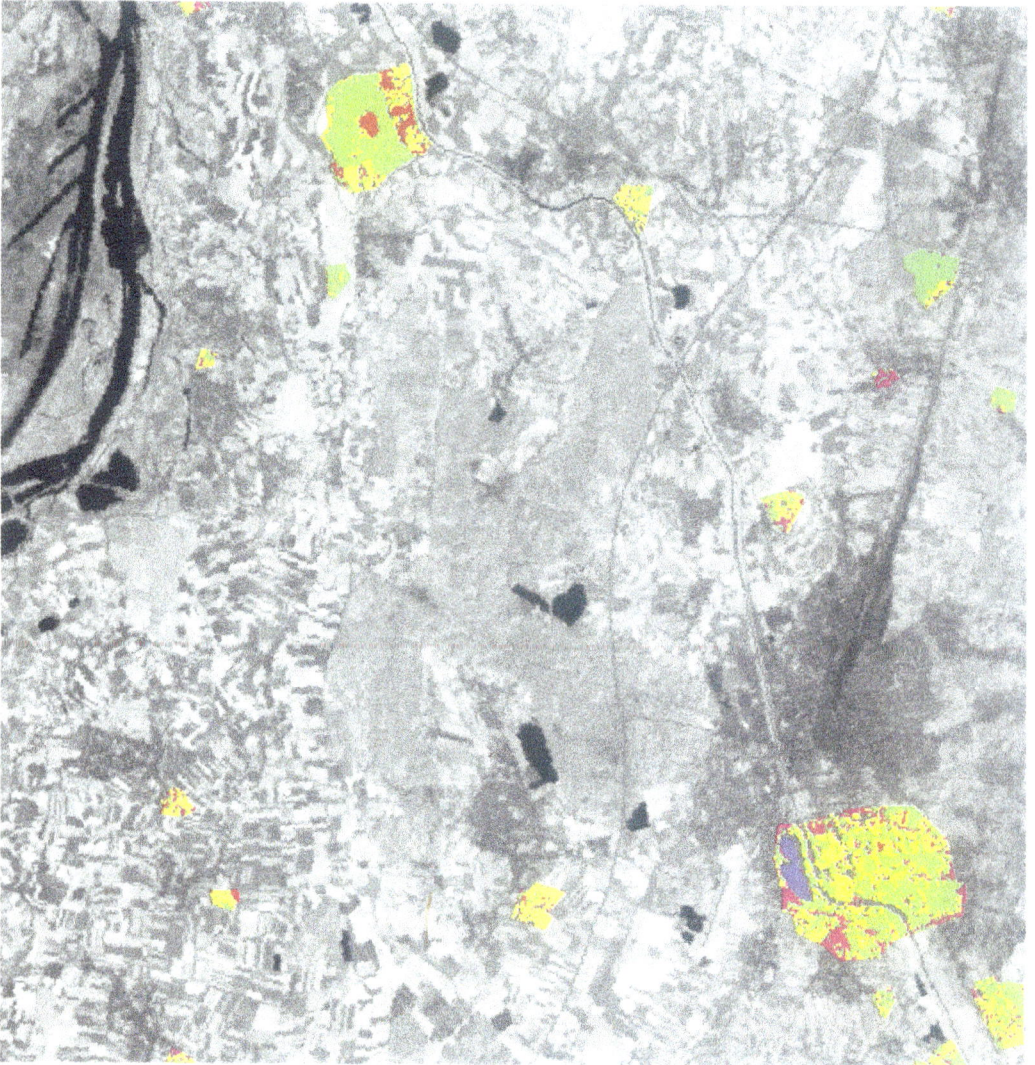

Farbtafel 1: Überwachung der Landnutzung in den Wasserschutzgebieten im Raum Offenburg im Jahr 1990 durch Fernerkundung (Ausschnitt 15 × 15 km^2). Die farbigen Flächen zeigen die durch eine multitemporale Klassifizierung von Landsat-TM-Daten ermittelte Landnutzung in den Wasserschutzgebieten (alle drei Schutzzonen). Die Farben haben folgende Bedeutung: gelb → Ackerland ohne Maisanbau; hellrot → Maisanbau; dunkelrot → Siedlung; hellgrün → Grünland; dunkelgrün → Wald; blau → Wasserflächen. Die grauen Anteile des Bildes sind eine Visualisierung der Daten des TM-Kanals 4 (nahes Infrarot) vom 5. Mai 1990 und verdeutlichen die Situationsumgebung der Schutzgebiete. Die Grenzen der Wasserschutzgebiete wurden aus dem digitalen Datenbestand des Grundwasser-Risikokatasters der Wasserwirtschaftsverwaltung Baden-Württemberg übernommen (s. S. 96ff.).

Farbtafel 2: Überwachung von Bestandsveränderungen der Waldflächen bei Offenburg im Oberrheintal durch Fernerkundung: Die farbigen Flächen entsprechen der Ausdehnung der Waldfläche gemäß der Topographischen Karte 1 : 50.000. Die grünen Flächen entsprechen den durch eine multispektrale Klassifikation der Landsat-TM-Szenen vom 5. Mai und 9. August 1990 ermittelten Waldklassen (Laub- und Mischwald). Die gelben Flächen wurden in der Klassifikation anderen Landnutzungsklassen zugeordnet. Durch eine Differenzbildung der Auswertungen der Landsat-TM-Daten vom 7. September 1989 und dem 5. Mai 1990 konnten im „Gottswald" (Bildmitte) Veränderungen der Bestandsfläche (rote Flächen) aufgezeigt werden, die vermutlich durch den Windwurf der Wirbelstürme „Vivian" und „Wiebke" Anfang des Jahres 1990 verursacht wurden (s. S. 97 ff.).

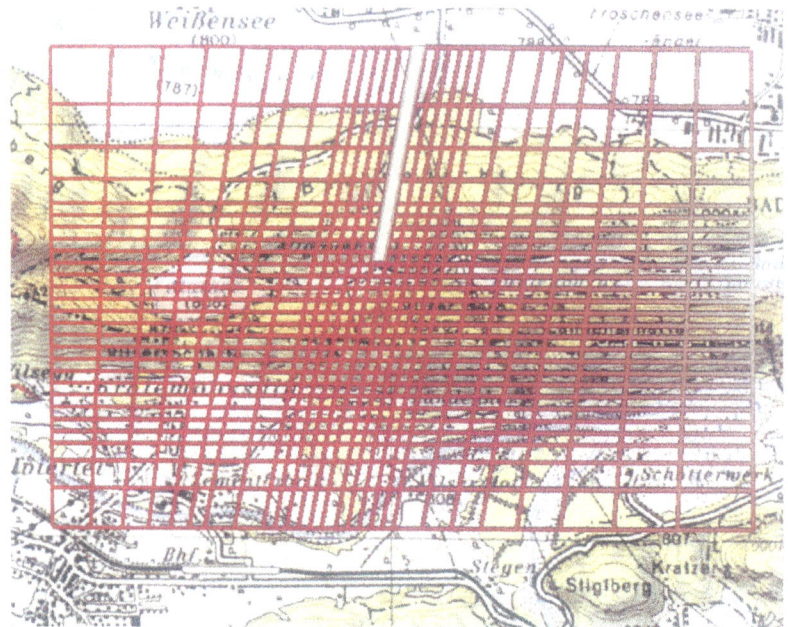

Farbtafel 3: Finite-Elemente-Netz für die Simulation eines Tunnelvortriebs, auf die dazugehörige Landkarte überlagert (s. S. 173)

Quelle: Institut für Informationssysteme der Forschungsgesellschaft Joanneum, Graz

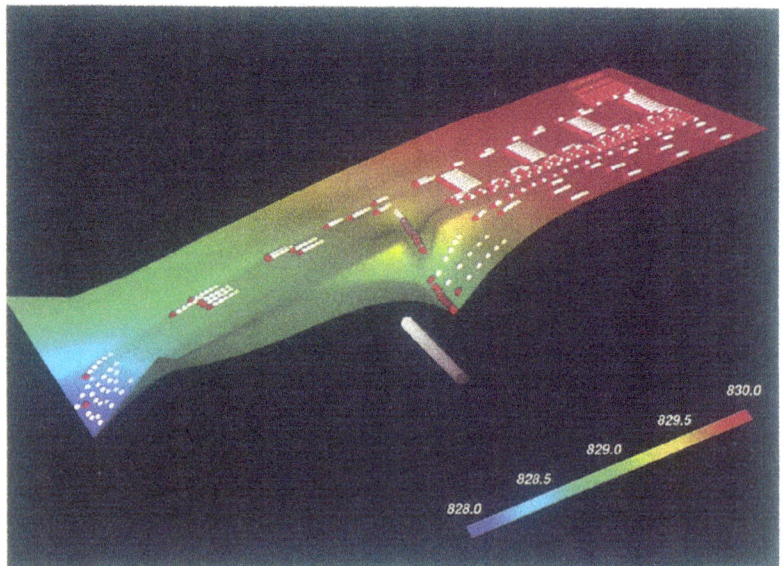

Farbtafel 4: Partikelsimulation zur Visualisierung von Strömungsvorgängen im Grundwasser während eines Tunnelvortriebs (s. S. 173)

Quelle: Institut für Informationssysteme der Forschungsgesellschaft Joanneum, Graz

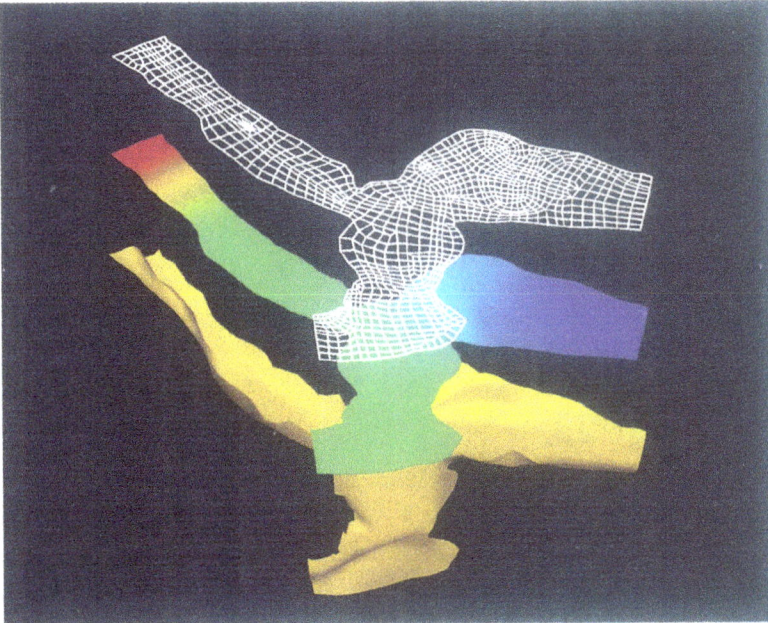

Farbtafel 5: Grundwassersimulation beim Bau eines Flußkraftwerks; Darstellung der für die Berechnung relevanten Schichten (s. S. 174f.)

Quelle: Institut für Informationssysteme der Forschungsgesellschaft Joanneum, Graz

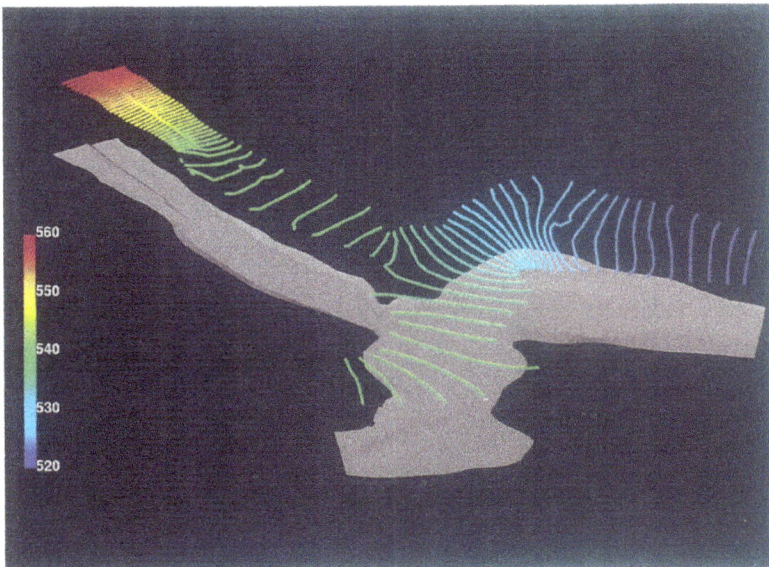

Farbtafel 6: Ein berechnetes Grundwasserprofil in Isolinien-Darstellung (s. S. 174f.)

Quelle: Institut für Informationssysteme der Forschungsgesellschaft Joanneum, Graz

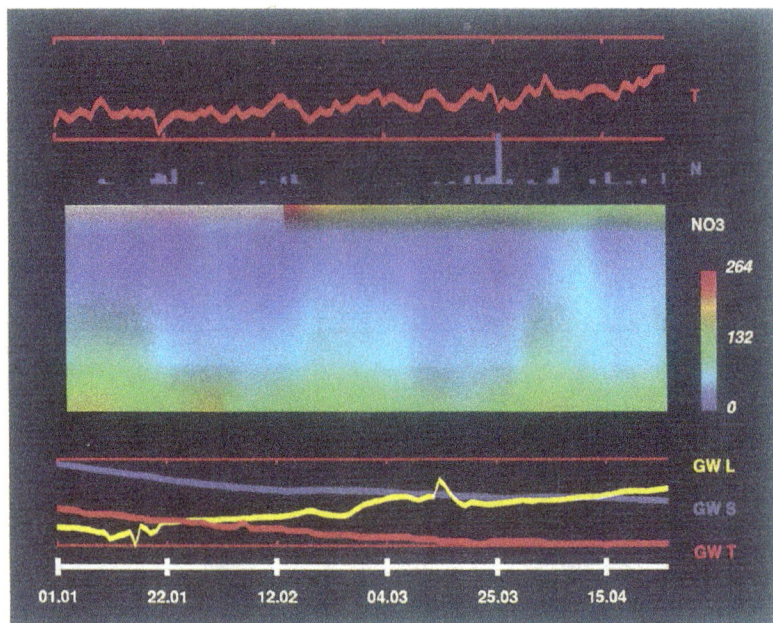

Farbtafel 7: Visualisierung von Klima-, Nitrat- und Grundwassermeßwerten über einen Zeitraum von mehreren Monaten (s. S. 175f.)

Quelle: Institut für Informationssysteme der Forschungsgesellschaft Joanneum, Graz

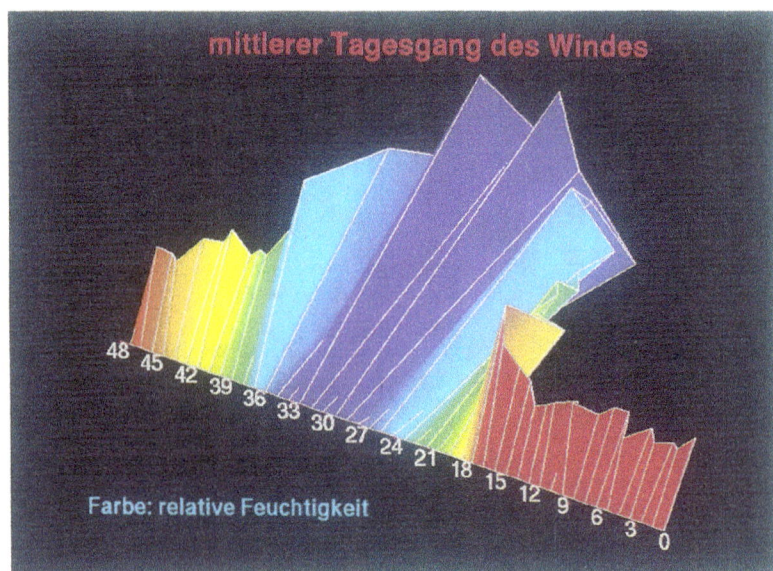

Farbtafel 8: Darstellung der Änderung von Windrichtung und Windgeschwindigkeit während eines typischen Tages (s. S. 185)

Quelle: Institut für Informationssysteme der Forschungsgesellschaft Joanneum, Graz

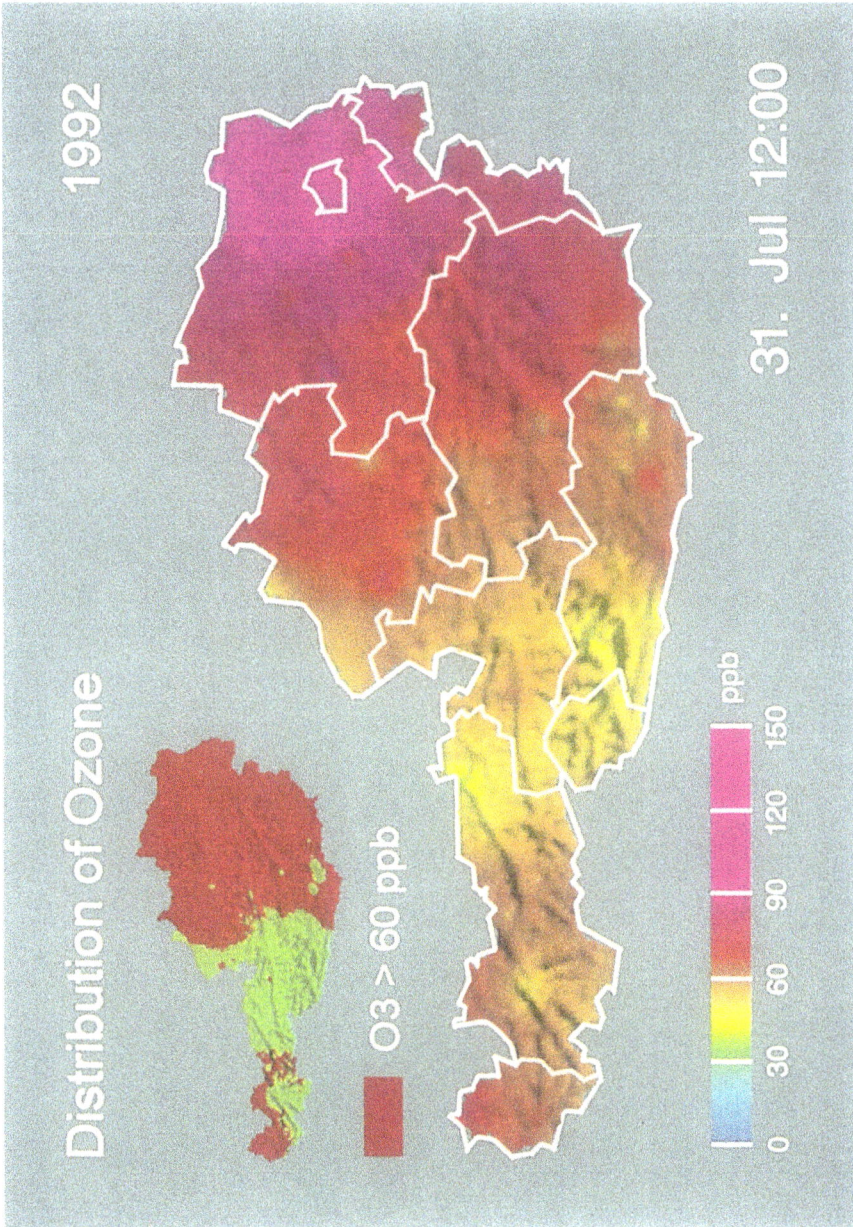

Farbtafel 9: Einzelbild aus einer Videosequenz zur Verteilung der Ozonkonzentration in Österreich (s. S. 187f.)

Quelle: Institut für Informationssysteme der Forschungsgesellschaft Joanneum, Graz

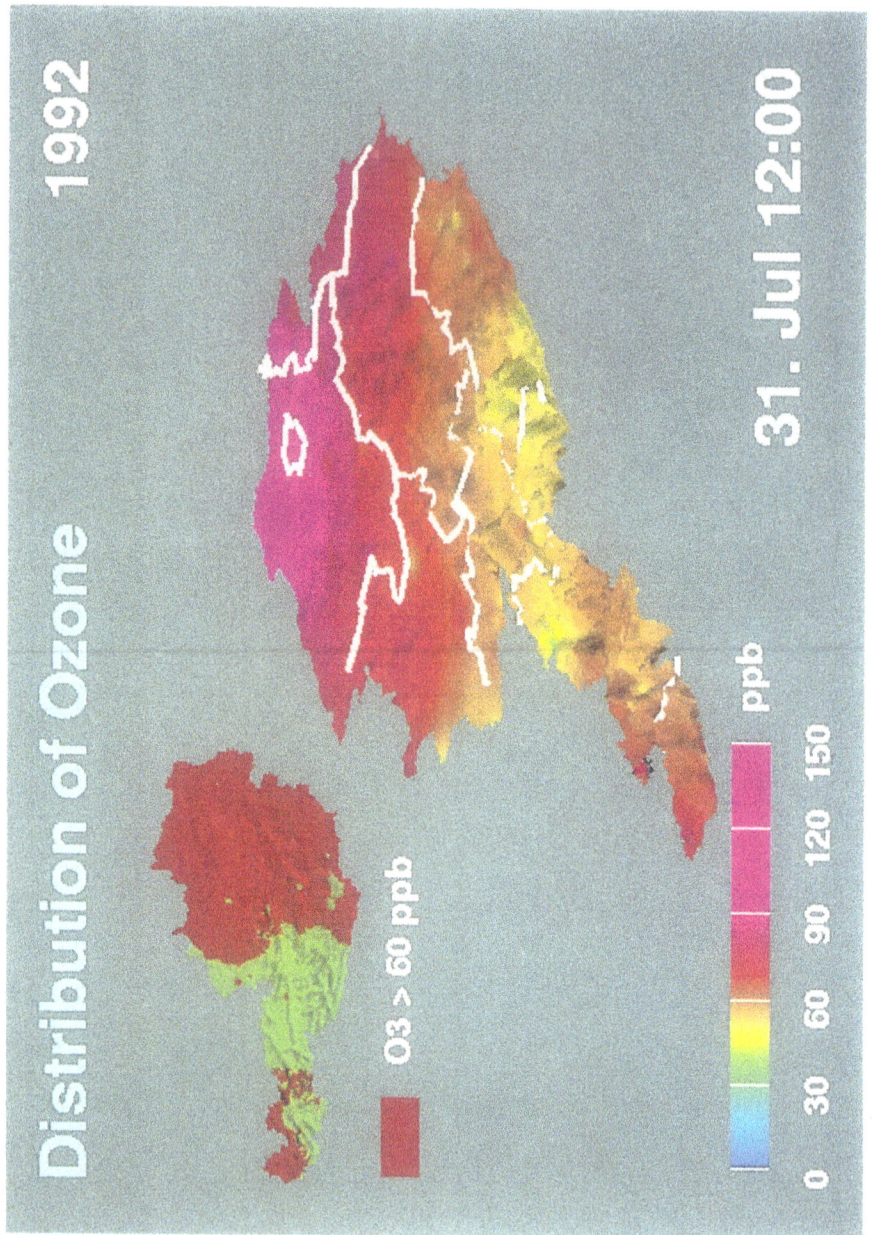

Farbtafel 10: Einzelbild aus einer Videosequenz zur Verteilung der Ozonkonzentration in Österreich (perspektivische Darstellung; s. S. 187f.)

Quelle: Institut für Informationssysteme der Forschungsgesellschaft Joanneum, Graz

9.5.2 Nicht-geometrieerhaltende dreidimensionale Abbildungen

Auch im Fall des dreidimensionalen Darstellungsraums kann man diese Abbildungsform verwenden.

Beispiel 8 (Farbtafel 8): Stelle die zeitliche Entwicklung von Wind und relativer Feuchte an einem Ort dar.

In einer Meßanlage werden Windrichtung, Windgeschwindigkeit und die relative Luftfeuchtigkeit in halbstündlichen Intervallen gemessen. Windrichtung und Windgeschwindigkeit können dabei als zweidimensionale Vektorgröße angesehen werden. Die Länge des Vektors entspricht der Geschwindigkeit und die Richtung in der Ebene entspricht der Windrichtung. Auf die verbleibende dritte Achse im Raum wird nun die Zeit abgebildet. Für jeden Meßzeitpunkt wird der Windvektor senkrecht auf die Zeitachse aufgetragen. Aufeinanderfolgende Vektoren werden durch eine ebene Fläche miteinander verbunden. Die entstehende fächerartige Fläche im Raum kann noch entsprechend einem weiteren skalaren Wert farbkodiert werden. In diesem Beispiel ist dies die relative Luftfeuchtigkeit, wobei die übliche Farbskala von blau (niedrige Werte) nach rot (hohe Werte) verwendet wird. Es ist erkennbar, daß in diesem Meßzeitraum (0 bedeutet 0:00h, 24 bedeutet 12:00h, usw.) nur Winde aus südwestlicher Richtung aufgetreten sind und daß die relative Luftfeuchtigkeit in der Nacht ansteigt (rote Flächen) und am Tag absinkt (blaue Flächen). Hervorzuheben ist, daß diese Darstellung nicht als statisches Bild angesehen werden darf, sondern in einer Visualisierungsumgebung interaktiv im Raum gedreht und somit von allen Seiten betrachtet werden kann.

(Randnotiz: Windvisualisierung*)*

9.6 Visualisierung multiparametriger Datensätze

9.6.1 Weitergehende Möglichkeiten abstrakter Darstellungen

Abstrakte Abbildungen bieten viele Möglichkeiten, unterschiedliche Aspekte von Daten darzustellen. Es sei nochmals betont, daß man grundsätzlich jede Koordinate des Parameterraums auf jede Koordinate des Darstellungsraums abbilden kann. Dabei zählen als Koordinaten des Darstellungsraums die räumlichen Koordinaten, die Animationszeit sowie die visuellen Variablen. In diesem Abschnitt sollen (wegen der einfacheren Realisierbarkeit) zwei weitergehende Möglichkeiten abstrakter 2D-Darstellungen skizziert werden.

Die erste Möglichkeit bezieht sich auf die Modifikation des Verfahrens von Beispiel 7. Anstatt der Abbildung der Zeit auf die beiden Achsen $\bar{x}$ und $\bar{y}$ werden zwei Schadstoffe auf die beiden Achsen abgebildet. Dies macht dann Sinn, wenn man ein großes Ensemble verwendet und jeden der Schadstoffe in Klassen einteilt. Der Schnittpunkt zweier Klassen in der Ebene wird dann farblich kodiert, wobei die Farbe aussagt, wie oft bei Klasse x des Schadstoffs 1 Klasse y des Schadstoffs 2 zum gleichen Zeitpunkt auftrat. Die Abbildung geschieht also folgendermaßen:

$$Klasse(p_1) \quad \rightarrow \quad \bar{x}$$

$$Klasse(p_2) \quad \rightarrow \quad \bar{y} \hspace{4cm} (9\text{-}10)$$

$$Haeufigkeit\,(\,p_1 \in Klasse - x \quad \wedge p_2 \in Klasse - y) \quad \rightarrow \quad v_1$$

Bei dieser Abbildung werden also mögliche Zusammenhänge zwischen unterschiedlichen Parametern dargestellt. Diese Darstellung ersetzt mit Sicherheit keine statistischen Verfahren, kann aber dazu dienen, einen schnellen Überblick zu bekommen oder Zusammenhänge in den Daten zu präsentieren.

Eine weitergehende Möglichkeit bezieht sich auf die Animation einer Szene. Bezüglich der Animation gilt das gleiche wie das vorher schon für die Ortskoordinaten gesagte: In der Regel wird die reale Zeitkoordinate auf die Animationszeit abgebildet (dieser Fall wird in Abschnitt 9.7 gesondert besprochen). Dies muß aber nicht in dieser Form geschehen. Man kann ebenso eine Szene bezüglich wachsender Werte eines Parameters (also z.B. eines dritten Schadstoffs) animieren. Diese Abbildung würde folgendermaßen geschehen:

$$Klasse(p_1) \quad \rightarrow \quad \bar{t}$$

$$Klasse(p_2) \quad \rightarrow \quad \bar{x}$$

$$Klasse(p_3) \quad \rightarrow \quad \bar{y} \hspace{4cm} (9\text{-}11)$$

$$Haeufigkeit(p_1 \in Klasse - x \wedge p_2 \in Klasse - y \wedge p_3 \in Klasse - z) \quad \rightarrow \quad v_1$$

Bei der Animation wird einfach für jede Klasse des Parameters p_1 ein Bild erzeugt. Der Parameter wird dann bei der Animation durch den Wertebereich seiner Klassen „gefahren".

9.6.2 Weitere Verfahren für die Visualisierung multidimensionaler Daten

Wenn man multidimensionale Datensätze visualisieren will, muß man bald davon Abstand nehmen, diese Daten natürlich-anschaulich darzustellen. Dies sieht man schon in Beispiel 8, wo drei Parameter gleichzeitig dargestellt werden. Multidimensionale Datensätze kann man oft nur noch abstrakt abbilden. Derzeit werden verschiedene Verfahren zur multidimensionalen Visualisierung entwickelt bzw. untersucht. Für interessierte Leser seien einige Verfahren erwähnt:

- *Parallele Koordinaten* (vgl. INSE90): Das Verfahren trägt mehrere Dimensionen parallel auf und verbindet die Werte auf den Achsen miteinander in einer zweidimensionalen Darstellung. Dabei entstehen Muster, anhand derer man Zusammenhänge untersuchen kann.
- *Hierarchische Achsen* (vgl. MIHA91): Ein ähnliches Prinzip; in diesem Fall müssen kontinuierliche Werte in Klassen eingeteilt werden (was im Umweltbereich und insbesondere bei der Visualisierung ohnehin oft geschieht), die dann zyklisch parallel auf eine Achse aufgetragen werden. Auch hier entstehen interpretierbare Muster.
- *Shape Coding* (vgl. BEDD90): Hier werden z.B. in zwei Dimensionen Tageszeit und Tage aufgetragen. In dem entstehenden Raster werden die multidimensionalen Daten graphisch abstrakt kodiert. Das in BEDD90 angegebene Beispiel visualisiert einen 13-dimensionalen Datensatz aus Sonnenwind- und Magnetosphärenparametern.
- *Focusing and Linking* (vgl. BUJA91): Verschiedene Aspekte der Daten werden in verschiedenen Fenstern dargestellt. Von jedem Fenster aus können Bereiche der Daten angewählt werden, wodurch die betreffenden Aspekte in den anderen Fenstern graphisch hervorgehoben werden (highlighting).

9.7 Animation

Zum Abschluß sei ein ausführliches Beispiel für den Einsatz der Animation in ihrer üblichen Form (Abbildung der realen Zeitkoordinate auf die Animationszeit) dargestellt.

Beispiel 9 (Farbtafeln 9 und 10): Die Erforschung der Entstehung, Ausbreitung und Auswirkung von Ozon stellt international eine der größten Herausforderungen im Bereich der Umweltforschung und Umweltplanung dar. Zur Erfassung der Ozonkonzentrationen in der Luft wurde in Österreich vom Umweltbundesamt gemeinsam mit den Ländern ein umfangreiches Meßnetz installiert. Die Punktdaten aus diesem Meßnetz sind in unterschiedlicher Dichte über das gesamte Gebiet von Österreich verteilt. Um auch Aussagen über die Ozonbelastung an jenen Stellen in Österreich treffen zu können, welche nicht in unmittelbarer Nähe einer Meßstation liegen, müssen diese Punktdaten mit geostatistischen Verfahren auf flächenhafte Werte interpoliert werden. Außerdem müssen Meßfehler bzw. Meßausfälle aus den Rohdaten herausgefiltert werden. Das Österreichische Forschungszentrum Seibersdorf (LOIB93) hat mit Hilfe von geostatistischen Verfahren diese Dateninterpolation und -überprüfung entwickelt. Nach der Datenaufbereitung liegen die Konzentrationswerte als Halbstundenmittelwerte in einem rechtwinkligen 2.500×2.500-Meter-Raster über Österreich zu jeder vollen und halben Stunde vor.

Ein wesentlicher Nachteil aller statischen Darstellungen (Einzelbilder von Konzentrationsverteilungen) ist, daß dabei die zeitliche Abfolge und Dynamik der dahinterliegenden Prozesse nur unvollkommen dokumentiert werden kann. Ziel war deshalb, dynamische und interaktive Visualisierungstechniken anzuwenden, um auch die zeitliche Dynamik der Ozonentwicklung sowohl für den beurteilenden Experten als auch für den interessierten Laien anschaulich darzustellen. Deshalb beschreiben die folgenden Ausführungen die vorbereitenden Schritte zur Erstellung einer Videosequenz, die aus verständlichen Gründen hier nicht wiedergegeben werden kann. Insbesondere bei der Auswahl der Farbtabelle und dem generellen Bildaufbau wurde von Anfang an auf das angestrebte Ausgabemedium Video Rücksicht genommen.

Zu Beginn jeder Visualisierung gilt es, die zur Verfügung stehenden Daten auf geeignete geometrische Objekte abzubilden. Diese Objekte können dann mit unterschiedlichen Rendering-Verfahren auf den verschiedenen Ausgabemedien wie Computermonitor, Video und Papier zur Ansicht gebracht werden. Im Fall der Ozonkonzentrationen soll neben den Konzentrationswerten noch die Höhenabhängigkeit der Daten als weiterer skalarer Parameter dokumentiert werden. Zu diesem Zweck wird ein digitales Höhenmodell von Österreich verwendet, welches ebenfalls in einem rechtwinkligen 2.500×2.500-Meter-Raster zur Verfügung stand. Aus diesen Rasterdaten wird ein dreidimensionales Gitter gebildet, das die Geländeoberfläche von Österreich repräsentiert. Jeder einzelne Gitterpunkt wird entsprechend der Ozonkonzentration an diesem Punkt anhand einer Farbtabelle eingefärbt. Die Farben auf den Flächen innerhalb der Gitterpunkte wird vom Rendering-Prozeß entsprechend dem Gouraud-Shading (FOLE90) durchgeführt. Allerdings wirkt sich diese Farbinterpolation nur bei starkem Zooming in eine Region aus, da ansonsten das Raster von 2500 Meter fein genug ist, daß diese Flächen verschwindend klein werden.

Zur Orientierungshilfe wird das Höhenmodell mit den Staats- und Bundesländergrenzen überlagert. Die Abbildung der Daten auf dreidimensionale Geometrien erlaubt nun in einer interaktiven Arbeitsumgebung (Graphik-Workstation) das Betrachten aus verschiedenen Blickwinkeln, ein örtliches Zooming und das Überfliegen von Gebieten. Um auch bei einer Betrachtung von oben den Höheneinfluß sichtbar zu machen, wird das Höhenmodell von Nordwesten her beleuchtet.

Nach der Auswahl der grundsätzlichen Abbildungsmethoden von Ausgangsdaten in geometrische Objekte gilt es, eine Gesamtdarstellung mit aussagekräftigem Informationsgehalt zu gestalten. Besonders die kombinierte Darstellung von mehreren skalaren oder vektoriellen Daten muß mit großer Vorsicht erfolgen, um den Betrachter nicht mit zuviel Information zu verwirren. Dieser Grundsatz trifft insbesondere auf Animationen zu, deren Betrachtungszeit im Gegensatz zu statischen Visualisierungen meist fix vorgegeben ist. Für die vorliegende Aufgabe wurde folgende Aufteilung gewählt (siehe Farbtafel 9):

- Eine fast bildschirmfüllende Karte von Österreich, von oben betrachtet, welche die Ozonkonzentrationen im Detail darstellt.
- Eine kleine Karte von Österreich, welche nur zwei Konzentrationszustände unterscheidet. Die Punkte werden grün oder rot eingefärbt, abhängig davon, ob

die Halbstundenmittelwerte der Konzentrationen unter- bzw. oberhalb 60 ppb
(parts per billion) liegen. Dieser Wert wird von der internationalen Kommission
für Luftreinhaltung als Grenzwert für Menschen vorgeschlagen.

- Am rechten unteren Bildrand sind Datum und Uhrzeit des momentan
visualisierten Datensatzes zu sehen.
- Am linken unteren Bildrand ist jene Farbskala samt Beschriftung zu sehen,
nach der die Konzentrationen in der großen Karte kodiert werden.
- Unterhalb der kleinen Karte ist die Bedeutung der Farbe Rot schriftlich
kommentiert ($O_3 > 60$ ppb).

Die Abbildung der Daten auf dreidimensionale Objekte erlaubt auch weitergehende Darstellungsvarianten, wie etwa eine Betrachtung der Österreichkarten
von der Seite in perspektivischer Ansicht (siehe Farbtafel 10). Allerdings muß
untersucht werden, ob solche ungewohnten Ansichten dem angesprochenen
Betrachter die Interpretation tatsächlich erleichtern.

9.8 Weiterführende Literatur

Für den Entwurf graphisch-interaktiver Visualisierungssysteme für den
Umweltbereich benötigt man praktische Erfahrung und ein breites Spektrum an
Basiswissen, welches deutlich über die derzeitigen Informatik-Lehrinhalte
hinausgeht. Um einen Eindruck davon zu bekommen, sollte man sich über folgende Gebiete informieren:

- graphische Zeichenlehre (BERT74 kann als ein Standardwerk hierfür betrachtet werden),
- Kartographie (z.B. IMHO72, in DENZ92c findet sich ein ausführliches Tutorium zu dem Thema),
- Visualisierungstechniken (z.B. BROD92),
- objektorientierte Benutzerschnittstellen (z.B. WISS90),
- geographische Informationssysteme (siehe auch Kapitel 7).

Einen aktuellen Überblick über Forschung und Praxis der *Visualisierung
von Umweltdaten* geben die Publikationen des gleichnamigen GI-Arbeitskreises. Bisher sind die Tagungsbände DENZ91b, DENZ92c, DENZ93e und
DENZ94 erschienen.

10 Werkzeuge für die Umweltmodellierung und -simulation

Rolf Grützner, Andreas Häuslein, Bernd Page

Der Zustand der Umwelt verändert sich durch menschliche Einwirkung bedrohlich. Häufig können wir die Konsequenzen unseres Handelns nicht abschätzen, weil wir die Wirkungszusammenhänge in der Umwelt nur unzureichend durchschauen. Die Bereiche und Elemente der Umwelt sind durch vielfältige Wechselwirkungen zu komplexen Systemen verknüpft, deren Dynamik ohne naturwissenschaftliche Methoden nicht erklärbar oder vorhersagbar ist. Ein Hilfsmittel zur Untersuchung komplexer, dynamischer Systeme ist die computergestützte *Modellbildung und Simulation*.

10.1 Grundlagen der Modellbildung und Simulation

Die Methode der Modellbildung und Simulation basiert darauf, daß ein Modell eines zu untersuchenden Systems (des Realsystems) erstellt wird und experimentelle Untersuchungen nicht am System selbst, sondern am Modell vorgenommen werden. Wenn das Modell die untersuchungsrelevanten Aspekte des realen Systems korrekt darstellt, lassen die Untersuchungsergebnisse Rückschlüsse auf dessen Verhalten zu. Unter *Simulation* versteht man das Experimentieren mit Modellen. Dabei wird experimentell ermittelt, auf welche Weise unterschiedliche Rahmenbedingungen das Modellverhalten beeinflussen, um die so gewonnenen Erkenntnisse auf das Realsystem zu übertragen. Simulation

Welche Bestandteile und Eigenschaften der Systeme in der Modellbildung berücksichtigt werden, hängt primär von der zu untersuchenden Fragestellung ab. Generell findet bei der Abbildung von Systemen in Modelle durch Abstraktion und Idealisierung eine *Vereinfachung* statt. Dadurch wird die Systemkomplexität erst experimentell handhabbar.

Die hier betrachteten Simulationsmodelle sind abstrakte Beschreibungen der Systemzusammenhänge in einer formalen, mathematischen Notation. Zustände des Systems werden im Modell durch Wertebelegungen von Modellgrößen repräsentiert. Die Einflußbeziehungen zwischen den Modellgrößen werden durch mathematische Gleichungssysteme beschrieben, in denen die Modellgrößen als Operanden auftreten. Die Gleichungen erlauben in ihrer Gesamtheit, ausgehend von einem Zustand, der durch die aktuelle Wertebelegung der Modellgrößen gegeben ist, eine numerische Berechnung des Folgezustandes. Da jeder Zustand nur für einen Zeitpunkt oder ein Zeitintervall der simulierten Zeit gültig ist, muß mit jedem neuen Zustand auch die Simulationszeit aktualisiert werden. Durch wiederholte Berechnung von Folgezuständen Eigenschaften von Simulations-modellen

191

ergibt sich für einen simulierten Zeitraum ein Bild über das Verhalten des Modells unter den jeweiligen experimentellen Bedingungen.

System- und
Modellklassen

Systeme und, analog dazu, ihre Modelle werden entsprechend des Wertebereiches unterschieden, den die Modellgrößen und die Simulationszeit annehmen. *Kontinuierliche Modelle* besitzen eine kontinuierliche Zeitmenge; ihre Modellgrößen haben Intervalle von reellen Zahlen als Wertebereiche. Modelle dieser Art bestehen in der Regel aus *Differentialgleichungen*. Sie werden beispielsweise zur Modellierung von Ausbreitungsvorgängen und ökologischen Systemen eingesetzt (vgl. Abschnitt 10.2.1). Modelle heißen *diskret*, wenn ihre Größen einen diskreten Wertebereich besitzen. Die sprunghaften Veränderungen der Werte erfolgen durch simulierte Ereignisse zu diskreten Zeitpunkten. In *kombinierten Modellen* sind kontinuierliche und diskrete Modellkomponenten verbunden.

Jede der drei Modellklassen setzt unterschiedliche Simulationsmethoden voraus, die als sogenannte *Basismethoden* die Berechnung der zeitabhängigen Modellgrößen und das Fortschreiben der Simulationszeit steuern. Zu diesen Basismethoden kommen weitere Methoden, die bei der Simulation notwendige Umformungen und Auswertungen übernehmen können (z.B. Darstellungsmethoden und statistische Auswertungsmethoden, vgl. Abschnitt 10.4.1).

Phasen der
Modellbildung und
Simulation

Die Modellbildung und Simulation ist durch eine Folge von Arbeitsphasen und entsprechende Zwischenprodukte charakterisiert (Abbildung 10-1). Den Ausgangspunkt bildet immer eine *Problemstellung*, die das Ziel der Untersuchung festlegt. Es ist hervorzuheben, daß das Untersuchungsziel auf alle Phasen und deren Ergebnisse Einfluß hat und somit u.a. die Modellinhalte, die Gestaltung der Experimente und die Interpretation der Ergebnisse prägt. In einer *Systemstudie* wird das zu untersuchende Realsystem zunächst so analysiert, daß die zur Modellbildung benötigten Informationen gewonnen werden.

Als erste Form des Modells entsteht ein verbales Modell oder *Wortmodell*, das aus einer umgangs- oder fachsprachlichen Beschreibung der problemrelevanten Systemelemente und -beziehungen besteht. Dabei kann, ausgehend von den Ergebnissen der Systemstudie, aus (System-)Daten auf Gesetzmäßigkeiten geschlossen werden, die im System gelten und daher in das Modell übernommen werden müssen (Induktion), oder es werden allgemeine Gesetzmäßigkeiten, die Bestandteil akzeptierter Theorien sind, auf das konkrete System übertragen (Deduktion) und in das Modell aufgenommen.

Durch eine mathematische und logische Formalisierung entsteht aus dem Wortmodell ein *mathematisches Modell*. Dieses wird um Steuer- und Hilfsalgorithmen ergänzt und als Computerprogramm implementiert. Dabei können gewöhnliche Programmiersprachen oder auch spezielle Simulationssprachen zum Einsatz kommen. Das Ergebnis der Implementation ist ein ablauffähiges Programm, das sogenannte *Rechenmodell* oder *Computer-Modell*. Es dient zur Ausführung der für die Simulationsexperimente notwendigen numerischen Berechnungen durch die Maschine. Es muß zunächst ausführlich getestet werden, um sicherzustellen, daß es die relevanten Systemzusammenhänge in geeigneter Weise wiedergibt und keine gravierenden Programmierfehler enthält.

192

Validierung

| Real-system | — Beobachtung → | System-studie | — Deduktion, Induktion → | Wort-modell |

Rückschlüsse

Problemstellung/ Untersuchungs-ziel

mathematische Formalisierung

| Simulations-ergebnisse | ← Experimentieren — | Computer-Modell | ← Programmierung — | mathem. Modell |

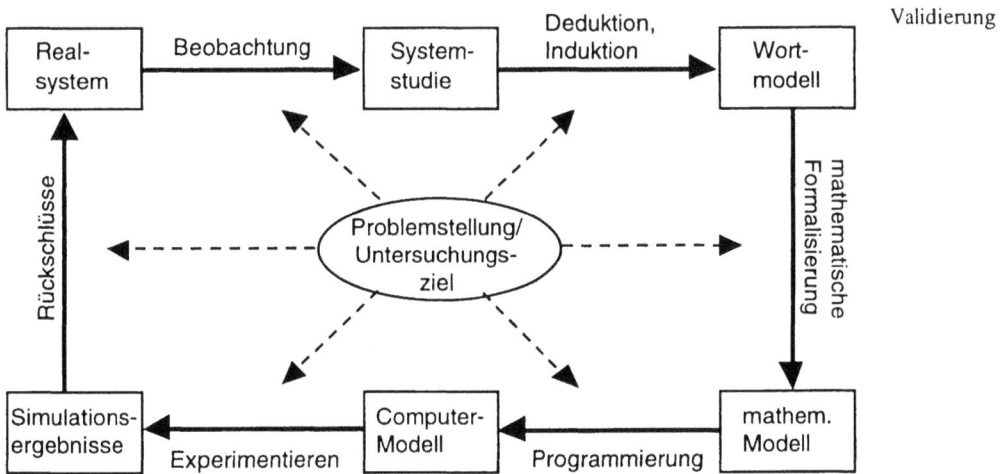

Abb. 10-1: Prinzipieller Ablauf der Modellbildung und Simulation

Der Modelltest ist ein Element der *Modellvalidierung*, die begleitend zu allen genannten Arbeitsphasen durchgeführt werden muß. Diese *Gültigkeitsprüfung* soll sicherstellen, daß das Modell für die durchzuführende Untersuchung geeignet ist. Bei der Validierung kann es sich nicht um einen formalen und endgültigen Beweis handeln; vielmehr wird das Modell vielfältigen Prüfungen unterzogen. Das ist jedoch ein schwieriger Prozeß. Günstigstenfalls kann die Gültigkeit für einen bestimmten Zweck nachgewiesen werden. Dazu sind Messungen und Experimente an dem realen System sowie Simulationsexperimente mit dem zugehörigen Modell notwendig. Die Resultate beider Untersuchungen werden auf Übereinstimmung untersucht. Ein solches Vorgehen ist die beste Grundlage einer Validierung. Leider ist diese Vorgehensweise nicht immer möglich (z.B. bei Systemen im Umweltbereich – Vorhersage der Auswirkung von Umweltschutzmaßnahmen vor ihrer Realisierung; Wirkung möglicher Schadstoffe auf Lebewesen; Verhaltensvorhersage von Produkten, die erst entwickelt werden sollen). Die Gültigkeit wird auf drei verschiedenen Ebenen überprüft:

Um den Nachweis der *Strukturgültigkeit* zu erbringen, muß nachgewiesen werden, daß die Struktur des Modells den Strukturbeziehungen des realen Systems entspricht und daß diese Strukturbeziehungen auch tatsächlich für die Problemlösung von Bedeutung sind.

Strukturgültigkeit

Zum Nachweis der *Verhaltensgültigkeit* ist zu zeigen, daß für die Menge aller Anfangswerte und Systemeingabewerte des realen Systems das dynamische Verhalten des Modells adäquat zu dem des realen Systems ist. Das ist das adäquate funktionale Verhalten.

Verhaltensgültigkeit

Zum Nachweis der *empirischen Gültigkeit* müssen die Experimentierergebnisse (über dem Verhaltensspektrum des Modells) mit den Meß- und Ex-

Empirische Gültigkeit

perimentierergebnissen des realen Systems verglichen werden und weitgehend übereinstimmen. Es wird die Übereinstimmung der Daten gefordert. Existieren keine Daten des realen Systems, dann müssen sowohl das Modell als auch die Simulationsresultate mindestens auf Plausibilität und Konsistenz geprüft werden.

In dem Ausmaß, in dem sich das Modell im Validierungsprozeß bewährt, wächst das Vertrauen in die Gültigkeit des Modells. Werden im Rahmen der Validierung Mängel festgestellt, muß zu früheren Phasen des Ablaufs zurückgekehrt werden, um die erkannten Mängel zu beheben. So ergibt sich in einer Simulationsstudie durch die Wiederholung von Arbeitsphasen typischerweise ein zyklischer Ablauf. Erst wenn die Gültigkeitsprüfung ein insgesamt akzeptables Ergebnis liefert, kann das Modell zur Untersuchung der Problemstellung eingesetzt werden (vgl. PAGE83, PAGE91a).

Für die Untersuchung werden Experimente mit dem Modell durchgeführt, die aus systematisch durchgeführten Simulationsläufen des Rechenmodells mit unterschiedlichen Ausgangsbedingungen und Modellparametern bestehen. Die *Simulationsergebnisse* erlauben Rückschlüsse auf das untersuchte System im Rahmen der ursprünglichen Problemstellung.

Abbildung 10-1 veranschaulicht die prinzipiellen Arbeitsschritte, wobei die begleitende Validierung und die daraus resultierenden Rücksprünge zu früheren Phasen aus Gründen der Übersichtlichkeit nicht dargestellt sind.

Simulationssoftware   Spezielle Software, die im Rahmen der Modellbildung und Simulation zum Einsatz kommt, wird als *Simulationssoftware* bezeichnet. Dazu gehören beispielsweise die bereits erwähnten *Simulationssprachen* zur Modellimplementation. Einen größeren Funktionsumfang stellen *Simulationssysteme* bereit, deren Unterstützung sich nicht nur auf die Modellimplementation, sondern auch auf andere Phasen der Modellbildung und Simulation bezieht und beispielsweise auch die Durchführung von Simulationsexperimenten umfaßt (vgl. Abschnitt 10.3.3).

Für eine ausführlichere Darstellung der Grundlagen der Modellbildung und Simulation sei auf PAGE91a verwiesen.

Möglichkeiten und Grenzen der Modellbildung und Simulation   Mit der Modellbildung und Simulation ist in der Praxis ein hoher Aufwand verbunden, der gegen den möglichen Erkenntnisgewinn sorgfältig abzuwägen ist. Die Modellbildung wird durch unklare Problemstellungen, lückenhafte, schlecht strukturierte oder ungenaue Ausgangsdaten und unzureichende Systemkenntnisse zusätzlich erschwert – alles typische Rahmenbedingungen der Modellbildung und Simulation im Umweltbereich.

Trotz der genannten Schwierigkeiten ist die Simulation als Untersuchungsmethode für viele Problemstellungen interessant. Sie ist insbesondere dort unentbehrlich, wo Experimente am realen System unmöglich, zu kosten- oder zeitaufwendig oder mit großen Risiken behaftet sind. Darüber hinaus ist es oft notwendig, künstliche Systeme durch Simulation zu untersuchen, *bevor* sie realisiert werden, um verschiedene Alternativen zu vergleichen und die Auslegung zu optimieren (z.B. beim Bau von Kläranlagen).

Die genannten Umstände, die für den Einsatz der Modellbildung und Simulation sprechen, treten bei umweltbezogenen Problemstellungen besonders häufig auf und machen diese Untersuchungmethode für den Umweltbereich daher besonders relevant.

10.2 Modellbildung und Simulation im Umweltbereich

Eine wesentliche Klasse von Problemstellungen im Umweltschutz ist die Ermittlung und Bewertung von Wirkungen menschlicher Tätigkeiten auf die Umwelt. Einerseits können unerwünschte Nebenwirkungen von Aktivitäten unter einer anderen, nicht umweltbezogenen Zielsetzung auftreten (z.B. Schadstoffemissionen von Produktionsprozessen). Dann gilt es, diese Nebenwirkungen abzuschätzen und, wenn möglich, zu minimieren. Andererseits kann die Wirkung auf die Umwelt und deren gezielte Beeinflussung der eigentliche Zweck der Aktivitäten sein (z.B. Altlastensanierung). In solchen Fällen geht es darum, die Wirksamkeit der Aktivitäten zu optimieren.

Unter den typischen Einsatzgebieten der Modellbildung und Simulation im Umweltbereich, die im folgenden Abschnitt dargestellt werden, lassen sich für beide Zielrichtungen Beispiele finden.

10.2.1 Einsatzgebiete der Modellbildung und Simulation im Umweltbereich

Hinsichtlich der Art der Aufgabenstellung lassen sich grundsätzlich zwei Einsatzgebiete mit unterschiedlicher Zielrichtung erkennen. Eines ist die *Erforschung von Umweltsystemen.* Hier steht das Aufdecken von Wirkungszusammenhängen im Mittelpunkt. Das andere Gebiet ist die *Untersuchung und Abschätzung von anthropogenen Einflüssen und ihren Auswirkungen* auf die Umwelt (s. Abb. 10-2). Neben der Vorhersage von Umweltschäden resultiert hier die zu untersuchende Problemstellung häufig aus einer Planungsaufgabe. Die Ergebnisse von Simulationsstudien sollen als Entscheidungshilfe bei Planungsalternativen dienen. Die Simulation steht dabei neben weiteren typischen Methoden der Entscheidungsunterstützung, die aus der Statistik und dem Gebiet des Operations Research (insbesondere Optimierungsmethoden) stammen. Ein Beispiel für die Anwendung der Simulation im Rahmen lang-, mittel- und kurzfristiger Planungsaufgaben mit Umweltbezug wird in SYDO86 dargestellt. Dabei geht es um die Entwicklung von *Szenarien*, in denen die Auswirkungen spezieller Investitionsalternativen zur Emissionsminderung von Produktionsanlagen bzw. für Waldschutzmaßnahmen abgeschätzt werden sollen.

Mit diesem Beispiel ist ein wichtiger Spezialfall der Untersuchung menschlicher Einflüsse angesprochen: die Planung, Überwachung und Steuerung technischer Anlagen mit Hilfe der Simulation, wobei umweltrelevante Eigenschaften wie Ressourcenverbrauch und Schadstoffemissionen berücksichtigt werden.

Zielrichtungen der Umweltsimulation

Einsatzbereiche von Modellen

Forschung und Entwicklung,
wissenschaftlicher Erkenntnisgewinn über Umweltsysteme

Untersuchung von
anthropogenen Einflüssen
und deren Auswirkungen

Planung, Systemanalyse,
Entscheidungshilfe bei der
Bewertung anthropogener
Eingriffe in die Umwelt

Vorhersage von
Schäden, Auswir-
kungen von Umwelt-
schutzmaßnahmen

Planung, Analyse,
Überwachung,
Steuerung techni-
scher Anlagen

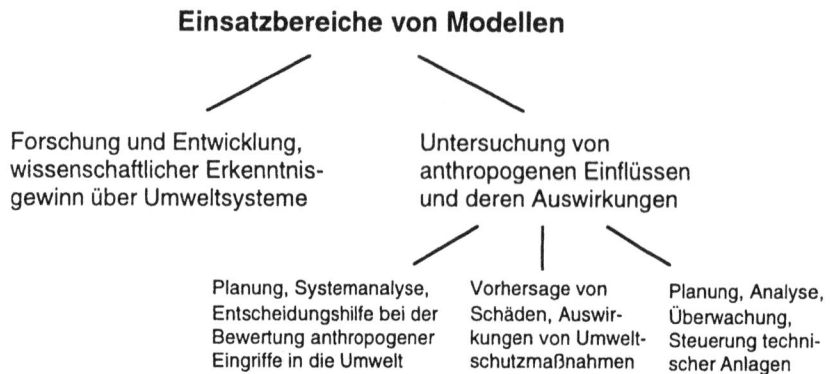

Abb. 10-2: Einsatzbereiche von Umweltmodellen

Klassifikation von
Umweltmodellen

Umweltmodelle lassen sich neben ihrem Einsatzbereich auch nach anderen Kriterien klassifizieren. Eine gebräuchliche Klassifikation von Umweltmodellen unterscheidet diese nach der Klasse der Phänomene, die sie nachbilden:

• Modelle zur Nachbildung der räumlichen Ausbreitung von Schadstoffen und Energie in Umweltmedien ausgehend von den Emissionsquellen (Ausbreitungsmodelle),
• Modelle zur Nachbildung und Bewertung von Immissionen (Belastungsmodelle),
• Modelle zur Nachbildung der Wirkungsketten (z.B. Nahrungsbeziehungen) und der Dynamik in Ökosystemen (Ökosystemmodelle),
• Modelle zur Nachbildung von Schadwirkungen auf Lebewesen auf biologischer/medizinischer Ebene (biologische/medizinische, physiologische, toxikologische Modelle),
• Modelle zur Nachbildung von klimatischen Vorgängen und deren Beeinflussung durch den Menschen (Klimamodelle),
• Modelle zur Nachbildung der Nutzung und Belastung von Ressourcen, z.B. Wasser, Boden, Nahrung (wasserwirtschaftliche Modelle, Ressourcenmodelle),
• Modelle zur Nachbildung der Wechselwirkungen zwischen Umwelt und Ökonomie (umweltökonomische und sozio-ökonomische Modelle),
• Modelle zur Nachbildung von technischen Prozessen und deren gezielten Beeinflussung zur Minimierung von Ressourcenverbrauch und Emissionen (Prozeßmodelle),
• Modelle für übergreifende Untersuchungen in den genannten Anwendungsgebieten, z.B. Ausbreitungsmodelle in Verbindung mit Ökosystemmodellen zur Nachbildung der Auswirkung von Emissionen auf Ökosysteme (integrierte Umweltmodelle).

Neben Simulationsmodellen kommen im Umweltbereich auch *analytische* *Modelle* (auch als *Berechnungsmodelle* bezeichnet) zur Anwendung. Ein Beispiel ist das Gauß-Modell zur Schadstoffausbreitung in der Luft, das im Genehmigungsverfahren nach TA-Luft eingesetzt wird (SCHU86, FATH87). Aufgrund der Komplexität der Umweltsysteme besitzen derartige Modelle jedoch nur geringe Bedeutung, während die Simulationsmodelle aufgrund ihrer Eignung für komplexe Systeme im Vordergrund stehen.

Analytische Modelle

In einer Studie der Gesellschaft für Mikroelektronik (GME) des VDI/VDE (vgl. ANGE91 und PAGE91b), sind die Ausbreitungsmodelle, die wasserwirtschaftlichen Modelle, die technischen Prozeßmodelle und die Ökosystemmodelle als die wichtigsten Modellklassen im Umweltbereich hervorgehoben.

Ausbreitungsmodelle

Bei zahlreichen Umweltschutzaufgaben ist die Ermittlung der Immissionen, die durch umweltrelevante Emissionen verursacht werden, eine zentrale Aufgabenstellung. Die meisten Umweltprobleme werden durch die Emission von Schadstoffen verursacht, die sich in den Umweltmedien Luft, Wasser und Boden nach unterschiedlichen Gesetzmäßigkeiten ausbreiten. Jedoch besitzt auch die Emission von Energie (in Form von Abwärme, Lärm, Erschütterungen) und ihre Ausbreitung eine erhebliche Umweltrelevanz.

Zur Untersuchung derartiger Problemstellungen werden Ausbreitungsmodelle geschaffen, die von der Emission ausgehend die räumliche Ausbreitung der Schadstoffe oder der Energie im jeweils betrachteten Medium nachbilden und damit geeignet sind, die resultierenden orts- und zeitabhängigen Immissionen zu prognostizieren. Die betrachteten Schadstoffe können dabei gasförmig, flüssig, fest, chemisch resistent oder aktiv sowie radioaktiv sein.

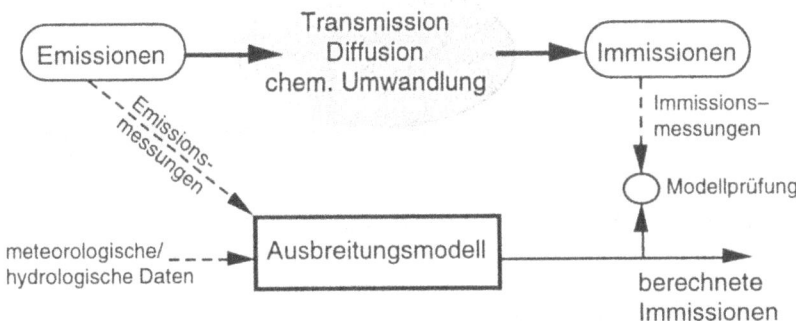

Abb. 10-3: Ausbreitungsmodelle im Kontext von Emission, Transmission und Immission (nach PILL89)

Zielrichtungen von Ausbreitungsmodellen

Bei Ausbreitungsmodellen lassen sich die folgenden Zielrichtungen unterscheiden (vgl. PILL89):
- Ersatz von Immissionsmeßstellen: An Stellen, an denen keine Meßstation verfügbar ist, wird die Immission berechnet.
- Rückschlüsse auf erhöhte/unerlaubte Emissionen: Wenn Meßstationen erhöhte Immissionen registrieren, kann mit Hilfe der Ausbreitungsmodelle auf den Ort der Emission zurückgeschlossen werden.
- Standortplanung/Genehmigungsverfahren: Auf der Basis der bekannten Immissionssituation werden die Zusatzbelastungen durch die zu erwartenden neuen Emissionen berechnet.
- Katastrophenvorsorge: Simulation von Störfällen und Berechnung der resultierenden Immissionen sowie Berechnung der aktuellen Belastung bei einem akuten Störfall.

Ausbreitungsmodelle gehören, zumindest in den einfacheren Formen, zu den ältesten Modellen im Umweltbereich. Die meisten Ausbreitungsmodelle betreffen das Umweltmedium Luft und behandeln den Transport von Schadstoffen. Einen guten Überblick über den Stand auf dem Gebiet der Ausbreitungsmodelle geben ZANN90, WROB91, MELL92 sowie die Tagungsberichte zu den Symposien „Informatik für den Umweltschutz" (IFU89 bis IFU95).

Wasserwirtschaftliche Modelle

Die Verschmutzung von Wasser durch Aktivitäten des Menschen einerseits, der steigende Verbrauch von qualitativ hochwertigem Wasser andererseits sowie die damit verbundene Ausbeutung der Wasserressourcen führen zu schwerwiegenden Umweltschäden. Die Wasserwirtschaft befaßt sich mit den zunehmend umweltbezogenen Problemen der Wasserversorgung und Abwasserentsorgung. Neben Ausbreitungsmodellen, die auch in der Wasserwirtschaft eine wichtige Rolle spielen, werden auch andere Modellklassen bei wasserwirtschaftlichen Untersuchungen eingesetzt.

Grundwassermodelle

Dazu gehören beispielsweise die *quantitativen Grundwassermodelle*, die zur Untersuchung aller Fragestellungen dienen, die Menge und Strömung des Grundwassers betreffen. Dabei geht es vor allem um die Abschätzung der Auswirkungen von geplanten Maßnahmen, wie zusätzliche Grundwasserentnahmen, künstliche Anreicherung oder Veränderungen durch Baumaßnahmen, die den Grundwasserleiter betreffen.

Modelle zum Bodenwasserhaushalt

Ein weiteres Beispiel sind die *Modelle zum Bodenwasserhaushalt*, in denen der Wassergehalt und die Wasserbewegung in der oberen, teilweise ungesättigten Bodenschicht abgebildet werden. In den Bodenwasserhaushaltsmodellen muß der Einfluß der Atmosphäre (insbesondere in Form von Niederschlag) explizit berücksichtigt werden, da er für den Gehalt an Bodenwasser ausschlaggebend ist. Beispiele für umweltrelevante wasserwirtschaftliche Fragestellungen, die den Bodenwasserhaushalt betreffen, sind die Untersuchung der Erosion, der Einfluß auf die Grundwasserneubildung und die Notwendigkeit bzw. die Auswirkungen von Be- und Entwässerungsmaßnahmen.

Des weiteren kommen in der Wasserwirtschaft *Entsorgungsmodelle* zum Einsatz, die Maßnahmen zur Abwasserentsorgung nachbilden und die Planung von Kanalnetzen unterstützen. Die Modelle sollen helfen, die Dimensionierung bestehender oder geplanter Entsorgungssysteme bei einer vorgegebenen Belastungsannahme zu überprüfen. Aus der Perspektive des Umweltschutzes steht dabei, neben einer überschwemmungsfreien Ableitung des Abwassers, vor allem eine Verminderung der Schadstoffbelastung in den Vorflutern als Zielsetzung im Vordergrund. Darüber hinaus wird versucht, durch eine geeignete Konzeption des Kanalnetzes den Zufluß zu den Kläranlagen in bezug auf Menge und Stofffracht möglichst gleichmäßig zu gestalten, um eine gute Reinigungsleistung zu erzielen.

(Marginalie: Entsorgungsmodelle)

Der Deutsche Verband für Wasserwirtschaft und Kulturbau (DVWK) hat einen Überblick über die in der Bundesrepublik eingesetzten wasserwirtschaftlichen Modelle erarbeitet und veröffentlicht (DVWK87).

Prozeßmodelle

Ein großer Teil der Probleme im Umweltbereich wird von technischen Prozessen verursacht, die die Umwelt durch Ressourcenverbrauch und Emissionen schädigen. Ansatzpunkt zur Minimierung der Umweltbelastung ist vor allem die Prozeßleittechnik, die zur Steuerung und Regelung der Prozesse eingesetzt wird. Gerade die *modellgestützte Prozeßleittechnik* verspricht, einen wesentlichen Beitrag zur umweltorientierten Prozeßoptimierung zu leisten (vgl. POLK85, FRÜH89, GILL88). Sie basiert auf mathematischen Modellen, mit deren Hilfe die technischen Prozesse simuliert werden können.

(Marginalie: Modellgestützte Prozeßleittechnik)

Die Prozeßsimulation soll das Verständnis für die Prozeßzusammenhänge verbessern und so die Grundlage für eine gezielte Beeinflussung der Prozesse schaffen. Die Prozeßmodelle sind für den Umweltschutz vor allem unter drei Gesichtspunkten von Interesse: Auf der Inputseite ermöglichen sie, einen Prozeß so zu lenken, daß die eingesetzten natürlichen Ressourcen sparsam verwendet werden. Auf der Outputseite können sie helfen, die prozeßbedingten Emissionen zu minimieren. Des weiteren tragen sie zur Erhöhung der Sicherheit der Anlage bei und helfen auf diese Weise, Störfälle und die damit verbundenen zusätzlichen Umweltbelastungen zu vermeiden.

Abbildung 10-4 zeigt, wie Prozeßmodelle, von Prozeßdaten ausgehend, durch wiederholte Simulation zur Entwicklung einer optimalen Steuerstrategie für den Prozeß eingesetzt werden können (vgl. KREI88). Die am Modell getestete Steuerstrategie wird erst für den realen Prozeß eingesetzt (freigegeben), wenn die simulierten Prozeßzustände bei der Bewertung einen akzeptablen Güteindex liefern. Ansonsten werden die Steuergrößen durch eine Optimierungsstrategie verändert und erneut am Prozeßmodell getestet.

(Marginalie: Optimierung der Prozeßsteuerung)

Prozeßsimulation kann nicht nur zur Steuerung von existierenden Prozessen eingesetzt werden, sondern auch zur *Planung von neuen Prozessen* hinsichtlich der Anlagenauslegung und der Steuerstrategien. Auch dabei können bereits umweltbezogene Kriterien berücksichtigt werden, um den Prozeß von vornherein möglichst umweltverträglich zu gestalten.

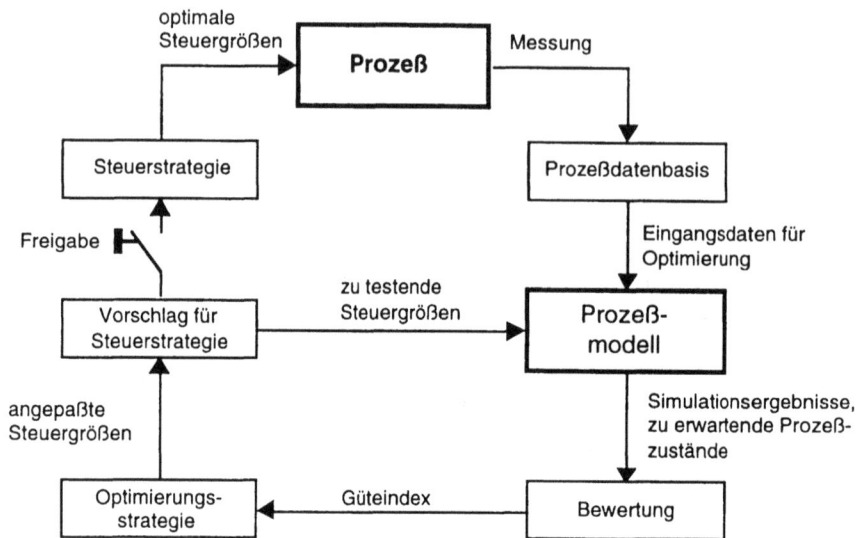

Abb. 10-4: Optimale Prozeßsteuerung mit Prozeßmodellen (nach KREI88)

In der verfahrenstechnischen Produktion werden Prozeßmodelle auch immer häufiger zur *Schulung des Bedienpersonals* eingesetzt. Die Gründe hierfür sind zum einen, daß die Schulung direkt am laufenden Prozeß oft ineffektiv ist, da ausbildungsrelevante Situationen und damit verbundene Aktionen des Bedienpersonals im Normalbetrieb selten auftreten. Zum anderen ist die Ausbildung für Stör- und Notfälle, die in bezug auf den Umweltschutz besondere Relevanz besitzen, am laufenden Prozeß zu gefährlich.

Anwendungsgebiet für die Prozeßsimulation ist vor allem die verfahrenstechnische Produktion, wie sie in großen Chemieanlagen realisiert ist. Daneben sind auch die Prozesse der Energieerzeugung in Kraftwerken und bei der Abwasserreinigung in Kläranlagen Gegenstand der Prozeßsimulation.

Ökosystemmodelle

Ökosystemmodelle sind deshalb von großer Bedeutung, weil durch sie die Wirkung der Schadstoffe auf die biologischen Objekte beschrieben werden kann. Die *Ökologie* ist definitionsgemäß „die Wissenschaft von den Beziehungen der Organismen untereinander und mit ihrer Umwelt" (SCHI91). Sie umfaßt damit das gesamte Wirkungsgefüge der Biosphäre; wenn die Einflüsse des Menschen explizit einbezogen werden, ist die Noosphäre oder Technosphäre der Gegenstandsbereich der Ökologie. Simulative Untersuchungen beziehen sich heute vorwiegend auf ausgewählte Teilbereiche, z.B. Lebensgemeinschaften in Gewässern, im Boden, im Wald, den Wald selbst, aber auch auf Stoffhaushalte (z.B. Stickstoff-Haushalt im Boden). Im Mittelpunkt des Interesses steht dabei die Stabilität bzw. die Elastizität des Ökosystems, worunter man die

Fähigkeit zur Aufnahme von Schadstoffen ohne Beeinträchtigung des ökologischen Gleichgewichts versteht (SCHM91).

Bei den ökologischen Modellen werden zwei Modellierungsansätze unterschieden. Im ersten, dem *kompartimentorientierten Ansatz*, werden die Zusammenhänge in algorithmischer Form abgebildet. Dazu werden aus der (potentiell unendlichen) Vielfalt der physikalischen, chemischen, biotischen u.a. Objekte eines Raumausschnittes bestimmte Teilmengen ausgewählt und als *Kompartimente* des Systems definiert. Das Charakteristische ist, daß verschiedene Individuen, z.B. die zu einer Population gehörenden Organismen einer Art, zu einer Gesamtheit zusammengefaßt werden. Es wird vom Individuum abstrahiert und das Kompartiment als Ganzes hinsichtlich quantitativer Veränderungen analysiert. Der Ansatz besitzt seine Stärke dort, wo es darum geht, sehr viele und einander sehr ähnliche Objekte zu modellieren. Diese werden dann zu einem Kompartiment zusammengefaßt. Modelle auf der Basis der Lotka-Volterra-Gleichungen (vgl. RICH85) gehören zu diesem Ansatz. Seine Grenzen zeigen sich, wenn Effekte untersucht werden sollen, die aus Interaktionen zwischen einzelnen Individuen resultieren, oder wenn die ökologische Variabilität bedeutsam ist.

Kompartiment-modelle

In diesen Fällen wird der zweite Modellierungsansatz, der *individuen-orientierte Ansatz* genutzt. Er beruht darauf, daß jedes Individuum einer Population in Interaktion mit anderen Individuen (Hunger, Paarung, Verdrängung) modelliert wird. Die Dynamik des Systems wird wesentlich durch die Aktionen und den Lebenszyklus zwischen Geburt und Tod von Organismen geprägt. Dieser Ansatz erlaubt die simulative Erforschung komplexer Zusammenhänge in Bereichen, die nur schwer einer Formalisierung durch Kompartimentbildung zugänglich sind. Allerdings muß hierbei bedacht werden, daß die Modellvalidierung ebenso wie die Erzeugung aussagekräftiger Ergebnisse nicht anhand einzelner Simulationsläufe möglich ist. Auch wird kritisiert (BREC91), daß die präzise Vorhersagbarkeit ökosystemarer Entwicklungen selbst bei genauer Kenntnis der beteiligten Komponenten durch den partikulären Charakter individueller Interaktionen, aus denen sie bestehen, stark eingeschränkt ist. Es wurden u.a. jedoch erfolgreich Populationsentwicklungen, Entfaltung räumlicher und zeitlicher Differenzierungen, Überlebensstrategien sowie energetische und informationelle Aspekte individuellen Verhaltens untersucht (BREC91).

Individuenmodelle

Im forstwirtschaftlichen Bereich kann heute eine Reihe von Untersuchungen durch den Übergang von Rein- zu Mischwaldbeständen nicht mehr mit den bisher erfolgreich genutzten Kompartimentmodellen erfolgen. Der moderne Wald setzt sich aus unterschiedlichen Baumarten in den verschiedensten Entwicklungsstadien zusammen. Strukturadäquat muß deshalb der Wald durch eine Menge von Einzelbaummodellen (für jeden Baum ein eigenes Modell) modelliert werden. Die Modelle der einzelnen Bäume interagieren in der gleichen Weise, wie sich die Baumindividuen im Wald gegenseitig beeinflussen (PRET92). Diese forstwirtschaftlichen Einzelbaummodelle repräsentieren erfolgreich den individuenorientierten Ansatz.

Objektorientierte Modellierungsansätze sind für die Beschreibung individuenorientierter Modelle besonders geeignet. Für zukünftige Untersuchungen scheint eine Kopplung des individuenorientierten Ansatzes mit dem Kompartimentansatz von Interesse, um die Vorteile beider effektiv nutzen zu können.

10.2.2 Probleme der Modellbildung und Simulation im Umweltbereich

Die Umweltmodellierung ist eine interdisziplinäre Aufgabe unterschiedlichster Fachgebiete: Biologie, Ökologie, Medizin, Chemie, Physik, Meteorologie, Mathematik, Ingenieurwissenschaften, Umwelttechnologie, Umwelt- und Naturschutz sowie die Informatik sind daran beteiligt. Allein daraus resultieren vielfältige Probleme, beispielsweise Kommunikationsprobleme in Forschungsprojekten aufgrund unterschiedlicher Fachsprachen. Hinzu kommen weitere Schwierigkeiten bei der Umweltmodellierung, weil:

- umfassende theoretische Grundlagen häufig fehlen;
- Wirkungszusammenhänge in den Systemen weitgehend unerforscht sind;
- die Realsysteme meist nur in Feldstudien beobachtet werden können und kontrollierte Experimente nur schwer oder gar nicht möglich sind;
- die Reaktionszeiten in ökologischen Systemen häufig sehr lang sind (Jahre bis Jahrhunderte);
- hohe Komplexität durch die intensiven Wechselwirkungen zwischen den Systemkomponenten besteht;
- die Natur ein offenes System mit selbstorganisierenden adaptiven Komponenten ist;
- synergistische und antagonistische Effekte auftreten;
- auf nicht-analytische Beschreibungsformen zurückgegriffen werden muß;
- unscharfe Daten und Systemkenntnisse häufig die Basis für die Modellierung bilden müssen;
- Untersuchungs- und Optimierungsziele bei Ökosystemen oft nicht eindeutig formulierbar sind.

Ein in ökologischen Systemen besonders augenfälliges Problem ist die enorme Datenfülle, die allein zur Erfassung der Struktur und Funktionalität von Ökosystemen erforderlich ist. Sie stößt an die Grenzen des menschlichen Fassungsvermögens (SCHI91). Hinzu kommen n-dimensionale Wechselwirkungen, die zudem nur selten streng kausalen Gesetzmäßigkeiten folgen. Vielmehr spielen zufällige Prozesse der Selbstregulation eine wesentliche Rolle. Nur Modularisierung und Hierarchisierung können das Gesamtsystem überschaubar machen, die Wechselwirkungen begrenzen und eine adäquate Modellbildung ermöglichen. Darüber hinaus stellt ein Verständnis der Prozesse in Ökosystemen die Voraussetzung dar, um in einem weiteren Schritt Pufferkapazitäten und Schadstoffwirkungen zu bestimmen.

Zukünftig wird die Forderung nach globaler (d.h. den gesamten Globus bzw. wesentliche Gebiete umfassende) Umweltsimulation stärker in den Vordergrund treten, um z.B. klimatologische Aussagen und Trends zu erhalten. Neben vielen fachgebietsspezifischen Problemen ergeben sich daraus auch zusätzliche informatikspezifische und mathematische Anforderungen. Es müssen geeignete Verfahren entwickelt werden, um sehr umfangreiche Modelle aufzubauen und stark anwachsende Datenmengen im Zusammenhang mit Modellen verwalten und nutzen zu können.

Trotz der oben erwähnten Schwierigkeiten gibt es heute schon viele einsatzfähige Modelle. Sie sind häufig durch eine große Zahl von Modellparametern und große Gleichungssysteme geprägt. Modelle im Umweltbereich sind zudem häufig raum- oder flächenbezogen, was zusätzlich große Mengen von Ein- und Ausgangsdaten bedingt. Ihre Erfassung, Speicherung und Wartung ist ein nicht zu unterschätzendes Problem. Sie sollte außerdem so erfolgen, daß die Daten, neben der Simulation, auch für andere Aufgaben effektiv nutzbar sind. Sie gehören in umfassendere informationsverarbeitende Systeme – geographische, Landschafts- oder Umweltinformationssysteme –, in denen die Problemlösungsmethode Simulation zusätzlich zu anderen Methoden zur Datenauswertung verfügbar ist. Aufgrund der Problematik der Datenhaltung kann praxisorientierte Simulation im Umweltschutz heute nicht mehr isoliert von Informationssystemen sinnvoll bestehen (vgl. Abschnitt 10.5)

Probleme der Datenhaltung und -bereitstellung

10.3 Anforderungen an Simulationswerkzeuge im Umweltbereich

Der Umweltbereich stellt hohe Anforderungen an die einzusetzende Simulationssoftware. Dabei ist zu berücksichtigen, daß diese Werkzeuge typischerweise für reine Anwender, d.h. Fachspezialisten aus einem umweltrelevanten Fachgebiet – wie Ökologen oder Umweltplaner – nutzbar sein müssen, die nur über begrenzte methodische Simulationskenntnisse und geringe DV-technische Erfahrungen verfügen. Viele Anforderungen an leistungsfähige Simulationssoftware für den Umweltbereich gelten grundsätzlich auch für andere Anwendungsbereiche der Simulation oder für Softwaresysteme außerhalb der Simulation. Einige Anforderungen sind jedoch spezifisch für die Umweltmodellierung (vgl. auch HÄUS92 und PAGE88).

10.3.1 Allgemeine Anforderungen

Zu den allgemeinen Anforderungen, aus denen sich weitere, speziellere Anforderungen ableiten, gehört in erster Linie die *Benutzungsfreundlichkeit* der Simulationssoftware. Die wenig geübten DV-Anwender auf dem Umweltsektor sind in besonderer Weise auf benutzungsfreundliche (software-ergonomische) Systeme angewiesen, die Kriterien wie Aufgabenangemessenheit, Transparenz, Robustheit, Konsistenz, Verläßlichkeit und vor allem Flexibilität – auf diese wird noch gesondert einzugehen sein – erfüllen müssen (vgl. auch HILT85b und DIN88). Diese Eigenschaften sind vor allem bei der Oberflächengestaltung zu berücksichtigen.

Benutzungs-freundlichkeit

Mit dem Einsatz leistungsfähiger Simulationssoftware soll es gelingen, den Aufwand zu verringern, der bei der Durchführung von Simulationsstudien

Verringerung des Aufwands

auf dem Umweltsektor eine entscheidende Hürde für eine weitere Verbreitung der Simulation in Umweltschutz, -forschung und -planung darstellt. Die Nützlichkeit der Simulationssoftware hängt wesentlich davon ab, inwieweit sie ein effizientes Arbeiten in allen Phasen der Modellbildung und Simulation unterstützt. Ein großes Potential für eine Verringerung des Modellierungsaufwandes bietet beispielsweise die Unterstützung der *Wiederverwendung von Modellen.*

Qualitäts-verbesserung von Simulationsstudien

Des weiteren sollten leistungsfähige Simulationswerkzeuge zu einer *Qualitätsverbesserung* der Simulationsstudien auf dem Umweltsektor führen, indem Fehlerquellen (etwa durch leistungsfähige Test- und Validierungshilfen) vermindert und die Aussagekraft der Simulationsergebnisse erhöht werden. Einfache, heute immer häufiger geforderte Möglichkeiten sind die Angabe der Dimension und der zulässigen/erwarteten Wertebereiche von Modellgrößen in Verbindung mit entsprechenden Prüfungsfunktionen (Plausibilitätsprüfungen).

Neben adäquateren Modellen können bessere Modellexperimente, die u.a. durch mehr Simulationsläufe und die systematische Variation der experimentellen Bedingungen gekennzeichnet sind, sowie eine fundiertere Analyse der Simulationsergebnisse mit anspruchsvollen statistischen Verfahren, beispielsweise eine Gegenüberstellung mit Meßdaten aus dem Realsystem, zu einer höheren Aussagekraft der Ergebnisse und damit zu einer Qualitätsverbesserung von Simulationsstudien beitragen.

10.3.2 Spezielle Anforderungen an Simulationswerkzeuge

Flexibilität

Simulationssoftware für den Umweltsektor sollte vor allem *flexibel* sein. Denn die spezifischen Anforderungen an ein leistungsfähiges Simulationswerkzeug in einem derartig komplexen und heterogenen Anwendungsgebiet wie der Umweltsimulation, die sich teilweise mit sogenannten *ill-defined Systems* auseinandersetzen muß, sind vorab nicht eindeutig und vollständig definierbar. Erst eine hohe Systemflexibilität bietet die Grundlage für die in diesem Anwendungsbereich notwendige *Unterstützung einer explorativen Arbeitsweise* bei der Modellbildung und Simulation.

Interaktivität

Eine Voraussetzung für eine derartige Arbeitsweise ist ein *hoher Grad an Interaktivität*, die einen Beitrag zur geforderten Systemflexibilität leistet, indem sie dem Benutzer eine iterative Vorgehensweise beim Modellaufbau und bei den Modellexperimenten ermöglicht (vgl. FEDR90 und FISC91). Zu einer hohen Nutzungsflexibilität gehören auch alternative und vom Benutzer *variierbare Darstellungsformen der Modelle*, damit eine Anpassung an die spezielle Fachnotation und -symbolik der Anwender möglich ist.

Notwendigkeit der Methodenvielfalt

Wichtig für die Benutzer im Umweltbereich ist die *Breite des angebotenen Methodenspektrums.* Man kann hier nicht von einer einheitlichen, generell anwendbaren Simulationsmethodik ausgehen, sondern muß mit einem Simulationssystem eine entsprechende *Methodenvielfalt* unterstützen. Die Flexibilität des Systems muß sich daher auch auf die unterstützten Methoden beziehen. Es muß auch möglich sein, neue Modellierungsmethoden durch einfache Systemerweiterungen nachträglich in ein Werkzeug zu integrieren. So ist die Bereitstellung von innovativen Methoden in Simulationssystemen (z.B. regelbasierte

Techniken, Fuzzy-Ansätze, neuronale Netze) zur Unterstützung der Öko-systemforschung perspektivisch wichtig.

Die Realisierung derartiger Flexibilität erfordert eine offene Systemarchi-tektur mit wohl definierten (internen) Schnittstellen (Protokollen) zu möglichen Systemerweiterungen. Da *objektorientierte Ansätze* generell ein hohes Maß an Flexibilität gewährleisten, stehen sie bei der Realisierung im Vordergrund.

Als zentrale Anforderung an Werkzeuge für die Umweltmodellierung ist die Überwindung des klassischen Zielkonflikts zwischen hoher *Flexibilität* und hohem *Benutzungskomfort* zu stellen. Die Werkzeuge sollten komfortable Un-terstützung bieten, ohne dadurch an Flexibilität einzubüßen (vgl. HÄUS93a).

Die Simulationsmodelle sollten möglichst transparent sein. Da Spezia-listen unterschiedlichster Fachgebiete und andere Personengruppen, wie bei-spielsweise Umweltschutzgruppen, sie nutzen sollen, müssen sich ihre Inhalte ohne großen Aufwand auch Benutzern erschließen, die nicht mit der Modell-bildung befaßt waren. Insbesondere muß die Ergebnisbewertung im Kontext der Modellinhalte erfolgen können. Dies ist nur möglich, wenn die Modelle verständlich formuliert und dokumentiert sind. *[Transparenz der Simulationsmodelle]*

Die Modellierung von komplexen ökologischen Systemen, über die oft nur unsichere bzw. lückenhafte Erkenntnisse vorliegen, verlangen darüber hin-aus Möglichkeiten zur *unscharfen Modellierung*, zur *Modellierung der Selbst-organisation und -adaption* (d.h. Unterstützung von Struktur- und Zielfunk-tionswandel der Systeme bzw. dynamische Strukturen) sowie *Kompartimente als Modellbausteine*, um die typischen Denkmodelle aus Biologie und Öko-logie angemessen zu unterstützen.

Eine Unterstützung der *objektorientierten Modellierung* ließe eine unter-schiedliche Granularität der Ökosystemmodellierung zu, indem sowohl die Modellierung einzelner Objekte bzw. Individuen als auch ganzer Populationen als Gesamtheit aller Objekte mit dem Werkzeug durchführbar wäre. Ein Um-weltsimulationswerkzeug muß Möglichkeiten zur *Simulation des chaotischen Verhaltens* im Rahmen entsprechender Modellexperimente berücksichtigen. Schließlich müssen Anforderungen an eine *anspruchsvolle Visualisierung* großer Mengen von Datenobjekten mit einer Vielzahl von Parametern bzw. in großen Zustandsräumen erfüllt werden (vgl. GRÜT92b). *[Objektorientierte Modellierung]*

10.3.3 Funktionalität der Simulationswerkzeuge

Bei der Diskussion der Anforderungen an Umweltsimulationswerkzeuge sind bereits einige Ansprüche an die Funktionalität derartiger Systeme ange-klungen. Darüber hinaus sollte ein Umweltsimulationswerkzeug eine Reihe weiterer Funktionen aufweisen, die im folgenden dargestellt werden.

Im Sinne einer *vollständigen Arbeitsumgebung für die Umweltsimulation* müssen *alle Phasen der Modellbildung und Simulation* durch Systemfunktio-nen wirkungsvoll unterstützt werden. Über die reine Implementationsphase hinaus schließt dies auch die frühen Phasen des Modellentwurfs ebenso wie die spätere Modellnutzung und die Ergebnisauswertung ein. Die Modellerstellung wird insbesondere für Fachanwender ohne vertiefte DV-Kenntnisse dann *[Arbeitsumgebung für Umwelt-simulation]* wesentlich vereinfacht, wenn bereits das formalisierte (mathematische) Modell im Simulationssystem spezifizierbar ist. Hilfreich kann dabei die *graphische Modellierung* sein, die eine Erstellung des Modells mit graphischen Konstrukten in Form eines Diagramms erlaubt. Eine Programmierung im Rahmen der Modellimplementation kann dann weitgehend entfallen. Graphische Notationen können bereits beim Modellentwurf eine erste Formalisierung anbieten (z.B. die sogenannten Kausal- bzw. Wirkungsdiagramme im Rahmen der System-Dynamics-Methode), ohne daß der Anwender schon eine vollständige formale Spezifikation des Modells vornehmen muß. Die graphischen Beschreibungen bieten den Vorteil einer hohen Anschaulichkeit und können einen wesentlichen Anteil der im Simulationssystem vorzusehenden *Modelldokumentation* ausmachen. Sie tragen damit zur geforderten Transparenz der Modelle bei (vgl. Abschnitt 10.3.2).

Modulare Modell-erstellung
Zur Bewältigung der großen Komplexität umfangreicher Umweltmodelle kann die *modulare Modellerstellung* einen wichtigen Beitrag leisten. Darunter versteht man die Aufteilung eines komplexen Gesamtmodells in getrennt zu bearbeitende, überschaubare Teilmodelle (auch als *Submodelle* bezeichnet), die nach Fertigstellung als Komponenten zu einem Gesamtmodell verbunden werden. Ein Simulationswerkzeug für den Umweltbereich muß daher Systemfunktionen zur separaten Bearbeitung von Teilmodellen und insbesondere für deren Verknüpfung bereitstellen.

Modellhierarchien
Ein Modularisierungskonzept sollte die Bildung von beliebigen *Modellhierarchien* erlauben, indem Teilmodelle wiederum Teilmodelle auf unterschiedlichen Aggregationsebenen enthalten dürfen. Damit die oben erwähnte Wiederverwendbarkeit von existenten (Teil-) Modellen als Modellbausteine in anderen Modellen ermöglicht wird, muß ein Simulationswerkzeug über eine leistungsfähige *Modellverwaltungs- und Modellauswahlfunktion* verfügen.

Trennung von Modell und Experiment
Während Modelle als Ergebnisse des Modellbildungsprozesses die Dynamik und die Struktur eines Systems beschreiben, wird bei der Modellnutzung in den Simulationsexperimenten z.B. das dynamische Verhalten eines konkreten Systems in Abhängigkeit von den zugehörigen Experimentierparametern und -rahmenbedingungen bestimmt. Im Modell wird das Systemverhalten allgemein beschrieben, in der Experimentbeschreibung werden dagegen die Parameter sowie die Input- und Outputdaten für einen konkreten Anwendungsfall, die Methoden und Verfahren (z.B. Integrationsmethoden, -schrittweiten) für die Lösung des vorliegenden Problems mit dem Modell beschrieben. Da in anderen Anwendungsfällen des Modells diese Angaben sich völlig ändern, ist eine Trennung von Modell- und Experimentbeschreibung notwendig, d.h. Modelle und Experimente sind als eigenständige Objekte zu verwalten (vgl. HILT87).

Ähnlich wie beim Modellaufbau ist bei der Durchführung von Simulationsexperimenten ein hohes Maß an Interaktivität und Flexibilität vorteilhaft. Dazu gehören die *einfache Änderbarkeit der experimentellen Bedingungen*, die *Unterbrechung* und das *Rücksetzen von Experimenten*, die *simulationsbegleitende Anzeige* von generierten Modellzuständen sowie die *Reproduzierbarkeit von Simulationsexperimenten* auch bei interaktiven Eingriffen.

10.4 Architektur von Simulationssystemen

Die Architektur von Simulationssystemen und ihrer Komponenten wird durch die Anforderungen der Benutzer und der Einsatzgebiete geprägt. So wirken auch Anforderungen aus dem Umweltbereich auf die Architektur, auf die Methoden und auf die Benutzungsoberfläche.

Simulationssysteme unterstützen den Benutzer bei der Modellbildung, Implementierung, Planung und Durchführung von Experimenten, Ergebnisanalyse und -visualisierung. Sie entsprechen damit der Anforderung nach einer vollständigen Arbeitsumgebung für die Modellbildung und Simulation. In den Komponenten zur Experimentdurchführung und Ergebnisbehandlung werden dem Benutzer eine Vielzahl von Methoden zur Verfügung gestellt. Dazu gehören Basismethoden (z.B. zur Berechnung der systemdefinierenden Differentialgleichungen), allgemeine Methoden (z.B. für Parameterstudien, Sensivitäts- und Stabilitätsanalyse, Visualisierung, Animation) sowie benutzerspezifische Methoden (z.B. zur Nachbehandlung und Auswertung der Ergebnisse). Simulationssysteme

Während die herkömmliche Simulationssoftware häufig ein monolithisches System darstellt, wird in modernen Systemen eine modulare, offene Struktur angestrebt. Für diese neue Generation der Simulationssysteme (SCHM92) sind neben der seit längerem bestehenden Forderung nach Trennung von Modell- und Experimentbeschreibung folgende Eigenschaften kennzeichnend: Neue Generation von Simulationssystemen

- Interaktion in allen Phasen des Ablaufs der Modellbildung und Simulation,
- weitgehende graphische Unterstützung (Modellbeschreibung, Debugging-Trace, Ergebnisdarstellung und -animation),
- objektorientierte Modellbeschreibung,
- Verfügbarkeit von Modell-, Methoden-, Daten- und Experimentbanken,
- wissensbasierte Unterstützung bei der Modellerstellung und -beschreibung,

bei der Simulationsdurchführung sowie bei der Ergebnisinterpretation und -auswertung (vgl. Abschnitt 10.6).

Simulationssysteme dieser Art decken die in Abschnitt 10.3 formulierten Anforderungen im wesentlichen ab.

Der Einsatz im Umweltbereich verlangt, wie bereits hervorgehoben, eine hohe Systemflexibilität. Dieser Forderung wird das im folgenden skizzierte Architekturkonzept gerecht. Ihm liegt der Ansatz zugrunde, daß ein Modell – aus der Modellbibliothek entnommen – durch unterschiedliche Werkzeuge – den Methoden aus der Methodenbibliothek – in den Experimenten genutzt wird. Auf ein Modell werden in Experimenten unterschiedliche Methoden angewandt (BREI92, GRÜT92b, s. Abb. 10.5). Eine andere Betrachungsweise dieses Prinzips ist folgende: Modelle bilden die Inputdaten für Methoden, je nach Methode erfolgt eine andere Auswertung (z.B. Simulation, Parameteridentifikation, Optimierung).

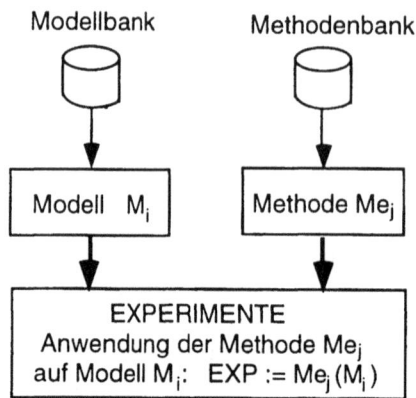

Abb. 10-5: Modell – Methode – Experiment

10.4.1 Methoden

Simulations-
methoden

Die Festlegung der Methoden einschließlich der Art und Weise ihrer Anwendung auf das Modell (z.B. Parameteroptimierung), die Angabe der Parameter- und Inputwerte sowie die Auswertungs- und Darstellungsmethoden der Resultate erfolgt in der *Experimentbeschreibung*. Ausgezeichnete Methoden sind die Basismethoden, auch *Simulationsmethoden* genannt. Entsprechend dem Modelltyp (diskret, kontinuierlich oder kombiniert) wird für das Simulationsexperiment die zugehörige Basismethode ausgewählt. Die Basismethoden erfüllen Aufgaben zur Steuerung des Simulationsablaufes. Dazu gehören die Integration der Differentialgleichungssysteme bei kontinuierlichen Modellen, die Behandlung von Ereignissen und die ereignisabhängige Auswahl der Differentialgleichungssysteme (Zustandsraumaufspaltung) bei kombinierten Modellen. Die Struktur und die Funktionalität der Basismethoden hängen deshalb eng mit der Modellbeschreibungssprache zusammen. Mögliche Basismethoden werden bei ROZE91 beschrieben.

Neben den Basismethoden gibt es allgemeine Methoden, zu denen die Parameteranpassung (PESC80 und PAWL93), die Optimierung, die Sensitivitätsanalyse, die Bestimmung von Stabilitätspunkten, die Monte-Carlo-Methoden und die Zufallszahlenerzeugung gehören. Zusätzlich zu diesen Methoden für das Experimentieren müssen auch geeignete für die Ergebnisauswertung (z.B. Zeitreihenanalyse, statistische Verfahren) und -präsentation verfügbar sein. Darüber hinaus kommt den Visualisierungsmethoden und Methoden der Animation in der Umweltsimulation erhöhte Bedeutung zu (vgl. GRÜT91).

Für die Umweltsimulationssysteme sind zusätzliche Erweiterungen notwendig, um dem Benutzer eine adäquate Unterstützung anzubieten. Sie umfassen vor allem Methoden, die über die klassischen Simulationsmethoden hinausgehen. Neben innovativen Methoden wie neuronalen Netzen, genetischen Algorithmen oder Fuzzy-Methoden sind das vor allem wissensbasierte Unterstützungstechniken (s. Abschnitt 10.6).

10.4.2 Modellstruktur

Um die Struktur der modellierten Umweltsysteme adäquat abzubilden, sollten die Modelle modular hierarchisch strukturiert sein. Ein Modell wird somit aus kleineren Einheiten, den *Submodellen,* aufgebaut. Ein Submodell kann wieder aus weiteren Submodellen zusammengesetzt sein (vgl. Abschnitt 10.3.3). Einheiten, die nicht mehr zerlegt werden können, werden als *Basisobjekte* bezeichnet. Sie beschreiben die Dynamik des Systems bzw. Teilsystems durch Zustandsgleichungen in Form von Differentialgleichungssystemen, durch regel- und fuzzybasierte Ansätze, neuronale Netze oder andere mathematisch/algorithmische Notationen. Ansätze dazu enthält das System SAMOS (GRÜT93). Durch die Einbettung von Submodellen in Submodelle über beliebig viele Ebenen entsteht eine hierarchische Modellstruktur. Objektorientierte Programmiersprachen bieten eine gute Grundlage für die Implementation eines derartigen Submodellkonzeptes.

Modulare und hierarchische Umweltmodelle

Objektorientierte Implementation

Beispiel: CEDARBOG-Modell

In Abbildung 10-6 wird eine derartige Modellstruktur an einem Beispielmodell demonstriert. Es handelt sich um das einfache Modell *CEDARBOG* zur Verlandung von Seen (DIMI93, SCHM92). Das Modell besteht aus zwei Submodellen NATUR und UMWELT, die selbst wieder aus je zwei Basisobjekten bestehen. SUN beschreibt die Energiezufuhr durch die Sonne; im Basisobjekt LAKE wird der Zustand der Pflanzen (P), Pflanzenfresser (H) und Fleischfresser (C) beschrieben. Die Basisobjekte ORGANIC und ENVIRON modellieren die Bodenablagerung und die Energieabgabe an die Umwelt. Abbildung 10-7 gibt die Modellbeschreibung in der Sprache SAME-MDL an (s. DIMI93). Es ist ersichtlich, daß Submodelle nur die Strukturen über die Input/Output-Relationen (Schnittstellen) beschreiben. Die gesamte Dynamikbeschreibung ist in den Basisobjekten enthalten.

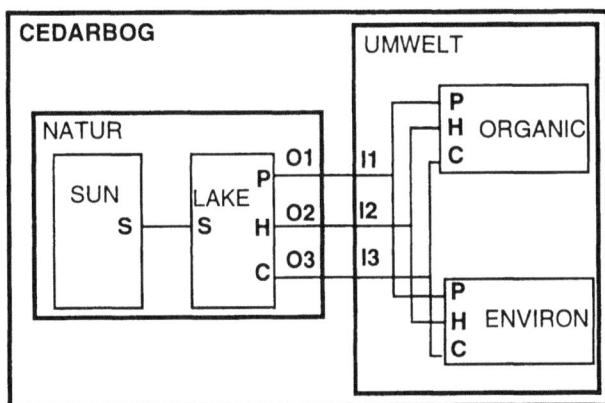

Abb. 10-6: Das hierarchische Modell CEDARBOG, Strukturdarstellung

Basisobjekte	Submodelle
| ```
basicobject SUN(out:S);
  constants float PI=3.14;
  var double S=0.0;
  equations
    S = 95.9 * (1 + 0.635*sin(2*PI*TIME));
end.

basicobject LAKE(inp:S; out:P,H,C);
  states float P=0.0, /*Pflanzen*/
               H=0.0, /*Pflanzenfresser*/
               C=0.0; /*Fleischfresser*/
  var double S=95.9;
  equations
    P´= S - 4.03 * P;
    H´= 0.48 *P - 17.87 * H;
    C´= 4.85 * H - 4.65 * C;
end.

basicobject ORGANIC(inp: P, H, C);
  states float O=0.0; /*Ablagerung Boden*/
  var float P, H, C;
  equations
    O´= 2.55 * P + 6.12 * H + 1.95 * C;
end.

basicobject ENVIRON(inp: P, H, C);
  states float E=0.0; /*Abgabe an Umwelt*/
  var float P, H, C;
  equations
    E´= 1.00 * P + 6.90 * H + 2.70 * C;
end.
``` | ```
submodel NATUR(out: O1, O2, O3);
  components
    SUN(out: S);
    LAKE(inp: S; out: P, H, C);
  connections
    SUN.S -> LAKE.S;
    LAKE.P -> O1;
    LAKE.H -> O2;
    LAKE.C -> O3;
end.

submodel UMWELT(inp: I1, I2, I3);
  components
    ORGANIC(inp: P, H, C);
    ENVIRON(inp: P, H, C);
  connections
    I1 -> (ORGANIC.P, ENVIRON.P);
    I2 -> (ORGANIC.H, ENVIRON.H);
    I3 -> (ORGANIC.C, ENVIRON.C);
end.

submodel CEDARBOG;
  components
    NATUR(out: O1, O2, O3);
    UMWELT(inp: I1, I2, I3);
  connections
    NATUR.O1 -> UMWELT.I1;
    NATUR.O2 -> UMWELT.I2;
    NATUR.O3 -> UMWELT.I3;
end.
``` |

Abb. 10-7: Das hierarchische Modell CEDARBOG in der Modellbeschreibungssprache SAME-MDL

10.4.3 Simulationssteuerung

Flache Simulationssteuerung

Im folgenden wollen wir die Simulationssteuerung für ein vollständiges, modular hierarchisches Simulationsmodell betrachten. Ein Ansatz zur Simulation solcher Modelle ist das sogenannte „flache" Konzept. Dabei wird ein Rechenmodell erzeugt, das nach Abbau der Hierarchieebenen nur aus einer Ebene besteht, in der ausschließlich die Komponenten der Basisobjekte angeordnet sind.

Hierarchische Simulationssteuerung

Der zweite Ansatz besteht darin, die hierarchische Modellstruktur auch rechnerintern bei der Simulationsdurchführung beizubehalten. Zur Implementation einer derartigen Simulationssteuerung eignen sich besonders objektorientierte Ansätze. Rechnerintern wird, dem Modell entsprechend, eine Objekthierarchie aufgebaut. Auf dem untersten Niveau stehen die Basisobjekte, die bestimmte Methoden zur Simulation geerbt haben. Die so gebildeten Instanzen bezeichnen wir als *Simulationsobjekte*. Auf den höheren Niveaus stehen die aus den Submodellen gebildeten Instanzen. Sie haben Methoden zur Strukturverknüpfung – zur Auswertung des Koppelschemas – geerbt, um entsprechend

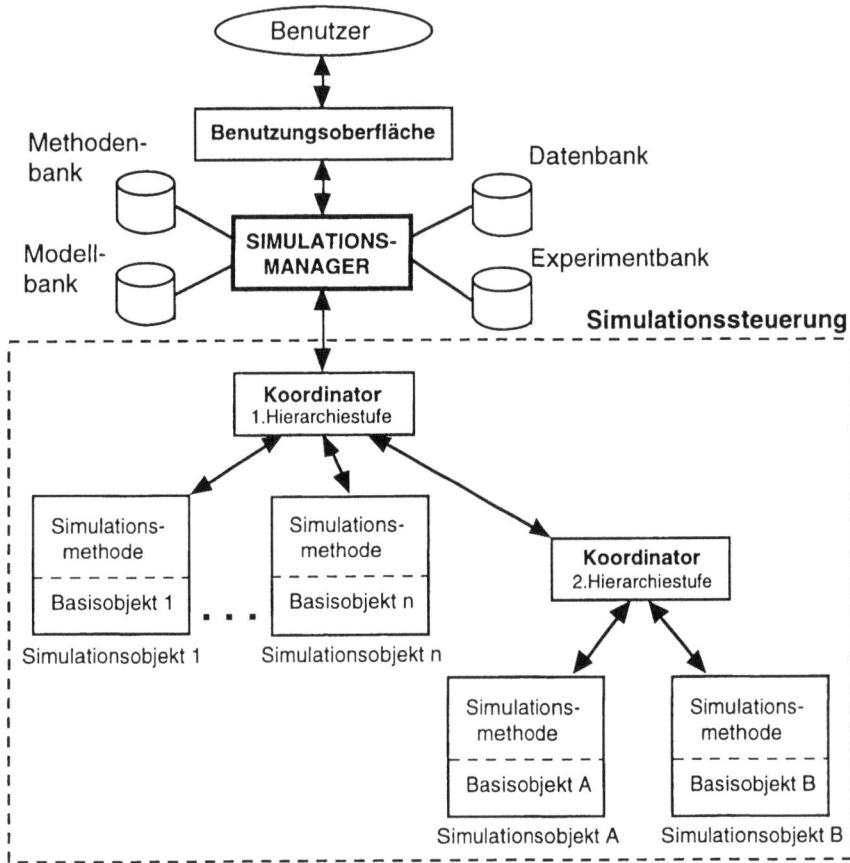

Abb. 10-8: Struktur der hierarchischen Simulationssteuerung

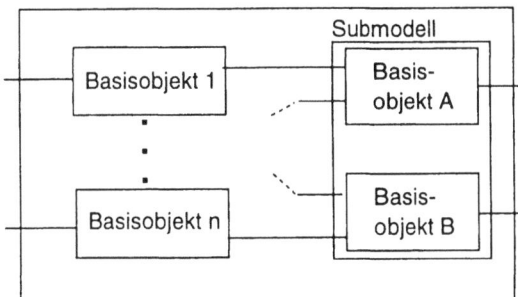

Abb. 10-9: Struktur des Modells für die Simulationssteuerung aus Abb. 10-8

diesen Verknüpfungen Daten weiterzureichen und Abarbeitungen auf dem unteren Niveau zu veranlassen. Eine solche Instanz ist ein *Steuerobjekt*, auch *Koordinator* genannt. Jede Submodellebene wird damit durch einen Koordinator gesteuert (s. Abb. 10-8). Der Informationsaustausch zwischen den Instanzen erfolgt über Nachrichten. Abbildung 10-8 zeigt die Struktur der Simulationssteuerung für zwei Hierarchiestufen, Abbildung 10-9 die zugehörige Modellstruktur.

Simulations-
manager

Zwischen dem Koordinator auf oberstem Niveau und dem Benutzer ist ein *Simulationsmanager* angeordnet. Er realisiert die Schnittstelle zwischen der Simulationssteuerung und dem Benutzer sowie den Datenbasen (s. Abb. 10-8).

Simulationssystem
SAMOS

Diese Struktur bietet eine hohe Flexibilität für die Untersuchung der komplexen hierarchischen Systeme der Umwelt. Sie bietet den Grundansatz für das System SAMOS (GRÜT93). Der Vorteil dieses Konzeptes besteht darin, daß die Modellbeschreibung in den Basisobjekten (durch Differentialgleichungen, mathematisch-algorithmisch regelbasiert, fuzzyorientiert) und die Modellstruktur adäquat abgebildet werden kann (s.a. Abschnitt 10.6). Die Orientierung in komplexen Modellen wird so dem Benutzer auch während der Experimente wesentlich erleichtert.

10.5 Simulationskomponenten im Rahmen von Umweltinformationssystemen

Um die umfangreichen Datenbestände, die im Rahmen von Simulationsstudien benötigt werden bzw. anfallen, adäquat handhaben zu können, sind spezielle Methoden für die Bereitstellung und Aufbereitung von Eingabedaten aus Datenbanken und das Rückspeichern der Ergebnisse notwendig.

Umweltinfor-
mationssysteme

Zur Verwaltung, Erfassung, Aufbereitung und Nutzung von Umweltdaten, die in vielen Fällen auch raum- oder flächenbezogen sind, werden *Umweltinformationssysteme (UIS)* aufgebaut. Das Ziel von UIS besteht in der Speicherung von Umweltdaten und ihrer Nutzung zur Gewinnung abgeleiteter Informationen über den Zustand der Umwelt (vgl. Abschnitt 10.4). Aussagen über den Umweltzustand und seine Veränderung werden üblicherweise durch Datenbankanfragen gewonnen. Zu diesem Zweck existieren spezielle Anfragesprachen, die die Formulierung von problemgerechten Datenzugriffen und -verknüpfungen erlauben (vgl. Abschnitt 6.1). Darüber hinaus lassen sich Aussagen mittels Methoden zur Analyse, Bewertung und Visualisierung von Daten erhalten. Diese heute üblichen Vorgehensweisen schöpfen das Potential eines UIS jedoch noch nicht vollständig aus.

Um Probleme eines umfassenden Umweltschutzes zu lösen, sind auf der Basis der UIS komplexere Problemstellungen zu bearbeiten, die insbesondere eine direkte Untersuchung der Dynamik im Umweltbereich erfordern. Dazu gehören z.B. Trenduntersuchungen, Analysen von Schadstoffwirkungen auf Ökosysteme und Untersuchungen von dynamischen Wechselwirkungen zwischen Ökosystemen mit und ohne Schadstoffemittenten. Daraus resultiert die Forderung, die Methoden eines UIS durch Simulation zu ergänzen (Abbildung 10-10). Die Einbindung von Simulationsmethoden in Umweltinformationssysteme bringt zwei wesentliche Vorteile:

1. Bei der Auswertung der Daten eines UIS können dynamische Aspekte berücksichtigt werden.

Simulations-methoden in UIS

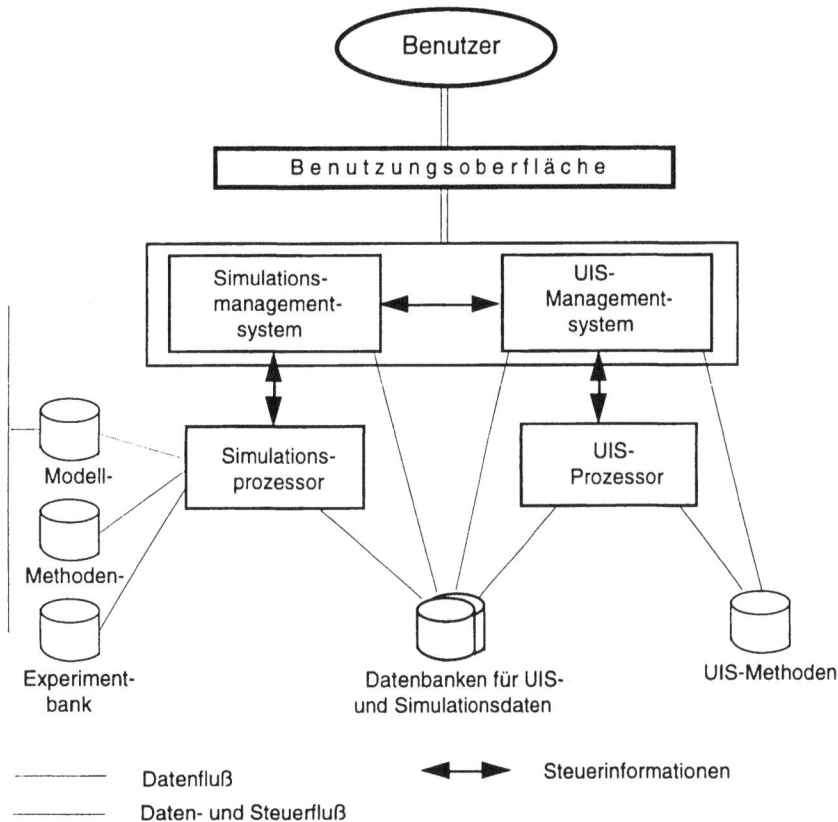

2. Die für Umweltsimulationen notwendigen Daten sind in der Regel im UIS verfügbar und stehen unter unmittelbarem Zugriff des Simulationssystems.

Abb. 10-10: Aufbau eines UIS mit Simulationssystem zur dynamischen Analyse von Umweltsystemen

213

10.6 Wissensbasierte Konzepte zur Unterstützung der Umweltsimulation

Kenntnisse auf verschiedenen Ebenen

Die Modellbildung und Simulation im Umweltbereich verlangt von den Fachwissenschaftlern umfangreiche Kenntnisse auf unterschiedlichsten Ebenen. Dabei kann man davon ausgehen, daß sie die notwendige Kompetenz im *eigenen Fachgebiet* besitzen, um die inhaltlichen Fragestellungen ihrer Simulationsstudie bearbeiten zu können. Vertiefte Kenntnisse über *Simulationsmethoden* oder die angemessene *DV-Nutzung* werden dagegen selten vorliegen, so daß hier Unterstützungsbedarf besteht. Konventionelle Simulationssoftware bietet jedoch für den Fachanwender kaum Hilfestellung hinsichtlich der benötigten simulationsmethodischen Kenntnisse. Wissensbasierte Ansätze können dagegen mit dem Werkzeug auch *notwendiges Zusatzwissen* bereitstellen.

Modell-repräsentation

Ein zweiter Aspekt, der für die Einbeziehung wissensbasierter Ansätze in Simulationssoftware spricht, ist die *Verbesserung der Modellrepräsentation*, d.h. des zur Modellbeschreibung verwendeten Formalismus. Konventionellen Modellierungswerkzeugen liegt ein eingeschränkter Modellbegriff zugrunde, der keine ausreichende Repräsentationsfähigkeit für Informationen aufweist, die nicht mathematisch-numerisch ausgedrückt werden. Die Wissensrepräsentation in Simulationsmodellen bzw. -systemen bedarf der Erweiterung, soll beispielsweise auch qualitatives Wissen einbezogen werden.

10.6.1 Bereitstellung von Modellierungswissen

Methodisches Wissen

Besonders interessant ist die Bereitstellung von Wissen über den *methodisch korrekten Aufbau* und die *korrekte Anwendung* von Simulationsmodellen. Auf gleicher Ebene liegt auch eine wissensbasierte Unterstützung bei der *Interpretation von Simulationsergebnissen*, sofern dort methodische (z.B. statistische) Fragen berührt sind. Die inhaltliche Interpretation und Bewertung der Simulationsergebnisse verbleibt jedoch im Aufgabenbereich des Fachanwenders.

Problemorientierte Modellauswahl

Die Bereitstellung von *Wissen über Modellinhalte* kann für die problemorientierte Auswahl von Simulationsmodellen aus einem umfangreichen Modellbestand hilfreich sein und die Wiederverwendung von Modellen fördern.

Benutzungswissen

Wissensbasierte Funktionen dürfen insgesamt jedoch nicht zu einer Erhöhung der Bedienungskomplexität der Simulationssysteme führen. Sie sollten vielmehr zu einer weiteren Vereinfachung der Systemnutzung beitragen, indem auch *Zusatzwissen über die DV-Benutzung* angeboten wird.

10.6.2 Erweiterung der Modellrepräsentation

Durch die Repräsentationsform der Modelle wird vorgegeben, welche Informationen zum Aufbau eines Modells genutzt und in das Modell aufgenommen werden können. Bei Verwendung konventioneller Simulationssoftware können Systemzustände und Beziehungen zwischen Systemkomponenten in der Regel nur mathematisch-numerisch repräsentiert werden.

214

In der Umweltmodellierung spielt jedoch in wichtigen Teilbereichen, beispielsweise in der Ökosystemforschung, mangels genauerer quantitativer Angaben der Umgang mit *qualitativem Wissen* eine wichtige Rolle. Daher ist die Repräsentation von qualitativen Zustandsbeschreibungen sowie einer Spezifikation des Modellverhaltens und der Beziehungen zwischen den Modellgrößen in Repräsentationsformen nützlich, wie sie im Rahmen der *Künstlichen Intelligenz* entwickelt wurden (z.B. in Form von Regeln, vgl. BOSS89). *(Qualitatives Wissen)*

Eine erweiterte Repräsentationsform sollte außerdem unsicheres Wissen einbeziehen und die Modifizierbarkeit der Modelle unterstützen. Auf dieser Basis wird eine *inkrementelle Modellerstellung* mit Hilfe eines Simulationssystems ermöglicht, wodurch der Modellbildungsprozeß wesentlich erleichtert werden kann. Dies beinhaltet die Schaffung neuer Modelle durch einfache Anpassung vorhandener Modelle an die veränderten Aufgabenstellungen. *(Unsicheres Wissen)*

Da bei der Umweltmodellierung zahlreiche *hypothetische und vereinfachende Annahmen* notwendig sind, müssen auch diese im Modell explizit repräsentierbar sein. Schließlich sind Informationen über das Modell, etwa zur Modellklassifikation oder Modelldokumentation, als Teil des Modellwissens von der Repräsentationsform zu handhaben. Dadurch wird eine Selbstdokumentation der Modelle geschaffen, die der Forderung nach Transparenz entgegenkommt (vgl. HÄUS88a). *(Explizite Repräsentation von Modellannahmen)*

Für ein wissensbasiertes Simulationssystem ist daher eine *hybride Modellrepräsentation* angemessen, die unterschiedlichste Wissensarten in einem Modell vereint. Diese Form könnte durch Integration der üblichen mathematisch-numerischen Repräsentation mit objektorientierter und regelbasierter Wissensrepräsentation für die Modellinhalte gefunden werden (s.a. Abschnitt 10.4.2).

10.6.3 Grundstruktur eines wissensbasierten Simulationssystems

Als Beispiel wird hier ein wissensbasiertes Simulationssystem für den Umweltbereich skizziert, dessen primäres Entwicklungsziel, neben der Bereitstellung von Modellierungswissen, die Überwindung des Gegensatzes zwischen Unterstützungskomfort und Systemflexibilität war und das am Fachbereich Informatik der Universität Hamburg realisiert wurde (siehe HÄUS93a und HÄUS93b). Grundlage der Flexibilität ist eine Systemarchitektur mit drei Ebenen:

- Auf der *externen Ebene* sind diejenigen Funktionen zusammengefaßt, die die Benutzungsoberfläche und insbesondere die Darstellungsformen der Modelle betreffen, die mit Hilfe definierter Symbole (z.B. mit System-Dynamics-Diagrammen oder anderen, auch benutzereigenen Diagrammformen) nach den *Prinzipien der graphischen und der modularen Modellierung* weitgehend ohne Programmierung aufgebaut werden können. *(Drei Systemebenen)*

- Auf einer *internen Ebene*, auf der Modellinhalte völlig unabhängig von der externen Darstellungsweise repräsentiert werden, befinden sich die Funktionen zur Auswertung bzw. Nutzung der Modellinhalte.

- Auf der *wissensbasierten Ebene* ist Funktionalität eines wissensbasierten Systems verfügbar, die unterschiedlich genutzt werden kann.

Dafür steht eine entsprechende Sammlung von Wissensbasen zur Verfügung. Zu jedem Zeitpunkt ist eine der Wissensbasen als aktuelle Wissensbasis geladen, deren Inhalte die aktuelle wissensbasierte Funktionalität festlegen.

Zu jedem Modell existiert eine *modellspezifische Wissensbasis*, die die Modellinhalte repräsentiert und als integraler Bestandteil eines Modells angesehen wird. Bei jedem Bearbeitungsvorgang an einem Modell wird dessen Wissensbasis geladen und entsprechend verändert. *Methodenspezifische Wissensbasen* enthalten *Wissen über einen methodisch korrekten Aufbau der Modelle.* Damit kann die wissensbasierte Ebene genutzt werden, um die methodische Korrektheit der Modelle laufend zu überprüfen und dem Benutzer methodische Unterstützung zu bieten. Eine weitere Aufgabe besteht in einer methodenspezifischen Analyse der Modellstruktur, beispielsweise um Rückkopplungsschleifen oder besonders einflußreiche Modellgrößen zu identifizieren.

Eingebettete Expertensystem-Shell

Die wissensbasierte Ebene wird durch eine in das Gesamtsystem eingebettete *Expertensystem-Shell* gebildet. Durch die Einbettung in das Simulationssystem kann der Benutzer nicht direkt auf die Shell zugreifen, sondern nur indirekt über die externe und interne Ebene auf bestimmte, für ihn relevante Teilfunktionen. Aus Sicht der Benutzer sind die konventionellen und wissensbasierten Anteile der Systemfunktionalität somit vollständig integriert.

Abbildung 10-11 zeigt die Architektur des wissensbasierten Simulationssystems mit seinen drei Systemebenen. Diese ergänzen die in Abb. 10-8 dargestellte Struktur um eine zusätzliche Dimension, in der eine Unterscheidung hinsichtlich der Repräsentationsformalismen stattfindet.

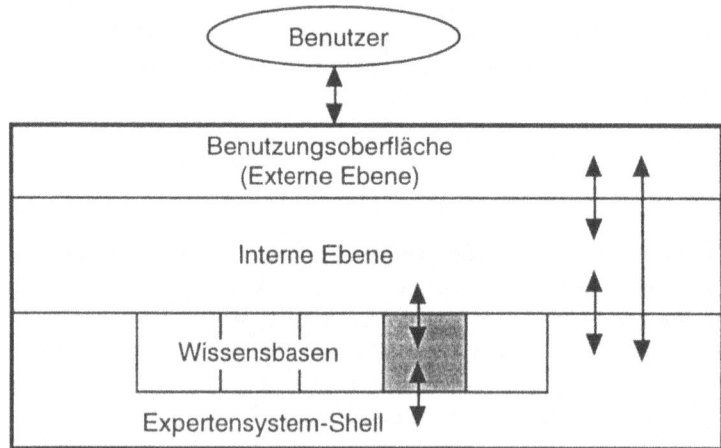

Abb. 10-11: Architektur eines wissensbasierten Simulationssystems (nach HÄUS93a)

Durch die Strukturierung in drei streng getrennte Ebenen ist das Simulationssystem sehr flexibel. So läßt sich für eine vorhandene Simulationsmethodik die zugehörige graphische Notation (z.B. spezifische Diagrammformen für bestimmte Anwendungsklassen wie Verkehrsmodelle) vollständig austauschen, ohne daß davon die interne oder wissensbasierte Ebene betroffen wäre. Das System kann ferner durch einen einfachen Austausch der aktuellen Wissensbasis von einer Simulationsmethodik zu einer anderen umschalten.

Basis des Simulationssystems ist ein Systemkern mit einer Grundfunktionalität auf jeder Systemebene, die unabhängig von speziellen Simulationsmethoden ist. Das so entstehende *Simulationsrahmensystem,* das objektorientiert entworfen und implementiert wurde, kann durch geringe Ergänzungen auf allen Systemebenen für die Unterstützung spezieller Umweltmodellierungsmethoden erweitert werden. Dabei wird unter Ausnutzung des Vererbungsprinzips auf die im Systemkern bereitgestellte Objektklassen und Methoden zurückgegriffen, die der Benutzer nur um die jeweiligen Abweichungen ergänzen muß.

Objektorientiertes Simulationsrahmensystem

10.7 Schlußfolgerung und Ausblick

Um die Modellbildung und Simulation im Umweltbereich wirkungsvoll zu unterstützen, muß die eingesetzte Simulationssoftware eine Reihe von spezifischen Anforderungen erfüllen. Durch eine Gestaltung von Simulationssystemen, die sich an methodischen Prinzipien der Modellbildung und Simulation orientiert, kann für viele Arbeitsphasen eine komfortable Unterstützung der Benutzer erreicht werden. Für den Umweltbereich spielt dabei die *modulare hierarchische Strukturierung* der Modelle und die Unterstützung derartiger Modellstrukturen durch die Funktionen der Simulationssysteme eine besonders wichtige Rolle.

Durch die Anwendung neuerer Architekturprinzipien unter Einbeziehung *wissensbasierter* und *objektorientierter* Ansätze lassen sich entscheidende Beschränkungen herkömmlicher Simulationssoftware im Umweltbereich überwinden, insbesondere die bisherige Unvereinbarkeit von weitgehender Benutzerunterstützung und Systemflexibilität. Die Flexibilität wissensbasierter und objektorientierter Simulationssysteme erhöht ihre Anwendbarkeit und ihren Nutzen für die Modellbildung und Simulation im Umweltbereich, der stark divergierende und dynamische Anforderungen an die Simulationssysteme stellt. Auch unter sich verändernden Anforderungen bleiben flexible Systeme weiter nutzbar, da sie an neue Modelltypen, Simulationsmethoden und Benutzerbedürfnisse anpaßbar sind.

10.8 Weiterführende Literatur

Einen guten Überblick über die aktuellen Entwicklungen im Bereich der Umweltmodellierung geben die Publikationen des GI-Arbeitskreises *Werkzeuge für die Simulation und Modellbildung in Umweltanwendungen*. Bisher sind die Berichte KELL93, KELL94b und KELL95 erschienen.

11 Einsatzmöglichkeiten von Neuronalen Netzen im Umweltbereich

Alfred Ultsch

In jüngster Zeit hat sich ein starkes Interesse an einem Forschungsgebiet entwickelt, welches oft mit den Schlagworten „Konnektionismus" oder „Neuronale Netze" bezeichnet wird. Forschungsgegenstand ist dabei die Analyse und Konstruktion informationsverarbeitender Systeme, die sich aus vielen primitiven, uniformen Einheiten zusammensetzen und deren Berechnungsleistung vor allem durch die Zusammenarbeit (Kommunikation) der einzelnen Einheiten erbracht wird.

Als Vorbilder dieser Systeme gelten Verbände biologischer Nervenzellen, von denen sich auch der Name „Neuronale Netze" abgeleitet hat. Synonym zu der Bezeichnung „Neuronale Netze" (im folgenden auch NN abgekürzt) werden die Begriffe „Künstliche Neuronale Netze" und/oder „konnektionistische Modelle" verwendet. Anstelle von Konnektionismus werden auch die Begriffe „Neurocomputing" oder „Parallel Distributed Processing (PDP)" verwendet.

Neuronalen Netzen werden verschiedene Fähigkeiten zugesprochen: Lernfähigkeit, Generalisierungsfähigkeit, Verarbeitung von inkonsistenten Daten, Selbstorganisation usw. Unter anderem können Neuronale Netze, insbesondere die sogenannten unüberwachten Netze, aus hochdimensionalen Daten Strukturen der Daten erkennen. Gerade im Bereich der Umweltforschung ist es erforderlich, gesicherte Daten über vorhandene bzw. zu erwartende Umweltbelastungen zu erheben, zu klassifizieren und weiterzuverarbeiten. In diesem Zusammenhang können die globalen Ursachen der Umweltbelastungen oder die Verteilung und die Wirkung von Schadstoffen in der Umwelt erforscht werden. Allen Aufgaben ist jedoch gemeinsam, daß sie nur auf der Grundlage einer sicheren Informationsbasis erfolgreich bearbeitet werden können. Dabei kann die Informationsmenge nur bewältigt werden, wenn es gelingt,
* „die Aufbereitung und Aggregation der anfallenden Daten zu verbessern,
* die verschiedenartigen Daten zu integrieren und daraus Informationen abzuleiten und
* die modellorientierte Interpretation der Daten voranzutreiben." (PAGE90a, S. 8)

Diese Aufgaben definieren viele Einsatzgebiete, in denen die Informatik gefordert ist: Prozeßdatenverarbeitung, Datenbanken, Rechnernetze, ComputerGraphik, Simulation, Bildverarbeitung oder den Einsatz von Expertensystemen (vgl. hierzu auch Kapitel 12). Der Bereich der Expertensysteme im Umweltschutz zeigt dabei eine deutlich steigende Tendenz. Sie sind vornehmlich in den Gebieten Interpretation, Prognose, Planung und Diagnose vorzufinden.

11.1 Entwicklungsgeschichte von Neuronalen Netzen

Im Jahr 1943 veröffentlichten McCulloch und Pitts eine Arbeit, die zeigte, daß jede aussagenlogische Funktion mittels eines Neuronalen Netzes von einfachen binären Schwellwertelementen – den später nach ihnen benannten McCulloch-Pitts-Neuronen – simuliert werden kann (MCCU43). Damit wurde sichergestellt, daß Netzwerke mit einfachsten Verarbeitungseinheiten komplizierteste Operationen ausführen und damit prinzipiell die Leistungsfähigkeit jeder Rechenmaschine erreichen können.

1949 veröffentlichte Hebb sein Werk „The organization of behavior". In diesem Buch erläuterte Hebb explizit, wie man Lernvorgänge physiologisch erklären kann. Er formulierte die später nach ihm benannte „Hebbsche Lernregel" (HEBB49).

Perzeptron

Zu einem ersten Durchbruch auf dem Gebiet der Neuronalen Netze kam es 1958. Frank Rosenblatt hatte ein Modell entwickelt, das sogenannte Perzeptron, welches Eigenschaften zeigte, die in ihrer Gesamtheit und Zusammenstellung bis dahin einmalig waren: Das Perzeptron konnte sich teilweise selbst organisieren, war lernfähig, konnte einfache Muster klassifizieren. Es war fehlertolerant und konnte in einem gewissen Sinne Erfahrungen verallgemeinern (ROSE58). Es konnte sogar bewiesen werden, daß das Perzeptron in der Lage ist, mittels seines Lernverfahrens nach endlich vielen Schritten alle Muster zu klassifizieren, die es prinzipiell klassifizieren kann.

Adaline- und Madaline- Netzwerke

In den folgenden Jahren wurden leistungsstarke Netzwerkmodelle entwickelt. 1960 erarbeiteten Bernard Widrow und Marcian Hoff ein Modell, das sogenannte Adaline-Netzwerk (von „adaptive linear element"; WIDR60), und später das Madaline-Netzwerk (von „multiple Adaline"). Das Adaline-Modell wurde als erstes Modell Neuronaler Netzwerke zur Lösung realer Probleme eingesetzt. So konstruierte Widrow mit dem Adaline-Netzwerk einen adaptiven Filter, der den Echoeffekt bei Ferngesprächen in Telefonleitungen unterdrückt.

Im Jahre 1969 veröffentlichten Marvin Minsky und Seymour Papert ein Buch über Neuronale Netze. Darin konnte gezeigt werden, daß einschichtige Perzeptrone selbst einfache logische Funktionen prinzipiell nicht darstellen können (MINS69). Leider führte eine voreilige Verallgemeinerung dieser Ergebnisse zur einer allgemein negativen Beurteilung der Leistungsfähigkeit konnektionistischer Modelle. In den darauffolgenden Jahren trat daher die Beschäftigung mit Neuronalen Netzen eher in den Hintergrund.

Als Startpunkte eines neu erwachenden Interesses an diesem Thema können die Arbeiten von Hopfield und Kohonen im Jahre 1982 angesehen werden (HOPF82, KOHO82). John Hopfield skizzierte in seinem Artikel eine konsistente physikalische Theorie darüber, wie ein Neuronales Netz arbeitet und wozu es im Prinzip fähig ist. Hopfield zeigte Parallelen zur theoretischen Physik und zur Spinglas-Theorie auf. Durch den von Hopfield hergestellten Bezug zur Festkörperphysik konnten Techniken und Methoden der theoretischen Physik (z.B. Energiefunktionen) zur Analyse, Beschreibung und Konstruktion Neuronaler Netze genutzt werden. Später veröffentlichte er zusammen mit

David Tank einen Aufsatz, in dem gezeigt wird, wie ein „Hopfield-Netz" ein sehr schwieriges Problem der Informatik (das Problem des Handlungsreisenden) lösen konnte (HOPF85).

Der finnische Physiker Teovo Kohonen beschrieb in seinem vielbeachteten Buch im Jahre 1982, wie Assoziativspeicher auf der Basis Neuronaler Netzwerke konstruiert werden können (KOHO82). Dabei entwarf er Netzwerke mit gegenseitig konkurrierenden Neuronen sowie selbstorganisierende Netzwerke.

Weiteres Interesse an diesem Gebiet wurde durch die Veröffentlichung von ersten praktischen Anwendungen stimuliert. Sejnowski und Rosenberg beschrieben z.B. ein einfaches konnektionistisches System, welches gesprochene Sprache aus geschriebenem Text erzeugen kann. Dabei imitiert es einen Sprecher, der den geschriebenen Text vorliest. Als Vergleichsmaßstab dienen dabei die gleichen Worte, wie sie von einem Menschen ausgesprochen wurden (SEJN87).

Das System von Sejnowski und Rosenberg beruhte auf einer speziellen Lernregel, der „Fehler-Rückpropagierung" (Error-Back-Propagation). Diese wurde u.a. in dem inzwischen als Standardwerk betrachteten dreibändigen Werk über paralleles und verteiltes Verarbeiten von Informationen (parallel distributed processing, PDP) von der Gruppe am MIT unter der Leitung von Rumelhart und McClelland veröffentlicht (RUME85). Error-back-propagation

Seither haben die Neuronalen Netze, auch bedingt durch den Fortschritt in der Mikroprozessortechnologie, ihren festen Platz in der Forschung sowohl in der Informatik und der Physik wie auch in anderen Naturwissenschaften erobern können. Mehrere jährlich stattfindende internationale Konferenzen sowie eine Flut von Aufsätzen, die seit Mitte der 80er Jahre zu diesem Thema erschienen sind, belegen dies.

11.2 Allgemeine Grundbegriffe und Netzwerkstrukturen

In diesem Abschnitt sollen einige grundlegende Definitionen sowie eine einheitliche Notation für Neuronale Netze eingeführt werden.

Mit konnektionistischen Modellen werden biologische Vorgänge in Nervenzellen nachgebildet, indem künstliche Neuronen (im folgenden auch Units genannt), die sehr einfach gebaut sind und häufig als gedächtnislos gelten, geeignet gekoppelt werden. Dies erfolgt mittels gewichteter Verbindungen (Netze, gewichtete Graphen). Eine Berechnung erfolgt dabei durch ein paralleles, eventuell unsynchronisiertes Zusammenspiel der Units. Charakterisiert sind konnektionistische Modelle insbesondere durch die folgenden Eigenschaften:

• *Architektur:* Konnektionistische Modelle bestehen aus einer Vielzahl von einfachen Prozessoren (Units), die im wesentlichen keine Speichermöglichkeit besitzen. Diese sind über eine Menge von Synapsen verbunden, die genau eine Zahl (synaptische Übertragungsfähigkeit) speichern können.

- *Speicherstruktur:* Informationen können (und sollen) nicht nur in einzelnen Units gespeichert, sondern auch verteilt in den Verbindungsgewichten einer Menge von Units repräsentiert werden.
- *Verarbeitung:* Die Informationsverarbeitung erfolgt durch das Zusammenspiel der Units (parallel, synchron oder seriell) ohne zentrale Steuerung.
- *Modifikation:* Lernen (Adaption) erfolgt durch Änderung der Verbindungsgewichte.

Es soll hier nicht der Eindruck erweckt werden, daß konnektionistische Modelle tatsächlich biologische oder gar menschliche Informationsverarbeitung nachvollziehen können (oder wollen). Wir wollen im folgenden konnektionistische Modelle einfach als einen *biologisch motivierten Vorschlag für eine spezielle Problemlösungsarchitektur* (Rechnermodell) ansehen.

Eine wichtige strukturelle Eigenschaft natürlicher Neuronaler Netze ist, daß Neuronen über viele Synapsen, die unterschiedliche Eigenschaften besitzen und sich durchaus ändern können, verbunden sind. In konnektionistischen Modellen werden die synaptischen Verbindungen als Netzwerk gewichteter Verbindungen modelliert.

Neuronales Netz, Unit

Definition: Ein *Neuronales Netz* (konnektionistisches Modell) besteht aus einer Menge von (einfachen speicherlosen) Verarbeitungseinheiten (Units, Neuronen) und gewichteten Verbindungen zwischen diesen Units (Synapsen). Jeder Verbindung ist eine reelle Zahl, die Verbindungsstärke, zugeordnet.

Wir vereinbaren, daß die reelle Zahl $w_{i,j}$ das Gewicht der Verbindung zwischen Unit j und Unit i bezeichne. Die Indizierung ist also als $w_{nach,von}$ zu lesen. Graphisch werden Neuronen und ihre Verbindungen oft wie folgt dargestellt:

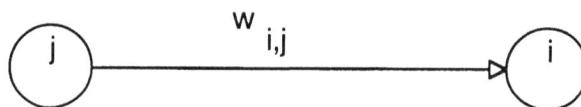

Abb. 11-1: Graphische Darstellung von Neuronalen Netzen

Exzitatorische und inhibitorische Verbindungen

Sind zwei Units nicht miteinander verbunden, so ist das Verbindungsgewicht gleich Null. Positive Gewichtswerte werden als *exzitatorische* (erregende, verstärkende), negative als inhibitorische (hemmende, abschwächende) Verbindungen verstanden. In der Regel werden Verbindungen einer Unit zu sich selbst nicht zugelassen.

Aktivierungsbereich

Jeder Unit wird eine Zahl a_i (ihre Aktivierung oder Erregung) zugeordnet. Wie es auch biologisch plausibel erscheint, wird jedoch meist verlangt, daß diese Aktivierung immer innerhalb eines begrenzten Zahlenbereichs, dem sogenannten *Aktivierungsbereich* A, liegen muß. Typische Aktivierungsbereiche sind die Intervalle [0,1] oder [-1,1] oder sogar nur zwei verschiedene, diskrete Aktivierungszustände (ein/aus, 0/1, -1/+1, Neuron feuert/feuert nicht).

Die Aktivierung einer Unit wird, modifiziert durch die jeweiligen Ver-bindungsstärken, den nachfolgenden Neuronen zugeleitet. Dort werden alle von den verschiedenen Units eintreffenden Aktivierungen üblicherweise so ver-knüpft, daß eine einzige Zahl entsteht. Häufig ist diese Verknüpfung einfach die Summe der Produkte (Skalarprodukt) der einer Unit vorangehenden Akti-vierungen mit den entsprechenden Verbindungsgewichten. Diese Verknüpfung wird allgemein *Übertragungsfunktion* g genannt.

Der Zahlenbereich der einer Unit vorangehenden Aktivierungen anderer Units ist i.allg. nicht beschränkt. Um jedoch zu gewährleisten, daß jede Unit nur Aktivierungen innerhalb des Aktivierungsbereiches annehmen kann, wird daher oft eine weitere Funktion eingesetzt. Diese üblicherweise nichtlineare Funktion begrenzt somit die Erregung einer Unit auf den Aktivierungsbereich und wird daher *Begrenzungsfunktion* f genannt.

Übertragungs-funktion

Begrenzungs-funktion

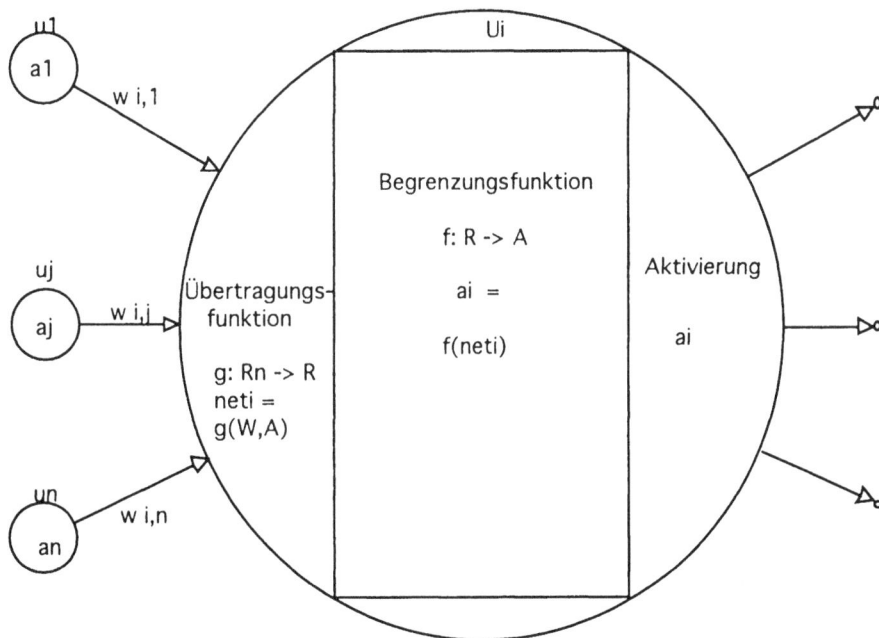

Abb. 11-2: Funktionen und Aktivierungen einer Unit

Ein typisches, einfaches Beispiel für eine solche Begrenzungsfunktion ist die Zuweisung eines bestimmten Wertes (z.B. 1), wenn die Übertragungsfunktion einen Wert größer als eine bestimmte voreingestellte Schwelle (Schwellwertfunktion, Heavyside-Funktion) liefert, bzw. die Zuweisung eines anderen (z.B. 0), wenn die Übertragungsfunktion einen Wert kleiner als die Schwelle liefert. Dies soll das Schwellenverhalten von biologischen Neuronen nachbilden: Erst wenn die Menge der einlaufenden Erregungen ein bestimmtes Maß überschreitet, beginnt eine Nervenzelle, einen eigenen Erregungsimpuls zu produzieren. Dieser Erregungsimpuls ist dabei immer gleichartig, unabhängig davon, wie stark die Aktivierungsschwelle überschritten wird.

Jeder Unit i kann demnach ein *Schwellwert* s_i und zu einem Zeitpunkt t eine *Aktivierung* $a_i(t)$ zugeordnet werden. Der Vektor **A**, bestehend aus allen Aktivierungen, wird als *Zustand* eines Neuronalen Netzes bezeichnet.

Um die bekannten konnektionistischen Modelle einordnen zu können, soll an dieser Stelle eine von uns entwickelte Taxonomie konnektionistischer Modelle (ULTS89) vorgestellt werden. Es hat sich gezeigt, daß konnektionistische Modelle im wesentlichen durch fünf verschiedene Eigenschaften charakterisiert werden können. Dies sind:

- das Unitmodell,
- die Updatestrategie,
- die Struktur des Netzwerks (Netzwerktopologie),
- der Berechnungsmodus und
- der Lernalgorithmus.

11.2.1 Unitmodell

Um ein Unitmodell zu bestimmen, müssen Aktivierungsbereich, Aktivierungsfunktion, Übertragungsfunktion und Begrenzungsfunktion spezifiziert werden. Eine weitere wichtige Unterscheidung ist, ob die Berechnung der Aktivierung stochastisch, d.h. gemäß eines Zufallsprozesses, oder deterministisch erfolgt. Eine stochastische Unit berechnet dabei den Wert ihrer Aktivierungsfunktion zufällig. Das heißt, abhängig von einer Zufallszahl wird eine Aktivierung gewählt.

Teilmengen von Units

Die Menge der Units wird oft zerlegt in die Teilmengen der Eingabe-, Ausgabe- und internen (hidden) Units. *Eingabe-Units* erhalten bestimmte Werte als Anfangsaktivität, ihre Aktivierungen können eingefroren werden (sie sind „clamped"). Die Aktivierungen der *Ausgabe-Units* werden nach Abschluß der Berechnung als Ergebnis interpretiert. Knoten, die weder Ein- noch Ausgabe-Knoten sind, werden als *interne* oder *verborgene (hidden) Units* bezeichnet.

11.2.2 Updatestrategie

Konnektionistische Modelle setzen i.allg. eine diskrete Zeit voraus. Der Zustand **A** eines konnektionistischen Modells für den Zeitpunkt t+1 wird durch Anwendung der Aktivierungsfunktion auf die Aktivierungen einer Teilmenge V der Unit-Menge U zum Zeitpunkt t ermittelt. Die Strategie, nach der die Auswahl der Teilmenge erfolgt, nennen wir *Updatestrategie*. Man unterscheidet eine parallele, eine synchrone bzw. serielle sowie eine deterministische bzw. nicht-deterministische Updatestrategie.

Ein konnektionistisches Modell arbeitet mit *serieller Updatestrategie*, wenn zu einem Zeitpunkt nur die Aktivierung einer Unit geändert wird. Ein konnektionistisches Modell arbeitet mit *paralleler Updatestrategie*, wenn mehr als ein Knoten gleichzeitig seine Aktivierung ändern kann. Ein konnektionistisches Modell arbeitet mit *synchroner Updatestrategie*, wenn alle Aktivierungen zugleich neu berechnet werden.

Updatestrategien

Wenn die Bestimmung der Menge der Units, deren Aktivierung zu einem Zeitpunkt neu berechnet wird, durch einen zufälligen Prozeß erfolgt, spricht man von einer *nicht-deterministischen Updatestrategie*, sonst von einer *deterministischen Updatestrategie*. Dabei ist klar, daß es keine nicht-deterministische synchrone Strategie gibt. Alle anderen Strategien können jedoch sowohl deterministisch wie auch nicht-deterministisch auftreten.

11.2.3 Struktur des Netzwerks (Topologie)

Als Struktur oder Topologie eines konnektionistischen Modells bezeichnet man bestimmte Eigenschaften der Verbindungsstruktur eines Netzwerkes. Man unterscheidet eine symmetrische bzw. gerichtete sowie eine geschichtete bzw. nicht-geschichtete Netzwerkstruktur. Wenn das Netzwerk nur ungerichtete Verbindungen enthält bzw. die Verbindungen symmetrisch sind, spricht man von einem *symmetrischen* Netzwerk, sonst von einem *gerichteten*. Zerfällt das Neuronale Netz in verschiedene Teilmengen von Neuronen, die z.B. untereinander eine bestimmte Verbindungsstruktur aufweisen, dann spricht man oft von einem geschichteten Netzwerk.

Symmetrisches vs. gerichtetes Netzwerk

Gelegentlich wird noch vorausgesetzt, daß die Aktivierungen einer früheren Schicht vor den Aktivierungen der nächsten Schicht berechnet werden.

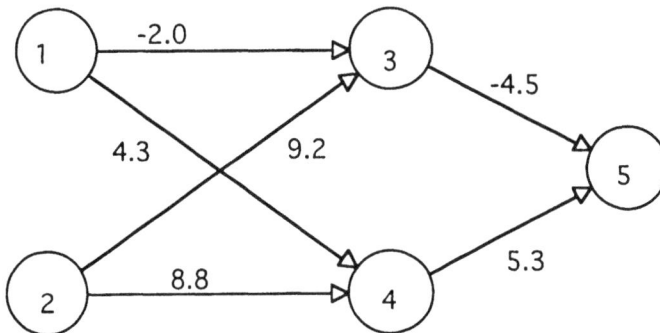

Abb. 11-3: Ein zweischichtiges Netzwerk

Das Netzwerk in der obigen Abbildung stellt ein zweischichtiges Netzwerk dar, da die Schicht der Eingabe-Units nicht mitgerechnet wird. Diese Eingabe-Units besitzen keine Aktivierungsfunktion im eigentlichen Sinne, sie enthalten lediglich die Eingabewerte. Die erste Schicht bilden daher die Units 3 und 4 (Hidden-Units), die zweite Schicht bildet Unit 5 (Ausgabe-Unit). Es sei jedoch angemerkt, daß einige Autoren die Eingabe-Units als eigene Schicht mitzählen.

Bei der Netztopologie kann es zwar vollständig verbundene symmetrische Netze geben, alle anderen Ausprägungen setzen jedoch voraus, daß es nicht von jeder Unit zu jeder Unit eine Kante gibt.

11.2.4 Berechnungsmodus

Es gibt im wesentlichen zwei unterschiedliche Arten der Berechnung von Ergebnissen in konnektionistischen Modellen. Man kann den Berechnungsmodus *spreading-activation* (feed-forward, one-shot) und den Modus *Relaxation* unterscheiden.

Spreading-activation

Ein konnektionistisches Modell berechnet sein Ergebnis durch *spreading-activation* (oder one-shot) genau dann, wenn gilt:
- das Netzwerk ist geschichtet und
- die Eingabe wird von der Eingabeschicht über die internen Knoten zur Ausgabeschicht propagiert.

Das heißt, die Aktivierungen der Units werden den Schichten gemäß aufeinanderfolgend berechnet und die in der Ausgabeschicht erzielten Aktivierungen werden als Ergebnis der Berechnung angesehen.

Relaxation

Ein konnektionistisches Modell berechnet sein Ergebnis durch *Relaxation*, wenn gilt:
- Von einem Anfangszustand ausgehend durchläuft das Netzwerk verschiedene Zustände gemäß der Updatestrategie.
- Wenn ein stabiler Zustand erreicht ist oder die Häufigkeit einer (kleinen) Menge von Zuständen gleich 1 ist, so wird der erreichte stabile Zustand (oder die Menge von erreichten Zuständen) als Ergebnis der Berechnung angesehen.

11.2.5 Lernalgorithmen

Lernen in konnektionistischen Modellen bedeutet *Änderung der Verbindungsgewichte*. Dabei ist zwischen Verfahren, bei denen das Lernziel angegeben ist, und solchen, die sich an strukturelle Eigenschaften der Trainingsmenge anpassen, zu unterscheiden.

Überwachter Lernalgorithmus

Ein Lernalgorithmus eines konnektionistischen Modells heißt *überwacht*, wenn die Qualität der Ausgabe des Netzes an einem Lernziel gemessen werden kann.

Unüberwachter Lernalgorithmus

Ein Lernalgorithmus eines konnektionistischen Modells heißt *unüberwacht*, wenn strukturelle Eigenschaften der Eingabemenge benutzt werden (Regelmäßigkeiten, Häufigkeiten, Ähnlichkeiten), um Änderungen der Netzgewichte vorzunehmen.

Unüberwachte Lernalgorithmen dienen oft dazu, statistische Eigenschaften der Eingabemenge zu klassifizieren. Bei überwachten Lernalgorithmen kann weiterhin unterschieden werden, ob für jeden Ausgabeknoten ein Lernziel angegeben oder ob nur ein einziger Güteparameter verwendet wird. Das bekannte Backpropagation-Verfahren (vgl. Abschnitt 11.1) gehört zur ersteren Klasse. Zur letzteren Klasse gehören die Reinforcement-Lernverfahren (ULTS90a, BART81, BART83, BART85).

11.2.6 Taxonomie

Abbildung 11-4 faßt die von uns in dieser Arbeit gebrauchte Taxonomie konnektionistischer Modelle tabellarisch zusammen. Für eine detaillierte Beschreibung der Modelle siehe LIPP87, KEMP88, RITT90, ULTS89 und die dort zitierte weiterführende Literatur.

Eigenschaft	Unterklassen	wichtige Ausprägungen
Unitmodell	begrenzter Aktivierungsbereich	McP-Unit
		logistische Unit
		Boltzmann-Unit
	unbegrenzter Aktivierungsbereich	Kohonen-Unit
Updatestrategie	deterministisch	synchron
		parallel
	nicht-deterministisch	seriell
Netztopologie	vollständig verbunden	symmetrisch
	nicht vollständig verbunden	gerichtet
		geschichtet
Berechnungsmodus	spreading activation	feed-forward
		Bestmatch
	Relaxation	
		Simulated Annealing
Lernalgorithmus	unüberwacht	Hebb'sche Regel
		Selbstorganisation
	überwacht	Delta-Regel
		Backpropagation
		Boltzmann-Lernen

Abb. 11-4: Eine Taxonomie konnektionistischer Modelle

11.3 Software und Hardware für Neuronale Netze

11.3.1 Software

Simulatoren für
Neuronale Netze

Zum gegenwärtigen Zeitpunkt sind ca. 50 verschiedene Simulationsprogramme für Neuronale Netze im Einsatz oder erhältlich. Der Preis solcher Systeme rangiert von wenigen DM für ein Buch mit Diskette (z.B. das durchaus empfehlenswerte System der PDP-Gruppe RUME85, Band 3) bis zu einigen zehntausend Dollar.

Betrachtet man jedoch die Algorithmen für Neuronale Netze, so stellt man rasch fest, daß viele Netze recht einfach formuliert werden können. D.h. jedem in einer imperativen Programmiersprache (z.B. C, FORTRAN, PASCAL usw.) einigermaßen versierten Programmierer wird es möglich sein, den Code für die Systemfunktionen und den Lernalgorithmus auf sehr wenigen Programmseiten korrekt zu realisieren. Für Back-Propagation-Netze z.B. genügen ca. 5-10 Seiten C-Code.

Die erwähnten Softwaresimulatoren haben daher vor allem einen Sinn für die rasche Entwicklung eines Prototypen. Da im allgemeinen auch verschiedene Strukturen von Neuronalen Netzen erprobt werden sollen, kann die bei den Simulatoren oft vorhandene graphische Darstellung der Struktur der Netze und ihrer Lernverhaltensweisen den Entwicklungsprozeß eines konkreten Netzes für eine gegebene Aufgabe durchaus beschleunigen.

Bei der Entwicklung großer bis sehr großer Neuronaler Netze ist jedoch eher die Laufzeit des Lernalgorithmus und damit die Leistungsfähigkeit des Rechnersystems der entscheidende Parameter. So können realistische Netze mit tausenden bis zehntausenden von Verbindungen (die Anzahl der Verbindungen wächst i.allg. quadratisch mit der Anzahl der Neuronen) durchaus Rechenzeiten von mehreren Tagen, Wochen oder sogar Monaten auf gebräuchlichen Workstations besitzen.

Fazit: Wir halten die Anschaffung von teuren Softwaresimulatoren für unsinnig. Simulatoren mit graphischem Interface können durchaus einer raschen Entwicklung eines Prototyps dienlich sein und ein Erforschen verschiedener Netztypen günstig unterstützen. Im allgemeinen wird man mit einer gebräuchlichen Programmiersprache (z.B. C) durchaus in der Lage sein, Neuronale Netze selbst zu entwickeln. Für realistische Aufgaben könnte eher die Rechnerleistung der begrenzende Parameter sein.

11.3.2 Hardware

Bei den Anforderungen an eine Hardware, die für Neuronale Netze geeignet ist, muß üblicherweise zwischen dem Lernalgorithmus und der Anwendung von Neuronalen Netzen unterschieden werden.

Anwendung
trainierter Netze

Üblicherweise ist das Anwenden von bereits trainierten Neuronalen Netzen auf Eingabedaten algorithmisch sehr wenig komplex. Ähnlich wie bei biologischen Systemen kann die Lernzeit recht lange, die Anwendungszeit jedoch sehr kurz sein. Man denke z.B. an die Fähigkeit, eine (Fremd-)Sprache sprechen zu können. Die Lernzeit kann dabei durchaus Jahre betragen, während das Sprechen in Millisekunden vor sich geht.

Die Hardware üblicher Personalcomputer erlaubt es daher häufig, bereits angelernte Neuronale Netze einzusetzen.

Anders ist die Situation jedoch beim Trainieren von Netzen (Anlernen). Außer bei trivialen Netzen mit nur wenigen Neuronen ist der – zwar üblicherweise recht einfache – Lernalgorithmus, d.h. die Änderung einzelner Gewichte, sehr häufig zu wiederholen. Wir kennen Beispiele, bei denen eine SUN-Sparc-Station mehrere Monate beschäftigt war, ein Back-Propagation Netz für eine realistische Aufgabe anzulernen.

Trainieren von Netzen

Es sollte also vor einem Versuch, Neuronale Netze für ein bestimmtes Problem einsetzen zu wollen, eine sorgfältige Abschätzung des Trainingsaufwandes und der dazu nötigen Trainingszeit vorgenommen werden. Dies ist insbesondere wichtig, da die Struktur des Netzes häufig a priori nicht bekannt ist und daher mehrere Architekturen experimentell auf ihre Leistungsfähigkeit untersucht werden müssen.

Werden Netze solcher Lernkomplexität benötigt, so empfiehlt sich eine Rechnerarchitektur mit Parallelverarbeitungskapazität. Neben den Vektorrechnern (CRAY) und spezieller Hardware für Neuronale Netze, haben sich auch Multiprozessor-Systeme, z.B. Transputer, Exputer, graphische Spezialrechner u.ä., bewährt. Besteht hierfür die Notwendigkeit, so empfiehlt es sich, vor allem für mittelständische Anwender, die Zusammenarbeit mit geeigneten Hochschul- oder anderen Forschungsinstituten ins Auge zu fassen, um die hier vorhandenen Rechnerkapazitäten und das dafür erforderliche Know-how verwenden zu können. Insbesondere dann, wenn die nicht unbeträchtlichen Anschaffungskosten für eine geeignete Hardware nicht alleine aufgebracht werden können oder sollen.

Fazit: Die Anwendung von Neuronalen Netzen ist bei vielen Modellen auf einfacher und preiswerter Hardware (gängiger PC) möglich. Bei den Lernalgorithmen kann jedoch eine Rechenkapazität erforderlich sein, die an der Grenze üblicher Workstations liegt oder sie sogar überschreitet. In einem solchen Fall ist an den Einsatz von paralleler Hardware oder spezieller neuronaler Hardware zu denken.

11.4 Abgrenzung zu wissensbasierten Systemen

Konnektionistische Modelle und symbolische wissensbasierte Systeme besitzen bezüglich ihrer Wissensrepräsentation unterschiedliche Eigenschaften, aus denen ihre jeweiligen Vor- und Nachteile resultieren (ULTS91b).

11.4.1 Wissensbasierte Systeme und ihre Eigenschaften

Da der Aufbau und die Eigenschaften von einigen konnektionistischen Modellen das Thema vorangegangener Abschnitte waren, soll an dieser Stelle

Wissen

Wissensbasiertes
System

Wissensbasis,
Erklärungsfähigkeit

Regelbasiertes
Expertensystem

Symbolische vs.
subsymbolische
Wissensrepräsen-
tation

erläutert werden, was wir unter einem wissensbasierten System verstehen. Wir verwenden hierzu die Begriffsbildung, wie sie in ULTS87 entwickelt wurde.

Definition: *Wissen* ist eine symbolische Repräsentation von Objekten, Fakten und Regeln für einen Interpretierer mit Symbolverarbeitungs-Kompetenz.

Diese Definition stützt den Wissensbegriffs insbesondere auf eine *symbolische*, d.h. in diesem Zusammenhang eine *sprachlich kommunizierbare Repräsentation von Sachverhalten*.

Definition: Ein *wissensbasiertes System (WBS)* ist ein Computerprogramm, welches

• eine explizite, formale Repräsentation von Wissen in Form einer Wissensbasis enthält,

• die Fähigkeit besitzt, Schlußfolgerungen zu ziehen (Inferenz) und

• die gemachten Schlußfolgerungen erklären kann (Erklärungsfähigkeit).

Unter einer *Wissensbasis* wollen wir dabei eine organisierte Sammlung von Wissen zusammen mit Operationen verstehen, die es erlauben, auf das Wissen zuzugreifen und es zu ändern. Unter *Erklärungsfähigkeit* verstehen wir die Fähigkeit eines wissensbasierten Systems, den eigenen Inferenzprozeß zu beobachten und nachvollziehbar zu machen.

Regelbasierte Expertensysteme sind wissensbasierte Systeme, die ihr Wissen in Form von Regeln (oft Implikationen) darstellen.

Unter konnektionistischen Modellen verstehen wir vor allem solche Neuronalen Netze, die eine verteilte Repräsentation von Information besitzen (vgl. Abschnitt 11.2). Daher kann bei ihnen eigentlich von „Wissensrepräsentation" im Sinne der obigen Definition von Wissen nicht gesprochen werden, da das Wissen nicht symbolisch, d.h. insbesondere nicht sprachlich formulierbar, repräsentiert wird. Da Neuronale Netze jedoch für ähnliche Zwecke wie wissensbasierte Systeme, z.B. Erkennung, Klassifikation, Steuerung, Diagnose, Optimierung u.a., eingesetzt werden können, erscheint es dennoch zweckmäßig, von einer verteilten oder „*subsymbolischen"* Repräsentation von Wissen in konnektionistischen Modellen zu sprechen.

Es soll an dieser Stelle auch nicht verschwiegen werden, daß es die Auffassung gibt, ausschließlich symbolische oder ausschließlich subsymbolische Repräsentation von Wissen für wissensbasierte Systeme zu verwenden. Fodor und Pylyshyn haben in einem vielbeachteten Artikel etliche Gründe angeführt, warum ihrer Meinung nach ausschließlich eine symbolische Repräsentation für Systeme der künstlichen Intelligenz eingesetzt werden sollte (FODO88). Andererseits wird auch vehement die Meinung vertreten, daß eine symbolische Repräsentation ungeeignet sei, weil dies nicht der „kognitiven Architektur" des Menschen entspräche (z.B. WINO86).

Die Repräsentation und Verarbeitung des Wissens ist in symbolischen Produktionssystemen (Expertensystemen) und in konnektionistischen Systemen grundlegend unterschiedlich. Die Wissensrepräsentationsmethoden der klassischen KI sind die klassische Logik, die Formulierung von Expertenwissen in

Form von Regeln und auch die Strukturierung und Klassifizierung von Aussagen. Diese Repräsentationsmethoden lehnen sich an menschliches Denken in Form einer sprachlichen, also symbolischen Beschreibung des Denkvorgangs an. Das mit diesen Methoden repräsentierte Wissen kann in eine symbolisch orientierte Wissensbasis abgebildet, aus dieser zurückgewonnen und erklärt werden. Dabei ist die Konstruktion der Wissensbasis ein schwieriges Problem. Die Schlußfolgerungen klassischer Expertensysteme werden durch Problemlösungsstrategien gesteuert, die den mit diesen Repräsentationsmethoden aufgespannten Zustandsraum umformen.

Konnektionistische Modelle hingegen bestehen aus vielen primitiven, uniformen Einheiten, deren Verhalten vor allem durch Kommunikation untereinander bestimmt ist. Wissen wird durch die Verbindungsstruktur eines konnektionistischen Modells implizit repräsentiert; diese implizite Wissensdarstellung ist üblicherweise über das Netz verteilt.

Aus den oben beschriebenen Eigenschaften ergeben sich für die Anwendung beider Ansätze sowohl Vor- als auch Nachteile. Die Vorteile regelbasierter Systeme liegen in der einfachen Verarbeitung durch konventionelle, serielle Hardware. Darüber hinaus ist symbolisch repräsentiertes Wissen leicht kommunizierbar; es läßt sich also als Grundlage für einen „Begründer" verwenden. *Vor- und Nachteile regelbasierter Systeme*

Durch eine Erklärungskomponente kann die Akzeptanz eines Expertensystems beim Anwender entscheidend erhöht werden. In einigen Bereichen ist es durchaus wünschenswert, Wissen nicht wie bei konnektionistischen Modellen aus Erfahrung, sondern direkt zu lernen. Das Lernen von explizit aufgestellten Regeln ist sehr effizient zu realisieren, da der Transfer des Wissens in ein regelbasiertes System durch das Aufstellen der Wissensbasis erfolgt. Die größte Schwierigkeit beim Erstellen der Wissensbasis besteht darin, die gewünschten Regeln präzise und widerspruchsfrei auszudrücken. Regelbasierte Systeme sind oft nicht in der Lage, die komplexen Vorgänge nicht-trivialer Anwendungen korrekt zu erfassen, da normalerweise durch Regeln nur einfache modellhafte Annäherungen erzielt werden. Einzelne Regeln können einzelne Situationen richtig erfassen. Für eine korrekte Erfassung des gesamten Problems muß aber eine große Anzahl von Regeln für die Behandlung von Ausnahmen eingefügt werden. Daher übersteigt in komplexen Systemen die Anzahl der Regeln für Ausnahmefälle die der regulären Fälle um ein Vielfaches. Bei der nachträglichen Einarbeitung neuer Erkenntnisse muß die Wissensbasis so modifiziert werden, daß weiterhin die Widerspruchsfreiheit gewährleistet ist und möglichst wenige Inferenzschritte für einen Beweis notwendig sind. *Erklärungskomponente*

11.4.2 Subsymbolische Systeme (konnektionistische Modelle)

Konnektionistische Modelle sind den induktiven Lernverfahren zuzuordnen; sie lernen Wissen aus Fallbeispielen. Sie können also in einer Datenmenge Strukturen entdecken und diese für die Berechnung der Ausgabe späterer Anfragen nutzen. Mittels dieser Generalisierungsfähigkeit werden aus einer großen Beispielmenge allgemeine Konzepte gelernt, die den Umgang mit ähnlichen Situationen erlauben. Konnektionistische Systeme sind weiterhin in *Induktives Lernen, Generalisierungsfähigkeit*

231

der Lage, mit „unsauberen", verrauschten, also durch zufällige Einflüsse verfälschten Daten oder mit unvollständigen Daten umzugehen.

Man kann zwischen überwacht und unüberwacht lernenden konnektionistischen Modellen unterscheiden (siehe Abschnitt 11.2.5). Die überwacht lernenden Modelle transferieren während der Lernphase schon bekannte Gesetzmäßigkeiten in ihre Gewichtsmatrix. Die Qualität des Gelernten wird ständig kontrolliert und für Korrekturen der Gewichte direkt verwendet. Unüberwachte konnektionistische Lernverfahren nutzen hingegen statistische Eigenschaften der zu lernenden Daten aus, um ohne eine weitere äußere Kontrolle eine Strukturanalyse durchzuführen.

Nachteile des induktiven Lernens Durch die benutzten Lernmethoden ergeben sich aber auch Nachteile. Ein System, das sein Wissen hauptsächlich durch Lernen aus Erfahrung erhält, kann Situationen gegenüberstehen, die ein Verhalten nach Regeln erfordern, ohne daß die Regeln dem System als eine Reihe von Fallbeispielen präsentiert werden können, weil diese Präsentation zu einer Zerstörung des Systems führen würde. Erfahrungen sollten nicht immer durch einen experimentellen Nachweis erworben werden. Beispielsweise bei der Steuerung chemischer Prozesse könnte der Übergang in gefährliche Situationen vermieden bzw. vorab erkannt werden, um Gegenmaßnahmen einzuleiten.

Weiterhin treten einige Ereignisse so selten auf, daß sie beim Lernen aus Beispielen einfach übersehen werden. Um diesen Situationen gerecht zu werden, sollten die verwendeten konnektionistischen Modelle die Fähigkeit besitzen, explizit dargestellte Regeln direkt zu lernen. Dieses kann bei einigen konnektionistischen Modellen durch geeignete Konstruktion der Netzarchitektur und Initialisierung der Verbindungsgewichte erfolgen.

Nachteile der verteilten Wissensdarstellung Durch die verteilte Darstellung des erworbenen Wissens ist eine explizite Darstellung der Fakten und Regeln nicht mehr ohne weiteres möglich. Eine explizite Darstellung ist aber für die weitere Verbreitung des erworbenen Wissens wünschenswert, da Regeln normalerweise von Menschen besser verstanden und kommuniziert werden können.

Eine Erklärungskomponente läßt sich bei einer verteilten Wissensrepräsentation nicht realisieren, da die Schlußfolgerung in einem Netz in einem Schritt vollzogen wird. Für den Anwender verhält sich ein konnektionistisches System oft wie eine „black-box".

11.4.3 Mögliche Ansätze zur Verbindung beider Methoden

Aufgrund der vorab geschilderten unterschiedlichen Eigenschaften von konnektionistischen und regelbasierten Systemen erscheint es sinnvoll, eine Verbindung beider zur Nutzung der jeweiligen Vorteile herzustellen. Nach unserer Erfahrung ist es sinnvoll, eine Kopplung der Ansätze auf den folgenden Gebieten anzustreben (ULTS91a):

• Neuronale Netze zum Wissenserwerb für wissensbasierte Systeme,
• Neuronale Netze als Kalkül des unscharfen Schließens (siehe dazu Abschnitt 11.6) und

• Neuronale Netze zum ökonomischen Umgang mit Ressourcen (Rechenzeit und Speicherplatz) innerhalb von wissensbasierten Systemen (Introspektion).

Wissenserwerb

Das größte Problem bei der Realisierung von Expertensystemen ist die Konstruktion der Wissensbasis (NILS82, SALS91). Dieses wird auch durch die Komplexität der Systeme zum maschinellen Lernen für symbolische Produktionssysteme deutlich. Wissen läßt sich entweder automatisch akquirieren oder durch Formalisierung des Expertenwissens in eine maschinell verarbeitungsfähige Darstellung transformieren. Solche Formulierungen sind meistens nur eine approximative Darstellung von komplexen und unpräzisen Vorgängen der realen Welt. Ein großer Teil des menschlichen Wissens beruht auf Erfahrungen oder kann nur durch Fallbeispiele wiedergegeben werden. Hierzu existieren zwar symbolische Lernverfahren, die verschiedenen Ansätze sind aber stark vom Domänenwissen abhängig und liefern nur in gut strukturierten Domänen mit einer ziemlich vollständigen und widerspruchsfreien Theorie zufriedenstellende Lösungen. In der Regel sind diese Systeme nicht in der Lage, ohne spezifisches Vorwissen über die Problemstellung Wissen zu gewinnen. Auch Systeme, die durch direkte Interaktion mit dem menschlichen Experten oder durch Methoden der Verarbeitung natürlicher Sprache ihre Wissensbasis generieren, sind zur Zeit nur im Versuchsstadium verfügbar; einen Ansatz zeigen Gutknecht und Pfeiffer (GUTK90). Wie das RADIX-Projekt (WALK86) gezeigt hat, ist es weiterhin notwendig, daß das lernende System ein großes allgemeines Vorwissen über die zu bearbeitende Wissensdomäne besitzt.

Die Fähigkeit, selbständig aus Beispielen zu lernen, macht konnektionistische Modelle für die Wissensakquisition für symbolische wissensbasierte Systeme interessant. Die Probleme in subsymbolischen Ansätzen ergeben sich vor allem aus der verteilten Repräsentation des Wissens, die eine Erklärung mit symbolischen Begriffen wesentlich erschweren. Diese subsymbolische Darstellung bewirkt aber gerade die nach der Lernfähigkeit herausragendste Eigenschaft konnektionistischer Modelle, die Generalisierungsfähigkeit. Zudem erlaubt die Generalisierungsfähigkeit, komplexe Sachverhalte im Netz darzustellen, so daß auch mit unvollständigen oder verrauschten Daten gearbeitet werden kann.

Auf diesem Gebiet wurden allerdings erst wenige Ansätze veröffentlicht. Eine Untersuchung der vorgeschlagenen Systeme ergibt, daß zwei verschiedene Gruppen sinnvoller Ansätze existieren. Eine Gruppe verfolgt die Idee, durch direkte Auswertung der Verbindungsstruktur Regelmäßigkeiten in der Gewichtsmatrix zu finden. Die in der subsymbolischen Repräsentation gefundenen Gesetzmäßigkeiten können dann in eine symbolische Repräsentation übersetzt werden. Eine andere Gruppe versucht, aus dem Klassifizierungsverhalten der konnektionistischen Komponente Regeln herzuleiten, die das Ein-/Ausgabeverhalten des Systems beschreiben.

Bei der direkten Gewinnung von Regeln aus der Verbindungsstruktur eines konnektionistischen Modells wird versucht, den Informationszuwachs, der

Probleme der Wissensakquisition bei Expertensystemen

Gewinnung von Regeln aus der Verbindungsstruktur

233

während der Lernphase in den Verbindungsgewichten entsteht, auszuwerten. Dies ist ein Problem, das sehr schwer zu lösen ist; bis heute findet sich nur eine geringe Anzahl an Veröffentlichungen zu diesem Thema. Der einzige vollständige Ansatz in BOCH90 zeigt, daß es möglich ist, durch mathematische Vereinfachungen in mehrlagigen Netzen einzelnen Knoten semantische Bedeutung zu geben. Vorgestellt wird dieses Modell am Beispiel eines durch Back-Propagation trainierten dreilagigen Netzes.

Gewinnung von Regeln aus klassifizierten Daten

Regeln aus klassifizierten Daten zu erzeugen, entspricht der Modellierung einer Verhaltensbeschreibung: Es kommt nur darauf an, daß das Ein-/Ausgabeverhalten die für das System gewünschten Eigenschaften aufweist. Dabei tritt als zusätzliches Problem die Frage auf, wie der durch das Netz erzeugten Klassifizierung eine Semantik zuzuweisen ist.

Beim praktischen Einsatz von wissensbasierten Systemen (WBS) werden die einzelnen Fallbeispiele üblicherweise nicht einfach einem wissensbasierten System zur Diagnose vorgelegt, sondern auch für eine Weiterverarbeitung gespeichert. Dies findet heute zumeist in Datenbanksystemen statt (s. Abb. 11-5). Im Laufe der Einsatzzeit eines WBS akkumulieren sich daher Fallbeispiele zusammen mit den zugehörigen Diagnosen. Eine solche Falldatenbasis kann natürlich auch ohne die Existenz eines Expertensystems bestehen.

Wenn konnektionistische Modelle, die einen unüberwachten Lernalgorithmus benutzen, in der Lage sind, Daten gemäß struktureller Ähnlichkeiten einzuordnen, so sollte es möglich sein, diese Datensammlung zur Erzeugung von Klassifikationsregeln einzusetzen.

Mögliche Anwendungen solcher Klassifikationsregeln sind:
- Überprüfung der Expertenentscheidung,
- Gewinnung wichtiger Ausnahmen,
- Verifikation der Netze,
- Begründbarkeit der Entscheidungen.

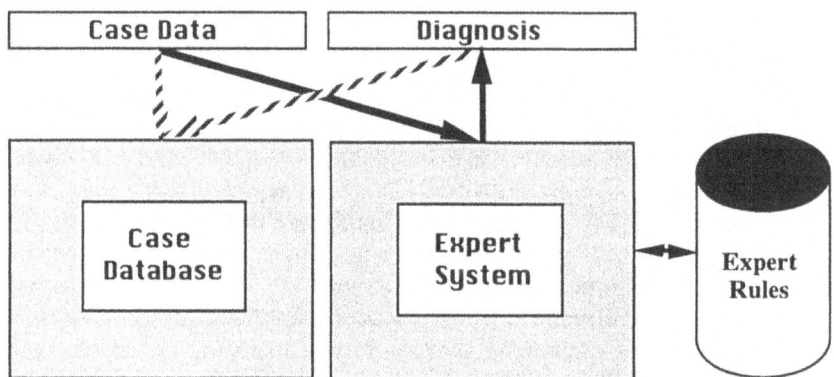

Abb. 11-5: Einsatz von wissensbasierten Systemen

In diesem Abschnitt soll eine mögliche Architektur einer Wissensakquisitions-Komponente vorgestellt werden. Bei der Wahl einer geeigneten Architektur stellen sich zwei Aufgaben: Zum einen sollen Klassifikationen aus Fallbeispielen gelernt werden. Zum anderen soll es möglich sein, diese Klassifikationen in Form von Regeln auszudrücken. Im folgenden Bild ist eine mögliche Architektur dargestellt.

Neuronale Wissens-akquisitions-komponente

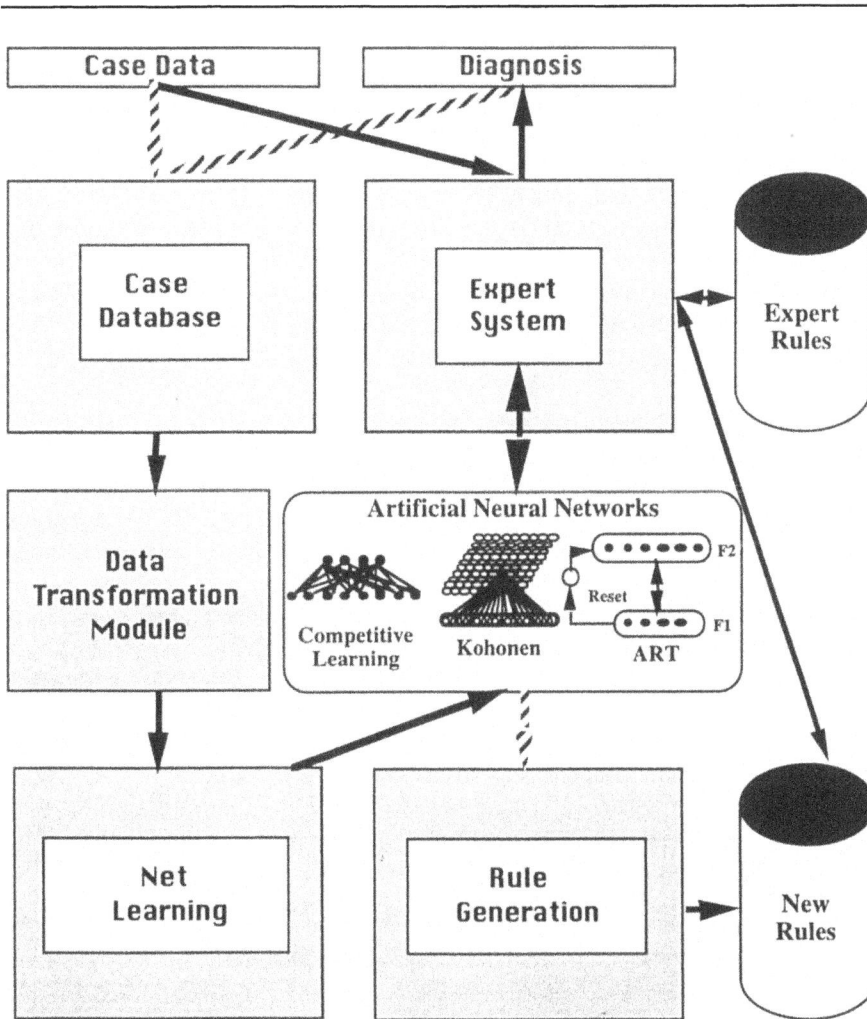

Abb. 11-6: Architektur einer neuronalen Wissensakquisitions-Komponente

Die Werte einer Falldatenbank (ohne die schon vorher festgestellten Diagnosen) werden zunächst in einem Normierungsschritt (Data Transformation Module) für die Eingabe in ein Neuronales Netz vorbereitet. Im Falle von Kohonen-Netzen muß dabei vor allem auf die Einhaltung eines vergleichbaren Wertebereichs sowie auf die Verteilung der Daten geachtet werden. Die Eingabedaten bestehen im allgemeinen aus Vektoren von Meßwerten. Dabei ergibt sich das Problem, daß zwei Komponenten Werte haben können, deren euklidischer Abstand nicht skaleninvariant ist. Dieses kann bei der Verarbeitung durch konnektionistische Modelle zu erheblichen Verzerrungen führen. Um eine geeignete Interpretation des Abstands der Vektoren erreichen zu können, müssen die Komponenten in angemessener Weise skaliert werden. Diese Skalierung sollte in Abhängigkeit von der Signifikanz der Komponenten innerhalb des Klassifizierungsproblems erfolgen, was durch eine geeignete Standardisierung erreicht werden kann.

Für die konnektionistische Wissensakquisitionskomponente stellt sich die Aufgabe, das Wissen aus den zu untersuchenden Daten möglichst selbständig, d.h. ohne äußere Kontrolle, zu extrahieren. Aus diesem Grunde ist es sinnvoll, konnektionistische Modelle zu verwenden, die unüberwacht lernen. Diese Modelle benutzen statistische Eigenschaften der Trainingsdaten, um diese zu klassifizieren.

Brauchbarkeit Neuronaler Netze zur Klassifizierung

In einem von uns entwickelten System namens CONKAT (Connectionistic Knowledge Akquisition Tool) wurden die konnektionistischen Modelle Competitive Learning, ART 1 und Kohonen auf ihre Brauchbarkeit zur Klassifizierung getestet (ULTS90d). Es hat sich gezeigt, daß Competitive Learning wie auch ART 1 in der Lage sind, einen Datensatz zu klassifizieren. Es wurde aber ebenso deutlich, daß diese Klassifizierung in elementarer Weise von der Art der Kodierung bzw. von der Wahl des Ähnlichkeitsmaßes abhängig ist. Dies bereitet besonders bei der Clusterung von unbekannten Datensätzen einige Schwierigkeiten, da erhebliches Vorwissen in die Kodierung gesteckt werden muß. Die Untersuchung hat insbesondere ergeben, daß Kohonen-Netze in der Lage sind, selbständig die Daten in Bereiche einzuteilen, in denen die jeweiligen Daten eine ähnliche Struktur haben.

Dieses Modell wurde in neuesten Arbeiten auf die Generierung von Regeln aus selbstorganisierenden Neuronalen Netzen für Fuzzy Expertensysteme ausgedehnt (ULTS91b).

Neuronale Netze zur Introspektion

Dies sind Systeme, die die Problemlösungskomponente eines symbolverarbeitenden Systems durch eine konnektionistische Komponente unterstützen. Die Lern- und die Generalisierungsfähigkeit konnektionistischer Modelle sollen die Problemlösungsstrategie von wissensbasierten Systemen also überwachen und optimieren. Dieses erfolgt vor allem dadurch, daß ein Neuronales Netz die Strategie der Problemlösungskomponente beobachtet und entweder Hinweise gibt, wie weiter zu verfahren ist, oder aber Inkonsistenzen im Beweis entdeckt und meldet.

In ULTS90b wird ein System vorgestellt, in dem die konnektionistische Komponente die Beweisstrategie eines Prolog-Interpreters verbessert. Um dieses zu realisieren, wird aus vorliegenden Prolog-Programmen mit konnektionistischen Modellen Steuerungswissen gewonnen, in dem Merkmale dieser Programme deklarativ beschrieben sind. Dieses Wissen kann dann durch die Generalisierungsfähigkeit auf andere, nicht bekannte Programme übertragen werden. Die Gewinnung dieses Wissens erfolgt einerseits durch die Analyse des Programmtextes, so daß sogenanntes „statisches" Steuerungswissen gewonnen wird, andererseits durch ein Beobachten des Beweisers durch die konnektionistische Komponente. Dieses Beobachten ermöglicht eine Zuordnung des statischen Wissens zu Beweisabläufen; hiermit kann dann die Optimierung gesteuert werden. Die damit durchgeführten Experimente zeigen, daß konnektionistische Modelle durchaus in der Lage sind, die Beweisstrategie von symbolischen Produktionssystemen zu optimieren.

Gewinnung von Steuerungswissen mit NN

11.5 Beziehungen zu Fuzzy-Technologien

Eine wichtige Fähigkeit von wissensbasierten Systemen ist die Fähigkeit, aufgrund nur teilweise gegebener Informationen sinnvolle Schätzungen über mögliche Schlußfolgerungen aus diesen Informationen abzugeben. Diese Fähigkeiten werden heute unter den Begriffen „Kalküle des vagen oder unscharfen Schließens", „Fuzzy Reasoning", „approximatives Schließen", „unvollständiges Schließen", „Schätzkalküle" usw. diskutiert.

In praktischen Realisierungen werden dabei vor allem Theorien angewendet, die sich an der üblichen (Bayes`schen) Statistik orientieren (siehe z.B. BUCH84, CHAR87, JACK90). Neuerdings werden auch die Dempster-Shafer-Theorie (GORD85) und die Fuzzy-Set-Theorie verwendet.

Auf die Beschreibung der Fuzzy-Set-Theorie und ihren Einsatz soll hier verzichtet werden. Dazu sei auf entsprechende Fachliteratur verwiesen, z.B. ZADE65, ZADE83, ZIMM90, ALTR91.

11.5.1 Gemeinsamkeiten

Neuronale Netze können als ein (eigenständiges) Kalkül des vagen Schließens angesehen werden, welches auch schon in Expertensystemen eingebaut wurde. Eines dieser Systeme ist z.B. das System von Gallant (GALL88). Einzelnen Neuronen werden dabei Konfidenzwerte bei den Ableitungsprozessen zugewiesen. Das Neuronale Netz berechnet dann die Wahrscheinlichkeiten der verschiedenen Ableitungsmöglichkeiten.

Vages Schließen

Andererseits können Neuronale Netze zur Implementierung von anderen Kalkülen des approximativen Schließens verwendet werden. So wurden z.B. das Bayes-Kalkül, das Dempster-Shafer-Kalkül sowie Belief-Networks neuronal realisiert (AHUJ88, BOUN88, PEAR87). Leider wurde dabei häufig eine lokale Repräsentation von Wissen gewählt, d.h. einzelne Gewichte tragen eine symbolische Bedeutung. Folge davon ist eine eingeschränkte Verwendung der bei Neuronalen Netzen verwendeten Methoden und Vorteile.

Kombination von Fuzzy-Ansätzen mit Neuronalen Netzen

In einer Arbeit von Amano und Aritsuka (AMAN89) wurden Fuzzy-Technologien und Neuronale Netze kombiniert, um ein Sprachverarbeitungssystem zu realisieren. Dabei detektiert das Neuronale Netz Sprachmerkmale und liefert die Wahrscheinlichkeit dieser Merkmale an ein Fuzzy-Logik-System. Dieses leitet dann Entscheidungen ab.

Eppler zeigt , daß ein feed-forward-Netzwerk mit lokaler Repräsentation mit Hilfe von Fuzzy-Regeln interpretiert werden kann (EPPL90). Darauf aufbauend wird das Neuronale Netz mit Hilfe vorliegender Fuzzy-Regeln konstruiert. Das nach der Lernphase modifizierte Netz kann dann wiederum mittels Fuzzy-Regeln interpretiert werden.

In ULTS91b werden Neuronale Netze dazu verwendet, Regeln für ein Fuzzy-Expertensystem zu generieren, d.h. selbstorganisierende Neuronale Netze (Kohonen-Netze) werden verwendet, um Regelmäßigkeiten in Datenmengen zu erkennen. Ein speziell entwickelter Algorithmus des maschinellen Lernens leitet dann aus diesen Strukturen Regeln für ein Expertensystem ab, welches ein Fuzzy-Kalkül verwendet. Dabei werden entsprechende Membership-Funktionen für das Fuzzy-Kalkül generiert.

11.5.2 Unterschiede

Werden die Kalküle Fuzzy und Neuronale Netze miteinander verglichen, so lassen sich die folgenden Unterschiede konstatieren (siehe auch MORA92):
- a priori versus a posteriori Architektur,
- Inferenz versus Lernen,
- adaptive versus nichtlineare Informationsverarbeitung und
- funktionale versus strukturelle Fehlertoleranz.

A priori versus a posteriori Architektur

Fuzzy-Kalküle setzen ein a priori Wissen über die Struktur des Inferenzprozesses voraus. Im allgemeinen wird sich dieses Wissen in der Struktur der Fuzzy-Wissensbasis niederschlagen. Neuronale Netze hingegen entwickeln ihre Struktur im Laufe des Lernvorgangs.

Inferenz versus Lernen

Grundoperationen eines Fuzzy-Systems sind elementare Inferenzvorgänge, d.h. man kann Fuzzy-Systeme als eine Erweiterung der klassischen zweiwertigen Logik auffassen. In Neuronalen Netzen ist es wenig sinnvoll von logischen Schlüssen zu reden, da im allgemeinen keine Symbole als Grundelemente eines solchen Kalküls realisiert werden. Hier kann höchstens von einer Bewertung der Aktivierung von Neuronen durch die synaptischen Gewichte und einer Entscheidungsfindung des postsynaptischen Neurons (Schwellwertbildung) gesprochen werden.

Adaptive versus nichtlineare Informationsverarbeitung

Eine wichtige Eigenschaft von Neuronalen Netzen, welche sie auch aus   Nichtlinearität
dem Bereich anderer mathematisch besser untersuchter und verstandener Systeme heraushebt, ist ihre Nichtlinearität. Erst durch die Entdeckung von Lernverfahren für nichtlineare Neuronen (z.B. Back-Propagation) konnte gezeigt werden, daß Neuronale Netze auch interessante Probleme durch Selbstorganisation (Lernen) lösen können.

Für Fuzzy-Kalküle wird hingegen der Begriff „adaptiv" gebraucht, da sie Toleranzen oder Ungenauigkeiten bei der Modellierung kognitiver Prozesse abzubilden gestatten sollen (ZADE91).

Funktionale versus strukturelle Fehlertoleranz

Bei Fuzzy-Systemen werden oft sprachliche Umschreibungen als Grundelemente des Kalküls gebraucht. Eine daraus möglicherweise resultierende innere Robustheit gegen unterschiedliche Formulierungen eines Problems kann als *funktionale Toleranz* angesehen werden (MORA92).

Bei einer verteilten Wissensrepräsentation in Neuronalen Netzen, d.h. erst aus einem Zusammenspiel vieler einzelner Elemente entsteht eine bedeutungstragende Einheit, können natürlich einzelne Elementarbausteine ausfallen, ohne daß eine entscheidende Verringerung der Gesamtperformanz entsteht. Dies kann als *stukturelle Fehlertoleranz* angesehen werden.

11.6 Anwendungen Neuronaler Netze im Umweltschutz

11.6.1 Motivation für den Einsatz Neuronaler Netze

Der erfolgreiche Einsatz von Expertensystemen in Gebieten wie Diagnose, Konstruktion und Planung zeigt den Nutzen symbolischer Wissensverarbeitung. Jedoch ist diese Form der Verarbeitung problematisch, wenn es um Daten aus natürlichen Prozessen geht (BECK90a). Diese Daten liegen oft in Form umfangreicher Listen von Meßwerten vor.

Ein für Expertensysteme schwer zu überwindendes Problem sind Daten-   Probleme beim Einmengen, in denen ein ausreichendes Problemwissen über die Domäne nicht   satz von Expertenvorhanden ist. Dies ist bei den großen Datenmengen aus der Umweltforschung   systemen
immer häufiger der Fall. Die Bearbeitung dieser Datenmengen fällt Expertensystemen schwer, da sie typischerweise regelhafte Beziehungen und Abhängigkeiten zwischen Objekten des Anwendungsbereichs in Form von Regeln beschreiben und abstrakte Begriffe, Klassifikationen und Modelle zur Repräsentation nutzen. Aus Untersuchungen an menschlichen Experten wurde zudem deutlich, daß die meisten ihr Wissen und ihre Erfahrungen nicht explizit in Form von Regeln strukturieren, sondern oft an Hand von Beispielen und prototypischen Situationen beschreiben (GORH90). Die praktische Anwendung des Wissens vollzieht sich in einer vorsprachlichen, nicht formalisierten Form. Die Übersetzung dieser Erfahrungen in Regeln, die für das symbolisch arbeitende System verwendbar sind, gestaltet sich jedoch meist schwierig.

Ein weiteres, gravierendes Problem resultiert ebenfalls aus dem mangelnden Problemwissen und der Komplexität der Datenmengen. Die Diagnose – ein Anwendungsgebiet von Expertensystemen im Bereich des Umweltschutzes (PAGE90b) – hat z.B. zum Ziel, in technischen Systemen Störungen zu diagnostizieren und damit Fehler beseitigen zu helfen. Ohne ausreichendes Vorwissen aber ist eine Diagnose ohne weiteres nicht durchführbar. Damit kann eine wichtige Klasse aus den Aufgaben im Umweltbereich, nämlich aus bestimmten Symptomen die Ursachen einer Störung oder Fehlentwicklung zu bestimmen, von Expertensystemen aufgrund des ungenügenden Vorwissens über natürliche Systeme nicht gelöst werden.

Darüber hinaus zeigen Expertensysteme konventioneller Art auch Schwächen in der Verarbeitung von unscharfem Wissen. Sind Daten unvollständig oder fehlerhaft, so kann dieses zu einem undefinierten Zustand des Systems führen, da jedes Beispiel bei einem symbolverarbeitenden System widerspruchsfrei klassifiziert werden muß (ULTS91b). Zudem nutzt ein Expertensystem zur Verbesserung seiner Leistung nicht die gemachten Erfahrungen, d.h. es wird bei der Lösung eines schon in der Vergangenheit gelösten Problems wieder die gleichen Lösungsschritte benötigen (GUTK90).

Lernen aus Erfahrung

Neuronale Netze erlauben es, viele der oben genannten Nachteile von Expertensystemen aufzuheben. Eine ihrer hervorstechendsten Eigenschaften ist die Möglichkeit, direkt aus Erfahrung zu lernen. Damit ist zunächst kein a priori Wissen über die Domäne notwendig, denn die Modelle lernen ihr Wissen aus den Beispieldaten. Somit lassen sich Datenmengen strukturieren, über die kein Vorwissen vorhanden ist. Neuronale Netze zeichnen sich zudem durch ihre Adaptivität aus. Eine Veränderung in der Domäne kann durch das „Anlernen" der für diese Veränderung charakteristischen Beispiele leicht in das Modell aufgenommen werden. Bei Expertensystemen müßte dies zu einer weitreichenden Veränderung in der Wissensbasis führen.

Graceful degradation

Des weiteren werden Neuronale Netze durch ihre Fähigkeit zur Generalisierung und zur „graceful degradation" charakterisiert. Sie sind in der Lage, fehlerhafte und unvollständige Daten zu verarbeiten sowie zu jeder Eingabe die am besten passende Ausgabe zu liefern. Zusätzlich sind insbesondere auch Aussagen über nicht trainierte Daten möglich.

Die Fähigkeiten Neuronaler Netze zur Selbstorganisation, zum Lernen aus Beispielen wie auch zur Generalisierung können somit vor allem in Problembereichen, in denen andere Techniken wie beispielsweise Expertensysteme an ihre Grenzen stoßen, die Umweltforschung unterstützen. Ihr Einsatz gewinnt dabei immer mehr an Bedeutung, weil die Aufgaben zur Aufbereitung oder auch zur modellorientierten Interpretation von Datenmengen aus dem Umweltbereich immer komplexer werden. Zudem erweist sich ihre Fähigkeit zur Analyse von zeitabhängigen Daten als wesentlich für den prophylaktischen Umweltschutz.

11.6.2 Ansätze für Neuronale Netze im Umweltschutz
Beim Einsatz von Expertensystemen im Umweltbereich wird deutlich, daß die Wissensakquisition bei der Erstellung des Expertensystems erhebliche

Schwierigkeiten bereitet. Gründe hierfür sind u.a. die hohe Komplexität der Prozesse in ökologischen Systemen sowie das Vorliegen fehlerhafter und inkonsistenter Meßdaten. Für die Experten besteht die Schwierigkeit, die meist stochastischen, nichtlinearen Vorgänge der Systeme adäquat in regelhaftes Wissen umzuformulieren. Meist ist hier Wissen über Fallbeispiele vorhanden. Ausnahmesituationen, die zwar seltener auftreten, jedoch meist in gefährlichen oder schwierigen Situationen, werden oft nicht berücksichtigt. Insbesondere die Fuzzy-Theorie zur Verarbeitung von unpräzisen Daten und unsicherem Wissen zur Wissensakquisition wird hier eingesetzt (SALS91, KAFK91). Eine weitere Möglichkeit, mit unscharfen und inkonsistenten Daten umzugehen, besteht im Einsatz Neuronaler Netze für die Wissensakquisition. Die bereits in Abschnitt 11.4.2 erwähnten Vorteile Neuronaler Netze (Lernen aus Beispielen, Generalisierungsfähigkeit, Adaptivität, Umgang mit verrauschten und inkonsistenten Meßdaten) sind in diesem Zusammenhang maßgebend. Im folgenden werden wir die von uns entwickelten Ansätze und ihre Bedeutung für den Einsatz im Umweltschutz erläutern.

Im Rahmen unserer Forschungsarbeit wurden Ansätze entwickelt, die sich in vier Kategorien unterteilen lassen:
* Visualisierung von Strukturen und Zusammenhängen in großen Datenmengen,
* Wissensakquisition aus vorhandenen Datenmengen, z.B. zur Konstruktion der Wissensbasis von Expertensystemen,
* konnektionistische Modelle als „Beobachter" von Expertensystemen,
* konnektionistische Modelle zur Prognose und Diagnose.

Allen Ansätzen ist gemein, daß sie die Umweltforschung in vielen Bereichen unterstützen und weiterbringen können.

Bei der Visualisierung von Strukturen und Zusammenhängen in großen Datenmengen wird insbesondere der Selbstorgansiationsprozeß der „Self-Organizing Feature Map" (KOHO84) ausgenutzt. Dieses konnektionistische Modell ist in der Lage, in einem unüberwachten Lernverfahren Daten, die einander ähnlich sind, auf einer zweidimensionalen Karte räumlich einander zuzuordnen. Die Unterscheidung der einzelnen Bereiche wird durch die U-Matrix-Methode erreicht (ULTS90c). Damit läßt sich auch bei großen Daten leicht verständlich darstellen, welche Daten die gleiche Struktur aufweisen. *(Visualisierung von Zusammenhängen durch neuronale Netze)*

Der zweite Ansatz verfolgt die Idee, das durch ein konnektionistisches Modell akquirierte Wissen einem Expertensystem zur Verfügung zu stellen. Dabei werden mit Hilfe der durch das Netz gefundenen Strukturen Regeln extrahiert und an das Expertensystem weitergegeben. Durch diese Integration von einem konventionellen Expertensystem und einem Neuronalen Netz werden Nachteile beider Ansätze vermieden bzw. die Vorteile beider Ansätze in einem integrierten System genutzt (ULTS91b). Das Netz realisiert das „Lernen aus Erfahrung". Wird eine Anfrage direkt an das Netz gestellt, so können auch unvollständige oder fehlerhafte Anfragen beantwortet werden. Anderseits wird durch die Extraktion von Regeln ein wesentlicher Nachteil konnektioni- *(Wissensakquisition durch Neuronale Netze)* stischer Modelle vermieden. Aufgrund der subsymbolischen, verteilten Wissensrepräsentation Neuronaler Netze und der Tatsache, daß der Lösungsprozeß quasi in einem Schritt vollzogen wird (GUTK90), ist der eigentliche Lösungsweg nicht mehr nachvollziehbar. Durch die Generierung von Regeln wird das Wissen explizit gemacht und damit kommunizierbar.

Klassifikation von Umweltzuständen

Die Diagnose als Klassifikation von Zuständen ist ein klassisches Anwendungsgebiet von Neuronalen Netzen. So wurden diese Modelle zum Beispiel im Bereich der medizinischen Diagnose angewandt (AHUJ88). Aber auch im Umweltbereich ist eine Anwendung denkbar. Zustände in der Umwelt zu klassifizieren, könnte Störungen erkennbar und ihre Auswirkungen aufgrund bereits gemachter Erfahrungen vorhersagbar werden lassen. Dabei kommt den Neuronalen Netzen vor allem wegen ihrer Fähigkeit zur Selbstorganisation und zum Umgang mit großen Datenmengen eine wesentliche Rolle zu.

Prognose wirtschaftlicher Entwicklungen

Schließlich bildet auch die Prognose von zeitlichen Entwicklungen ein erfolgversprechendes Anwendungsgebiet Neuronaler Netze. Verschiedene Ansätze im Bereich der Wirtschaft haben gezeigt, daß Neuronale Netze zur Prognose wirtschaftlicher Entwicklungen eingesetzt werden können (VARF90). Eine Anwendung im Bereich der Umweltforschung könnte die Vorhersage der Entwicklung z.B. von Schadstoffen in der Luft oder auch klimatischer Entwicklungen darstellen. Des weiteren gibt es bereits erfolgreiche Erstanwendungen im Bereich der Prozeßkontrolle und -optimierung sowie zur Vorhersage – und somit Vermeidung – von Fehlersituationen.

11.6.3 Konkrete Anwendungen

Insbesondere im Umweltbereich liegen bei der Verarbeitung von Wissen und Daten Unsicherheit und mangelnde Präzision vor. Dies ist zurückzuführen auf Ungenauigkeit und Unzuverlässigkeit von Meßgeräten, unvollständige Datenerfassung, Ungenauigkeit von Schätzungs- und Interpolationsmethoden usw. (FUHR90c, WIND90). Deshalb wird zunehmend auf der Basis von Fuzzy-Ansätzen versucht, die Anwendungsmöglichkeiten wissensverarbeitender Systeme durch die Möglichkeit der Repräsentation von unscharfen Daten mittels linguistischer Variablen und durch die Verarbeitung von unsicherem, vagem Wissen zu erweitern (SALS91). Getestet wurde ein solches Fuzzy-Prognosemodell am Bruterfolg von Feldlerchen. Weitere Anwendungen von Inferenzmethoden liegen im Bereich der Vorhersage von Algenmassenentwicklungen und im städtebaulichen Lärmschutz (KAFK91, MEYE91b).

Strukturierung hochdimensionaler Daten

Eine Alternative zur unscharfen Logik bilden hier, aufgrund ihrer Fähigkeiten zur Verarbeitung von inkonsistenten und verrauschten Daten, die Neuronalen Netze. Im Rahmen unserer Forschungsarbeiten haben sich die unüberwachten Lernverfahren als besonders geeignet zur Strukturierung von hochdimensionalen Daten gezeigt (ULTS91a). Besonders gute Ergebnisse erzielten wir mit den Self-Organizing Feature Maps von Kohonen (KOHO84). Bei der Anwendung dieses Modells ergab sich jedoch das Problem, daß die zu untersuchenden Daten zwar gemäß ihrer Ähnlichkeit einander räumlich zugeordnet werden, die Bereiche als solche aus der Karte allein aber nicht ablesbar sind. Da aufgrund des Lernalgorithmus der Feature Maps sich alle Daten in gleichen Abständen auf der Karte verteilen, bedarf es eines Modells, welches die Grenzen zwischen Bereichen mit Daten unterschiedlicher Struktur sichtbar werden läßt. Dies leistet die sogenannte U-Matrix (ULTS90c), welche hohe Distanzen zwischen Daten aus unterschiedlichen Bereichen in der Feature Map visualisiert. Damit wurde ein Modell entwickelt, welches auf optischem Wege Zusammenhänge und Strukturen in einem Datensatz selbständig erkennen läßt. Das Verfahren wurde mit Datensätzen aus verschiedenen Gebieten getestet. Bei einem Datensatz aus der humanmedizinischen Domäne mit Blutanalysewerten beispielsweise war das Modell in der Lage, die 5 verschiedenen Krankheitsgruppen in Form von zusammenhängenden Bereichen zu visualisieren (ULTS90c). Bei einem Datensatz aus der Umweltdomäne wurde untersucht, inwieweit das Verfahren in der Lage ist, eine Menge von 252 Brunnen aus einer mittelgroßen Stadt zu klassifizieren. Diese Brunnen wurden durch insgesamt 19 Komponenten wie z.B. die Leitfähigkeit oder den Nitratgehalt beschrieben (FANI90).

Mit dem System CONKAT (CONnectionistic Knowledge Acquisition Tool) wurde gezeigt, daß es sinnvoll ist, ein wissensbasiertes System mit einem konnektionistischen Modell zu koppeln (ULTS91b). Dadurch wird das wissensbasierte System um eine automatische Wissensakquisitions-Komponente erweitert. Diese Verbindung konnektionistischer und deklarativer Verarbeitung ermöglicht es wissensbasierten Systemen, mit fehlerhaften oder unvollständigen Daten umzugehen. Zudem zeigt das Modell CONKAT, wie Strukturen eines Datensatzes, die von Neuronalen Netzen erfaßt werden, als symbolisches Wissen einem wissensbasierten System zur Verfügung gestellt werden können.

Zur Zeit wird versucht, aus Daten zur Luftqualität der Stadt Basel eine Klassifizierung zu erreichen und daraus Regeln zu generieren. Diese Daten beschreiben sowohl die chemische Zusammensetzung der Luft als auch meteorologische Parameter.

Luftqualitätsüberwachung

Auch in dem Bereich der Diagnose und der Prognose werden konkrete Realisierungen verfolgt. Dabei können die ersten beiden Ansätze, also die Visualisierung von Strukturen und die Extraktion von Regeln aus gefundenen Zusammenhängen, auch im Bereich der Diagnose angewandt werden. Im Anwendungsgebiet der Prognose wird zur Zeit im Rahmen mehrerer Diplomarbeiten untersucht, inwieweit Neuronale Netze bzw. Self-Organizing Feature Maps in der Lage sind, Zeitreihen zu analysieren. Dabei sollen Zusammenhänge in der zeitlichen Abfolge der Daten selbständig gefunden und Prognosen für zukünftige Entwicklungen gestellt werden. Ein Anwendungsgebiet bilden Daten zum Wetter wie Temperatur, Luftdruck oder Niederschlag. Eine weitere Anwendung stellt die Untersuchung von Hagel-Gewitterdaten dar. Hier sollen zunächst ähnliche Gewitter aufgrund verschiedener Parameter klassifiziert werden, mit dem Ziel, später die weitere Entwicklung heraufziehender Gewitter vorherzusagen.

Wetterprognose

11.7 Schlußfolgerung und Ausblick

Es ist in mehreren Bereichen sinnvoll, Neuronale Netze zur Analyse von Umweltdaten einzusetzen, insbesondere in Gebieten der Diagnose, Vorhersage und Steuerung dynamischer, komplexer Systeme. Ein Einsatzgebiet sieht Neuronale Netze als ein unterstützendes Instrument für klassische Expertensysteme, deren Anwendungen in der Umweltforschung eine steigende Tendenz aufweisen. Diese Unterstützung kann die Optimierung der Steuerung eines Expertensystems sein oder in einer zusätzliche Wissensakquisitionskomponente bestehen.

Ein weiterer Aspekt des Einsatzes von Neuronalen Netzen in der Umweltforschung liegt im Bereich der Visualisierung und Formulierung von Strukturen in Datenmengen. Der Einbezug vieler Disziplinen des Umweltschutzes und die zunehmende Sensibilisierung in der Meßtechnik bringen rasch wachsende Datenmengen hervor. Dabei ist oftmals nicht genügend Vorwissen vorhanden, um die Daten angemessen zu strukturieren, zumal sie Zusammenhängen aus verschiedenen Bereichen unterliegen. Neuronale Netze können daher aufgrund ihrer Fähigkeit, selbständig Zusammenhänge in Datenmengen zu entdecken, die Umweltforschung in erheblichem Maße unterstützen.

Dieses Kapitel entstand nach vielen gemeinsamen Gesprächen zwischen dem Autor und Frau Gabriela Guimaraes.

11.8 Weiterführende Literatur

Eine neuere Anwendung Neuronaler Netze ist die Optimierung industrieller Prozesse mit dem Ziel der Umweltentlastung (TUMA94, ULTS94, KELL94). Daneben wurden Neuronale Netze auch zur Smogvorhersage eingesetzt (BECH94, HART94). Alle genannten Quellen sind Beiträge im ersten Band der Proceedings zum 8. Symposium „Informatik für den Umweltschutz" (IFU94).

Darüber hinaus sind drei Beiträge zur Anwendung Neuronaler Netze im Umweltbereich in den Proceedings zum 9. Symposium enthalten (IFU95).

12 Anforderungen an Expertensysteme

Karl-Heinz Simon, Andreas Jaeschke, Achim Manche

In diesem Kapitel werden Erfahrungen aus einer Übersichtsstudie über Expertensysteme im Umweltbereich und einem konkreten Entwicklungsprojekt in diesem Sektor zusammengebracht, um den Entwicklungsstand dieser Technologie im Zusammenhang mit Umweltanwendungen zu beleuchten. Dazu werden (i) notwendige Eigenschaften dieser Systeme und damit verbundene Hoffnungen bezüglich benutzerfreundlicher Software skizziert, (ii) Anforderungen, die bei weiteren Entwicklungen beachtet werden sollten, zusammengestellt und (iii) ein kurzer Überblick über den Stand der Entwicklung und Anwendung der Systeme im Umweltbereich gegeben. Schließlich werden (iv) einige der genannten Aspekte an einem Anwendungsbeispiel konkretisiert.

12.1 Überblick

Mit einiger Verspätung gegenüber anderen Einsatzbereichen sind nunmehr verstärkt Expertensystemprojekte und z.T. auch -anwendungen im Umweltbereich zu finden. In diesem Beitrag kann keine vollständige Übersicht über diese Projekte gegeben werden; dazu muß auf andere Quellen verwiesen werden (siehe Abschnitt 12.3). Es soll vielmehr darum gehen, Anforderungen an Expertensysteme (ES) zu benennen und die Möglichkeit ihrer Realisierung zu diskutieren. *[Anforderung und Realisierungsmöglichkeiten]*

Der Terminus Expertensystem soll hier nicht zu eng verstanden werden. Sowohl regelbasierte Systeme – immer noch das typische Beispiel, wenn über ES-Technologie gesprochen wird (BUCH84) – als auch solche wissensbasierten Systeme, in denen mehr Gewicht auf die Formalismen der Wissensrepräsentation gelegt wird (ALTE92), werden einbezogen. Selbst wenn eine Abgrenzung gegenüber anderen DV-Anwendungen nicht immer möglich sein wird, so sind doch einige Spezifika gegeben, die zu einem eigenständigen Profil der ES-Technologie führen (siehe Abschnitt 12.2). Hierbei spielt das Konzept der Wissensverarbeitung eine wichtige Rolle (STOY88, STOY91, NEWE82), auch wenn der Paradigmenwechsel in der Informationsverarbeitung, den Thuy/Schnupp im Gefolge neuer Möglichkeiten der Strukturierung und „Verrechnung" von Informationen sehen (THUY89), noch nicht erfolgt ist. *[Eigenständiges Profil der Expertensysteme]*

Der Beitrag gliedert sich im folgenden in vier Abschnitte: Im nächsten Abschnitt werden unterschiedliche Zugänge zur Abgrenzung von ES gegenüber anderen DV-Anwendungen vorgenommen; damit wird eine Grundlage für die Diskussion von Anforderungen an diese Systeme gelegt. In Abschnitt 12.3

werden einige Einsatzbereiche für ES skizziert und es wird zusammenfassend Stellung zum aktuellen Entwicklungsstand bei den Umweltanwendungen bezogen. Der darauffolgende Abschnitt führt einige Kriterien ein, die für die Einschätzung der „Brauchbarkeit" und „Qualität" der ES nützlich sein könnten. Schließlich widmen wir einen längeren Teil des Beitrags der Darstellung eines konkreten Expertensystems, des Systems XUMA; es wird versucht, damit exemplarisch Probleme, Realisierungsmöglichkeiten und die Nützlichkeit derartiger Systeme zu belegen.

12.2 Verschiedene Sichtweisen der Systeme und allgemeine Anforderungen

Zwei Problemklassen: hoher Arbeitsaufwand versus hoher Bedarf an Wissen

Im Bereich der Informatikanwendungen im Umweltschutz lassen sich, wie in anderen Bereichen auch, ganz grob zwei Arten von Problemen unterscheiden: solche, bei denen der Arbeitsaufwand, und solche, bei denen der Umfang des einzubeziehenden Wissens wesentlich ist (die Kombination davon erschwert die Lösung noch um einiges). Zur Lösung der erstgenannten Probleme kann die DV erprobte Konzepte bereitstellen (Simulation, Datenbanken, Statistikpakete, Kommunikationssysteme, ...). Geht es jedoch um das Know-how zur Lösung von Problemen, so sind die Möglichkeiten der DV eingeschränkt. Zwar lassen sich Problemlösungen, deren Ablauf bekannt und eindeutig ist, noch recht gut durch DV realisieren, doch überwiegen diejenigen Probleme, bei denen Verfahren zur Problemlösung nicht eindeutig bekannt sind oder die einer Vielzahl von nicht bestimmbaren Einflüssen unterliegen, z.B. wenn es um Ermessensspielräume oder die Beteiligung von verschiedenen Interessengruppen geht. Auch bei schwierigen Problemen, zu deren Lösung nur wenige Experten in der Lage sind, steht bisher eine Unterstützung durch DV in vielen Fällen aus.

Für diese „wissensintensiven" Problemlösungen wird von einem Teilgebiet der „Künstlichen Intelligenz", der Expertensystemtechnik, Hilfe versprochen und erwartet. Hier geht es darum, Programme (Expertensysteme) zu entwickeln, „mit denen das Spezialwissen und die Schlußfolgerungsfähigkeit von Experten auf eng begrenzten Aufgabengebieten rekonstruiert werden soll" (PUPP90, S. 3).

12.2.1 Expertensysteme

Zur Definition von Expertensystemen

Für den Begriff „Expertensystem" lassen sich in den verschiedenen Definitionen (BUCH84; BUCH89; WATE86) – bei unterschiedlichen Schwerpunktsetzungen – zwei Sichtweisen ausmachen, die jedoch im allgemeinen vermischt werden. Unseres Erachtens ist aber eine deutlichere Unterscheidung zwischen der „funktions- oder anwendungsorientierten Sichtweise" und der „informationstechnischen Sichtweise" notwendig, da unterschiedliche Zielgruppen (Anwendung und Entwicklung) davon betroffen sind.

Funktionsorientierte Sichtweise

Der Schwerpunkt dieser Sichtweise liegt auf den problem- und benutzungsbezogenen Leistungen von Expertensystemen, die beim Einsatz zum Tragen kommen. Sie betrachtet Expertensysteme von „außen". Nachfolgend sind einige Anforderungen aufgeführt, die sich aus dieser Sichtweise auf Expertensysteme stellen lassen. — *Nutzungsbezogene Einschätzung*

- Problembezogene Leistung: Expertensysteme sollen die Fähigkeit von Experten, Probleme zu lösen, in einem (eng) begrenzten Gebiet nachbilden (bzw. bereitstellen oder zumindest qualifiziert unterstützen). Sie sollen „expertenhafte" Ergebnisse liefern. Die Problemlösungsfähigkeit erfordert sowohl problemspezifisches Wissen (das Sachwissen in einem Gebiet) als auch Wissen um die sinnvolle und effiziente Verwendung dieses Wissens zur Problemlösung. Letzteres ist besonders wichtig, da Experten ihr Fachwissen im allgemeinen sehr zielorientiert und intuitiv einsetzen, indem sie z.B. von vornherein weniger erfolgversprechende Lösungsalternativen ausschließen und sich damit überflüssige Arbeit ersparen. Expertensysteme müssen das gespeicherte „Wissen" ebenso effizient nutzen können, um zu angemessenen Reaktionszeiten zu kommen. In vielen Fällen ist es dazu notwendig, daß auch unpräzise, unvollständige oder widersprüchliche Informationen verarbeitet werden können. — *Nachbildung von Experten*

- Erklärungsfähigkeit: Ein Expertensystem muß selbstverständlich so programmiert sein, daß Hinweise auf seine Benutzung on-line abgerufen werden können. Noch wesentlicher ist aber, daß es „erklären" kann, wie eine Lösung zustande gekommen ist oder warum eine bestimmte Anfrage an den Benutzer gestellt wird. Ebenso sollte das dem System verfügbare Wissen dokumentiert werden können. Diese Aspekte sind besonders für die Akzeptanz der vom ES produzierten Lösungen von Bedeutung. Es sollte den Benutzern immer möglich sein, die Arbeit des Expertensystems zu überprüfen. — *Selbsterklärung*

- Benutzbarkeit: Hier ist – wie bei jeder anderen Software auch – eine adäquate Benutzungsschnittstelle zu fordern (z.B. fehlertolerante Eingabemöglichkeit, übersichtliches Menüsystem). Dieser Aspekt ist wichtig, da Expertensysteme im allgemeinen während der Problemlösung Fragen an den Benutzer stellen, um weitere notwendige Informationen einzuholen. Andere Forderungen an die Software-Qualität, wie Zuverlässigkeit und Effektivität, sind ebenfalls Bedingungen für eine gute Benutzbarkeit von Expertensystemen. — *Interaktionsqualität*

Als weiteres Merkmal wird oft die Anpassungsfähigkeit des Expertensystems an veränderte Situationen genannt. Bei den heutigen Systemen ist diese Möglichkeit für Benutzer im allgemeinen auf die Modifikation und Erweiterung der Wissensbasis, auf die das Expertensystem zugreift, beschränkt. Die Veränderung der Verarbeitungsroutinen und Schemata zur Wissensrepräsentation bleibt aber in der Regel den Entwicklern vorbehalten. — *Anpaßbarkeit*

Vor dem Hintergrund der eingangs skizzierten Problematik und der besonderen Eigenschaften von Expertensystemen wird ein Nutzen im allgemeinen unter den folgenden Gesichtspunkten erwartet. Sie sollen

Nutzen von
Expertensystemen

- fachspezifisches Expertenwissen verfügbar machen, damit z.B. einfachere Aufgaben ohne Rückgriff auf den menschlichen Experten gelöst werden können (Dezentralisierung von Problemlösungskompetenz, Wissensmultiplikation);
- fachspezifisches Expertenwissen für den Zeitpunkt konservieren, zu dem der Experte nicht mehr zur Verfügung steht (Wissenskonservierung);
- Experten durch Automatisierung von Teilaufgaben von Routineaufgaben entlasten;
- zur Vereinheitlichung, Fehlervermeidung und Qualitätssicherung durch Reproduzierbarkeit der Ergebnisse beitragen;
- zur Verbesserung der Entscheidungsqualität durch breitere Berücsichtigung von Alternativen und Informationen beitragen;
- zur Verbesserung von Ausbildung und Training beitragen, indem sie das verfügbare Wissen einfacher zugänglich machen. In diesem Zusammenhang werden Expertensysteme auch als „Wissensmedium" bezeichnet.

Expertensysteme sollen also den Einsatz von Computern in Bereichen ermöglichen, die bisher, z.B. aufgrund der schlechten Algorithmisierbarkeit einer Problemlösung, nicht oder nur schwer zugänglich waren.

Informationstechnische Sichtweise

Innensicht auf
Expertensysteme

Die informationstechnische Sichtweise betrachtet Expertensysteme von „innen". Mit ihr wird der Schwerpunkt auf die den Expertensystemen zugrundeliegenden Formalismen und Verarbeitungsmethoden und auf die Seite der Entwicklung der Systeme gelegt. Da kein allgemeines Verfahren zur Problemlösung benannt werden kann, geht es bei der Entwicklung von Expertensystemen vor allem um Fragen nach der Darstellung von Wissen (in der Wissensbasis) und der sinnvollen Anwendung des Wissens auf ein spezielles Problem (Meta-Wissen). Im Gegensatz zu „konventioneller" Software, bei der das Wissen um die Problemlösung im Algorithmus des Programms enthalten ist, wird bei Expertensystemen das Wissen explizit beschrieben und mit Hilfe eines Schlußfolgerungsmechanismus auf die Lösung eines Problems angewendet. Dadurch unterscheidet sich die Entwicklung von Expertensystemen wesentlich von der „konventioneller" Software, so daß gelegentlich auch von einem Paradigmenwechsel gesprochen wird (von der „Strukturierten Programmierung" hin zur „Wissensbasierten Softwareentwicklung" – vgl. THUY89, S. 235).

Die Wissensakquisition nimmt bei der Entwicklung von Expertensystemen eine besondere Rolle ein. Hier geht es darum, das zur Problemlösung notwendige Expertenwissen so zu „ermitteln", daß ein Modell dieses Wissens und der notwendigen Problemlösungsmethoden erstellt werden kann. Dieses Modell muß dann mit den Mitteln des verwendeten Entwicklungssystems implementiert werden. In vielen Fällen müssen Akquisition und Umsetzung des Wissens auch während des Einsatzes fortgeführt werden, um das Expertensystem mit geändertem oder neuem Wissen zu modifizieren, so daß spezielle Module in das Expertensystem integriert werden, die diesen Prozeß unterstützen.

Zur Realisierung von Expertensystemen wird von einer Trennung des problemspezifischen Wissens und des eher problemunspezifischen Wissens über die Verarbeitungsroutinen ausgegangen. Zur Darstellung des problemspezifischen Wissens in Form von Fakten und Zusammenhängen eines Wissensgebietes dienen vor allem logische Ausdrücke, Regeln, Constraints oder Frames. Die mehr prozeduralen Aspekte des Wissens werden durch Methoden (bei Frames) oder auch in Form von Algorithmen repräsentiert. Der problemunspezifische Teil, die Wissensverarbeitung, wird z.B. durch eine Inferenzmaschine (Schlußfolgerungsmechanismus), einen Constraint-Propagator oder durch Message-Handling (zur Kommunikation von Wissenselementen) realisiert (vgl. dazu z.B. STOY88; STOY91). Die Wissensverarbeitung wird im allgemeinen durch Meta-Wissen auf eine sinnvolle Problemlösungsmethode „eingestellt".

Im Zusammenhang mit verschiedenen Problemlösungsmethoden steht die Diskussion um allgemeine Klassen von Problemen, die mit Expertensystemen gelöst werden sollen. Die Problemklassen „Klassifikation", „Konstruktion" oder „Konfiguration" sowie „Simulation" haben sich dabei herauskristallisiert. Die Unterschiede der Problemklassen werden besonders durch eine Analyse der Lösungswege deutlich (vgl. PUPP90):

Problemklassen: Klassifikation, Konstruktion und Simulation

- Bei der Klassifikation geht es darum, eine Lösung aus einer Menge von vorgegebenen Alternativen auszuwählen.
- Die Problemklasse Konstruktion/Konfiguration zeichnet sich dadurch aus, daß die Lösung eines Problems synthetisch erfolgt, indem einzelne vorgegebene Bausteine zusammengesetzt werden.
- Bei der Simulation werden, von einem Ausgangszustand ausgehend, Folgezustände hergeleitet, ohne daß ein bestimmtes Ziel vorher bekannt ist.

In der Grundlagenforschung wird intensiv an Problemlösungsmethoden gearbeitet, die auf bestimmte Problemklassen oder Teilbereiche davon spezialisiert sind. Damit soll erreicht werden, daß der Schwerpunkt der Entwicklungsarbeit auf den Bereich des problemspezifischen Wissens gelegt werden kann.

Zur Entwicklung von Expertensystemen werden meist funktionale oder logikorientierte Programmiersprachen verwendet, wie LISP oder PROLOG. Daneben spielen regelorientierte und objektorientierte Sprachen, wie KL ONE, OPS 5 oder KRL eine wichtige Rolle, die in herkömmlichen Programmiersprachen implementiert sind und auch Schnittstellen dazu anbieten. Gemeinsam ist den verwendeten Sprachen die Eigenschaft, daß Wissen über das Problemgebiet und die Problemlösung in beschreibender Weise dargestellt wird (explizit, deklarativ), statt die Problemlösung direkt zu programmieren. In diesem Falle fließt das Wissen in die Ausformulierung der Algorithmen ein und ist damit nur implizit im Programm enthalten, wobei Überprüfung und Modifikation äußerst aufwendig sind.

Systemerstellung mit Programmiersprachen

Oft werden spezielle Entwicklungssysteme oder sogenannte Shells (z.B. ART, BABYLON, KEE, KAPPA, NEXPERT OBJECT) verwendet. Solche Entwicklungssysteme unterstützen eine oder mehrere Formen der Wissensrepräsentation zum Aufbau einer Wissensbasis und stellen entsprechende

Systemerstellung mit Shells

Wissensverarbeitungskomponenten bereit, so daß diese nicht mehr programmiert werden müssen. Sie sind dadurch für verschiedene Problemstellungen verwendbar, erfordern aber eine gezielte Anpassung an die geeignete Problemlösungsmethode. Bei der Wissensakquisition können sie daher nur eine geringe problemorientierte Unterstützung bieten. Der Vorteil liegt eher in der Integration von verschiedenen Tools zur Entwicklung von Expertensystemen in einem (einheitlichen) Entwicklungssystem (z.B. durch angepaßte Editoren zur Eingabe und Möglichkeiten der grafischen Darstellung des implementierten Wissens). Shells sind stärker durch Verwendung bestimmter Wissensrepräsentationen und Problemlösungsmethoden auf eine bestimmte Problemstellung spezialisiert und bieten dadurch im allgemeinen auch bei der Wissensakquisition eine gute Unterstützung. Sie können auch als „leere" Expertensysteme angesehen werden, d.h. als System ohne ausformulierte problemspezifische Wissensbasis.

Expertensysteme der 2. Generation

An dieser Stelle kann darauf hingewiesen werden, daß zwar häufig immer noch Expertensysteme mit regelbasierten Systemen gleichgesetzt werden, daß aber durch die Ausweitung der Möglichkeiten der Wissensrepräsentation, wie sie moderne Shells bieten, nunmehr auch zunehmend „Expertensysteme der 2. Generation" (vgl. STEE87) entstehen. In diesen wird u.a. versucht, die kausalen Zusammenhänge abzubilden und nicht lediglich mit „Oberflächenwissen", wie es in Regeln ausgedrückt wird, zu arbeiten. Es gibt sicherlich gute Gründe dafür, daß gerade Problemstellungen im Umweltbereich oftmals auf die Einbeziehung solchen „Tiefenwissens" angewiesen sind.

12.3 Übersicht über Umweltanwendungen

Vielfalt von Ansätzen im Umweltbereich

Macht man sich daran, Expertensysteme mit Umweltbezug zu sichten, so begegnet man einer großen Vielfalt unterschiedlicher Ansätze und Projekte in einer Vielzahl von Fachdisziplinen und Anwendungsbereichen. Mit Umweltbezug ist selbstverständlich nicht gemeint, daß die Systeme direkte Umweltauswirkungen haben, wie sie z.B. bei der Herstellung von Hardwarekomponenten als Luft- und Wasserbelastung auftreten, sondern daß mit ihnen Themenstellungen aufgegriffen werden, die bestehende Umweltprobleme zum Ausgangspunkt nehmen und versuchen, Lösungen für Entlastung/Vermeidung usw. anzubieten. In dieser Vielfalt zeichnen sich einige Häufungen ab, die insbesondere die Art und Weise der Systemherstellung betreffen. Bevor einige zusammenfassende Aussagen zum Stand der Entwicklung im Umweltbereich zusammengestellt werden, sollen einige Systeme kurz angesprochen werden. Die Gruppierung ergibt sich nicht aus wissenschaftssystematischen Gesichtspunkten, sondern ist allein empirisch begründet.

Unterstützung bei Schädlingsbefall

Im Bereich Land- und Forstwirtschaft stehen eher Systeme im Mittelpunkt, die Unterstützung bei Schädlingsbefall und Pflanzenkrankheiten anbieten und die z.B. bei der Spritzmittelauswahl und -dosierung beratend hinzugezogen werden können. Einige der mit am weitesten fortgeschrittenen Projekte (in Richtung auf eine wirkliche Anwendung) sind in diesem Bereich zu finden (PROPLANT – vgl. STRE91; HERBASYS – vgl. ZHAO92). Der Umweltbezug ergibt sich hier über das Ziel des „integrierten Pflanzenschutzes", den Einsatz umweltbelastender Spritzmittel auf ein Minimum zu reduzieren. Aber auch „erklärende" Systeme sind in diesem Bereich zu finden, mit denen etwa Wachstumsprozesse von Bäumen (SAAR89) oder das Verhalten von Tieren unter bestimmten Umweltbedingungen nachgebildet werden (SAAR88). Zum Teil wird eine Rückwirkung auf die Theoriebildung selbst erwartet. So führt z.B. Coulson (COUL87) aus:

„If expert systems are used only to bring together a number of ecological rules-of-thumb and to package them in a way more readily available to a user, then ecological understanding will advance very little. If, however, in our attempt to formulate the knowledge bases, we are forced to rethink the nature of ecological relationships, then expert systems may have some impact."

Gerade in diesem Anwendungsbereich sind Diskussionen zu finden, die eine Hinwendung zu „integrierten Systemen" fordern, in denen, neben den klassischen Techniken der Wissensrepräsentation, auch modellbasierte Techniken, Einbindung von Simulation und Einbeziehung von Massendaten zum Einsatz kommen sollen (vgl. PLAN90). Nicht einbezogen werden hier Systeme, die eher der Unterstützung der Betriebsführung dienen (z.B. durch Optimierung des Geräteeinsatzes und der Unterstützung im Rechnungswesen), da dort der Umweltbezug zu vernachlässigen ist. *(Suche nach „integrierten Systemen")*

Im Bereich Altlasten ist ebenfalls eine ganze Reihe von Systemen zu finden, die bei der Erfassung von altlastenverdächtigen Flächen und der Vorbewertung hinsichtlich der Dringlichkeit von Sanierungsmaßnahmen helfen sollen (WILS87, GROH88, GEIG91, JAES92). Darüber hinaus werden Systeme genannt, die eine Unterstützung bei konkreten Planungsmaßnahmen (Geländeauswahl bei Deponiestandorten; ROUH87), bei der Risikoabschätzung (JENN86) und bei der Auswahl von Transportrouten (ZHAO85) bieten. *(Vorbewerten von Flächen)*

Als letzter Bereich sei kurz der Wassersektor erwähnt. Hier reichen die Anwendungen von der Prognose und Steuerung von Abflußmengen bei Flußsystemen (BECK89, BAFF90) über die Unterstützung beim Umgang mit Schadensfällen, z.B. beim Eintrag von Schadstoffen in Gewässer oder der Veränderung der Gewässerqualität durch Blaualgenwachstum (MESZ90), bis hin zu Systemen, die eher der Umweltschutztechnik zugeordnet werden können, z.B. bei der Steuerung von Kläranlagen (SCHOE91). Ein guter Überblick über diesen Bereich ist bei Arnold et al. (ARNO91) zu finden.

In den vorangehenden Abschnitten konnte selbstverständlich nur eine grobe Skizze zu einigen Anwendungsbereichen gegeben werden. Eine Reihe von Beiträgen faßt den Entwicklungsstand bei den Umweltanwendungen zusammen (vgl. etwa HUSH87, PAGE89, MONI88, LAMP89 und DAVI89). In einer Studie für das Umweltbundesamt (SIMO92) wurde eine Übersicht über Projekte und Anwendungen mit Umweltbezug vorgelegt, wobei hauptsächlich der deutschsprachige Bereich untersucht wurde. Das dort gezogene Resümee kann in den folgenden Aussagen zusammengefaßt werden: *(Entwicklungsstand)*

1. Je nach „Härte" des angelegten Kriteriums gibt es kein ES oder doch nur sehr wenige ES, die im Umweltbereich als im Einsatz befindlich angesehen werden können. Etwa 10 Produkte können (im deutschsprachigen Raum) aber als an der Schwelle zur Anwendung angesehen werden. Als Kriterien könnten angelegt werden: Mehrere Implementierungen des Systems außerhalb der Entwicklergruppe sind bereits im Einsatz; das System verfügt bereits über eine Geschichte, d.h. es gab schon Rückmeldungen aus der Praxis, die zu Updates führten; Erfahrungsberichte liegen vor u.a.m.

2. Da eine Umsetzung in die Praxis bisher nicht (kaum) erfolgt ist, gibt es auch keine (oder kaum) Erfahrungen darüber, inwieweit die Zielsetzungen, die für die Entwicklung des ES formuliert wurden, auch wirklich erreicht werden konnten. Oftmals ist es aber auch so, daß gar keine genaue Spezifikation der Entwicklung vorausging, so daß es schwierig ist, den Grad der Zielerreichung festzustellen.

3. Eine Vielzahl von Produkten verschwindet vor einer Umsetzung in die Praxis wieder „vom Markt", so daß die Vermutung naheliegt, daß die Entwicklung an den tatsächlichen Bedürfnissen vorbeiging oder aber gar keine Anstrengungen unternommen wurden, ein belastbares Produkt herzustellen. (s. Abb. 12-1)

4. Bei der Entwicklung ist eine Dominanz von Institutionen festzustellen, die eher der Grundlagenforschung verpflichtet sind.

5. In einigen Fällen sind Vorschläge erarbeitet worden, die eine Ergänzung der „klassischen" ES-Techniken (z.B. um modellbasierte Ansätze) fordern, also ein Hinausgehen über regelbasierte Systeme vorschlagen.

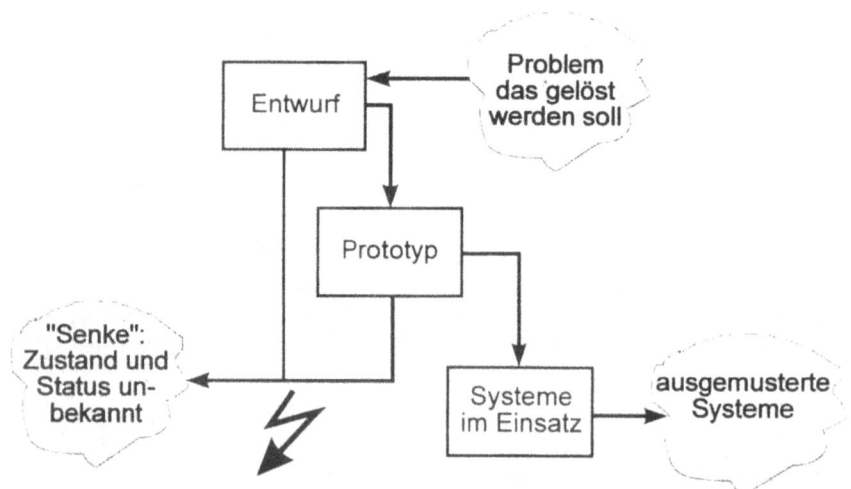

Abb. 12-1: Life-cycle und „Kurzschlüsse": Zuviele der Systeme verschwinden sofort wieder, ohne je fertiggestellt und eingesetzt zu werden

Generell kann die Schlußfolgerung gezogen werden, daß die Verbreitung von ES im Umweltbereich noch nicht so weit fortgeschritten ist, wie dies in anderen Bereichen (z.B. betrieblichen Anwendungen mit dem Schwergewicht auf Routineaufgaben) der Fall zu sein scheint. Es kann bislang nur darüber spekuliert werden, ob dies aufgrund besonderer Schwierigkeiten mit der Materie oder wegen bislang fehlender Unterstützung durch potente Mittelgeber der Fall ist.

Noch geringe Verbreitung von Expertensystemen

12.4 Spezifische Anforderungen aus dem Umweltbereich

Es kann heute noch nicht eindeutig beurteilt werden, inwieweit in unterschiedlichen Einsatzbereichen aus dem weiten Spektrum der Umweltanwendungen spezifische Anforderungen resultieren, die bei der Entwicklung von ES Berücksichtigung finden müssen. Zwar lassen sich in diversen Feldern, die mit Umweltanwendungen zu tun haben, gewisse „notwendige" Eigenschaften ausmachen; bislang sind diese aber eher sporadisch benannt worden und geben noch kein abgerundetes Bild, geschweige denn einen Satz von hinreichenden Bedingungen ab. Einzelne Nennungen sind:

Notwendige und hinreichende Bedingungen für die Einsetzbarkeit

- Vielfalt an Repräsentationsmitteln;
- Umgang mit vagen, unvollständigen Informationen;
- Integration anderer DV-Ansätze (Datenbanken, Simulation);
- Kopplung an flächenbezogene Informationen (Anbindung an Geographische Informationssysteme);
- Benutzerfreundlichkeit, um den Fachleuten selbst den Einsatz zu ermöglichen;
- Nähe der verwendeten Terminologie zu Fachsprachen.

Dabei fällt auf, daß nahezu alle der genannten Eigenschaften nicht exklusiv auf Umweltanwendungen zutreffen, sondern eher allgemein in der Diskussion um die Adäquatheit von ES angesprochen werden.

Keine exklusiv umweltbezogenen Anforderungen

In diesem Zusammenhang ist es von Vorteil, wenn kurz auf die Diskussion um Anforderungen an ES oder ES-Projekte eingegangen wird. Bereits 1988 wurden von Slagle und Wick Kriterien zusammengestellt, die zur Beurteilung von Problemstellungen hinsichtlich ihrer Eignung für die Bearbeitung mittels ES dienen sollten (SLAG88). Es soll nun hier nicht untersucht werden, warum trotz eines mehrfachen Aufgreifens dieser Kriterien in der Literatur über ES (etwa PUPP88) keine Projekte bekannt geworden sind, in denen der Entwicklung eines ES eine sorgfältige Prüfung des Ausgangsproblems anhand des Kriteriensatzes vorausgegangen wäre. Es ist auch nicht ganz auszuschließen, daß eine solche Prüfung stattgefunden hat, obwohl uns derzeit kein Bericht dazu vorliegt. Wir sind aber der Meinung, daß der Kriteriensatz nach wie vor wichtige Hinweise über die Vorbereitung bei einem ES-Projekt abgeben kann und auch über Eigenschaften der entstehenden ES einiges aussagt. Einige Auszüge aus dem Kriteriensatz führen wir deshalb im folgenden an. Der vollstän-

Notwendigkeit der Prüfung der Ausgangssituation

dige Satz ist in der Originalarbeit (SLAG88), eine freie Übersetzung bei Simon et al. (SIMO92) und Puppe (PUPP88) zu finden.

Slagle/Wick-Kriterien

Slagle und Wick unterscheiden notwendige und wünschenswerte Eigenschaften und diskutieren die entsprechenden Kriterien jeweils bezogen auf den Nutzer, das zu lösende Problem und auf den Experten, der das Wissen bereitstellt. Eine ganze Reihe der geforderten Eigenschaften liegen auf der Hand; wir werden hier nur einige nennen, die vielleicht oft übersehen werden.

Nutzerspezifische Kriterien:
● Die Auftraggeber haben realistische Erwartungen bezüglich der Reichweite und der Grenzen des Systems;
● die Auftraggeber sind bereit, auch nach Abschluß der Entwicklungsphase in das Projekt zu investieren;
● die Einbettung in eine spätere Arbeitsumgebung erfordert keine größeren Umstellungen.

Problembezogene Kriterien:
● Optimale Ergebnisse werden nicht benötigt;
● es ist kein allzu naher Abschlußtermin für das Projekt vorhanden;
● es existiert ein Spektrum von Testmöglichkeiten zur Überprüfung der Validität des ES;
● die Aufgabenstellung benötigt keine Echtzeitantworten.

Expertenbezogene Kriterien:
● Es gibt einen Experten für die gestellte Aufgabe;
● der Experte kann sein Wissen detailliert ausformulieren;
● die Fachexperten sind sich einig darüber, was eine gute Lösung ist;
● der Experte ist an dem Projekt wirklich interessiert.

Ergänzung durch Qualitätskriterien

In jüngerer Zeit wurde von Sharma/Conrath eine Arbeit über Qualitätskriterien vorgelegt, die als Ergänzung zu Slagle und Wick gelesen werden kann und die Anforderungen an wissensbasierte Systeme zusammenfaßt. Dabei werden, entsprechend dem zugrundegelegten systemtheoretischen Ansatz (dem „Tavistock-approach" zur Analyse soziotechnologischer Systeme; vgl. EMER78), vier Bezugsdimensionen unterschieden: nämlich Aufgabe, Technologie, Mensch und Organisation, ggf. ergänzt durch die Einbeziehung der eigentlichen Projektunterstützer (Nutzer, Entwickler, Manager) (SHAR92).

Die kurz vorgestellten Kriterien können auch als Versuch angesehen werden, einer notwendigen Validierung der Systeme eine systematische Grundlage zu geben. Ganz abgesehen davon, daß bislang kaum Anstrengungen unternommen wurden, für die Systeme Testumgebungen bereitzustellen und in einem ausreichenden Maße Analysen am fertigen Produkt vorzunehmen, liegen zu-

Notwendigkeit der Validierung und Verifikation

mindest für die Aufgabe einer *Verifikation* (Überprüfung der Konsistenz der Wissensbasis und der Verarbeitungsroutinen) bereits standardisierte Werkzeuge vor, während für die *Validierung*saufgabe, also die Überprüfung der Adäquatheit unter Anwendungsgesichtspunkten, noch Diskussionen über geeignete

Werkzeuge im Gange sind. Zumindest im Umweltbereich wird jetzt erst ein Entwicklungsstand erreicht, der die Chance eröffnet (wenn nicht gar die Verpflichtung mit sich bringt), weitere Stufen des Life-cycle mit einzubeziehen (vgl. GROG91).

Aber auch im Vorfeld der Projekte – so der Hinweis aus der Kriteriendiskussion – sind sorgfältige Analysen nötig, um die Voraussetzungen für eine erfolgreiche Entwicklung zu schaffen. Dazu sind in erster Linie klare Zielvorgaben und Spezifikationen für das geplante System zu erarbeiten. Ein Beispiel für das Vorgehen ist bei Arnold et al. (ARNO91) zu finden. Hauptaufgabe war eine Bedarfs- und Machbarkeitsanalyse für Anwendungen im Gewässerschutz. Neben einer Erhebung der bisher durchgeführten Projekte (über 50 ES waren nachweisbar) wird ein „taxonomischer Rahmen" abgesteckt und die Begriffswelt des Anwenders analysiert, da die Vermutung besteht, daß ES nur dann angenommen werden, wenn „dem Anwender Informationen und Wissenselemente in einer ihm geläufigen Begriffswelt dargeboten werden". Erst auf der Basis dieser Analysen werden Wissensstrukturen definiert (unter Verwendung von Frames und geeigneten Kopplungskonzepten zu wasserwirtschaftlichen Datenbanken) und geeignete Repräsentationsmittel ausgewählt. Hinzu kommen eine ausführliche Erhebung der realen Einsatzbereiche für ES und Einsatzszenarien, die über 30 mögliche ES-Anwendungen skizzieren und in ihren besonderen Erfordernissen an die Systeme diskutieren.

Die vorhandenen Vorschläge zu Beurteilungskriterien weisen auf die Notwendigkeit hin, ES-Entwicklungen innerhalb eines mehrstufigen Life-cycle zu sehen, in dem sowohl die Projektvorbereitung als auch die Nachbereitung erhebliche Anteile haben werden – Phasen des Life-cycle, die bislang zu oft vernachlässigt worden sind.

Vor- und Nachbereitung der Projekte durch Systemanalyse

12.5 Das Expertensystem „Umweltgefährlichkeit von Altlasten" XUMA

Um einige der angesprochenen Aspekte zu konkretisieren, werden wir im folgenden auf ein Projekt näher eingehen, das unter der Leitung eines der Autoren in den Jahren 1988 bis 1992 am Kernforschungszentrum Karlsruhe (KfK) durchgeführt wurde: das System „Umweltgefährlichkeit von Altlasten" XUMA.

12.5.1 Ausgangssituation

In der Bundesrepublik gibt es heute nahezu 100.000 Altlast-Verdachtsflächen; das sind Altablagerungen häuslicher, industrieller und gewerblicher Abfälle, Flächen ehemaliger Industrie- oder Gewerbebetriebe usw. Diese stellen u. U. eine erhebliche Gefährdung für Mensch und Umwelt dar, die von Fall zu Fall unterschiedliche Gegenmaßnahmen erfordert. Die hierfür zuständigen Behörden haben zu entscheiden, ob die Verdachtsfläche als Altlast saniert, ge-

Das Problem der Altlastenbewertung

sichert, weiter beobachtet bzw. untersucht werden muß oder aber als risikolos aus der weiteren Beobachtung ausgeschieden werden kann. Dazu ist die Verdachtsfläche in ein Schema einzuordnen, das es ermöglicht, nach immer gleichen, einheitlichen Maßstäben über Art und Dringlichkeit des Handlungsbedarfs zu entscheiden. Die Vielzahl und Vielfalt der unterschiedlichen Fälle und der jeweils variierenden Einflußfaktoren macht eine konsistente Auswertung der verfügbaren Informationen sehr aufwendig.

12.5.2 Zielsetzung

Entscheidungsunterstützung in der Altlastenbewertung

Das vom Institut für Angewandte Informatik (IAI) im KfK in Zusammenarbeit mit der Landesanstalt für Umweltschutz Baden-Württemberg (LfU) entwickelte Expertensystem XUMA ist ein entscheidungsunterstützendes Toolkit, das den Fachexperten in den einzelnen Aktivitäten, die zu einer Abschätzung des Gefahrenpotentials führen, unterstützen soll. Das System basiert auf dem von der LfU entwickelten und in Baden-Württemberg eingeführten Bewertungsverfahren. Dieses Verfahren sieht folgende Schritte vor:
- Bewertung,
- chemisch / physikalische Untersuchung,
- Erstellen des Analysenplans,
- Zusammenstellen der Analysenergebnisse und
- Beurteilung.

Das XUMA-System unterstützt den Fachexperten bei der Durchführung dieser Arbeitsschritte und umfaßt darüber hinaus Funktionen für die Wissensakquisition und die Erklärung der Schlußfolgerungen. Das System verfügt über eine Rahmenstruktur, in die Module zur Unterstützung der einzelnen Arbeitsschritte und Funktionen erweiterbar „eingehängt" sind. Eine informationstechnische Unterstützung des Bearbeiters bei den einzelnen Verfahrensschritten bietet entscheidende Vorteile:
- Entlastung von Routinearbeit,
- Vereinheitlichung der Entscheidungsfindung,
- Reproduzierbarkeit und Konsistenz der Entscheidungsfindung,
- vollständige Nutzung der verfügbaren Informationen und Berücksichtigung aller Lösungsalternativen,
- Konservierung und Verbreitung von Expertenwissen.

12.5.3 Beschreibung des Systems XUMA

Die folgende Beschreibung der XUMA-Module kann die Funktionalität und Komplexität des Systems nur ansatzweise wiedergeben. Eine ausführliche Darstellung des Systems ist in EITL90, GEIG91 und GEIG92 gegeben.

XUMA-Funktion: Bewertung

Ableitung eines Risikowertes

Bei der Bewertung wird die Altlast als potentielle Austragsfläche für Schadstoffe in die Umwelt betrachtet und eine Ausbreitung dieser Schadstoffe über die Gefährdungspfade (Grund-/Oberflächenwasser, Boden, Luft) angenommen. Aus den Informationen, die zu den gelagerten Schadstoffen zur Verfügung stehen, wird in einem ersten Schritt mit XUMA die „Stoffgefährlichkeit in Vergleichslage" abgeschätzt, die von hypothetisch angenommenen Standard-Lagebedingungen für die Altlast ausgeht und einen „Risiko-Wert in Vergleichslage r_0" ergibt. In einem zweiten Schritt werden dann die Informationen über die tatsächlichen Lagebedingungen in die Abschätzung einbezogen und daraus mit XUMA der Zahlenwert R für das „maßgebliche Risiko" ermittelt, der zur Festlegung von Art und Priorität des Handlungsbedarfs herangezogen wird.

XUMA-Funktion: Erstellung eines Analysenplans

Ziel dieser XUMA-Funktion ist es, für die weitere chemisch/physikalische Untersuchung der Altlast das optimale Meßprogramm festzulegen, das bei minimalem Aufwand den maximalen zielorientierten Informationsgewinn garantiert. Dabei wird versucht, vor Festlegung des Meßprogramms konkrete Hinweise über die möglichen Inhaltsstoffe der Verdachtsfläche zu erhalten und daraus einen Analysenplan abzuleiten. Solche Hinweise können z.B. die frühere Nutzung des Geländes, die Herkunft des abgelagerten Abfalls oder die Abfallart sein. Um daraus einen Analysenplan zusammenstellen zu können, ist Wissen über branchenspezifische Abfälle sowie Wissen über Stoffe erforderlich.

Optimierung der Analytik

Das Wissen über die branchenspezifischen Abfälle ist in der Wissensbasis in einem Branchenbaum repräsentiert. Im Branchenbaum sind die Hauptbranchen, Unterbranchen, Anlagenteile und Produktionsverfahren sowie die Beziehungen zwischen diesen Objekten strukturiert. Zu jedem Objekt sind die typischerweise dort vorkommenden Abfallstoffe, ihre Mengen (qualitative Angaben, typische Gesamtmengen, typische Konzentrationen), ihre Verteilung und ihre Vererbung im Branchenbaum sowie weitere Eigenschaften gespeichert.

Unter dem Begriff Stoff sind in XUMA alle Substanzen zusammengefaßt, die im System verarbeitet werden, von Elementen über Verbindungen und Gemische bis zu Produkten und Abfallarten. In der Wissensbasis sind die Beziehungen zwischen diesen Stoffen, ihre Eigenschaften, die Gefährdungspfade sowie die Analysenparameter zu den Stoffen gespeichert.

Der Benutzer kann wählen, über welchen Zugang er den Analysenplan erstellen will: über die Branche, aus welcher der Abfall stammt, über einen darin vermuteten Stoff oder über einen Standardplan. Die Erstellung eines Analysenplans kann auch mehrfach durchlaufen und der Analysenplan jeweils ergänzt werden. Für die Medien Boden, Eluat, Grundwasser, sonstige Wässer und Luft werden separate Analysenpläne erstellt.

XUMA-Funktion: Erfassung von Analysen

Mit der Funktion „Erfassung von Analysen" werden die Proben- und Analysenidentifizierungen sowie die Meßergebnisse zu den einzelnen Analysenparametern erfaßt. Die Fall-, Proben- und Analysendaten sind in einer hierarchischen Datenstruktur gespeichert. Zu jedem Fall gibt es eine oder mehrere Proben. Zu jeder Probe gibt es ein Probenahmeprotokoll und eine oder mehrere

Erstellung einer Expertise

Labor-Analysen (Abfall-, Boden-, Eluat-, Grundwasser-, Sickerwasser-, Oberflächenwasser-, Luft-Analysen).

XUMA-Funktion: Beurteilung

In der Beurteilung werden auf der Basis der Analysenergebnisse Aussagen zur Einschätzung der Umweltgefährlichkeit der Altlast, Hinweise zum weiteren Untersuchungsbedarf sowie andere Aussagen (z.B. Hinweise auf Inkonsistenzen in den Analysendaten, Statistiken) abgeleitet.

Zur Durchführung dieser Aufgabe sind in dem System Wissen über Grenzwerttabellen und Regeln zur Beurteilung von Altlasten gespeichert. Es werden ca. 25 Grenz- und Vergleichswerttabellen mit Werten zu etwa 100 Analysenparametern verwendet. Zu diesen Tabellen sind Regeln angegeben, inwieweit die Tabellen zur Beurteilung von Altlasten herangezogen werden können, welche qualitativen Aussagen aufgrund des Vergleichs von Meßwerten mit diesen Tabellen abgeleitet werden können und wie beurteilt werden soll, wenn der Vergleich mit verschiedenen Tabellen unterschiedliche Aussagen liefert. Unter den Beurteilungsregeln gibt es Regeln, die Aussagen aus einzelnen Analysenparametern und aus Kombinationen von Analysenparametern ableiten, sowie Regeln, welche diese Aussagen zu einer Gesamtbeurteilung der Analyse zusammenfassen. Weiter gibt es Regeln, welche die Beurteilungen der Analysen zur Beurteilung der Probe und des gesamten Falls komprimieren. Für die Beurteilung werden die Meßwerte der einzelnen Analysenparameter sowie die gesamten Analysen, Proben und Fälle in sechs Qualitätsklassen eingestuft. Dabei bedeutet die Qualitätsklasse I die geringste Gefährdung und die Qualitätsklasse VI die höchste Gefährdung.

Der Benutzer kann wählen, ob er die Beurteilung einer Analyse, die zusammenfassende Beurteilung einer Probe oder die zusammenfassende Beurteilung eines Falls ausgegeben haben will. Er kann sich Statistiken über die Beurteilungen der Parameter, Analysen und Proben ausgeben lassen. Außerdem kann er der Beurteilung einen Analysenplan zugrunde legen; das System prüft dann, welche Analysenparameter des Analysenplans noch nicht untersucht wurden und welche Konsequenzen dies hat.

XUMA-Funktion: Wissensakquisition und Erklärungskomponente

Geführte
Wissensakquisition

Die Wissensakquisitionskomponente ist vorrangig für die Erweiterung und die Modifikation der Wissensbasis durch den Anwender von Bedeutung. Ihre Aufgabe ist die Transformation des Wissens aus einer für den DV-Laien verständlichen, flexiblen und fehlerfrei handhabbaren Darstellung in die interne Wissensrepräsentation. Die XUMA-Wissensakquisitionskomponente ermöglicht es dem autorisierten Anwender, innerhalb eines vorgegebenen Rahmens neue Objekte und Regeln in die Wissensbasis einzufügen sowie bestehende Objekte und Regeln zu ändern. Solche Objekte und Regeln sind insbesondere Branchen, Stoffe, Analysenparameter, Grenzwerttabellen, Regeln zu Grenzwerttabellen und Analysenparametern sowie Regeln zur Zusammenfassung der Bewertung auf Analysen-, Proben- und Fall-Ebene. Die im System definierten

Objekte werden konventionell über objekttyp-spezifische Formulare erfaßt und editiert. Zur Akquisition des Regelwerks sind im System Gruppen von Regeln gleichen Typs / gleicher Struktur definiert. Für jede Regelgruppe gibt die Wissensakquisitionskomponente eine Rahmenstruktur vor, die vom Anwender parametriert und editiert werden kann. Der Wirkungsbereich der Wissensakquisitionskomponente ist hier auf den Ausschnitt der Wissensbasis beschränkt, der in der Praxis den häufigsten Änderungen unterliegt (Fachwissen). Darüber hinausgehende Änderungen an der Wissensbasis (Problemlösungs-Metawissen, -routinen, Schemata) sind vom Systemingenieur durchzuführen.

Die Fähigkeit zur Selbsterklärung gilt bei Expertensystemen als unverzichtbares Charakteristikum und wesentlicher Vorteil für den praktischen Einsatz und die Akzeptanz. Aufgabe der Erklärungskomponente ist es, dem Benutzer die Herleitung der Aussagen mit natürlichsprachlichen Texten darzulegen, die Lösungsschritte zu begründen, Ergebnisse inhaltlich zu interpretieren und auch Unterstützung bezüglich der Arbeitsweise und -abläufe (Help-Funktionen) zu bieten. Das in XUMA realisierte Konzept beschränkt sich auf die Implementierung von Tracingfunktionen, die die Problemlösungswege des Systems nachvollziehbar machen, aber keine eigentliche, fachliche Erklärung bieten. Der Benutzer kann im XUMA-Konzept wählen, ob er die lokale oder die globale Rechtfertigung der Aussage wünscht. Bei der lokalen Rechtfertigung werden nach der Aussage selbst die letzte Regel, die zu dieser Aussage geführt hat, und die erfüllten Bedingungen (Prämissen) aufgelistet. Bei der globalen Rechtfertigung wird der gesamte Ableitungsbaum der Aussage aufgezeigt, d.h. die Ableitung der Aussage aus den Analysenergebnissen und den Fakten in der statischen Wissensbasis.

Erklären und Nachvollziehen

Stand des Vorhabens

In den letzten vier Jahren wurde eine erste für den praktischen Einsatz geeignete Version des Expertensystems erstellt. Das in der Wissensbasis erfaßte Wissen deckt derzeit alle für Baden-Württemberg relevanten Branchen ab.

XUMA ist in LISP unter Verwendung der Entwicklungsumgebung ART realisiert. Das System umfaßt derzeit etwa 1.000 ART-Regeln und 80.000 Zeilen LISP- und ART-Code. Das System läuft auf einem EXPLORER-Computer von Texas Instruments sowie unter UNIX auf SUN-Workstations, wobei als Datenbank ORACLE eingesetzt wird. Um XUMA als verteiltes System mit abgesetzter Benutzungsoberfläche betreiben zu können, wurde die Benutzerschnittstelle als eigenes Dialogprogramm nach dem Client-Server-Modell realisiert. Durch die Verwendung eines *User Interface Management Systems* (OPEN-UI) für die Benutzungsoberfläche wird deren Portabilität verbessert.

Realisierung des Systems

Für die Entwicklung des Systems wurden bisher ca. 12 Personenjahre aufgewendet. Seit Juni 1990 wird XUMA in der LfU im Probebetrieb eingesetzt und die Wissensbasis dabei vom Anwender selbst erweitert (z.B. um neue Branchen) sowie entsprechend den Erfahrungen ergänzt.

12.5.4 Rolle des Knowledge Engineering

In der XUMA-Systementwicklung wurde das Knowledge Engineering und die Systementwicklung von den gleichen Personen durchgeführt. Dadurch wurden zusätzliche Kommunikationsprobleme vermieden; im Arbeitsablauf unabhängige Aktivitäten konnten mit einem Gewinn an Effektivität überlappend bearbeitet werden. Der Kreis der Fachexperten (LfU) war identisch mit den Erstanwendern, die auch die Systemerprobung durchführten.

Kooperation: Anwender, Fachexperte und Entwickler

Für einen Teil der XUMA-Funktionen (z.B. Bewertung) war das Problemlösungswissen in Form von Berichten und Handbüchern verfügbar und konnte – vom Fachexperten erklärt und ergänzt – relativ einfach umgesetzt werden. Für andere Bereiche mußte es vom Fachexperten erfragt und dokumentiert werden. Dies geschah ohne speziellen Formalismus. Das implementierte Wissen wurde in überschaubaren/abgrenzbaren Abschnitten von Fachexperten anhand von Testbeispielen verifiziert. Nach Akquisition eines gewissen Basiswissens wurde die Wissensakquisition weitestmöglich vom Fachexperten/Anwender selbst durchgeführt.

In einigen Funktionsbereichen (z.B. Beurteilung) erwies sich die aufgabengerechte Abgrenzung des Problemlösungswissens als schwierig. Problemorientierte Vollständigkeit ließ sich hier nur über experimentelles Erproben und Austesten Schritt für Schritt bis zu einem Grad erzielen, der ausreichend ist für den praktischen Einsatz als entscheidungsunterstützendes, kooperatives System, das immer unter der logischen Kontrolle des Benutzers und nicht als autonomer Entscheidungsautomat arbeitet.

Das System übernahm dabei in der jeweils zur Verfügung stehenden Realisierungsstufe eine wichtige Rolle als unterstützendes Tool in der Wissensakquisition für den weiteren. Es zeigte Lücken, Inkonsistenzen und Grenzen des Beurteilungsverfahrens auf und gab Hinweise auf weiteren methodischen Entwicklungsbedarf. Es gab Anstoß zur Überarbeitung bzw. Detaillierung und teilweise zur logischen Restrukturierung von Wissensbereichen.

Wesentliche Komponenten sind dabei in den späteren Entwicklungsphasen die Wissensakquisitions- und Erklärungskomponente.

Die bei XUMA mangels allgemein einsetzbarer Konzepte realisierte anwendungsspezifische Wissensakquisitionskomponente hat sich in der Praxis bewährt. Das Konzept ist zwar im Hinblick auf eine freie Formulierung des Wissens sehr restriktiv. Dies wirkt sich jedoch durch die erzwungene Disziplin in der Praxis auf die Konsistenz der Wissensbasis durchaus positiv aus.

Der Einsatz der Erklärungskomponente, speziell beim Austesten des Systems während des Auf- und Ausbaus der Wissensbasis, rechtfertigt die funktionale Einschränkung der Komponente auf Tracingfähigkeiten. Für Systeme der Größe und Komplexität des XUMA-Systems ist die Erklärungskomponente unverzichtbar, da mangels anderer Methoden das praktische Austesten zur Konsistenz- und Vollständigkeitsprüfung heute das gängige Verfahren ist.

Eine Unterstützung des Laien bei der Nutzung des Systems bietet die Erklärungskomponente nicht, da sie die Wissensinhalte der gespeicherten Regeln und die ihnen zugrundeliegende Denkweise nicht interpretiert.

12.5.5 Systemerstellung

In der Entwicklung eines Expertensystems bieten sich bezüglich der Implementierung prinzipiell zwei Alternativen – die Erstellung des Systems auf Programmiersprachenebene oder unter Nutzung von Entwicklungsumgebungen/ Shells. Letzteres gibt die Möglichkeit des Rapid-Prototyping, dessen Ziel es ist, mit geringem Aufwand eine vorführbare Version des späteren Anwendungssystems zu erstellen, mit dem die prinzipielle Machbarkeit bewiesen und die Fähigkeiten und Merkmale der Lösung demonstriert werden können. In der Praxis haben sich aber deutliche Vorbehalte gegenüber diesem Verfahren und Zweifel an seinem Nutzen ergeben.

Pro und contra Prototyping

Im Bereich der Umweltanwendungen sind in den Anfängen (wie in anderen Bereichen auch) eine Vielzahl von „Mini-Prototypen" entstanden, die keine Extrapolation auf das gewünschte Zielsystem zuließen und mit einem minimalen Wissens- und Funktionsumfang unter Mißachtung der Komplexität des Anwendungsproblems nur Trivialprobleme lösen konnten. Diese Prototypen verfehlten ihr Ziel, da sie weder als Demonstrationssystem noch als Kernsystem für die Weiterentwicklung dienen konnten. Zahlreiche Projektabbrüche, besonders in den frühen Entwicklungen, sind darauf zurückzuführen.

Ein skalierbarer Prototyp, der Auskunft über das Zielsystem bezüglich erreichbarem Grad an Problemlösungsfähigkeit, Performanz, praktischer Einsetzbarkeit usw. geben kann, muß bereits die Architektur/Struktur, die wesentlichen Hardware-/Software-Merkmale und einen gewissen funktionalen Umfang aufweisen, um als Kernsystem für einen weiteren Ausbau dienen zu können und als solches eine zuverlässige Extrapolation zuzulassen. Die Erstellung eines skalierbaren Prototypen setzt also bereits erheblichen Aufwand im Bereich der System-/Anforderungsanalyse und des Konzeptentwurfs in Richtung auf das endgültige Zielsystem voraus.

Beim Expertensystem XUMA beschränkte sich die Prototypentwicklung im wesentlichen auf die Funktion „Erstellen eines Analysenplans", die für den Anwendungsbereich Kohleveredelungsbetriebe nahezu vollständig implementiert wurde. Für die Entwicklung des Prototypen wurde in einem Zeitraum von zwei Jahren ein Aufwand von drei Personenjahren aufgebracht (das ist 30 % des bisherigen Gesamtaufwands). Dies beinhaltet die systemanalytischen und Entwurfs-Arbeiten im Vorfeld der Erstellung. Der Aufwand auf seiten des Anwenders ist schwer zu quantifizieren, da er vom Aufwand, der gleichzeitig für die Weiterentwicklung der Bewertungsmethodik erbracht wurde, praktisch nicht isoliert werden kann.

Der XUMA-Prototyp

Der Prototyp blieb im wesentlichen als Kernsystem im heutigen System erhalten und war Basis für die Weiterentwicklung. Der Ausbau des Systems wurde aber vorrangig in LISP durchgeführt, so daß im Zielsystem der relative Anteil der in ART realisierten Software deutlich geringer als im Prototyp ist.

Der Prototyp wurde den Anwendern zur eingehenden Erprobung übergeben. Auch alle weiteren Ausbaustufen wurden beim Anwender installiert, getestet und die Wissensbasis dabei vom Anwender selbst um wesentliche Wissensbereiche für den praktischen Einsatz erweitert.

12.5.6 Projektverlauf und Systemeinsatz

Die Erwartungen des Anwenders bezüglich des funktionalen Umfangs und der Qualität des Expertensystems waren zu Projektbeginn – mangels Erfahrungen mit dem Einsatz solcher Systeme – relativ unscharf, präzisierten sich aber in der Kooperation während des Projektverlaufs und konnten letztlich von dem System auch erfüllt werden. Der vom Fachexperten/Anwender notwendigerweise aufzubringende Beitrag zur Systementwicklung (Wissensaufbereitung und Systemerprobung) war dabei deutlich höher als von vergleichbaren komplexeren, konventionellen Systemen gewohnt. Er wurde von Fachexperten-/Anwender-Seite immer wieder unterschätzt. Für den Anwender ungewohnt ist auch die Notwendigkeit, noch nach Abschluß der Entwicklungsphase in gewissem Umfang in das Projekt zu investieren, um es aktuell und konsistent zu halten.

Entwicklungs-
erfahrungen

Für die Aufgabenstellung erwies sich das Konzept, XUMA als kooperatives, entscheidungsunterstützendes System, basierend auf Expertensystemtechnik zu realisieren, als sehr geeignet. Es entsprach der Sachlage relativ stabiler Strukturen und Abläufe bei häufigen, umfangreichen Änderungen, Erweiterungen und Detaillierungen des Problemlösungswissens.

Über die Einbettung des Systems in die spätere Arbeits- und DV-Systemumgebung des Anwenders bestanden bei Projektbeginn klare Vorstellungen. Allerdings änderte sich das Einsatzszenario während des Projektverlaufs aufgrund organisatorischer Veränderungen mehrfach, was den Projektverlauf merklich störte und zu konzeptionellen Modifikationen am System zwang. Da sich die zu Projektbeginn favorisierten KI-Spezialrechner auf dem Markt nicht durchsetzten, mußte das System für den praktischen Einsatz auf mittlerweile verfügbare, ausreichend mächtige Workstations übertragen werden. Die eingeschränkte Portabilität der Entwicklungsumgebung ließ hier nur wenig Spielraum, was zu ungeplantem Aufwand bei der Integration in die Anwender-Systemumgebung führte.

12.6 Schlußfolgerung und Ausblick

Methodischer
Entwicklungsbedarf

Die Erfahrungen mit den vorliegenden Projekten, exemplarisch an XUMA dargestellt, belegen, daß beim heutigen Stand der Technik Expertensysteme für komplexe Aufgabenstellungen aus dem Umweltbereich durchaus Realisierungschancen haben. Allerdings sind bislang nur sehr wenige Systeme zu finden, die in der Anwendung oder an der Schwelle zur Anwendung stehen, so daß noch kaum Praxiserfahrungen vorliegen. Aber auch ohne derartige Erfahrungen hinzuziehen zu müssen, kann festgestellt werden, daß in vielen Bereichen noch erheblicher Entwicklungsbedarf besteht, wobei sowohl methodische Aspekte als auch der Bereich der Entwicklungswerkzeuge angesprochen sind.

In XUMA besteht vorrangig in den Bereichen Wissensakquisition und Systemintegration noch Entwicklungsbedarf; bei anderen Systemen muß zusätzlich die Adäquatheit der eingesetzten Wissensrepräsentationsmittel thematisiert

262

werden. Gerade in Umweltanwendungen ist eine Vielfalt von unterschiedlichen Informations- und DV-Konzepten vorhanden, die in einer geeigneten Weise zu integrierten Werkzeugen zusammengebunden werden sollten, um eine größere Adäquatheit und Effizienz der Instrumente sicherzustellen.

Oftmals wurde bisher wohl der Aufwand bei der Projektvorbereitung (Systemanalyse des Gegenstandsbereichs) und der Nachbereitung (Validierung, kontrollierte Erprobung, Aktualisierung) unterschätzt. Diese Phasen im Lifecycle müssen einen höheren Stellenwert in den Projekten erhalten. Dazu wäre es auf jeden Fall sinnvoll, von vornherein einzuplanen, das Entwicklungsteam auch einen bestimmten Zeitraum über den Abschluß der eigentlichen Systementwicklung hinaus zur Verfügung zu haben. Ebenso muß der Dokumentation, möglichst auch über die verschiedenen Phasen hinweg, ein besonderes Augenmerk gewidmet werden, die „Historie" des Systems, vorgenommene Anpassungen und die Gründe dafür müssen kontinuierlich erfaßt werden.

12.7 Weiterführende Literatur

Der Band „Wissensverarbeitung und Expertensysteme" von Thuy und Schnupp (THUY89) gibt eine Einführung in die Ideen und Realisierungsmöglichkeiten, die fuer die angewandte Wissenverarbeitung von Interesse sind, also insbesondere zu Techniken der Wissensrepräsentation und im Hinblick auf Softwarelösungen. Die Ausführungen werden ergänzt durch Fragen der Anwendbarkeit und durch Vorschlaege für ein neues „Paradigma" in der Informationsverarbeitung auf der Grundlage des wissensbasierten Ansatzes.

Bei PUPP93 handelt sich um eine aktualisierte englische Auflage seines deutschsprachigen „Standardwerks" Expertensysteme (PUPP93). Puppe behandelt die gesamte Abfolge von der Problembestimmung über die Wissensakquisition und -repräsentation bis hin zur Evaluation des Systemverhaltens.

FORD93 ist eine Sondernummer des *International Journal of Intelligent Systems*. Die einzelnen Beiträge stehen im Kontext der Entwicklung der „zweiten Generation von Expertensystemen", in denen – für den Umweltbereich besonders wichtig – eine Integration von Problemlösungs- und Modellierungsverfahren angestrebt wird.

Die Zeitschrift *AI Applications in Natural Resources, Agriculture, and Environmental Science*, die dreimal jährlich erscheint, gibt einen guten Überblick über aktuelle Aktivitaeten im Bereich Expertensysteme und wissensbasierte Systeme mit Umweltbezug. Neben der Vorstellung von konkreten Systemen sind grundlegende Artikel zu Methodenfragen und Hinweise auf Veranstaltungen zu finden. Näheres ist über folgende e-mail-Adresse zu erfahren:

AIAPPS@osprey.csrv.uidaho.edu

13 Integration von Umweltdaten

Ralf Denzer, Reiner Güttler

Für die Lösung vieler Problemstellungen im Umweltbereich erweist es sich als zunehmend notwendig, Daten aus verschiedenen Bereichen zusammenzuführen. Die DV-technische Unterstützung hierfür ist dringend notwendig, aber nirgendwo gelöst. Das Potential, das in den an vielen Stellen schon vorhandenen Daten steckt, liegt brach, weil diese Daten meist für andere Stellen nicht nutzbar sind, vielfach ihr Vorhandensein nicht einmal bekannt ist. Nach unserer Auffassung ist der einzige zum Ziel führende Lösungsansatz derjenige eines *offenen verteilten Gesamtsystems*, welches in der Lage ist, sinnvoll gewachsene Insellösungen mit all der Heterogenität, in der sie sich darstellen, zu integrieren. Die damit zusammenhängenden Probleme werden vielfach unterschätzt oder erst gar nicht in Betracht gezogen. Im vorliegenden Beitrag werden diese Probleme analysiert und strukturiert. Ein genereller Lösungsansatz wird diskutiert und in Anwendung an einem konkreten Projekt vorgestellt.

13.1 Ausgangslage

Seit einigen Jahren entstehen auf allen Ebenen computergestützte Anwendungen in den Umweltverwaltungen. Dies sind Systeme, welche zunächst für sich allein benutzt werden, aber durch zunehmende praktische Zwänge immer mehr mit Anwendungen aus anderen Teilsystemen kooperieren müssen. Spätestens seit dem 5. Symposium Informatik für den Umweltschutz in Wien 1990 (IFU90) wird das Thema „Insellösungen" auch öffentlich diskutiert. Diese Diskussion wird sehr kontrovers geführt, was damit zusammenhängt, daß viele der mit den Insellösungen verbundenen Probleme eher unterschätzt, teilweise auch verniedlicht oder sogar ignoriert werden. Diesen Insellösungen stehen die Bestrebungen nach übergeordneten Umweltinformationssystemen gegenüber. Nach unserer Auffassung ist eine grundlegende Umkehr bei Konzeption und Entwurf solcher Umweltinformationssysteme vonnöten. Die klassischen Ansätze werden für solche Systeme mit Sicherheit in die Sackgasse führen, weil man Systeme der zu erwartenden Größe weder zentral organisieren, noch konzipieren, koordinieren oder pflegen kann, wenn man zur Bedingung macht, daß jeder Sachbearbeiter an jeder beliebigen Stelle für seine spezifische Aufgabe eine für ihn optimal angepaßte Lösung bekommt. Den Grundgedanken der „Führungsorientierung" halten wir für fragwürdig, da er die Aufgaben im Gesamtsystem einer kleinen Menge von Aufgaben an der Spitze der Hierarchie unterwirft.

Darüber hinaus begegnen wir in der Praxis oft der Forderung, mögliche Inkonsistenzen in UIS durch einheitliche Hardware- und Softwarekomponenten

Insellösungen

zu vermeiden (MAYE92a). Auch dies halten wir nicht für eine Lösung, da unberücksichtigt bleibt, daß es für spezifische Aufgaben in der Regel viel sinnvoller ist, andere als eine zentral vorgeschriebene Software/Hardware zu verwenden. Vielmehr ist anzustreben, daß Systeme entwickelt werden, die hinsichtlich der Nutzung lokaler Daten den Charakter von Insellösungen haben, für bestimmte Aufgaben aber in der Lage sind, Umweltdaten aus anderen Teilsystemen zu integrieren und ihre Daten für andere Teilsysteme verfügbar zu machen.

13.2 Warum sind integrationsfähige Lösungen nötig?

Bei der Entwicklung von Softwarelösungen im Umweltbereich treten eine Reihe von besonderen Problemen auf, die man in dieser Art und Ausprägung zumeist bei anderen Anwendungsentwicklungen nicht findet. Die wesentlichen Faktoren sind dabei die folgenden:
- das enorm breite Spektrum von betroffenen Gebieten,
- die zahlreichen Abhängigkeiten zwischen diesen Gebieten (fast jede Anwendung bringt Daten aus sehr vielen Gebieten miteinander in Verbindung),
- die dynamische Entwicklung des gesamten Systems (die einzelnen Gebiete weiten sich aus oder ändern sich, es kommen ständig neue Gebiete hinzu).

Probleme monolithischer Systeme

Die Entwicklung als ein monolithisches Gesamtsystem ist von vorne herein zum Scheitern verurteilt, denn
- Teillösungen können nicht kurzfristig verfügbar gemacht werden;
- die Belange der Anwender von Teilsystemen lassen sich nicht optimal berücksichtigen;
- die Komplexität ist nicht mehr überschaubar;
- die dynamisch auftretenden inhaltlichen Änderungen „überholen" die Entwicklung des Gesamtsystems.

Aus diesem Grund kann nur ein Vorgehen zum Ziel führen, das
- die relativ unabhängige Entwicklung von Teillösungen gemäß den Anforderungen der Anwender dieses Teilsystems,
- die Integration derart entwickelter Teillösungen in ein Gesamtsystem zur Nutzung durch Anwender anderer Teilsysteme und
- die Anpassung der Teilsysteme an die sich ständig ändernden Anforderungen erlaubt.

13.3 Datenintegration

Eine wesentliche Grundfunktionalität eines solchen verteilten Systems besteht darin, für die Lösung bestimmter Probleme Daten aus unterschiedlichen Systemen in sinnvoller Weise zu verknüpfen. Diese Verknüpfung, im Gegensatz zur reinen Transportmöglichkeit, bezeichnen wir als Datenintegration.

13.3.1 Was ist an Datenintegration so schwierig?

Die potentiellen Schwierigkeiten bei der Integration von Umweltdaten hängen entscheidend davon ab, welche Anforderungen von seiten der Nutzer hinsichtlich der Integration gestellt werden. Diese Anforderungen hängen zusätzlich noch von der persönlichen Qualifikation der Nutzer ab, sowohl in DV-technischer Hinsicht als auch hinsichtlich der inhaltlichen Problemstellungen. In der Praxis gibt es natürlich viele Benutzer, die geringen oder gar keinen Integrationsbedarf haben. Es sind dies typischerweise die Benutzer von Teilsystemen – häufig Insellösungen –, die mit der Verwaltung und Weiterverarbeitung von Daten ihres Teilsystems beschäftigt sind. Gerade im Umweltbereich gibt es aber auch – wie schon angeführt – viele Problemstellungen, bei denen Daten von verschiedenen Stellen (Teilsystemen) benötigt werden (s.a. GÜTT92). Hier gibt es deutliche graduelle Unterschiede, wie die folgenden Beispiele zeigen:

Beispiel 1: Meßdatenauswertung

Hierbei geht es um Auswertung und Aggregation von Meßdaten von verschiedenen Stellen: In diesem Fall handelt es sich immerhin bei allen zu transportierenden Daten um Meßdaten, also haben zumindest Datenlieferant und -konsument gleiche oder ähnliche Objektsicht. Wir werden sehen, daß auch hierbei trotzdem erhebliche Schwierigkeiten auftauchen können.

Beispiel 2: Genehmigungsverfahren

In diesem Fall geht es z.B. um die Baugenehmigung einer Industrieanlage bzw. die Umweltverträglichkeitsprüfung (s.a. Kap. 14): Hier werden Daten aus Systemen benötigt, die völlig unterschiedliche Themenkreise behandeln wie etwa Luftreinhaltung, Gewässerschutz/Wasserwirtschaft, Baubehörde und Gewerbeaufsicht.

Beispiel 3: Kanalkataster

Im Kanalkataster werden Daten unterschiedlichen Charakters (Grafikdaten, Sachdaten) aus unterschiedlichen Systemen zusammengeführt. Die Objekte des Systems aus Sicht des Anwenders setzen sich zusammen aus den verschiedenen Sachdaten, verbunden mit ihrer geografischen Ausprägung.

Man kann natürlich unter „Integration" verstehen, daß ein *sehr qualifizierter* Benutzer die Möglichkeit haben will, sich bei der Bearbeitung „seiner" Probleme mit „seinen" Objekten zur Bildung „seiner" Objektdaten Basisdaten von verschiedenen anderen Stellen zu besorgen, diese für seine Bedürfnisse zusammenzustellen und zu verwerten. Qualifiziert bedeutet: Er muß wissen

Unrealistische Qualifikationsanforderungen

- wo die Basisdaten liegen,
- in welcher Form, Aggregation, Qualität, Gültigkeit usw.,
- wie sie zur Bildung seiner Objektsicht zusammengebaut werden müssen,
- wie sie im „entfernten" System DV-technisch untergebracht sind und wie sie zu selektieren sind,
- welche Kommunikationsmöglichkeiten zum entfernten System für den Transport der Daten bestehen,

... und einiges mehr. Eine solche Qualifikation seitens der Nutzer wird in der Praxis üblicherweise nicht vorhanden sein. Ein System, welches die Integration von Daten unterstützt, muß also von den aufgeführten Punkten so viel wie möglich automatisieren bzw. unterstützen. Im folgenden wird versucht, die Einzelprobleme zu strukturieren.

(1) Syntaktische Heterogenität

Man versteht hierunter, daß bei den verschiedenen Stellen, die miteinander Daten austauschen müssen, Systeme verwendet werden, die sich unterscheiden in

- Hardware/Betriebssystem, evtl. lokales Netzwerk,
- Kommunikationssoftware,
- Datenhaltungssoftware, Datenbank,
- User-Interface-Software.

Wie schwierig der Umgang mit der syntaktischen Heterogenität ist, läßt sich ermessen, wenn man sich klar macht, daß von seiten der zugrundeliegenden Basissoftware erst seit kurzem Systeme zur Verfügung stehen, die im *völlig homogenen* Fall Lösungen anbieten etwa für die netzweite, netztransparente Aggregation von Daten unter Verwendung einer standardisierten Benutzerschnittstelle (z.B. SQL-Abfragen). Noch nicht einmal wirklich unterstützt wird das scheinbar einfache Problem, daß in einem ansonsten homogenen Netz *unterschiedliche* Datenbanken verknüpft sind, die aber immerhin alle relationale „SQL-Datenbanken" sind, also einem De-facto-Standard genügen.

Da bei den typischen Anwendern z.B. in Behörden in DV-technischer Hinsicht nicht von einer hohen Qualifikation ausgegangen werden kann, müßte ein wirklich integriertes System die gesamte syntaktische Heterogenität vor dem Benutzer verbergen. Ein hierfür untauglicher Weg ist nach unserer Auffassung der Versuch, durch organisatorische Maßnahmen für eine *völlige* Homogenität zu sorgen. Dies hat mehrere schwerwiegende Mängel. Zum einen wird eine Integration von verschiedenen schon existierenden Insellösungen mit ihrer bestehenden syntaktischen Heterogenität verhindert, zum anderen bedeutet es für Neuentwicklungen, daß nicht die Systemwahl dem Problem angepaßt wird, sondern das Problem der Systemwahl. Wenn man natürlich hinsichtlich der Funktionalität und Effizienz eine Auswahl von gleichwertigen Systemen hat, wird man versuchen, soviel Homogenität wie möglich durchzusetzen.

Eine wirkliche Lösung stellt nur ein offenes verteiltes System dar, das den Teilsystemen syntaktische Heterogenität erlaubt und somit auch die nachträgliche Integration von Insellösungen gestattet. Zur Überwindung der Heterogenität müssen dann übergeordnete Schichten entwickelt werden. Entsprechende Metainformation (siehe unten) muß unter anderem für diese Schichten alle notwendigen Angaben über die Teilsysteme verfügbar machen (GÜTT93).

(2) Semantische Heterogenität

Trotz der eben beschriebenen Probleme stellt nach unserer Ansicht die semantische Heterogenität die größere Hürde dar. Allgemein versteht man darunter die unterschiedliche Auffassung der Bedeutung von Daten. Wir wollen dies im folgenden an einigen Beispielen erläutern.

Das erste Problem liegt in der unterschiedlichen Auffassung über ein Einzeldatum an sich. Durch parallel sich entwickelnde Projekte entstehen unterschiedliche Terminologien und Begrifflichkeiten, welche die Integration erschweren, insbesondere dadurch, daß sich verschiedene Terminologien wieder in syntaktischer Heterogenität niederschlagen: Unterschiedliche Systeme benennen die gleichen Objekte unterschiedlich. *Unterschiedliche Technologien*

Selbst wenn sich Namensgleichheit herstellen läßt, ist noch lange nicht gesagt, daß zwei Systeme unter „SO_2" semantisch den gleichen Objekttyp verstehen. Hier wirkt sich für die Integration besonders schädlich aus, daß die heute gängige Praxis so aussieht, daß man zwar Daten speichert, die Randbedingungen der Entstehung der Daten aber in den Köpfen der Personen beläßt. Das bedeutet, daß in der Regel Informationssysteme über die Semantik ihrer eigenen Inhalte keine Auskunft geben können.

Das zweite gravierende Problem stellen die unterschiedlichen Objektsichten der verschiedenen Benutzer dar. Hiermit ist gemeint, daß zum einen verschiedene Benutzer evtl. verschiedene Sichten des gleichen Objekts haben können (Beispiel 4), aber zum anderen auch, daß verschiedene Nutzer die Einzeldaten zu verschiedenen Objekten zusammenfassen (Beispiel 5). *Unterschiedliche Objektsichten*

Beispiel 4: Altlastenkataster, Baugenehmigung

Man betrachte die unterschiedliche Sicht einer Altlast für den Bearbeiter des Altlastenkatasters und den Bearbeiter von Baugenehmigungen. Es ist offensichtlich, daß letzterer in der Regel Daten auf deutlich höherem Aggregationsniveau benötigt, viele Detaildaten des Katasters für ihn sogar völlig unerheblich sind.

Beispiel 5: Biotope, Analysedaten

Ein Sachbearbeiter in der Umweltbehörde beschäftigt sich mit dem Objekt „Biotop". Zu den Objektdaten gehört neben anderem eventuell die Wasserqualität. Sie wird als Aggregat gebildet aus Analysedaten. Ein Labormitarbeiter der Analyseanstalt arbeitet mit dem Objekt „Wasserprobe". Zu dessen Objektdaten gehören neben vielen anderen dieselben Analysedaten wie oben. Es gehören also die gleichen Daten zu verschiedenen Objekten. Jeder Benutzer kann mit der Objektsicht des anderen „nichts anfangen".

Des weiteren muß man zur semantischen Heterogenität alle Probleme zählen, die mit dem Zusammenführen, Vergleichen und Aggregieren schon auf der Ebene des Einzeldatums zusammenhängen. Es gibt z.B. bei Meßnetzen Unterschiede bezüglich

- Maßeinheiten,
- Meßverfahren,
- Gültigkeitsstufen (kontrolliert, nicht kontrolliert),
- Qualität (wie sicher ist der Meßwert?),
- Grenzwerten.

Ein weiteres in der Praxis vorkommendes Beispiel sind unterschiedliche Ortsangaben bei Vergleich bzw. Aggregation hinsichtlich räumlicher Kriterien. Hier findet man verschiedene Koordinatensysteme, Ortsangaben in Form von Adressen und eventuell sogar Ortsangaben in Form von Beschreibungen.

Im Gegensatz zur syntaktischen Heterogenität sind für die Fragestellungen der semantischen Heterogenität Lösungen noch nicht einmal in Sicht

(3) Strukturelle Heterogenität

Ein weiteres Problem stellt sich häufig, wenn verschiedene Stellen für gleiche Objekte unterschiedliche Datenmodelle verwenden. Dies beinhaltet natürlich eine semantische Heterogenität, hat aber auch eine gewisse syntaktische Heterogenität zur Folge. Die verschiedenen Formen der Heterogenität sind also nicht unabhängig voneinander. Hierzu folgendes Beispiel:

Beispiel 6: Meßnetz

Die typische Struktur, von der in der Praxis beim Aufbau eines Meßnetzes ausgegangen werden kann, ist die Hierarchie (Zentrale, Meßstation, Meßkomponente; siehe Abb.13-1). Nun hat es sich beim Betrieb von Meßnetzen im Lauf der Jahre ergeben, daß ein Schadstoff in einer Station mehrfach gemessen wird, z.B. um neue Meßverfahren zu testen. Um die vorhandenen Datenbankstrukturen nicht ändern zu müssen, wurden in der Praxis folgende Lösungen gewählt:

- manche Betreiber richteten sogenannte Pseudokomponenten ein;
- manche Betreiber richteten sogenannte Pseudostationen ein;

Beim ersten Fall wird also ein Objekt an der Stelle (1) in Abb. 13-1 eingerichtet, beim zweiten Fall an der Stelle (2).

Die dritte praktisch verwendete Möglichkeit liegt in der Erweiterung der Datenbank um eine zusätzliche Hierarchiestufe, die sogenannten Subzahlen, was zu der Definition eines Objektes an der Stelle (3) führt. (Das Beispiel stammt aus dem in Abschnitt 13.5 beschriebenen Projekt.)

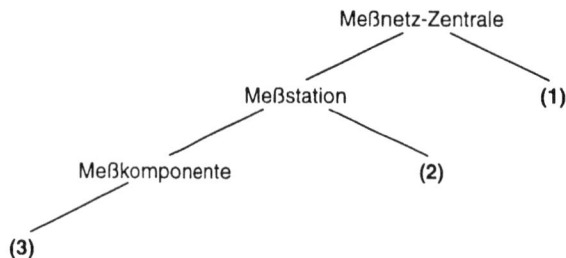

Abb. 13-1: Einfügen von Pseudostationen (1), Pseudokomponenten (2) oder Subzahlen (3) in die hierarchischen Struktur eines Meßnetzes.

(4) Dynamik

Als „Krönung" der Komplexität – ohne daß dies unrealistisch wäre – kann man noch hinzufügen, daß sich die Sichtweise der Einzeldaten und insbesondere der Objekte dynamisch ändern kann. Was dies für Vergleiche und Aggregationen mit zeitlicher Orientierung (Historie) bedeutet, kann man sich leicht ausmalen.

Gerade ein verteiltes System, wie wir es anstreben, ist einer besonderen Änderungsdynamik unterworfen. Es ist ja ein Ziel dieser Architektur, daß in den voneinander unabhängigen Teilsystemen zu unterschiedlichen Zeitpunkten die von den lokalen Anwendern für notwendig befundenen Modifikationen durchgeführt werden können. Diese Modifikationen sind natürlich nicht ohne Auswirkungen hinsichtlich der Anwendungen, die die betroffenen Daten mit anderen integrieren.

Schon auf dem Niveau des Einzeldatums hat eine Modifikation, die die Qualität des Datums verändert, Auswirkungen auf integrierende Anwendungen. So ist es z.B. sehr wahrscheinlich, daß die Einführung einer neuen Meßmethode aufgrund eines neuen Gerätes nicht gleichzeitig in allen Knoten eines Meßnetzes erfolgen wird. Es muß sichergestellt sein, daß die mit der neuen Methode verbundene geänderte Qualität des Meßdatums sich in der Metainformation niederschlägt und deshalb von der integrierenden Anwendung berücksichtigt werden kann.

Um so gravierender ist das Problem natürlich, wenn die Dynamik eine Modifikation der Datenstruktur zur Folge hat.

13.3.2 Fazit

Um die Aufgaben im Umweltschutz DV-technisch zu unterstützen, werden integrierende verteilte Systeme benötigt, welche in der Lage sein müssen,

- räumlich verteilte Daten
- verschiedenster Aggregationsstufen
- mit zugehörigen Grafikdaten
- für verschiedene Anwender

zu kombinieren.

Hierbei müssen ausreichende Performanz, Konsistenz und Anpaßbarkeit an die Arbeitsabläufe bei jedem Nutzer sichergestellt sein. Erschwert wird dies noch durch die Anforderung, daß sich die Teilsysteme selbst, Kombinations- und Aggregationsvorschriften, räumliche Verteilung und Arbeitsabläufe dynamisch ändern können.

Um dieses Ziel zu erreichen, halten wir ein Festhalten an den bisher meist zugrundeliegenden „klassischen" Konzepten für wenig geeignet. Die Alternative zu den klassischen Konzepten basiert auf einfachen Grundgedanken:

- Teilsysteme werden prinzipiell nur nach den Gesichtspunkten der Anwender vor Ort entwickelt und nicht nach den Gesichtspunkten übergeordneter Stellen (nur dann werden diese Systeme auch genutzt, nur dann wird valide Umweltinformation auch für übergeordnete Gesichtspunkte auf breiter Basis verfügbar);

271

• die Teilsysteme dürfen auf beliebiger Hard- und Software aufgebaut sein, angepaßt an die Aufgaben vor Ort;
• die Teilsysteme werden in ein Metainformationssystem eingebettet, welches die einzelnen Datenpools (vielleicht später auch einmal Methodenpools) im Gesamtsystem *online* verfügbar macht.

Ausgehend von den ersten beiden Erkenntnissen ist der Gegenstand der folgenden Überlegungen das verteilte Metainformationssystem. Der grundlegende Unterschied einer solchen Konzeption zu klassischen Ansätzen besteht in unserem Vorschlag, bewußt mit inhomogenen Teilsystemen zu leben. Nur so können große Systeme wie die geplanten UIS überhaupt für den einzelnen vor Ort so flexibel gehalten werden, daß sie die Arbeit nicht behindern, sondern im Gegenteil neue Möglichkeiten bei der Berücksichtigung von Umweltgefährdungen bieten.

13.4 Integration und Metainformation

Typen von Metainformation

Jede denkbare Integrationslösung benötigt Information, welche den Inhalt der integrierten Systeme beschreibt. Solche Information wird Metainformation genannt. Eine Integrationslösung ohne Metainformation ist nicht denkbar, da in einem integrierten System Benutzer Daten und Methoden anderer Institutionen nutzen können und sie dies nur dann sinnvoll tun können, wenn sie über die Randbedingungen der Fremddaten voll informiert sind. Im folgenden geben wir eine Strukturierung von Metainformation an:
• syntaktische Metainformation,
• semantische Metainformation,
• strukturelle Metainformation,
• navigatorische Metainformation.

Die einzelnen Typen werden in den folgenden Abschnitten kurz beschrieben. Sie hängen eng zusammen mit den verschiedenen Typen von Heterogenität (s. Abschnitt 13.3.1).

13.4.1 Syntaktische Metainformation
Hierunter verstehen wir jene Metainformation, die dazu dient, den Zugriff auf den Katalog und (als Fernziel) auch auf die Daten selbst zu gewährleisten. Hierunter kann man sich z.B. Definitionen von Datentypen, Zugriffsmethoden und ähnliches vorstellen. Dieser Typ von Metainformation ist für den Benutzer in der Regel vollkommen unwichtig, sofern er nicht selbst den Datenaustausch durchführen muß.

13.4.2 Semantische Metainformation
Unter semantischer Metainformation verstehen wir Information, die der inhaltlichen Beschreibung von Datenbeständen dient. Dies ist also genau die

Metainformation, für die sich ein Benutzer interessiert, um feststellen zu können, ob bestimmte Informationen für ihn brauchbar sein können.

13.4.3 Strukturelle Metainformation

Unter struktureller Metainformation soll Information über Objektbegriffe verstanden werden. Sie beschreibt also, wie Objekte (Proben, Einzel-Meßwerte, Anlagen, Stoffe usw.) von ihrer Struktur her aufgebaut sind (Baumstruktur, Liste, Menge, Tabelle usw.). Strukturelle Metainformation beschreibt also Aggregate.

Strukturelle Metainformation besitzt sowohl semantische als auch syntaktische Anteile, denn einerseits ergibt sich die Struktur aus den Inhalten (den Objektbegriffen der Datenbesitzer, z.B. „Meine Objekte sind Anlagen"), andererseits wirkt sich dies in zusammengesetzten Datentypen syntaktisch (also in der Speicherung) aus.

13.4.4 Navigatorische Metainformation

In jedem Softwaresystem hat der Benutzer die Möglichkeit, sich durch Interaktionen an bestimmte Stellen der Programme oder Daten zu begeben, an denen er eine bestimmte Funktionalität nutzen kann. Diese „Wege" durch die Software kann man sich wie die Bewegung in einer Stadt vorstellen. (Es gibt softwareergonomische Konzepte, die auf solchen räumlichen Modeln aufbauen.) Die Bewegung durch die Software wird als *Navigation* bezeichnet. Ein gutes Design der Navigation in komplexen Anwendungen ist eine ausgesprochen aufwendige und schwierige Angelegenheit.
Es können hier die unterschiedlichsten Paradigmen vorkommen, von hierarchischen Wegen (übliche Maskensysteme, Menüsysteme) über netzförmige Verbindungen (Hypertext) bis hin zu geographischer Navigation (geographische Informationssysteme, vgl. auch Kap. 7). Auch ein Umweltdatenkatalog (UDK) benötigt ein Navigationskonzept, und die Anforderungen an die navigatorischen Hilfsmittel sind hier besonders hoch.

Unter navigatorischer Metainformation soll somit Information verstanden werden, die eine „Wegweiserfunktion" bei der Suche in größeren Datenbeständen übernimmt. Hierzu gehört beipielsweise die Aussage, daß sich die in einem Bundesland vorliegenden Meßwerte über Schadstoffe sich in Meßwerte zu Boden, Wasser, Luft usw. gliedern und daß die zur Luftgüte vorhandenen Meßwerte weiter in Emissions- und Immisionsmessungen unterteilt sind.

13.4.5 Datenkataloge als Metainformationssysteme

Ein Umweltdatenkatalog (UDK) ist ein Metainformationssystem für Umweltdaten, also ein Informationssystem, welches Informationen über das Vorhandensein und den Zugang zu anderen Informationen bzw. Daten speichert. Es hat sich in den letzten Jahren gezeigt, daß ein solches Instrumentarium für den Umweltschutz dringend vonnöten ist, da in vielen Fällen heute kaum mehr beantwortet werden kann, wer welche Datenbestände erhebt. Ein Umweltdatenkatalog dient somit folgenden Zwecken:

Umweltdaten-kataloge

(1) Information über Datenbestände und Informationsquellen
- zur Gewinnung eines Überblicks über vorhandene Informationen,
- zur Vermeidung von Mehrfacherhebungen,
- zur Abstimmung von Aktivitäten verschiedener Institutionen,
- zur Feststellung von Handlungsbedarf bei fehlender Information.

Im Rahmen dieser Funktionen ist der UDK ein Instrument für die Informationsbereitstellung und für die strategische Planung der Informationsgewinnung. Er verfolgt hier v.a. eine übergreifende Sichtweise (z.B. über ein Bundesland).

(2) Längerfristige Sicherstellung der Verwendbarkeit von Daten

Dies geschieht durch eine ausreichende, korrekte Abbildung der Entstehung der Daten in den UDK. Im Rahmen dieser Funktion kann ein UDK in der Hauptsache dazu dienen, innerbehördlich (z.B. in einer Landesanstalt für Umwelt) vorhandene Datenbestände zu ordnen und Beziehungen zwischen Datenbeständen transparent zu machen. Darüber hinaus unterstützt diese Funktion auch die Nutzung eigener Daten durch fremde Stellen, da die Entstehung der Daten korrekt dokumentiert wird. In diesem Zusammenhang wird ein UDK auch mit vorhandenen Fachinformationssystemen gekoppelt werden müssen, um deren Metainformation mit zu verwenden.

(3) Standardisierung von Daten

Die Beschreibung von Daten in elektronischer Form setzt die Definition von Syntax und Semantik der Daten voraus. Ist diese Definition im Rahmen der Aufnahme von Objekten in den UDK erfolgt, so kann diese Beschreibung als Normung für die Daten angesehen werden.

(4) Grundlage für den Datenaustausch

Für den Fall, daß ein UDK auch Information über die DV-technischen Mechanismen mit ihm gekoppelter Informationssysteme enthält, kann die vorhandene Metainformation als Grundlage für einen Datenaustausch zwischen Systemen dienen. Allerdings ist die Informationstechnik noch weit von solchen Möglichkeiten entfernt, und es dürfte noch einige Jahre dauern, bis man dies für die Praxis in Erwägung ziehen kann.

Defizite in der Praxis

Aufgrund langjähriger Erfahrungen aus Projekten, Tagungen und Workshops kann behauptet werden, daß keine der genannten Forderungen heute irgendwo auch nur ansatzweise in die Praxis umgesetzt ist. Es ist eher so, daß *niemand einen Überblick über Informationsbestände besitzt,* daß *bislang nirgends Vorkehrungen für die längerfristige Sicherstellung der Verwendbarkeit von Daten getroffen sind* (kein uns bekanntes Informationssystem im Umweltschutz verwendet explizit Metainformation zur Beschreibung der eigenen Inhalte), daß *keine Maßnahmen zur Vereinheitlichung von Daten und deren zugehöriger Datenbeschreibungen betrachtet werden* und daß das Problem des *Datenaustausches kaum gelöst ist.*

In den Behörden, die umweltrelevante Information erheben und benutzen, befinden wir uns meist an folgendem Punkt: Aufgrund der Vielzahl der Aufgaben und der damit verbundenen Information, aufgrund der Komplexität der Fragestellungen und der schnellen Änderung der Aufgaben, werden heute sehr viele unterschiedliche Informationsbestände mit erheblichem finanziellen Aufwand erhoben, ohne daß bis heute Vorsorge für deren langfristige und breite Verwendung getroffen wird.

Der langfristigen Sicherstellung von Information und der Gewinnung eines Überblicks über vorhandene Information ist *dringend* und *bald* erheblich mehr Augenmerk zu widmen, denn es steht zu befürchten, daß – falls die derzeit verbreitete Vorgehensweise noch einige Jahre anhält – in vielen Bereichen investiert werden muß, um teure, aber inzwischen unbrauchbare Daten zu beseitigen. Es sind inzwischen genügend Beispiele von Datenfriedhöfen bekannt. Um eine Änderung dieser Entwicklung herbeizuführen, muß die Bedeutung von Metainformation den beteiligten Gruppen nahegebracht werden.

13.4.6 Anforderungen an Umweltdatenkataloge

Die Entwicklung von Umweltdatenkatalogen steht noch an ihrem Anfang, und es sind bisher nur wenige relevante Projekte zu dieser Thematik bekannt (vgl. z.B. SCHÜ93b). Andererseits besteht erheblicher Forschungs- und Entwicklungsbedarf bezüglich grundlegender Fragestellungen beim Aufbau eines UDK. Wir wollen an dieser Stelle einige Anforderungen an einen UDK zusammenstellen, die detaillierter in DENZ93c beschrieben sind:

• Die Datenbeschreibung (Metadaten) zu Objekten in einem UDK muß objektspezifisch aufgebaut werden.

• Es muß möglich sein, im UDK Objekttypen zu verfeinern, also Aggregate abzubilden, damit der Aufwand für die Pflege der Metadaten auf ein Minimum beschränkt bleibt, und die Darstellung der Objekte im UDK der Wirklichkeit entspricht.

• Die Auflösung des UDK muß sinnvollerweise über Objektklassen hinausgehen und die einzelnen Objekte beschreiben.

• Der UDK ist nur dann benutzergerecht, wenn eine Verknüpfung zu bestehenden Fachinformationssystemen hergestellt wird, welche möglichst weitgehend einen automatischen Abgleich der Metadaten gewährleistet.

• Langfristig gesehen muß ein UDK als verteiltes System aufgebaut werden, bei dem der Abgleich von Metadaten lokal mit den vorhandenen Informationssystemen geschieht.

• Vorhandene, in Entwicklung befindliche und geplante Fachinformationssysteme sollten grundsätzlich Metainformation aufnehmen.

• Bevor überhaupt Metadaten in einen UDK aufgenommen werden können, müssen für jeden aufzunehmenden Objekttyp sowohl die Datenbeschreibung als auch deren Terminologie genormt werden.

• Die inhaltliche Struktur eines Katalogs muß sich an einzelne Organisationseinheiten anpassen können.

Aus informationstechnischer Sicht ergibt sich hieraus ein objektorientiertes, verteiltes, lose gekoppeltes System, welches mit Inselsystemen zusammenarbeiten muß und einer größtenteils dezentralisierten Wartung unterliegt.

Wie ein solches System einmal aussehen kann, ist derzeit noch Spekulation. Wir sind aber davon überzeugt, daß wir diese Lösungen brauchen, um teuer erhobene Datenbestände nutzbar zu machen und deren Validität längerfristig sicherzustellen.

13.5 Theorie und Praxis der Integration

In diesem Abschnitt wollen wir aufzeigen, wie man unter Hinzuziehung grundlegender Integrationsmodelle praxisreife Lösungen entwickeln und andererseits nur durch praktische Teillösungen die Modellvorstellungen weiterentwickeln kann.

13.5.1 Architektur eines offenen Umweltinformationssystems

Abbildung 13-2 zeigt ein 1991 eingeführtes Integrationsmodell für lose gekoppelte Systeme (DENZ91a), welche miteinander kooperieren sollen. Die grundsätzliche Aufgabe des Metainformationssystems ist die Verknüpfung einzelner Inseln miteinander, d.h. die Überführung lokal unterschiedlicher Semantiken, Syntaktiken und Strukturen (lokale Konventionen) ineinander. Zu diesem Zweck müssen Vereinbarungen und Normen über Semantik, Syntax und Struktur getroffen werden (globale Konventionen), welche die Grundlage der sinnvollen Kommunikation darstellen.

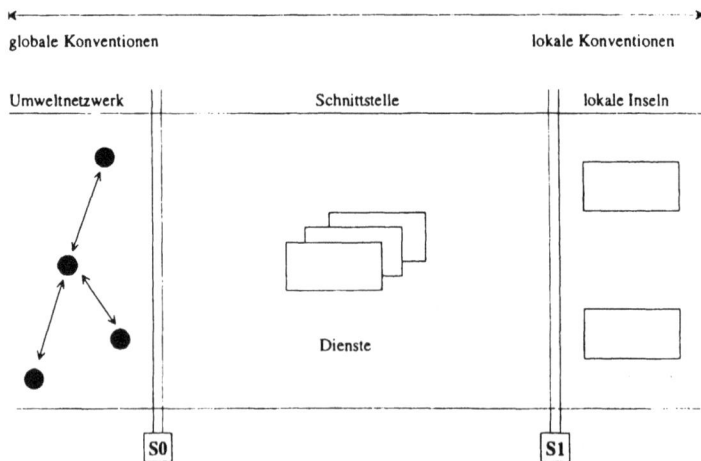

Abb. 13-2: Integrationsmodell für offene UIS

Zum Zweck der Integration sind eine Reihe von *Diensten* zu entwickeln (Katalogserver, Katalogvisualisierung, Datenserver, Datenprozessor usw.), welche über zwei Schnittstellen die Integration herstellen. Die Schnittstelle S1 beschreibt die Verknüpfung des Metainformationssystems mit den lokalen Inseln, die Schnittstelle S0 hingegen definiert die Gesamtheit der gültigen, austauschbaren Metadaten und Daten. S0 wird *Umweltdatenprotokoll* (UDP) genannt.

Umweltdaten-protokoll

Das oben beschriebene Modell dient als Leitfaden für langfristige Integrationskonzepte verteilter UIS. Im nächsten Abschnitt wollen wir aufzeigen, wie anhand einiger relativ einfacher Grundgedanken aus diesem Modell eine praktische Umsetzung abgeleitet wird.

13.5.2 Ozondatenverbund Österreich als praktisches Beispiel für die Integration von Umweltdaten

Aufgrund des Ozongesetzes von 1992 sind die bestehenden 10 lufthygienischen Meßnetze Österreichs miteinander zu verknüpfen, um einen Bundesländer-übergreifenden Ozonalarm zu gewährleisten. Die in Hoheit der Bundesländer historisch gewachsenen Systeme verwenden Hardware vom PC bis hin zum Großrechner, verschiedenste Betriebssysteme, Datenbanken und Datenmodelle für die Speicherung der Luftgütedaten (DENZ93b).

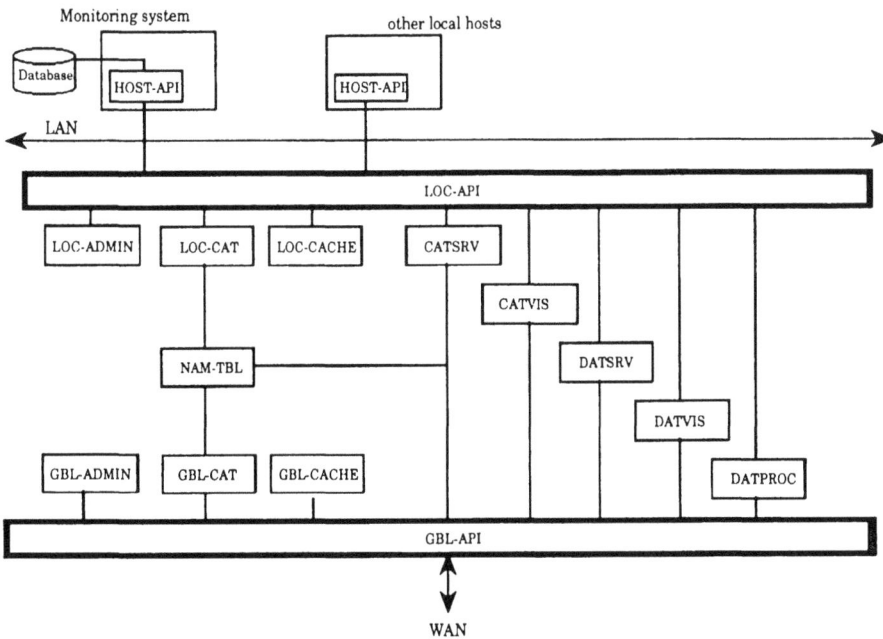

Abb. 13-3: Ozondatenverbund Österreich

Die in DENZ92a vorgeschlagene Basis-Architektur wurde 1993 in ähnlicher Form vom Österreichischen Forschungszentrum Seibersdorf umgesetzt. Aus diesem System stammende Ergebnisse sind in den Farbtafeln 9 und 10 (s. S. 183f.) wiedergegeben und in Kapitel 9 unter Visualisierungsapekten erläutert (s. S. 186f.). Vor jeder Meßnetzzentrale wird ein Kommunikations-Server installiert, welcher die in Abbildung 13-3 dargestellte Software-Architektur besitzt. Die am Schnittstellenpaar (LOC-API – HOST-API) angeschlossenen Meßnetz-Zentralen tauschen sowohl Daten als auch – soweit vorhanden – Metadaten mit den Servern aus. Die an dieser Schnittstelle ausgetauschten Informationen werden am Server in die vereinbarte globale Terminologie umgesetzt. Die Metadaten liegen in einem Katalog, der sich aus dem lokalen Teil (LOC-CAT) und einem globalen Teil (GBL-CAT) zusammensetzt.

Die Umsetzung von lokaler in globale Konvention erfolgt über Umsetzungstabellen (NAM-TBL). Für den Katalog existiert ein Service (CATSRV) sowie eine Darstellungskomponente (CATVIS) in Form einer dynamischen Landkarte Österreichs. Über die Schnittstelle GBL-API, eine DATEX-P-Verbindung, arbeiten alle Server gemeinsam am Betrieb des Verbundes. Für die Bereitstellung der Meßdaten existiert, analog zu den Metadaten, ein Datenservice (DATSRV und DATPROC) sowie eine Datenvisualisierung (DATVIS).

Bestehende Systeme bleiben autark
Grundgedanke bei der Realisierung war, die bestehenden Systeme weitestgehend unangetastet zu lassen. Lokale Änderungen in den Systemen sind nach wie vor möglich und entweder für den Verbund unerheblich oder derart, daß sie in der Schnittstelle Berücksichtigung finden und sich damit automatisch im gesamten Verbund propagieren.

Durch die gewählte Architektur konnte ein flexibles System geschaffen werden, welches auf allen Knoten des Verbundes bis hin zu den existierenden Meßnetzen jedem Beteiligten die volle Funktionsweise bietet. Dies läßt sich unserer Meinung nach kaum mit zentralistischen, sondern nur mit dezentralen, „demokratischen" Konzepten leisten.

13.6 Weiterführende Literatur

Einen aktuellen Überblick über Forschung und Praxis der *Integration von Umweltdaten* geben die Publikationen des gleichnamigen GI-Arbeitskreises. Bisher sind die Tagungsbände DENZ93d und GÜTT95 erschienen.

14 Integrierte Rechnerunterstützung für die Umweltverträglichkeitsprüfung

Angela Schwabl

Mit der industriellen Entwicklung geht eine hochgradige Spezialisierung in allen Fachgebieten einher. Daraus folgt eine unzureichende interdisziplinäre Abstimmung, die wiederum Planungen und Lösungen zur Folge hat, die Wechselwirkungen mit anderen Bereichen vernachlässigen.

Es fehlt ein ganzheitlicher Denkansatz bei komplexer werdenden Problemen. Notwendig ist die Bereitstellung adäquater Informationen zur Unterstützung von „Gesamtplanungen", insbesondere zur Unterstützung des Prototyps ganzheitlicher Umweltplanung, der Umweltverträglichkeitsprüfung (UVP). Solche Informationen in ihrer Gesamtheit wollen wir *integrative* Informationen nennen.

14.1 Integration

Ein „integriertes System" ist in diesem Zusammenhang eine Kombination aus Informationssystem und Entscheidungsunterstützendem System (EUS). Der Begriff „integriert" deutet auf den Vorgang der Bildung eines Ganzen hin, der Begriff „System" beschreibt das Prinzip der Regelung und der Ordnung (KANI64). Durch die Verwendung angemessener konzeptioneller und technischer Hilfsmittel wird eine konsistente Unterstützung des Entscheidungsprozesses angestrebt. Durch die Integration von Teilsystemen wird die Unterstützung verschiedener Aufgabenbereiche und ihr Informationsfluß zu einer Einheit verbunden (ROSE85).

Integration ist erforderlich, weil jedes Teilproblem innerhalb des UVP-Verfahrens einen funktional bestimmten Gebrauch unterschiedlicher Mittel erfordert. Technische Mittel sind v.a. Geographische Informationssysteme (vgl. Kap. 8), Simulationsmodelle (vgl. Kap. 10) und Datenbanken (vgl. Kap. 6).

Die Integration kann von verschiedenen Kristallisationspunkten ausgehen, die wiederum verschiedene Ebenen der Rechnerunterstützung definieren:

- die Benutzungsoberfläche eines integrierten Systems stellt insbesondere die konsistente und, bezüglich der Komplexität, adäquate Benutzung des Systems in den Vordergrund.

- Die Daten- und Informationsverwaltung eines integrierten Systems bezieht sich auf den Anspruch jedes Teilprozesses, angemessenen Zugang zu den problemrelevanten Daten zu haben.

Ausgangspunkte der Integration

- Besonders herausgehobene Systembestandteile, wie sie insbesondere Expertensysteme (vgl. Kap. 11) darstellen, ermöglichen, ähnlich wie eine einheitliche Benutzungsoberfläche, einen konsistenten, jedoch mehr inhaltlichen Zugang zur Rechnerunterstützung (FORD85, JARK88).

14.2 Das Anwendungsgebiet UVP

Umwelt

Der Begriff „Umwelt" wurde 1800 erstmals von dem deutsch-dänischen Dichter Jens Immanuel Baggensen, ab 1816 auch von Goethe verwendet. Die Bedeutung des Begriffs war das „Da-draußen als der Ausschnitt der Welt, mit dem sich ein Subjekt auseinanderzusetzen hat, den es zu gestalten sucht." Der erste Naturforscher Jakob von Uexküll verwendete den Begriff systematisch, um den auf ein Subjekt bezogenen Ausschnitt der Welt zu bezeichnen. Die Ökosystemforschung des 20. Jahrhunderts benutzt dagegen lieber die Begriffe Biotop oder Ökosystem, bei denen kein Subjekt im Mittelpunkt steht, Begriffe, die deshalb weniger subjektiv sind (vgl. STOR88).

Umweltschutz

Eine wesentliche Aufgabe des Umweltplaners ist es, dem Umweltschutz im Rahmen seiner Planungen gleichrangig neben ökonomischen und politischen Gesichtspunkten Gewicht zu geben. Der Begriff Umweltschutz wurde 1969 mit der Einrichtung einer speziellen Abteilung im Bundesministerium des Innern als Übersetzung des amerikanischen „environment protection" eingeführt (STOR88) und umfaßt alle Maßnahmen, die dazu dienen, die natürlichen Lebensgrundlagen für Mensch, Tier und Pflanze zu erhalten, voraussehbare Beeinträchtigungen oder Schäden zu vermeiden und bereits eingetretene Schäden zu beheben. Zum Umweltschutz gehören damit so unterschiedliche Bereiche wie

- Reinhaltung von Luft, Wasser und Boden;
- Abfallverwertung und -beseitigung;
- Lärm- und Strahlenschutz;
- Schonung nicht erneuerbarer Ressourcen;
- Landschaftspflege und Naturschutz.

Umweltpolitik

Die deutsche Bundesregierung definiert die Umweltpolitik als Gesamtheit aller Maßnahmen, die notwendig sind, um

- dem Menschen eine Umwelt zu sichern, wie er sie für seine Gesundheit und für ein menschenwürdiges Dasein braucht,
- Boden, Luft und Wasser, Pflanzen- und Tierwelt vor nachteiligen Wirkungen menschlicher Eingriffe zu schützen und
- Schäden und Nachteile aus menschlichen Eingriffen zu beseitigen (BMI72).

Die Umweltpolitik hat mit erheblichen Durchsetzungsschwierigkeiten zu kämpfen. Ein Grund dafür ist der Querschnittscharakter des Umweltschutzes, der zahlreiche andere, bereits etablierte Politikbereiche berührt (Wirtschaftspolitik, Raumordnungspolitik, Verkehrspolitik usw.). Ein weiterer Grund ist der internationale Aspekt – Umweltprobleme machen im allgemeinen vor Landesgrenzen nicht Halt.

Umweltplanung ist eine weitgehend staatliche Angelegenheit, die sog. „Umweltverwaltung". Hier sind im wesentlichen drei Ebenen zu erkennen: *(Umweltplanung)*
- die Regelungsvorbereitung,
- der Vollzug von Umweltregelungen und
- die Einzelfallentscheidung.

Die Erfassung und die Steuerung von Umwelteinwirkungen des Menschen ist notwendig, um negative Wirkungen zu vermeiden bzw. abzuschwächen. Entscheidungen über umweltrelevante Planungen und Vorhaben sind um so notwendiger und zugleich um so schwieriger, je komplexer und dynamischer die in die Abwägung einzubeziehenden Umweltbedingungen sind.

Zur Sicherung einer hohen Entscheidungsfähigkeit der Umweltplaner ist der Abbau bzw. die Reduzierung von Informationsdefiziten, Datenüberflutung und Methodenanwendungsproblemen notwendig.

Umweltplanung erfordert die Zusammenarbeit verschiedener Wissenschaftsbereiche:
- naturwissenschaftlich orientierter Disziplinen wie der Biologie oder der Bodenkunde,
- ingenieurwissenschaftlich orientierter Disziplinen wie Landschaftsplanung oder Verfahrenstechnik,
- struktur- und methodenorientierter Wissenschaften wie der Informatik und der Mathematik.

Gemäß der Richtlinie der Europäischen Gemeinschaft vom 27.6.1985 über die Umweltverträglichkeitsprüfung bei bestimmten öffentlichen und privaten Maßnahmen (EGR85) hatte die Bundesrepublik Deutschland bis Juli 1988 die Umweltverträglichkeitsprüfung (UVP) in das deutsche Recht zu überführen. Das Gesetz über die Umweltverträglichkeitsprüfung (UVPG) wurde am 20. Februar 1990 verkündet (Gesetz zur Umsetzung der Richtlinie des Rates vom 27. Juni 1985 über die Umweltverträglichkeitsprüfung bei bestimmten öffentlichen und privaten Projekten (85/337/EWG) Artikel 14). *(Umweltverträglichkeitsprüfung (UVP))*

Die Umweltverträglichkeitsprüfung (UVP) ist ein Instrument des vorbeugenden Umweltschutzes: In einem systematischen Verfahren werden positive und negative unmittelbare und mittelbare Folgewirkungen eines Vorhabens auf die Umwelt festgestellt, beschrieben und bewertet. UVPs sind hauptsächlich bei Planungen und Genehmigungen für konkrete Projekte durchzuführen. Darüber hinaus gilt der Gedanke, die Umwelt vorbeugend zu schützen, auch für alle anderen umweltrelevanten anthropogenen Veränderungen (z.B. die Einführung pharmazeutischer Produkte: Produkt-UVP).

Sind (Verwaltungs-)Entscheidungen im allgemeinen fachspezifisch ausgerichtet, so erhält das Ergebnis der UVP die angestrebte Qualität nur durch eine intensive interdisziplinäre Zusammenarbeit der verschiedenen Fachbereiche, d.h. die UVP zeichnet sich durch ihren *integrativen Ansatz* aus. *(Integrativer Ansatz)*

Eine Expertise zur Umweltverträglichkeit ist eine Beurteilung der Umweltfolgen untersuchter Projekte und Projektalternativen. Untersuchten Projekten oder Projektalternativen das undifferenzierte Attribut „umweltverträglich" zuzuordnen, ist *nicht* Sinn und Zweck der UVP. Das Verfahren der UVP hat zum Ziel, die Entscheidung darüber, ob und wie ein geplantes Projekt durchgeführt werden soll, besser und begründeter zu fällen. Eine umfassende, systematische und einigermaßen standardisierte Untersuchung der Auswirkungen eines geplanten Projekts durch Projektträger, Genehmigungsbehörde, weitere beteiligte Behörden und Öffentlichkeit kann zur Transparenz und Nachvollziehbarkeit der Entscheidungen beitragen. Wesentlich ist deshalb auch der Alternativenvergleich innerhalb der UVP. Mit Hilfe der UVP werden alle denkbaren Auswirkungen eines umwelterheblichen Vorhabens auf die Umwelt systematisch und – soweit möglich – umfassend erhoben und bewertet. Der als Ergebnis der UVP erstellte Bericht bietet die Grundlage einer öffentlichen Erörterung des Vorhabens aus der „Sicht" der Umwelt.

Nach STOR88 läßt sich folgendes Ablaufschema für die UVP definieren:

Schritt 1	Bestandsaufnahme; Umwelterheblichkeitsprüfung (Screening); Festlegung des Untersuchungsrahmens (Scoping)
Schritt 2	Prognose der Umweltauswirkungen
Schritt 3	Bewertung der Umweltauswirkungen
Schritt 4	Überprüfung der Maßnahmenplanung
Schritt 5	Auswahl der zu realisierenden Maßnahme; Nachkontrolle

Der Kernbereich einer UVP besteht aus der Umweltverträglichkeitsuntersuchung, die die Schritte 2 bis 4 betrifft. Die Untersuchung oder die Entwicklung von Projekt-Alternativen ist als Entscheidungshilfe insbesondere für eine vergleichende Bewertung der Auswirkungen notwendig.

14.3 Rechnerunterstützung für die UVP

Da Umweltverträglichkeitsprüfungen eine große Variationsbreite aufweisen, ist es notwendig, die unterstützenden EDV-Systeme anpassen zu können. Ermöglicht wird dies durch ein Baukastensystem, das Protosystem UVP, aus dem für verschiedene UVP-Klassen konkrete Systeme konfiguriert werden können (Abb. 14-1).

Die konfigurierten Systeme unterscheiden sich bezüglich der in ihnen enthaltenen Komponenten, nicht jedoch bezüglich ihrer Struktur. Projekttypbezogene Komponenten ermöglichen es, spezifisches Wissen einzubringen. Damit läßt sich ein EUS für die UVP (EUS UVP) für eine individuelle Anwendung bzw. Prüfung konfigurieren.

Die sich daraus ergebende heterogene, problemangepaßte Struktur des Systems ist wohlbegründet. Gegen „Allgemeinheit" spricht, daß die Erfahrungen mit dem „General Problem Solver" (GPS) im Bereich der Künstlichen Intelligenz und allen ähnlichen Konzepten, die von allgemein einsetzbaren Lösungsmustern ausgingen, vernichtend waren. Wenige grundlegende Algorithmen, gekoppelt mit einigen spezifischen Problemkenntnissen, operationalisiert auf schnellen Rechnern, reichen als Lösung nicht aus. Dieser Ansatz wird hier ersetzt durch einen Ansatz, der eine möglichst geringe kognitive Differenz zum Problem ermöglicht (DEWE10). Sowohl bezüglich Struktur als auch bezüglich Inhalt wird eine größtmögliche Problemnähe angestrebt.

Die Starrheit und Inflexibilität, die EUS häufig eigen ist, wird so erheblich reduziert. Die resultierenden Systeme sind problemgenau und akzeptabel.

Notwendige Voraussetzung dafür ist insbesondere eine komfortable Benutzungsschnittstelle und die eigentliche Funktionalität. Um diese zu gewährleisten, sind unterschiedliche Systemkonzepte notwendig. Insbesondere sind dies die Konzepte der Wissensbasierten Systeme, der Simulationssysteme, der Datenbanksysteme, der Geographischen Informationssysteme, der Textverarbeitung, der Reportgeneratoren und der Graphiksysteme.

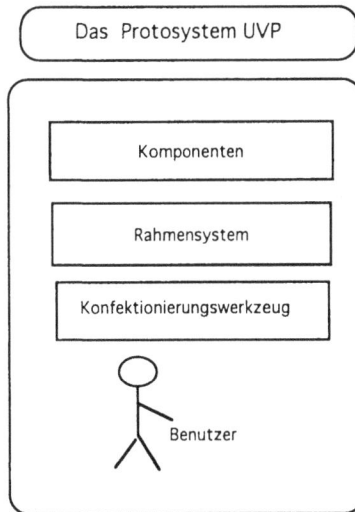

Abb. 14-1: Baukastensystem für die UVP-Unterstützung

Um die im Rahmen einer UVP innerhalb des Gesamtsystems anfallenden Aufgaben zu verteilen, ist zum einen eine diese Verteilung vornehmende Komponente, zum anderen eine Beschreibung der Fähigkeiten der Einzelkomponenten notwendig. Es existieren also zwischen der Benutzungsschnittstelle und

Funktionseinheiten

den Systemkomponenten zwei weitere Komponenten: das Management des Systems, der sog. *Tool Manager,* und die Werkzeugbeschreibungen, die im sog. *Tool Dictionary* verwaltet werden. Zwischen dem Tool Manager und der Benutzungsschnittstelle ist eine weitere Schicht notwendig, die die Benutzungsschnittstelle von Systemkenntnissen und die Schicht des Tool Managers von Anwendungskenntnissen befreit: die Schicht des sog. *Ablauf-Managers.* Um die im Verlauf einer UVP anfallenden Daten über das Projekt bzw. über die Projektalternativen optimal zugreifbar zu halten, ist eine weitere Beschreibung notwendig, die sich dynamisch im Verlauf einer UVP aufbauende sog. *Projektbeschreibung*, die für die betrachteten Alternativen alle Daten und ihre Voraussetzungen, ihren Kontext, notiert. Damit sind alle Komponenten, die im Zusammenhang mit der integrierten Rechnerunterstützung für die Umweltverträglichkeitsprüfung notwendig und hinreichend sind, genannt.

Um mit den vorhandenen Daten und Informationen arbeiten zu können, ohne jeweils Sicherheits- oder Wahrscheinlichkeitsmaße benutzen zu müssen, wird angenommen, das jedes Datum korrekt ist. Eine weitere Voraussetzung, die für die Anwendbarkeit des Konzepts notwendig ist, ist eine bestimmte Art der Standardisierung.

Sicherheit und Richtigkeit der Daten und Informationen

Für jede betrachtete Alternative sind alle verwendeten Daten und Informationen sicher.

Diese Annahme ist grundsätzlich nicht richtig: Sie setzt ein eindeutiges Wertesystem voraus. Sie setzt voraus, daß derjenige, der eine Bewertung der Umweltverträglichkeit vornehmen will, d.h. der die Ziele, die Gewichte und die Transformationsregeln für eine Bewertung festlegt, sichere Präferenzen hat, oder, noch schwieriger, daß eine intersubjektive Wertbasis existiert. Diese Voraussetzung trifft in der Realität nicht zu. Es wird trotzdem von dieser Annahme sicherer Daten und Informationen ausgegangen, da die Entscheidungsunterstützenden Systeme für die UVP die parallele Erarbeitung von Alternativen erlauben, die allesamt von den gleichen Voraussetzungen ausgehen: nämlich Sicherheit und Richtigkeit aller Daten, Informationen und Bewertungen. Durch Kompensation über einen auf diese Weise erweiterten Alternativenvergleich kann mit dieser Voraussetzung gearbeitet werden.

Standardisierung

Das Aufstellen von allgemein gültigen und akzeptierten Vereinbarungen (Standards) dient der Vereinheitlichung.

Die Einführung von Standards muß speziell bezüglich einer Rechnerunterstützung des Verfahrens der UVP nicht bedeuten, daß nur noch ein Verfahren für ein Teilproblem wie etwa die Bewertung eingesetzt werden darf, es kann vielmehr bedeuten, daß jedes mögliche Verfahren einen definierten Ablauf hat und damit nachvollziehbar ist.

Notwendig für eine integrierte Rechnerunterstützung der UVP ist ein modulares Instrumentarium mit einfacher Austauschbarkeit von Funktionseinheiten
- mit derselben Funktionalität,
- mit einer veränderten Funktionalität,
- mit einer neuen Funktionalität.

Die Standardisierung bezieht sich auf die Funktionalität und auf die programmiertechnische Realisierung. Sie ermöglicht es, Entwicklungen unterschiedlicher Hersteller in ein definiertes Rahmensystem zu integrieren. Eine solche Standardisierung schließt unterschiedliche Rechnerklassen und damit -größen ein, um unterschiedlichen Anwenderklassen die Möglichkeit zu geben, sich ein angemessenes System zu konfigurieren. Diese Anwenderklassen definieren sich zum einen über ihre Aufgaben, die den Umfang des Rechnereinsatzes bestimmen, zum anderen über ihre Präferenzen bezüglich des Rechnereinsatzes. Eine definierte minimale Rechnerunterstützung für spezifizierte Aufgaben innerhalb der Umweltverträglichkeitsprüfung kann ausreichen; wenn eine umfangreichere Unterstützung gewünscht wird, darf es keine systembedingten, sondern nur aus der Aufgabe resultierende Einschränkungen geben. (Solche Einschränkungen ergeben sich z.B. aus fehlenden Daten oder Methoden.)

Das Verfahren einer UVP stellt sich als Prototyp einer fachlich heterogenen Anwendung dar, deren Bestandteile, will man eine Rechnerunterstützung dafür konzipieren, der Integration bedürfen. Eine Rechnerunterstützung für die UVP muß benutzerangepaßt sein. Es ist notwendig, sich klarzumachen, daß die Spezifikation der *Struktur* der Daten und Algorithmen (der Syntax) wesentlich weniger wichtig ist als die Definition der *Bedeutung* der möglichen Ein- und Ausgaben (der Semantik). *UVP als heterogene Anwendung*

Sich verändernde Bedürfnisse erfordern ein System, das weiterentwickelbar ist. Ein erster Schritt zur Rechnerunterstützung für die UVP kann in der Datenintegration gesehen werden (dazu s.a. Kap. 13).

Methoden, Werkzeuge und Daten, die in einem solchen System implementiert sind, müssen *transparent* sein, d.h. alle implizit in ihnen enthaltenen Annahmen müssen explizit und für den Benutzer durchschaubar gemacht werden, um sie hinterfragbar zu machen. Der Problembereich erfordert Modelle, die nicht eine Lösung, sondern einen *Lösungsraum* ergeben – Modelle, die in nachvollziehbarer Weise zur Beantwortung von „What-if"-Fragen eingesetzt werden können. *Lösungsraum*

Benutzer mit relativ unstrukturierten Anforderungen sollten partizipativ zusammen mit Informatikern ein ihnen angemessenes Unterstützungssystem entwickeln, erproben und auf Grund der gemachten Erfahrungen ausbauen.

Komplexe Verfahren wie die UVP erfordern in hohem Maße Koordinierung und Planung vieler Teilprozesse; integrierte, rechnerbasierte Lösungen sind notwendig.

14.3.1 Realisierungen

Realisierungen oder Realisierungsansätze zur Rechnerunterstützung für die UVP findet man insbesondere bei den Geographischen Informationssystemen (GIS), die auch Simulationsmodelle integrieren, um umfassendere Unterstützung bieten zu können (ASHD90). Ein sehr interessanter Ansatz zur Rechnerunterstützung für die UVP wird im Zusammenhang mit der EXPO 2000 in Hannover entwickelt: das sog. eXu-Projekt. Hierbei wird ein wissensbasiertes Werkzeug für die im Zusammenhang mit der UVP wesentliche Problematik der Bewertung implementiert. Zusätzlich ist die Integration einer UVP-Verfahrensunterstützung vorgesehen (s. hierzu z.B. HÜBN92a, HÜBN92b).

Diese Realisierungen unterstützen Teilbereiche des Verfahrens der UVP und versuchen, durch Hinzunahme von Funktionalität ihr Spektrum zu erweitern. Die Vorgehensweise ist pragmatisch: Es wird von konkreten System- und Anwenderbedürfnissen ausgehend eine diese Anforderungen befriedigende Lösung realisiert. Integration als zentrales Design-Kriterium steht hierbei naturgemäß nicht im Mittelpunkt.

14.3.2 Design-Kriterium Integration

Ein Ansatz zur Integration von heterogenen Methoden und Werkzeugen in einem System zur Unterstützung des Verfahrens der UVP wird in diesem Abschnitt beschrieben. Das System hat zunächst zwei Randbedingungen zu genügen:

- Es muß speziell genug sein, den Umweltplaner bei einer konkreten UVP zu unterstützen, und
- es muß allgemein genug sein, beliebige UVPs aus dem Definitionsbereich zu unterstützen.

Um dies zu erreichen, ist es erforderlich, sowohl systemspezifisch als auch anwendungsspezifisch Komponenten zu benennen und zu strukturieren, die, zusammengenommen, unterschiedliche UVPs unterstützen und aus denen für eine konkrete UVP ein spezifisches System konfektioniert werden kann.

Eigenschaften eines solchen Systems sind:
- Integration
- Erweiterbarkeit und Konfigurierbarkeit
- Transparenz
- einheitliche Benutzungsschnittstelle
- Benutzungsfreundlichkeit
- Unterstützung von Gruppenarbeit

Integration

Notwendig für die Rechnerunterstützung für die UVP ist eine Integration der Komponenten. Die Integration soll insbesondere über die Sicht des Benutzers definiert werden: Das System ist integriert, wenn die verfügbare Funktionalität voll transparent gleichförmig benutzbar ist und keine Kenntnisse der Implementation erfordert.

Man unterscheidet nach BALZ90 die syntaktische und die semantische Integration:

- *Syntaktische Integration*

„...die Werkzeuge können miteinander kommunizieren. Kommunikation kann über fest vereinbarte Schnittstellen oder Kommunikationsprotokolle erfolgen." (S. 104)

- *Semantische Integration*

„...bedeutet, daß die Hilfsmittel inhaltlich aufeinander bezogen und abgestimmt sind." (S. 107)

Das Protosystem für die UVP bedarf sowohl der syntaktischen als auch der semantischen Integration. Eine syntaktische Integration ist wichtig, weil die Kommunikation, d.h. der Austausch von Daten, zwischen den Komponenten zu wichtigen Synergieeffekten führt. Viele Ergebnisse einer Komponente werden von anderen Komponenten teilweise oder vollständig benötigt. Die Standardisierung einer solchen Kommunikation zwischen allen Werkzeugen ist daher wichtig.

Die weitergehende semantische Integration ermöglicht einen Datenaustausch auf höherer Abstraktionsebene. Die ausgetauschten Daten können auch semantisch interpretiert werden. Ihre Bedeutung ist im System bekannt. Leistungsanforderungen einer Systemkomponente können bezüglich ihrer Erfüllbarkeit und der sie erfüllenden, anderen funktionalen Komponente(n) interpretiert werden. Die funktionalen Komponenten sind inhaltlich aufeinander bezogen (s.a. Kap. 13).

Dynamische Datenhaltung

Der integrierte Einsatz zahlreicher unterschiedlicher Software-Systeme (z.B. GIS, Textverarbeitung, Datenbanksysteme) verlangt eine dynamische Datenhaltung, die abweicht von den üblichen anwendungsgebundenen Daten (Zahlen aus der Tabellenkalkulation, Anlagedaten in der Datenbank, raumbezogene Daten aus dem GIS). Das anwendungsspezifische Dokument, dessen Inhalt von keiner anderen Anwendung auf direkte Weise benutzt werden kann, steht einer Integration im Wege.

Es gibt verschiedene Möglichkeiten zur direkten Verknüpfung von Dateien. Eine mögliche Lösung dieses Problems stellt das OLE (Object Linking and Embedding) der Firma Microsoft dar. OLE ist eine Spezifikation, die die Integration von Informationen verschiedener Applikationen in einem einzigen zusammengesetzten Dokument ermöglicht. *Linking* steht für einen Prozeß, der es einem Dokument ermöglicht, ein anderes Dokument zu referenzieren, welches das referenzierte Dokument auch in Realzeit aktualisieren kann. *Embedding* bezieht sich auf einen Prozeß, der dem Clipboard-Einfügen sehr ähnlich ist; er läßt es zu, daß ein Dokument einer Applikation Informationen enthält, die von einer anderen Applikation erzeugt wurden und in dem dieser zweiten Applikation eigenen Format vorliegen (HELL91).

[Randnotiz: Verwaltung von Daten unterschiedlichen Ursprungs]

Dokumente werden als Informationselemente aufgefaßt, in denen Objekte verschiedenster Herkunft und Produktion eingebunden sind. Referenzen auf unterschiedliche Applikationen lassen sich auf diese Weise verwalten.

Erweiterbarkeit und Konfigurierbarkeit

Da die Aufgaben der Umweltplanung und der Umweltverträglichkeitsprüfung sehr heterogen und divers sind, ist ein einziges System zur Unterstützung nicht hinreichend. Ein alle diese Aufgaben unterstützendes Programmsystem wäre zu umfangreich, um noch effizient benutzbar und wartbar zu sein. Es gibt heute noch keine abschließenden Erfahrungen über eine vollständige Unterstützung der UVP, und es gibt im Anwendungsgebiet Umweltplanung und UVP noch keinen derart konsolidierten Status, daß alle anzuwendenden Methoden und Daten definiert wären. Die Rechnerunterstützung muß deshalb auf den konkreten Anwendungsfall hin konfigurierbar sein (Baukastensystem); das Protosystem, das die Grundlage für die Konfiguration konkreter Systeme bildet, muß erweiterbar sein.

Erweiterbarkeit soll hier so definiert sein, daß neue Komponenten in das Protosystem oder ein konkretes System integriert und alte daraus entfernt werden können, ohne daß Änderungen an der System-Struktur vorgenommen werden müssen.

Diese Form von Erweiterbarkeit bringt einige Vorteile:

- Die Systeme können inkrementell entwickelt werden, d.h. ein System kann zunächst für eine einzige Aufgabenklasse einsetzbar sein, später werden weitere Bausteine für andere Aufgabenklassen hinzugefügt.
- Eine Komponenten-Aggregation ist möglich, d.h. unter Ausnutzung der Integration können aus elementaren Werkzeugen komplexere Werkzeuge erstellt werden. Die Anwendungsreihenfolge wird durch Ausnutzung des Integrationskonzepts definiert.

Die Systeme sollten des weiteren über geeignete Schnittstellenspezifikationen verfügen, um Daten an andere Komponenten weiterzugeben oder um Daten zur Weiterverarbeitung in eine Komponente zu übernehmen. Eine solche Offenheit kann schließlich auch die Einbeziehung von Standardsoftware, z.B. für allgemeine Bürodienste (wie Textverarbeitung), in das System ermöglichen.

Transparenz

Ein spezifisches UVP-System stellt das Modell eines Teils eines Entscheidungsprozesses dar. Die Benutzer sowie diejenigen, die für die Systempflege zuständig sind, sollen eine aus ihrer Perspektive übersichtliche Darstellung des Modells vorfinden. Je nach Perspektive ergeben sich dabei unterschiedliche Anforderungen. Während die Benutzer einen komfortablen Zugang zu den für sie wichtigen Informationen und Anwendungen wünschen, steht für die Systemadministratoren und -entwickler u.a. gut dokumentierter Code in einem zweckentsprechenden Formalismus sowie eine eindeutige und vollständige Beschreibung von Schnittstellen im Vordergrund. Die Forderung nach Transparenz bedeutet dabei einerseits, daß alle relevanten Systemkomponenten in

(Marginalien)
Baukastensystem

Inkrementelle Entwicklung

Komponenten-Aggregation

übersichtlicher und verständlicher Form zugänglich sind, andererseits dürfen aber auch nur diese Komponenten zugänglich sein. Die für die jeweilige Sicht unbedeutenden Komponenten sollen verborgen bleiben.

Einheitliche Benutzungsschnittstelle

Die Komplexität der Umweltplanungs-Aufgabe erfordert den Einsatz zahlreicher Software-Systeme (z.B. GIS, Textverarbeitung, Graphik, Datenbanksysteme, Simulationsmodelle). Ein Umweltplaner steht bei Verwendung dieser Systeme vor dem Problem, sehr verschiedene Werkzeuge bedienen und beherrschen zu müssen.

Für die Akzeptanz und die Benutzbarkeit eines integrierten, heterogenen rechnergestützten Systems, das die notwendige Funktionalität beinhaltet, ist es wichtig, daß alle Werkzeuge eine einheitliche Benutzungsschnittstelle besitzen (s.a. BALZ90).

Gemeint ist damit nicht etwa ein und dieselbe Schnittstelle für alle Komponenten der Rechnerunterstützung. Vielmehr muß die Benutzungsoberfläche *gleichartig* insofern sein, als ihr eine einheitliche Philosophie zugrundeliegt, sie jedoch komponentenspezifische Variationen zuläßt.

Benutzungsfreundlichkeit

Benutzungsfreundlichkeit in bezug auf Entscheidungsunterstützende Systeme zeichnet sich insbesondere durch die Einhaltung der folgenden Aspekte aus (BALZ90):
- interaktives Arbeiten;
- Beachtung software-ergonomischer Standards (DIN 66234, Teil 8):
Aufgabenangemessenheit,
Selbstbeschreibungsfähigkeit,
Steuerbarkeit,
Erwartungskonformität,
Fehlerrobustheit;
- einheitliche Benutzungsoberfläche, d.h. das Bedienungsmodell ist für alle Komponenten/Werkzeuge gleich (z.B. Objekt-Operation-Struktur, d.h. zuerst wird das Objekt benannt, dann wird die Operation auf dem Objekt bestimmt);
- Hilfekomponente, d.h. der Benutzer bekommt auf seinen Wunsch hin Hilfestellung vom System (passive Hilfe) oder das System bietet von sich aus Hilfe an (aktive Hilfe);
- Effizienz, d.h. die Dialogantwortzeiten sind – in Abhängigkeit von der Komplexität der durchzuführenden Aufgaben – akzeptabel;
- Konfigurierbarkeit, d.h. für jeden Benutzer und seine Aufgaben werden die benötigten Werkzeuge zusammengestellt.

Unterstützung von Teamarbeit

Die Durchführung von UVPs im Team muß durch den Rechner unterstützt werden. Dazu ist es erforderlich, daß durch geeignete Mechanismen, wie Freigabe- und Rechteverwaltung, die Arbeit insbesondere in räumlich verteilten Teams ermöglicht wird. Die Programmsysteme für die UVP müssen ebenfalls räumlich auf verschiedene Computersysteme verteilt werden können und dennoch die Integrität einer UVP sicherstellen.

Arbeitsfluß-steuerung

Die damit angesprochene Groupware (vgl. OBER91) unterstützt zumindest die Funktionen e-mail, Zeitmanagement, Arbeitsflußsteuerung und das Dokumentenmanagement, hinzu kommt die „klassische" Groupware-Funktion der Konferenzen. Interessant sind im Zusammenhang mit der Rechnerunterstützung für die UVP vor allem die Arbeitsflußsteuerung (Workflow-Management), die Dokumenten- und die Zeitverwaltung – drei Bereiche, die natürlich eng verzahnt sind: Ohne die Fähigkeit, Dokumente adäquat zu verteilen, ist die Arbeitsflußsteuerung ebenso wie die Zeitverwaltung „kopflos". Um ein angepaßtes Workflow-Management zu erreichen, muß ein Benutzer die Arbeitsabläufe der Organisation kennen und sie niederschreiben. Für die Definition der Arbeitsschritte ist eine graphische Eingabe am besten geeignet.

Durch den Einsatz von Groupware wird die unterstützte Organisation verändert:

„Die Entwicklung und Nutzung von (entscheidungsunterstützender) Groupware hebt die impliziten Grundlagen alltäglicher Entscheidungsprozesse auf die Ebene kollektiven Bewußtseins. Damit werden Entscheidungen und Interpretationen in einer Organisation einer breiteren Reflexion und Diskussion zugänglich. Die ‚kollektive Wachsamkeit' nimmt zu, damit aber auch der Legitimationsdruck für den Einzelnen." (WAGN91)

Entscheidungsunterstützende Groupware erzwingt (in unterschiedlichem Maß) die systematische Dokumentation, das Denken in „Codes", die Einhaltung spezifischer prozessualer Ordnungen.

14.3.3 Struktur integrierter EUS für die UVP

Das Konzept integrierter Entscheidungsunterstützender Systeme für die UVP unterscheidet zwei Ebenen:

(1) Das Protosystem

Protosystem UVP

Es besteht im wesentlichen aus einer Bausteinsammlung von Systemkomponenten, den sog. Werkzeugen oder Tools, einem Tool Dictionary mit den Tool Descriptions und einem Konfigurator. Der Konfigurator baut ein konkretes EUS für zu definierende UVP-Klassen auf. Dazu werden auf Grundlage der Projektkenntnis und einer Benutzerbefragung Werkzeuge zusammengestellt oder festgestellt, daß bestimmte Anforderungen auf Grund noch fehlender Werkzeuge nicht erfüllbar sind. Es wird eine möglichst detaillierte Schnittstellenbeschreibung für diese Komponenten entwickelt und, wenn möglich, ein Vorschlag für den Typ der Komponente gemacht.

Der Konfigurator baut das spezifische EUS UVP auf und erstellt das Tool Dictionary. Die Tool Descriptions im Tool Dictionary enthalten Informationen darüber, welcher Art die Komponenten im System sind (z.B. Simulationssystem, Expertensystem), und welche Aufgaben sie erledigen können. Sie enthält Einträge zu einzelnen Komponenten, die aufgabenbezogen sind, d.h. für eine bestimmte Aufgabenklasse sind einige Werkzeuge anwendbar. Welches Werkzeug konkret die gewünschte Aufgabe erfüllen wird, ist in der Regel interaktiv zu bestimmen.

(2) Einzelne Entscheidungsunterstützende Systeme

Die einzelnen Werkzeuge sind in funktional scharf getrennte Ebenen gegliedert (maximales Information Hiding). Die prozeduralen Komponenten der Integrationsebene sind so einfach wie möglich gehalten. Die datalen Anteile dagegen nehmen maximal viel Information auf. Diese datalen Anteile bestehen insbesondere aus den folgenden Strukturen:

Spezifische EUS UVP

- Tool Descriptions,
- Tool Dictionary,
- Project Description (das Projekt ist der Untersuchungsgegenstand).

Diese Strukturen werden zu unterschiedlichen Zeitpunkten aufgebaut:

Struktur	Zeitpunkt des Aufbaus
Tool Description	Implementation der Komponente
Tool Dictionary	Konfiguration des konkreten Systems
Project Description	Durchführung einer UVP

Diese drei für das Gesamtkonzept elementaren Strukturen werden syntaktisch definiert.

Die explizit definierte Semantik der elementaren Strukturen ermöglicht die Interpretation von Anfragen an das System durch den Ablaufmanager und den Tool Manager, um die für die Erledigung geeignete(n) Komponente(n) herauszufinden.

Der Ablauf einer solchen Anfrage nach Ausführung einer Funktion stellt sich folgendermaßen dar:

1. Anfrage (extern oder intern)
2. Prüfung, ob zulässig (Durchführung: Ablaufmanager)
3. Prüfung, ob möglich (Durchführung: Tool Manager)
4. Auswahl eines Werkzeugs (Durchführung: Benutzer und Tool Manager)
5. Bearbeitung der Anfrage:
   Zusammenstellen der notwendigen Daten, Informationen
   Lösungsversuch
6. Ausgabe der Lösung (Durchführung: Tool- und Ablaufmanager)

Ablauf einer Anfrage

14.3.4 Folgerungen

Die beschriebenen Eigenschaften Entscheidungsunterstützender Systeme für die UVP grenzen die Systemarchitektur ein und bestimmen die anwendbaren Modellierungsmethoden. Jede UVP ist eine in hohem Maße heterogene Tätigkeit, die einzelne Informatikkonzepte und -techniken zwangsläufig überfordert. Es ist deshalb eine Systemarchitektur notwendig, die diese Tätigkeit und ihre verschiedenen Funktionen unterstützt. Die Systemarchitektur besteht aus Ebenen, die sich bezüglich ihrer Anwendungs- bzw. Systemnähe definieren.

Funktionale Ebenen

Eine die genannten Forderungen erfüllende System-Architektur ist deshalb wesentlich durch die Definition funktionaler Ebenen gekennzeichnet. Die Ebenenbildung beschreibt eine Funktionshierarchie: Eine Ebene bedient sich der Funktionen der unter ihr liegenden Ebene und reicht ihre Dienste an die über ihr angeordnete Ebene weiter. Absteigend wird von Ebene zu Ebene ein Teil der Anwendungssemantik aufgegeben.

Mit Hilfe eines solchen Ebenenmodells können insbesondere die Entwurfsziele Integration, Konfigurierbarkeit und Transparenz umgesetzt werden: die im System benötigten Funktionen bzw. Strukturen werden nur einmal in der dafür vorgesehenen Ebene definiert. Das Ebenenmodell unterstützt bzw. ermöglicht die Konfigurierbarkeit: Eine Veränderung in einer Ebene muß definitionsgemäß die übrigen Ebenen unberührt lassen. Systemarchitekturen, die auf einem Ebenenmodell basieren, leisten einen wesentlichen Beitrag zur Transparenz von Systemen: Der Benutzer des Systems kann sich auf die Semantik der Ebene beschränken, die für ihn relevant ist. Benutzungsfreundlichkeit und einheitliche Benutzungsschnittstelle können mit einem solchen Architekturmodell realisiert werden.

Zur Definition der Ebenen ist insbesondere von häufigen Modifikationen des Protosystems auszugehen; die während der Lebensdauer des Systems zu erwartenden Änderungen dürfen sich jeweils nur auf möglichst wenige Ebenen auswirken. Für die Unabhängigkeit der Ebenen voneinander ist es auch wichtig,

Anwendungs-semantik

daß die Schnittstellen zwischen den Ebenen für die gesamte Lebensdauer des Systems festgelegt werden. Eine solche Schnittstellenstandardisierung ermöglicht die Verwendung bzw. die Entwicklung von Standards und Standardmodulen (SCHW91b). Die Definition der Ebenen und damit ihrer Schnittstellen muß möglichst weit in den Anwendungsbereich hineinführen. Die Darstellung der obersten Ebene sollte sich auf die anwendungsspezifischen Sachverhalte beschränken: Funktionen und Strukturen, die von verschiedenen Anwendungen benutzt werden, lassen sich in darunterliegenden Ebenen definieren. Konsistenz und Konfigurierbarkeit werden mit einer solchen Ebenenbildung unterstützt. In der obersten Ebene sollte zur Erhöhung der Transparenz möglichst viel Anwendungssemantik abgebildet werden. Das kommt sowohl der Benutzung als auch der Verwaltung und Pflege des Systems zugute.

Beispiel zur Illustration der Vorteile einer Schichtenarchitektur

Wenn in einem Entscheidungsunterstützenden System Simulationsmodelle abgelegt werden, kann man sie zur Identifikation mit einem Namen kennzeichnen. Man kann aber auch ihren *Anwendungskontext* und die zugrundeliegende *Methodik* beschreiben. Daneben kann ihr Aufbau aus einzelnen Komponenten beschrieben werden – z.B. mit den zugehörigen Kompositionsregeln. So wird nicht nur ein wesentlich leistungsfähigerer Zugriff möglich, sondern auch eine weitgehend automatisierte Konfiguration der verwalteten Objekte.

Reduziert man die Auswirkungen der Eigenschaften auf die Architektur auf das Wesentliche, dann besteht ein UVP-System aus den Komponenten

- Werkzeuge,
- Werkzeugbeschreibungen,
- Werkzeugvergabemechanismen,
- dynamische Datenhaltung und
- Benutzungsschnittstelle.

14.4 Verantwortung und Kompetenz

Verantwortung ist eine soziale Beziehungsstruktur. Verantwortung setzt Personen oder Instanzen voraus, die vor jemandem für jemanden oder etwas verantwortlich sind. Insbesondere setzt Verantwortung die freie Bestimmung der handelnden Person voraus, die Folgen der Handlung müssen für den Handelnden absehbar sein.

Diese Definition macht klar, daß es unter keinen Umständen möglich ist, einer Rechnerunterstützung für die UVP einen wie auch immer gearteten Anteil der Verantwortung für die Entscheidung oder den Entscheidungsprozeß zu übertragen. Deshalb ist die häufig geäußerte Annahme, ein solches Programmsystem könnte die Bewertung oder die Abwägung übernehmen, ein eklatantes Mißverständnis (WASC91). Mit Hilfe eines Entscheidungsunterstützenden Systems können die Entscheidungsgrundlagen bzw. die den Entscheidungsprozeß bestimmenden Daten und Methoden adäquat zur Verfügung gestellt werden. Plausibilitätsprüfungen durch die Benutzer sind jedoch in jedem Fall erforderlich, da die Daten und die Programme fehlerhaft sein können. *Entscheidungs-unterstützung*

Die Informatik kann nicht für die in einem rechnergestützten System für die Umweltverträglichkeitsprüfung (UVP) implementierten Methoden, Modelle und Daten verantwortlich sein. Diese sind von den jeweiligen Anwendungswissenschaftlern zu erarbeiten und zu verifizieren. Die Art und Weise dagegen, wie diese Grundelemente zu einem System zusammengesetzt werden, ihre Integration also, liegt in der Verantwortung des Informatikers. Die Strukturierung, die Konzeption eines solchen Systems und seine Realisierung sind typische Aufgaben der Informatik. Die Analyse des Gesamtproblems, die die Voraussetzung dafür bildet, ist hingegen eine interdisziplinäre Aufgabe. *Kompetenzen*

14.5 Weiterführende Literatur

Der GI-Arbeitskreis *Integration von Methoden und Werkzeugen für die Umweltverträglichkeitsprüfung* hat den Berichtsband SCHW91a veröffentlicht. Wesentliche Ergebnisse des Arbeitskreises sind darüber hinaus in BAUM94 zusammengefaßt.

15 Betriebliche Umweltinformatik

Lorenz M. Hilty, Claus Rautenstrauch

Bis vor kurzem konzentrierte sich der praktische Einsatz von Umwelt-informationssystemen auf Behörden und staatliche Forschungseinrichtungen. Zunehmend melden jedoch auch Unternehmen Bedarf für Systeme an, die sie bei Umweltschutz- und Umweltmanagement-Aktivitäten unterstützen. Betrieb-liche Umweltinformationssysteme (BUIS) werden entwickelt, die insbesondere bei der Realisierung eines produkt- und produktionsintegrierten Umweltschut-zes Unterstützung leisten können. Informatik und Wirtschaftsinformatik sind gefordert, die zu einem großen Teil aus der Praxis entstandenen Ansätze durch Schaffung eines konzeptuellen Rahmens zu integrieren und theoretisch sowie durch die Entwicklung von Prototypen zu untermauern.

15.1 Fachliche Einordnung

Bereits im ersten Kapitel diese Bandes wurde auf die Berührungspunkte zwischen Umwelt- und Wirtschaftsinformatik hingewiesen. Auf diesen Über-schneidungsbereich wollen wir hier näher eingehen.

Gegenstand der *Umweltinformatik* sind, wie in den vorausgegangenen Ka-piteln vielfach dargestellt, Umweltinformationssysteme und andere informa-tionsverarbeitende Systeme im Umweltschutz. „Die *Wirtschaftsinformatik* (WI) befaßt sich mit der Konzeption, Entwicklung, Einführung, Wartung und Nut-zung von Systemen, in denen computergestützte Informationsverarbeitung (IV) in Unternehmen angewandt wird." (MERT92, S. 3). Forschungsgegenstand der Wirtschaftsinformatik sind demnach betriebliche Informationssysteme. In die Schnittmenge der beiden Gegenstandsbereiche fallen die *Betrieblichen Umwelt-informationssysteme* oder *BUIS* (siehe Abbildung 15-1).

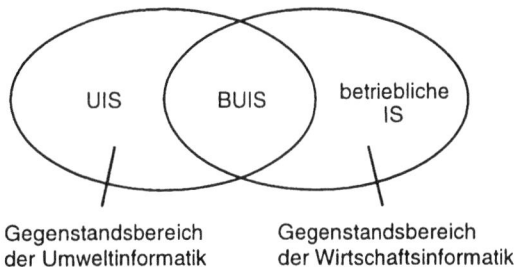

Abb. 15-1: Einordnung der Betrieblichen Umweltinformationssysteme (BUIS)

Wenn wir nun die Betrieblichen Umweltinformationssysteme als Gegenstandsbereich der Betrieblichen Umweltinformatik bezeichnen, so geschieht dies nicht, um eine weitere Runde der disziplinären Spezialisierung einzuläuten, sondern vielmehr, um auf ein Defizit hinzuweisen. Bisher hat sich nämlich die Umweltinformatik nur wenig um diesen Bereich gekümmert, vielleicht aufgrund einer mangelnden Bereitschaft, sich mit betriebswirtschaftlichen Fragestellungen auseinanderzusetzen. Auf der anderen Seite hat die Wirtschaftsinformatik sich bisher kaum mit BUIS befaßt. Wie groß aber das Interesse an einer Verbindung von betriebswirtschaftlichen und umweltbezogenen Zielen gerade auch bei der Gestaltung betrieblicher Informationssysteme ist, zeigt das lebhafte Interesse, das die Veranstaltungen des GI-Arbeitskreises BUIS seit seiner Gründung im Herbst 1993 gefunden haben. Dieser Arbeitskreis wird von den Fachausschüssen 4.6 „Informatik im Umweltschutz" und 5.4 „Anwendungssysteme" (im Fachbereich Wirtschaftsinformatik) gemeinsam getragen. Es ist gerade der Dialog zwischen den beiden Denkwelten, der den Diskussionsprozeß im Arbeitskreis so fruchtbar macht.

Das Ziel aller Umweltwissenschaften sollte es sein, überflüssig zu werden. Denn sie sind entstanden unter dem Druck von Problemen, die auf Defizite in den klassischen Wissenschaftsdisziplinen zurückzuführen sind, etwa einer mangelnden Wahrnehmung ökologischer Knappheiten und einer ungenügenden Sensibilität für die Dynamik komplexer Systeme. Übertragen auf den Spezialfall der hier besprochenen Betrieblichen Umweltinformatik bedeutet dies, daß dieser Forschungszweig seinen Zweck dann erfüllt haben wird, wenn betriebliche Informationssysteme die Möglichkeit bieten, ökologisch motivierte Veränderungen der gesellschaftlichen Rahmenbedingungen (die sich dem Unternehmer etwa über die Gesetzgebung oder veränderte Wertvorstellungen von Kunden, Investoren und Mitarbeitern vermitteln), in betriebswirtschaftlichen Entscheidungen rational zu berücksichtigen. Einige Schritte in Richtung auf dieses Ziel wollen wir hier dokumentieren.

15.2 Betriebliche Umweltinformationssysteme

Ein Betriebliches Umweltinformationssystem (BUIS) ist ein organisatorisch-technisches System zur systematischen Erfassung, Verarbeitung und Bereitstellung umweltrelevanter Informationen in einem Betrieb. Es dient in erster Linie der Erfassung betrieblicher Umweltbelastungen und der Unterstützung von Umweltschutzmaßnahmen.

Umweltdaten vs. umweltrelevante Daten

Betriebliche Umweltinformationssysteme verarbeiten – wie im übrigen auch andere UIS – nicht notwendigerweise *Umweltdaten* im Sinne von Kapitel 6, also Daten zur Luft- und Wassergüte, über die Verbreitungsgebiete von Tieren und Pflanzen, Wetterdaten usw. Vielmehr verwalten und verarbeiten BUIS überwiegend Daten über anthropogene Systeme – Betriebe mit ihren Produktionsanlagen, Materialien und Energieformen, Produkten, Abfällen, Emis-

296

sionen – sowie über die Möglichkeiten und Randbedingungen für die Vermeidung oder Verringerung der damit verbundenen Umweltbelastungen.

Wir bezeichnen diese Klasse von Daten als umwelt*relevante* Daten, wobei Umweltdaten im Sinne von Kapitel 6 eine Unterklasse der umweltrelevanten Daten bilden.

Grundlegende Aufgabe eines BUIS ist es, umweltrelevante Daten so zu verarbeiten, daß sie für den jeweiligen Nutzer zu entscheidungsrelevanten Informationen werden. *Adressaten* der von einem BUIS bereitgestellten Informationen sind Management und Mitarbeiter des Betriebes, aber auch betriebsexterne Institutionen wie Behörden, Geschäftspartner und Versicherungen. Auch Konsumenten und die interessierte Öffentlichkeit, oft durch die Medien auf Problemfelder aufmerksam gemacht, melden immer häufiger Informationsbedarf hinsichtlich der von Unternehmen verursachten oder vermiedenen Umweltbelastungen an.

Neben reinen Dokumentationsaufgaben unterstützen BUIS zunehmend auch Aufgaben der Planung, Steuerung und Kontrolle von Maßnahmen und operativen Aufgaben eines integrierten betrieblichen Umweltschutzes.

Die Pionierleistungen in diesem Bereich sind außerhalb der Informatik, etwa durch Wirtschaftsingenieure und Wirtschaftswissenschaftler, erbracht worden. So wird heute der Beitrag von Haasis, Hackenberg und Hillenbrand (HAAS89) als Beginn der Forschung im Bereich BUIS angesehen. Die Wirtschaftsinformatik hat sich erst verhältnismäßig spät mit BUIS beschäftigt. Das erste über Dissertationsvorhaben hinausgehende Projekt begann 1992 unter der Leitung von A.-W. Scheer am Institut für Wirtschaftsinformatik der Universität des Saarlandes (KRAU95). Seitdem ist allerdings – wie eine aktuelle Erhebung von Kürzl und Rautenstrauch zeigt – ein starker Zuwachs an Projekten zu BUIS in der Wirtschaftsinformatik zu verzeichnen (KÜRZ95a). Als Forschungsschwerpunkt haben sich dabei die produktionsnahen BUIS herauskristallisiert.

BUIS sind in das Umfeld der betrieblichen Anwendungssysteme eingebettet. Die Anforderungen an BUIS sind daher nicht ausschließlich ökologischer Natur, vielmehr sind betriebswirtschaftliche und technologische Anforderungen aus dem Anwendungsfeld bei der Implementierung solcher Systeme zu beachten. In den folgenden Abschnitten präzisieren wir zunächst den Informationsbedarf, der zum Aufbau von BUIS Anlaß gibt, skizzieren dann die wichtigsten Aufgabenfelder und die bisherigen Entwicklungsrichtungen dieser Systeme und diskutieren zum Abschluß ihre Einbettung in bestehende betriebliche Informationssysteme

15.2.1 Informationsbedarf

Ausgangspunkt für die Entwicklung von BUIS in den vergangenen Jahren waren sowohl der zunehmende interne Informationsbedarf und gesetzliche Pflichten im Rahmen des betrieblichen Umweltschutzes als auch der von externen Anspruchsgruppen an die Unternehmen herangetragene Bedarf an Informationen über Umweltbelastungen durch Produkte und Produktionsverfahren. Daher unterscheidet man zwischen dem *internen* und dem *externen* Informationsbedarf (WICK92).

Interner Informationsbedarf

Die von einem BUIS bereitgestellten Informationen dienen *betriebsintern* zur Planung, Entwicklung, Steuerung und Kontrolle der betrieblichen Abläufe mit dem Ziel der Vermeidung, Verringerung oder Beseitigung produktionsbedingter Umweltbelastungen.

Die *Unternehmensführung* benötigt querschnittsorientierte, übersichtlich aufbereitete Informationen, welche die Problemerkennung und Alternativenauswahl im Umweltbereich unterstützen. Strategische Entscheidungen erfordern dabei im Sinne eines integrierten Umweltschutzes die Betrachtung des Gesamtunternehmens und der Umweltbedingungen sämtlicher Funktionsbereiche.

Umweltinformationsmanagement

Dies kann durch ein umfassendes *Umweltinformationsmanagement* erreicht werden, das die Operationalisierung der Ziele des betrieblichen Umweltschutzes, die Integration von umweltschutzrelevanten Informationen in bestehende Informationssysteme sowie in bestehende organisatorische Strukturen und Abläufe einschließt (HUMM95). BUIS sind in diesem Kontext bereichsübergreifende Unterstützungssysteme für das Umweltinformationsmanagement (RAUT95). Ist ein BUIS in dieser Form realisiert, dann können grundsätzlich alle Abteilungen eines Unternehmens aus einem BUIS Nutzen ziehen.

• Für die *Umweltabteilung* ist es zentrale Aktionsgrundlage, um etwa die Umweltschutzbestrebungen der einzelnen Betriebsstätten zu koordinieren, Neuinvestitionen möglichst früh auf Umweltverträglichkeit zu prüfen, Schwachstellen- und Risikoanalysen durchzuführen sowie die Einhaltung gesetzlicher Bestimmungen zu überwachen.

• Der *Marketingabteilung* kann ein BUIS vielfältige Anregungen liefern, z.B. um umweltschädigende Nebenwirkungen von Produkten zu verringern, unnötige Verpackungen zu vermeiden oder Marktanteile durch eine ökologische Ausrichtung der Produkte auszuweiten.

• Die *Materialwirtschaftsabteilung* spielt im integrierten Umweltschutz eine Schlüsselrolle. Das BUIS muß materialbezogene Informationen so aufbereiten, daß die vielfältigen Konsequenzen der Materialauswahl einschließlich der Auswirkungen auf die Recyclingfähigkeit der Produkte, auf die Entsorgungskosten und auch auf den für Beschaffung und Entsorgung notwendigen Gütertransport erkennbar werden (WICK92).

• Im betrieblichen *Rechnungswesen* werden für eine umweltschutzorientierte Kosten- und Leistungsrechnung zur Ergänzung des Mengen- und Wertgerüsts Informationen über Emissionsmengen, Abwasserfrachten und Abfallmengen sowie über internalisierte externe Kosten (Emissionsabgaben, Deponiekosten, Abwasserabgaben) benötigt.

• Zur demontagefreundlichen Konstruktion oder zur Erstellung umweltverträglicher Rezepturen sind für die *Forschungs- und Entwicklungs(F&E)-Abteilung* Informationen über geeignet aufarbeitbare Bauteile/Module oder Umweltwirkungen von Stoffen/Stoffgruppen (Gefahrstoffdatenbanken) unentbehrlich.

Dieser bereichsübergreifende interne Informationsbedarf wird insbesondere dann offensichtlich, wenn Betriebe im Sinne der EU-Öko-Audit-Verordnung ihr Management umweltorientiert erweitern.[1]

Externer Informationsbedarf

Die von BUIS bereitgestellten Informationen haben u.a. folgende *externe* Adressaten (in Anlehnung an WICK92):

• Gegenüber *Behörden* haben Unternehmen Informations- und Auskunftspflichten in bezug auf betriebliche Umweltdaten.

• *Versicherungen* stehen heute vor der Aufgabe, die wachsenden Haftungsrisiken im Umweltbereich zu identifizieren und zu bewerten.

• *Investoren* (Anteilseigner und Kreditgeber) berücksichtigen vermehrt auch Umweltaspekte. Beispielsweise achten Banken bei der Beleihung von Grundstücken auf potentielle Altlasten. Umweltbewußte Anleger entscheiden sich bei gleichen Renditeerwartungen für das am wenigsten die Umwelt belastende Unternehmen.

• *Lieferanten* und *Abnehmer* benötigen aufgrund ihrer Erwartungen über die Dauerhaftigkeit der Geschäftsverbindungen Umweltdaten ihres Marktpartners. Ein Abnehmer, der seine Umweltbelastungen und Entsorgungsprobleme reduzieren möchte, braucht insbesondere umweltrelevante Angaben über die bezogenen Roh-, Hilfs- und Betriebsstoffe sowie Baugruppen und Einzelteile.

• *Konsumenten* berücksichtigen ökologische Kriterien immer häufiger bei der Wahl von Produkten und Dienstleistungen; daraus ergibt sich ein steigender Bedarf an produkt- und unternehmensbezogenen Umweltinformationen.

15.2.2 Aufgabenfelder

Die konkreten Aufgaben eines BUIS können nur unter Bezugnahme auf eine bestimmte Branche oder ein Unternehmen formuliert werden. Dennoch wollen wir im folgenden drei grundlegende Aufgabenbereiche skizzieren, wie sie sich in der bisherigen Fachliteratur und nach ersten praktischen Erfahrungen darstellen. Ein Anspruch auf Vollständigkeit ist damit nicht verbunden.

Dokumentation

Nach HAAS95e ist in Industriebetrieben oftmals eine brauchbare Ausgangsdatenbasis (Sicherheitsdatenblätter, Entsorgungsnachweise, Emissionserklärungen) für die Gewinnung umweltrelevanter Informationen gegeben. Typischerweise sind diese Daten jedoch über verschiedene Abteilungen verstreut. Dies mag im Rahmen von nur punktuell (in der Regel am „Ende des Rohres") ansetzenden Umweltschutzmaßnahmen ausreichend sein. *Produktionsintegrierter* Umweltschutz jedoch, der den gesamten Produktionsprozeß unter Berücksichtigung umweltbezogener Kriterien zu optimieren versucht, benötigt abteilungsübergreifende, querschnittsorientierte Informationen. Dies gilt in

Integrierter
Umweltschutz

---

[1]   Zum EU-Öko-Audit siehe Abschnitt 15.2.3 sowie den ausführlicheren Beitrag „EU-Öko-Audit und BUIS" von H.-D. Haasis im Sammelband HAAS95b. Dort ist im Anhang der vollständige Text der Verordnung abgedruckt.

noch stärkerem Maße für den *produktintegrierten* Umweltschutz, der am Produkt ansetzt und das Ziel hat, die vom gesamten Produktlebensweg ausgehenden Umweltbelastungen zu verringern.

Eine elementare Voraussetzung für die Planung und Durchführung integrierter Umweltschutzmaßnahmen ist daher die abteilungsübergreifende Zusammenführung und Dokumentation der umweltrelevanten Informationen.

Die systematische Aufbereitung betrieblicher Umweltinformationen ist auch im Rahmen der externen *Umweltberichterstattung* von zentraler Bedeutung. Nach Hallay und Pfriem sollte der Umweltbericht eines Unternehmens die folgenden Inhalte umfassen (HALL92):

- Darstellung des Unternehmens,
- Darstellung der Produkte und ihrer gesellschaftlichen Wertschöpfung,
- Darstellung der Stoff- und Energieaustauschbeziehungen,
- ökologische Beurteilung,
- Darstellung der Veränderungen gegenüber der Vorperiode,
- Darstellung des Umweltprogramms,
- Darstellung der Methode und der Grenzen der Erfassung.

Entscheidungsunterstützung

Zur Unterstützung von Entscheidungen bei der Planung und operativen Umsetzung von Maßnahmen des betrieblichen Umweltschutzes ist die Dokumentation vergangener und aktueller Zustände nicht ausreichend. Vielmehr muß das BUIS auch ökologische Schwachstellenanalysen, die Erarbeitung von Alternativen (z.B. Ersatzstoffe, Ersatzverfahren, alternative Entsorgungsmöglichkeiten, alternative Produkte), die Abschätzung der Auswirkungen geplanter Maßnahmen (Vergleich und Bewertung von Szenarien) und den Soll-Ist-Vergleich zur Erfolgskontrolle durchgeführter Maßnahmen unterstützen. Dabei sind nicht nur umweltbezogene, sondern auch betriebswirtschaftliche Informationen zu verarbeiten, etwa die mit einer Umweltschutzmaßnahme verbundenen Investitionen und Kosten.

Modellierung von Stoff- und Energieflußsystemen

Jedes System, das mit seiner physischen Umwelt interagiert, tut dies durch den Austausch von Stoffen und Energie . Um die Auswirkungen eines Systems auf seine Umwelt zu analysieren und Maßnahmen zur Verringerung unerwünschter Effekte (Umweltbelastungen) zu finden und umzusetzen, ist ein Modell des Systems auf der Ebene der Stoff- und Energieflüsse daher die ideale Voraussetzung.

Festlegung der Systemgrenzen

Systemmodellierung beginnt immer mit der Festlegung der Grenzen des zu betrachtenden Systems. In einigen Fällen, z.B. bei der Modellierung eines Betriebes oder eines Produktionsverfahrens, ergeben sich die Systemgrenzen auf naheliegende Weise. In anderen Fällen, z.B. bei der Modellierung eines gesamten Produktlebensweges von der Rohstoffgewinnung bis zur Abfallentsorgung, ist eine sinnvolle Abgrenzung schwerer zu finden. Grundsätzlich ist die Definition von Systemgrenzen immer ein willkürlicher Akt des Beobachters; in der Realität ist – zumindest indirekt – alles mit allem verbunden oder „vernetzt", um ein Modewort zu gebrauchen.

Ist das Ziel der Systemmodellierung die Erstellung einer *Ökobilanz*, so wird das abgegrenzte System auch als *Bilanzraum* bezeichnet. Die Ökobilanz ist eine systematische Auflistung (und eventuell Bewertung) der Umweltbelastungen, die von einem System ausgehen. Je nach Art des untersuchten Systems spricht man dann von Betriebs-, Prozeß- oder Produktbilanzen.

Doch ein Systemmodell ist wesentlich mehr als die Datengrundlage für eine Ökobilanz. Weil in ein Stoff- und Energieflußmodell neben den Daten des konkreten Systems auch theoretisches Wissen einfließt, inbesondere das Wissen um physikalische Gesetzmäßigkeiten (z.B. Massen- und Energieerhaltung) und chemische Prozesse (z.B. in Form von Reaktionsgleichungen), hat es gegenüber einer reinen Datensammlung zwei entscheidende Vorteile: Vorteile von Systemmodellen
• Das Modell ermöglicht die Schließung von Datenlücken durch Ausnutzung bekannter naturwissenschaftlicher Gesetzmäßigkeiten und
• es ermöglicht die Simulation des Systemverhaltens unter realen oder hypothetischen Bedingungen und damit die Berechnung von Prognosen und Szenarien, die insbesondere zur Abschätzung der Wirkungen geplanter Maßnahmen dienen können (zu Grundlagen der Systemmodellierung und -simulation siehe Abschnitt 2.1 sowie Kapitel 10).

Die Definition der Systemgrenzen hat entscheidenden Einfluß auf die Optimierungspotentiale, die mit dem Systemmodell erschlossen werden können. Je weiter die Grenzen gezogen werden, d.h. je größer der betrachtete Realitätsausschnitt gewählt wird, desto weitreichender sind in der Regel die Möglichkeiten zur Systemoptimierung nach betriebswirtschaftlichen oder ökologischen Kriterien. Dies gilt jedoch nur theoretisch; praktisch kann dieses Potential häufig nicht ausgeschöpft werden, weil große Teile des Systems außerhalb des Verantwortungsbereichs des Entscheidungsträgers liegen, der das Modell anwendet. Dann bestehen erstens Probleme der Datenerhebung und zweitens nur geringe Möglichkeiten der Einflußnahme. Beispielsweise sind die Vorstufen der Produktion eines Gutes und seine spätere Nutzung durch den Kunden sowie die anschließende Entsorgung schwieriger zu untersuchen und wesentlich schlechter zu beeinflussen als der Produktionsprozeß im eigenen Unternehmen.

Der denkbar einfachste (triviale) Fall eines Stoff- und Energieflußmodells Black-Box-Modell
im betrieblichen Bereich ist das Black-Box-Modell des Betriebes. Dieser Fall ist in Abbildung 15-2 im vordersten Feld oben links schematisch dargestellt. Hier bildet der Betrieb das zu untersuchende System, und er wird als Black Box betrachtet, d.h. es wird von seiner inneren Struktur abstrahiert. (Zur Unterscheidung von Black-Box- und Glass-Box-Ansätzen vgl. auch Abschnitt 2.2.) Das Modell bildet lediglich die (relevanten) Stoff- und Energieflüsse ab, die in den Betrieb hineinführen und ihn, nachdem sie transformiert worden sind, wieder verlassen. Die Transformationen sind teilweise wertschöpfend, indem sie Roh-, Hilfs- und Betriebsstoffe in höherwertige Produkte umwandeln; sie entwerten aber auch einen Teil des Inputs, den sie in wertlose oder sogar schädliche Ab-

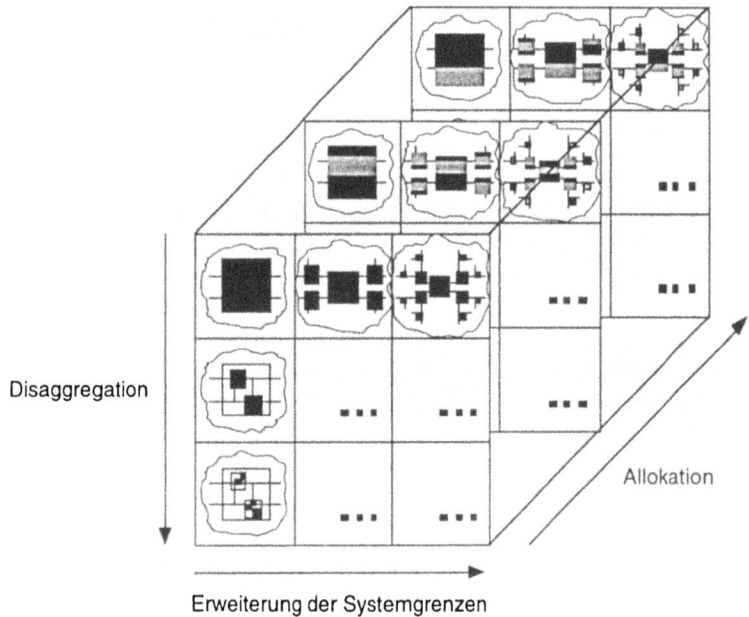

Disaggregation

Allokation

Erweiterung der Systemgrenzen

Abb. 15-2: Dimensionen der Systemmodellierung

fälle und Emissionen umwandeln. (Hierfür haben Schaltegger und Sturm den Begriff „Schadschöpfung" eingeführt, SCHA93.)

Ein solches Black-Box-Modell kann nun abhängig von der Problem- und Datenlage in drei Dimensionen ausgebaut werden (siehe Abbildung 15-2):

• *Disaggregation (Verfeinerung):* Das System wird in Subsysteme zerlegt, die untereinander durch Stoff- und Energieströme verbunden sind. Beispielsweise können die Produktionsprozesse innerhalb eines Betriebes betrachtet werden, um Möglichkeiten zum internen Recycling zu untersuchen. Selbstverständlich können die Subsysteme wiederum disaggregiert werden usw., bis der gewünschte oder realisierbare Detaillierungsgrad des Modells erreicht ist.

• *Erweiterung der Systemgrenzen:* Das betrachtete System wird erweitert. Beispielsweise kann es notwendig sein, zum Zweck einer umweltorientierten Beschaffung den Lebensweg von Inputgütern „stromaufwärts" zu verfolgen. Umgekehrt setzt die Konstruktion umweltgerechter Produkte Kenntnisse über deren tatsächliche Verwendung und Entsorgung voraus, so daß auch diese „stromabwärts" liegenden Prozesse in das Modell einbezogen werden müssen.

• *Allokation (Zuordnung von Umweltbelastungen):* Diese dritte Dimension der Modellierung stößt auf die meisten ungelösten Probleme. Weil ein System im allgemeinen Fall *mehrere* erwünschte Outputs (Produkte) erzeugt, besteht häufig Interesse an einer „verursachungsgerechten" Zuordnung der *unerwünschten* Outputs (Abfälle, Emissionen) und der Inputs zu einem Produkt. Dies ist nur dann auf triviale Weise möglich, wenn sich das System in zwei komplementäre

Teilsysteme aufspalten läßt, von denen eines das interessierende Produkt und das andere die übrigen Produkte erzeugt. Dies ist jedoch nicht möglich im Falle von Kuppelproduktion, d.h. wenn bei der Herstellung einen Produkts zwangsläufig eine Mindestmenge eines anderen Produkts (Kuppelprodukts) erzeugt wird. Beispielsweise ist die Wärme- und Stromerzeugung eines Blockheizkraftwerks eine Kuppelproduktion. Die Frage ist offen, wie die Umweltbelastung eines solchen Kraftwerks (Verbrauch eines wertvollen Energieträgers, CO_2-Emissionen usw.) auf die beiden Produkte Fernwärme und Elektrizität aufgeteilt werden kann. Diese Frage der *Allokation von Umweltbelastungen bei Kuppelproduktion* (co-product allocation, vgl. PEDE93 und die dort zusammengestellten Lösungsansätze) ist ein Spezialfall des Problems, isolierbare Aspekte von Systemverhalten auf isolierbare Ursachen, d.h. verursachende Teilsysteme zurückzuführen. Betriebswirtschaftlich zeigt sich das gleiche Grundproblem bei der Zuordnung von monetären Kosten zu Kostenträgern.

Auf diesen drei Dimensionen der Systemmodellierung muß man sich möglichst „bequem" bewegen können, um das dem Einzelfall angemessene Modell zu finden. Für die grundlegenden Datenstrukturen eines BUIS hat dies zur Konsequenz, daß sie eine flexible Abbildung von Stoff- und Energieflußmodellen gestatten müssen. Ein solches Modell ist ein Netz, dessen Knoten Prozesse (z.B. auf Produktionsstellen-, Anlagen- oder Aggregatebene) darstellen. Die Verbindungen zwischen den Knoten stellen die Stoff- und Energieflüsse zwischen diesen Prozeßmodulen dar. Im Formalismus der sog. Stoffstromnetze (MÖLL94) sind neben den aktiven Knoten (Transitionen) auch passive Knoten (Stellen) vorgesehen (siehe Abbildung 15-3).

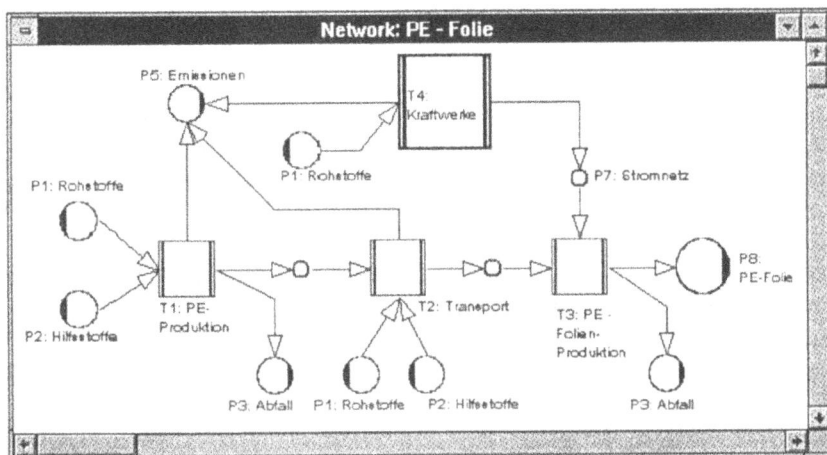

Abb. 15-3: Ein einfaches Stoffstromnetz (Bildschirmausschnitt des Programms Umberto, aus HÄUS95)

Ein Modell ist stes ein Kompromiß: Der Aufwand der Modellbildung muß gegen den zu erwartenden Nutzen des Modells in konkreten Entscheidungssituationen abgewogen werden. Allein die explizite, integrierte Darstellung des vorhandenen Wissens in einem Systemmodell führt jedoch erfahrungsgemäß zu neuen Einsichten – auch ohne die Erhebung zusätzlicher Daten kann also der Aufbau eines Systemmodells zur Qualität von Entscheidungen beitragen.

15.2.3 Entwicklungsrichtungen

Wir unterscheiden drei Hauptrichtungen der Entwicklung: (1) BUIS, die aus Ansätzen zur Ökobilanzierung entstanden sind und in Richtung Ökocontrolling oder Öko-Audit tendieren, (2) produktionsnahe BUIS, die aus dem Bereich der Produktionsplanung und -steuerung, der Produktionsleitsysteme sowie aus den neuen Herausforderungen im Recyclingbereich hervorgegangen sind, sowie (3) aufgabenorientierte BUIS, die sich unmittelbar an neu entstandenen Umweltpflichten und den daraus resultierenden Abläufen im Betrieb ausrichten.

(1) Ökobilanz- und Ökocontrolling-orientierte BUIS

Ökobilanz

Das Instrument, das bisher am häufigsten für die Dokumentation von Umweltbelastungen eingesetzt wird, ist die Ökobilanz. Entsprechend gibt es eine Reihe von Softwareprodukten, die Ökobilanzierung unterstützen. Zunächst sei aber der Versuch unternommen, das Spektrum der Ökobilanz-Ansätze zu strukturieren.

Life Cycle
Assessment (LCA)

Eine wichtige Gruppe bilden sogenannte Ökobilanzen für Produkte, genauer als Lebenswegbilanzen (engl. Life Cycle Assessment, LCA) bezeichnet, die alle relevanten Umweltwirkungen eines Produktes „von der Wiege bis zur Bahre", also von der Rohstoffgewinnung über die Produktion bis hin zur Entsorgung, dokumentieren und bewerten (UBA92b).

Betriebsökobilanz

Eine zweite große Gruppe von Ökobilanzen hat einen Betrieb oder ein Unternehmen zum Gegenstand (Betriebsökobilanz). Man kann hier von einer Spezialisierung des früheren Konzepts der Sozialbilanz sprechen, die das Ziel hatte, alle in der traditionellen Finanzbuchhaltung und Bilanzierung nicht enthaltenen gesellschaftlichen Wirkungen der Unternehmenstätigkeit abzubilden. Ein erstes vielbeachtetes Konzept für Ökobilanzen ist die bereits in den siebziger Jahren von Müller-Wenk vorgelegte *ökologische Buchhaltung*. Das Konzept wurde inzwischen von Braunschweig und Müller-Wenk wesentlich weiterentwickelt (BRAU93).

Prozeßbilanz

Zur Aufdeckung von Belastungsursachen ist in der Regel eine detaillierte Betrachtung einzelner Produktionsverfahren (Prozeß- oder Verfahrenzbilanz) erforderlich.

Die folgende Tabelle gibt einen Überblick über am Markt erhältliche Software zur Unterstützung der Ökobilanzierung. Abbildung 15-4 zeigt zur Illustration die Oberfläche des Programms GaBI 2.0, das eine graphische Modellierung von Lebenszyklen unterstützt (vgl. EYER95).

Bezeichnung	Urheber	Anwendungsfeld	Literatur
GaBI (Ganzheitliche Bilanzierung)	Ingrid Pfleiderer, Peter Eyerer et al., IKP, Universität Stuttgart	Erstellung von Ökobilanzen für Bauteile und Produkte, ökologische und ökonomische Bewertung	PFLE94, PFLE95, EYER95
Umberto (vormals EcoNet)	ifu – Institut für Umweltinformatik GmbH, Hamburg; ifeu – Institut für Energie- und Umweltforschung GmbH, Heidelberg	Modellierung von Stoff- und Energieflußsystemen, Erstellung von Betriebs-, Prozeß- und Produktökobilanzen in einheitlicher Systematik	HÄUS94, SCHM95
REGIS	Sinum GmbH, St. Gallen, Schweiz	Erstellung von Sach- und Wirkungsbilanzen für das Umweltmanagement, Bewertung nach der Schweizer Methodik	KYTZ94, HUMM95
Cumpan (Computergestützte umweltorientierte Produktbilanzierung)	Helmut Kremar und Georg Dold, Universität Hohenheim	Erstellung von Produktökobilanzen für ökologieorientierte Produktentscheidungen	DOLD94
GEMIS (Gesamtemissionsmodell für integrierte Systeme)	Öko-Institut Darmstadt; Forschungsgruppe Umweltsystemanalyse, Universität GHS Kassel	Bilanzierung der Umweltauswirkungen von Energiesystemen	RAUS93
EXCEPT (Expert System Shell for Computer-aided Environmental Planning Tasks)	TU Hamburg-Harburg; IBM Deutschland	Bewertung von Umweltauswirkungen im Rahmen von Umweltverträglichkeitsprüfungen und Umweltplanung	WEIL91, CZOR94
SimaPro 2	Pré , Niederlande	Abschätzung der Umweltauswirkungen von Produkten für die ökologische Produktentwicklung	MIET93
LCA Inventory Tool	Chalmers Industriteknik, Schweden	Produktökobilanzen mit Schwerpunkt auf Emissionen	MIET93
EPS (Environmental Priority Strategies)	Swedish Environmental Research Institute	Bewertung von Ressourcenverbrauch und Emissionen nach verschiedenen Methoden	MIET93
PLA Educational Tool mit Visualisierungskomponente LifeWay	Visionik ApS, Dänemark	Abschätzung der Umweltauswirkungen von Produkten für pädagogische Zwecke	MIET93

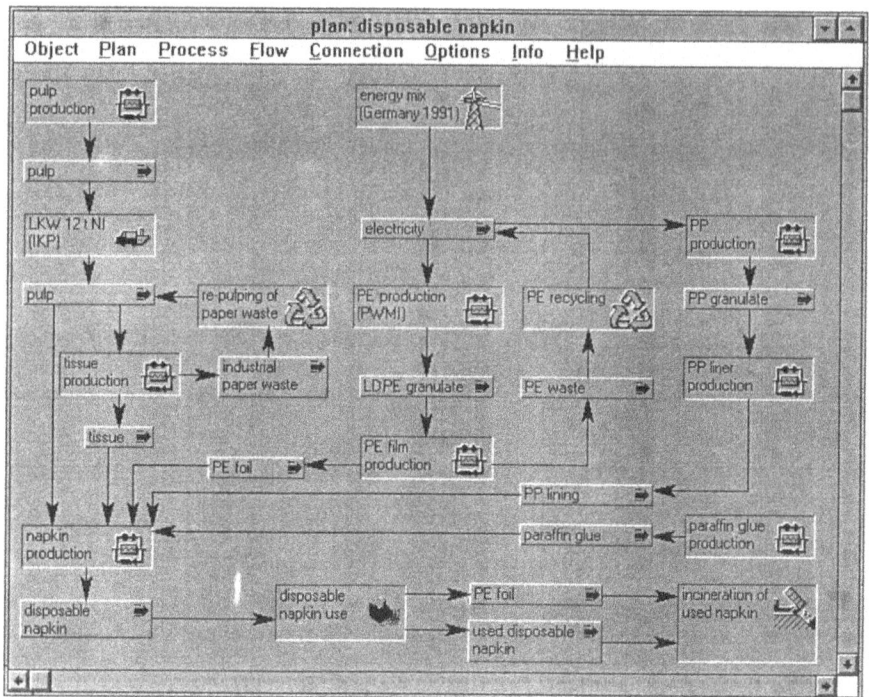

Abb. 15-4: Plan eines Lebenszyklus aus GaBi 2.0 (Beispiel Einwegwindel)

Ökocontrolling

Als Ökocontrolling oder Umweltcontrolling bezeichnet man die „Analyse, Planung, Steuerung und Kontrolle aller ökologisch relevanten Aktivitäten eines Unternehmens" (HALL92, S. 13). Einige Autoren heben besonders die vorausschauende Funktion des Ökocontrollings als Frühwarnsystem zur Identifizierung von Umweltrisiken hervor (WICK92). Ökobilanzen können als wichtige Instrumente im Rahmen eines Ökocontrolling-Konzeptes dienen und erfüllen dann eine primär interne Funktion (Schwachstellenanalyse, Kontrolle der Zielerreichung). Hinsichtlich Softwareunterstützung stellen sich beim Ökocontrolling besonders Probleme der Integration neuer, umweltorientierter Komponenten in die vorhandenen betrieblichen Anwendungssysteme (HUNS94).

Das Institut für ökologische Wirtschaftsforschung (IÖW, Berlin) hat zusammen mit der PSI GmbH unter der Bezeichnung UCS1 einen BUIS- Prototypen für das Umweltcontrolling entwickelt (ARND93).

Öko-Audit

Die von der EU am 29. Juni 1993 verabschiedete Öko-Audit-Verordnung, die ab April 1995 direkt im nationalen Recht anzuwenden ist, definiert ein freiwilliges Verfahren zur Überprüfung betrieblicher (standortbezogener) Umweltmanagementsysteme von Unternehmen. Mit dem Öko-Audit wird eine Brücke zwischen internen und externen Informationsaufgaben eines BUIS geschlagen: Durch Überprüfung und externe Zertifizierung unternehmensinterner Maßnahmen, die für die Reduzierung von Umweltbelastungen entscheidend sind, wer-

306

den diese für die Öffentlichkeit sichtbar gemacht. Ein zertifiziertes Unternehmen ist berechtigt, ein Zeichen zu führen, darf damit jedoch keine Produktwerbung betreiben.

(2) Produktionsnahe BUIS

BUIS für interne Funktionen sind durch eine enge Kopplung mit bestehenden Systemen im Produktionsbereich gekennzeichnet, die unter dem CIM(Computer-Integrated Manufacturing)-Konzept zusammengefaßt sind. Die Entsorgungssicherung, zu der sowohl die Abfallbeseitigung als auch das Recycling gehören, ist dabei eine Querschnittsfunktion, die sich über alle Funktionsbereiche des CIM-Konzepts erstreckt. Ein umfassendes Fachkonzept zur *Entsorgungssicherung von Industriebetrieben* ist am Institut für Wirtschaftsinformatik der Universität des Saarlandes entwickelt worden (KRAU95).

Betrachtet man die CIM-Komponenten im einzelnen, so kristallieren sich Erweiterungen bestehender Systeme vor allem in den Bereichen Konstruktion (CAD, Computer-Aided Design) sowie Produktionsplanung und -steuerung (PPS) heraus.

Bei der Konstruktion neuer Produkte werden nicht nur die wesentlichen Parameter für die Produktion, sondern auch für Entsorgung, Demontage und Recycling festgelegt. Die *recyclinggerechte Konstruktion* umfaßt die demontage-, reinigungs-, prüf-, sortier-, bauteilaufbereitungs- und (re)-montagegerechte Produktgestaltung. Aus Sicht des Produktrecycling liegt dabei besonderes Gewicht auf der demontagegerechten Gestaltung. Ferner umfaßt die recyclinggerechte Kontruktion Regeln zur Werkstoffverwendung und -auswahl. Schon bei der Konstruktion soll berücksichtigt werden, daß beim Werkstoffeinsatz möglichst geringe Mengen an Primärstoffen verbraucht werden und möglichst homogene und recyclingfähige Stoffe zum Einsatz kommen.

Recyclinggerechte Konstruktion

Die Forschungsarbeiten im PPS-Bereich lassen sich grob in zwei Bereiche einteilen: PPS-Systeme müssen neben den bekannten Zielgrößen (Minimierung von Lagerbeständen und Durchlaufzeiten, Sicherung der Termintreue und Maximierung der Kapazitätsauslastung) auch die Emissions- und Abfallvermeidung bzw. -reduzierung sowie die Reststoffverwertung berücksichtigen. Der hierfür am IIP (Institut für industrielle Produktion) der Universität Karlsruhe entwickelte *Umwelt-PPS*-Ansatz ist ein erster Schritt in diese Richtung (HAAS92, HAAS94b, SPEN95).

Umwelt-PPS

Weitere Forschungsansätze beschäftigen sich mit der Planung und Steuerung von Recyclingprozessen. Da das (Produkt-)Recycling technischer Güter wie Maschinen, Automobile, Haushaltsgeräte oder Produkte der Unterhaltungselektronik ähnlich aufwendig ist wie deren Produktion, ist eine Planung und Steuerung von Recyclingprozessen mit einem ähnlichen methodischen Instrumentarium erforderlich, wie es in der PPS angewendet wird. Am Betriebswirtschaftlichen Institut der Universität Erlangen-Nürnberg wurde ein *Informationssystem zur Unterstützung von Demontageprozessen* entwickelt. Dieses Vorhaben zielt auf die Unterstützung des Massenrecycling durch eine weitgehend automatisierte Umsetzung von Stücklisten- und Arbeitsplandaten aus

Recycling-Unterstützung

dem Produktions- in den Recyclingbereich ab. Weiterhin ist die Bereitstellung aller für die Recyclingplanung relevanten Informationen sowie deren Gewinnung aus PPS-Datenbasen in Form eines *Recycling-Informationssystems* Gegenstand eines Projekts am Institut für Wirtschaftsinformatik der Westfälischen Wilhelms-Universität in Münster und dem Lehrstuhl für Wirtschaftsinformatik II der Europa-Universität Viadrina in Frankfurt/Oder (KURB95).

PRPS   Ein weitergehender Ansatz, der am gleichen Institut entwickelt wird, ist die *integrierte Produktions- und Recyclingplanung und -steuerung (PRPS)*: Eine effiziente Recyclingplanung und -steuerung wird hier durch die Integration des Recycling in die PPS erreicht, indem Produktions- und Recyclingprozesse ineinandergreifen und auf Basis einer integrierten Funktionen- und Datenbasis geplant werden (RAUT94).

Auf Europäischer Ebene wird im Rahmen des Esprit III Work Program „Industry and the Environment" ein Projekt mit dem Titel „TENPRO: Total ENvironmental PROtection" durchgeführt. In diesem Projekt wird ein BUIS entwickelt, das auf Basis bestehender betrieblicher Informationssysteme insbesondere aus dem Produktionsbereich alle umweltrelevanten Daten selektiert und für die Erstellung von Umweltberichten nutzt (BEED95). Das durchführende Konsortium umfaßt Unternehmen aus Großbritannien, Frankreich, Portugal, Irland und Spanien.

(3) Aufgaben- und ablauforientierte BUIS

Neben den übergeordneten Realisierungskonzepten im Rahmen des Öko-Controllings und der produktionsnahen Integration in technische Planungssysteme kann der Aufbau von BUIS auch als betriebstechnische, operative Aufgabe erfolgen. Damit ergeben sich sowohl für die Einführung und Umsetzung des Systemkonzeptes als auch für die angestrebte effiziente Nutzung eine Reihe von Vorteilen und Erleichterungen. So kann durch die strukturierte und kontinuierliche Erfassung der größtenteils im Betrieb bisher nicht vorhandenen umweltrelevanten Daten eine konsistente Datenbasis aufgebaut und geführt werden, wie sie für übergeordnete Analysen, Auswertungen und Berichte unbedingt nötig ist, um den gesetzlichen wie auch innerbetrieblichen Anforderungen gerecht werden zu können.

Die Vorgehensweise richtet sich zuerst auf die für den Betrieb relevanten Umweltfachbereiche, wie sie über die gesetzliche Einführung der Betriebsbeauftragten bereits vordefiniert sind. Dazu gibt es bisher eine Reihe von Entwicklungen, die als Stand-alone-Systeme die Fachbereiche unterstützen. Da diese Bereiche sich größtenteils aber mit denselben umweltrelevanten betrieblichen Objekten beschäftigen, liegt es nahe, über ein spezifisches Datenmodell eine weitgehend redundanzfreie gemeinsame Datenbasis zu schaffen, auf die dann die speziellen Fachfunktionalitäten aufsetzen. In einem dahingehenden Forschungsprojekt, gefördert durch den österreichischen Innovations- und Technologiefonds (ITF), entwickelt LMS Umweltsysteme GmbH mit einem Industriepartner, der TYROLIT Schleifmittelwerke Swarovski KG, einen entsprechenden BUIS-Prototypen unter der Bezeichnung LMS/U1 (KÜRZ94/95b).

15.2.4 BUIS im Kontext betrieblicher Informationssysteme

In der Regel kann man heute davon ausgehen, daß BUIS in eine bestehende und komplexe Landschaft betrieblicher Informationssysteme zu integrieren sind. Im Rahmen einer informationswirtschaftlichen Gesamtvernetzung (CIM- bzw. CIB-Konzept; Computer Integrated Business) eines Industriebetriebes ist die Integration von BUIS mit weiteren betrieblichen Informationssystemen vorzusehen und notwendig. BUIS können dabei als

- eigenständige Systeme,
- Add-On-Systeme für Anwendungssysteme oder
- Systemmodule von Anwendungssystemen konzipiert sein.

Welche der drei Möglichkeiten gewählt wird, hängt von verschiedenen Kriterien ab. Bei einer funktional orientierten Aufbauorganisation eines Unternehmens kann es z.B. zweckmäßig sein, BUIS als eigenständige Systeme zu entwickeln, etwa wenn eine eigene Umweltschutzabteilung oder ein organisatorisch eigenständiges Demontagezentrum mit einem BUIS auszustatten sind.

Häufig sind BUIS jedoch Ergänzungen bestehender Informationssysteme. Insbesondere im produktionsnahen Bereich sind bestehende Systeme um BUIS-Bausteine zu erweitern. So können z.B. Produktionsplanungs- und -steuerungssysteme (PPS-Systeme) dahingehend ergänzt werden, daß sowohl eine emissionsreduzierte Produktion ermöglicht wird, als auch Belange des Recycling berücksichtigt werden. Die ohnehin schon hohe Komplexität von PPS-Systemen läßt jedoch weiteren Ergänzungen des Funktionsumfangs nur wenig Spielraum, da sonst nicht mehr handhabbare Systeme entstehen würden. Daher wird hier der Weg beschritten, eng gekoppelte, aber funktional weitgehend eigenständige Add-On-Systeme zu konstruieren, die über die Nutzung einer gemeinsamen Datenbank mit PPS-Systemen integriert werden.

15.3 Ausblick: Stoffstrommanagement und überbetriebliche Integration von Informationssystemen

Vergleicht man die heute verfügbaren BUIS mit ihren Schwerpunkten auf den Bereichen Ökobilanz/Ökocontrolling und Produktion mit den in Abschnitt 15.2.1 beschriebenen Anforderungen aus Sicht des Umweltinformationsmanagements, dann können diese Systeme erst als Anfang einer Entwicklung von Systemen zur umfassenden und bereichsübergreifenden Deckung des internen und externen Informationsbedarfs angesehen werden. Ein erster Ansatz zur bereichsübergreifenden Realisierung sind BUIS für das Stoffstrommanagement.

Die heute unter dem Schlagwort „Stoffstrommanagement" geführte Diskussion ist vor allem unter dem Druck der wachsenden Probleme im Entsorgungsbereich entstanden. Zunehmend wird erkannt, daß die Vermeidung des sowohl quantitativ als auch qualitativ problematischen Abfalls nur durch eine ganzheitliche Betrachtung und Steuerung der Stoffflüsse erreichbar ist: „Die stetige Entwertung von wertvollen Rohstoffen zu nutzlosen Abfällen läßt die

Beseitigung des Mülls zum Problem werden. Nicht nur das aktuelle Problem, den Müll nicht oder nicht umweltschonend beseitigen zu können, gilt es zu bearbeiten, sondern das prinzipielle Problem des Stoffflusses unserer Gesellschaft" (SCHE93).

Das Ziel, optimale Lösungen zu finden, macht eine überbetriebliche Betrachtung der Stoffströme erforderlich.

Zur Unterstützung des Stoffstrommanagements auf der strategischen Ebene schlagen Jepsen und Lohse die Entwicklung eines DV-Werkzeuges vor, das „zum einen die Veranschaulichung der verzweigten Interdependenzen ermöglicht, zum anderen aber vor allem Restriktionen innerhalb der Stofffluß-zusammenhänge (techn. Mischungsgrenzen, Qualitätsanforderungen, Normen u.a.) verdeutlicht und die Verlagerungsmöglichkeiten bei Veränderung einzelner Restriktionen simuliert" (JEPS94, S. 218). An ein solches Werkzeug stellen sie die folgenden Anforderungen:

- Unterstützung der Modellbildung,
- Visualisierung der Stoffströme,
- Berechnung der Stoffstromgrößen,
- Darstellung der Kennzahlenentwicklung im Zeitverlauf.

Potentielle Anwender eines solchen Werkzeugs wären:
- Industrie- und Wirtschaftsverbände, die von der Diskussion über Rücknahmeverordnungen und von Entsorgungsengpässen betroffen sind bzw. die als Dienstleistung für ihre Mitglieder die Ermittlung branchenspezifischer Kennwerte übernommen haben.
- Kommunale und regionale Planungsbehörden, die mit der organisatorischen und rechtlichen Ausgestaltung von Kreislaufwirtschaftsbestrebungen befaßt sind.
- Institute und Ingenieurbüros, die Betriebe, Branchen oder Behörden bei stoffstrombezogenen Fragestellungen beraten.

Für ein *operatives* Stoffstrommanagement ist jedoch über Diskursprozesse hinaus auch die Integration der Informationssysteme verschiedener Akteure erforderlich. Analog zur Logistik, die durch die Verbesserung der zwischenbetrieblichen Informationsflüsse große (wenn auch nicht unbedingt ökologische) Optimierungspotentiale ausschöpfen konnte, wird auch das Stoffstrommanagement eine Vernetzung der Informationssysteme erfordern. Man denke beispielsweise an die Integration der Informationssysteme im Produktions- und Recyclingbereich (RAUT94), durch die erst ein effizientes Recycling möglich wird.

Betriebliche Umweltinformationssysteme sind daher zumindest perspektivisch als Knoten in einem Netz von Informationssystemen zu sehen, das ebenso weit verzweigt ist wie das Netz der Stoffströme. Durch die Vernetzung entsteht ein überbetriebliches Umweltinformationssystem als verteiltes System. Für diese Integrationsaufgabe sollte frühzeitig an eine Standardisierung im Sinne eines Umweltdatenprotokolls gedacht werden.

Beispiel: Betriebliche und überbetriebliche Informationssysteme in der Krankenhausentsorgung

Ein Beispiel aus dem Bereich der Krankenhausentsorgung soll die vorausgegangenen Überlegungen veranschaulichen. Nach Boysen (vgl. BOYS95) stellt sich die Situation wie in Abb. 15-5 gezeigt dar. *Medical-Unternehmen* versorgen das Krankenhaus mit Produkten und Verpackungen, die nach dem Verbrauch aus mehreren Gründen besondere Entsorgungsprobleme bereiten (Hygiene, Toxizität, Verletzungsgefahr bei Handsortierung, Datenschutzbestimmungen bei Büroabfällen usw.). Die Entsorgung muß teilweise von spezialisierten *Entsorgungsunternehmen* mit hohen Kosten für die Krankenhäuser durchgeführt werden. Die Abfallentsorgung ist neben einem hohen Energie- und Wasserkonsum und dem hohen Verbrauch an Desinfektions- und Reinigungsmitteln das bedeutendste Umweltproblem von Krankenhäusern.

Die Informationsflüsse im gezeigten System sind in mehrfacher Hinsicht ungenügend. Zwar verfügen die *Versorger* in der Regel über eigene Informationssysteme, die über die Zusammensetzung von Produkten und Verpackungen informieren, geben solche Informationen aber nicht in ausreichendem Maß an die *Verbraucher* (Krankenhäuser) weiter. Dort bestehen bisher auch keine Informationssysteme, die eine Stoffstromverfolgung gestatten und die Erstellung eines umfassenden Entsorgungskonzeptes ermöglichen würden. Ein solches Konzept könnte die Getrennterfassung der Abfälle unter der Zielsetzung einer möglichst kostengünstigen und umweltgerechten Entsorgung optimieren. Das Entsorgungskonzept müßte auch die laufende Weitergabe von Informationen an die *Entsorgungsunternehmen* und einen Informationsrückfluß (z.B. über die tatsächliche Qualität abgenommener Wertstoffe und eventuell bei der Verwertung aufgetretene Probleme) vorsehen.

Ungenügender Informationsfluß

Davon ist die Wirklichkeit leider weit entfernt: „Bei dem parallel zum Stoffstrom vom Versorger über den Verbraucher zum Entsorger fließenden Informationsstrom geht viel Information verloren, wodurch die Verfügbarkeit von Informationen (z.B. über Aufbau und Zusammensetzung der Stoffe) beständig auf ein niedrigeres Niveau sinkt. Diese Informationsentropie birgt zum einen

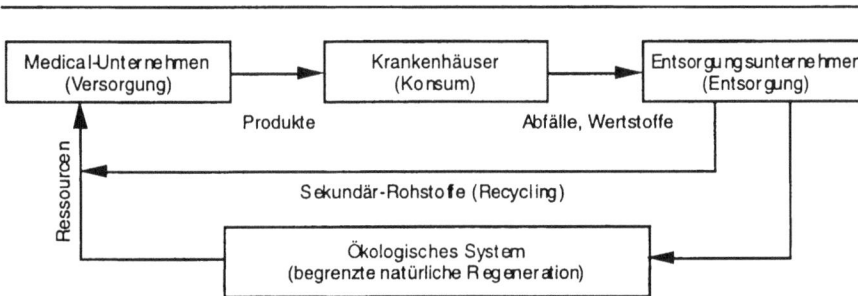

Abb. 15-5: Stoffluß bei der Ver- und Entsorgung von Krankenhäusern (nach BOYS95 und HILT95f)

das Risiko, daß aus dem Informationsmangel durch unsachgemäßen Umgang mit den Stoffen ökologische Probleme resultieren. Dies betrifft sowohl die Verarbeitung der Stoffe beim Hersteller oder Verbraucher als auch alle Stufen der Entsorgung von der Erfassung der Reststoffe bis zur Deponierung oder Weiterverwertung und führt dazu, daß an bestimmten, besonders kritischen Punkten die Notwendigkeit besteht, verloren gegangene Informationen mit großem Aufwand wiederherzustellen. Zum anderen werden durch einen geringen Informationsgrad Chancen vergeben, in der Hinsicht, daß auch in unkritischen Entscheidungssituationen die ökologisch sinnvollere Handlungsalternative aus Mangel an Information nicht gewählt werden kann" (BOYS95, S. 66).

Der Bereich der Krankenhausentsorgung ist nur ein Beispiel dafür, wie durch eine Verbesserung der Informationsflüsse erhebliche Optimierungspotentiale im Sinne eines ökologisch und ökonomisch effizienten Stoffstrommanagements ausgeschöpft werden könnten. Beim Aufbau betrieblicher Umweltinformationssysteme sollte daher frühzeitig die Anforderung einer späteren überbetrieblichen Vernetzung beachtet werden, die die Stoffströme durch Informationsströme begleitet und damit die Erhaltung stoffbezogener Informationen entlang der Produktions-, Nutzungs- und Entsorgungskette sicherstellen kann.

Wie zu Beginn dieses Kapitels erwähnt, erfreuen sich BUIS zur Zeit wachsender Akzeptanz. Dies führt allerdings auch dazu, daß unter dem neuen Label BUIS heute vereinzelt auch Konzepte und Informationssysteme präsentiert werden, die bereits seit langem verfügbar sind, allerdings wenig Beachtung in der Forschungslandschaft fanden. Hierzu gehören z.B. Systeme zur Aufstellung von Sachbilanzen, wobei anzumerken ist, daß Sachbilanzen als Stoff- und Energiebilanzen schon seit geraumer Zeit in der chemischen Industrie erstellt werden, freilich nicht zum Zweck der ökologischen Verbesserung der Produktion. Ein anderes Beispiel sind computergesteuerte Meßsysteme, mit denen neben anderen Stoffen auch Schadstoffemissionen gemessen werden können. Wie bei allen Trends wird auch hier versucht, alten Wein in neuen Schläuchen zu präsentieren. Es sei daher zum Abschluß darauf hingewiesen, daß nicht alles, was heute als BUIS dargestellt wird, auch tatsächlich ein BUIS ist.

15.4 Weiterführende Literatur

Im zweiten Band der Proceedings zum 8. Symposium „Informatik für den Umweltschutz" (IFU94) sind die Beiträge zum Schwerpunktthema „Betriebliche Umweltinformationsverarbeitung" zusammengestellt.

Einen aktuellen Überblick über Forschung und Praxis der *Betrieblichen Umweltinformationssysteme* geben die Publikationen des gleichnamigen GI-Arbeitskreises. Bisher sind die Sammelbände „Betriebliche Umweltinformationssysteme – Projekte und Perspektiven" (HAAS95b) und „Umweltinformationssysteme in der Produktion" (HAAS95d) erschienen.

Speziell zum Thema *Stoffstromanalysen* und *Stoffstrommanagement* sei außerdem auf den Sammelband SCHM95 verwiesen.

16 Orientierungen für die Umweltinformatik

Arno Rolf, Lorenz M. Hilty

Die Bezeichnung „Umweltinformatik" hat sich durchgesetzt. Damit hat das Teilgebiet der Informatik, das sich seit rund einem Jahrzehnt in den Dienst von Umweltschutz, Umweltplanung und Umweltforschung stellt, einen griffigen Namen bekommen. Nach dem ersten Symposium zu diesem Thema im Jahr 1986 (JAES87), das noch den Titel „Informatikanwendungen im Umweltbereich" trug, nach mehreren Symposien „Informatik im Umweltschutz" und „Informatik für den Umweltschutz" (IFU88 bis IFU93), hat das 8. Symposium 1994 erstmals unter dem Obertitel „Umweltinformatik" stattgefunden.

Aber hat mit der Entwicklung zu einer griffigen Bezeichnung auch eine Klärung des Gegenstandes und der Orientierung dieser Disziplin stattgefunden? Besteht in der Wissenschaftlergemeinde, die sich unter der Fahne „Umweltinformatik" versammelt hat, Konsens über Ziele und Inhalte ihres Fachgebietes?

Wir wollen in diesem Schlußkapitel bisher ungeklärte Grundfragen formulieren und mögliche Orientierungen und Leitbilder für die Umweltinformatik zur Diskussion stellen.

16.1 Wie erklären Sie einem Kollegen, was Umweltinformatik ist?

Die Informatik hat in den zwei bis drei Jahrzehnten ihres Bestehens ein hohes Maß an Ausdifferenzierung und Spezialisierung erreicht. Von daher hat jeder Informatiker nicht nur gegenüber der Öffentlichkeit und den traditionsreicheren Disziplinen, sondern auch gegenüber seinen Fachkollegen eine „Bringschuld" der Vermittlung. Er muß in der Lage sein, Kern und wesentliche Forschungsfragen seines Spezialgebietes zu erklären.

Wenn Sie als Umweltinformatikerin oder Umweltinformatiker diese Bringschuld einlösen wollen, so haben Sie mindestens drei Möglichkeiten:

1. Möglichkeit: Sie beschreiben die Forschungsaktivitäten der Umweltinformatik.

Sie werden möglicherweise mit der Nennung der verschiedenen Informatikmethoden und -konzepte beginnen, die in der Umweltinformatik eingesetzt werden, also z.B. Datenbanksysteme, Modellbildung und Simulation, Computergraphik und Bildverarbeitung oder wissensbasierte Systeme. Diese Konzepte haben neue Möglichkeiten in Bereichen wie Umweltmonitoring,

Umweltinformationssysteme, Visualisierung von Umweltdaten oder Öko-systemforschung geschaffen.

Sie werden vielleicht zu dem Ergebnis kommen, daß der Methodentransfer aus der Kerninformatik in die Anwendungen in vielen Fällen gelungen ist. Sie werden sich aber wahrscheinlich schwertun, eine gemeinsame Klammer für diese vielfältigen Aktivitäten zu finden. Eine stabile Disziplin ist auch dadurch gekennzeichnet, daß – über die Schaffung einer soliden wissenschaftlich-methodischen Basis hinaus – die Zusammenführung und Strukturierung der Einzelaktivitäten gelingt.

2. Möglichkeit: Sie versuchen eine Definition der Umweltinformatik.

Definition Umwelt-informatik

Sie könnten sich hierbei an unserer Definition aus Kapitel 1 (S. 17) oder an dem folgenden Definitionsvorschlag des GI-Arbeitskreises „Ausbildung im Bereich Umweltinformatik" orientieren: „Umweltinformatik befaßt sich mit den Anwendungen der Informatik für den Umweltschutz. Sie sammelt, ordnet, bewertet und entwickelt Methoden, Verfahren und Techniken der Informatik und bietet sie den Anwendern an." (DOLL93, S. 267)

Wahrscheinlich werden sich Ihnen einige Fragen stellen: Stimmt es wirklich, daß die Umweltinformatiker ihre Methoden und Techniken den Anwendern anbieten, oder geschieht es häufiger, daß die Nachfrage von den Umwelt-schutz-Experten ausgeht? Und welche Arbeitsteilung besteht in diesem Prozeß? Verstehen die Fachdisziplinen die Umweltinformatik nur als technische Hilfsdisziplin? Wie weit muß sich der Umweltinformatiker selbst in die jeweilige Umweltproblematik einarbeiten? Ist die Qualität der technischen Lösung vom Kontextverstehen des Umweltinformatikers abhängig? Wie sollte also die Arbeit zwischen Fachexperten und Umweltinformatikern aufgeteilt werden?

Der Versuch, Fachgebiete zu definieren, ist grundsätzlich problematisch. Eine Definition muß zwangsläufig verkürzen und auf die Einbeziehung unterschiedlicher Sichtweisen eines Faches verzichten. Der Vorteil von Definitionsversuchen liegt darin, daß sie bislang ungeklärte Grundsatzfragen verdeutlichen und den Diskurs anregen.

3. Möglichkeit: Sie beschreiben die notwendigen Kenntnisse eines Umwelt-informatikers.

Kenntnisse des Um-weltinformatikers

Auch hier könnten Sie zunächst vom GI-Arbeitskreis „Ausbildung im Bereich Umweltinformatik" ausgehen. Er verlangt vom Umweltinformatiker „Kenntnisse und Fertigkeiten in Informatik und Kommunikationstechnik, insbesondere aus der Angewandten Informatik" und „Kenntnisse im Umweltschutz" (DOLL93, S. 268).

Was aber kann das konkret bedeuten? *Welche* Qualifikationen aus dem Bereich der Angewandten Informatik und Kommunikationstechnik sind für den Umweltinformatiker wesentlich? Welche Kenntnisse aus dem Umweltschutz und den dafür relevanten Fachgebieten sollte ein Informatiker haben, um sich in diesem Anwendungsgebiet sinnvoll betätigen zu können (vgl. hierzu auch Kapitel 2)? Was muß er z.B. von Umweltchemie, Meteorologie, Ökologie, von

Ökobilanzen und Ökocontrolling, Umweltrecht oder von Umwelt- und Ressourcenökonomie verstehen? Sollte er sich mit der Bedeutung des Zweiten Hauptsatzes der Thermodynamik (des Entropiesatzes) für die Ökonomie, mit Problemen der ökologischen Bewertung, mit der Dynamik von Ökosystemen, mit Klimaforschung oder mit Schadstoffwirkungen auseinandergesetzt haben? Und welche Kenntnisse benötigt der Umweltinformatiker, um die Brücke zwischen Informatikmethoden und dem Umweltschutz als seinem Anwendungsgebiet zu schlagen, also wirklich „Informatikanwendungen für den Umweltschutz" zu verwirklichen? Ist hierfür auch das Erlernen diskursiver Methoden für die Arbeit in interdisziplinären Projekten erforderlich?

Und schließlich: Besteht nicht die Gefahr, daß eine zu breit angelegte Umweltinformatik von einem Extrem ins andere fällt, also von einer technischen Hilfswissenschaft zu einer „Umwelt-Universalwissenschaft" zu werden versucht?

Zwischenbilanz

Nachdem Sie diese drei Möglichkeiten erwogen haben, Ihrem Kollegen die Umweltinformatik zu erklären, werden Sie vielleicht – wie wir auch – in Ihrem bisherigen Verständnis von Umweltinformatik verunsichert sein. Im folgenden wollen wir versuchen, ungeklärte Fragen im Selbstverständnis der Umweltinformatik herauszuarbeiten und anschließend die aktuellen und mögliche zukünftige Orientierungen dieser Disziplin diskutieren. Ungeklärt sind nach unserer Einschätzung nach wie vor die folgenden Fragen:

Ungeklärte Fragen

- Wie lassen sich die bisherigen, zum Teil weit fortgeschrittenen Einzelaktivitäten (wie sie z.B. in den Tagungsbänden IFU88 bis IFU95 und in diesem Handbuch dokumentiert sind) zu einem *Gesamtkonzept Umweltinformatik* integrieren?
- Wie sollte die *Arbeitsteilung* zwischen Umweltinformatik und der jeweiligen Fachdisziplin aussehen?
- Über *welche Kenntnisse aus dem Umweltschutz* und den damit zusammenhängenden Fachgebieten muß eine Umweltinformatikerin oder ein Umweltinformatiker verfügen?
- Wo liegt der Mittelweg zwischen den Extremen „technische Hilfswissenschaft" und „Umwelt-Universalwissenschaft", den die Umweltinformatik beschreiten sollte?

Einen Ausgangspunkt für die Klärung dieser Fragen sehen wir in der bewußten Kombination von technisch-ingenieurwissenschaftlichem *Verfügungswissen* mit einem breiten *Orientierungswissen*. Das Ziel, Umweltschutz zu betreiben, verlangt neben dem Wissen und Können des „Machers" die Fähigkeit, das eigene Handeln vor dem Hintergrund der Umweltproblematik zu bewerten und es daran bewußt zu orientieren. Der Einstieg in eine so verstandene Umweltinformatik muß mit der Reflexion der impliziten Leitbilder und Orientierungen der heutigen Forschungs- und Entwicklungsaktivitäten beginnen.

16.2 Aktuelle Orientierungen der Umweltinformatik

Wenn es um die Beziehung zwischen Informatik bzw. Computer und Umwelt geht, so sind vor allem zwei Orientierungen anzutreffen, die häufig nebeneinander stehen: Die ingenieurwissenschaftliche Grundhaltung, die nur nach der *Machbarkeit* fragt und ohne Bewertungen auszukommen versucht, und die undifferenzierte Vorstellung, daß der Einsatz von Informations- und Kommunikationstechniken unter ökologischen Gesichtspunkten *generell positiv* zu bewerten sei. Als dritte „Orientierung" beobachten wir schließlich eine verbreitete Orientierungslosigkeit, die zu einem teilweise chaotischen (aber damit nicht notwendigerweise unproduktiven) Forschungsprozeß führen kann.

16.2.1 Das „wertfreie Ingenieurwissen"

Verfügungswissen
versus
Orientierungswissen

Eine Ingenieurwissenschaft will vor allem konstruktive Methoden bereitstellen und dabei auf Bewertungen weitgehend verzichten. Nach ingenieurwissenschaftlichem Verständnis hat die Informatik – unabhängig vom jeweiligen Anwendungsgebiet – sich darauf zu beschränken, *Verfügungswissen* bereitzustellen, also auszuloten, was technisch machbar ist und das Machbare in einem konstruktiven Prozeß zu optimieren. Eine Forschung, die *Orientierungswissen* erarbeitet, die also Grundlagen schafft für die Entscheidung, was man machen *soll* und nicht nur, was man machen *kann*, hat aus der Sicht des Ingenieurs (leider) nur in den Geistes- und Sozialwissenschaften ihren Platz. Er betrachtet es nicht als seine Aufgabe, die Inhalte seiner Arbeit zu bewerten oder die ihnen zugrundeliegenden Leitbilder und Orientierungen zu hinterfragen.

Die Zusammenarbeit eines Informatikers mit einem Fachexperten aus dem Anwendungsgebiet stellt sich aus Ingenieurssicht so dar: Der Fachexperte bringt in einem arbeitsteiligen Prozeß sein Wissen ein, das der Informatiker in seinem eigenen fachlichen Kontext interpretiert und so mit der Informatik „verschweißt". Nach diesem Verständnis ist die Informatik vor allem eine technische Hilfsdisziplin. Die beschriebene Form der Arbeitsteilung wird häufig damit begründet, daß ein Einstieg des Informatikers in die jeweiligen Fachfragen seine Kräfte und Kompetenz überfordern und zu Dilettantismus führen würde.

Auf die Umweltinformatik bezogen bedeutet dies, daß ein Umweltinformatiker von der Umweltproblematik wenig verstehen muß, ja sich aus Fachfragen und -diskussionen im Anwendungsgebiet „Umweltschutz", „Umweltforschung" oder „Umweltplanung" sogar tunlichst heraushalten sollte. Seine Arbeit beginnt erst dann, wenn eine exakte (nach Möglichkeit formale) Spezifikation eines Umweltproblems vorliegt.

Man müßte sich bei diesem Verständnis von Umweltinformatik allerdings fragen, welches spezifische Merkmal sie noch von anderen Teilgebieten der Informatik unterscheidet.

Gegen diesen Ansatz lassen sich einige Argumente anführen: Aus der scheinbar klaren Arbeitsteilung erwachsen in der praktischen Durchführung oft unlösbare Schwierigkeiten, z.B. Kommunikationsprobleme. Ein verantwortungsbewußter Wissenschaftler und Techniker sollte ferner in der Lage sein, über die Auswahl eines Forschungsgegenstandes oder die Ziele technischer Entwicklungsarbeit mitzuentscheiden. Nur so kann verhindert werden, daß die Arbeitsinhalte auf Basis mehr oder minder irrationaler Leitbilder und nicht diskutierter Wertsetzungen bestimmt werden.

Eine begründete Einschätzung und Prioritätensetzung durch den Umweltinformatiker ist ohne Orientierungswissen aber nicht möglich. Allein die Tatsache, in „Umweltprojekten" zu arbeiten („Wer ist schon gegen Umweltschutz?"), entbindet nicht von der Verantwortung, sich ein eigenes, fundiertes Urteil über den Sinn oder Unsinn der Projekte zu bilden. Durch das Ansehen der Informatiker als Schöpfer und Gestalter einer Schlüsseltechnologie und die damit verbundenen relativen Freiheiten in beruflichen Entscheidungen wiegt diese Verantwortung besonders schwer.

16.2.2 Der „computerökologische Wunschpunsch"

Viele Informatiker sind der Auffassung, daß uns – wenn überhaupt etwas – dann nur Informations- und Kommunikations(IuK)-Techniken aus dem Dilemma befreien können, in das uns die wirtschaftliche Wachstumsdynamik einerseits und die Begrenztheit natürlicher Ressourcen und Belastbarkeiten andererseits gebracht haben. Diese wenig differenzierte Vorstellung haben wir in Abwandlung eines Kinderbuchtitels (Michael Ende: Der satanarchäolügenialkohöllische Wunschpunsch) einmal als der „computerökologische Wunschpunsch" bezeichnet (ROLF91). Die Metapher hat sich gehalten. Warum ist diese Vorstellung unter Informatikern und teilweise auch in der Öffentlichkeit so populär? Hierfür gibt es mindestens zwei Gründe:

• Die Computertechnik hat in den letzten Jahrzehnten wie keine andere Technik bewiesen, daß sie immer größere Leistungen mit immer geringerem Platz- und Energiebedarf erbringen kann. Man denke nur an die ersten Relais- oder Röhrenrechner, die ganze Säle füllten und viele Kilowatt an elektrischer Leistung schluckten. Heute leistet ein Taschenrechner mehr, der von einer winzigen Solarzelle versorgt wird.

• Die Produktion von Programmen und Daten ist eine Form der Wertschöpfung, die keine direkten Umweltschäden verursacht, beispielsweise belastet eine Softwarefirma oder ein Rechenzentrum die Umwelt wesentlich weniger als ein Chemieunternehmen oder ein Agrarbetrieb.

Diese Sichtweise erscheint uns undifferenziert, weil sie den ökonomischen Kontext vernachlässigt, in dem IuK-Techniken genutzt und weiterentwickelt werden.

Wo Computer Datenströme umschlagen, qualmen zwar keine Industrieschlote – allenfalls die Köpfe der geplagten Benutzer. Die IuK-Techniken werden bisher aber überwiegend dazu genutzt, den Produktionsfaktor Arbeit durch erschöpfbare natürliche Ressourcen zu ersetzen. Diese Form der Rationalisierung (Steigerung der Arbeitsproduktivität) wird von Ökonomen auch als *Rationalisierung I* bezeichnet (vgl. BINS88). Angesichts der hohen Investi-

Rationalisierung I versus Rationalisierung II

317

tionsquoten auf diesem Feld erweisen sich Investitionen in die bessere Ausnutzung von Energie und Rohstoffen (*Rationalisierung II*) heute als Tropfen auf den heißen Stein. Je höher aber die Arbeitsproduktivität in einer Volkswirtschaft ist, desto mehr muß konsumiert werden, damit ausreichend gearbeitet werden kann. Die in Rationalisierung I investierten Ressourcen fehlen also nicht nur für die Rationalisierung II, sie erzwingen zudem ein wirtschaftliches Mengenwachstum, wenn die Arbeitslosigkeit nicht noch weiter ansteigen soll. So geraten wir immer weiter in die Spirale von „Produktivismus und Konsumismus" hinein, wie der Sozialwissenschaftler Otto Ullrich es formuliert. Ökologische Ziele und die Vorstellung von einer nachhaltigen Wirtschaft bleiben Illusion.

Solange also die Wirtschaftspolitik keine klaren Signale in Richtung Verteuerung natürlicher Ressourcen und Verbilligung menschlicher Arbeitskraft setzt (z.B. eine drastische Energiesteuer bei steuerlicher Entlastung der Arbeit), kann die Umweltinformatik keinen direkten Beitrag zur Umweltschonung leisten. Sie kann allenfalls indirekt wirken, indem sie die gesellschaftliche Wahrnehmung und Analyse von Umweltproblemen unterstützt, die Umweltforschung voranbringt und die Technologien vorbereitet, die die Volkswirtschaft in Zukunft brauchen wird, um sich an unausweichliche Ressourcenwertverschiebungen anzupassen. Erfreulicherweise sind immer mehr Unternehmen bereit, diese Entwicklung zu antizipieren, sich also *vorbeugend* anzupassen.

Die IuK-Techniken werden heute (noch) überwiegend als Trendverstärker der geltenden Wachstumsziele „weiter, schneller, mehr" genutzt, und das heißt „rastlose Erzeugung neuer Produkte und Dienstleistungen, Eindringung in die letzten Zonen der Natur, Ausfüllen verbliebener Zeitreservate" (K. M. Meyer-Abich, vgl. MEYE90, S. 45).

Eine pauschal positive Bewertung der IuK-Techniken im ökologischen und ökonomischen Kontext ist also in Frage gestellt. Die Umweltinformatik braucht differenziertere Orientierungen, um zu einer wirklichen Problemlösung im Umweltbereich beitragen zu können.

16.2.3 „Umweltinformatik by Chance"

Forschung und Entwicklung in der Informatik unterliegen Marktgesetzen. Auch in der Umweltinformatik wird vor allem dort geforscht und entwickelt, wo Nachfrage von Anwendern besteht, und wo Fragestellungen mit Forschungstöpfen in Einklang gebracht werden können.

Die Rolle des Umweltinformatikers beschränkt sich in diesem Falle darauf, den Fachexperten erfolgversprechende Methoden und Werkzeuge anzubieten, und er wird auch versuchen, bei seinen Geldgebern neue Bedürfnisse zu wecken. Diese wiederum – ob öffentlich oder privat – sind primär nicht immer an der Lösung von Sachproblemen, sondern an Prestigegewinn interessiert, so daß keiner der Beteiligten die Projektziele nach sachlichen Kriterien beurteilt. Das Ergebnis solch „orientierungsloser" Konstellationen ist ein chaotischer Forschungsprozeß, der gelegentlich seltsame Blüten treibt – und vielleicht durch Zufall auch einmal wirklich nützliche Ergebnisse hervorbringt.

16.3 Neue Orientierungen für die Umweltinformatik

Wenn wir hier mögliche zukünftige Orientierungen der Umweltinformatik diskutieren, so kann dies nur im Sinne von Vorschlägen und Anregungen geschehen. Wir gehen davon aus, daß die Umweltinformatik ihre Orientierungen und Leitbilder laufend kritisch reflektieren muß, wenn sie wirksam zur Bewältigung der ökologischen Herausforderung beitragen will.

Wir diskutieren zunächst widerstreitende Leitbilder der ökonomischen Entwicklung, die sich als Alternativen zum früheren Leitbild des grenzenlosen wirtschaftlichen Mengenwachstums entwickelt haben. Anschließend versuchen wir, einige Konsequenzen für die Umweltinformatik zu ziehen.

16.3.1 Leitbilder der ökonomischen Entwicklung

Wer sich mit der globalen Umwelt- und Ressourcenproblematik befaßt hat, kann nicht ernsthaft an der Vorstellung festhalten, ein unbegrenztes Mengenwachstum – also die Produktion, der Konsum und die Entsorgung einer immer größeren Menge von Gütern pro Zeitperiode – sei dauerhaft durchzuhalten. Damit stellt sich die Frage, welche anderen Leitbilder an die Stelle des Leitbildes „grenzenloses Mengenwachstum" treten können.

In der Diskussion um das Verhältnis von gesellschaftlicher Entwicklung und Umwelt sehen wir vor allem drei solche Leitbilder:
- Nullwachstum,
- sauberes Wachstum,
- Sustainable Development (nachhaltige, dauerhafte Entwicklung).

Das Leitbild „Nullwachstum" ist entstanden, als in den 70er Jahren einer breiten Öffentlichkeit die Begrenztheit der natürlichen Ressourcen bewußt wurde, angeregt vor allem durch die Studie des *Club of Rome* zu den Grenzen des Wachstums (MEAD72). Die sogenannte Ölkrise, d.h. die vom OPEC-Kartell kurzfristig durchgesetzte Preissteigerung für Rohöl 1973 (gefolgt von einem zweiten Preissprung im Jahre 1979, der weniger beachtet wurde) hat ebenfalls zur Bildung eines Bewußtseins für die Begrenztheit der Rohstoffvorräte beigetragen – obwohl sie ganz andere Ursachen als etwa eine akute Rohölknappheit hatte. *[Marginalie: Nullwachstum]*

Das Leitbild „sauberes Wachstum", das heute sehr populär ist, betont dagegen das Problem der Umweltverschmutzung durch Emissionen und Abfälle aus Produktions- und Konsumtionsprozessen. Wirtschaftliches Wachstum wird hier nicht in Frage gestellt, sondern sogar als notwendig erachtet, damit sich die Volkswirtschaft auch die Entwicklung und den Einsatz von Reinigungstechnologien leisten kann, die die Umweltbelastung im Zaum halten sollen. *[Marginalie: Sauberes Wachstum]*

Richtig an dieser Vorstellung ist die Tatsache, daß die Verschmutzung der Umwelt durch Emissionen und Abfälle ein *noch dringlicheres* Problem darstellt als der Abbau begrenzter Ressourcen. Die Erschöpfung der Rohstoffvorräte liegt außerhalb unserer Lebensspanne; wahrscheinlich werden wir aber noch erleben, daß sich die Lebensqualität durch Schadstoffimmissionen über die

Medien Luft und Wasser und durch klimatische Veränderungen drastisch verschlechtert. Die riesige physikalische Masse der immer schneller geförderten Rohstoffe wird ja nach ihrer wirtschaftlichen Nutzung vollständig an die Umwelt zurückgegeben, sei es in Form von Emissionen in Luft, Wasser und Boden oder in Form von festen Abfällen, die deponiert werden müssen. Dadurch verändern wir die Umwelt und damit unsere Lebensbedingungen schneller, als wir uns ihnen anpassen können.

Ein Beispiel soll veranschaulichen, welche Massenströme wir mit alltäglichen Handlungen verursachen: Die Masse an Kohlendioxid, die ein mittlerer PKW nach sieben Tankfüllungen in die Atmosphäre emittiert hat, entspricht ungefähr seinem Eigengewicht. Sie beträgt rund das Dreifache der Masse des verbrauchten Benzins, weil der Verbrennungsmotor neben dem Brennstoff auch erhebliche Mengen Luftsauerstoff verbraucht.

Das Leitbild vom sauberen Wachstum hat seine Grenzen, wie schon dieses Beispiel zeigt. Denn der Abgaskatalysator als typische Reinigungstechnologie kann zwar die toxischen Anteile im Abgas (Kohlenmonoxid, Stickoxide, organische Verbindungen) reduzieren, aber den gesamten Energie- und Massendurchsatz des Motors um kein Gramm verringern.

Übertragen wir das Beispiel Verbrennungsmotor auf die gesamte Volkswirtschaft, so besteht das Leitbild vom sauberen Wachstum in der Vorstellung, bestimmte schädliche Nebenwirkungen von Produktion und Konsum durch gesetzlich festgelegte Grenzwerte und den Einsatz entsprechender Reinigungstechnologien zu bekämpfen, was ein weiteres Wachstum der Stoff- und Energieflüsse gestattet – und dieses zugleich voraussetzt, weil ja auch die neuen Technologien produziert werden müssen.

Leerlaufgrenze des Wachstums

Wie der Schweizer Wirtschaftswissenschaftler H. C. Binswanger nachgewiesen hat, kann diese Rechnung nicht aufgehen. Denn um bei steigendem Ressourcenverbrauch (und damit zwangsläufig wachsendem Emissions- und Abfallaufkommen) einen minimalen Umweltstandard zu sichern, müßten Emissionsgrenzwerte und Abfallvorschriften laufend verschärft werden. Der Reinigungsaufwand, der für die Einhaltung dieser Grenzwerte betrieben werden muß, wächst dabei aber überproportional. Dies läßt sich auf den Zweiten Hauptsatz der Thermodynamik (Entropiesatz) zurückführen und gilt somit unabhängig von der Art der Reinigungstechnologie. Folglich muß der Anteil des Bruttosozialprodukts, den die Volkswirtschaft zur Einhaltung des Umweltstandards aufwendet, ständig wachsen. Schließlich wird die sogenannte *Leerlaufgrenze* erreicht. Das ist der Punkt, an dem das Wachstum des Bruttosozialprodukts nur noch dazu verwendet wird, die Umweltfolgen eben dieses Wachstums zu korrigieren (vgl. BINS88).

Sustainable Development

Das Leitbild „Sustainable Development", etwas unbefriedigend als „nachhaltige", „dauerhafte" oder auch „aufrechterhaltbare Entwicklung" übersetzt, wurde von der Brundtland-Kommission geprägt: „Dauerhafte Entwicklung ist Entwicklung, die die Bedürfnisse der Gegenwart befriedigt, ohne zu riskieren, daß zukünftige Generationen ihre eigenen Bedürfnisse nicht befriedigen können" (HAUF87, S. 46).

320

Die zentrale Zielsetzung ist hier die Entkoppelung von Bedürfnisbefriedigung und Ressourcenverbrauch: Die Bedürfnisse einer größeren Zahl von Menschen müssen mit immer geringerem Einsatz ökologisch knapper Güter befriedigt werden. Damit wird die ökologische Effizienz zu einem Schlüsselbegriff dieses Leitbildes (vgl. auch SCHA92 und HILT93a). Die Möglichkeiten und Grenzen dieser Entkoppelung sind allerdings umstritten.

Aus dieser Diskussion von Leitbildern der ökonomischen Entwicklung lassen sich noch keine Orientierungen für die Umweltinformatik ableiten. Wir wollen daher versuchen, ökonomische und ökologische Prozesse aus einer physikalischen Perspektive, also auf der Ebene der Stoff- und Energieflüsse zu betrachten. Hier sind besonders die Hauptsätze der Thermodynamik zu berücksichtigen. Diese Sichtweise, die in der Ökonomie seit einigen Jahrzehnten diskutiert wird, hat nach unserer Auffassung einige direkte Konsequenzen für die Umweltinformatik.

16.3.2 Stoffkreisläufe und Entropie

Die ökonomischen Aktivitäten des Menschen, von der Rohstoffextraktion über die Produktion von Gütern und deren Gebrauch bis zur anschließenden Entsorgung, bilden Ketten von stofflichen Transformationen. Komplexe anthropogene Systeme können wie natürliche Ökosysteme unter dem Aspekt ihres „Stoffwechsels" betrachtet werden. Diese Sichtweise wurde vor allem von Baccini geprägt, der beispielsweise die Privathaushalte von Städten hinsichtlich ihres Stoffwechsels analysiert hat (BACC91, BACC93).

Bei jeder stofflichen Transformation wird auch Energie umgewandelt. Die Energie bleibt dabei nach dem *Ersten Hauptsatz* der Thermodynamik stets erhalten. Sie geht bei der Umwandlung jedoch von einem Zustand hoher Nutzbarkeit in einen Zustand geringerer Nutzbarkeit über. Beispielsweise könnte die Abwärme einer Bremse auch mit der besten denkbaren Technologie nur zu einem kleinen Teil wieder zur Beschleunigung des Fahrzeugs genutzt werden. Diese Entwertung der Enrgie durch Umwandlung ist auf den für Ökonomie und Ökologie so wichtigen *Zweiten Hauptsatz* der Thermodynamik zurückzuführen. Er besagt, daß die Entropie in einem geschlossenen System nicht abnehmen kann, wobei man sich die Entropie sehr grob als ein negatives Maß für die Nutzbarkeit der Energie vorstellen kann. Die Relevanz der thermodynamischen Gesetze für die Ökonomie wurde ursprünglich vom Wirtschaftswissenschaftler Georgescu-Roegen erkannt (GEOR71) und von anderen Ökonomen auf naturwissenschaftlich fundiertere Weise weiterverfolgt (FABE83).

Wir können diese Überlegungen hier nur in ihren wesentlichen Konsequenzen darstellen und müssen den interessierten Leser auf die angegebene Literatur verweisen. Aus dem zweiten Hauptsatz folgt, daß die Nutzung von Materie und Energie im Wirtschaftsprozeß immer zu einem bestimmten Anteil *irreversibel* ist. Die Umwandlung von Rohstoffen in Produkte scheint zwar durch Recycling umkehrbar zu sein, doch der Recyclingprozeß geschieht auf Kosten einer Energieumwandlung und damit auf Kosten eines partiell irreversiblen Prozesses.

Hauptsätze der Thermodynamik

Irreversibilität und Entropie

Das „Ausmaß der Irreversibilität" eines Transformationsvorgangs kann physikalisch exakt durch die Entropiezunahme im betrachteten System beschrieben werden. Als Zielvorstellung muß deshalb jedes auf dem Boden der Naturwissenschaften stehende Leitbild ökonomischer Entwicklung die Verwirklichung *niedrig-entropischer Kreisläufe* beinhalten. Dies sind Kreisläufe, deren Transformationen insgesamt möglichst geringe Entropiezuwächse bewirken.

Ursprünglich war der Mensch vollständig in die natürlichen Stoff- und Energiekreisläufe seiner Umwelt eingebunden, deren Entropiezuwächse durch den Zustrom an nutzbarer Energie von der Sonne begrenzt sind. Die Natur hat ein perfektes Recycling unserer Produktions- und Konsumabfälle und unserer Emissionen in Luft, Wasser und Boden durchgeführt.

Wenn dies in der modernen Wirtschaft größtenteils nicht mehr der Fall ist, so hat das mindestens zwei Gründe. *Erstens* bringen wir heute durch den raschen Abbau von Rohstoffvorräten Materie mit einer so hohen Rate in Umlauf, daß das natürliche Recycling überfordert ist. Die Stoffe reichern sich dann in bestimmten Zonen der Umwelt an (z.B. das Kohlendioxid in der Atmosphäre) und verändern die Umwelt schneller, als es für unsere Mitgeschöpfe und für uns selbst erträglich ist. *Zweitens* erzeugen wir chemische Verbindungen in großer Zahl, die vom natürlichen Ökosystem gar nicht erkannt werden oder seine Informationsprozesse stören (toxische Verbindungen). In der Tat ist die Natur ein perfektes Informationssystem, das Stoffe klassifiziert, in die richtigen Kanäle leitet und sich auf komplexe Weise reguliert, indem es chemische Verbindungen als Informationsträger nutzt.

Die moderne Wirtschaft ist zu diesem System sowohl quantitativ als auch qualitativ inkompatibel geworden.

Recycling

Wenn wir nun versuchen, die zum natürlichen System inkompatiblen Stoffflüsse durch technische Maßnahmen zu schließen (künstliches Recycling), so benötigen wir hierfür zusätzliche Energie. Auch für den Idealfall einer Recycling-Technologie, die ein exaktes Spiegelbild des Produktionsprozesses darstellt, gilt also, daß der gesamte Kreislauf nur auf Kosten des ökologisch knappen Gutes „nutzbare Energie" aufrechterhalten werden kann. Künstliche Stoffkreisläufe sind unter ökologischen Gesichtspunkten somit sehr differenziert zu beurteilen.

Zunächst ist festzustellen, daß wir heute sehr weit vom idealen Recycling entfernt sind, denn in der Regel findet ein „Downcycling" statt, d.h. es entstehen nur minderwertige Rohstoffe. Aus alten Plastikflaschen können vielleicht Gartenmöbel hergestellt werden, aber diese sind nach Gebrauch nicht weiter verwertbar. Durch Downcycling wird die Aufenthaltsdauer von Stoffen in der Anthroposphäre zwar verlängert, aber mit der Perfektion des natürlichen Recyclings ist dies nicht zu vergleichen.

Es würde nun aber nicht genügen, ein echtes Recycling (im Gegensatz zum Downcycling) zu verwirklichen, also die Rücktransformation der Produkte in die ursprünglichen Rohstoffe zu erreichen. Vielmehr müssen aus den oben genannten Gründen die gesamten Stoffkreisläufe nach der Forderung des *minimalen Entropiezuwachses* gestaltet werden. Diese Forderung hat einige konkrete Konsequenzen:

1. Die Vermischung von Materialien bedeutet in der Regel Entropiezunahme und sollte deshalb minimiert werden. Es erscheint auch intuitiv plausibel, daß ein Produkt aus einer Vielzahl von eng vermischten Materialien mit größerem Aufwand in Rohstoff „zurückverwandelt" werden kann als ein Produkt aus wenigen und leicht trennbaren Materialien.

2. Die Emission von Stoffen in die Umweltmedien Luft, Wasser und Boden (strenggenommen ein Spezialfall von Punkt 1) bedeutet Entropiezunahme und sollte vermieden werden, soweit die Natur die Stoffe nicht selber extrahieren und in der angebotenen Menge nutzen kann.

3. Anzahl und Durchsatz der Transformationsvorgänge pro Zeitperiode sollten minimiert werden („Entschleunigung" der Kreisläufe). Das bedeutet, daß langlebige Produkte oder leicht demontierbare Produkte mit wiederverwendbaren, langlebigen Modulen sich ökologisch günstig auswirken.

4. Die Umwandlung von Energie, egal in welcher Form, sollte minimiert werden. Weil u.a. der Transport von Gütern und Abfällen erheblichen Energieeinsatz erfordert, sind kleinräumige Kreisläufe den Kreisläufen mit großen Transportdistanzen vorzuziehen.

Die Schließung von Stoffkreisläufen ist auch ein Informationsproblem. So wie es für die in die Umwelt entlassenen Stoffe natürliche Rezeptoren geben muß, die sie erkennen, so ist auch das technische Recycling auf Informationen angewiesen (siehe auch Abschnitt 15.3). Je geringer der Informationsverlust entlang der Stoffflußkette, desto geringer ist auch der Entropiezuwachs. Es bestehen Beziehungen zwischen Entropie und Information, die wir hier allerdings nur andeuten können. Eine differenzierte Diskussion ist bei M. Binswanger zu finden (BINS92). *(Randnotiz: Recycling und Information)*

16.3.3 Konsequenzen für die Umweltinformatik

Es gibt viele Möglichkeiten für die Umweltinformatik, Schritte in die oben beschriebene Richtung zu unterstützen. Die bisherigen Schwerpunkte ihrer Forschungs- und Entwicklungsaktivitäten haben allerdings dazu geführt, daß sie fast zu einer „Katasterdisziplin" geworden ist. Viele Aktivitäten der Umweltinformatik sind bislang darauf gerichtet, Daten über die fortschreitende Umweltverschmutzung im öffentlichen Raum zu erfassen, zu speichern und – soweit es dazu überhaupt kommt – auszuwerten (vgl. auch Kapitel 2).

Auf diese Weise hat die Umweltinformatik in den letzten Jahren dazu beigetragen, daß an vielen Orten zu jeder Zeit auf Daten zur Umweltverschmutzung zurückgegriffen werden kann.

Nach unserer Auffassung reicht diese Orientierung nicht mehr aus. Die Umweltinformatik sollte sich als „Problemlösungsdisziplin" verstehen, die ihren spezifischen Beitrag zur Annäherung an die oben beschriebenen Ziele leistet. Hierfür sehen wir mindestens fünf Ansatzpunkte: *(Randnotiz: Ansätze zur Problemlösung)*

• Die Entstehungsorte der Umweltbelastung, also die entropieerzeugenden Transformationen. Hier ist zum einen die „intelligente" Steuerung und Regelung technischer Prozesse zur Verbesserung der *Energie- und Rohstoffproduktivität* und zur *Abfall- und Emissionsreduzierung*, zum anderen die Unterstützung prozeßbezogener und betrieblicher *Ökobilanzen* bis hin zum *Ökocontrolling* durch entsprechende Software gefragt (siehe auch Abschnitt 15.2). Im ersten Fall wird die Umweltinformatik eng mit der Regelungstechnik, im zweiten Fall mit der Wirtschaftsinformatik und der Umweltökonomie zusammenarbeiten. Übergeordnetes Prinzip ist die ökologische Effizienz (vgl. HILT93a).
• Die Struktur und Organisation der Stoffkreisläufe. Hier sind Konzepte der *Ökologistik* gefragt, die weit über die optimale Organisation von raumzeitlichen Überbrückungsfunktionen hinaus die *ökologische Optimierung* ganzer materiell/energetischer Transformationssysteme zum Ziel haben; hier können z.B. Simulationsmethoden eingesetzt werden (vgl. HILT92b, HILT93b, HILT94a).
• Die Produktentwicklung, die ja die im Produktlebenszyklus auftretenden Stoffflüsse und Transformationen langfristig festlegt. Kriterien wie Langlebigkeit, reduziertes Materialspektrum, Modularität, Demontierbarkeit und Recyclingfähigkeit werden in Zukunft eine größere Rolle spielen. Hier ist die Erweiterung von Methoden der *Ökobilanzen für Produkte* durch *Szenariotechniken* bis hin zur Simulation von Produktlebenszyklen relevant.
• Die Schnittstellen von anthropogenen und natürlichen Stoffflußsystemen. Auf der Inputseite ist hier die *Erkennung von Knappheitssignalen* des natürlichen Ökosystems durch Umweltmonitoring, auf der Outputseite die Beachtung der *Ökotoxizität von Stoffen*, unterstützt z.B. durch Stoffdatenbanken oder Expertensysteme, gefragt.
• Bei der Vermittlung von Umweltwissen, das vor allem das Bewußtsein für die *Komplexität von Stoff- und Energieflußsystemen* und die ökologischen Auswirkungen politischer und privater Entscheidungen schulen soll. Beispielsweise ist der Verbraucher immer stärker an Informationen über die mit Produkten verbundenen ökologischen Belastungen interessiert. Hier sind Simulationsmodelle und Lernsysteme für grundlegendes Umweltwissen, Datenbanken und Datennetze zur Vermittlung aktueller Informationen gefragt.

Die Umweltinformatik kann und soll diese Ziele aber nicht allein auf der *technischen* Ebene verfolgen. Auch auf der *konzeptuellen* Ebene kann die Informatik einiges anbieten, das für die oben genannten Punkte relevant ist. Auf lange Sicht ist vielleicht sogar der Transfer von Informatik-Konzepten eine wichtigere Aufgabe für die Umweltinformatik als die Entwicklung und der praktische Einsatz von Informationstechnik.

Wir können solche Konzepte in diesem Rahmen nur beispielhaft aufführen, um die Denkrichtung anzudeuten:
• *Modularisierung*, also die Reduktion von Systemkomplexität durch Abgrenzung von Subsystemen mit klar definierten Schnittstellen. Heute wird auch im Bereich des ökologischen Produktdesign bereits von Modularisierung gesprochen; dieses Konzept kann wesentlich zur Demontierbarkeit komplexer Pro-

dukte und zur Weiterverwendung der Module (anstelle eines stofflichen Recyclings mit hohem Entropiezuwachs) beitragen. Langlebigkeit wiederverwendbarer Module könnte als zweitbeste Lösung verwirklicht werden, wo die Langlebigkeit des gesamten Produkts nicht erreichbar ist.

• *Orthogonalität*, also das Prinzip, aus einer kleinen Menge von Basiskonstrukten durch möglichst uneingeschränkte Kombination eine große Vielfalt von Möglichkeiten abzudecken. Auch dieses Konzept könnte im ökologischen Produktdesign hohen Nutzen stiften, z.B. zu der häufig geforderten Reduktion des Materialspektrums (vgl. STAH88) beitragen, ohne die Vielfalt der damit erzeugbaren Produkte einzuschränken.

• *Änderungsfreundlichkeit*, also das Prinzip, bei der Konstruktion von Systemen mögliche Veränderung der Rahmenbedingungen einzukalkulieren und das System möglichst anpassungsfähig zu gestalten. Die zunehmende Knappheit von Umweltgütern, zu denen, neben den natürlichen Ressourcen, auch die begrenzte Abbau- und Assimilationsfähigkeit der Umwelt für Abfälle und Emissionen gehört, kann z.B. über das Umweltbewußtsein der Verbraucher für Unternehmen spürbar werden und verlangt rasche Anpassungsreaktionen im Produktionsbereich.

16.3.4 Von der Konstruktion zur Gestaltung

Wir sind der Meinung, daß die Umweltinformatik (und auch die Informatik im allgemeinen) nicht nur die Herstellung der softwaretechnischen Form, also den (Software-)Systementwurf zu ihrem Anliegen machen, sondern das Verstehen des *Anwendungskontextes* voranstellen sollte. Dies ist für die Umweltinformatik besonders wichtig, denn nur auf diese Weise

• kann die heute oft mangelhafte Kommunikationsfähigkeit des Informatikers mit Umweltfachexperten verbessert werden und

• kann der Umweltinformatiker seine Handlungen und Entscheidungen mit einem fundierten Orientierungswissen besser einschätzen und bewerten.

Dies setzt einen Sichtwechsel voraus, der die bisherige *Konstruktionsperspektive* der Umweltinformatik um die *Gestaltungssperspektive* ergänzt. Wenn wir von Konstruktion sprechen, so meinen wir damit die Herstellung eines technischen Produktes oder einer Form. Gestaltung dagegen stellt nicht nur auf das Machen und Konstruieren, das Aus- und Durchführen ab, sondern rückt das Zusammenspiel von Verstehen und Herstellen in den Vordergrund. Es drückt ein bewußtes Handeln aus und geht über die technisch-konstruktive Sicht hinaus.

Konstruktion versus Gestaltung

Von Christopher Alexander, einem der großen Designtheoretiker, stammt diese Interpretation des Gestaltungsbegriffs. Für ihn bedeutet Gestalten, ein Objekt so zu formen, daß die zu gestaltende Form und ihr Kontext eine möglichst spannungsfreie Beziehung bilden. Für ihn wie die moderne Designtheorie ist Gestaltung stets in der Einheit von Kontext und Form zu betrachten: Die Form ist die Lösung des Problems, und der Kontext definiert das Problem. Wenn wir über Gestaltung sprechen, so ist das tatsächliche Objekt der Diskussion also nicht allein die Form, es ist die Kombination aus Form und Kontext.

Gestaltung gibt sich nicht mit dem Abarbeiten von Spezifikationen zufrieden. Gestaltung will Kontexte verstehen, weil die Form nur im jeweiligen Kontext interpretiert werden kann. Das Kontextverstehen ist notwendig, um die angemessene Form herstellen zu können.

Der Umweltinformatiker als Gestalter wird sich nach wie vor auch als Konstruktionswissenschaftler in dem Sinne begreifen, daß das Ziel seiner Arbeit letztendlich dem Verständnis und der Beförderung des auf einen technischen Gegenstand gerichteten Konstruktionsprozesses und seiner Ergebnisse dienen soll, also dem Herstellen der softwaretechnischen Form für Anwender im Umweltbereich.

Mit der Gestaltungsperspektive wird eine Erweiterung der Perspektive auf den Umweltkontext bezweckt. Die Umweltinformatik wird zu einer Grenzdisziplin, die klassisches Ingenieurwissen mit Orientierungswissen aus dem Umweltbereich verknüpft.

Die Entwicklung eines nachhaltigen Techniknutzungspfades setzt umweltverträgliche Organisationsstrukturen voraus. Sie setzen verstärkt auf Regionalisierung statt auf Globalisierung und auf Entschleunigung statt Beschleunigung. Wir werden, wie der amerikanische Umweltökonom Jeremy Rifkin es ausdrückt, mit dem Primat der Zeit brechen müssen: „Wenn wir unser Konto mit der Natur ausgleichen wollen, müssen wir das Tempo unserer Wirtschaftstätigkeit so drosseln, daß es sich mit den Zeitplänen der Natur verträgt."

16.4 Weiterführende Literatur

Grundlagen zum Verständnis der Umweltproblematik für Leser aller Fachgebiete vermittelt das Buch „Umweltwissen" (BOSS90).

Zum Entropiebegriff und zur Bedeutung des Zweiten Hauptsatzes der Thermodynamik für die Ökonomie verweisen wir auf das Werk „Entropie. Umweltschutz und Rohstoffverbrauch" von Faber, Niemes und Stephan (FABE83) und die aktuellere Diskussion dieser Thematik im Band „Information und Entropie" von M. Binswanger (BINS92).

Literatur

ADV89 Arbeitsgemeinschaft der Vermessungsverwaltungen der Länder der Bundesrepublik Deutschland (AdV): Amtliches Topographisch-Kartographisches Informationssystem ATKIS. Bezug über das Landesvermessungsamt NRW. Bonn 1989

AHON91 Ahonen, J.J.; Saarenmaa, H.: Model-Based Reasoning about Natural Ecosystems: An Algorithm to reduce the computational Burden associated with simulating multiple biological Agents. In: IFU91, S. 193-200

AHUJ88 Ahuja, S.B.; Soh, W.-Y: A connectionist approach to episodic learning in causal networks. In: Proc. Neuro-Nimes, France 1988, S. 65-94

AIKE92 Aiken, R.M.: Informatics for Environmental Protection. Proceedings of the IFIP 12th World Computer Congress. Vol. II, Symposium 2: Madrid, 7-11 September 1992, Amsterdam: North-Holland 1992, S. 593-685

ALTE92 Altenkrüger, D.; Büttner, W.: Wissensbasierte Systeme. Braunschweig: Vieweg 1992

ALTR91 von Altrock, C.: Über den Daumen gepeilt, Fuzzy Logic: Scharfe Theorie der unscharfen Mengen. In: ct (1991) 3, S. 188–206

AMAN89 Amano, A.; Aritsuka, T.: On the Use of Neural Networks and Fuzzy Logic in Speech Recognition. In: IEEE Conference on NN, Vol I, Wasington 1989, S. 301-305

AMME88a Ammersbach, K.; Fuhr, N.; Knorz, G.: Empirically based concepts for materials data systems. In: Proceedings of the 1988 CODATA Conference, Karlsruhe 1988

AMME88b Ammersbach, K.; Fuhr, N.; Knorz, G.: Empirisch gestützte Konzeption einer neuen Generation von Werkstoffdatenbanken. In: Deutsche Gesellschaft für Dokumentation (Hrsg.): Deutscher Dokumentartag 1987. Weinheim: VCH Verlagsgesellschaft 1988, S. 251-261

ANGE91 Angerer, G.; Hiessl, H.: Umweltschutz durch Mikroelektronik. Anwendungen, Chancen, Forschungs- und Entwicklungsbedarf. Berlin: vde 1991

ARND93a Arndt, H.-K. (Hrsg.): Umweltinformationssysteme für Unternehmen. Schriftenreihe des IÖW 69/93, Berlin 1993

ARND93b Arndt, H.-K.: Ein betriebliches Umweltinformationssystem für das Umwelt-Controlling. In: ARND93a

ARNO91 Arnold, U.; Bungers, D.; Hemmann, T.; Honert, R.; Otterpohl, R.: Anforderungen an Expertensysteme für den Gewässerschutz: Bedarfsanalyse, Systemkonzept und Machbarkeitsstudie. Wiesbaden: Deutscher Universitätsverlag 1991

ASHD90 Ashdown, M.; Schaller, J.: Geographische Informationssysteme und ihre Anwendung in MAB-Projekten, Ökosystemforschung und Umweltbeobachtung. In: Dt. Nationalkomitee für das UNESCO-Programm: Der Mensch und die Biosphäre. MAB-Mitteilungen 34. Bonn 1990

ATKI90 Atkinson, M.; Bancilhon, F.; DeWitt, D.; Dittrich, K.; Maier, D.; Zdonik, S.: The Object-Oriented Database System Manifesto. In: Datenbank-Rundbrief, Mitteilungsblatt der GI-FG Datenbanken (1990) 5, S. 28-36

AVOU95 Avouris, N. M.; Page, B.: Environmental Informatics. Dodrecht: Kluwer Academic 1995

BACC91 Baccini, P.: Metabolism of the Anthroposphere. Berlin: Springer-Verlag 1991

BACC93 Baccini, P.; Daxbeck, H.; Glenck, E.; Henseler, G.: METAPOLIS – Güterumsatz und Stoffwechselprozesse in den Privathaushalten einer Stadt. Projektbericht, ETH-Zürich 1993

BAFF90 Baffaut, C.; Delleur, J.W.: Calibration of SWMM runoff quality model with expert system. In: Journal of Water Resources Planning and Management ASCE (1990) 116, S. 247-262

BALZ90 Balzert, H. (Hrsg.): CASE: Systeme und Werkzeuge. Mannheim: BI-Wissenschaft 1990

BANC86 Bancilhon, F.; Ramakrishnan, R.: An amateur's introduction to recursive query processing strategies. In: Proceedings of the ACM SIGMOD International Conference on the Management of Data. New York: ACM 1986, S. 16-52

BAND92 Bandholtz, T.; Belz, B.; Göttlicher, M.; Harder, J.; Richter, H.: DV-technisches Feinkonzept für den Prototypen 1.0 des Führungsinformationssystems im Niedersächsischen Umweltinformationssystem (NUMIS), Kurztitel: DFK92 VISION – Umwelt. Bericht der SEMA GROUP. Köln, November 1992

BARR89 Barr, A.; Feigenbaum, E.A.; Cohen, P.R. (Hrsg.): The Handbook of Artificial Intelligence Band IV. Reading MA: Addison-Wesley 1989

BART81 Barto, A.G.; Sutton, R.S.; Brouwer, P.S.: Associative search network: a reinforcement learning associative memory, Biological Cybernetics, Irvine 1981, S. 201-211

BART83 Barto, A.G.; Sutton, R.S.; Anderson, C.W.: Neuronlike adaptive elements that solve difficult learning control problems. IEEE Transactions Systems, Man and Cybernetics 1983, S. 834-846

BART85 Barto, A.G.: Learning by Statistical Cooperation of self-interested Neuron-like Computing Elements. In: Human Neurobiology (1985) 4, S. 229-256

BART93 Bartsch H.-U.: Stand und Perpektiven der visuellen Aufbereitung bodenkundlicher Information in einer Landesbehörde. In: DENZ93e, S. 52-56

BAUM88 Baumewerd-Ahlmann, A.: Moderne Datenbanken und wissensbasierte Systeme für die Umweltverträglichkeitsprüfung – Einsatzmöglichkeiten und Anforderungen In: VALK88, S. 216-228

BAUM94 Baumewerd-Ahlmann, A.; Scholles, F.; Schwabl, A.; Simon, K.-H.; Waschkowski, R.: Integrated computer support for environmental impact assessment. In: GUAR94, S. 289-299

BECH94 Becher, T.; Schmidt, T.: Vorhersage von Sommer- und Wintersmog mit Neuronalen Netzen. In: IFU94, S. 387-394

BECK87 Becker, S.; Hille, G.; Ramlow, M.: Wissensbasierte Simulation eines Ökosystems. In: JAES87, S. 245-258

BECK89 Becker, A.; Messal, H.: Rechnergestützte Prozeßanalysen und -vorhersagen in Flußgebieten. In: Messen, Steuern, Regeln (1989) 32, S. 315-320

BECK90a Becks, K.H.; Burchard, W.; Cremers, A.B.; Heuker, A.; Ultsch, A.: Parallel Process Interfaces to Knowledge Systems. In: Proceedings of the Conference of Parallel Processing in Neural Systems and Computers, Düsseldorf 1990

BECK90b Becker, R.; Gotterbarm, W.; Karduck, A.; Küpper, D.; Liske, F.; Rösner, D.: Natürlich-sprachliches Zugangssystem zu Umweltdatenbanken. In: IFU90, S. 38-46

BECK92 Becker, B.: Künstliche Intelligenz – Konzepte, Systeme, Verheißungen. Frankfurt: Campus 1992

BEDD90 Beddow, J.: Shape Coding of Multidimensional Data on a Microcomputer Display. In: Visualization 90, San Francisco, Oktober 1990, IEEE Computer Society Press 1990, S. 238-246

BEED95 Beedle, M. A. S.: TENPRO: An Integrated Solution to the Demands for Environmental Accountability. Internal report of ICI Eutech Engineering Solutions 1995

BEHL92 Behling, G.; Matusall, V.; Kremers, H. (Hrsg.): Umweltdatenbanken – vom Konzept zum Schema. 6. und 7. Treffen des AK Umweltdatenbanken im FA 4.6 der Gesellschaft für Informatik, Lüneburg September 1992, Arbeitsbericht Nr. 112. Lüneburg: Universität 1992

BENK92 Benking, H.; Kampffmeyer, U.B.: Access and Assimilation: Pivotal Environmental Information Challenges. In: GeoJournal 26 (1992) 3, S. 323-334

BENZ94 Benz, J.: ECOBAS - Dokumentation mathematischer Beschreibungen ökologischer Prozesse. URL: http://dino.wiz.uni-kassel.de/ecobas/text/desc.html

BERT74 Bertin, J.: Graphische Semiologie. Berlin: de Gruyter 1974

BERT91 Bertino, E.; Martino, L.: Object-oriented database management systems: Concepts and issues. IEEE Computer 24 (1991) 4, S. 33-47

BILL89 Bill, R.: Datenstrukturen, Zugriffsmechanismen und deren Implementation in raumbezogenen Informationssystemen. In: Proceedings FIG Symposium. Budapest: FIG 1989

BILL90a Bill, R.: GIS – quo vadis? In: GIS 3 (1990) 3, S. 26-33

BILL90b Bill, R.: Zur Eignung moderner Geo-Informationssysteme für Belange der Umweltinformatik. In: GÜNT92c

BILL91a Bill, R.: Zur Eignung von Geo-Informationssystemen im Umweltbereich. In: Umwelt und Landinformation. Reihe Vermessungswesen, Band 23. Stuttgart: Wittwer 1991, S. 84-95

BILL91b Bill, R.; Fritsch, D.: Grundlagen der Geo-Informationssysteme. Band 1: Hardware, Software und Daten. Karlsruhe: Wichmann 1991

BILL92a Bill, R.: Multi-Media-GIS – Definition, Anforderungen und Anwendungsmöglichkeiten. In: Zeitschrift für Vermessungswesen. (1992) 7, S. 407-416

BILL92b Bill, R.: Raum und Zeit – neue Herausforderungen an Geo-Informationssysteme aus dem Umweltbereich. In: GÜNT92b, S. 255-264

BILL93 Bill, R.; Glemser, M.; Grenzdörffer, G.: Software-Vergleichsstudie marktgängiger GIS-Produkte. Berlin: UBA-Hefte. Berlin: Umweltbundesamt 1993

BILL95 Bill, R.; Fritsch, D.: Grundlagen der Geo-Informationssysteme. Band 2: Analysen, Anwendungen und neue Entwicklungen. Karlsruhe: Wichmann 1995 (im Druck)

BINS88 Binswanger, H.-C.; Frisch, H.; Nutzinger, H.G. u.a.: Arbeit ohne Umweltzerstörung – Strategien für eine neue Wirtschaftspolitik. 2. Aufl. Frankfurt a. M.: Fischer 1988

BINS92 Binswanger, M.: Information und Entropie. Frankfurt a. M.: Camus 1992

BIRN93 Birn, H.; Radermacher, F.J.; Schmidt, F.: Das Umweltinformationssystem (UIS) Baden-Württemberg als kooperatives und integrierendes System – Stand und Ausblick. In: IFU93, S. 381-391

BMI72 Bundesministerium des Inneren (Hrsg.): Umweltschutz. Das Umweltprogramm der Bundesregierung. Stuttgart: Kohlhammer1972

BONI92 Bonin, H. (Hrsg.): Verwaltungsinformatik – Konturen einer Disziplin. Mannheim: BI-Wissenschafts-Verlag 1992

BÖS87 Bös, R.; Page, B.; Seggelke, J.: Eine Umfrage zum Stand des Computereinsatzes in den staatlichen Umweltbehörden. In: Angewandte Informatik (1987) 2, S. 59-64

BOSS86 Bossel, H., Simon, K.-H. (Hrsg.) (1986): Computer und Ökologie – Eine problematische Beziehung. Alternative Konzepte 54, Karlsruhe.

BOSS89 Bossel, H.: Zwischenbericht zur Vorstudie: Expertensystemprototyp im Umweltbereich (ESPU). Forschungsgruppe Systemanalyse. Gesamthochschule Kassel 1989

BOSS90 Bossel, H.: Umweltwissen – Daten, Fakten, Zusammenhänge. Berlin: Springer-Verlag 1990

BOSS92 Bossel, H.: Modellbildung und Simulationskonzept – Konzepte, Verfahren und Modelle zum Verhalten dynamischer Systeme. Braunschweig; Wiesbaden: Vieweg 1992

BOUN88 Bounds, D.G.; Llyoyd, P.J.; Mathew, B.; Waddell, G.: A Multi Layer Perceptron Network for the Diagnosis of Low Back Pain. Controller HMSO. London 1988

BOYS95 Boysen, Ch.: Konzept für ein integriertes Informationssystem zur Krankenhausversorgung. Hamburg: Universität 1995

BRAU93 Braunschweig, A.; Müller-Wenk, R.: Ökobilanzen für Unternehmungen. Eine Wegleitung für die Praxis. Bern: Paul Haupt 1993

BREC91 Breckling, B.; Mathes, K.: Systemmodelle in der Ökologie: Individuen-orientierte und Kompartiment-bezogene Simulation, Anwendungen und Kritik. In: Rievenherm, S.; Lieth, H. (Hrsg.): Verhandlungen der Gesellschaft für Ökologie, Osnabrück 1989, Bd. XIX/III. 1991

BREI92 Breitenecker, F.: Models, Methods and Experiments – A new Structure for Simulation Systems. In: Mathematics and Computers in Simulation. North Holland, 34 (1992), S. 231-260

BREM89 Bremer, S.A.: Computer Modeling in Global and International Relations: The State of the Art. In: Social Science Computer Review 7 (1989) 4

BROD86 Brodie, M.L.; Mylopoulos, J. (Hrsg.): On Knowledge Base Management Systems. Topics in Information Systems. Berlin: Springer-Verlag 1986

BROD92 Brodlie, K.W.; Carpenter, L.A.; Earnshaw, R.A.: Scientific Visualization. New York: Springer-Verlag 1992

BROW90 Brown, L.R.: State of the World. New York: W.W. Norton 1990

BUCH84 Buchanan, B.G.; Shortliff, E. (Hrsg.): Rule based expert systems: The MYCIN experiments. Reading MA: Addison-Wesley 1984

BUCH89 Buchanan, B.G.; Smith, R.G.: Fundamentals of expert systems. In: BARR89, S. 151-192

BUCM89 Buchmann, A.; Günther, O.; Smith, T.R.; Wang, Y.-F. (Hrsg.): Design and Implementation of Large Spatial Databases. Proc. of the 1st Symp. SSD '89, Santa Barbara, CA, July 17/18, 1989; Berlin: Springer-Verlag 1989

BUJA91 Buja, A. et al.: Interactive Data Visualization Using Focusing and Linking. In: NIEL91, S. 156-163

BURG92 Burger, R.; Mutz, M.: Enrichment of Governmental Surveying Data (ATKIS) by Fusion with Multispectral Space-Borne Sensor Data. Extended Abstract and Poster Presentation. Proc. EGIS´92, Third European Conference and Exhibition on Geographical Information Systems, 23-26 März, München 1992

BURR89 Burrough, P.A. (1989): Principles of Geographic Information Systems for Land Resources Assessment. Clarendon: Oxford, 1989.

BUWA92 Bundesamt für Umwelt, Wald und Landschaft (Hrsg.): Umweltdatenbanken. Bern 1992

CACM91 Special Section: Next-Generation Database Systems. In: Communications of the ACM 34 (1991) 10, S. 30-120

CAMP90 Campbell, W.J.; Cromp, R.F.: Evolution of an Intelligent Information Fusion System. Photogrammetric Engineering and Remote Sensing 56 (1990) 6, S. 867-870

CARE86 Carey, M.J.; DeWitt, D.J.; Richardson, J.E.; Shekita, E.J.: Object and File Management in the EXODUS Extensible Database System. In: Proc. of the 12th Int. Conf. on Very Large Data Bases (VLDB), Kyoto, Japan, August 1986, S. 25-28

CEDA93 CEDAR – Central European Environmental Data Request Facility, Brochure of the International Society for Environmental Protection. Wien 1993

CELL88 Cellary, W.; Genlenbre, E.; Morzy, T.: Concurrency Control in Distributed Database Systems. Studies in Computer Science and Artificial Intelligence. Amsterdam: North Holland 1988

CERC87 Cercone, N.; McCalla, G. (Hrsg.): The knowledge frontier – Essays in the representation of logic. New York: Springer-Verlag 1987

CERI84 Ceri, S.; Pelagatti, G.: Distributed Databases – Principles and Systems. McGraw-Hill Computer Science Series, New York: McGraw-Hill Book Company 1984

CERI90 Ceri, S.; Gottlob, G.; Tanca, L.: Logic Programming and Databases. Berlin: Springer-Verlag 1990

CHAR87 Charniak, E.; McDermott, D.: Introduction to Artificial Intelligence. Reprint with corrections. Reading, MA: Addison-Wesley 1987

CHEN76 Chen, P.P.: The Entity-Relationship Model – Towards a Unified View of Data. In: ACM Transactions on Database Systems (ToDS)1 (1976) 1, S. 9-36

COGE91 Cogels, O.; Ansoult, M.: Introduction to the CDS/CORINE – Information Access System. da vinci consulting s. a. Belgium 1991

COLW83 Colwell, R.N. (Hrsg.): Manual of Remote Sensing. 2. Aufl. Ralls Church: American Society of Photogrammetry 1983

CONR93 Conrads, D.: Datenkommunikation – Verfahren, Netze, Dienste. Braunschweig: Vieweg 1993

COUL87 Coulson, R.N.; Folse, L.J.; Loh, D.K.: Artificial intelligence and natural resource management. In: Science 237 (1987), S. 262-268

COY89 Coy, W.: Brauchen wir eine Theorie der Informatik? Informatik- Spektrum 12 (1989) 5, S. 256-266

CZOR94 Czorny, E.; Dresselhaus, W.; Haas, D.; Hamels, B.-P.: EXCEPT: Symbiose aus Forschung, Anwendungsentwicklung und Anwendern. In: IFU94, Bd. I, S. 133-144

DATE86 Date, C.J.: An Introduction to Database Systems. Bd. I, 4. Aufl. The System Programming Series. Reading: Addison-Wesley 1986

DATR89 D'Atri, A.; Tarantino, L.: From browsing to querying. IEEE Data Engineering Bulletin 12 (1989) 2, S. 46-53

DAVI87 Davis, J.R.; Compagnoni, P.T.; Nanninga, P.M.: Roles for knowledge-based systems in environmental planning. In: Environment and Planning B, 14 (1987), S. 239-254

DAVI89 Davis, J.R.; Clark, J.L.: A selective bibliography of expert systems in natural resource management. In: AI Applications 3 (1989), S. 1-18

DENZ91a Denzer, R.: Architektur offener Umweltinformationssysteme, Projektbericht UIS/1991-1. Universität Kaiserslautern 1991

DENZ91b Denzer, R.; Hagen, H.; Kutschke, K.H. (Hrsg.): Visualisierung von Umweltdaten. Workshop, Rostock 1990, Informatik-Fachberichte 274. Berlin: Springer-Verlag 1991

DENZ92a Denzer, R.: Möglichkeiten eines Immissionsdatenverbundes in Österreich. Projektbericht UIS/1992-2. Universität Kaiserslautern 1992

DENZ92b Denzer, R.: Visualisierung in komplexen Systemen und deren Anwendung im Umweltschutz. KfK-Bericht 5001, Kernforschungszentrum Karslruhe 1992

DENZ92c Denzer, R.; Güttler, R.; Grützner, R. (Hrsg.): Visualisierung von Umweltdaten 1991. 2. Workshop, Dagstuhl, November 1991, Informatik Aktuell, Berlin: Springer-Verlag 1992

DENZ93a Denzer, R.: Konzeptionelle Ansätze für offene Umweltinformationssysteme. In: DENZ93d

DENZ93b Denzer, R.; Schimak, G.; Humer, H.: Integration in Environmental Information Systems, Int. Symposium on Engineered Software Systems, ISESS Mai 1993. USA, Malvern1993

DENZ93c Denzer, R.: Untersuchung der Anforderungen an einen Umweltdatenkatalog für die Hessische Landesanstalt für Umwelt, Studie. Universität Kaiserslautern Juli 1993

DENZ93d Denzer, R.; Geiger, W.; Güttler, R.: 1. Workshop Integration von Umweltdaten, Tagungsband, KFK-Bericht. Karlsruhe 1993

DENZ93e Denzer, R.; Schimak, G.; Haas, W. (Hrsg.): Visualisierung von Umweltdaten 1992. 3. Workshop, Zell an der Pram, Dezember 1992, Informatik Aktuell, Berlin: Springer-Verlag 1993

DENZ94 Denzer, R.; Güttler, R.; Deutsch, H. (Hrsg): Visualisierung von Umweltdaten. 4. Workshop, Dagstuhl. Marburg: Metropolis 1994

DENZ95 Denzer, R.; Schimak, G.; Russell, D.(Hrsg.): International Symposium on Environmental Software Systems. IFIP Conference Series. New York: Chapman & Hall 1995

DEWE10 Dewey, J.: How we think. New York 1910

DIMI93 Dimitrov, E.: Die Modellbeschreibungssprache SAME-MDL. Forschungsbericht, Universität Rostock, FB Informatik, AG Modellierung/Simulation. Rostock 1993

DIN88 Deutsches Institut für Normung: Bildschirmarbeitsplätze, Grundsätze ergonomischer Dialoggestaltung. DIN 66 234 Teil 8. Berlin: Beuth 1988

DOGA94 Dogac, A.; Özsu, M.T.; Biliris, A.; Sellis, T.(Hrsg.): Advances in Object-Oriented Database Systems. Berlin: Springer 1994

DOLD94 Dold, G.; Krcmar, H.: Computerunterstützung für ökologieorientierte Produktentscheidungen. In: IFU94, Bd.II, S. 77-88

DOLL93 Doll, A.: GI-Arbeitskreis Ausbildung im Bereich Umweltinformatik. In: IFU93, S. 267-272

DREY86 Dreyfus, H.L.; Dreyfus, S.E.: Mind over machine (Deutsch: Künstliche Intelligenz – Von den Grenzen der Denkmaschine und dem Wert der Intuition, Rowohlt 1987). The Free Press 1986

DRÖG90 Dröge, G.; Schek, H.J.; Wolf, A.: Erweiterbarkeit in DASDBS. In: Informatik – Forschung und Entwicklung 5 (1990) 4

DVWK87 Deutscher Verband für Wasserwirtschaft und Kulturbau e.V. (DVWK): In der Bundesrepublik Deutschland angewandte wasserwirtschaftliche Simulationsmodelle. DVWK-Mitteilungen 12. Bonn: DVWK 1987

EART92 Earth Summit '92: The United Nations Conference on Environment and Development, Rio de Janeiro 1992. London: Regency 1992

EBBI94a Ebbinghaus, J.: Einsatz objektorientierter Datenbanktechnologie im geographischen Informationssystem GODOT. In: KREM94, S. 37-59

EBBI94b Ebbinghaus, J.; Hess, G.; Lambacher, J. ; Riekert, W.-F.; Trotzki, Th.; Wiest, G.: GODOT: Ein objektorientiertes Geoinformationssystem. In: IFU94, Bd. 1, S. 351-360

ECOI94 ECONINFORMA '94 – 3. Fachtagung und Ausstellung für Umweltinformation und Umweltkommunikation. Band 8: Datenbanken, Umweltinformationsysteme, Umweltbildung und Informationsvermittlung, Qualitätssicherung, Gefährdungsabschätzung von Schadensfällen, Ausbildungsorientierter Umweltschutz. Wien: Umweltbundesamt 1994

EGEN89 Egenhofer, M.J.: Spatial Query Languages. PhD Thesis, Orono: University of Maine 1989

EGR85 Europäische Gemeinschaft: Richtlinie des Rates vom 27. Juni 1985 über die Umweltverträglichkeit bei bestimmten öffentlichen und privaten Projekten (85/337/EWG) Abl.-EG, Nr. 175/40, 5.7.1985

EHRL75 Ehrlich, P.R.: Population Bomb. erw. Aufl. Ballantine Books Incorporated 1975

EHRL91 Ehrlich, P.R.; Ehrlich, A.: The Population Explosion. Touchstone Bks., New York: Simon & Schuster Trade 1991

EITL90 Eitel, E.; Geiger, W., Weidemann, R.: Experiences gained when assessing contaminated sites with support of the XUMA expert System. Arendt, F. u.a. (Hrsg): Contaminated Soil 1990, 3rd Internat. KfK/TNO Conference on Contaminated Soil, Karlsruhe December 10-14, 1990, Dordrecht: Kluwer 1990, S. 543-548

ENVI89a Environmental Data Report, prepared for UNEP by the „GEMS Monitoring and Assessment Research, Centre, London, UK in cooperation with the World Resource Institute, Washington DC, UK Dep. of the Environment, London: Blackwell 1989

ENVI89b Environmental Quality – Twentieth Annual Report, The Council on Environmental Quality an the Executive Office of the President. Washington 1989

EPPL90 Eppler, W.: Implementation of Fuzzy Production Systems with Neural Networks. In: Eckmiller, R.; Hartmann, G.; Hauske, G. (Hrsg.): Parallel processing in neuronal systems and Computers. A selection of papers of the International Conference, Düsseldorf, 19-21 März 1990. Amsterdam: North-Holland 1990, S. 249-252

EUTE91 Euteneuer-Macher, T.: Ratgeber Altlasten: Unterstützung der Entscheidungsfindung in allen Phasen der Bearbeitung von Altlastenverdachtsflächen. In: IFU91, S. 174-181

EYER95 Eyerer, P. (Hrsg.): Ganzheitliche Bilanzierung – Werkzeug zum Planen und Wirtschaften in Kreisläufen. Berlin: Springer-Verlag 1995

FABE83 Faber, M.; Niemes, H.; Stephan, G.: Entropie. Umweltschutz und Rohstoffverbrauch. Eine naturwissenschaftlich-ökonomische Untersuchung. Berlin: Springer-Verlag 1983

FANI90 Fanihagh, F.; Lütgendorf, A.; Mempel, M.; Rossbach, P.; Schneider, B.; Wegmann, F.: Wissensakquisition für wissensbasierte Systeme mit konnektionistischen Modellen. In: ULTS90b

FATH87 Fath, J.; Lühring, P.G.: Ausbreitungsrechnung nach TA-Luft: Anwenderhandbuch zur Durchführung mit dem Programmsystem AUSTAL86. Umweltbundesamt Berlin. Berlin: Erich Schmidt 1987

FAW92 Forschungsinstitut für anwendungsorientierte Wissensverarbeitung (Hrsg): Menschenbild und Überbevölkerung. Wissensverarbeitung und Gesellschaft, Band 4. Ulm: Universitätsverlag Ulm 1992

FEDR90 Fedra, K.: Interactive Environmental Software: Integration, Simulation and Visualisatzion. In: IFU90

FISC88 Fischer, G.; Nieper-Lemke, H.: HELGON: Extending the retrieval by reformulation paradigm. In: Proceedings of the CHI'89. New York: ACM 1988, S. 357-362

FISC91 Fischlin, A.: Interactive Modeling and Simulation of Environmental Systems on Workstations. In: Möller, D.P.F.; Richter, O. (Hrsg.): Analyse dynamischer Systeme in Medizin, Biologie und Ökologie. Proceedings, Informatik-Fachberichte 275. Berlin: Springer-Verlag 1991, S. 131-145

FLIE93 Fliedner, T.M.; Radermacher, F.J.; Greiner, C.; Bayer, U.; Edrich, J.: Identifying research topics with critical significance for global trends concerning human health and the environment. Interim Report: Standard reference data and policy assistance systems for global health evolution. Günzburg: WHO Collaborating Center for Global Modeling of Health Perspectives of the International Institute for Scientific Cooperation, Reisensburg 1993

331

FODO88 Fodor, J.A.; Pylyshyn, Z.W.: Connectionism and Cognitive Architecture: A Critical Analysis, Cognition, Band 28, 1988, S. 3-71

FOLE90 Foley, J. D.; Van Dam, A.; Feiner, S. K.; Hughes J. F.: Computer Graphics – Principles and Practice, Reading: Addison-Wesley 1990

FORD85 Ford, F.N.: Decison support systems and expert systems: a comparison. In: Information & Management, 21 (1985) 26

FORD93 Ford, K.M.; Bradshaw, J.M. (Hrsg.): Knowledge Acquisition As Modeling. New York: J. Wiley 1993

FRED83 Freden, S.C.; Gordon Jr., F.: Landsat Satellites. In: COLW83, Band I, S. 517-570

FRIE93 Friedrich, P.; Page, B.; Rolf, A.: Der Zielkonflikt der Umweltinformatik – Eine kritische Selbstreflexion. In: IFU93

FRIT92 Fritz, J.-St.: Environmental Monitoring and Information Management Programmes of International Organizations. UNEP-Harmonization of Environmental Measurement (HEM) office. GSF Neuherberg 1992

FRÜH89 Früh, K.F.: Informationsorientierte Prozeßleittechnik für die Chemische Industrie. In: Automatisierungstechnische Praxis atp, 31 (1989) 7, S. 301-305

FUCH93 Fuchs, K.; Wernecke, K.D.; Puchwein, G.: Statistische Ananlyse räumlicher Daten am Beispiel von Rückstandsuntersuchungen in der Rohmilch in Österreich. In: DENZ 93e

FUHR90a Fuhr, N.: Hypertext und Information Retrieval. In: Gloor, P.A.; Streitz, N.A. (Hrsg.): Hypertext und Hypermedia. Berlin: Springer-Verlag 1990, S. 101-111

FUHR90b Fuhr, N.: A probabilistic framework for vague queries and imprecise information in databases. In: McLeod, D.; Sacks-Davis, R.; Schek, H. (Hrsg.): Proceedings of the 16th International Conference on Very Large Databases. Los Altos: Morgan Kaufman 1990, S. 696-707

FUHR90c Fuhr, N.: Anfragefunktionen für Umweltinformationssysteme. In: IFU90, S. 27-37

FUHR91 Fuhr, N.; Buckley, C.: A probabilistic learning approach for document indexing. In: ACM Transactions on Information Systems 9 (1991) 3, S. 223-248

FUHR92 Fuhr, N.: Konzepte zur Gestaltung zukünftiger Information-Retrieval-Systeme. In: Kuhlen, R. (Hrsg.): Experimentelles und praktisches Information Retrieval. Konstanz: Universitätsverlag 1992, S. 59-75

FUHR95 Fuhr, N.: Probabilistic datalog – a logic for powerful retrieval methods. In: Proceedings SIGIR '95. New York: ACM 1995, S. 282-290

FURH94 Furht, B.: Multimedia systems: An overview. In: IEEE Multimedia 1 (1994), S. 47-59

GAHE88 Gahegan, M.N.; Roberts, S.A.: An intelligent object-oriented geographical information system. In: Int. Journal of Geographical Information Systems, 2 (1988), S. 101-110

GALL88 Gallant, S. I.: Connectionist Expert Systems. In: Communications of the ACM 31 (1988), New York: Association for Computing Machinery, S. 152–169

GEIG91 Geiger, W.; Osterkamp, G.; Weidemann, R.: Assessment and evaluation of former industrial sites with the aid of the XUMA expert system. In: Industry and Environment, 14 (1991), S. 1-27

GEIG92 Geiger, W.; Osterkamp, G.; Weidemann, R.: XUMA – An expert system assisting environmental protection authorities in the assessment of contaminated sites. In: Zarri, G.P. (Hrsg.): Operational Expert System Applications in Europe. New York: Pergamon 1992, S. 81-97

GENE89 Genesereth, M.; Nilsson, N.J.: Logische Grundlagen der Künstlichen Intelligenz. Braunschweig: Vieweg 1989

GEOR71 Georgescu-Roegen, N.: The Entropy Law and the Economic Process. Cambridge: Harvard University 1971

GILL88 Gilles, E.D.: Auf dem Wege zu einer modellgestützten Prozeßleittechnik. In: atp – Automatisierungstechnische Praxis 30 (1988) 6, S. 265-270 und 30 (1988) 7, S. 326-331

GOOD93 Goodchild, M.F.; Parks, B.O.; Steyaert, L.T.: Environmental Modeling With GIS. New York: Oxford University Press 1993

GORD85 Gordon, J.; Shortliffe, E.H.: A Method for Managing Evidential Reasoning in a Hierarchical Hypothesis Space. In: Artificial Intelligence 26 (1985), S. 323-357

GORH90 Gorhuis, H.; Gürman, N.; Montigel, M.; Thalmann, L.: Neuronale Netze und Regelbasierte Systeme: Ein hybrider Ansatz. Institut für Theoretische Informatik, ETH Zürich Mai 1990

GÖRK92 Görke, W.; Rininsland, H.; Syrbe, M. (Hrsg.): Information als Produktionsfaktor. Proceedings 22. GI-Jahrestagung Karlsruhe, 28. Sept. – 2. Okt. 1992, Reihe Informatik aktuell. Berlin: Springer-Verlag 1992

GREV94 Greve, K.; Häuslein, A.: Metainformationen in Umweltinformationssystemen. In: IFU94, Bd. 1, S. 169-178

GROG91 Grogono, P.; Batarekh, A.; Preece, A.; Shinghal, R.; Suen, C.: Expert system evaluation techniques: a selected bibliography. In: Expert Systems 8 (1991), S. 227-239

GROH88 Groh, H.; Güttler, R.: Das XSAL-Projekt. Expertensysteme lösen Altlasten-Probleme. In: Energie 40 (1988), S. 48-52

GRÜT91 Grützner, R.: Simulation im Umweltschutz – Anwendung, Anforderung, Visualisierung. Informatik-Fachberichte 274. Berlin: Springer-Verlag 1991

GRÜT92a Grützner, R. (Hrsg.): Beiträge zum Workshop „Modellierung und Simulation im Umweltbereich", 25.-26.6.1992, Universität Rostock, FB Informatik1992

GRÜT92b Grützner, R.: Simulationsumgebungen für Modell- und Experimentbeschreibungen im Umweltbereich. In: GRÜT92a, S. 14-22

GRÜT93 Grützner, R.: Konzeptionelle Grundlagen für das Simulationssystem SAMOS. Forschungsbericht, Uni. Rostock, FB Informatik, AG Modellierung/Simulation. Rostock 1993

GUAR89 Guariso, G.; Werthner, H.: Data Management. In: Guariso, G.; Werthner, H.: Environmental Decision Support Systems. New York: John Wiley 1989, S. 62-87

GUAR94 Guariso, G.; Page, B. (Hrsg.): Computer Support for Environmental Impact Assessment. IFIP Transactions B-16. Amsterdam: North-Holland 1994

GÜNT92a Günther, O.; Riekert, W.-F. (Hrsg.): Wissensbasierte Methoden zur Fernerkundung der Umwelt. Karlsruhe: Wichmann 1992

GÜNT92b Günther, O.; Schulz, K.-P.; Seggelke, J. (Hrsg.): Umweltanwendungen geographischer Informationssysteme. Karlsruhe: Wichmann 1992

GÜNT92c Günther, O.; Kuhn, H.; Mayer-Föll, R.; Radermacher, F.J. (Hrsg.): Konzeption und Einsatz von Umweltinformationssystemen. Proceedings zum Workshop Umweltinformatik, Oktober 1990, Informatik-Fachberichte 301, Berlin: Springer-Verlag 1991

GUTK90 Gutknecht, M.; Pfeiffer, R.: An Approach to Integrating Expert Systems with Connectionist Networks, Institut für Informatik, Nr. 90.01, ETH Zürich 1990

GÜTT92 Güttler, R.: Wie entstehen Insellösungen. In: Rundbrief des Fachausschusses „Informatik im Umweltschutz" der GI 10 (1992)

GÜTT93 Güttler, R.; Denzer, R.: Umweltinformation als verteiltes System In: IFU93, S. 404-416

GÜTT95 Güttler, R.; Geiger, W. (Hrsg.): 2. Workshop Integration von Umweltdaten, 2.-4. Februar 1994, Tagungsband. Marburg: Metropolis 1995

HAAS89 Haasis, H. D.; Hackenberg, D.; Hillenbrand, R.: Betriebliche Umweltinformationssysteme. In: Information Management 4 (1989) 4, S. 46-53

HAAS92 Haasis, H. D.; Rentz, O.: „Umwelt-PPS" – Ein weiterer Baustein der CIM-Architektur? In: GÖRK92, S. 235-241

HAAS94a Haasis, H. D.: Möglichkeiten und Grenzen betrieblicher Umweltinformationssysteme. In: IFU94, Bd. II, S. 41-46

HAAS94b Haasis, H. D.; Rentz, O.: PPS-Systeme zur Unterstützung des betrieblichen Umweltschutzes. In: CIM Management 10 (1994) 3, S. 48-53

HAAS95a Haasis, H.-D.: Ökologische Bilanzierung. In: Junkernheinrich, M.; Klemmer, P.; Wagner, G. R.: Handbuch zur Umweltökonomie. Berlin: Analytica 1995, S. 133-138

HAAS95b Haasis, H.-D.; Hilty, L. M.; Kürzl, H.; Rautenstrauch, C. (Hrsg.): Betriebliche Umweltinformationssysteme – Projekte und Perspektiven. Marburg: Metropolis 1995

HAAS95c Haasis, H.-D.; Hilty, L. M.; Kürzl, H.; Rautenstrauch, C. (1995): Anforderungen an Betriebliche Umweltinformationssysteme (BUIS) und Ansätze zur Realisierung. In: HAAS95b, S. 7-26

HAAS95d Haasis, H.-D.; Hilty, L. M.; Hunscheid, J.; Kürzl, H.; Rautenstrauch, C. (Hrsg.): Umweltinformationssysteme in der Produktion. Marburg: Metropolis 1995

HAAS95e Haasis, H.-D.: Betriebliche Umweltschutzinformationssysteme und Umwelt-PPS. In: Zilahi-Szabo, M. G. (Hrsg.): Kleines Wörterbuch der Informatik. München: Oldenbourg 1995, S. 573-575

HABE87 Haberäcker, P.: Digitale Bildverarbeitung. Grundlagen und Anwendungen. 2., durchg. Aufl. München: Hanser 1987

HAGE90 Hagen, H.; v. Lengen, R.; Schreiber, T: Visualisierung von Umweltdaten. In: IFU90, S. 799-807

HALL92 Hallay, H.; Pfriem, R.: Ökocontrolling. Umweltschutz in mittelständischen Unternehmen. Frankfurt a. M.: Campus 1992

HARM93 Harman, D. (Hrsg.): The First Text REtrieval Conference (TREC). Gaithersburg, Md.: National Institute of Standards and Technology, Special Publication 500-207. 1993

HART94 Hartmann, C.: Einsatz von neuronalen Netzen zur Smogvorhersage. In: IFU94, S. 395-404

HAUF87 Hauff, V. (Hrsg.): Unsere gemeinsame Zukunft – Der Brundtland-Bericht der Weltkommission für Umwelt und Entwicklung. Greven: Eggenkamp 1987

HAUG89 Haugeneder, H.; Schütt, D.; Suda, P.; Wimmer, K.: Umweltschutz und Informatik. In: Schilcher, M.; Fritsch, D. (Hrsg.): Geo-Informationssysteme. Karlsruhe: Wichmann 1989

HÄUS88a Häuslein, A.; Hilty, L.M.: Zur Transparenz von Simulationsmodellen. In: VALK88, S. 279-293

HÄUS92 Häuslein, A.; Page, B.: Softwareunterstützung der Modellbildung und Simulation im Umweltbereich. In: GRÜT92a, S. 1-13

HÄUS93a Häuslein, A.: Wissensbasierte Unterstützung der Modellbildung und Simulation im Umweltbereich – Konzeption und prototypische Realisierung eines Simulationssystems. Europäische Hochschulschriften, Frankfurt/M.: Peter Lang 1993

HÄUS93b Häuslein, A.: Konzeption eines wissensbasierte Simulationssystems zur Unterstützung der Modellbildung und Simulation im Umweltbereich. In: IFU93, S. 199-210

HÄUS95 Häuslein, A.; Möller, A.; Schmidt, M.: Umberto – ein Programm zur Modellierung von Stoff- und Energieflußsystemen. In: HAAS95b, S. 121-138

HEBB49 Hebb, D.O.: The Organization of Behaviour. New York: John Wiley & Sons 1949

HELL91 Heller, M.: Future Documents. BYTE May 1991. Peterborouh: McGraw-Hill 1991, S. 126ff

HELL94 Heller, S. R.: Analytical Chemistry Resources on the Internet. In: Trends in Analytical Chemistry 13 (1994) 1, S. 7-12

HELM88 Helmich, M.; Höll, U.; Neuschwander, F.K.; Weber, W.: Rechnergestützte Emissionskataster am Beispiel der Emissions-Kaster-Datenbank der Landesanstalt für Umweltschutz Baden-Württemberg. In: VALK88, S. 229-242

HENC90 Henckel, D. (Hrsg.): Telematik und Umwelt. Berlin: Deutsches Institut für Urbanistik 1990

HENN91 Henning, I.; Schmidt, F.: Datenaufbereitung und modellbasierte Analyse. Neue Funktionalitäten im Umwelt-Führungs-Informationssystem (UFIS) des Umweltinformationssystems (UIS) des Landes Baden-Württemberg. In: IFU91, S. 256-265

HENN93 Henning, I.: Von Sachdaten zur Führungsinformation – Das Umwelt-Führungs-Informationssystem Baden-Württemberg. In: IFU93, S. 349-358

HERR76 Herrera, A.O. et al.: Catastrophe or New Society? A Latin American World Model. Ottawa: International Development Research Center 1976

HILT84a Hilty, L.M.: Computeranwendungen im Umweltschutz – Inhalte und Methoden – Ein Überblick. Mitteilung des Fachbereichs Informatik, FBI-HH-M-129, Universität Hamburg 1984

HILT84b Hilty, L.M.: Prozeßrechner überwachen Luftverschmutzung. In: Computer Magazin 10 (1984), S. 44

HILT85a Hilty, L.M.; Page, B.: Computeranwendungen im Umweltschutz – Eine erste Analyse. In: Angewandte Informatik 10 (1985), S. 409-419

HILT85b Hilty, L.M.: Benutzergerechte Modellierungssysteme. Universität Hamburg, Fachbereich Informatik. Hamburg 1985

HILT86a Hilty, L.M.; Page, B.: Anwendungsmöglichkeiten von Methoden- und Modellbanksystemen im Umweltbereich. In: PAGE86a, S. 331-348

HILT86b Hilty, L.M.; Page, B.: Computeranwendungen im Umweltschutz – Einsatzbereiche und Methoden. In: PAGE86a, S. 30-60

HILT87 Hilty, L.M.: Konzepte zur Unterstützung der Modellbildung und Simulation. In: JAES87, S. 213-234

HILT91 Hilty, L.M.; Seidler, R.: Regelkreise im Ökosystem See – Eine Einführung in die Computersimulation. Computer und Unterricht 3 (1991)

HILT92a Hilty, L.M.; Page, B.; Rolf, A.: Logistik, Ökologie und die Rolle der Informatik. In: PAGE92b, S. 223-234

HILT92b Hilty, L.M.; Rolf, A.: Anforderungen an ein ökologisch orientiertes Logistik-Informationssystem. In: Proc. GI-22. Jahrestagung: Information als Produktionsfaktor. Berlin: Springer-Verlag 1992

HILT93a Hilty, L.M.: Durch die Informatik zu ökologisch effizienten Systemen? In: Infotech 2 (1993)

HILT93b Hilty, L.M.: Ökologistik und Computersimulation. In: ARND93a

HILT93c Hilty, L.M.; Martinssen, D.: Umweltwirkungen logistischer Strategien – Simulation als Analyseinstrument. In: IFU93, S. 142-153

HILT94a Hilty, L. M.; Martinssen, D.; Page, B.: Designing a Simulation Tool for the Environmental Assessment of Logistical Systems and Strategies. In: GUAR94, S. 187-198

HILT94b Hilty, L.M.; Weiland, U.: Sustainable Cities – Opportunities and Risks of Information Technology. In: Brunnstein, K.; Raubold, E. (Hrsg.): Proceedings of the 13th World Computer Congress. Bd. II: Applications and Impacts. Amsterdam: Elsevier, S. 613-618

HILT94c Hilty, L.M.: Ökologische Bewertung von Verkehrs- und Logistiksystemen – Ökobilanzen und Computersimulation. Diskussionsbeiträge des IWÖ-HSG Nr. 18, St.Gallen: Institut für Wirtschaft und Ökologie an der Hochschule St.Gallen

HILT95a Hilty, L.M.; Page, B.; Radermacher, F.J.; Riekert, W.-F.: Environmental Informatics as a New Discipline of Applied Computer Science. In: AVOU95, S. 1-11

HILT95b Hilty, L. M.: Information Systems for Industrial Environmental Management In: AVOU95, S. 371-384

HILT95c Hilty, L. M.; Rautenstrauch, C.: Betriebliche Umweltinformationssysteme (BUIS). In: Zilahi-Szabo, M. G. (Hrsg.): Kleines Wörterbuch der Informatik. München: Oldenbourg 1995, S. 569-573

HILT95d Hilty, L. M.: Umweltinformatik auf dem Weg in die Unternehmen. In: Information Management (1995) 5, S. 2-7

HILT95e Hilty, L. M.: Computer-Supported Environmental Management – Why Simulation Methods are Useful. In: DENZ95

HILT95f Hilty, L. M.: Betriebliche und überbetriebliche Umweltinformationssysteme als informationstechnische Infrastruktur für das Stoffstrommanagement. In: SCHM95, S. 193-205

HOLZ95 Holzapfel, R.: Third International WWW Conference. Poster Proceedings. Darmstadt 1995

HOPF82 Hopfield, J.J.: Neural Networks and Physical Systems with Emergent Collective Computational Abilities. Proceedings of the National Academy of Science, Bd. 79 (1982), S. 2554-2558

HOPF85 Hopfield, J.J.; Tank, D.W.: Neural Computation of Decisions in Optimization Problems. In: Biological Cybernetics 52 (1985), S. 147-152

HÜBN92a Hübner, M.: EXCEPT – Ein System zur Unterstützung und Dokumentation von Bewertungsvorgängen in der Umweltverträglichkeitsprüfung. In: GÜNT92c, S. 331-339

HÜBN92b Hübner, M.: Die Konzeption des EXCEPT-Systems – Umweltbewertung in formaler Hinsicht. In: Pietsch, J. (Hrsg.): Die Bewertung der Umwelt. Hamburg: Krämer 1992

HULL87 Hull, R.; King, R.: Semantic database modelling: Survey, applications, and research issues. In: ACM Computing Surveys, 19 (1987) 3, S. 201-260

HUMA92 Human Development Report 1992, published for the United Nations Development Programme (UNDP). New York: Oxford University 1992

HUME93 Humer, H.: UWEDAT-Formula oder effizienter Datenzugriff trotz relationaler Datenbank für Visualisierungszwecke. In: DENZ93e

HUMM95 Hummel, J.; Kytzia, S.; Siegthaler, C.: Umweltschutzrelevante Informationen in Unternehmen – Quellen und Auswertungsmethoden. In: HAAS95b, S. 103-120

HUNS94 Hunscheid, J.; Becker, G.: Praxisbeispiele für die Verknüpfung von betrieblichen Informationssystemen mit einem Umweltcontrolling- System. In: IFU94 Bd.II, S. 117-130

HUNT92 Hunt, C.: TCP/IP Network administration. O'Reilly Associates Inc. CA 1992

HUSH90 Hushon, J.M. (Hrsg): Expert systems for environmental applications. In: ACS Symposium Series 431. Washington 1990

IFU88 Jaeschke, A.; Page, B. (Hrsg.): Informatikanwendungen im Umweltbereich. Proc. 2. Karlsruhe 1987, Informatik Fachberichte 170, Berlin: Springer-Verlag 1988

IFU89 Jaeschke, A.; Geiger, W.; Page, B. (Hrsg.): Informatik im Umweltschutz. Proc. 4. Symposium, Karlsruhe, 6.-8. November 1989, Informatik-Fachberichte 228, Berlin: Springer-Verlag 1989

IFU90 Pillmann, W.; Jaeschke, A. (Hrsg.): Informatik für den Umweltschutz. Proc. 5. Symposium, Wien, Österreich, September 1990, Informatik-Fachberichte 256, Berlin: Springer-Verlag 1990

IFU91 Hälker, M.; Jaeschke, A. (Hrsg.): Informatik für den Umweltschutz. Proc. 6. Symposium, München, Dezember 1991, Informatik-Fachberichte 296. Berlin: Springer-Verlag 1991

IFU93 Jaeschke, A.; Kämpke, T.; Page, B.; Radermacher, F. (Hrsg.): Informatik für den Umweltschutz; Proc. 7. Symposium, Ulm, März /April 1993, Informatik aktuell, Berlin: Springer-Verlag 1993

IFU94 Hilty, L. M.; Jaeschke, A.; Page, B; Schwabl, A. (Hrsg.): 8. Symposium Informatik für den Umweltschutz; Hamburg 1994. Band I und II. Marburg: Metropolis 1994

IFU95 Kremers, H.; Pillmann, W. (1995): 9. Symposium Informatik für den Umweltschutz; Berlin 1995. Band I und II. Marburg: Metropolis 1995

IMHO72 Imhof, E.: Thematische Kartographie. Berlin: de Gruyter 1972

INSE90 Inselbert, A.; Dimsdale, B.: Parallel Coordinates: A Tool for Visualizing Multi-dimensional Geometry. In: KAUF90, S. 361-378

INTE93 Integrated Environmental and Economic Accounting – Handbook of National Accounting. New York: United Nations, Department for Economic and Social Info rmation and Policy Analysis, Statistical Division, 1993

ISEN91 Isenmann, S.; Reuter; W.D.; Schulz, K.-P.: HyperIBIS – ein Informationssystem zur Umweltplanung. In: IFU91, S. 321-334

JACK90 Jackson, P.: Introduction to Expert Systems. 2. Aufl. Wokingham: AddisonWesley 1990

JAES87 Jaeschke, A.; Page, B. (Hrsg.): Kolloquium: Informatikanwendungen im Umweltbereich. Kernforschungszentrum Karlsruhe 1986, KfK-Bericht 4223, Karlsruhe 1987

JAES91 Jaeschke, A.; Keitel, A.; Mayer-Föll, R.; Radermacher, F.J.; Seggelke, J.: Metawissen als Teil von Umweltinformationssystemen. In: GÜNT92c, S. 115-130

JAES92 Jaeschke, A.: Expertensysteme im Umweltschutz: Was leisten sie und welche Zukunft haben sie? In: Einsatz von Expertensystemen zur Unterstützung des Kläranlagenbetriebs, Forschungsbericht April 1992. Wien: Technische Universität 1992

JAES94 Jaeschke, A.: Umweltinformatik – Ein neues Anwendungsgebiet der Informatik. In: it+ti – Informationstechnik und Technische Informatik 36 (1994) 4/5, S. 9-61

JANS90 Janssen, L.L.F.: GIS-Supported Land Cover Classification of Satellite Images. In: Proceedings of the EGIS´90 Conference. Amsterdam 1990

JARK88 Jarke, M.: Wissensbasierter Zugriff auf Daten- und Modellbanken in EUS für den Umweltschutz. In: Kämpke, T.; Radermacher, F.J.: Höhere Funktionalitäten in Umweltinformationssystemen. Bericht B-8802. Ulm: FAW 1988

JENN86 Jennings, A.A.; Suresh, P.: Microcomputer Implementation of risk assessment for hazardous waste technologies. In: Environmental Software 1 (1986), S. 17-25

JENS92 Jensen, C.S.; Clifford, J.; Gadia, S.K.; Segev, A.; Snodgrass, R.T.: A Glossary of Temporal Database Concepts. In: SIGMOD Record 21 (1992) 3, S. 35-43

JEPS94 Jepsen, D.; Lohse, J.: Anforderungen an EDV-Werkzeuge zur Unterstützung des überbetrieblichen Stoffstrom-Managements. In: IFU94 Bd. II, S. 215-222

JOCH93 Jochum, C. (Hrsg.): Software-Entwicklung in der Chemie. Software Development in Chemistry. Proceedings of the 8th Workshop „Computer in Chemistry". Darmstadt, 17-19 November 1993

KAFK91 Kafka, L.; Petzoldt, T.; Petersohn, U.; Recknagel, F.: Unscharfe und fallbasierte Inferenzmethoden zur Vorhersage von Algenmassenentwicklungen, in: IFU91, S. 311-320

KAIS86 Kaiser, R. (Hrsg): Global 2000 – Der Bericht an den Präsidenten. Frankfurt: Zweitausendundeins 1986

KÄMP92 Kämpke, T.: Statistische und numerische Analysen in der Grundwassermethodenbank ZEUS II. In GÜNT92b, S. 248-254

KANI64 Kaninski, G.: Ordnungsstrukturen und Ordnungsprozesse. In: Bergius, R. (Hrsg.): Handbuch der Psychologie, 1. Band. Göttingen 1964, S. 373 ff.

KAPP95 Kappe, F.: Ordnung im Informations-Chaos. In: DFN Mitteilungen 37 (1995) 3, S. 20-22

KAUF90 Kaufman, A. (Hrsg.): Visualization 90. San Francisco, Oktober 1990, IEEE Computer Society Press 1990

KAUF93 Kaufhold, G.: Von der Bildung von Datenmodellen zum Informationsmanagement im Umweltinformationssystem Baden-Württemberg. In: IFU93, S. 338-348

KEIT91a Keitel, A.: Inhaltliche, technische und organisatorische Elemente des Informationsmanagements im Umweltinformationssystem (UIS) des Landes Baden-Württemberg. In: IFU91, S. 247-255

KEIT91b Keitel, A.: Integration von Hintergrund-Informationen in der Konzeption für das Umwelt-Führungs-Informationssystem (UFIS) des Landes Baden-Württemberg. In: GÜNT92c, S. 20-26

KELL88 Keller, H.: Parallele Simulationsmethoden zur Ausführung komplexer Modelle. In: VALK88, S. 270-278

KELL93 Keller, H. B.; Grützner, R. (Hrsg.): 2. Treffen des AK Werkzeuge für Simulation und Modellbildung in Umweltanwendungen, Karlsruhe 1992, KfK-Berichte 5159. Karlsruhe: Kernforschungszentrum 1993

KELL94a Keller, H. B.; Kugele, E.; Osterhues, große B; Weinberger, T. (Hrsg.): Einsatz neuronaler Netze im Umweltbereich am Beispiel der Müllverbrennung. In: IFU94, S. 405-414

KELL94b Keller, H. B.; Grützner, R.; Benz, J. (Hrsg.): 3. Treffen des AK "Werkzeuge für Simulation und Modellbildung in Umweltanwendungen", Kassel/Witzenhausen, 1993, KfK-Berichte 5310. Karlsruhe: Kernforschungszentrum 1994

KELL95 Keller, H. B.; Grützner, R.; Angelus, R. (Hrsg.): 4. Treffen des AK "Werkzeuge für Simulation und Modellbildung in Umweltanwendungen", Halle/Saale, Juni 1994, FZKA 5552. Karlsruhe: Forschungszentrum 1995

KEMP88 Kempke, C.: Der neue Konnektionismus. Ein Überblick. In: Informatik Spektrum, 11 (1988) 3, S. 143-162

KEUN91a Keune, H.; Theisen, A.: Environmental Databases and Information Management Programmes of International Organizations. In: IFU91, S. 546-553

KEUN91b Keune, H.; Murray, A.B.; Benking, H.: Harmonization of Environmental Measurement. In: GeoJournal 23 (1991) 3, S. 249-255

KIFE92 Kifer, M.; Kim, W.; Sagiv, Y.: Querying object-oriented databases. In: Stonebraker, M. (Hrsg.): Proceedings of the ACM SIGMOD International Conference on the Management of Data. New York: ACM 1992, S. 393-402

KIM90 Kim, T.J.; Wiggins, L.L.; Wright, J.R.: Expert systems: applications to urban planning. New York: Springer-Verlag 1990

KITT91 Kittelmann, H.-U.; Müntner, A.; Hohmann, W.; Schütz, W.; Risse, V.; Schindler, E.: Entwicklung eines rechnergestützten Kontroll- und Überwachungssystems für Deponien. In: LAUS91, S. 73-86

KLAS94 Klas, W.; Aberer, K.; Neuhold, E.: Object-oriented modeling for hypermedia systems using the VODAK model language. In DOGA 94, S. 389-433

KLOO90 Kloos, H.W.: Landinformationssysteme in der öffentlichen Verwaltung. Heidelberg: Decker Müller 1990

KNOR90 Knorz, G. (Hrsg.): Zugang zu Werkstoff-Datenbanken. Berlin: Fachinformationszentrum Werkstoffe 1990

KOHM93 Kohm, J.: Das Technosphäre- und Luft-Informationssystem als Instrument für die Entscheider in der Umweltschutzverwaltung. In: IFU93, S. 369-380

KOHO82 Kohonen, T.: Analysis of a Simple Self-Organizing Process. In: Biological Cybernetics 44 (1982), S. 135-140

KOHO84 Kohonen, T.: Self-Organisation andAssociative Memory. Berlin: Springer-Verlag 1984

KRAC89 Kracker, M.; Neuhold, E.J.: Schema independent query formulation. In: Lochovsky, F. (Hrsg.): Proceedings of the 8th International Conference on Entity-Relationship Approach. 1989, S. 233-247

KRAS93 Krasemann, H.L.; Leithäuser, K.; Müller, A.; Page, B.; Patzig, S.; Riethmüller, R.; Wagler, H.; Willmann, D.: Nutzerführungssysteme für das Wattenmeerinformationssystem WATiS. In: IFU93, S. 63-73

KRAU95 Kraus, M.; Heimig, I.; Scheer, A.-W.: Informationsmodell für die integrierte Entsorgungssicherung. In: HAAS95b, S. 67-78

KREI88 Kreitner, H.; Schuler, H.: Simulation in der Prozeßleittechnik. In: Chem.-Ing.-Tech. 60 (1988) 8, S. 613-627

KREM90 Kremers, H.; Line, M.P.; Neugebauer, L.; Riethmüller, R.; Windhorst, W.: Arbeitskreis „Umweltdatenbanken" – Ziele und erste Ergebnisse. In: IFU90, S. 1-16

KREM93 Kremers, H.: Kommunale Umweltinformationssysteme – Die Position des Arbeitskreises. In: IFU93, S. 273-279

KREM94 Kremers, H. (Hrsg.): Umweltdatenbanken. Praxis der Umwelt-Informatik Bd. 5. Marburg: Metropolis 1994

KROL95 Krol, E.: Die Welt des Internet. Handbuch und Übersicht. Bonn: O'Reilly/International Thomson 1995

KRÜG91 Krüger, F.: Navigationsstrategien in der Informationssuche – vom Information Retrieval zu Hypertext. In: Killenberg, H.; Kuhlen, R.; Manecke, H.-J. (Hrsg.): Wissensbasierte Informationssysteme und Informationsmanagement. Konstanz: Universitätsverlag 1991, S. 104-114

KUHL77 Kuhlen, R.: Experimentelle Morphologie in der Informationswissenschaft. München: Dokumentation 1977

KUHL90 Kuhlen, R.: Zum Stand pragmatischer Forschung in der Informationswissenschaft. In: Herget, J.; Kuhlen, R. (Hrsg.): Pragmatische Aspekte beim Entwurf und Betrieb von Informationssystemen. Proceedings des 1. Internationalen Symposiums für Informations-wissenschaft. Konstanz: Universitätsverlag 1990, S. 13-18

KÜRZ94 Kürzl, H.; Machner, C.: Informatikkonzept für ein intergriertes Unweltsystem und seine Realisierung in einem Industriebetrieb. In: IFU94 Bd. II, S. 23-32

KÜRZ95a Kürzl, H.; Rautenstrauch, C.: Ein Schnappschuß der Förderlandschaft für BUIS. In: HAAS95b, S. 37-50

KÜRZ95b Kürzl, H.: Erfahrungen in der operativen Einführung von Umweltinformationssystemen. In: HAAS95b, S. 173-184

KYTZ94 Kytzia, S.; Siegenthaler, C.: Die schweizerische Methodik Ökobilanzen für Unternehmungen und ihre Anwendung mit REGIS für Windows. In: IFU94 Bd. II, S. 89-100

LAMB91 Lamberts, J.: Datenmanagement im Umweltinformationssystem Baden-Württemberg. In: GÜNT92c, S. 27-40

LAMP89 Lampert, D.K.; Wood, T.K.: Partial survey of expert support Systems for Agriculture and Natural Resource Management. In: AI Applications in Natural Resource Mangement, 3 (1989), S. 41-52

LAUS91 Lausch, W.; Strehz, J.-R. (Hrsg.): Information und Kommunikation in der Abfallwirtschaft – Entwicklung und Anwendung von Informationssystemen in der Abfallwirtschaft. Reihe Abfallwirtschaft in Forschung und Praxis, Band 44. Berlin: Erich Schmidt 1991

LEHM89 Lehman, T.J.; Lindsay, B.G.: The Starburst Long Field Manager. In: Proc. of the 15th Int. Conf. on Very Large Data Bases (VLDB), Amsterdam, 22. - 25. August 1989, S. 375-383

LEIC92 Leichnitz, M.; Mayer-Föll, R.; Müller, M.; Mutz, M.: Anforderungen an ein umweltbezogenes Geoinformationssystem (UGIS). In: GÜNT92b, S. 81-100

LEIT92 Leithäuser, K.; Krasemann, H.L.; Patzig, S.; Riethmüller, R.; Wagler, H.: LOTSE – das Nutzerführungssystem der Wattenmeerdatenbank im WATiS. In: BEHL92, S. 26-31

LESS94a Lessing, H.; Schütz, Th.: Der Umwelt-Datenkatalog als Instrument zur Steuerung von Informationsflüssen. In: IFU94, Bd.1, S. 1159-167

LESS94b Lessing, H.; Schmalz, R.: Der Umwelt-Datenkatalog Niedersachsens. In: Engel, A.: Umweltinformationssysteme in der öffentlichen Verwaltung. Heidelberg: Deckers 1994

LIED88 Liedke, H.: Naturraumpotential, Naturraumtypen und Naturregionen in der DDR. In: Geographische Rundschau 36 (1984) 12, S. 606-612

LIED95 Liedekerke, M. J.; Jones, A.: Networking Protocols and Tools for Environmental Science Community. In: AVOU95, S. 161-180

LIPP87 Lippmann, R.P.: An Introduction to Computing with Neural Nets. IEEE ASSP Magazine, April 1987, S. 4-22

LOIB93 Loibl, W.; Züger, J.; Kopsca, A.: Flächenhafte Ozonverteilung in Österreich für ausgewählte Ozonepisoden 1991. Bericht des Umweltbundesamtes UBA-93-071, 1993

LUFT89 Luft, A.L.: Informatik als Technikwissenschaft. Thesen zur Informatikentwicklung. In: Informatik-Spektrum, 12 (1989) 5, S. 267-273

LUST86 Lustig, G. (Hrsg.): Automatische Indexierung zwischen Forschung und Anwendung. Hildesheim: Olms 1986

MAIE84 Maier, D.; Ullman, J.D. Vardi, M.Y.: On the foundations of the universal relation model. In: ACM Transactions on Database Systems 9 (1984) 2, S. 283-308

MANC92 Manche, A; Simon, K.-H.; Uhrmacher, A.; Page, B.: Expertensysteme auf dem Umweltsektor. Im Auftrag des Umweltbundesamtes. Gesamthochschule Kassel, Wissenschaftliches Zentrum Mensch-Technik-Umwelt, UBA-Texte 47/92, Berlin 1992

MAUL95 Mauldin M. L.: Measuring the Web with Lycos. In: HOLZ95, S. 26-29

MAXW95 Maxwell, C.; Grycz, C. J.: Internet Yellow Pages – Das Adreßbuch für jeden Datenreisenden. Haar bei München: Markt&Technik 1995

MAYE92a Mayer-Föll, R.: Zur Rahmenkonzeption des Umweltinformationssystems Baden-Württemberg. In: GÜNT92c, S. 3-19

MAYE92b Mayer, H.F.; Fank, J.; Haas, W.: Darstellung komplexer Zusammenhänge in der Bodenzone. In: DENZ92c, S. 46-51

MAYE93 Mayer-Föll, R: Das Umweltinformationssystem Baden-Württemberg; Zielsetzung und Stand der Realisierung. In: IFU93, S. 313-337

MCCU43 McCulloch, W.S.; Pitts, W.: A Logical Calculus of the Ideas immanent in Nervous Activity. In: Math. Biophys. 5 (1943), S.115-133

MCKI88a Mc Kinsey: Konzeption des ressortübergreifenden Umweltinformationssystems (UIS). Phase I: Bestandsaufnahme und inhaltliche Konzeption. Stuttgart: Umweltministerium Baden-Württemberg 1988

MCKI88b Mc Kinsey: Konzeption des ressortübergreifenden Umweltinformationssystems (UIS). Phase II/III: Systemkonzeption und Umsetzungsplanung. Stuttgart: Umweltministerium 1988

MCKI89 Mc Kinsey: Konzeption des ressortübergreifenden Umweltinformationssystems (UIS). Phase IV: Weiterentwicklung der Rahmenkonzeption. Stuttgart: Umweltministerium 1989

MEAD72 Meadows, D.L. et al.: The Limits to Growth. New York: Universe Books 1972

MEAD74 Meadows, D.L. et al.: Dynamics of Growth in a Finite World. Cambridge, MA: Wright-Allen 1974

MEAD92 Meadows, D.; Randers, J.: Die neuen Grenzen des Wachstums. Stuttgart: Deutsche Verlagsanstalt 1992

MEGH91 Meghini, C.; Rabitti, F.; Thanos, C.: Conceptual modeling of multimedia documents. In: IEEE Computer 24 (1991) 10, S. 23-30

MELL92 Melli, P.; Zannetti, P.: Environmental Modelling. Southampton: Computational Mechanics 1992

MERT92 Mertens, P.: Was ist Wirtschaftsinformatik? In: Mertens, P.; Ehrenberg, D.; Griese, J.; Heinrich, L.J.; Kurbel, K.; Stahlknecht, P. (Hrsg): Studien- und Forschungsführer Wirtschaftsinformatik. 4. Aufl. Berlin: Springer, S. 3-7

MESA74 Mesarovic, M.; Pestel, E.: Mankind at the Turning Point. London: Hutchinson 1974

MESZ90 Meszaros, F.; Varis, O.; Sirvio, H.; Kettunen, J.: A rule-based water quality model for PC-environment. In: Env. Software 5 (1990), S. 158-163

MEYE90 Meyer-Abich, K.M.; Müller, M.: Kommt die Öko-Diktatur? In: Die Zeit (1990) 15, S. 45

MEYE91a Meyer-Wegener, K.: Multimedia-Datenbanken. Stuttgart: Teubner 1991

MEYE91b Meyer, U.; Schmidt, T.: Konzeption und Implementierung eines Expertensystems im Bereich des städtebaulichen Lärmschutzes. In: IFU91, S. 596-605

MEYE95 Meyer, R.; Poll, M.; Mügge, H.; Gerken, B.; Hilty, L. M.: Anforderungen für den Einsatz eines Geographischen Informationssystems (GIS) in der umweltbezogenen Verkehrssimulation. In: IFU95

MIDD91 Middelkoop, H.; Janssen, L.L.F.: Knowledge-Based Image Classification. In: GÜNT92c, S. 303-327

MIET Miettinen, P.: Software Tools in Life Cycle Assessment. In: Pedersen Weidema, B. (Hrsg.): Environmental Assessment of Products. Helsinki: UETP-EEE – The Finnish Association of Graduate Engineers 1993, S. 93-104

MIHA91 Mihalisin, T.; Timlin, J.; Schwegler, J.: Visualization and Analysis of Multivariate Data: A Technique for all Fields. In: NIEL91, S. 171-178

MINS69 Minsky, M.; Papert, S.: Perceptrons. Cambridge, MA: MIT 1969

MÖLL94 Möller, A.: Stoffstromnetze. In: IFU94 Bd. II, S. 223-230

MONI88 Moninger, W.R.; Dyer, R.M.: Survey of past and current AI work in environmental sciences. In: AI Applications in Natural Resource Mangement 2 (1988), S. 48-52

MOOR94 Moore, C: Canadian Centre for Occupational Health and Safety (CCOHS). In: Liason, A Newsletter for the Users of CCINFO 9 (1994) 4, S.4

MORA92 Moraga: Neuronale Netze und Unscharfe Logik – Eine Vergleichsanalyse. Seminarbericht, Fachbereich Informatik der Universität Dortmund 1992

MOTR86 Motro, A.; Baroque: A browser for relational databases. In: ACM Transactions on Office Information Systems 4 (1986) 2, S. 164-181

MUBW90 Ministerium für Umwelt Baden-Württemberg, McKinsey and Company, Inc.: Konzeption des ressortübergreifenden Umweltinformationssystems (UIS) im Rahmen des Landessystemkonzepts Baden-Württemberg. Band 1-12, Stuttgart: 1987-1990

MUBW91 RIPS: Feinkonzeption des Räumlichen Informations- und Planungssystems (RIPS) im Rahmen des ressortübergreifenden Umweltinformationssystems Baden-Württemberg (UIS). Stuttgart: Umweltministerium Baden-Württemberg 1991

MÜLL92 Müller, M.: Entwicklung des Arten-Landschafts-Biotopinformationssystems (ALBIS) als übergreifende Komponente des Umweltinformationssystems Baden-Württemberg. In: GÜNT92b, S. 64-70

MÜLL93 Müller, M.: Entwicklung des räumlichen Informations- und Planungssystems (RIPS) als übergreifende Komponente des Umweltinformationssystems Baden-Württemberg. In: IFU93, S. 359-368

MUSG86 Musgrave, A.J.; Page, B.; Stopp, M.: INFUCHS– ein Informationssystem für Umweltchemikalien, Chemieanlagen und Störfälle – Prototyp für die Entwicklung dialogorientierter Datenbankanwendungen im Umweltschutz. In: PAGE 86a, S. 144-177

MUT90 Mensch Umwelt Technik e.V. (Hrsg.): Mensch-Umwelt-Technik Info: Telekommunikation im Umweltschutz – Nutzungsmöglichkeiten und Probleme. Hamburg: Selbstverlag 1990

MUTZ91 Mutz, M.: Prototypische Anwendung wissensbasierter Fernerkundungstechniken in einem Umweltprojekt des Landes Baden-Württemberg. In: GÜNT92c, S. 298-302.

MUTZ92 Mutz, M.: GIS-unterstützte Auswertungen von Satellitendaten für die Zwecke der Umweltverwaltung des Landes Baden-Württemberg. In: GÜNT92a, S. 91-110

MYER83 Myers, V.I.: Remote Sensing Applications in Agriculture. In: COLW83, Bd. II, S. 2111-2228

NEUG90 Neugebauer, L. (Hrsg.): Arbeitskreis Umweltdatenbanken – Beiträge zum 2. und 3. AK-Treffen. Universität Stuttgart, Fakultät Informatik, Informatik-Bericht Nr. 5/90, Stuttgart 1990

NEUG93 Neugebauer, L.: Wie kann die Umweltinformatik kleine Umweltschutzgruppen unterstützen? Workshopbericht im Rundbrief des FA 4.6 Informatik im Umweltschutz, Kernforschungszentrum Karlsruhe 1993

NEWE82 Newell, A.: The knowledge level. In: Artificial Intelligence 18 (1982), S. 87-127

NIEL90 Nielsen, J.: Hypertext and Hypermedia. San Diego, Cal.: Academic Press 1990

NIEL91 Nielson, G.M.; Rosenblum, L. (Hrsg.), Visualization 91. Oktober 1991, San Diego, IEEE Computer Society Press 1991, S. 164-170

NIEM87 Niemann, H; Bunke, H.: Künstliche Intelligenz in Bild- und Sprachanalyse. Stuttgart: Teubner 1987

NILS82 Nilsson, N.: Principles of Artificial Intelligence. Berlin: Springer-Verlag 1982

NOTE95 Notess, G. R.: Comparing Web Browsers: Mosaic, Cello, Netscape, WinWeb and InternetWorks Lite. In: Online 19 (1995) 2 , S. 36-40

OBER91 Oberquelle, H. (Hrsg.): Kooperative Arbeit und Computerunterstützung. Göttingen: Verlag für Angewandte Psychologie 1991

ÖBIG89 Österreichisches Bundesinstitut für Gesundheitswesen: Umweltbericht: Abfall – Boden – Chemikalien – Landschaft – Lärm – Luft – Tierwelt – Vegetation – Wasser. Wien 1989

OCKE94 Ockenfeld, M.: Weltweite Kommunikation. In: cogito 6 (1994), S. 4-11

OECD89 OECD – Organisation for Economic Co-operation and Development: Environmental Data Compendium 1989. Paris: OECD 1989

OEHM90 Oehme, W.: Energie und Umwelt – Die Herausforderung des nächsten Jahrhunderts, Vortrag gehalten vor dem Verein für Auswärtige Politik in Bonn, am 15.11.1990. In: FAW92, S. 159-177

ORTO87 Ortolano, L.; Perman, C.D.: A planner's introduction to expert systems. In: Journal of the American Planning Association, 54 (1987), S. 98-106

PAGE83 Page, B.: Der Gültigkeitsnachweis von komplexen Simulationsmodellen. Angewandte Informatik 4 (1983), S. 149-157

PAGE86a Page, B. (Hrsg.): Informatik im Umweltschutz – Anwendungen und Perspektiven. München: Oldenbourg-Verlag 1986

PAGE86b Page, B.; Seggelke, J.: UMPLIS – ein umfassendes Informationssystem für den Umweltschutz – Erfahrungen aus 10 Jahren Entwicklungsarbeit. In: PAGE86a, S.178-192

PAGE88 Page, B: Informatikkonzepte zur Unterstützung der Modellbildung und Simulation im Umweltbereich. In: GME Gesellschaft für Mikroelektronik (Hrsg.): Beitrag der Mikroelektronik zum Umweltschutz. Proc.; Hamburg, 26.- 27.November 1987. GME-Fachbericht. Berlin: vde-Verlag 1988, S. 465-478

PAGE89 Page, B.: An analysis of environmental expert system applications with special emphasis on Canada and the Federal Republic of Germany. Bericht des Fachbereichs Informatik der Universität Hamburg, FBI-HH-B-144/89. Hamburg 1989

PAGE90a Page, B.; Jaeschke, A.; Pillmann, W.: Angewandte Informatik im Umweltschutz – Teil 1 und 2. Informatik Spektrum, Bd. 13, S. 6-16 und S. 86-97

PAGE90b Page, B.: An Analysis of Environmental Expert System Applications. In: Environmental Software 5 (1990) 4, S.177-198

PAGE91a Page, B.: Diskrete Simulation – Eine Einführung mit Modula-2. Berlin: Springer-Verlag 1991

PAGE91b Page, B.; Häuslein, A.; Hilty, L.M.; Schwabl, A.: Beitrag der Mikroelektronik zum Umweltschutz, Teil D.3: Informations- und Kommunikationstechniken. Studie im Auftrag des Bundesministers für Forschung und Technologie. Forschungsbericht des Fraunhofer-Instituts für Systemtechnik und Innovationsforschung, Karlsruhe 1991 (Kurzfassungen in ANGE91)

PAGE92a Page, B.: Environmental Protection as a Challenge to Applied Informatics. A Workshop Introduction. In: AIKE92, S. 595-604

PAGE92b Page, B.; Rolf, A.; Hilty, L.M.; Schröder, W. (Hrsg.): Umwelt und Informatik – Aspekte einer Wechselwirkung. Mitteilung des Fachbereichs Informatik der Universität Hamburg. FBI-HH-M203, Hamburg 1992

PALM91 Palm, G.; Ultsch, A.; Goser; Rückert, U.: Verbundvorhaben zum Thema Wissensverarbeitung in neuronaler Architektur. BMFT 1991-1993

PARS89 Parsaye, K.; Chignell, M.; Khoshafian, S.; Wong, H.: Intelligent Databases. New York: John Wiley 1989

PAWL93 Pawletta, S.; Pawletta, T.; Ewert, F.: Verifikation von Modellen agrarökologischer Systeme durch Parameteroptimierung. In: IFU93, S. 133-141

PEAR87 Pearl, J.: Distributed Revision of Composite Beliefs. In: Artificial Intelligence 33 (1987), S. 173-215

PEDE93 Pedersen Weidema, B.: Quality Criteria for Product Life Cycle Assessment. In: Pedersen Weidema, B. (Hrsg.): Environmental Assessment of Products. Helsinki: UETP-EEE – The Finnish Association of Graduate Engineers 1993, S. 61-92

PERR95 Perry, M.; Anderson, R.; Parker, R.: HazDat: Sharing Environmental Hazards Data through the World-Wide Web. In: HOLZ95, S. 91-94

PESC80 Peschel, M.: Ingenieurtechnische Entscheidungen – Modellbildung und Steuerung mit Hilfe der Polyoptimierung. Berlin: Verlag Technik 1980

PFLE94 Pfleiderer, I.; Schuckert, M.; Saur, K.; Eyerer, P.: GaBi-Basis 1.2: Software-System zur ganzheitlichen Bilanzierung. In: IFU94 Bd.II, S. 47-54

PFLE95 Pfleiderer, I.; Volz, Th.; Eyerer, P.: EDV-gestützte Ganzheitliche Bilanzierung. In: HAAS95b, S. 93-102

PILL88 Pillmann, W.: Einsatz der digitalen Bildverarbeitung im Umweltschutz. In: VALK88, S. 335-350

PILL89 Pillmann, W.: Luftschadstoff-Prognosemodelle – Stand der Anwendung, Fortentwicklung und operationeller Einsatz. In: IFU89, S. 110-119

PILL90 Pillmann, W.; Zobl, Z.: Entwicklungstendenzen in Waldökosystemen – Ergebnisse der Scannerbildanalyse auf einem Parallelrechner. In: IFU90, S. 286-295

PILL92 Pillmann, W.; Kahn D.J.: Distributed Environmental Data Compendia. Proceedings of the 12th IFIP World Congress, Madrid 1992, Bd. II. Elsevier: North-Holland 1992

PILL93 Pillmann, W.: Gewinnung und Nutzung von Umweltdaten im internationalen Bereich. In: IFU93, S. 1-10

PILL94 Pillmann, W.: Experiences with Environmental Networking within CEDAR. In: Environmental Knowledge Organization and Information Management. Proceedings of the 1st European ISKO Conference, Bratislava, LSlovakia, 1994. Frankfurt a. M.: INDEKS 1994

PINT90 Pintado, X.; Tsichritzis, D.: SaTellite: A navigation tool for hypermedia. In: Proceedings of the Conference on Office Information Systems. New York: ACM 1990

PLAN90 Plant, R.E.; Stone, N.D.: Knowledge-based systems in agriculture. Biological Resource Management Series. New York: McGrawHill 1990

POLK85 Polke, M.: Prozeßleittechnik für die Chemie – Status und Trend. In: atp – Automatisierungstechnische Praxis, 27 (1985) 5, S. 214-223

PÖPP94 Pöppl, S.J. (Hrsg.): Medizinische Informatik: ein integrierender Teil arztunterstützender Technologien. Jahrestagung, Lübeck September 1993. München: Medizin-Verlag 1994

PRAD84 Prade, H.; Testemale, C.: Generalizing database relational algebra for the treatment of incomplete/uncertain information and vague queries. Information Science, Bd. 34, 1984, S. 115-143

PRET92 Pretzsch, H.: Konzeption und Konstruktion von Wuchsmodellen für Rein- und Mischbestände. Bericht der forstwirtschaftlichen Fakultät der Universität München. München: 1992

PUPP88 Puppe, F.: Einführung in die Expertensysteme. Studienreihe Informatik. Berlin: Springer-Verlag 1988

PUPP90 Puppe, F.: Problemlösungsmethoden in Expertensystemen. Berlin: Springer-Verlag 1990

PUPP93 Puppe, F.: Systematic Introduction to Expert Systems. Berlin: Springer-Verlag 1993

RADE91 Radermacher, F.J.: The Importance of Metaknowledge for Environmental Information Systems. In: Günther, O.; Schek, H.-J. (Hrsg.): Large Spatial Databases. Proceedings. Lecture Notes in Computer Science 525, Berlin: Springer-Verlag 1991, S. 35-44

RADE92 Radermacher, F.J.: Identifying Research Topics with Critical Significance for Global Trends Concerning Environment and Human Health. In: Modeling Global Development Processes and their Relevance to Human Health. WHO-Workshop. FAW Ulm, 10.-12. Sept. 1992

RAUS93 Rausch, L.; Simon, K.-H.; Fritsche, U.: GEMIS-2.0: Objektorientierte Energie- und Materialfluß-Bilanzierung zur Berechnung von Umweltbeeinträchtigungen. In: IFU93, S. 291-300

RAUT94 Rautenstrauch, C.: Integrating Information Systems for Production and Recycling. In: IFU94 Bd. II, S. 183-190

RAUT95 Rautenstrauch, C.; Schraml, T.: Umweltinformationsmanagement und betriebliche Informationssystme. In: Wirtschaftsstudium 24 (1995) 8, S. 425-429

REIC90 Reichl, E.R.: Der Nutzen einer tiergeographischen Datenbank für den Umweltschutz. In: IFU90, S. 102-107

REIN92 Reinhardt, W.; Speer, T.; Yang, H.: Combined Vector and Raster Data Processing for Environmental Applications Using SICAD. GIS 5/2, S. 24-32. Karlsruhe: Wichmann 1992

REIT84 Reiter, R.: Towards a logical reconstruction of relational database theory. In: Brodie, M.L.; Mylopoulos, J.; Schmidt, J.W. (Hrsg.): On Conceptual Modelling. New York: Springer-Verlag 1984, S. 191-233

REUT88 Reuter, A.: Datenbanken als Grundlage für große Meß-, Kontroll-, Analyse- und Simulationssysteme. In: VALK88, S. 203 ff.

RICH85 Richter, O.: Simulation des Verhaltens ökologischer Systeme. Mathematische Methoden und Modelle. Weinheim: VCH-Verlag 1985

RICH89 Richter, M.: Prinzipien der Künstlichen Intelligenz. Stuttgart: Teubner 1989

RIEK91a Riekert, W.-F.: Providing Declarative Access to a Processing System for Satellite Image Data. In: Boley, H.; Richter, M.M. (Hrsg.): Processing Declarative Knowledge. Lecture Notes in Artificial Intelligence 567. Berlin: Springer-Verlag 1991

RIEK91b Riekert, W.-F.; Ruwwe, T.; Hess, G.: Model-Based Assistance for Analyzing Remote Sensor Data. In: GÜNT92c, S. 291-297

RIEK93 Riekert, W.-F.: Extracting Area Objects from Raster Image Data. IEEE Computer Graphics and Applications 13/2, S. 68-73. Los Alamitos, CA: IEEE Computer Society 1993

RIET90 Riethmüller, R.; Lisken, A.; van Bernem, K.-H.; Krasemann, H.L.; Müller, A.; Patzig, S.: WATiS: An Information System for Wadden Sea Research and Management. In: IFU90, S. 73-81

RIET92 Riethmüller, R.; Krasemann, H.L.; Patzig, S.; Wagler, H.: Der Aufbau der Wattenmeer–datenbank WADABA. In: BEHL92, S. 34-41

RIJS86 van Rijsbergen, C. J.: A non-classical logic for information retrieval. In: The Computer Journal 29 (1986) 6

RITT90 Ritter, H.; Martinez, T.; Schulten, K.: Neuronale Netze. Urbana: Addision Wesley 1990

ROBI86 Robinson, V.B.; Frank, A.U.; Blaze, M.A.: Expert systems applied to problems in geographic information systems: Introduction, Review and Prospects. In: Journal of Surveying Engineering, 112 (1986), S. 119-132

RODG90 Rodgers, U.: Unix Database Management Systems. Yourdon Press Computing Series, Englewood Cliffs, New York: Prentice Hall 1990

ROLF91 Rolf, A.: Der computerökologische Wunschpunsch. Das Ursachenwirkungsgefüge im Bereich Logistik – Verkehr – Informatik. In: Bäck, H. (Hrsg.): Von Umweltschädlichkeit zur -verträglichkeit. 1. Umweltforum. Köln: TÜV Rheinland 1991, S. 31-38

ROLF92 Rolf, A.; Page, B.; Hilty, L.M.: Informatik und Ökologie – eine widersprüchliche Beziehung. In: PAGE92b, S. 1-10

ROPP91 Roppel, S.; Wolf, C.: Graphische Recherche und intelligente Hilfe als Komponenten des multimodalen Werkstoffinformationssystems Wing. In: H. Killenberg, R. Kuhlen, H.-J. Manecke (Hrsg.): Wissensbasierte Informationssysteme und Informationsmanagement. Konstanz: Universitätsverlag 1991, S. 115-124

ROSE58 Rosenblatt, F.: The Perceptron: a probabilistic model for information storage and organization in the brain. In: Psychological Review 65 (1958), S. 386-408

ROSE85 Rosenthal, M.: Integrated Software Past, Present and Future. In: Computerworld Focus 20 (1985), S. 31-35

ROUH87 Rouhani, S.; Kangari, R.: Landfill site selection: A microcomputer expert system. In: Microcomput. Civ. Eng. 2 (1987), S. 47-53

ROZE91 Rozenblit, J.W.: Experimental Frame Specification Methodology for Hierarchical Simulation Modeling. Int. J. General Systems. 19 (1991), S. 317-336

RSVU90 Der Rat von Sachverständigen für Umweltfragen: Allgemeine ökologische Umwelt–beobachtung. Sondergutachten. Stuttgart: Metzler-Poeschel 1990

RUME85 Rumelhart, D.E.; McClelland, J.L.; PDP Group (Hrsg.): Parallel Distributed Processing: Explorations in the Microstructure of Cognition. Bd. 1-3, Cambridge, MA: Bradford Books 1985

SAAR88 Saarenmaa, H.; Stone, N.D.; Folse, L.J.; Packard, J.M.; Grant, W.E.; Makela, M.E.; Coulson, R.N.: An artificial intelligence modelling approach to simulation animal habitat interactions. In: Ecological Modelling 44 (1988), S. 125-141

SAAR89 Saarenmaa, H.: Extracting forest regeneration knowledge out of the corporate forest database into a silvicultural expert support system. In: Artificial Intelligence and Growth Models for Forest Management Decisions Conf., Wien 1989, S. 251-260

SALS91 Salski, A.; Kandzia, P.: Einsatz der Fuzzy-Set-Theorie in der Ökosystemforschung. In: IFU91, S. 303-310

SALT88a Salton, G.: Automatic text indexing using complex identifiers. In: Proceedings of ACM Conference on Document Processing Systems December 5-9, 1988, Santa Fe, New Mexico. New York: ACM 1988, S. 135-144

SALT88b Salton, G.; Buckley, C.: Term weighting approaches in automatic text retrieval. In: Information Processing and Management 24 (1988) 5, S. 513-523

SALT90 Salton, G.; Buckley, C.; Smith, M.: On the application of syntactic methodologies in automatic text analysis. In: Information Processing and Management 26 (1990) 1, S. 73-92

SCHA92 Schaltegger, S.; Sturm, A.: Ökologieorientierte Entscheidungen in Unternehmen – Ökologisches Rechnungswesen statt Ökobilanzierung. Bern: Paul Haupt 1992

SCHE90 Scheuer, K.; Spies, M.; Verpoorten, U.: Wissensbasierte Meßdateninterpretation in der Wasseranalytik. In: IFU90, S. 216-225

SCHE93 Schenkel, W.: Recht auf Abfall? Berlin1993

SCHE94 Scheller, M.; Boden, K.-P.; Geenen, A.; Kampermann, J.: Internet: Werkzeuge und Dienste. Berlin: Springer-Verlag 1994

SCHI91 Schiewer, U.: Visualisierung von Umweltdaten – ein unverzichtbares Werkzeug in der angewandten Ökologie. Informatik-Fachberichte 274. Berlin: Springer-Verlag 1991

SCHI92 Schimak, G.: Benutzeroberfläche zur Datenkontrolle und Datenkorrektur in einem Luftmeßnetz. In: DENZ92c

SCHI93 Schilcher, M.; Schleifenbaum, A.: Bedeutung und Stand der GIS-Datenbanktechnologie am Beispiel SICAD/open. In: Geoinformationssysteme – Neue Perspektiven. 3. Internationales Anwenderforum, Duisburg 3. und 4. März 1993. München: Siemens Nixdorf Informationssysteme AG 1993

SCHM89 Schmidt, J.W.; Thanos, C. (Hrsg.): Foundations of Knowledge Base Management. Berlin: Springer-Verlag 1989

SCHM91 Schmidt, E.; Wissel, Ch.: Modelle zur Klassifikation und Quantifizierung ökologischer Stabilität. In: Rievenherm, S.; Lieth, H. (Hrsg.): Verhandlungen der Gesellschaft für Ökologie, Osnabrück 1989, Band XIX/III 1991, S. 709-718

SCHM92 Schmidt, B.: Simulationssysteme der 5. Generation für Biologie, Medizin und Ökologie. Tutorium: SIMPLEX II. Bad Münster a. Stein. 1992

SCHM94 Schmidt, M.; Giegrich, J.; Hilty, L.M.: Experiences with ecobalances and the development of an interactive software tool. In: IFU94 Bd. II, S. 101-108

SCHM95 Schmidt, M.; Schorb, A. (Hrsg.): Stoffstromanalysen in Ökobilanzen und Öko-Audits. Berlin: Springer-Verlag 1995

SCHO95 Schomerus, Th.; Schrader, Ch.; Wegener, B.: Umweltinformationsgesetz. Kommentar. Baden-Baden: Nomerus 1995

SCHR88 Schrefl, M.; Neuhold, E.J.: Object class definition by generalization using upward inheritance. In: Fourth International Conference on Data Engineering. Los Angeles: IEEE Computer Society 1988, S. 4-13

SCHR90 Schröder, W.: Mailboxnetzwerke als Werkzeug im Umweltschutz. In: IFU90, S. 666-672

SCHU86 Schultz, H.: Grundzüge der Schadstoffausbreitung in der Atmosphäre. Köln: TÜV 1986

SCHÜ92 Schütt, D.; Hofestädt, R.: Bioinformatik und Umweltinformatik – neue Aspekte und Aufgaben der Informatik. In: Informatik – Forschung und Entwicklung 7 (1992) 4

SCHÜ93a Schütz, T.; Lessing, H.: Metainformationen von Umwelt-Datenobjekten – Zum Datenmodell des Umwelt-Datenkataloges Niedersachsen. In: IFU93, S. 19-28

SCHÜ93b Schütz, T.: Der Umweltdatenkatalog Niedersachsen. In: DENZ93d

SCHW91a Schwabl, A.; Baumewerd-Ahlmann, A.; Waschkowski, R.: Rechnerunterstützung für die Umweltverträglichkeitsprüfung – Stand und Perspektiven. Berlin: Erich Schmidt 1991

SCHW91b Schwabl, A.: Möglichkeiten der Rechnerunterstützung für die UVP – Integration unterschiedlicher Software-Komponenten. In: SCHW91a

SEGG87 Seggelke, J.: Ein Schalenmodell für den Einfachdialog verschiedener Benutzergruppen beim Umweltinformationssystem UMPLIS. In: JAES87, S. 47-72

SEJN87 Sejnowski, T.J.; Rosenberg, C.R.: Parallel networks that learn to pronounce English text. Complex Systems 1, Baltimore 1987, S. 145-168

SHAF76 Shafer, G.: A Mathematical Theory of Evidence. Princeton: University Press 1976

SHAR92 Sharma, R.S.; Conrath, D.W.: Evaluating expert systems: the socio-technical dimensions of quality. In: Expert Systems 9 (1992), S. 125-137

SIEM88 Siemens Computer Aided Design. Kurzinformation. SICAD-aktuell. München: Siemens 1988

SIMO92 Simon, K.-H.; Manche, A.; Uhrmacher, A; Page, B.: Expertensysteme auf dem Umweltsektor. Studie im Auftrag des Umweltbundesamtes (Texte 47/92) Berlin 1992

SLAG88 Slagle, J.R.; Wick, M.R.: A method for evaluating candidate expert system applications. In: AI Magazine 9 (1988), S. 44-53

SMEA92 Smeaton, A.F.: Progress in the application of natural language processing to information retrieval tasks. In: The Computer Journal 35 (1992) 3, S. 268-278

SMIT77 Smith, J.M.; Smith, D.C.P.: Database Abstractions: Aggregation and Generalization. In: ACM Transactions on Database Systems (ToDS) 2 (1977) 2, S. 105-173

SONT92 Sontheimer, M.: Die Erde ist voll. In: FAW92, S. 69-84

SPEN95 Spengler, Th.; Püchert, H.; Rentz, O.: EDV-gestützte Entscheidungsmodelle zum umweltintegrierten Produktionsmanagement am Beispiel des Altautorecyclings. In: HAAS95b, S. 51-66

STAH88 Stahlmann, V.: Umweltorientierte Materialwirtschaft. Wiesbaden: Gabler 1988

STAR90 Star, J.; Estes, J.: Geographic Information Systems – An Introduction. Englewood Cliffs 1990

STEE87 Steels, L.: Second generation expert systems. In: Bramer, M. (Hrsg): Research and development in expert systems III. Cambridge: Univiversity Press 1987

STIF91 Globale Trends, Daten zur Weltentwicklung. Düsseldorf: Stiftung Entwicklung und Frieden 1991

STON93 Stonebraker, M.; Olson, M.: Large Object Support in POSTGRES. In: Proc. of 9th Int. Conf. on Data Engineering, April 19-23, Wien 1993, S. 355-362

STOR88 Storm, P.-C.; Bunge, T. (Hrsg.): Handbuch der Umweltverträglichkeitsprüfung. Berlin: Erich Schmidt 1988

STOR92 Storch, H.: Die Datenbank des Altlastenkatasters Berlin – verteiltes System dezentraler Zuständigkeit. In: BEHL92, S. 66-72

STOY88 Stoyan, H.: Programmiermethoden der Künstlichen Intelligenz (Bd. I). Berlin: Springer-Verlag 1988

STOY91 Stoyan, H.: Programmiermethoden der Künstlichen Intelligenz (Bd. II). Berlin: Springer-Verlag 1991

343

STRE91 Streit, U.; Frahm, J.: Konzeption eines wissensbasierten Beratungssystems für den umwelt-schonenden Einsatz von Fungiziden in der Landwirtschaft. In: FAW (Hrsg.): Workshop Um-weltinformatik 1990 Bd. II, FAW-B-91002/II, Ulm 1991

SYDO86 Sydow, A.: Models and Multicriterial Control of Complex Environmental Systems. In: Proc. of the 2nd European Simulation Congress. Antwerpen Sept. 1986, S. 14-16

TAEG92 Taeger, J.; Weyer, A.: Freier Zugang zu Informationen über die Umwelt. In: Informatik im Umweltschutz; Rundbrief des Fachausschusses 4.6 der GI 12 (1992), S. 12-18

TEUT92 Teutsch, G.: Anforderungen an ein GIS bei der Einbindung von Grundwassermodellen. In: GÜNT92b

THUY89 Thuy, N.H.C.; Schnupp, P.: Wissensverarbeitung und Expertensysteme. Handbuch der Infor-matik 6.1. München: Oldenbourg 1989

TUMA94 Tuma, A; Haasis, H.D.: Real Time Production Scheduling of Environmental Integrated Production Systems – A Comparison of Selected Knowledege-Based Methods and Machine Learning Algorithmus. In: IFU94, S. 371-378

UBA81 Umweltbundesamt (Hrsg.): Dornier Systems: Handbuch zur ökologischen Planung, Allge-meiner Teil und Pilotanwendung (3 Bde.). Berlin: Erich Schmidt 1991

UBA86 Umweltbundesamt (Hrsg.): Studie über DV-Anwendungen in den Umweltbehörden des Bundes und der Länder – Phase I und II. UBA-Texte 35/86 und 30/89, Berlin 1986 und 1989

UBA89 Umweltbundesamt (Hrsg.): Bibliographie Umwelt-Informatik. Berlin: Erich Schmidt 1989

UBA92a Umweltbundesamt (Hrsg.): Daten zur Umwelt 1991/92. Berlin: Erich Schmidt 1992

UBA92b Umweltbundesamt (Hrsg.): Ökobilanzen für Produkte. Bedeutung – Sachstand– Perspektiven. UBA-Texte 38/92, Berlin: Umweltbundesamt 1992

ULTS87 Ultsch, A.: Control for Knowledge-based Information Retrieval. Zürich: Verlag der Fach-vereine 1987

ULTS89 Ultsch, A.: Einführung in konnektionistische Modelle der künstlichen Intelligenz. Skriptum zur Vorlesung an der Universität Dortmund. Marburg 1989

ULTS90a Ultsch, A.: Integrating Control Knowledge in Intelligent Information Retrieval Systems, Proceedings of the International Workshop on integrated. Intelligent Informationsystems September 1990, Pila, Polen 1990, S. 325-335

ULTS90b Ultsch, A. (Hrsg.): Kopplung deklarativer und konnektionistischer Wissensrepräsentation. Forschungsbericht Nr. 352, Institut für Informatik, Universität Dortmund April 1990

ULTS90b Ultsch, A.; Hannuschka, R.; Hartmann, U.; Weber, V.: Learning of Control Knowledge for Symbolic Proofs with Backpropagation Networks. In: Eckmiller, R.; Hartmann, G.; Hauske, G. (Hrsg.): Proc. Conf. on Parallel Processing in Neural Systems and Computers. Elsevier: North-Holland 1990, S. 499-502

ULTS90c Ultsch, A.; Simon, H.P.: Kohonen´s Self Organizing FeatureMaps for Exploratory Data Analysis. In: Proc. of the Internaltional Neural Network Conference (INNC), Bd. I. Paris 1990

ULTS91a Ultsch, A.: Konnektionistische Modelle und ihre Integration mit wissensbasierten Systemen. Habilitationsschrift, Fachbereich Informatik, Universität Dortmund Februar 1991

ULTS91b Ultsch, A.; Höffgen, K.-U.: Automatische Wissensakquisition für Fuzzy Expertensysteme aus selbstorganisierenden neuronalen Netzen. Forschungsbericht Nr. 404, Fachbereich Informatik, Universität Dortmund Oktober 1991

ULTS93a Ultsch, A.: Self-Organized Feature Maps for Monitoring and Knowledge Acquisition of a Chemical Process, to appear In: Proc. Int. Conf. on Artificial Neural Networks, Amsterdam 1993

ULTS93b Ultsch, A.; Li, H.: Automatic Acquisition of Symbolic Knowledge from Subsymbolic Neural Networks. to appear in: Proc. Intl. Conference on Signal Processing, Peking 1993

ULTS94 Ultsch, A.; Beisersdorf, S.: Optimierung von Ressourcen und wissensbasierte Spurenanalytik mit konnektionistischen Modellen und Genetischen Algorithmen. In: IFU, S. 379-386

UNEP91 UNEP-HEM: A Survey of Environmental Monitoring and Information Management Pro-grammes of International Organisations. Neuherberg (D): UNEP-HEM Büro 1991

VALK88 Valk, R. (Hrsg.): Vernetzte und komplexe Informatik-Systeme. GI – 18. Jahrestagung. Informatik-Fachberichte 187. Berlin: Springer-Verlag 1988

VARF90 Varfis, A.; Versino, C.: Univariate Economic Time Series Forcasting by Connectionist Methods. In: Proc. of the International Neuronal Network Conference, Paris 1990

VOIG92 Voigt, K.; Pepping, T.: Informationssystem Umweltchemikalien. GSF-Bericht 10/92. Neuherberg: Forschungszentrum für Umwelt und Gesundheit 1992

VOIG93a Voigt, K.; Matthies, M.; Pepping, T.: Information System for Environmental Chemicals – Comparison and Evaluation of Meta-Databanks of Data-Sources. In: Toxicological and Environmental Chemistry 40/1993, S. 83-93

VOIG93b Voigt, K.; Brüggemann, R.: Metadatenbank der Online Datenbanken. Cogito (1993) 6, S. 8-13

VOIG95 Voigt, K.; Brüggemann, R.: Meta Information Systems for Environmental Chemicals. In: AVOU95, S. 315-336

WAGN91 Wagner, I.: Groupware zur Entscheidungsunterstützung als Element von Organisationskultur. In: OBER91

WALK86 Walker, M.G.; Blum, R.L.: Towards Automated Discovery from Clinical Databases: The RADIX Project. In: Salamon, R.; Blum, B.; Jorgensen, M. (Hrsg.): MEDINFO 86, Amsterdam: North Holland 1986, S. 32-36

WASC91 Waschkowski, R.: Resultate der Fragebogenaktion „Rechnerunterstützung für die UVP". In: SCHW91a

WATE86 Waterman, D.A.: How do expert systems differ from conventional programs. In: Expert Systems 3 (1986), S. 16-19

WEIL91 Weiland, U.: Umweltbewertung mit EXCEPT. IBM, IWBS-Report 195. 1991

WEIZ90 von Weizsäcker, E.U.: Erdpolitik – Ökologische Realpolitik an der Schwelle zum Jahrhundert der Umwelt. 2. Auflage, Darmstadt: Wissenschaftliche Buchgesellschaft 1990

WELT92 Weltentwicklungsbericht 1992, Entwicklung und Umwelt. Washington, D.C.: Weltbank 1992

WICK92 Wicke, L.; Haasis, H.-D.; Schafhausen, F.; Schulz, W.: Betriebliche Umweltökonomie – Eine praxisorientierte Einführung. München: Vahlen 1992

WIDR60 Widrow, B.; Hoff, M.E.: Adaptive switching circuits, IRE WESCON Convention Record, New York 1960, S. 96-104

WIGG94 Wiggins, G.: Internet Resource Discovery Tools and Services for Chemistry. Online Information 94, 18th Int. Online Information Meeting, Oxford: Learned Information 1994, S. 139-149

WILL84 Williams, M.D.: What makes RABBIT run? In: International Journal on Man-Machine Studies 21 (1984), S. 333-352

WILS87 Wilson, J.L.; Mikroudis, G.K.; Fang, H.Y.: GEOTOX: A knowledge-based system for hazardous site evaluation. In: Int. J. Artificial Intelligence 2 (1987), S. 23-32

WIND90 Windhorst, W.: Ökosystemforschung im Bereich der Bornhöveder Seenkette, Daten–verarbeitung und Modellbildungsstrategie. GfO-Jahrestagung, Freising 90. Verhandlungen der Gesellschaft f. Ökologie 1991

WINO86 Winograd, T.; Flores, F.: Understanding computers and cognition: a new foundation for design. Norwood: Ablex 1986

WINS79 Winston, H.W.: Artificial intelligence. Reading MA: Addison-Wesley 1979

WISS90 Wisskirchen, P.: Object Oriented Graphics. Berlin: Springer-Verlag 1990

WITT89 Wittkowski, K.M.: Knowledge based support for the management of statistical databases. In: Rafanelli, M.; Klensin, J.C.; Svensson, P. (Hrsg.): Statistical and Scientific Database Management. Berlin: Springer-Verlag 1989, S. 62-71

WOEL87 Woelk, D.; Kim, W.: Multimedia information management in an object-oriented database system. In: Proc. of the 13th VLDB Conf. Los Altos, Cal.: Morgan Kaufman 1987, S. 319-329

WONG95 Wong, S.K.M.; Yao, Y.Y.: On modeling information retrieval with probabilistic inference. In: ACM Transactions on Information Systems 13 (1995) 1, S. 38-68

WROB91 Wrobel, L.C.; Brebbia, C.A.: Water Pollution: Modelling, Measuring and Prediction. Southampton: Computational Mechanics 1991

ZADE65 Zadeh, L.A.: Fuzzy Sets. In: Information and Control 8 (1965), S. 338-353

ZADE83 Zadeh, L.A.: The Role of Fuzzy logic in the Management of Uncertainty in Expert Systems. In: Fuzzy Sets and Systems 11, Amsterdam: North-Holland 1983

ZADE91 Zadeh, L.A.: Fuzzy Logic, Distinguished Lecture. Kolloquium Informatik, Fachbereich Informatik der Universität Dortmund 1991

ZANN90 Zannetti, P.: Air Pollution Modelling. Southampton: Computational Mechanics 1990

ZEMA85 Zemankova, M.; Kandel, A.: Implementing imprecision in information systems. In: Information Sciences 37 (1985), S. 107-141

ZHAN90 Zhang, G.; Tulip, J.: An Algorithm for the Avoidance of Sliver Polygons and Clusters of Points in Spatial Overlay. Proceedings of the 4th International Symposium on Spatial Data Handling. Bd. 1. Zürich 1990, S. 141-150

ZHAO85 Zhao, C.; Winkelbauer, L.; Fedra, K.: Advanced decision-oriented software for the management of hazardous substances – Part VI: The interactive decision-support module. Int. Inst. for Appl. Syst. Analysis. Laxenburg, Austria 1985

ZHAO92 Zhao, J; Wang, K.; Wischnewsky, M.-B.; Gottesbüren, B.; Pestemer, W.: Integration von Problemlösungsmethoden in ein Expertensystem zur Herbizidberatung (HERBASYS). In: GÜNT92c, S. 452-461

ZIMM90 Zimmermann, H.J.: Fuzzy Set Theory and Its Applications. 2 Aufl. Boston, Mass: Kluwer-Nijhoff 1990

ZLOO75 Zloof, M.M.: Query by Example. AFIPS Conf., Proc. 1975 NCC, S. 431-437

Register

Verzeichnis der Autorinnen und Autoren

Annegret Baumewerd-Ahlmann, Dipl.-Inform.
studierte Informatik an der Universität Dortmund. 1987-1990 als wissenschaftliche Mitarbeiterin der Firma mechnaTronic GmbH zum Lehrstuhl „Datenbanken und Informationssysteme" der Universität Dortmund abgeordnet. Forschungsschwerpunkte: neue Datenbanksysteme als Grundlage von Umweltinformationssystemen; wissensbasierte Methoden und Werkzeuge für die Umweltplanung. 1991 freiberuflich in einem Projekt zur Entwicklung einer Datenbank für Geo-Objekte tätig. Seit Anfang 1992 wissenschaftliche Mitarbeiterin der Firma MB DATA RESEARCH GmbH, Dortmund, in den Aufgabenbereichen: Datenbankentwicklung für technische Anwendungen, Integration von Geo-Datenbanken und CAD-Systemen. Seit 1989 ist Annegret Baumewerd-Ahlmann Mitglied des Leitungsgremiums des Fachausschusses „Informatik im Umweltschutz" der GI.

Joachim Benz, Dr.
Jahrgang 1950, studierte Agrarwissenschaften an der Technischen Universität München. Von 1979 bis 1984 wissenschaftlicher Mitarbeiter an der TU München, Lehrstuhl für Grünlandlehre und Datenverarbeitungsstelle Weihenstephan, mit den Aufgabenbereichen Modellierung von Agrarökosystemen und Biometrie. 1988 Promotion. Von 1984-1990 wissenschaftlicher Angestellter bei der Gesellschaft für Strahlen- und Umweltforschung in München/Projektgruppe Umweltgefährdungspotential von Chemikalien mit den Forschungsschwerpunkten mathematische Modellierung von Ökosystemen und Aufbau eines Systems zur Unterstützung von Recherchen in Online-Datenbanken. Seit 1990 Akademischer Rat an der Universität Gesamthochschule Kassel, Fachbereich Landwirtschaft, internationale Agrarentwicklung und ökologische Umweltsicherung. Aktuelle Arbeitsgebiete: mathematische Modellierung von Ökosystemen, Biometrie und Versuchsplanung, Betreuung der Datenverarbeitung des Fachbereichs.

Ralf Bill, Prof. Dr.-Ing.
1972-79 Studium der Geodäsie in Mainz (FH), Berlin (TU) und Karlsruhe (Universität). 1979-85 Wissenschaftlicher Angestellter am Geodätischen Institut der Universität Karlsruhe. Promotion 1983 auf dem Gebiet der Ausgleichung und Statistik. 1985-89 Hard- und Softwareentwicklungsingenieur bei Wild, Heerbrugg (CH) im Bereich Geographische Informationssysteme (GIS), 1989-93 Leiter der Forschungsgruppe GIS am Institut für Photogrammetrie der Universität Stuttgart. Seit 1994 Professor für Geodäsie und Geoinformatik im Fachbereich Landeskultur und Umweltschutz an der Universität Rostock. Autor

des Lehrbuchs „Grundlagen der Geo-Informationssysteme", zusammen mit D. Fritsch. Forschungsschwerpunkte: Raum und Zeit in GIS, Multi-Media-GIS, Anforderungen an GIS aus dem Umweltbereich, Regelbasierte Generalisierung.

Hartmut Bossel, Prof. Dr.
Dipl.-Ing. (Maschinenbau/Luftfahrttechnik) TH Darmstadt 1961; Promotion (Mechanical Engineering/Aeronautical Science) University of California (Berkeley) 1967. Professur (Mechanical Engineering) University of California 1967-1972. Projektleiter am Fraunhofer Institut für Systemtechnik und Innovationsforschung 1972-1977. Professur für Umweltsystemanalyse an der Universität/GH Kassel seit 1979. Hauptarbeitsgebiete: Modellbildung und Simulation dynamischer Systeme, besonders für Waldökosysteme in gemäßigten Breiten und Tropen.

Ralf Denzer, Prof. Dr.
Jahrgang 1960, studierte Elektrotechnik an der Universität Karlsruhe. 1986 Diplom in Regelungstechnik/Systemtheorie. 1986-1991 wissenschaftlicher Angestellter in der Abteilung Umweltinformatik des Instituts für Angewandte Informatik des Forschungszentrums Karlsruhe. Schwerpunkte der Tätigkeit in der Entwicklung innovativer Konzepte für die Automatisierung verfahrenstechnischer Anlagen und für Umweltinformationssysteme. Forschungstätigkeiten insbesondere auf dem Gebiet der Benutzerschnittstellen für komplexe Anwendungen, der Visualisierung und der verteilten Systeme. Maßgeblich am Aufbau der Fachgruppe „Informatik im Umweltschutz" beteiligt, seit 1992 als Mitglied des Leitungsgremiums. Seit 1990 Sprecher des Arbeitskreises „Visualisierung von Umweltdaten" und wissenschaftlicher Leiter der gleichnamigen Tagungsreihe. 1991 Leiter der Abteilung Umweltinformatik am Institut für Computergraphik und Computergeometrie der Universität Kaiserslautern und Leiter des Projekts „Architektur offener Umweltinformationssysteme". Seit 1995 Professor für Visualisierung und Verteilte Systeme an der Hochschule für Technik und Wirtschaft des Saarlandes, Saarbrücken. Forschungsschwerpunkte: Visualisierung von Umweltdaten, verteilte Umweltinformationsysteme und Metainformationssysteme.

Norbert Fuhr, Prof. Dr.
1975-80 Studium der Datentechnik (Technische Informatik) an der TH Darmstadt. Anschließend wissenschaftlicher Mitarbeiter und Hochschulassistent am Fachbereich Informatik der TH Darmstadt, 1986 Promotion über „Probabilistisches Indexing und Retrieval". Seit 1991 ist er Inhaber einer Professur an der Universität Dortmund. Arbeitsschwerpunkte: probabilistische Information-Retrieval-Modelle, die Anwendung von Information-Retrieval-Methoden auf Faktendaten, Modelle für die Integration von Information-Retrieval- und Datenbanksystemen.

Rolf Grützner, Prof. Dr.
Dem Studium der angewandten Strömungslehre (TU Dresden) folgte ab 1961 eine Tätigkeit als Berechnungsingenieur im Rechenzentrum von Bergmann-Borsig, Berlin. 1970 Promotion zum Dr.-Ing. an der TU Dresden über ein strömungstechnisches Problem bei langen Dampfturbinenschaufeln. 1969 bis 1986 tätig auf unterschiedlichen Forschungsgebieten: Leistungbewertung von Rechnersystemen, Modellierung und Simulation u.a. im Bereich Informationsverarbeitung des Fachbereichs Mathematik an der Humboldt-Universität zu Berlin. 1985 Habilitation. Schwerpunkt: Höhere Petri-Netze bei der Simulation von Software. Ab 1986 Dozent und Professor für Modellierung und Simulation am FB Informatik der Universität Rostock. Arbeitsgebiete: Umweltmodellierung und -simulation, Architektur von Simulationssystemen, Modellierung unscharf formulierter Systeme.

Oliver Günther, Prof. Dr.
Jahrgang 1961, studierte Wirtschaftsingenieurwesen und Mathematik an der Universität Karlsruhe. 1984 Diplom-Wirtschaftsingenieur. Anschließend Studium der Informatik an der University of California in Berkeley. 1987 Promotion zum Ph.D. in Computer Science. 1988/1989 Assistant Professor an der University of California in Santa Barbara. Von 1989 bis 1993 Leiter des Bereichs „Grundlagen der Wissensverarbeitung / Umweltinformationssysteme" am Forschungsinstitut für anwendungsorientierte Wissensverarbeitung (FAW) in Ulm. Seit August 1993 Professor und Direktor des Instituts für Wirtschaftsinformatik der Humboldt-Universität zu Berlin.

Reiner Güttler, Prof. Dr.
Jahrgang 1951, studierte Informatik und Mathematik an der Universität des Saarlandes. 1977 Diplom in Informatik. 1977-1982 Forschungstätigkeiten auf den Gebieten Algorithmentheorie, Graphentheorie und Compilerbau, 1982 Promotion zum Dr. rer. nat. an der Universität des Saarlandes. 1982-1985 Consulant bei dem Unternehmen TECSI Software in Paris. 1985 Ruf auf den Lehrstuhl für Systeminformatik an der Hochschule für Technik und Wirtschaft des Saarlandes. Mitinitiator und Direktor (zusammen mit Prof. Dr. Groh) des Instituts für Umweltinformatik an der Hochschule für Technik und Wirtschaft 1988. Seit 1992 Sprecher des GI-Arbeitskreises „Integration von Umweltdaten" der Fachgruppe 4.6.1.

Wernfried Haas, Dipl.-Ing.
Jahrgang 1947, studierte Technische Physik an der Technischen Universität Graz. 1973 Abschluß mit Diplomarbeit aus Reaktorphysik. 1973-1977 Assistent am Institut für Konstruktiven Wasserbau der TU Graz. Beschäftigung bei der Firma TDV in Graz von 1977-1988. Entwicklung eines Programms zur Berechnung instationärer Strömungsvorgänge in offenen Gerinnen und Entwicklung eines Finite Elemente Programms (MISES3). Während dieser Zeit Besuch von weiterbildenden post graduate Kursen (Swansea, Bergamo, Venedig,

Oslo), Veröffentlichung von Arbeiten und Teilnahme an internationalen Konferenzen sowie Veranstaltung von Finite Elemente Seminaren in Graz und Salzburg. Seit 1988 Angestellter bei Joanneum Research mit der Leitung der EDV-Koordination für das Unternehmen und der organisatorischen Leitung des Instituts für Informationssysteme und wissenschaftliche Leitung der Abteilung Hochleistungssysteme und Computergraphik.

Andreas Häuslein, Dr.
Jahrgang 1957. Diplom in Informatik 1986 (Universität Hamburg), danach freier Mitarbeiter in einem Software-Unternehmen. 1988-1993 wissenschaftlicher Mitarbeiter am Fachbereich Informatik der Universität Hamburg, Entwicklung des Simulationssystems DYNAMIS. Zahlreiche Forschungsaufträge und Publikationen zur Umweltinformatik. 1993 Promotion zum Dr. rer. nat., seither als Gutachter im Bereich Umweltinformationssysteme tätig. Forschungsschwerpunkte: Wissensbasierte Modellbildung und Simulation, Umweltinformationssysteme.

Lorenz M. Hilty, Dr.
Jahrgang 1959, studierte Informatik an der Universität Hamburg. Seit 1986 wissenschaftlicher Mitarbeiter am Fachbereich Informatik der Universität Hamburg. Empirische Untersuchungen zu kognitiven Aspekten des Programmierens und zur Verständlichkeit graphischer Notationen. Zahlreiche Publikationen zur Umweltinformatik. 1991 Promotion zum Dr. rer. nat. 1992/93 Forschungsaufenthalt am Institut für Wirtschaft und Ökologie (IWÖ), Hochschule St.Gallen, in einem Projekt zur Simulation und ökologischen Bewertung von Verkehrs- und Logistiksystemen. Dr. Hilty ist zusammen mit Dr. C. Rautenstrauch Gründer und Sprecher des GI-Arbeitskreises „Betriebliche Umweltinformationssysteme" und Mitglied in zahlreichen Programmkomitees für Fachtagungen. Heute ist er Projektleiter an der Universität Hamburg. Forschungsschwerpunkte: Simulationswerkzeuge, Betriebliche Umweltinformationssysteme.

Andreas Jaeschke, Dr.
studierte Physik und promovierte in Physikalischer Chemie an der Universität Freiburg im Breisgau. Nach seiner Tätigkeit in der chemischen Industrie auf dem Gebiet der Larborautomation und in der Stahlindustrie im Bereich der Prozeßdatenverarbeitung Leiter der Abteilung Prozeßinformationssysteme an der Entwicklung innovativer Techniken für die Prozeßkontrolle kerntechnischer Anlagen. Ab 1985 als Leiter der Abteilung Umwelttechnik im Institut für Angewandte Informatik des Kernforschungszentrum Karlsruhe an der prototypischen Entwicklung von intelligenten Entscheidungsunterstützenden Systemen und (Prozeß-) Informationssystemen im Anwendungsgebiet Umwelt. Dr. Jaeschke war Initiator und langjähriger Sprecher des Fachausschusses 4.6 „Informatik im Umweltschutz" der Gesellschaft (GI) und wirkte in zahlreichen Gutachtergremien, Programm- und Organisationskomitees großer Informatiktagungen mit.

356

Achim Manche, Dipl.-Ing.
Jahrgang 1961. Studium der Elektrotechnik an der Universität/Gesamthochschule Kassel. Mitarbeiter an verschiedenen Projekten der Forschungsgruppe Umweltsystemanalyse, zuletzt an einem Statusbericht über Expertensysteme im Umweltbereich. Gesellschafter der Firma „systems knowledge engineering".

Harald Mayer, Dipl.-Ing.
Jahrgang 1965, studierte Technische Mathematik, Zweig Informations- und Datenverarbeitung, an der Technischen Universität Graz. 1989 Abschluß mit Diplomarbeit aus dem Gebiet der digitalen Bildverarbeitung. Seit 1990 beschäftigt bei Janneum Research in Graz mit dem Forschungsschwerpunkt Visualisierung von technisch-wissenschaftlichen Daten, vor allem aus dem Bereich Strömungssimulation und Umwelt.

Bernd Page, Prof. Dr.-Ing.
erwarb Studienabschlüsse in Angewandter Informatik an der TU Berlin und der amerikanischen Stanford University. 1979 Promotion zum Dr.-Ing. (TU Berlin), 1983 Habilitation für Systemanalyse. 1981-1984 Wissenschaftlicher Rat beim Umweltbundesamt, beteiligt am Aufbau des Umweltinformationssystems UMPLIS in den Bereichen Luftschadstoffe und Umweltchemikalien-Datenbanken. Seit 1984 Professor für Angewandte Informatik an der Universität Hamburg. Forschungs- und Beratungsaufgaben für öffentliche und private Auftraggeber, darunter das Umweltbundesamt, die Hamburger Umweltbehörde und der Bund-Länder-Arbeitskreis (BLAK) Umweltinformationssysteme. Forschungsschwerpunkte: Methoden der Modellbildung und Simulation, Simulationssoftware, Umweltinformationssysteme. Prof. Page hat 1986 den Fachausschuß „Informatik im Umweltschutz" der Gesellschaft für Informatik mit initiiert und ist seit 1992 dessen Sprecher. Auf internationaler Ebene hat er am Aufbau der Fachgruppe „Computers and the Environment" in der International Federation for Information Processing (IFIP) mitgewirkt und ist heute deren Co-Chairman.

Werner Pillmann, Dr.
Jahrgang 1944, studierte Elektrotechnik, Fachbereich Nachrichtentechnik an der Technischen Universität Wien. Ab 1971 Universitätsassistent am Institut für Regelungstechnik. Arbeitsschwerpunkte: Systemtheorie, Modellbildung, Simulation und Prozeßdatenverarbeitung. 1978 Promotion zum Dr. techn. mit einer Arbeit zur adaptiven Parameter- und Strukturidentifikation. Seit 1978 wissenschaftlicher Angestellter am Österreichischen Bundesinstituts für Gesundheitswesen. Aufbau eines Rechenzentrums. Arbeiten im Bereich der angewandten Umweltforschung: Abfallerhebung, abfallwirtschaftliche Modelle und Planungen; Entwicklung und Anwendung von Luftschadstoff-Ausbreitungsmodellen auf Parallelrechnern; Einsatz der Fernerkundung für Zwecke der Ökosystemforschung und Waldzustandserhebungen. Entwicklung von Methoden zur rechnergestützten Luftbild- und Scannerdatenverarbeitung. Seit 1990

Generalsekretär der „International Society for Environmental Protection". Wissenschaftlicher und organisatorischer Leiter von fünf internationalen Tagungen zu den Themen Informatik, Energie, Umwelttechnologie und Tourismus. Seit 1978 Lehrauftrag „Prozeßidentifikation" an der TU Wien, seit 1991 Universitätslektor zum Thema „Systemanalyse im Umweltbereich".

Franz Josef Radermacher, Prof. Dr. Dr.
Jahrgang 1950, studierte Mathematik, wirtschaftswissenschaftliche Richtung, an der RWTH Aachen. 1973 Diplom in Mathematik, 1974 Promotion zum Dr. rer. nat. 1976 Promotion zum Dr. rer. pol. an der Universität Karlsruhe. 1980-1981 Forschungsaufenthalt an der University of California in Berkeley. 1982 Habilitation in Mathematik an der RWTH Aachen. 1983 Ruf auf den Lehrstuhl für Informatik und Operations Research an der Universität Passau. 1984-1986 Mitglied im Senat der Universität Passau. 1987 Ernennung zum Direktor des Forschungsinstituts für anwendungsorientierte Wissensverarbeitung (FAW) an der Universität Ulm. 1988 Berufung auf eine Professur für Datenbanken und Künstliche Intelligenz an der Universität Ulm. 1988-1991 Präsident der Gesellschaft für Mathematik, Ökonomie und Operations Research (GMÖOR). 1990-1991 Sprecher der Arbeitsgemeinschaft der deutschen KI-Institute. Seit 1990 im Landesforschungsbeirat Baden-Württemberg. Seit 1992 Mitglied der „Zukunftskommission Wirtschaft 2000" Baden-Württemberg. Seit 1992 ordentliches Mitglied des Humboldt-Studienzentrums der Universität Ulm.

Claus Rautenstrauch, Dr.
studierte Informatik mit Nebenfach Betriebswirtschaftslehre an der Universität Dortmund, wo er 1992 am Fachbereich Wirtschaftswissenschaften promovierte. Von 1988 bis 1995 arbeitete er als wissenschaftlicher Mitarbeiter und später wissenschaftlicher Assistent des Lehrstuhls für Wirtschaftsinformatik (Prof. Dr. Karl Kurbel) an der Universität Dortmund und der Westfälischen Wilhelms-Universität Münster. Seit April 1995 ist er als Projektleiter bei der DIRON Wirtschaftsinformatik GmbH, Münster, beschäftigt. Dr. Rautenstrauch ist zusammen mit Dr. L. M. Hilty Gründer und Sprecher des GI-Arbeitskreises „Betriebliche Umweltinformationssysteme". Seine Forschungs- und Arbeitsschwerpunkte sind die Integration der Informationsverarbeitung, Produktionsplanungs- und -steuerungssysteme sowie Recyclinginformationssysteme und Betriebliche Umweltinformationssysteme.

Wolf-Fritz Riekert, Dr.
Jahrgang 1950, studierte Mathematik und Physik an der Universität Stuttgart. 1976 Diplom in Mathematik. 1977-1983 Software-Entwickler bei der Firma Informatik Systemtechnik GmbH in Stuttgart. 1984-1986 Forschungstätigkeit auf dem Gebiet der wissensbasierten Mensch-Computer-Kommunikation am Institut für Informatik der Universität Stuttgart. 1986 Promotion zum Dr. rer. nat. Danach Eintritt in die Siemens AG (ab 1990: Siemens Nixdorf Informationssysteme AG). 1988 Entsendung an das Forschungsinstitut für anwendungs-

orientierte Wissensverarbeitung (FAW) in Ulm. Leitung der FAW-Projekte RESEDA (Wissensbasierte Methoden zur Fernerkundung der Umwelt) und GODOT (Geodatenhaltung mit objektorientierten Techniken). Seit August 1993 Leiter des Bereichs „Umweltinformationssysteme" am FAW Ulm.

Arno Rolf, Prof. Dr.

Studium der Wirtschaftswissenschaften bis 1969 in Münster und Hamburg. 1969/71 Organisations- und Systemgestalter in einem internationalen Software-haus sowie Unternehmensberatung. Zwischen 1971 und 1974 Organisations-planer und Systemanalytiker in einem Hamburger Verlag. Anschließend Dozent an verschiedenen Fachhochschulen und Universitäten. Promotion 1979 an der Universität Hamburg zum Thema „Veränderung der Arbeit in Büro und Verwaltung durch Informationstechnik". Von 1982 bis 1986 Professor für Wirkungen der Informatik an der Hochschule Bremerhaven. Seit 1986 Professor am Fachbereich Informatik der Universität Hamburg. Forschungsschwerpunkte: Wirkungs- und Gestaltungsforschung im Bereich Technik – Arbeit – Umwelt.

Angela Schwabl, Dipl.-Inform.

studierte Informatik an der Universität Hamburg. Seither als wissenschaftliche Mitarbeiterin am Fachbereich Informatik der Universität Hamburg tätig. Forschungsaufträge und zahlreiche Publikationen zur Umweltinformatik. Seit 1989 Mitglied des Leitungsgremiums des Fachausschusses „Informatik im Umweltschutz" der GI und Sprecherin des Arbeitskreises „Integration von Methoden und Werkzeugen für die Umweltplanung" dieses Fachausschusses. Forschungsschwerpunkte: Integration von Informatikmethoden für Umweltanwendungen, Rechnerunterstützung für die Umweltverträglichkeitsprüfung.

Karl-Heinz Simon, Dr.

Jahrgang 1950; wissenschaftlicher Mitarbeiter an der Universität/Gesamthochschule Kassel (Wissenschaftliches Zentrum für Umweltsystemforschung). Nach einem Studium der Elektrotechnik an der FH Nürnberg und der Philosophie, Soziologie und Politischen Wissenschaften an der Universität Erlangen/ Nürnberg Promotion zum Dr. rer. pol. in Planungswissenschaften an der Gesamthochschule Kassel. Aktuelle Arbeitsgebiete: Computergestützte Werkzeuge in der ökologischen Forschung und Planung; Grundlagen der Systemforschung; Umweltsystemanalyse.

Alfred Ultsch, Prof. Dr.

Jahrgang 1954, studierte Informatik mit Sondernebenfach Kybernetik an der Technischen Universität München. In 1979/80 Studienaufenthalt an der Purdue Universität West Lafayette, Indiana, USA. 1982 Diplom in Informatik an der Technischen Universität München. 1987 Promotion zum Dr. sc. techn. an der Eidgenössischen Technischen Hochschule (ETH) Zürich, Schweiz. 1991 Habilitation in Informatik an der Universität Dortmund. 1993 Berufung auf eine

Professur für Neuroinformatik und Künstliche Intelligenz an der Philipps-Universität Marburg. Prof. Ultsch arbeitet u.a. in der Forschung über die Vorhersage von Hagelgewittern mit Neuronalen Netzen, die Vorhersage von Gefährdungen für Skifahrer durch Schneelawinen, die Klassifikation menschlichen Schlafes, insbesondere die Unterscheidung zwischen gesunden und narkoleptischen bzw. depressiven Probanden, die Qualitätskontrolle bei der Stahlerzeugung, die Diagnose- und Einstellungshilfe für die Langzeit-Diabetesbehandlung, die Klassifikation von umweltrelevanten Luftuntersuchungen zu Luftreinhaltezwecken und die Steuerung und Überwachung komplexer technischer und natürlicher Prozesse.

Kristina Voigt, Dipl.-Chem.
studierte Lebensmittelchemie an der Technischen Universität Berlin. 1980-1993 wissenschaftliche Mitarbeiterin im Umweltbundesamt (UBA) Berlin im Fachgebiet „Allgemeine Angelegenheiten von Umweltchemikalien". Arbeitsschwerpunkte lagen in der Datenerhebung für Chemikalien, insbesondere im Aufbau des EG Altstoffinventars EINECS (European Inventory of Existing Commercial Chemical Substances). Seit 1983 arbeitet sie in der GSF – Forschungszentrum für Umwelt und Gesundheit GmbH/Projektgruppe Umweltgefährdungspotentiale von Chemikalien (PUC) in Neuherberg bei München. Dort besteht ihr Hauptaufgabengebiet in der Auswertung und Bewertung von Datenquellen (Literatur, Online Datenbanken, CD-ROMs, Internet-Ressourcen) in den Fachdisziplinen Umweltschutz und Chemikalien. Seit 1988 leitet sie das vom Bayerischen Staatsministerium für Landesentwicklung und Umweltfragen geförderte Forschungsprojekt „Informationssystem Umweltchemikalien". Im Rahmen ihrer Forschungstätigkeiten führt sie seit mehreren Jahren Fortbildungskurse, Seminare und Vorlesungen durch. Mitglied des Herausgebergremiums der internationalen Fachzeitschrift *Online & CD-ROM Review*, Mitglied im Beirat der größten, jährlich in London stattfindenden Fachkonferenz auf dem Gebiet der Online-Datenbanken, CD-ROMs und Internet-Ressourcen, der *International Online Conference*.

Leonore Zink, Dipl.-Inform.
Leonore Zink (geb. Neugebauer) studierte Informatik an der Universität Braunschweig. Von 1985 bis 1988 war sie als wissenschaftliche Mitarbeiterin am Institut für Compilerbau und Informationssysteme, Abteilung Datenbanken, der Universität Braunschweig beschäftigt. Dort arbeitet sie überwiegend auf dem Gebiet „Datenbankentwurf". Seit 1988 ist Leonore Zink am Institut für Parallele und Verteilte Höchstleistungsrechner der Universität Stuttgart angestellt. Dort arbeitete sie zunächst im Umwelt-Verbundprojekt „Naturmeßfeld Horkheimer Insel" und später im Verbund-Projekt „Prozeßsimulation Umformtechnik" mit. Frau Zink ist seit 1989 Mitglied des Leitungsgremiums der Fachgruppe „Informatik im Umweltschutz". Von 1989 bis 1990 leitete sie den Arbeitskreis „Umweltdatenbanken" innerhalb dieser Fachgruppe.